対人関係から犯罪捜査まで　虚偽検出に関する真実

嘘と欺瞞の心理学

アルダート・ヴレイ 著

太幡直也, 佐藤 拓, 菊地史倫 監訳

Detecting Lies and Deceit, 2nd Edition

福村出版

Detecting Lies and Deceit: Pitfalls and Opportunities, Second Edition
by Aldert Vrij

Copyright © 2008 John Wiley & Sons Ltd.
The Atrium, Southern Gate, Chichester, West Sussex PO19 8SQ, England. All Rights Reserved.
Japanese translation rights arranged with John Wiley & Sons Limited
through Japan UNI Agency, Inc., Tokyo

著者について

　Aldert Vrij（アルダート・ヴレイ）は，イギリスのポーツマス大学心理学部の応用社会心理学の教授である。彼は現在までに，主に欺瞞の非言語的，言語的手がかりと，欺瞞検知に関する話題について，300以上の論文執筆や書籍の分担執筆を行ってきた。彼は，被疑者の取調べに関して警察に助言し，法廷で鑑定人として活動し，加えて世界中の実践家と研究者に向けて欺瞞検知に関する招待講演とワークショップを行っている。2016年現在，彼は14の学術雑誌の編集委員である。

序文

　本書の初版である『*Detecting Lies and Deceit*』を 2000 年に出版したとき，少なくとも 10 年は第 2 版を出版することはないと思っていた。しかし，いくつかの重大な出来事によって私の考えは変わった。2000 年以降，世界は複数のテロ攻撃と安全保障上の脅威を経験した。アメリカ合衆国は「対テロ戦争」を開始した。そのような中で，嘘検知の必要性は以前よりも差し迫ったものになり，政府は市民を攻撃から守るために嘘の検知，検出ツールの考案を研究者に求めている。

　科学者たちは研究を実施することでそれに応え，いまや毎年 150 報以上の嘘に関する論文が査読誌に公刊されている。何人かの研究者たちは，彼らが開発した虚偽検出ツールは非常に精度が高いと主張し，政府にそのツールの使用を推奨している。彼らは何を提案しているのだろうか？　それは真実か，誤った誘導か，それとも両方が混在しているのだろうか？

　多くの場合，真実と誤った誘導が絡み合っている，というのが私の意見である。また，その 2 つを識別する唯一の方法は，嘘と虚偽検出に関する事実を包括的に概観することだと考えている。事実にもとづく説明によって，読者はこれらの主張の適切さについて詳しい知識を得ることができる。

　本書では，これまでに公刊された欺瞞に関する研究を包括的に概説する。本書はいくつかの点で初版とは異なる。第一に，以前の文章を改訂し，何百のもの新しい研究を加えた。第二に，初版にはなかった虚偽検出の手法，たとえば，行動分析のための面接法，科学的内容分析，音声ストレス分析，赤外線画像，P300 脳波に関する研究，機能的磁気共鳴画像法（fMRI）

に関する研究などの解説を加えた。第三に，欺瞞研究の領域に大きな変化がみられたため，新たな進展を加えるより初版の大部分を書き直す方が基本的に容易であった。そのため，以前の文章のほとんどを書き直し，構成し直した。たとえば，本書には，専門家が欺瞞の検知に頻繁に失敗する理由と，嘘を正確に検知するために専門家ができることについて，その概要をまとめた章がある。このような章は，2000年の初版には含まれていなかった。

　結果として，初版に比べてこの第2版は，欺瞞についてより包括的で構造化された書籍になったと私は信じている。また，この第2版は初版に大幅な増補を行ったため，おそらく読者は本書を最初から終わりまで通読せず，それぞれの章を拾い読みするだろう。そのため，それぞれの章を独立して読めるよう，本書を執筆した。

謝辞

　本書の初版の草稿に貴重な意見をくださった Samantha Mann 博士に心より感謝します。また，Sharon Leal 博士からは生理学的な内容に関する章（第11章〜第13章）について洞察に富む意見をいただき，Pär Anders Granhag 教授からは第15章に建設的な助言をいただきました。お二人にも感謝の意を表します。

　同様に，これまで，そして現在の私の研究に対して資金を援助してくれた団体に感謝の意を表したいと思います。私はイギリス学士院，オランダ政府，オランダ科学研究機構（NWO），経済社会研究会議（ESRC），リーバーヒューム・トラスト，ナッフィールド財団，イギリス政府，アメリカ政府，ポーツマス大学から助成を受けました（アルファベット順）。これらの団体の資金援助がなければ，私は研究を実行できず，本書を書くこともなかったでしょう。

　私のさまざまな研究に，オランダとイギリスの警察官が参加してくれました。彼らが参加を快諾してくれたことで，職業的に嘘を検知する人々の考えとスキルについて非常に貴重な示唆を得ることができました。深く感謝します。また，警察官と被疑者の取調べ映像の利用を許可してくれた警察にも感謝します。利害関係が非常に高い状況における真実と嘘を話す人の行動について独創的な研究を実施する機会を得ることができました。

　最後に，本書の第2版を出版してくれた John Wiley & Sons 社に感謝の意を表します。

監訳者まえがき

　本書は，2008年に出版された『*Detecting Lies and Deceit: Pitfalls and Opportunities*』第2版の日本語訳である。まえがきとして，本書の構成を紹介する（Figure 参照）。

　本書は15章で構成されており，通読すると欺瞞研究を網羅的に理解できる。第1章では，本全体の概要が説明されている。第2章から第13章では，欺瞞に関する知見が2つの観点から紹介されている。一つは，日常生活の対人関係における嘘検知に関する知見である（第2章〜第6章）。もう一つは，ツールを用いた虚偽検出に関する知見である（第7章〜第13章）。最後に，まとめとして，嘘をつく人を見抜けない理由（第14章），嘘検知，虚偽検出スキルを向上させる方法（第15章）が整理されている。なお，虚偽検出ツールのうちのポリグラフ検査に関する内容（第11章〜12章）は，日本以外の国の状況にもとづいているため，日本の現状とそ

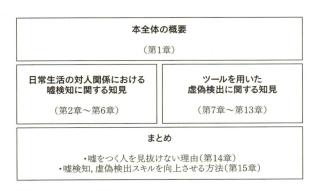

Figure　本書の構成

ぐわない点もある．その点については，終章の後（p. 529 〜 530）に補足としてまとめた．

　本書は初学者でも読みやすい文体で書かれているものの，やや専門的な内容が含まれている箇所もある．特に，ツールを用いた虚偽検出に関する知見が紹介されている第7章から第13章は，それぞれのツールの紹介と評価が詳細に説明されているため，内容を深く理解するには，それぞれのツールへの関心，背景となる理論に関する知識が必要となると思われる．そこで，まず第1章に目を通してから，関心や必要性に応じて読む章を選んでいただくことを勧めたい．

　本書を通じて，多くの方に，欺瞞の面白さ，興味深さを感じていただくことを，心から祈っている．

2016年4月

監訳者代表　太幡 直也

目次

著者について　iii
序文　v
謝辞　vii
監訳者まえがき　ix

第1章　導入　1
　第1節　欺瞞に関する神話　1
　第2節　嘘をつくのは上手，検知するのは下手　2
　第3節　現実性の欠如　6
　第4節　本書の内容　9

第2章　嘘をつくということ：自分中心の言動と社会的潤滑油　15
　第1節　欺瞞の定義　16
　第2節　嘘の種類　21
　第3節　嘘をつく理由　24
　第4節　嘘の頻度　27
　第5節　誰に嘘をつく？　30
　第6節　状況要因：仕事とデート　32
　第7節　嘘をつく人の個人的特徴　33
　第8節　社会生活における潤滑油としての嘘と自分中心の言動　43

第3章　非言語的行動と欺瞞　49

第1節　欺瞞の非言語的手がかりに関する3つの理論的観点　50
第2節　嘘をつく際の非言語的行動を研究する方法　65
第3節　嘘をつく人の行動　70
第4節　欺瞞の非言語的手がかりがほとんど存在しない理由　79
第5節　結び　110

第4章　欺瞞の個別の言語的手がかり　121

第1節　理論的観点　123
第2節　嘘をつく人の発話内容　126
第3節　状況による違いと個人差　131
第4節　結び　134

第5章　欺瞞の非言語的，言語的手がかりに関する信念　139

第1節　欺瞞的な行動と発言に関する信念　140
第2節　信念の正確性　150
第3節　欺瞞の非言語的，言語的手がかりに関する誤った信念の起源　152
第4節　欺瞞の非言語的，言語的手がかりに関する誤った信念が維持される理由　155
第5節　結び　159

第6章　専門的なツールを使わない嘘検知　169

第1節　非言語的・言語的行動が信憑性評価に与える相対的重要性　171
第2節　一般の人が初対面の人の嘘を検知する能力　176
第3節　一般の人が友人や恋人の嘘を検知する能力　184
第4節　一般の人が子どもの嘘を検知する能力　189
第5節　専門家による大人の欺瞞の検知能力　194
第6節　真実と嘘を識別する能力の個人差　204
第7節　真偽性の判断に影響を与える要因　216
第8節　考察　223

第7章　行動分析のための面接法　231

- 第1節　BAIの背景と目的　232
- 第2節　BAIの手続きと，その根拠となる前提　233
- 第3節　BAIの関連研究　237
- 第4節　BAI技法の評価　243

第8章　供述の妥当性評価　245

- 第1節　SVAの歴史　247
- 第2節　供述の妥当性評価の4つの段階　249
- 第3節　CBCAに関する研究の文献的検討　269
- 第4節　各基準とCBCA合計得点の根拠　281
- 第5節　CBCA得点にもとづく，真実と嘘の正確な識別　284
- 第6節　妥当性チェックリスト：研究知見　290
- 第7節　CBCA基準と真実の供述との関連についての信念　294
- 第8節　妥当性チェックリストに関する考え　298
- 第9節　法的意義　311
- 第10節　SVAの評価　315

第9章　リアリティ・モニタリング　325

- 第1節　人々の記憶についての洞察　326
- 第2節　虚記憶を見抜く　330
- 第3節　リアリティ・モニタリングと欺瞞　332
- 第4節　評定者間信頼性の得点　336
- 第5節　虚偽検出ツールとしてのリアリティ・モニタリング　337
- 第6節　リアリティ・モニタリング研究における正答率　344
- 第7節　虚偽検出ツールとしてのリアリティ・モニタリングに対する評価　346

第10章　科学的内容分析　351

- 第1節　SCANの手続き　352
- 第2節　虚偽検出ツールとしてのSCAN　359
- 第3節　SCAN技法の評価　362

第11章 生理学的虚偽検出:懸念にもとづくアプローチ 367

- 第1節 懸念にもとづくポリグラフ検査 371
- 第2節 CQTの正確性 397
- 第3節 パーソナリティとポリグラフ 408
- 第4節 雇用後(前)の適性検査 409
- 第5節 性犯罪者に対するポリグラフ検査 414
- 第6節 法的問題 417
- 第7節 音声ストレス分析と赤外線画像 420
- 第8節 懸念にもとづくポリグラフ検査の評価 424

第12章 生理学的虚偽検出:定位反射にもとづくアプローチ 431

- 第1節 有罪知識検査 432
- 第2節 有罪知識検査に関する批判 435
- 第3節 GKTによるポリグラフ検査の正確性 441
- 第4節 法的意義 445
- 第5節 事象関連電位:P300 447
- 第6節 GKTの評価 451

第13章 生理学的虚偽検出:機能的磁気共鳴画像法(fMRI) 457

- 第1節 fMRIによる虚偽検出研究 459
- 第2節 fMRIによる虚偽検出ツールの吟味 462
- 第3節 fMRIによる虚偽検出技術の評価 464

第14章 思わぬ危険性:嘘をつく人を見抜けない理由 467

- 第1節 嘘をつく人を見抜くための動機づけの欠如 467
- 第2節 嘘検知の困難さ 468
- 第3節 嘘を見抜く人に共通する誤り 478
- 第4節 結び 486

**第15章　嘘を見抜くチャンス：嘘検知，虚偽検出スキルを
　　　　　向上させる方法　487**
　　第1節　さまざまな嘘検知・虚偽検出手法の正確性　488
　　第2節　発話分析と生理反応を用いた虚偽検出を改善するための提案　492
　　第3節　非言語的，言語的行動を検討することによって
　　　　　　　嘘をつく人を見つけるためのガイドライン　495

終章　527

日本語版への補足　529

引用文献　532

索引　607

監訳者あとがき　612

※本書に記載された人名，役職名，企業名，商品名などは，原書執筆時のものです。

第1章
導入

第1節　欺瞞に関する神話

　誰もが嘘をつくことはどのようなことかを知っており，嘘が身近なものになっているので欺瞞に関する知識がある[原注1]。たとえば，誰もが嘘をつくことは望ましくないと知っている。しっかりした人は嘘をつく習慣がないので，嘘をめったにつかず，経験不足のため嘘をつくのが上手ではない。嘘をつくことは非常に望ましくないので，嘘をつかれたくないと思う。したがって，嘘をつく人とは一緒にいたくないので避けようとする。

　幸いにも，われわれが知る多くの人は，嘘をつくのが上手ではない。緊張して行動し，目を合わせないので，嘘をついていることがわかる。したがって，行動を観察すると嘘をつく人を見抜けることも多い。特に自分の子ども，配偶者，親友の嘘を見抜くのは非常に上手である。

　詐欺師，密輸入者，ほかの種類の犯罪者は，欺瞞によって目的を果たそうとし，成功するとわれわれに多くの損害を与える可能性がある。幸いにも，専門家は犯罪者の嘘を見抜くことが上手なので，われわれは犯罪者から守られている。

　嘘を見抜く専門家の強みは，特別な嘘発見器を使えることである。確かに，以前に使われていた器械は頼りにならなかっただろう。しかし，今は

原注1　本書では，嘘（lying）と欺瞞（deception）を互換性のある言葉として用いる。

大きく変わった。たとえば，脳スキャナーのような技術的進展により，現在では研究者が人の思考や感情を直接知ることができるようになったので，ある人が嘘をついているかを正確に判断できる。さらに，最近では，専門家は，嘘をつく人を見抜くために，以前よりも非常に高度な尋問技術を用いている。

　これらは本当か？　実際は間違っている。ここまでに挙げたすべてが，事実ではなく，ただの神話である。本書では，これらの神話の真実を明らかにする。

第2節　嘘をつくのは上手，検知するのは下手

　人は，自分の**嘘をつく能力**を過小評価する傾向がある（Elaad, 2003）。自分は実際よりも嘘をつくのが上手ではないと考える理由はいくつかある。第一に，自分の考え，感情，ほかの心的状態が他者に見透かされている程度を過大評価する傾向がある（たとえば，**透明性の錯覚**（Gilovich, Savitsky, & Medvec, 1998））。つまり，人は，自分の嘘が目立つと誤って考えている。第二に，自己知覚にはポジティブ幻想（Taylor & Brown, 1988）がみられるという特徴があり，多くの他者よりも自分を道徳的であると考えやすい（Kaplar & Gordon, 2004）。嘘をつくことが上手であると認めることは，自分に対する肯定的な印象とは合わない。第三に，人は深刻な嘘より悪意のない嘘をつくことが多いのに，深刻な嘘を悪意のない嘘よりもよく覚えている（Elaad, 2003）。本書で示すように，深刻な嘘を検知するのは悪意のない嘘を検知するよりもやや簡単であるため，簡単に検知された嘘（深刻な嘘）をよく覚えている。最後に，人は上手に嘘をついたときよりも，上手に嘘をつけなかったとき，特に悪い結果をもたらした状況をよく覚えている。うまく嘘をついたときのことを覚えていなければ，嘘をつくことが成功する程度を過小評価するだろう。

　人は自分自身の**嘘を検知する能力**を過大評価する傾向があり（Elaad,

2003)，一般的に考えられている以上に多くの嘘は気づかれていない。嘘が気づかれない理由はさまざまあり，それらは大きく3つに分けられる（Vrij, 2007）。それは，動機づけの低さ，嘘検知に関連する困難さ，嘘を見抜く人に共通する誤りである。

動機づけの欠如：現実逃避効果

　嘘が気づかれない理由の一つは，多くの場合，人が真実を知りたくないので嘘を検知しようとしないことである。この現象を**現実逃避効果**と呼ぶ。真実を知りたくない理由として，少なくとも3つ挙げられる。第一に，作り話は真実より都合がよい場合もあり，その場合は真実を知らない方が望ましい。たとえば，自分の体型，髪型，服装の趣味のよさ，業績などについてのお世辞が本心によるものかを探りたいと思うだろうか？

　第二の理由は，人は，真実によってもたらされる結果を恐れ，時には嘘をつかれたかを確認しないことである。男性の50％，女性の40％が不倫をしているという統計データがある（Feldman & Cauffman, 1999）。それでも，多くの不倫は気づかれていない。たとえば，ある夫は，妻が不倫している疑いを無視しようとし，真実を発見することを避ける。なぜなら，夫が真実を発見して，妻の恋人について知っていることを妻に話せば，妻は夫のもとを去ろうとする可能性があるからである。このことは，夫が妻にしてほしいとは思っていないことだろう。そのため，裏切られた夫にとって，自分が発見したことを伝えることは望ましくない結果をもたらす可能性がある。望ましくない結果が起こる可能性があると気づくと，夫はこの問題を調べようとしないだろう。

　ビル・クリントン大統領は，モニカ・ルインスキーとの不祥事が明らかになった後，ホワイトハウスで彼の側近に，彼女とは性的関係がないと話した。当時の大統領主席補佐官であったアースキン・ボールズは，喜んで大統領を信じた。彼は，大陪審でその瞬間を次のように話した。「お話しできることを話します。私が仕えてきたその人は私の目を見て，彼女

との性的関係はないと言いました。彼を信じないなら，私は今の立場ではいられないでしょう。だから，私は彼を信じます」(「*The Independent*」1998年9月14日付, p. 8)。

　第三の理由は，真実を知ると何をすべきかわからないので，時には嘘を検知することを望まないことである。たとえば，パーティーの招待客の多くは，主催者が自分のプレゼントを気に入ったという言葉が真実かを知ろうとしないだろう。なぜなら，主催者が自分のプレゼントを気に入っていないとわかったら，どうすればいいかわからないからである。同じ理由から，より深刻な嘘は気づかれにくいだろう。先に例に出した妻が夫の元を去らないために，夫は何をすべきだろうか？　裏切られたら，夫は再び妻を信用するのに苦労するだろう。そして，裏切られたと気づいたことによるわだかまりを解消するには非常に長い時間がかかるだろう。

　クリントン大統領の個人秘書のベティ・カーリーが，大統領とモニカ・ルインスキーとの関係の詳細を知ることを避けようとしたのも，おそらく同じ理由だろう。あるとき，ルインスキーは，カーリーに自分自身と大統領について次のように話した。「誰も私たちを見ていない。誰も見ていない限り，何も起こっていない」カーリーは答えた。「その話は聞きたくない。これ以上何も言わないで。私は，これ以上聞きたくない」(「*The Observer*」1998年9月13日付, p. 8)。実際，カーリーが二人の関係を知ると自分自身が困難な状況に立たされるのは明らかなので，二人の関係に関する情報を公に話すか，共犯者としてふるまわなければならなくなった。これが，カーリーが知らずにいようとした理由だろう。

嘘検知に関連する困難さ

　これから本書で示すように，人が嘘を検知しようとしても，失敗することが多い。税関職員と警察官のような嘘検知に関わる専門家でさえ，嘘を見抜く際に誤って判断することがあり，真実と嘘を識別する能力は一般の人の能力を上回らないことが調査によって示されてきた。嘘をつく人を見

つけることに動機づけられた人でさえ失敗する理由の一つは，嘘検知が困難なためである。本書で示すように，ある非言語的，言語的，生理的反応だけが欺瞞と関連するわけではないことが，困難になる主な理由だろう。つまり，ピノキオの伸びる鼻に相当するものはない。このことは，嘘を見抜く人が頼ることができる単一の反応がないことを意味する。

　嘘検知が難しいもう一つの理由は，嘘をつく人が見破られないように動機づけられていると，嘘を見抜く人に自分が誠実に見えるように，非言語的，言語的，生理的反応を示そうとするからである。本書で示すように，実際，嘘をつく人がいわゆる**カウンターメジャー**を用いると，虚偽検出の専門家を欺くこともしばしばある。

嘘を見抜く人に共通する誤り

　嘘をつく人を見抜くのに失敗する別の理由は，嘘を見抜こうとする人が誤りを犯すことである。本書では，嘘を見抜く人に共通する多くの誤りを説明する。中には，嘘を見抜く人が欺瞞と関連しない手がかりに着目する傾向も見られる。嘘を見抜く人が欺瞞と関連しない手がかりに着目する理由の一つは，それらの手がかりに着目するように教えられてきたことである。

　たとえば，Inbau らは，被疑者への尋問技術に関する有名な手引書を執筆した。最新の第 4 版は，2001 年に出版された[原注2]（Inbau, Reid, Buckley, & Jayne, 2001）。この本には，嘘をつく被疑者の一般的行動に関する情報が書かれている。Inbau らによると，欺瞞の行動的手がかりには，以下のものが含まれる。それは，姿勢変化，視線回避，身体操作（頭の後ろをなでる，鼻を触る，髪の毛を直したり触ったりする，洋服の糸を引っ張るなど），話すときに手で口や目を覆う，椅子と腿の間に手を隠す，

原注2　多くの警察マニュアルがあるが，主に Inbau ら（2001）のマニュアルに着目する。理由は，彼らのマニュアルは，警察と軍の取調べをする人に一般的に用いられており，影響力が大きいからである（Gudjonsson, 2003）。

(椅子の下に引き込んで) 足を隠す，である。特に，嘘をつく人が手で口や目を覆う，視線を回避するという信念は，警察関係の文献で記述されることが多い (Brougham, 1992; Gordon & Fleisher, 2002; Kuhlman, 1980; Macdonald & Michaud, 1992; McKinnon, 1982; Rabon, 1992; Walkley, 1985; Walters, 1996; Waltman, 1983; Yeschke, 1997; Zulawski & Wicklander, 1993)。

本書で示すように，これらの欺瞞の行動的手がかりや，Inbau らが述べているそのほかの多くの手がかりは，これまでの欺瞞に関する研究では手がかりになるとはされていない。嘘を見抜く人のうち，これらの手がかりに着目する人は着目しない人に比べ，実際には嘘検知で劣ることが示されている (Kassin & Fong, 1999; Mann, Vrij, & Bull, 2004)。

第3節　現実性の欠如

欺瞞に関する研究や実務家の話からは，人が嘘を検知する能力を過大評価する傾向があると気づく。原則的に，嘘は，行動を観察する，話の内容を分析する，または，生理的反応を測定することにより検知，検出される。これらの3つによる嘘を見抜く能力について，研究結果で裏づけられていない大胆な主張をする実務家や研究者がいる。いくつかの例を示そう。

アメリカ[訳注1]の心理学の名誉教授の Paul Ekman は，欺瞞の非言語的手がかりを専門に研究してきた。彼の研究は，何十年もの間，研究者と実務家を刺激した。近年，彼は，自分の嘘検知システムは95%以上の正確性があり，誰にでも学べると主張した (「*The New York Times Magazine*」2006年2月5日付。同様の主張は「*The Washington Post*」2006年10月29日付にも見られる)。しかし，この主張を支持する研究はない (第6章)。

訳注1　本書では，アメリカ合衆国を「アメリカ」と表記する。

Inbau ら（2001）のマニュアルに詳細に説明された面接法の一つに，行動分析のための面接法（Behaviour Analysis Interview: BAI）がある。このマニュアルは，Reid とその共同研究者が，実務家に BAI やそのほかの方法を説明した訓練プログラムと関連している。彼らは，ウェブサイト（http://www.reid.com/training_programs/r_interview.html）上で，1974 年に訓練プログラムが提供されて以来，法執行と安全保障の分野に携わる 30 万人以上の専門家が彼らの 3 日間のプログラムに参加したと報告している。さらに，行動分析の評価のための特別な訓練を受けて経験を積んだ面接者は，ある人の話の真偽性を 85% の正確性で識別できると主張している（Inbau et al., 2001）。しかし，この主張を支持する証拠は不足している（第 7 章，Blair & Kooi（2004）を参照）。

　ドイツの心理学の名誉教授 Udo Undeutsch は，今日では供述の妥当性評価（Statement Validity Assessment: SVA）と呼ばれる言語的虚偽検出ツールの基礎を築いた。彼は，この方法はドイツやスウェーデンで子どもの性的虐待を調べるために何千もの刑事事件で用いられ，ほかの関連する証拠によって結果が後に否定された事例はないと報告した（Undeutsch, 1982）。これは，この方法が非常に正確であることを示唆している。しかし，その方法の根拠は SVA 研究では支持されていない。SVA に関する第 8 章では，SVA の専門家の判断が否定される可能性が低い理由を説明する。子どもの性的虐待の事例では利用できる事実にもとづく証拠はなく，SVA の専門家による主張の誤りを立証する機会がないことが多いためである。

　本書では，虚偽検出器としてのポリグラフの利用に関する議論は盛んに行われていることも説明する。ポリグラフの正確性に，実務家は高い信頼を寄せている。アメリカのポリグラフの専門家の Dan Sosnowski は，アメリカでは，ポリグラフは 97% の正確性で欺瞞を検出できると評価されたと主張した（「*The Independent*」1999 年 10 月 11 日付, p. 1）。しかし，彼の主張は誇張されている。ポリグラフに関する科学的研究によると，ポリグラフの正確性を強く信じることには疑問の余地がある。

　Pavlidis と Eberhardt と Levine（2002a）は，権威の高い「*Nature*」

誌上で，目のまわりの赤外線パターンを記録して欺瞞を検出する，高解像赤外線画像化技術を開発したと報告した。彼らは，この技術は，熟練した担当者や身体的接触を必要せずに，迅速なセキュリティチェックに使用できる可能性があると述べた。この技術は有望であるため，彼らの論文は多くのメディアを引きつけた。空港で潜在的な密輸入者やテロリストの検出に用いることができると期待されるからだ。しかし，Pavlidis, Eberhardt と Levine（2002b）は，その後の修正報告で，「この赤外線画像化技術は大量の手荷物検査にすでに使用できるという印象を与えようとはしていなかった」と述べ，この主張を弱めた（圏点は著者が追加した）。本書で説明するように，「*Nature*」の論文で提唱された方法で嘘を確実に検出できるかは疑わしい（第 11 章）。

　脳の反応の測定が導入されるとすぐに，この技術で嘘をつく人を高い確率で見抜くことができるという主張がなされた。たとえば，Farwell は「脳波指紋法」を開発し，自社のウェブサイト（http://www.brainwavescience.com）で積極的に宣伝した。彼は，脳波を測定することで，真実を話す人と嘘をつく人を高い正確性で分類できると主張している。しかし，ほかの研究者は納得していない。Wolpe, Foster と Langleben（2003）は，ほとんどの参加者は実際には検査を受けておらず，脳波指紋法に関するデータのほとんどは同領域の専門家によって査読された論文として発表されていないと報告している[原注3]。査読された論文として発表されていないと，Farwell の技術に対する厳格な科学的精査は行われていないことになる。高い正確性に関する主張を裏づけるために，Farwell は 2001 年に発表された Smith との研究をウェブサイトで引用している。アメリカ学術研究会議（2003, p. 162）は，詳しい報告書でFarwell の研究と報告に対し，「検査対象者に与えられた刺激の幅が非常

原注3　科学論文には査読は重要である。査読では，提出された論文が編集者と少なくとも 2 人の査読者によって精査される。査読者は，一般的には，著者と同じ領域で研究する科学者であり，論文に記載されている研究の話題や研究法に関する知識がある。提出された多くの論文が掲載不可とされる。それは編集者や査読者がいくつかの重大な欠点を発見するからである。掲載不可とされなかった論文は，一般的には出版される前に改稿を経る。

に狭く，サンプルサイズが非常に小さい……彼らの研究結果を，ほかの大人数に対する複雑な状況でも適用できるかは不明である」と説明した。

南フロリダ大学の精神生理学者であり，以前のFarwellの大学院の指導教員で一論文の共著者であったEmanuel Donchinによる考察は興味深い。彼は，Farwellの技術を思い起こし，「必要な研究がなされていなかった」と報告している（Knight, 2004）。つまり，脳波指紋法の正確性は，Farwellが提唱するほどには確認されていない（第12章）。

Ruben Gurは，脳領域の活動を研究している。彼は，自分の検査が真実と嘘を99%の正確性で識別でき，すぐにでもテロリストを検出できると主張する研究グループの一員である（Wild, 2005）。99%の正確性があるとする研究は，査読つき雑誌には発表されていない。現在までに査読つき雑誌に発表された正確性は，より低い値である。さらに，Gurが主張する虚偽検出技術の仮定はあまりに単純すぎる。Gurは，「嘘は常に真実より複雑である」（Wild, 2005）と主張している。本書で明らかにするように，この主張は必ずしもあてはまらない（第13章）。

第4節　本書の内容

本書では，欺瞞の非言語的，言語的，生理的指標と，これらの指標にもとづいた嘘検知能力について説明する。特に，以下の2つの疑問について述べる。(1) 真実を話す人と嘘をつく人には，非言語的行動，発話内容，生理的反応に体系的な差異があるか？　(2) 観察者が他者の非言語的行動，発話内容，生理的反応を検討し，真実と嘘をどの程度識別できるか？

本書では，欺瞞に関する一般的情報から説明を始める。欺瞞を定義した後，嘘の種類，人が嘘をつく理由，嘘をつく頻度，嘘をつく際の個人差を説明する。第2章では，嘘が日常生活にとても身近なものとなっており，社会的コミュニケーションにおける嘘の役割は2つに分かれることを示す。嘘をつくと，嘘をつかれた人を傷つけることもある。しかし，日常生

活で使われる多くの嘘は，嘘をつかれた人にも利益になる悪意のない嘘であり，社会的潤滑油の役割を果たす。

　第3章では，非言語的行動と欺瞞の関連を説明する。欺瞞の非言語的手がかりが生じる理由に関していくつかの理論を示し，真実を話す人と嘘をつく人が示す行動を検討した研究について説明する。これには，警察での取調べでの被疑者や，ビル・クリントンやサダム・フセインといった政治家の行動に関する研究も含まれる。この章では，多くの非言語的手がかりが欺瞞と関連しておらず，せいぜい欺瞞と弱い関連がある非言語的手がかりが少しあるのみであることを示し，さらに非言語的手がかりと欺瞞の関係が複雑であることを示す。その理由は，人によって欺瞞の手がかりが異なるため，また，嘘が使われる状況によって嘘をつく人の行動が変わるためである。

　第4章は，欺瞞の言語的手がかりを検証する5つの章のうちの最初の章である。後の第7章から第10章で説明される言語的手がかりは，嘘を見抜く際に専門家と研究者に用いられる言語的な虚偽検出ツールによるものである。第4章では，そのようなツールによらない言語的手がかりについてまとめる。この章は，いくつかの言語的手がかりが欺瞞と弱い関連があることを示す。

　第5章では，嘘をつく人の行動や発言を，人はどのように思っているかを説明する。ここでは，欺瞞の非言語的，言語的手がかりに関する誤った考えを人々が持っていることを示す。人が欺瞞の指標として信じている多くの手がかりは，実際には欺瞞と関連していない。一方，人が欺瞞と関連すると思っていない手がかりのいくつかは，実際には欺瞞と弱い関連がある。この章では，欺瞞の非言語的，言語的手がかりによる信念は，一般の人だけでなく，警察官，税関職員，入国審査官，看守のような嘘検知に関わる専門家にも，世界中で持たれていることも示す。

　第6章では，一般の人が，非言語的，言語的行動に着目したときに，初対面の人，友人，恋愛関係にある人，子どもの真実と嘘を識別する正確性を説明する。この章では，一般的には，相手が友人や親族であっても，相

手の非言語的行動に着目して真実と嘘をうまく検知できないことを示す。さらに，専門家が非言語的，言語的行動に着目したときの，真実と嘘を識別する正確性も説明する。一般的に，専門家は一般の人よりも優れているわけではないことを示す。

　第7章から第13章では，専門家と研究者に使われている，さまざまな虚偽検出ツールを説明する。第7章は，行動分析のための面接法（Behavior Analysis Interview：BAI）を説明する。BAI は今のところ，欺瞞の非言語的手がかりを調べる唯一の専門的な虚偽検出ツールである。BAI ではいくつかの言語的手がかりも調べる。BAI は，世界中で，実務家に教えられている。第8章では，供述の妥当性評価（Statement Validity Assessment：SVA）を説明する。SVA は，性的虐待の被害者の供述の信憑性を評価するためにドイツやスウェーデンで開発された，言語的な真偽性の評価ツールである。現在まで，SVA は言語的な真偽性を検出するツールとして広く用いられ，SVA の評価は数か国の刑事裁判で証拠として認められている。第9章では，もう一つの言語的な真偽性の評価ツールであるリアリティ・モニタリング（Reality Monitoring: RM）を説明する。著者が知る限り，RM は実務家に使われていないものの，研究者には人気が高い。それは，強い理論的根拠にもとづいているからである。第10章では，科学的内容分析（Scientific Content Analysis: SCAN）を紹介する。BAI と同様，SCAN も世界中で教えられている。

　第11章から第13章では，欺瞞の生理的手がかりを説明する。昔から，嘘をつくと体内の生理的活動が生じると考えられてきた。このような生理的活動は，近年では，ポリグラフや虚偽検出器（第11章で説明するように，この呼び方は誤解を与える）と呼ばれる器械を用いて，いくつかの方法で測定されている。虚偽検出のために，ポリグラフでは指先の汗，血圧，呼吸が測定される。ポリグラフを装着中に，真実を話す人と嘘をつく人が異なった生理的反応を示す理由には，いくつかの理論的根拠がある。これらの理論的根拠にもとづいて面接手順が提唱されている。第11章では，懸念にもとづく面接手順を，第12章では定位反射にもとづく面接手順を説

明する。懸念にもとづく面接手順は世界中で用いられているものの，定位反射にもとづく面接手順は主に日本とイスラエルのみで用いられている。

第11章では，目のまわりの血流を測定する技術である赤外線画像，声の振動などを測定する声のストレス分析も説明する。両者とも，懸念にもとづく虚偽検出技術である。第12章では，EEG-P300を通してP300脳波を測定する，定位反射にもとづく技術も説明する。ポリグラフ検査の代替となるこれらの技術は，ポリグラフ検査とは根本的に異なる検査として紹介されることがある。しかし，この主張は誤解を与える。これらの技術では，ポリグラフとは異なる懸念や定位反射を測定するものの，ポリグラフ検査で用いられる懸念や定位反射にもとづく面接手順が用いられる。したがって，これらの技術には，2つの面接手順と同じ強みと弱みがある。

第13章では，脳領域の活動を測る虚偽検出を説明する。これらの活動は，機能的磁気共鳴映像法（functional Magnetic Resonance Imaging：fMRI）脳スキャナーで測定される。fMRIを用いる技術は生理的虚偽検出において最近開発された技術であるものの，ポリグラフ検査と基本的には変わらない。fMRI虚偽検出ツールでは，これまでのポリグラフ検査で用いられた，懸念や定位反射にもとづく面接手順が用いられている。

第7章から第13章までで説明した科学的研究から，どの真偽性の評価ツールでも，完璧とは程遠い水準でしか真実と嘘を検出できないことがわかる。しかし，これらのいくつかの技術では，単に人の非言語的，言語的行動を観察するよりも，真実と嘘を正確に検出できることも示されている[原注4]。

第3章から第13章は，嘘検知における危険性を示す。第14章では危険性を体系的に示し，嘘を見抜くことに失敗する15の理由を示す。最終章（第15章）では，嘘検知スキルを向上させる方法を説明する。発話分析，生理的反応の測定による虚偽検出を向上させる方法に関するいくつかの示唆を示す。そして，欺瞞研究者と心理学のほかの分野の研究者の協力が必

原注4　第7章から第10章で紹介する言語的な真偽性の評価ツールを用いた，体系的な発話内容の分析にもとづく言語的嘘検知には，「発話分析」という語を用いる。言語的手がかりを非体系的に観察することには，「言語的行動の観察」という語を用いる。

要であると主張する。

　第15章の大部分は，人の非言語的，言語的行動の観察により嘘検知を向上させる方法について説明する。そして，嘘を見抜く人が嘘検知のために使うことができる17のガイドラインを示す。この章では，発話分析や生理的反応にもとづく虚偽検出ではなく，人の非言語的，言語的行動の観察による嘘検知に着目する。この理由は2つある。第一に，人の非言語的，言語的行動の観察による嘘検知は最も不正確であるため，最も改善が必要とされるからである。第二に，人の非言語的，言語的行動の観察による嘘検知は，（多くの発話分析の手順で必要となる）発話の書き起こしや，ポリグラフ，（EEGを記録するために必要とされる）電極のついたキャップ，fMRIスキャナーのような装置を必要としないので，発話分析や生理的反応にもとづく虚偽検出に比べ，より多くの場面で使用することが可能だからである。

第2章
嘘をつくということ：自分中心の言動と社会的潤滑油

　人をだますという現象は日常の暮らしの一部になっている。ある男性は，欲しくもない誕生日プレゼントをもらってうれしいと言う。もてなした人は，不味い料理が上手であると褒められる。テレビを見ている女の子は，まだ取りかかっていない宿題を済ませたと父親に告げる。少年は，母親の財布からお金をくすねていないと強く訴える。密輸業者は，税関職員に申告請するものなどないと言う。殺人者は，犯罪関与を否定する。これらは無限にある嘘のうちのほんの一例にすぎない。

　本章では，日常の暮らしの中でみられる嘘を扱う。まず欺瞞を定義した後，既存のさまざまな嘘の種類と，嘘をつく理由，嘘をつく頻度，そして嘘をつく個人差について説明する。また，われわれが平均して1日に1回以上人をだまそうとしていることも明らかにする。さらに，社会的なコミュニケーション場面においては嘘には二面性があることも明らかにする。

　その一つに，嘘はだまされる側に悪影響をもたらすことがある。第二次世界大戦が勃発する前にヒトラーの真の意図を十分に把握していれば，あるいは飛行機でニューヨークのツイン・タワーに突っ込んだ人たちがそれを目的として飛行訓練を受けていたことに気づいていれば，もしくは2005年7月7日にロンドンで爆破テロを実行した人物たちが二重生活を送っていたことに気づいていれば，今とはまったく違った世の中になって

いただろう。しかし，われわれがよくつく嘘は**悪意のない嘘**であり（たとえば，「もちろん，君ならすぐに新しい彼氏が見つかるよ」「君は彼女よりずっとかわいいと思う」「君は本当によくやってくれたと思うよ」），だまされた側にもそれほど悪影響をもたらすものではない。本章で明らかになるように，こうした類の嘘は受け手（相手）にとって不利益とならず，**社会的潤滑油**として機能するだろう。つまり，人間関係の中では嘘が重要な現象であること，人は嘘をつく他者との付き合いを好みやすいことが明らかにされるであろう。そこで本章では，「いかなるときも嘘は悪」という固定観念に挑む。

第1節　欺瞞の定義

　欺瞞にはいくつもの定義がある。特に Mitchell（1986, p. 3）の定義は注目に値する。彼によると，欺瞞とは「コミュニケーションを図ろうとする者の利益につながりやすい偽りのコミュニケーション」と定義される。ただし，この定義が扱う範囲は広く，多様な行動が欺瞞に分類されるといえよう。

　たとえば，この観点からすると，植物が嘘をつくとみなすこともできる。Bond と Robinson（1988）は，蘭の花であるオフリス・スペキュラムが交尾を錯覚させて雄の狩蜂をだます方法を説明している。蘭の花は，昆虫の性フェロモンに似た臭気を放ち，雄の狩蜂を誘惑して興奮させる。花の中心部はメスの狩蜂に似た色合いなので，雄の狩蜂はそこに引き付けられる。そして，メスの狩蜂の腹部にみられる髪の毛に似た濃く長い毛状のものを見つける。ここで雄の狩蜂は連れ合いを見つけたと思い込み，偽似交接を行うのである。そしてこの狩蜂はまた別の蘭の花に移動するが，その過程で蘭の花は他家受粉する。

　この Mitchell の定義は議論の余地があるといえる。なぜならば，無意識かつ誤って他人を惑わせることも，欺瞞として分類できることを暗示して

いるからである。ポケットにうっかり 50 ポンド硬貨を残したまま，買い物のお釣りを母親に渡している少年を考えてみる。この少年は，Mitchell の定義に従えば嘘をついていることになる。同様に，上司から値下げすると伝えられていない店員がいたとして，この店員が値下げ前の価格を顧客に請求すると，Mitchell の定義に従えば嘘つきということになる。多くの人はこれに納得しないだろう。

　Peterson（1995）は，人々が思い違いを嘘とみなすか調べた。参加者（5歳児と成人）に対して，一人の少年が緑色の車に関連した出来事を目撃し，後で父親から車の色を尋ねられるという物語を読ませた。このとき，本当は車の色を忘れていたが，少年本人は覚えているつもりでこう答えた。「うん，パパ，覚えているよ。車は黄色だったよ」と。この少年が嘘つきだと思うか参加者に尋ねたところ，大半の人（5歳児のうち 88%，成人のうち 95%）が少年は嘘つきではないとみなした。つまり多くの人にとって，欺瞞という問題の核心は，それが意図された行為という点にあるのである。そのため，たいていの人は，蘭の花が雄の狩蜂をだますとはみても，嘘をつくとはみなさないのである。

　こうしたことから，多くの研究者が Krauss（1981）にならい，欺瞞を「欺瞞者が虚偽であるとみなす信念や考えをほかの人に抱かせようとする行為」（Zuckerman, DePaulo, & Rosenthal, 1981, p. 3）と定義している。車の色を誤って記憶したことで間違った色を答えてしまった少年は嘘つきではないのに対し，実際は車の色を覚えているのにわざと間違った色を答えた少年は嘘つきということになる。また，自分がナポレオンであると思い込んだ妄想癖を持った男性は，これを主張する点において嘘つきとはいえない。真実を口にしてはいないが，自分の作話を信じ込んでいるし，ほかの人をだまそうと思ってもいないからである。同様に，自分は幼少期に性的虐待を受けたと思い込み，この虐待を警察に届け出る女性は，届け出自体は虚偽であるが，彼女も嘘をついているとはいえない。いわゆる虚偽記憶と嘘を識別することが重要である。しかし，行動，発話内容，生理反応に注意を払っても虚偽記憶を見抜くのは難しい（Ceci & Bruck,

1998)。この問題は本章の後半でさらに詳しく取り上げる。

さて Krauss の定義に従えば，皮肉な発言もまた嘘とはならない。確かに，わざと皮肉を言う人は真実を口にしてはいない。だが，そうした嘘によって周囲が誤解することを狙っているわけでもない。それどころか，欺瞞が見破られることを望み，表情に出したり声の調子を変えたりして他人にはっきり欺瞞を伝えようとする (Zuckerman, De Frank, Hall, Larrance, & Rosenthal, 1979)。

また，嘘をつくことを意図的行為として定義するなら，二人の話が互いに食い違いを見せていたとしても，どちらか一方が嘘つきであるとはいえない。たとえば犯罪事件の場合，同じ事件を目撃した人たちは，それぞれが事件を異なって思い出すこともあれば，供述が矛盾していることもある。したがってこの場合には，誰かがその事件を誤って記憶していることになる。しかし，誰も嘘をついていないということにもなる。

嘘は必ずしも言葉を必要としない。成績が振るわなかった競技者が，足を怪我したように見せかけてもたつきながらトラックを回ると，これは言葉を用いずに嘘をついていることになる。また，意図されたものという前提はあるが，情報を**隠蔽**して嘘をつくことも可能である。たとえば，納税申告書にわざと具体的な所得源を記入しない納税者は嘘をついていることになり，一方，その情報を記入し忘れている納税者は嘘をついていることにはならない。また，ディナー・パーティーの出席者を妻に話すとき，自分の女性秘書のことをうっかり言い忘れた場合にも嘘をついていることにはならない。だが，彼女のことにわざと触れなかったならば嘘をついたことになる。

（意図された行為であること以外で）欺瞞のそのほかの特徴は，主に発言内容の信憑性ではなく欺瞞者の視点から定義づけられることにある。欺瞞者が自分の話している内容を真実ではないと思うなら，発言内容の実際の真偽に関わらず，それは嘘をついていることになる。そのため，真実と異なる発言内容が必ずしも嘘にならないこともあれば（たとえば，先に触れたように，車の色を誤って記憶した少年は嘘をついていない），真実が

嘘になることもある。

　自分のアパートに友人が身を隠しているにも関わらず，警察には彼が海外にいると供述した被疑者を考えてみる。これは，知らないうちに被疑者の友人が国外へ逃亡した場合でも嘘になる。皮肉なことに，こうした偽りのない発言内容は「欺瞞の手がかり」に結びつけられるおそれがある。これは第3章で説明する。

　欺瞞者の視点から嘘を定義づけることは，嘘の内容が徐々に真実へと変容しうることも意味している（Pickel, 2004; Polace, 2004; Zaragoza, Payment, Ackil, Drivdahl, & Beck, 2001）。たとえば Pickel（2004）の研究において，実験参加者は，自分が観賞した映画の詳細について正直に（もしくは嘘をついて）説明するように教示された。1週間後，自分の観た映画を正確に思い出すように求められたところ，1週間前に嘘をつかせて説明させた実験参加者は，正直に説明させた実験参加者に比べ，細部を不正確に報告していた。また，1週間前の面接で創作した細部を正しい内容として報告する者もいた。このことは，自分の作り話を現在は完全に信じ込んでいることを意味する。つまり，偽りの供述内容は実験参加者たちにとって，もはや嘘ではないのである。

　Burgoon と Buller（1994, p. 155-156）による欺瞞の定義は，Krauss の定義と少し異なっている。彼女らは欺瞞を「受け手を不利な立場に置くための，送り手側が信じている事実とは異なる信念を受け手側に抱かせるための送り手による意図的行為」と定義している。この定義と Krauss の定義の決定的な違いは前半部分にある。すなわち，「受け手を不利な立場に置くための」である。このように定義の範囲が広げられたのは残念でならない。というのも，相手を不利な立場に置くこと以外でも，相手をよく見せたり相手の気持ちをかばったりするために嘘をつくことがあるからである。この点は本章の後半で説明する。

　ただ，Krauss の定義にも完全に納得できたわけではない。欺瞞のもう一つの側面を見落としているからである。Ekman（1985/2001）によると，人が嘘をつくのは，嘘をつこうとする意図をあらかじめ他人に伝えていな

いときであると説明した。そうであれば，演技中の手品師は嘘をついていないことになる。なぜならば，観客たちはだまされることを期待しているからである。もちろん，嘘をつく明らかな意図を持っているにも関わらず，嘘をつく人が相手を欺くのに失敗する場合もある。たとえば，相手は，嘘をつく人の信じさせようとする情報が偽物だと知っている可能性がある。こうした場合においては，相手を欺こうとする試みは失敗に終わるはずである。しかし，それでもこれは嘘として分類される。ここから著者は，欺瞞を「伝達者が虚偽であるとみなす信念を事前予告なしで他者に形成しようとする，成功する可能性も失敗する可能性もある意図的試み」と定義したい。

　ところで，人は自分自身にも嘘をつくことがある。この過程は**自己欺瞞**と呼ばれる。試験で落第すると，きまって学生は試験を見直さなかったと自分自身に言い聞かせる。そして，内容を理解していなかったことは認めようとしない。こうした自己欺瞞には，否定的側面も肯定的側面もある (Lewis, 1993)。たとえば，乳房のしこりや運動中の激しい腰の痛みなど，人は重篤な身体的症状を無視したり否認したりすることがある。これは生命を脅かす問題といえよう。他方，自己欺瞞は自尊心を守る役目を果たすこともある。たとえばデートを断られたとき，相手とはそんなにデートしたくなかったと自分自身に言い聞かせ，自分の気持ちに応えてくれなかったことは認めようとしない。ただし，著者の定義に従えば，欺瞞とは少なくとも二人の人物が関与する行為を指すものである。したがって，自己欺瞞は著者の定義の対象外であり，この本ではこれ以上は取り上げない。

　著者の定義によると，人間以外の動物でも嘘をつくとみなすことができる。DeWaal (1986, Bond & Robinson, 1988 の説明においても同様) は，虚勢を張るチンパンジーの事例など，動物の洗練された欺瞞に関する事例を取り上げている。雄のチンパンジーは，どちらが強いかを調べるために互いに虚勢を張った表情を利用する。その表情をしている最中，時折チンパンジーは恐怖の兆候として無意識に歯が剥き出しになってしまう。もちろん，それが相手に知覚されてしまうと虚勢が台無しになる。そのためチ

ンパンジーは，自分の歯が剥き出しになる前に背を向けて，その表情が落ち着いたところで再び虚勢を張るのである。ある事例では，チンパンジーが自分の指を利用して素早く歯を覆うように唇を引き戻すことを DeWaal 自身も観察している。ただし，本書で扱うのは人間の欺瞞だけである。

第2節　嘘の種類

　心理学者は**まったくの嘘，誇張表現，巧妙な嘘**を区別している[原注1]（DePaulo, Kashy, Kirkendol, Wyer, & Epstein, 1996）。まったくの嘘（偽証とも呼ばれる，Ekman, 1997）とは，伝達された情報が嘘をつく人の信じていることと真実とで完全に異なっている嘘である。罪を犯した被疑者が犯罪関与を否定することはまったくの嘘をついていることになる。本当は買い物に出かけていたのに，試験勉強をしていたと告げる学生もそうである。さらに，現在の仕事に不満はないが，長年転職も考えてきたと就職希望者が面接で訴えたとする。ところが実は，解雇されたための就職活動が面接を受ける本当の理由だったならば，これはまったくの嘘をついていることになる。クリントン前合衆国大統領がポーラ・ジョーンズ[原注2]の件で証言した際，大統領執務室でモニカ・ルインスキーと二人きりでいたか思い出せないと発言したのも，まったくの嘘をついていることになる。

　一方，真実を大げさ，もしくは控え目に言う嘘は誇張表現と呼ばれる（控え目な表現は過小表現とも呼ばれる。Tyler, Feldman, & Reichert, 2006）。たとえば，友人との約束の時間に遅れたときには後悔の念を大げさに表現することがあるし，警察の取調べでは犯した罪を悔いているように飾り立てることもある。また，就職面接では実際以上に勤勉なところを

原注1　似たような分類は心理学者以外の研究者たちによっても行われており，そこでは名称に違いがあるだけである。たとえば Metts（1989）は，まったくの嘘，誇張表現，巧妙な嘘をそれぞれ「矛盾」「歪曲」「そ知らぬふり」と呼んでいる。

原注2　ポーラ・ジョーンズは前州職員で，1991 年アーカンソー州リトル・ロックのホテルの一室でクリントンが口淫を要求してきたと訴えた人物である。

表現することもある。さらに，夫（または妻）との会話では買い物の出費を控え目に話すこともある。

3番目は巧妙な嘘と呼ばれ，正真正銘の真実も含めて相手を惑わすことを狙ったものである。1999年，クリントンはアメリカ国民に向けて嘘をつき，「自分はかの女性，モニカ・ルインスキーと性的関係を持ったことはない」と述べた。この嘘は巧妙である。というのも，彼は，実際には性交がなかったとする狭い意味で述べているのに対し，声明では二人の間で性交も含め一切の性的な行為をしていなかったとほのめかしているからである。別の巧妙な嘘としては，質問をうまく切り抜けたり関連のある詳細部分を省いたりして情報を隠蔽するものがある。友人の描いた絵が気に入らなかったので，ある女性は絵で使われている明るい色が気に入ったと告げて自分の意見をひた隠しにする。旅行カバンの中身を税関職員に申告するとき，自分が所持しているものの中に非合法の薬物があれば，旅行者はそのことをわざと言い忘れて情報を隠蔽する。

情報を隠蔽してよく嘘をつくのは恋愛関係にある人たちである（Metts, 1989）。嘘をつく人はなぜ隠蔽を好むのか。これには理由がある。第一に，隠蔽を見抜くことは困難なことが挙げられる。情報が与えられると，嘘を見抜く側はその情報を裏づける証拠やその情報に矛盾する証拠を探し出し，情報の正確さを調べることができる。ところが隠蔽の場合，情報そのものが何一つ与えられていない。第二に，情報の隠蔽は比較的簡単に行うことができることが挙げられる。まったくの嘘とか誇張表現の場合，嘘をつく人はもっともらしく聞こえる物語を創作しなくてはならないが，情報を隠蔽する場合には何かを創作する必要はない。また，まったくの嘘や誇張表現を用いたときのもう一つの問題は，嘘をついた話題が別の場面で取り上げられると，嘘をついた人は自分の与えた情報を詳細に思い出さなければならないことである。情報を与えなければ（つまり隠蔽しておけば），何かを思い出す必要もない。さらに，隠蔽した情報を説明するように求められれば，言い忘れていたとか伝えたつもりになっていたと訴えることもできる。ただし，こうした弁解も，まったくの嘘や誇張表現の場合には難

しいだろう。これらに加えて，第三に，隠蔽はまったくの嘘よりも否定的にとらえられにくく（Bavelas, Black, Chovil, & Mullett, 1990; Levine, 2001; Levine, Asada, & Lindsey, 2003; Spranca, Minsk, & Baron, 1991），隠蔽した情報が見抜かれたときにはまったくの嘘が見抜かれたときに比べ，嘘をつかれた側からの反発も小さいことが挙げられる。その上，隠蔽は道徳的に正当化することも容易である。嘘をついた人はこう考えて隠蔽を正当化するだろう。「自分の発言は何もかも本当だ……ただ，真実すべてを話さなかっただけだ」と。

　嘘は，嘘のつきにくさや嘘が見破られた結果からも分類できる（Ekman, 1985/2001; Ekman & Frank, 1993; Vrij, 1998）。まず，一部の嘘はほかの嘘に比べてつきにくい。たとえば，相手が何か証拠を握っていると嘘をつく側が気づけば，嘘はつきにくくなるだろう。これとは別に，両親から禁じられているのに喫煙している12歳の少年を考えてみる。タバコを吸ったかと母親が尋ねたとき，喫煙の習慣を示す証拠が何一つない場合よりも，ズボンのポケットにあったタバコの空き箱を見せながら尋ねれば，この少年は喫煙を否定しにくくなるだろう。また，相手が疑いを抱いているときにも嘘はつきにくくなるだろう。浮気をしている妻は，夫が疑っているときには不倫を隠しにくいと感じるだろう。さらに，嘘をつく側にその心構えがなければ嘘はつきにくくなるだろう。付き合いたくない男性からデートに誘われた場合，それがあまりにも突然で，とっさに嘘をつくはめになったとしたら嘘は難しく感じるだろう。そしてこれは，前もって事情を知っていたために断る準備をしていたときよりも，そう感じるだろう。

　また，嘘が見破られた結果もさまざまである。警察の取調べで犯行を否認する殺人者には，友人との会話の中で自分がCDをたくさん持っていると誇張表現する少女よりも，嘘を見破られた結果が深刻である。また，密輸入者にとって深刻なのは，税関職員に大量のアルコール所持を発見されたときよりもヘロインを発見されたときである。嘘をつく人は状況によってさまざまな行動を見せることから，嘘のつきにくさや嘘が見破られた結果を分類することには意味がある。この点は第3章で説明する。

第3節　嘘をつく理由

　嘘について考えると，人は典型的に物質的な利益を得るためとか，物質的損害や制裁を被らないための嘘を思い浮かべやすい。これらの嘘は自分中心で，社会生活を損ね，相手を傷つける行為として映るかもしれない。固定観念によるこうした否定的なとらえ方は，大衆紙（DePaulo, Kashy et al., 1996）においても世間一般の人（Backbier, Hoogstraten, & Meerum Terwogt-Kouwenhoven, 1997; Bok, 1978; DePaulo, 2004; Kowalski, Walker, Wilkinson, Queen, & Sharpe, 2003; Robinson, 1994; Schweitzer, Hershey, & Bradlow, 2006）においてもよくみられる。

　しかしまた，人は心理的理由から嘘をつくこともある。そのような嘘は一般的に理解が得られやすい（Seiter, Bruschke, & Bai, 2002）。Goffman（1959）は，人生は劇場のようなものであり，舞台上では人が役者のように演じると述べた。この Goffman の指摘を踏まえ，日常の暮らしの中で見せる「自己」とは真の自己ではなく演出した姿であると多くの研究者が論じている（Allen & Gilbert, 2000; DePaulo, 2004; DePaulo, Kashy et al., 1996; DePaulo, Lindsay, Malone, Muhlenbruck, Charlton, & Cooper, 2003; Feldman, Forrest, & Happ, 2002; McCornack, 1997; Turner, Edgley, & Olmstead, 1975; van Dongen, 2002）。この演出した自己とは，周囲からどのようにみられたいかを反映する。そのため，きまり悪い思いをしないために人は嘘をつくといえる。不適切で，不品行で，下品かつ不道徳な考え方を誰が世間にさらしたいと思うだろうか。もちろん，他人を守るために嘘をつくこともある。真実を告げて親友を傷つけるようなことを誰がしたいと思うだろうか。

　人はこうした嘘の二面性を意識的に理解している。実際，Backbier ら（1997）の研究において，嘘をどう考えているか参加者に尋ねたところ，大勢が「嘘をつくことはよくない」と答えた。ところが，欺瞞についてもっとよく考えさせた後では，自分が嘘をついた事例を数多く報告するように

なり，理解を示すようになっていった。同様に，Boon と McCleod（2001）の参加者たちは，恋愛関係においては誠実さが大切であると信じてはいても，嘘もまた，ある場面では正当化されうると考えていた。

　Bella DePaulo と共同研究者らは，嘘の二面性を明らかにすることを目的として欺瞞の自然観察研究を実施した（DePaulo & Bell, 1996; DePaulo & Kashy, 1998; DePaulo, Kashy, et al., 1996; Kashy & DePaulo, 1996）。彼女らはアメリカ人大学生 77 名と地域の人たち 70 名に 7 日間日誌をつけさせ，あらゆる他人とのやりとりとその中でついた嘘をすべて記録するように求めた。なお，ここでのやりとりとはほかの人との 10 分以上のやりとりと定義されたので，早朝のあいさつといったちょっとした接触は除外されている。この日記法研究では人が嘘をつく理由が明らかとなった。その動機は 3 つの次元に従って定義づけることができる（Vrij, 2007）。すなわち，(1) 自分の利益のため（利己的）もしくは他人の利益のため（利他的），(2) 利益を得るためもしくは負担を減らすため，(3) 物質的な理由からもしくは心理的な理由から，である。

　物質的利益を得るための**利己的な嘘**の一例としては，自分の家に手頃な値段を付けるため，大家が買い手に物件の欠陥すべてを見せない場合がそれにあたる。また，次の新しい仕事で高収入を確保するため，就職希望者が選抜面接で現在の収入を誇張表現する場合もそうである。

　心理的利益を得るための利己的な嘘では，他人に肯定的な印象を持ってもらうために口にされるものがある。たとえば，両親に部屋を掃除したところだと言ったり，クイズ番組の答えがほとんどわかると友人に言ったりすることが該当する。

　また，物質的な損害や制裁を被らないようにするために利己的な嘘をつくこともある。こうした嘘には，被疑者が警察の取調べで犯罪関与を否定するものから，子どもがこっそりビスケットを食べてしまったものまで多岐にわたる。

　心理的負担を被らないための利己的な嘘には，自分自身がきまり悪い思いをしないようにするための嘘がある。学校でいじめられていると子ども

が告白するのに抵抗があるのは，標的にされたことに恥じらいやばつの悪さを感じるからである。ビル・クリントンがテレビで初めてアメリカ国民にモニカ・ルインスキーとの「不適切な関係」があったと認めたとき，国民を欺こうとした一番の理由は，「自分の行いへのきまりの悪さから，自分自身を守ろうとしたかった」からである。ある調査によると，大学生らは心理的負担を避けるために秘密を抱えることが示されている（Vrij, Nunkoosing, Paterson, Oosterwegel, & Soukara, 2002）。たとえば，大学生は，いまだ処女であることや同性愛者であることの秘密を抱えることが多い。また，本当はある人が気になっているのに，それとは逆のことを友人に言う場合もある。

　動機のカテゴリはそれぞれが完全に独立しているわけではないので，嘘が複数の動機のカテゴリにまたがって分類されることもある。一般に，性犯罪者が自分の犯行の性質や程度を過小評価するのは，刑を執行されたくないだけでなく，自分の行いに恥じらいも感じているからである（Ahlmeyer, Heil, McKee, & Englis, 2000）。また，先ほどの例で取り上げたクリントンは，政策批判をされたくないためにモニカ・ルインスキーとの関係について嘘をついたのかもしれない。

　さらに，われわれは，**利他的な嘘**をつくこともある。他人の利益のため（物質的利益），またはほかの人の印象をよくするため（心理的利益），あるいはほかの人が物質的損害や制裁を被らないようにするため，もしくはほかの人が心理的危害を加えられないようにするために嘘をつくことがある。たとえば，知り合いから車を購入する人にお手頃価格ではないと知りながら，「その車は本当にお手頃である」と告げる男性がいる（物質的利益）。また，友人の自信を後押しするため（心理的利益），誇張したり偽りのお世辞を言ったりする女性もいる（「気が利くし色っぽいから，新しい彼氏もすぐに見つかるよ！」）。さらに，自分の息子が有罪にならないようにするため（息子が罰せられないようにするため），息子が犯行に関与したことを知りながら自白する無実の父親もいる。あるいは，（彼氏が落ち込まないようにするため）オーガズムに達したふりをする女性がいる。

人は**社会的な嘘**と呼ばれるものを何度もついている。皆が四六時中本当のことを言い合ったら，会話しづらくなり，いたずらに感じが悪くなり，友人関係や恋愛関係といったやりとりはすぐに破綻するだろう。職場の同僚と良好な関係を続けるためには，昼食に誘われたときにつまらないと思って断るよりも，忙しいふりをしていた方がよいだろう。妻がドレスをセールで購入したためお店に返品できなくなったときには，夫はそのドレスにけちをつけることは控えた方がよいだろう。友人から高価なプレゼントをもらったときには，たとえ気に入らなくてもうれしいふりをするのが優しさだろう。人は好かれたり褒められたりすることを好むので（Aron, Dutton, Aron, & Iverson, 1989; Curtis & Miller, 1986），お世辞が言い合える関係は貴重といえる。その意味で，社会的な嘘は人をだますが喜ばせるものであり（「君の新しい髪型が気に入ったよ」），お互いの関係を豊かにするだろう。社会的な嘘は心理的理由から口にされ，自己利益と他者利益のどちらにもなりうるといえる。嘘をついたときに相手が喜べば嘘をついた人は満足するし，そうした嘘によって気まずい場面や気まずい会話がしのげるので，社会的な嘘は自己利益につながるだろう。また，四六時中真実を耳にすれば（「君の焼いたステーキは本当に固かった」「数年前よりも今の方がずっと老けて見えるね」「君がもし夢を叶えたらびっくりするよ」など），自信や自尊心が傷つくので，社会的な嘘は他者利益にもつながるだろう。

第4節　嘘の頻度

人はどのくらいの頻度で嘘をつくのか。この問題を調べるのは難儀である。おそらく，ある一定期間に自分が何回嘘をついたか人々に報告させるやり方がもっとも一般的だろう（Cole, 2001; Arnett Jensen, Arnett, Feldman, & Cauffman, 2004; Vrij, Floyd, & Ennis, 2003）。ただし，そこで得られた結果はどのくらい信用できるだろうか。たとえば，人は自分

がついた嘘の回数を本当に自覚できているだろうか。重大な嘘も含め，自分が思い出すあらゆる嘘を人はすべて認めるだろうか。これとは別の方法として，自分がついたもっとも最近の嘘を参加者に書き留めさせる方法がある(Backbier & Sieswerda, 1997)。だがこの方法も，自分がついたもっとも最近の嘘を正しく思い出せるという保証はない。また，それが些細な嘘である可能性もある。加えて，それが重大な嘘ならば，最近の嘘として報告しようとは思わない可能性がある。さらに，別の方法では，参加者に架空の物語を提示して，その物語の中で自分が嘘をつくと思うか回答させるというものもある（Argo, White, & Dahl, 2006; Williams, 2001）。だがこの方法では，物語上の回答と同じように，現実場面においても参加者が嘘をつくという保証はない。

　一方，自分が行ったあらゆるやりとりを日誌につけさせ，各々のやりとりをしている際に何回嘘をついたか記録させるやり方もある（DePaulo, Kashy et al.'s, 1996，日記法研究については先に紹介した通りである）。しかしこの場合も，重大な嘘をついたならばそれを報告しようとは思わないだろう。それに，そうしたやりとりを報告するように求めると，やりとりの性質そのものに影響が出る可能性もある。また，やりとりをしている中でつく嘘の回数にも影響が出るかもしれない。したがって，比較的妥当な方法としては，自己紹介を10分間続けさせるやり方が望ましいといえる。つまり実験参加者に気づかれないようにして，自己紹介中に何回嘘をついたか実験者が測定するのである[原注3]（Tyler et al., 2006）。ただし，この方法の限界は，人工的な実験室場面のたった10分間を切り取って検討しただけという点にある。

　このように，方法論的問題は数多くあるものの，欺瞞の頻度を調べた研究では結論が共通している。すなわち，嘘はよく起きるということである[原注4]。たとえばTylerら（2006）は，10分間にわたる自己紹介の話し合い中に，実験参加者は平均2.18回嘘をつくことを見出した。さらに，実

原注3　録画した面接場面を実験参加者に見せ，真実を話していない部分を特定してもらうことにより，嘘をついた回数を測定する。

験参加者のうち78％が10分間の話し合い中に嘘をついたと報告し，とりわけ多かったのは学力や資産や個人的スキルに関する嘘であった。これらの嘘は，前の節で紹介したGoffmanによる演出した自己の観点（たとえば，「われわれはいつもひと芝居をうつ」）によくあてはまるといえる。イギリスの日曜新聞オブザーバーが報じた調査によると，取材を受けた人のうち，88％は欲しくないクリスマスプレゼントをもらって喜んだふりをし，73％は恋人や夫（または妻）の性的能力に関して「お世辞の嘘」をついたと答えた（「*The Observer*」,「*OM Magazine*」, 2004年1月11日付, p. 12)。これらの嘘もまた，演出した自己という観点によくあてはまるといえる。

日記法の研究結果によると（DePaulo, Kashy et al., 1996)，嘘は日常よく起きるということが示されている。ほとんどの参加者たちが，日誌をつけていた1週間の間に嘘をついたと白状した。大学生は1日に2回，地域の人たちは1日に1回嘘をついたと報告していた。平均すると参加者らは他人との4回のやりとりの中で1回は嘘をつき，1週間の間にやりとりした人たちの中で34％の人に嘘をついていた（たった10分間のやりとりでも嘘が記録されたことを思い出してほしい）。また，他者利益のためにつく嘘（およそ25％）よりも自己奉仕的な嘘（およそ50％）が多かった。さらに，まったくの嘘がもっとも多い嘘で（67％)，物質的理由（およそ40％）よりも心理的理由（およそ60％）から嘘をつくことが多かった。演出した自己の枠組みに一致して，参加者らは自分の気持ち，好み，態度，意見に関して嘘をつくことが多く，活動，予定，居場所についてはそれほど嘘をつかなかった。成功と失敗に関する嘘もまた，演出した自己の枠組みに一致するものであった（DePaulo, Kashy et al., 1996)。なお，自分がついた嘘の大部分を参加者は重大ではないと報告していた[原注5]。

ただし，嘘の頻度に関する議論はそう単純なものではない。なぜならば，

原注4　Bleske & Shackelford, 2001; DePaulo, Kashy et al., 1996; Engels, Finkenauer, & van Kooten, 2006; Kalbfleisch, 2001; Knox, Zusman, McGinty, & Gescheidler, 2001; Lawson & Leck, 2006; Lippard, 1988; Mazur & Ebesu Hubbard, 2004; Turner et al., 1975; Tyler et al., 2006; Weiss & Feldman, 2006; Williams, 2001; Whitty, 2002.

嘘の頻度は，誰に嘘をつくのか，それはどのような状況なのか，嘘をつく人の個人的特徴はどのようなものかといった，さまざまな要因の影響を受けるからである。そこで，次の3つの節においてこれらの問題を細かく検討する。

第5節　誰に嘘をつく？

　DePaulo の日記法研究における詳細な分析が，DePaulo と Kashy（1998）によって報告されている。この分析からは，嘘をつくことと人間関係の情緒的な親密さとの間には関連があることが明らかにされた。初対面，顔見知り，親友，夫婦，これら4つの間で嘘をつく割合を比べたところ，初対面との間で起こる嘘がもっとも多く，夫婦の間で起こる嘘はもっとも少なかった。

　なぜ配偶者に対しては（また友人に対しても）嘘をつかないのか。一つの理由は，自分が親しみを感じている人物の前では正直でありたいと思っている点が挙げられる。だが，別の理由もある（Anderson, Ansfield, & DePaulo, 1999）。友人や恋人がわれわれをよく知っているということは，嘘をつくのに好都合な話題が制限されているということでもある。たとえば，カクテル・パーティーで料理のスキルを大げさに話せば，初対面の人にはよい印象を与えることができる。だが，これが自分の料理を食べたことのある友人ならば効果はない。また，初対面の人には復習に費やした時間が不十分だったので落第してしまったと言えるが，連日連夜，額に汗して勉強していたことを知っている恋人の前であればそうもいかない。これに加えて，身近な人は嘘を見抜けると思われやすい。そのため，嘘をついてその場をやり過ごすことができず，これがそもそも嘘をつけない理由に

原注5　もう一つの実験において，DePaulo と共同研究者らは，さまざまな場面を整理して重大な嘘の性質を調べた（DePaulo, Ansfield, Kirkendol, & Boden, 2004）。その結果，ほとんどが自己奉仕的な嘘で（90%），非合法なふるまいや不道徳な行いを隠すために嘘をついていた。

なっている可能性もある。

　このように，人は親しい人物に向けて嘘をつかない傾向にある。しかし，夫婦間で起こる嘘の回数は偶然に起こる回数をはるかに超え，10回のやりとりにつきおよそ1回は嘘が発生している（DePaulo & Kashy, 1998）。Cole（2001）の研究でも，恋愛関係では嘘が頻繁にみられることが示されている。それによると，参加者のうち92％は自分の大切な人に嘘をついたと答えていた。

　夫婦の間で起こる嘘の中には利他的なものがあり，相手を気遣うためとか気持ちを傷つけたくないからという理由からそれが口にされる（Bell & DePaulo, 1996）。もう一つは比較的稀だが，利己的な嘘も起きる（DePaulo & Kashy, 1998）。おそらく，プライバシーに関わるある程度の些細な嘘ならば，身近な人間関係の中でも必要悪としてとらえられているのだろう（DePaulo & Kashy, 1998）。しかし，夫婦間でのやりとりでは深刻な利己的嘘もみられる。深刻な嘘について人々に記述を求めたところ，嘘の相手は親密な人であるという報告がきわめて多かった（Anderson et al., 1999; DePaulo, Ansfield et al., 2004）。その中でも，たとえば不貞といった重大な問題を隠すために嘘をつきやすく，お互いの関係を壊さないために嘘が口にされていた。どうやら夫婦関係の当事者たちは，関係を脅かしてまで真実を口にするつもりはないと考えているようである。そのため，嘘をつくことの方が望ましいと思えるのだろう。人は仕方なくそうしている可能性もある。夫（または妻）に嘘をつくと不快な気持ちになりやすいからである（DePaulo & Kashy, 1998）。そうした場合には嘘をついた方がいいと判断し，仕方なくそうするだろう。夫（または妻）に嘘をつくと不快な気持ちになることが多いが（DePaulo & Kashy, 1998）。しかし，嘘をつく側からすれば，それが一番の方法であると感じているようである（Boon & McLeod, 2001）。このように考えると，嘘をつくことが正しいのも理解できる。Timothy Levineと共同研究者らは，最近自分の恋人がついた嘘を記述させ，嘘が発覚した後の反応を学生に尋ねた（Jang, Smith, & Levine, 2002; McCornack & Levine, 1990a, b）。その結果，

嘘の発覚後は参加者の25%近くが相手と別れたと報告した。ただし，参加者の恋人は別れるために嘘をついたのではなく，情報を隠すために嘘をついたことも明らかにされた。

　ところで，親しい人物に対しては嘘をつきにくいという知見には例外がある。たとえば，大学生は母親によく嘘をつく（Backbier & Sieswerda, 1997; DePaulo & Kashy, 1998; Lippard, 1988）。DePaulo & Kashy（1998）は，母親との会話の中で彼らが半分近く嘘をつくことを見出した。おそらく，大学生はいまだに母親に甘えており（たとえば金銭面），小言を言われないようにしたりお小遣いをもらったりするために嘘をつくのだろう（たとえば, Darling, Cumsille, Caldwell, & Dowdy, 2006; Lippard, 1988）。もう一つの解釈として，母親が自分をどう思っているか気になっている点も挙げられる。そのため，母親に対しては，ビールを飲み過ぎていない，授業にはすべて出席している，がんばって勉強している，部屋はいつもきれいにしていると言うのである。さらに，母親に嘘をつく第三の理由は，独り立ちして親元から離れたいと思っていることが挙げられる（Arnett Jensen et al., 2004; Mazur & Ebesu Hubbard, 2004）。

第6節　状況要因：仕事とデート

　人が嘘をつくときのパターンは状況によっても左右される。Robinson と Shepherd と Heywood（1998）は，大学生に面接したところ，83％もの学生が職に就けるなら嘘をつくと回答した。これらの学生は，親友に嘘をつくのは悪いことだが，職を手に入れるためならば嘘は別に責められることではないと答えていた。また，これらの学生は，求職場面に関し，就職希望者が自分の人柄を誇張することを雇用者側があらかじめ見透かし

訳注1　イギリスの調査会社。

ているとも思っていた。

　実際，MORI^{訳注1}による調査では，就職希望者による嘘の規模が浮き彫りにされている。これによると，英国の労働人口のうち25％が職探しをする際に雇用者を欺いていた。こうした嘘は，個人のスキルや人柄を偽ることから始まり，経験と給与を大げさに言うことまで多岐にわたっていた（King, 2006; Birkeland, Manson, Kisamore, Brannick, & Smith, 2006 も参照；Levashina & Campion, 2006; Pontari & Schenkler, 2006; Weiss & Feldman, 2006）。

　RowattとCunninghamとDruen（1998）の調査では，参加者のうち90％がデートできそうならば相手に嘘をつくと答えた。また約40％の男女は，魅力的な異性とデートするために実際に嘘をついたことを認めた（Rowatt, Cunningham, & Druen, 1999）。さらにDePauloの日記法研究によると，交際が始まって間もない頃に人は嘘をつきやすいことが明らかにされた（3回のやりとりに一度）。一つの可能な解釈として，人は「真の自己」が恋人を夢中にさせるくらい魅力的か気になっており，それゆえ，実際の自分ではなく，こうありたいと思う自分を自分自身の印象として打ち出しているものと考えられる（たとえば，演出した自己と同じ考え方である。DePaulo & Kashy, 1998）。

第7節　嘘をつく人の個人的特徴

ジェンダー

　これまで，嘘をつく頻度では男女差がまったくみられないとされてきた（DePaulo, Kashy et al., 1996）。だが，嘘をつく種類においては男女間で違いがある。男性は女性に比べて利己的な嘘をつくことが多く，女性は男性よりも利他的な嘘をつくことが多い（DePaulo & Bell, 1996; DePaulo, Kashy et al., 1996; Feldman et al., 2002）。DePauloとBell

（1996）の実験では，実験参加者に19枚の絵画の中から自分が好きな絵画と嫌いな絵画をそれぞれ2つずつ選ぶように求めた。その後，自分が指定した4枚の絵画それぞれについて，具体的にどんなところが好きかあるいは嫌いかを書き留めさせた。次に，4枚の絵画に関する自分の意見を美術学生と話し合ってもらうと伝えた。ただし，絵画のうちの何枚かは美術学生が描いたものなので，もしその学生が描いたものならば，相手からそのことが知らされることになっていた。また，実験参加者がどの絵画を選んだか美術学生は知らないことも伝えられた。

美術学生は実験協力者（実験を補助する人）だったが，どの絵画を実験参加者が好んでいるか（もしくは嫌っているか）は本当に知らされていなかった。4枚の絵画について，美術学生は全体的に見てこれらの絵画についてどう思うか，これらのうち特に好きなものはどれか，特に嫌いなものはどれかを実験参加者に尋ねた。美術学生が実験参加者の好きな絵画と嫌いな絵画の各々1つずつについて話し合いを開始し，その絵画は自分が描いたものであるかを知らせた。

ここで，4つの異なる実験条件が設けられた。第一の条件では，美術学生以外の人が描いた，実験参加者の好きな絵画について意見を話し合わせた。第二の条件では，美術学生以外の人が描いた，実験参加者が大して感動もしていない絵画について話し合わせた。第三の条件では，美術学生が描いた，実験参加者の好きな絵画について話し合わせた。第四の条件では，美術学生が描いた，実験参加者の嫌いな絵画について話し合わせた。当然のことだが，もっとも気まずいのは最後の話し合い条件で，実験参加者は自分の嫌いな絵画について，それを描いた美術学生との話し合いを余儀なくされた。その結果，最後の条件においては男女差がとりわけ顕著となった。女性は男性に比べ，絵画について肯定的な気持ちを表現し，その絵で気に入った部分を特に大げさに話していた。また，自分が本当に気に入った美術学生の絵画を話題にするときにも男女差は表れていた。女性は男性に比べて，絵の気に入ったところを誇張して話していた。

DePauloとKashyら（1996）は，日記法研究において，女性は男性に

比べて利他的な嘘をつくことが多く，その相手は主として女性であることを見出した。女性どうしの会話の場合，嘘の割合は利他的嘘も利己的嘘も等しいのに対し（およそ40％），男性どうしの会話のときには利他的嘘（およそ10％）が利己的嘘（およそ60％）の約6分の1でしか起こらなかった。

　Saarni（1984）によると，女性らしく利他的嘘をつくのはきわめて幼い時期からみられるとされる。ある実験において，7歳から11歳までの子どもたちは，大人の仕事を手伝ったご褒美として自分の好きなプレゼント（お菓子など）をもらった。そのすぐ後で，もう一度お手伝いを依頼されたが，このときのプレゼントはつまらないもので低年齢児向けであった。すると，女の子はさえないプレゼントをもらってもがっかりした気持ちを見せず，男の子より大喜びしていた。

　また，男性も女性もともに，男性との会話よりも女性との会話を楽しむことが明らかにされている（DePaulo, Epstein, & Wyer, 1993; Reis, Senchak, & Solomon, 1985）。この現象について，Reisら（1985）は，欺瞞とは異なる観点から説明を加えた。しかし，女性は男性に比べて利他的な嘘をつくことが多く，お世辞を口にし，他人を傷つける発言を控えるために，会話の相手として好まれやすいと考えることもできる。

　デートをするためならば，男性は女性よりも嘘をつきやすくなる（Eyre, Read, & Milstein, 1997; Rowatt et al., 1998）。また，デートの最中には，嘘の種類にも男女間で違いが生じる（Benz, Anderson, & Miller, 2005; Eyre et al., 1997; Keenan, Gallup, Goulet, & Kulkarni, 1997; Tooke & Camire, 1991; Whitty, 2002）。男性は経済力を創作するのに対して（たとえば，自分の経歴を偽って伝える），女性は見た目をよくするために欺瞞的な行動を示す（たとえば，周囲に異性がいる場合には腹を「引っ込める」）。こうした欺瞞的行為は，恋人にしたいと思う人物の好みが男女で異なることを意味している。男性50名と女性50名に対し，恋人にしたいと思う人物に何を求めるかをたずねたところ，男性は見た目を重視する傾向があったのに対し，女性は経済力を重視する傾向があった（Buss & Barnes, 1986）。

年齢

　子どもが嘘をつきはじめる年齢に関しては定番の議論がある。そこでは，子どもは4歳から意図して嘘をつくということで見解が一致している (Bussey, 1992; Leekam, 1992; Newton, Reddy, & Bull, 2000; Wilson, Smith, & Ross, 2003)。ところが，4歳前であっても，子どもはほかの人に誤った情報を伝えることがある。LewisとStangerとSullivan (1989) は，実験において，生後33か月から37か月の子どもに実験者が部屋にいないときにはおもちゃの方を見ないようにと説明した。しかし，ほとんどの子どもがこれを守らず，おもちゃの方に目をやっていた。後で質問したところ，多くの子どもがおもちゃに目をやったことを否定したり，あるいは質問に答えなかったりした。NigroとSnow (1992) は，生後32か月の子どもを対象にこの実験を追試したところ，類似した結果を得た。CeciとDeSimone Leichtman (1992) は3歳の子どもたちに対し，母親がおもちゃを壊してしまったことに面接者が気づいていないと思い込ませたところ，子どもは誰かほかの人が壊したと主張したり誰が壊したか知らないと主張したりして，しきりに母親をかばった。ChandlerとFritzとHala (1989) では，かくれんぼボードゲームを利用したところ，2歳の子どもでもほかの人が宝物を見つけられないように情報を伏せ，「足跡を消し」たり「偽の痕跡を残し」たり間違った場所を教えたりすることが明らかにされた。

　欺瞞の自然経過を観察する研究においても似たような結果が得られている。Newtonら (2000) は，母親を間違った方向へ向かせるために，2歳半の男の子が不正確な情報を母親へ与えることを見出した。またReddy (2007) は，0歳と2～4歳の子どもが本当の情報を知らせるのと同じく

原注6　この研究では，生後間もない頃の欺瞞は本当に欺瞞なのかという問題が取り上げられている。子どもは自分の知っていることや信じていることを，わざと間違って信じさせようとしているのだろうか。だまされる側の信念を変えるつもりはなく，「嘘をつく側」が自分の知っていることや信じていることをただ間違って言いたいと思うことは，「事実上の欺瞞」といえるのだろうか (Sinclair, 1996, Lee & Cameron, 2000も参照)。この議論は本書の範疇を超える。

らい偽の情報も伝えやすいという欺瞞の一例を報告した[原注6]。

なお，子どもの初めての嘘はお仕置きから逃れるためであることを明らかにしている研究がある（Bussey, 1992; Lewis, 1993; Saarni, 1979; Stouthamer-Loeber, 1986; Wilson et al., 2003）。おそらく，ご褒美をもらうための嘘がこの後で発現し（DePaulo & Jordan, 1982），自尊心を保護する嘘がさらにこの後続くのだろう（Bussey, 1992）。これらはすべて利己的な嘘といえる。ただし，子どもでも利他的な嘘をつくことを示した証拠がある。たとえばCeciとDeSimone Leichtman（1992）は，3歳くらいの子どもが自分の好きな人をかばうために嘘をつくことを見出した。またLewis（1993）は，3歳の女の子が祖母からプレゼントをもらったときに，実際にはそのプレゼントが気に入らなくても大喜びする事例を報告している。

また子どもたちは，嘘をつくことを頼まれたときにもそうする。TateとWarrenとHess（1993）は，子どもたちが仲のよい大人の「先生」からこの後の面接でほかの人を「だます」ように依頼され，おもちゃで遊んでいるふりをしてもらうという実験を実施した。子どもの年齢は2歳半から8歳までである。その結果，60％の子ども（年少の子どもよりも年長の子どもの方）が嘘に加担し，そのうち35％は実験中ずっとだまし続けることが明らかにされた。もう一つの研究でも，Bussey（1992）はTateら（1992）の結果と同じく，年長の子ども（5歳）が年少の子ども（3歳）よりも嘘をつきやすいことを見出している。ただし，嘘をつくようにお願いすれば，3歳の子どもでも24％は承諾し，きつい表現でお願いしたときにはその割合が50％にまで上昇した。

Lewis（1993）は，子どもがどのように嘘を学ぶかについて次のように述べている。まず，身近な人から期待はずれの贈り物をもらったときには，大喜びするように両親もしくは養育者からしつけを受ける。また，両親など，周囲の人がこの種の嘘をつくこともよく観察し，後でその行動を模倣する。さらに，お仕置きから逃れるための嘘を学ぶ過程についてもLewisは次のように述べている。たとえば，2歳になる女の子が母親から

ビスケットを食べないようにと言われたとする。この後，母親からビスケットを食べたか尋ねられ，食べてしまったと白状する。母親は腹を立て，子どもにお仕置きする。こうしたやりとりを数回繰り返すだけで，女の子は悪事を白状すればお仕置きされることを学ぶ。そして，お仕置きされないために嘘をつき始める。

　ただし，嘘でその場を切り抜けられることもあれば，親がその嘘を見抜くこともある。後者の場合には，嘘が悪いことであると親から告げられ，今度嘘をついたらお仕置きすると言われる。ここで，子どもは難しい問題に直面する。すなわち，悪いことをしたと正直に言えばお仕置きされるし，悪いことを偽ったことが見破られてもお仕置きを受ける。ただし，親が必ずしも自分のすべての嘘を見抜けるわけではない。そのため，悪事は秘密にしておき，それが見抜かれそうなときにだけ白状した方が都合がよいと学習する。

パーソナリティ

愛着スタイル

　愛着理論は Bowlby (1969, 1973, 1980) によって提唱され，その後も研究者らによって拡張されてきた理論である。これは，幼少期に親もしくは養育者からの接触と応答を経験することにより，自己と他者に関する「内的作業モデル」を発達させるという考え方が基盤となっている。そして子どもたちは，その内的作業モデルを利用してほかの人に対する期待を形成し，対人行動，他人とのやりとり，そして典型的な人間関係スタイルを形作るとされる。なお，この内的作業モデル（**愛着スタイル**）は徐々に安定し，成人期になれば積極的役割を果たすことが報告されている。

　愛着スタイルは2つの次元にしたがって定義することが可能である。それは，回避と不安である (Brennan, Clark, & Shaver, 1998; Cole, 2001; Hazan & Shaver, 1987)。**回避型**の愛着は他人の否定的なモデル像を持ち (Bartholomew & Horowitz, 1991)，他人の非協力的・非援

助的側面を予期させる。そして，信頼感の欠如，愛情への恐怖，疎遠な付き合いを生み出す（Brennan et al., 1998; Cole, 2001; Mikulincer & Shaver, 2005）。これに対し，**不安型**の愛着は，否定的な自己モデル（Bartholomew & Horowitz, 1991），低自尊心，愛情への執着，嫉妬，親しい人間関係の渇望，見捨てられることへの不安を示す。また，内的な自己価値の感覚よりも親しい関係にある他者からの承認を強く求め，それにはげしく依存する（Brennan et al., 1998; Cole, 2001）。

愛着スタイルは，恋愛関係で人がどのくらいの頻度で嘘をつくかに影響を与える（Cole, 2001; Ennis, Vrij, & Chance, 2008）。たとえば，回避型の人はそうではない人に比べ，恋人に対してよく嘘をつく。こうした人たちは親密な交流が苦手であるから，他人との安全な距離を保つ手立てとして欺瞞を用いる（Cole, 2001）。そうした欺瞞を通し，自分のプライバシーを守り，相手との絆をつくり，関係に依存しない感覚を形成していくのである。一方，不安型の人は夫（または妻）に対してよく嘘をつく。こうした人は夫（または妻）からの関与や接触に固執することから，偽りの肯定的印象や相手にとって望ましく映る印象が形成されるようにだまし，注意や関心を引き付けようとする（Cole, 2001）。

サイコパシー

よく嘘をつく人といえば，サイコパスがすぐに思い浮かぶ。**サイコパシー**とは社会性に関係したパーソナリティ障害のことで，他人のことを考えない冷淡で無慈悲な側面を持つ（MacNeil & Holden, 2006）。サイコパスたちは他人を出し抜くことを楽しみ，「魔法をかけ，巧みに操り，人生に容赦なく分け入る社会的捕食者で，彼らが去った跡には傷ついた心，打ち砕かれた期待，空っぽの財布が広範囲にわたって残される」（Hare, 2003, p. xi）。サイコパスは他人を搾取するために欺瞞を利用し（Book, Holden, Starzyk, Wasylkiw, & Edwards, 2006; Seto, Khattar, Lalumiere, & Quinsey, 1987），しつこく露骨に嘘をつく。それに，ほかの人よりもかなり堂々とした態度をとることが多い（Hare, Forth, &

Hart, 1989; Porter & Woodworth, 2007)。

マキャベリアニズムと社会的器用さ

嘘をつく人に関する固定観念としては，自分中心で，ずる賢く，思い通りに操るのがうまいといったものがある。これはある程度当たっているかもしれない（Hunter, Gerbing, & Boster, 1982; Kashy & DePaulo, 1996; Wilson, Near, & Miller, 1998; 上記のサイコパスに関する記述も参照）。**マキャベリアニズム**の高い人は，他人を軽蔑して認識し，道徳規範にはほとんど関心を示さず，欲しいものを手に入れるためには嘘をついたり，だましたり，思い通りに操ったりする必要性を公然と認める。また，彼らはよく利己的な嘘をつく（Kashy & DePaulo, 1996）。

そもそもマキャベリアニズムという言葉は，政治家にして作家のイタリア人・マキャヴェッリ（1469-1527）に由来している。彼は1513年に出版した『君主論』（*Il Principe*）の中で，偉大な指導者を主体としてイタリアを統一し，国益を守ることを訴えた。それは道徳的に容認されていないやり方も含め，どのような手段でも構わないというものであった。1520年した『戦術論』（*L'Arte Della Guerra*）の中では，より実現可能な具体的手段も紹介されている。

他人を操る人は腹黒いものの，人間関係の中では愚か者とはいえない。なぜならば，被害者から仕返しされそうなときには搾取をやめるし，嘘が見破られそうなときには人をだますのをやめるからである。また，会話中に優位な立場に立つ傾向もあるが，周囲からは落ち着き，有能で，自信に満ちあふれているようにみられる。さらに，評判がよく，他人を操る能力がない人より好かれ，恋人として選ばれることも多い（Kashy & DePaulo, 1996）。

社会的器用さもまた，他人を操る傾向に関連しているが，マキャベリアニズムに比べれば否定的な意味合いは少ない（Kashy & DePaulo, 1996）。社会的に器用な人は利己的な嘘をつくことが多く（Kashy & DePaulo, 1996），疑われそうなときでも嘘をつき通す傾向がある（Vrij

& Holland, 1998)。

外向的な人と内向的な人

　よく嘘をつく人（たとえば，マキャベリアニズムの高い人）の評判がよい理由は，社交的な人がどのくらいの頻度で嘘をつくか考えれば理解することができる。**社交性**とは，他人と関わりを持ち，一人でいるより他人と一緒にいることを好む傾向である。言いかえれば，社交的な人とは**外向的な人**のことである。外向的な人たちは，ほかの人たちと一緒にいることを好み，社会生活に強い関心を寄せている。一方，**内向的な人**は典型的に他人と打ち解けにくい。これは，親しい人以外との付き合いを嫌い，自分だけの見解や考えを重視しがちだからであると思われる。

　外向的な人は内向的な人に比べてよく嘘をつく。この傾向は，外向的な人にみられる他人とのやりとりの多さという変数を統制してもみられた (Kashy & DePaulo, 1996; Weiss & Feldman, 2006)。このことは逆に，内向的な人の方が誠実であるので，彼らのことは正直者と呼んだ方がよいかもしれない。ところが，内向的な人は付き合い下手と呼ばれる方が多い。たぶん，嘘をついた方がよいと思われる状況でもそうしないのが原因だろう。

公的自己意識

　ほかの人に与える印象がどのくらい気になるかについては人によって違いがある。こうしたことに強い関心を示す人たちは，**公的自己意識**や他者指向性の得点が高いとされている。それらの得点が高い人ほど，周囲がよい印象を持つように自分自身も調子を合わせる傾向がある。ほかの人が気に入ると思う人物になったふりをすることもある。事実，Kashy と DePaulo（1996）はこれらの人が多くの嘘，とりわけ利己的な嘘をつくことを見出している。利己的な嘘をよくつくということは，愛他性ではなく自己中心性が他者関心の基盤になっているものと思われる。

社交不安

　本当の感情や思考を明かす際には自信が求められることもある。おそらく，**社交不安**を抱えた人（他人の存在を不快に感じる人）は自信がないので，嘘をつくことも多いだろう。ただ，DePauloの日記法研究では，社交不安を抱えた人がそうでもない人よりも多くの嘘をつくという証拠は得られなかった。だが，これは状況によって変わるようにも思われる。社交不安を抱えた人は，たとえば家族や友人と一緒にいるときなど，ある状況においては安心感を覚えやすい。そのため，あまり知らない人や権威者と一緒にいる場合など，居心地の悪さを感じる状況においてのみ嘘をつくと考えられる。

　ある実験にでは，実験参加者は不快な状況に置かれた（Vrij & Winkel, 1992b）。警察官は，実験参加者がヘッドフォンを所持しているか取調べを行った。実験参加者全員には，取調べの前に小さなヘッドフォンを手渡し（警察官にはこのことを知らせていない），これを持っていることは否定するように依頼した。その後警察官は，実験参加者がヘッドフォンを所持しているか，徹底的に取調べた。すると，このような不快な状況下では社交不安と嘘が関連を示し，社交不安を抱えた人（81％）はそうではない人（54％）に比べて，ポケットの中にヘッドフォンがあることを否定し続けた[訳注2]。

役者性

　役者性に優れ，言語的行動や非言語的行動を制御するのに長けている人がいる。役者性は4つの構成概念，つまり「感情の統制」「社会性の統制」「演技」「社会性の表現」に関係している（Riggio, 1986）。感情の統制とは，感情的なコミュニケーションや非言語表現を制御する能力を指す（すなわち，本当の気持ちを隠蔽する能力――たとえば，動揺しても落ち着いた様子でいることがうまい）。社会性の統制には，役割を演じる能力，言語的

訳注2　本文に記載ミスが確認されたため，訳者が元論文を参照して修正した。

行動の制御，自己呈示のスキルがともなう。演技もまた，ある人物の役割を演じる能力を指す。さらに社会性の表現では，言語表現と言語的な雄弁さに関わる技能が関係する。

　これらのスキルが嘘をつく人にとって有利にはたらくのは明らかであると考えられる。著者は，大学生が刑事から自分の専攻する講座について尋ねられる実験を行った（Vrij & Holland, 1998）。このとき，大学生の中で心理学を専攻する者は一人もいなかったが，彼らにはそれを専攻しているふりをするように求めた。そして刑事には次のような質問をしてもらった。「最近勉強した内容は？」「その内容をもう少し詳しく話してもらえる？」「講座の名称は？」「試験の範囲はどこまで？」「3人の有名な心理学者の名は？」その結果，役者性の高い人は疑われそうなときでも嘘をつき通すことが多かった。

第8節　社会生活における潤滑油としての嘘と自分中心の言動

　本章では，いかなるときも嘘は悪という従来の考え方に挑んだ。皆が四六時中本当のことを言い合ったら，会話しづらくなり，いたずらに感じが悪くなり，人とのやりとりはすぐに破綻するだろう。内向的な人はそれなりに正直者だが，周囲からはいささか付き合い下手とみなされやすい。これは，嘘をついた方がよいと思われるときでもそうしないのが原因である。一方，外向的な人はよく嘘をつき，社交性に長けているとみなされる。マキャベリアニズム的な人もまた嘘をつきやすく，評判もよい。さらに，好意的な印象を与えるように求められると，人は嘘をつきやすくなる。Feldmanら（2002）は実験において，半分の実験参加者に対し，会話の相手が好意を持ってくれるように自己アピールするよう求めた。残りの実験参加者にはそのような具体的な教示は与えなかった。すると，好意を持ってくれるように自己アピールさせた実験参加者は，その後のやりとりで嘘

をつくことが多くなった。

　われわれは親しみを感じる人物に対しても嘘をつく。恋愛関係が始まるとすぐに嘘をつき，事実と異なることや大げさなお世辞をつくり上げる。自明だが，重大な嘘をついたことがばれると窮地に立たされ，関係が破綻することもある。ただし，本章でみてきたように，恋人に嘘をつくのは情報を隠すためであり，別れを決心させるためではない。

　欺瞞のとらえ方は嘘をついた理由による（Seiter et al., 2002）。これには2つの側面がある。ほとんどの嘘は心理的理由によるもので，そうした場合の嘘は人から不愉快に思われにくい。われわれは自分の考え（たとえば，「僕の彼女より色っぽい女性を見かけたよ」）をすべて打ち明けたくはないと思っているから，嘘をつくことを選ぶ。また，本当の自分を見せたいとも思っていない。われわれは，周囲からこう見られたいと思う姿を見せるために，自分自身を演出することを好む。

　このように，自分自身を守るときや他人との間での緊張や争いを避けるとき，あるいは傷ついた心や敵意を和らげるときにわれわれは心理的な嘘をつく（DePaulo, Kashy et al., 1996）。したがって，心理的な嘘は社会的潤滑油として機能することが多く，人間関係を豊かにするだろう。その意味で，DePauloの日記法研究で，70％もの参加者が今後も嘘をつくと答えたのは珍しいことではない。

　また，Seiterら（2002）やArnett Jensenら（2004）によれば，親しい人物への嘘ならば容認されやすく，親しくない人物への嘘と比べても寛容的に評価されると人々は考えていた。この理由もまた，嘘が潤滑油として人間関係を豊かにするという点から説明できるだろう。つまりこの場合には，もめ事の回避や他者利益が嘘をつく動機になっているといえる（Barnett, Bartel, Burns, Sanborn, Christensen, & White, 2000; Pontari & Schenkler, 2006 も参照）。これとは別に，本章では親しい人物に嘘をつくもう一つの理由についても説明した。すなわち，自分のプライバシーを守るためにつく嘘である。

　嘘をつかれてもわれわれはなぜ気にしないのか。欺瞞がもたらす利益的

側面から，この点も説明することができる。他人がいつも正直に接してきたり，友人が会うたびに本音を口にしたりするなら，われわれはこれを面白く思わないだろう。周囲の本音を知ったら自尊心はどうなるだろうか。嘘が社会的潤滑油として機能することを考えれば，真実を知らない方が健全だろう。われわれは，すべての嘘を見抜くことに関心はなく，嘘を見抜こうとさえ思わないこともある（第1章ではこれを**現実逃避効果**と呼んだ）。

しかし，事情が変われば真実を知りたいと思うときもある。政治家が贈収賄の汚職関与を否定しているとき，視聴者はこれが真実か知りたいと思う。休戦協定の調印に先立ち，将軍は敵が信用できるか知りたいと思う。教師はどの生徒がいたずらしたか知りたいと思う。母親は娘が本当に宿題を終えたか知りたいと思う。買い手は販売員の言う通り中古車がお買い得か知りたいと思う。雇用者は就職希望者本人が主張した通り有能か知りたいと思う。税関職員は旅行客に申請するものが本当にないか知りたいと思う。刑事は被疑者のアリバイが信頼できるものか知りたいと思う。これらの嘘を見抜くことが可能になれば，個人のみならず，社会全体の利益につながるだろう。そこでこれ以降の章では，嘘をつく人がどう反応し，それがどう見抜かれるのかを説明する。

Box 2.1　感情的な出来事は誤って想起される

　人は経験のない感情的な出来事を「思い出す」ことがある。これを明らかにした証拠が増えている。幼児ならばこの種の記憶エラーを多分に引き起こすことはあるが（Ceci, Huffman, Smith, & Loftus, 1994; Ceci, Loftus, Leichtman, & Bruck, 1994），成人もこうしたエラーを引き起こすことがある（Porter, Yuille, & Lehman, 1999）。

　Porterら（1999）は，77名の大学生に面接を実施した。この面接の中で，参加者にはさまざまな出来事（たとえば，自分の頭上に何か落ちてきた出来事，痛む傷を負った出来事，病院の救命救急室に搬送された出来事）を紹介した。これらは参加者自身が子どものときに経験した出来事で，両親か

ら聴いたものであると伝えた。そして，面接する人は両親から聴いたとされる出来事を，さらに細かく参加者に伝えた。

　ここで，面接を受ける大学生参加者は気づいていないが，これらの出来事はすべて実験者が創作したもので，両親からは参加者が一度もそうした経験をしたことがないと確認をとっていた。記憶想起を促す教示により，偽りの出来事を想像しやすくした（たとえば，「どうであったかを思い浮かべてください，たぶん記憶が蘇ってくるでしょう」）。その結果，学生の26%が偽りの出来事に関する記憶を完全に「再生」し，30%は断片的に出来事を思い出した原注7。

原注7　この研究によれば，心理療法を行っているときに取り戻した記憶と，自然に取り戻した記憶が区別される必要性が指摘されている。Geraerts（2006）とGeraertsら（2006, 2007）を参照してほしい。

Box 2.2　嘘をつかれた側の視点

　嘘をつく人が自分の嘘を深刻にとらえようとしないことはすでに触れた通りだが，これは嘘をついた側の視点からしか述べられておらず，嘘をつかれた側の視点からは説明が行われていない。この点は，恋人の嘘が発覚したときにどんな気持ちを感じ，どう反応したかという研究が参考になる。

　恋愛関係での嘘の場合，嘘をついた側とつかれた側では反応が異なる可能性がある。つまり，嘘をついた人は嘘をつかれた人に比べ，嘘を肯定的にとらえると考えられる。（Feldman & Cauffman, 1999; Kaplar & Gordon, 2004; Kowalski et al., 2003）。たとえば，嘘をついた人は自分の嘘を愛他的で正当なものととらえるのに対し，嘘をつかれた人はなぜ嘘をつかれたかわからず混乱し，腹を立てたり悲しんだりする。ところが，ある実験において，同じ物語を異なった視点（嘘をついた人の視点，嘘をつかれた人の視点，第三者の視点）で評定するように求めたところ，嘘をついた立場と嘘をつかれた立場ではどちらも同じ認知の偏りが発生していた。そして，2つの視点の違いはこの認知の偏りが原因であることが明らかにされた（Gordon & Miller, 2000）。すなわち，第三者になったときに比べ，嘘をついた立場になったときには出来事の重要性を過小評価するのに対し，嘘をつかれた立場になった場合は被害を過大評価する傾向にあった。

　また，嘘をつかれた側になったときには男女差もみられる。一般に，女性は男性に比べ，親しい人物の嘘に心を痛めやすく（Levine, McCornack, & Avery, 1992），容認も正当化もできないと考えやすい（Blair, Nelson, & Coleman, 2001; Depaulo, Ansfield, Kirkendol, & Boden, 2004; DePaulo, Epstein, & Wyer, 1993; Levine et al., 1992）。さらに，男女の

反応は嘘の内容にも左右される (Haselton, Buss, Oubaid, & Angleitner, 2005)。生物学的な観点から検討を行ったところ，異性が経済資源，地位，愛情に関して嘘をついた場合，女性は男性に比べて腹を立てることが多かった。これに対して，異性が性交に関する嘘をついたときには，男性の方が怒りやすかった。

　Lawson (2000) は，嘘に関するものだけでなく，真実に関するものについても話し手と聴き手で違いがあるかを検討した。その結果，些細な嘘（たとえば，「君の描いた絵はいいね」）は嘘をつく側とつかれる側で評価に違いはなかったものの，真実（「本当につまらないパーティーだと思うよ」）については，真実を話す立場が聴き手の立場に比べて事実を受け入れず，自分中心に評価していた。

Box 2.3　愛着スタイルによる嘘をつかれた側の反応

　JangとSmithとLevine (2002) は，恋愛関係において重要な事柄に関する嘘がばれたときに，これを見抜いた者の反応を検討した。その結果，そのときの反応は嘘を見抜いた人物の愛着スタイルに左右されていた。まず，回避も不安もともに得点が低い人（これらの人たちは人付き合いの中でほとんど嘘をつかない人たちである）は，嘘を見抜いたときに話し合いを選択することが多く，相手との付き合いを続けようとしやすかった。一方，不安の得点が高く回避の得点が低い人は，問題を遠まわしに言ったりはぐらかしたりして関係を良好に保とうとしやすかった。さらに，回避も不安も得点が高い人（これらの人たちが人付き合いの中で嘘をつきやすい）は，恋人を敬遠したり無視したりしやすく，欺瞞が発覚した後では別れる者も多かった。

第3章
非言語的行動と欺瞞

>　見聞きする目と耳があるものであれば，秘密を隠し通せないことに納得するだろう。人は，仮に口が動かなくとも，指先でしゃべるのである。秘密は全身の毛穴を通して滲み出るものだ。
>
>　　　　　　　　　　　　　　　　（Freud, 1959, p. 94）

　Freud の引用からは，欺瞞に特徴的な非言語的手がかりの存在が示唆される。物語では，ピノキオの伸びる鼻がある。ピノキオの鼻は，真実を話すときには変化しないが，嘘をつくたびに大きくなっていく。本章では，真実を話す人と嘘をつく人の非言語的行動に違いが生じる理由について，3つの観点からまとめる。

　この3つの観点には共通する2つの重要な特徴がある。行動は嘘をつくだけでは自動的に変化しないと予測される。また，人々が嘘をつくときに生じる手がかりは，真実を話すときにも生じる可能性がある。つまり，理論的な観点からは，ピノキオの伸びる鼻のような欺瞞に特徴的な非言語的手がかりが存在するとは考えられない。

　次に，3つの理論を踏まえて，公刊された欺瞞の非言語的手がかりに関する研究を評価する。これらの研究からは，ピノキオの伸びる鼻に相当する手がかりは発見されていないことがわかる。実際，本章で述べる非言語的手がかりの多くは，欺瞞と関連していないように思われる。ただし，いくつかの手がかりについては，欺瞞と弱い関連があることがわかっている。

そこで，非言語的行動と欺瞞の間にごくわずかで，かなり弱い関連しかみられない理由として考えられるものを説明する。

　われわれが気づいているよりも欺瞞に特徴的な非言語的手がかりが多く存在し，研究者はその手がかりのいくつかをこれまで見逃してきたのだろうか？　また，個々の非言語的手がかりではなく，それらを組み合わせることで，欺瞞に特徴的な指標が明らかになるのであろうか？　さらに，個人が明白な欺瞞の非言語的手がかりを示す可能性だけではなく，人によって示す手がかりが異なる可能性についても説明する。欺瞞研究ではよくあるように，個人を集団で分析すると，欺瞞の手がかりは存在しない結果になったとしても，個人ごとに分析すると，違った結果になる可能性がある。

　また，状況が欺瞞の非言語的手がかりに与える影響についても説明を行う。たとえば，多くの欺瞞研究では，嘘をつくのは大学生であり，彼らは実験のために嘘をついていた。嘘をつく人は，そのような状況では欺瞞の非言語的手がかりを示さず，より困難な状況で明確な手がかりを示すのかもしれない。

　そこで，2人の政治家（ビル・クリントンとサダム・フセイン）がテレビのインタビューで表出した行動と，取調べにおいて被疑者が表出した行動について説明する。最後に，面接者が用いる面接スタイルが，面接対象者の示す非言語的手がかりに与える影響について詳しく説明する。

第1節　欺瞞の非言語的手がかりに関する 3つの理論的観点

ZuckermanとDePauloとRosenthalの多要因モデル

　ZuckermanとDePauloとRosenthal（1981）によれば，3つの要因の存在が欺瞞の手がかりに影響を与える可能性がある。それは（1）**感情反応**,（2）**認知的努力**,（3）**意図的な行動統制**である[原注1]。それぞれの要因は，

嘘をつく人の非言語的行動に影響を与え，欺瞞のさまざまな側面を際立たせるだろう。おそらく嘘は3つの要因すべてを特徴としている。

感情からのアプローチ

一般的に，嘘をつくことは3種類の感情と関連している。それは，罪悪感，恐怖，喜びである（Ekman, 1985/2001, 1989）。

ある政治家が，ロビー活動と引き換えに，ある会社から多額の賄賂を受け取ったとする。ある記者が疑念を抱き，政治家にその会社との関係について尋ねた。その政治家は，記者をだますことを悪いことだと認識しているので，違反行為を否認する際に罪悪感を覚えるだろう[原注2]。また，嘘が見破られると，おそらく彼の政治家としてのキャリアが終わるため，記者がそのことに気づく可能性を心配して，恐怖を感じるだろう。または，記者をだますチャンスを楽しんだり，嘘の成功を実感する瞬間を喜んだりして，ひどく興奮するだろう。

いくつかの点で，罪悪感，恐怖，興奮は，嘘をつく人の行動に影響を与えるだろう。たとえば，罪悪感によって視線回避が生じる可能性がある。白々しい嘘をつくとき，嘘をつく人はあえて相手の目を見ようとしないだろう。恐怖は，生理的な覚醒を高めるので，まばたき，身体操作（自分の服，髪，顔などを触る），言いよどみ（「うーん」，「えー」），言い間違い（口ごもり，単語の繰り返しや省略）が増え，音の高さである基本周波数が高くなるだろう（すなわち，高い声になる）。

また，否定的な感情（たとえば，罪悪感や恐怖）を経験することによって，アイ・コンタクトは減り，身体を向けにくくなり（他者に身体や頭を向けなくなる），例示動作（発話にともなう身振り手振り）が減るなど，撤退の手がかりがみられるだろう。興奮することで，動きや笑顔が増えるといっ

原注1　Zuckermanら（1981a）は，4つ目の要因として「覚醒」について記述している。ただし，彼らは覚醒と感情の要因が共通する要素を持つことを認めている（Zuckerman et al., 1981a, p. 9）。
原注2　その政治家は，賄賂を受け取ることが道徳的に不適切であることを認めているので，間違いなく後ろめたさも感じているだろう。

た喜びの行動的手がかりが生じる可能性がある。

認知的努力からのアプローチ

嘘をつくために，追加の心理的努力が必要となる場合がある。嘘のいくつかの側面がこの心的負荷を増大させている[原注3]。まず第一に，嘘を考えること自体が認知的努力を必要とするだろう。嘘をつく人は，観察者が知っていることや気づくことすべてに合わせて，話をもっともらしく作り上げ，その嘘を監視しなければならない。加えて，嘘をつく人は，再び話すときに話が一貫するよう，以前の発言を覚えておく必要がある。また，誰にどのようなことを話したかも覚えておかなければならない。また，嘘をつく人は失言を避け，新しい手がかりを与えないようにしなければならない。

心的負荷を増大させる嘘の第二の側面は，嘘をつく人は一般的に真実を話す人よりも自分の信憑性を当然のものだと考えにくいことである（DePaulo, Lindsay, Malone, Muhlenbruck, Charlton, & Cooper, 2003; Kassin, 2005; Kassin & Gudjonsson, 2004; Kassin & Norwick, 2004）。このことには少なくとも2つの理由がある。利害関係（すなわち，嘘が見抜かれるという否定的な結果と，嘘を切り抜けるという肯定的な結果）は，真実を話す人よりも嘘をつく人で大きくなることがある。密輸入者はおそらく，密輸入者以外の人より税関職員に誠実な印象を与えようとするだろう。スーツケースを開けなければならないという事態は，密輸入者にとって否定的な影響が大きい。

加えて，真実を話す人は一般的に自分の無実が伝わると考えている（Granhag, Strömwall, & Hartwig, 2007; Kassin, 2005; Kassin & Gudjonsson, 2004; Kassin & Norwick, 2004; Vrij, Mann, & Fisher, 2006b）。このことは，「内的な感情は外面に表れる」という信念である**透明性の錯覚**（Gilovich, Savitsky, & Medvec, 1998），および「人はその

原注3 嘘をつくことが必ずしも難しいわけではなく，真実を話すより簡単なこともある（McCornack, 1997）。友人が，自分の好みではない誕生日プレゼントを贈ってくれたとする。この場合，自分の好みではないと伝えるよりも，好みだと偽る方がおそらく簡単である。

人にふさわしいものを手に入れ，手に入れたものに値するだけの価値がある」という**公正世界信念**（Lerner, 1980）によって説明が可能である。たとえば，嘘をつく人は，嘘を見抜く人に誠実だと思われるように，真実を話す人よりも自分の態度を確認し，統制する傾向が強い（DePaulo & Kirkendol, 1989）；この点は，以下で説明される意図的な統制アプローチで強調されている）。自分自身の行動について特別に注意を払うことは，嘘をつく人にとって認知的な能力を必要とするだろう。

　第三に，嘘をつく人は自分の信憑性を当然のものだと考えていないので，嘘を切り抜けたかを見極めるため，面接者の反応をより注意深く観察する傾向があるだろう（Buller & Burgoon, 1996; Schweitzer, Brodt, & Croson, 2002）。嘘を見抜く人を注意深く観察することにも認知的な資源が必要である。第四に，嘘をつく人は，演技をすることや，役割を演じることを忘れないように注意し，そのことに気を取られている可能性がある（DePaulo, Lindsay et al., 2003）。そのため，さらなる認知的努力が必要になるだろう。第五に，嘘をつく人は，嘘をつく際に真実を抑制する必要があり，このことも認知的能力を必要とする（Spence et al., 2001）。最後に，真実は自動的に頭に思い浮かぶことが多いが，嘘は意図的に活性化させる必要がある。そのため，嘘は心的努力を必要とする（Gilbert, 1991; Walczyk, Roper, Seemann, & Humphrey, 2003; Walczyk, Schwartz, Clifton, Adams, Wei, & Zha, 2005）。

　研究からは，認知的に複雑な課題に取り組む人は，まばたきが少ないこと（Bagley & Manelis, 1979），言いよどみや言い間違いが多く，ゆっくりと話し，会話の間が多く，答えるまでに時間がかかること（Goldman-Eisler, 1968）が示唆されてきた。また，認知的複雑さによって，手や腕の動きが減り，視線回避は多くなる（Ekman, 1997; Ekman & Friesen, 1972）。この手や腕の動きの減少は，認知的な要求によりボディランゲージが欠如し，全体的な活動性が低下することによって生じる。たとえば，真実を話す人と嘘をつく人の脳活動を測定した研究からは，欺瞞が「より高次」な脳部位の活動の増加と関連することが明らかになって

いる（Spence et al., 2001）。この部位は落ち着きのない動きを抑制する（Shallice & Burgess, 1994）。さらに，会話の相手の目を見ると気が散ることがあるので，（通常は静止点からの）視線回避が生じる（Doherty-Sneddon, Bruce, Bonner, Longbotham, & Doyle, 2002; Doherty-Sneddon & Phelps, 2005）。

意図的な行動統制からのアプローチ

　嘘をつく人は，観察者が嘘をついているかを判断するため，自分の反応に注目することを理解しているだろう。そのため，嘘をつく人は自分の行動を統制しようとすることがある（Buller & Burgoon, 1996; Burgoon & Buller, 1994; Burgoon, Buller, Floyd, & Grandpre, 1996; Burgoon, Buller, White, Afifi, & Buslig, 1999; Krauss, 1981）。特に，嘘をつく人は，他者に不誠実な印象を与えると思われる行動を表出することを避け，その代わりに本当らしい行動を表出しようとするだろう（Hocking & Leathers, 1980; Leary & Kowalski, 1990）。ただし，それは簡単なことではない。いくつかの行動は強い感情やストレスと関連していて，嘘をつく人にとって統制することは困難である（Ekman, 1985/2001）。たとえば，怒りによって，唇が狭まるなどのいくつかの手がかりが生じるが，多くの人は自発的に唇を狭めることはできない。そのため，怒っている人がそのことを否定しても，唇が狭まるといった自動的な反応によって嘘がばれる可能性がある。同様に，声の調子も送り手にとって統制が困難である（Ekman, 1981）。強いストレスを受けたときに関連する声の特徴は，自律神経系によって統制されているからである（Hocking & Leathers, 1980）。

　行動統制のさらなる困難さとして，人々が非言語的に無言ではいられないことが挙げられる。犯人が取調べの際に，思ったよりも自分の犯罪への関与について警察官が知っていると気づいたとする。犯人はこのことに驚き，落ち着きを取り戻すために時間を必要とするであろう。警察官はその行動を観察し，解釈することが可能である。

行動を統制するときのそのほかの困難さとして，人は普段の日常的な状況において自分の行動をあまり意識していないことが挙げられる。この気づきの欠如には2つの理由がある。第一に，鏡や自分の映像を見ない限り，われわれは実際に自分自身を見ることができない。

　第二に，われわれは主に言葉によって情報を交換している。その日の自分の活動を説明することを求められると，ほとんどの場合，説明のために言葉を用いることを選択する[原注4]。そのため，われわれはより言葉に注目し，非言語的行動を多少は見落としてしまう。自分自身の行動についての洞察が不十分であるため，われわれは自分の行動の微妙な変化に気づかないことがあるのだろう。たとえば，警察の取調べにおいて被疑者は，アリバイを述べる際に話す内容については意識したとしても，ややゆっくりと話していることには気づかないことがある。また，選抜面接において志願者は，現在の雇用者との関係について何を話しているかを意識したとしても，雇用者の名前を述べるときに不機嫌な様子を見せていることには気づかないだろう。自分の行動の変化に気づいていないので，その変化に対処するとは考えにくい。そして，観察者は，行動の変化から重要な情報を得られるかもしれない。

　積極的に行動に対処し，本当らしく見せようとしたとしても，そうできる保証はない。意図的な行動統制からのアプローチでは，統制が非常に困難な行動から嘘がばれると予測される（Ekman & Friesen, 1974）。この推論の通り，注視は嘘の指標にはなりそうもない。人は注視によって，ある人との会話に興味があるか，言いたいことがあるかを表すことができる（Ekman, 1985/2001; Kleinke, 1986）。また，人々は目を見ることで他者を説得しようとする（Kleinke, 1986）。注視に高いコミュニケーション能力があることからすると，人々は注視を使用し，統制することに熟達していると考えられる。一般的には嘘をつく際に視線をそらすと考えられて

原注4　ただし，例外はある。たとえば，物体の形と大きさ（ランプの形，CDの大きさ）を説明することや，物体の場所（ボールはそこにある）を説明するには，場合によっては言葉ではなく，手や腕の動きを用いた方が簡単である。

いるため^{原注5}，嘘をつく人は視線を回避しないように試み，かなりの確率でそれに成功する。

　一方，コミュニケーションの際には，あらゆる動きは目立たず，他者から注目されることも，反応されることも少ない。そのため，われわれは動きを統制することや意図的に作り出すことに熟練しておらず，何気なく動きを表出する傾向にある。一般的には嘘をつく際に動きが増えると考えられている。そのため，おそらく嘘をつく人はかなり慎重に身体を動かし，厳密には必要のない動きを避けるだろう。人々は通常，胴体，手，指，足，脚などによって必要のない動きを作り出している。そのため，不必要な動きを示すことを避けようとすると，通常ではみられないほどの固さと抑制が生じ，その挙動は計画的で，準備されていて，不自然に見えるだろう (Burgoon & Buller, 1994; DePaulo & Kirkendol, 1989)。

　ほとんどの動きと同様に，言いよどみ，言い間違い，会話の間といった音声的な特徴は，普段は意図せず表出され，情報のやりとりにおいて重要なものではない。そのため，人々はそれらの行動を統制することが少なく，それを得意にしているわけでもないと考えられる。一般的には嘘をつく際に言いよどみ，言い間違い，会話の間を示しやすいと考えられている。そのため，おそらく嘘をつく人はそのような非流暢性を示す行動を避けるだろう。しかし，ほとんどの人は通常，言いよどみや言い間違い，会話の間を表出する。そのため，非流暢性を示す行動を避けると，不自然に流暢な音声パターンになるだろう。

　最後に，前述したように，強い感情を経験したり，強いストレスを受けいるときには，顔の表情や声の高さを統制することが困難である。そのような手がかりから嘘がばれる可能性がある。

　不十分な行動の統制によって生じるそのほかの手がかりとして，嘘をつく人は自分の主張への関与に欠け，行動が単調に見えることが挙げられる (Burgoon & Buller, 1994; Burgoon, Buller, Dillman, & Walther, 1995;

原注5　人々が一般的にどの行動を欺瞞と関連づけているかについては第5章で説明する。

DePaulo, Lindsay et al., 2003)。お金のために販売員の仕事に応募する芸術家は，選抜面接において強い熱意があるようには見えないだろう。また，悪さをした子どもにお仕置きをする母親が，実際には子どもの行動を面白がっていたとする。その場合，心の底からお仕置きをしたいようには見えないだろう。チャールズ・イングラムは，イギリスの人気テレビ番組「クイズ・ミリオネア」において不正にトップ賞を手に入れた罪で有罪になった。その際，彼は明らかに無関心を経験していただろう。100万ポンドを獲得した後に，イングラムとその妻が「新たに大金を得た人のように喜びに満ちているようには見えなかった」ため，そのテレビ番組のスタッフは疑念を抱いたのである(「*The Independent*」2003年4月8日付, p. 9)。

3つの過程に影響する要因

　嘘をつく人は実際に感情や認知的負荷を経験する，もしくは自分の行動を統制しようとするのだろうか。もしそうであれば，それはどの程度のものなのだろうか。これは，嘘をつく人のパーソナリティと嘘が発生する状況に左右される。

　罪悪感　パーソナリティに関して言えば，嘘をつく際にほかの人より罪悪感を経験しない人がいる。マキャベリアニズム，もしくは社会的器用さが高い人にとって，嘘は目的を達成するための通常の許容される手段である（第2章）。その結果，彼らは他者をだます際に不快感や罪悪感を経験しにくい（Kashy & DePaulo, 1996; Gozna, Vrij, & Bull, 2001）。また，女性と男性では対処が異なるという研究結果がある。女性は嘘をつく際に，男性よりもやや気まずさを感じやすい（DePaulo, Epstein, & Wyer, 1993; DePaulo, Kashy, Kirkendol, Wyer, & Epstein, 1996）。DePauloとKirkendol（DePaulo, Epstein, & Wyer, 1993に記述されている）は，男性と女性にこれまでに誰かについた嘘の中で最も深刻なものと，誰かにつかれた嘘の中で最も深刻なものについて尋ねた。これらの深刻な嘘は，男性よりも女性に強い影響を与えていた。自分が嘘をついた状況について説明する際に，女性は男性よりも後ろめたく，泣きそうだったと描写する

傾向が強かった。

　罪悪感を経験することは嘘が生じる状況とも関連する。おそらく，**利害関係の大きい嘘**（嘘を切り抜けると非常に肯定的な結果が生じ，見抜かれると非常に否定的な結果が生じる嘘）をつくときは，利害関係が小さい嘘をつくときよりも罪悪感を経験しやすいだろう。たとえば，レストランの常連客が，飲み物の料金が未請求であることをわざとウェイターに言わないとする。おそらく，飲んでいるものがシャンパンの場合，水の場合に比べて罪悪感を強く経験するだろう。

　嘘をつく人は，嘘が道徳的に正当化されるときには罪悪感を経験しないだろう。たとえば，あるスパイは自国の利益を守ろうと試み，そのための嘘は許容されると考えるだろう。第二次世界大戦で自国が占領されたときに，ほとんどの人はドイツ兵に嘘をついても，道徳的に反対する気持ちを経験しなかった（Ekman, 1985/2001）。また，嘘をつくことが正当だと信じている場合，罪悪感を経験しないだろう。セールスマンは，売ろうとする商品のよい側面を誇張することを仕事の一部だと考えている。そのため，誇張することに罪悪感を経験しないだろう。不倫をしている女性は，夫も浮気をしていると考えれば，罪悪感を経験しないだろう。興味深いことに，後者の信念（他者も不誠実である）は，嘘をつく人に共通する考えである（Sagarin, Rhoads, & Cialdini, 1998）。

　恐怖　欺瞞時に経験する恐怖の程度は，嘘をどのくらい得意だと考えているかに左右される。嘘をつくことが非常に巧みで，そのことを自覚している人もいる。その人は，他者をだますことは簡単で，嘘はめったにばれないということを経験している。この経験から，その人は嘘をつくことについての自信を強め，ばれるという不安が低くなるだろう。

　嘘をつく人にとって利害関係の大きい嘘の結果は，非常に重要な問題である。そのため，嘘をつく人は，利害関係が小さい嘘より，大きい嘘をつく場合に嘘がばれる恐怖を経験するだろう。また，他者を助けるための嘘をつくときに比べて，利己的な嘘をつくときに嘘がばれることの否定的な結果の影響は大きい。そのため，利己的な嘘をつくときは，利他

的な嘘をつくときよりも恐怖を経験するだろう（Anderson, Ansfield, & DePaulo, 1999）。さらに，嘘をつく人が経験する嘘がばれる恐怖の程度は，誰に嘘をつくかによっても左右される。嘘をつく人が，その相手が嘘を見抜くことに優れていると考える場合，簡単にだますことができると考える場合に比べて恐怖を経験するだろう。

　興奮　だます喜び（Ekman, 1985/2001）と呼ばれる嘘にともなう興奮は，嘘の相手がだまされにくいとわかっている場合に高まるだろう。また，だましが行われる際に，傍観者がいれば興奮は高まることがある。先生をだまそうとする少女は，先生と二人きりの場合よりほかの生徒が教室にいる場合に興奮を覚えるだろう。

　認知的努力　嘘をつくことに認知的努力をどの程度必要とするかはパーソナリティに左右される。マキャベリアニズムの高い人は，嘘をつくことをさほど認知的に複雑な行為だとは思わない（Kashy & DePaulo, 1996; Gozna et al., 2001）。さらに，言葉が巧みな人は，おそらく話を創作することをあまり難しいと感じないので，嘘をつくことを容易だとみなしやすい（Kashy & DePaulo, 1996; Vrij, Akehurst, Soukara, & Bull, 2002, 2004a）。演じることが得意だと認識している人も，おそらく自分の行動を比較的に統制しやすいと感じるので，嘘をつくことを容易だとみなしやすい（Gozna et al., 2001; Vrij, Edward, & Bull, 2001c）。さらに，嘘をつく際の**認知的負荷**の程度は知的能力にも左右される。知的能力が低い人，特に障害がある場合は，おそらく話をきちんとまとめることが困難になるため，嘘をつくことを難しいと感じやすい（Ekman & Frank, 1993; Vrij & Mann, 2001a）。もっともらしい話をして，自分の行動を確認し，嘘を見抜く人を観察するという多重作業は，知的能力が低い人にとって高い人よりも心的に困難なものになるだろう。

　嘘をつく人にとって利害関係の大きい嘘の影響はまさに重要である。おそらくそのような状況においては，嘘がばれないよう特に必死になるのだろう。このさらなる努力によって，認知的に多くのことが要求される。そのために，利害関係の大きい嘘では，小さい嘘よりも認知的負荷を経験し

やすいだろう。また，利己的な嘘は否定的な結果をともなうことが多く，利他的な嘘をつくときより認知的努力が必要になるだろう。まったくの嘘をつくことは，情報を隠蔽するよりも認知的努力を必要とするだろう。なぜなら，情報を隠蔽する場合，嘘をつく人は話を創作したり，話したことを覚えたりする必要がないからである。さらに，複雑な嘘をつくには，話を創作するためにより多くの情報が必要になり，また記憶する情報も増える。そのため，「はい」，「いいえ」と短く答えるよりも認知的な能力を必要とする（Vrij, Mann, & Fisher, 2006b）。また，嘘が十分に練られていない，もしくは事前に予行練習がなされていない場合，嘘をつくためにより一層の努力が必要になるだろう。

意図的な行動統制 ほかの人に比べて，よい印象を与えようと強く動機づけられた人たちがいる。たとえば，他者にみられていると思う程度は人によって異なる。とりわけ，**公的自己意識**の得点が高い人は，他者の注意が自分自身に注がれていると思いやすい（Fenigstein, Scheier, & Buss, 1975）。特に公的自己意識の高い人は，注目の的になっているという意識が強いため，他者によい印象を与えようと動機づけられており，誠実な印象を与えるために自分の行動を統制しようとする傾向が強い（Vrij, Edward, & Bull, 2001c）。

また，目的を達成するために印象が重要だと考えるほど，印象操作を行うことにより動機づけられる（Leary & Kowalski, 1990）。そのため，特に**マキャベリアニズム**の高い人は，他者に影響を与えるために戦略的な自己呈示を行う傾向にある。その人たちは，作り出した印象は目的の達成に関連すると考えているからである（Leary & Kowalski, 1990）。最後に，嘘をつく人が，ある状況においてほかの状況よりも与える印象を心配することはもっともだと思われる。たとえば，嘘を切り抜けることが非常に重要な場合（たとえば，利害関係の大きい嘘）は，嘘が些細な場合（たとえば，利害関係が小さい嘘）に比べて，懸命に自分自身を統制しようとするだろう。

DePauloの自己呈示的観点

　Zuckermanら（1981a）の観点からは，嘘をつく人が，3つの要因（感情，認知的努力，意図的な行動統制）の一つあるいは複数を経験すれば，欺瞞の手がかりが生じやすくなると予想される。Bella DePauloの**自己呈示的観点**（DePaulo, 1992; DePaulo, Lindsay et al., 2003）の重要な要素は，真実を話す人と嘘をつく人に多くの共通点があるということである。たとえば，真実を話す人も感情と認知的負荷を経験するし，自分自身を統制しようとするだろう。そして，そのことが真実を話す人の行動にも影響を与えるとDePauloは指摘している。そのため，罪を犯した（欺瞞的な）被疑者と同様に，無実の（真実を話している）被疑者も信じてもらえなければ否定的な結果に直面することになるので，警察の取調べで信じてもらえないことを恐れるだろう（Ofshe & Leo, 1997）。この恐怖のために，無実の被疑者は，捕まることを恐れる犯人と同様の緊張した反応を示すだろう（Bond & Fahey, 1987）。

　DePauloとLindsayら（2003）によると，誠実だとみなされた場合にのみ，真実を話す人と嘘をつく人は社会的なやりとりの目的を達成したといえる。真実を話すことと嘘をつくことの違いは，嘘をつく人の誠実であるという主張が正当性を欠くという点にある。そして，この正当性の欠如は2つの意味合いを持つ。まず，欺瞞的な自己呈示は，真実の自己呈示に比べて容認されにくいだろう。嘘をつく人は，道徳的なためらいがあったり，偽りの主張への情緒的な投資に欠けていたり，欺瞞的な発言をもっともらしく説明するための知識と経験に欠けていたりするので，自分の発言を承認しにくい可能性がある。また，嘘をつく人は，真実を話す人よりも自分の信憑性を当然のものだと考えにくいので，自分の行動に対する気づきと意図性の感覚を強く経験しやすい。すでに説明したように，利害関係は真実を話す人より嘘をつく人で大きく，真実を話す人は自分の無実が伝わると信じている。そのため，嘘をつく人はその感覚を強く経験する。

真実を話す人も真実を話していると思われたがるが，そのことに特別な努力や注意が必要だとは一般的に考えていない。嘘をつく人は自分の信憑性を当然のものだとみなしにくいので，真実を話す人よりも他者に信憑性のある印象を与えることを重要だと考えやすい。その結果，他者に与える印象について不安を抱えやすい。

Buller と Burgoon の対人欺瞞理論（IDT）

　欺瞞に関する第三の観点である Buller と Burgoon（1996）の**対人欺瞞理論**（Interpersonal Deception Theory: **IDT**）では，以下のことが仮定されている。対面でのやりとりの最中に，嘘をつく人は多数のコミュニケーション上の課題を同時に達成しなければならない。嘘をつく人は本当らしい言語的メッセージを作り出すと同時に，本当らしい非言語的行動を表出する必要がある。また，嘘をつく人は感情を統制しながら，会話の相手がまだ自分のことを信じているか確かめるために会話相手に注意を向け，会話相手が言ったことに適切に反応しながらも，会話を円滑に保ち，そして，だます意図がばれないようにしなければならない（Buller & Burgoon, 1996）。IDT では，Zuckerman ら（1981a）の要因（感情，認知的努力，意図的な行動統制）を欺瞞の手がかりの背景要因として採用している。加えて，IDT では，欺瞞は相互作用の文脈で生じ，一方向性の活動ではないことが強調されている。それどころか，嘘をつく人とその相手はお互いに影響しあう（Burgoon, Buller, Floyd et al., 1996）。

　IDT によれば，受け手の行動は送り手の行動表出に対して，同調によって直接的に影響を与える可能性があるし，受け手の行動によって行動調整が生じ，間接的に影響を与える可能性がある（Burgoon et al., 1999）。直接的な効果に関して，人々がお互いにコミュニケーションする際に，調和と同調が行われる可能性がある（Burgoon, Buller, Dillman, & Walther, 1995; Burgoon, Buller, Ebesu, White, & Rockwell, 1996; Burgoon et al., 1999; Chartrand & Bargh, 1999）。人々はお互いの姿勢を似せたり，

話す速度と声の大きさを一点に収束させたりする可能性がある。また，注視，うなずき，口調，動き，微笑行動，顔の表情をお互いにやりとりするだろう（Akehurst & Vrij, 1999; Baumeister, Hutton, & Tice, 1989; Cappella & Schreiber, 2006; DePaulo & Friedman, 1998; Dimberg, Thunberg, & Grunedal, 2002; Tickle-Degnen, 2006）。この**カメレオン効果**（Chartrand & Bargh, 1999）は，初対面の人同士がやりとりするときにさえみられ，通常は数分以内に生じる（Chartrand & Bargh, 1999）。

　間接的な効果は，相手からのフィードバックに関連している。嘘をつく人の発言は懐疑的な目でみられることがある。たとえば，警察署長が警察の不法行為についてまったく知らなかったと話す場合，記者は署長のことを信じない。また，フーリガンが相手サポーターを脅すためだけにナイフを使用し，刺すためには用いていないと主張する場合，裁判官は彼のことを信用しない。嘘をつく人は，発言や非言語的行動によって表現される相手からの否定的なフィードバックにさらされると，自分の行動が信じやすさに欠けることに気づくだろう。その結果，嘘をつく人は疑惑を打ち消し，相手の目を直視したり，落ち着きない動きをやめたりして，「誠実な行動」を表出するよう行動調整を行うだろう（Buller, Comstock, Aune, & Strzyzewski, 1989; Buller, Strzyzewski, & Comstock, 1991; Stiff & Miller, 1986）。

要約

　ここで説明した3つの理論的な観点からすると，嘘と非言語的行動の関連が複雑なことは明らかである。嘘をつく人が感情と認知的負荷の兆候を示す可能性があるというZuckermanら（1981a）の仮説は単純明快である。しかし，これらの仮説から正反対の行動が導かれる可能性がある。たとえば，まばたきは通常，覚醒によって増加し，認知的負荷によって減少する。また，感情からのアプローチでは欺瞞時に特定の動き（**緊張行動の兆候**）の増加が予想されるが，認知的負荷からのアプローチではボディ

ランゲージが用いられないために動きの減少が予測される。DePauloとLindsayら（2003）の自己呈示的観点では，感情と認知的努力を経験することが嘘をつく人に限られるものではないことが強調されている。真実を話す人もそれらを経験する可能性があり，その結果，感情や認知的負荷と関連する非言語的手がかりを表出するかもしれない。

　Zuckermanら（1981a）の意図的な行動統制からの予測は単純ではない。意図的な統制の結果として表出される行動は，欺瞞の送り手が何が本当らしい非言語的表出だと考えているかだけではなく，その表出を演じるスキルによっても影響を受ける。ただし，意図的な行動統制からのアプローチにもとづく一般的な予測は，感情からのアプローチと認知的努力からのアプローチにもとづく予測と矛盾することがある。感情からのアプローチ，および認知的努力からのアプローチでは，緊張と認知的負荷それぞれによって，言いよどみと言い間違いが増加すると予測される。一方，意図的な行動統制からのアプローチでは，嘘をつく人は発話の乱れの大部分を抑制しようとするため，不自然に流暢になると予測される。

　感情からのアプローチと認知的努力からのアプローチでは，緊張と認知的負荷の結果，視線回避が増加すると予測される。一方，意図的な行動統制からのアプローチでは，嘘をつく人は真実を話す人と同じくらい視線行動を統制できると予測される。

　最後に，BullerとBurgoon（1996）のIDTにおける相互作用アプローチからは，欺瞞的な行動は，（カメレオン効果の結果として）直接的に相手の行動の影響を受ける可能性，相手が疑惑を持つことによって間接的に影響を受ける可能性が示唆される。非言語的コミュニケーションと欺瞞の複雑な関連からすると，明確かつ欺瞞に特徴的な非言語的手がかりが存在するとは言えそうにもない。次節でまとめられている欺瞞に関する研究からは，この見解が支持される。

第2節　嘘をつく際の非言語的行動を研究する方法

　欺瞞の非言語的手がかりについて検討した研究では，訓練を受けた評定者が真実を話す人と嘘をつく人の映像を見る（録音テープを聞くときもある）。評定者は，特定の**コード化**（分析のために回答内容を数値や記号に置き換えること）の方法を用いて，真実を話す人と嘘をつく人が表出する特定の非言語的行動の出現頻度もしくは持続時間を分析し，真実と欺瞞の反応を比較する。一般的に「**フィールド研究**」と呼ばれる，現実の状況を対象とした研究では，警察官と被疑者の取調べのような，実際の映像が分析される（Mann, Vrij, & Bull, 2002）。実験研究では，研究者から実験のために真実を話す，もしくは嘘をつくように指示された参加者の映像が分析される。フィールド研究は，その現実的な性質のため，非常に魅力的かもしれない。

　ただし，フィールド研究は，その実施に関して3つの問題を抱えている。それは，映像を入手すること，真実さの根拠を証明すること，比較可能な真実を選択することである。映像を入手することに関して次のことがいえるだろう。ある女性が浮気について夫に嘘をつくときの反応や，ある十代の若者が母親の財布からお金を取ったことについて嘘をつく際の反応を検討することは非常に興味深いだろう。ただし，そのような状況が録画されている可能性はきわめて低い。通常，人は家にカメラを設置しない。そのため，日常生活における嘘の多くは，分析することが不可能である。

　映像が入手できる場合，それらの反応が真実であるか嘘であるかわかっていれば分析が可能である。このいわゆる真実さの根拠を十分に証明するためには，医学的証拠，物的証拠，DNA証拠，もしくは信頼できる目撃者など，独立した事件の証拠が必要である。残念ながら，独立した事件の証拠を利用できることはさほど多くはない。ビル・クリントンが大陪審の前でモニカ・ルインスキーとの不倫疑惑について証言したときのことを例に説明する。証言する際に彼はずっと嘘をついていたのだろうか？　そう

であるなら，審問の最中にまさに嘘をついていたのだろうか？　信頼できる独立した事件の証拠が利用できないため，そのことについてはまったくわからない。つまり，多くの現実的な状況においては，真実さの根拠を十分に証明することはできない。

　最後に，真偽性以外のすべての側面が真に同等である場合にのみ，真実と欺瞞の反応を分析すべきである。同等である場合にのみ，真実の部分と欺瞞の部分の行動の違いは，ある人が嘘をついているという事実に起因すると推論できる。状況が変われば行動も変わるため，比較可能な真実と嘘を選択することは困難である（Dente, Barath, Ng, Vrij, Mann, & Bull, 2006; DePaulo & Friedman, 1998; Vrij, 2004b, 2006a）。この違いを**個人内差**と名づける。

　まず，状況が重要である。(i) 人々は選抜面接のような公式の場では，家族と一緒に家にいるような非公式な場とは異なる反応を示す。(ii) 違法行為で起訴されているときは，疑われていないときと異なる反応がみられる（Vrij, 2006a）。(iii) 面接する人が異なると，表出される行動が異なる（Vrij & Winkel, 1991）。

　さらに，行動は話題とも関連する。人々は気まずい話題について話すときは，中性的な話題について話すときとは異なる反応を示す（Kleinke, 1986）。また，関心のある話題や自分にとって重要な話題について話すときは，個人的な関与が少ない話題について話すときとは異なる反応を示す（Davis & Hadiks, 1995; Matarazzo, Wiens, Jackson, & Manaugh, 1970）。

　最後に，同じ面接の中でも時間とともに行動は変化することがある（Buller & Burgoon, 1996; Burgoon et al., 1999; Stiff, Corman, Krizek, & Snider, 1994; White & Burgoon, 2001）。また，面接を2回以上受ける場合は，面接が繰り返される中で行動が変化する可能がある（Granhag & Strömwall, 2002）。そのため，研究者が同じ人物が表出した欺瞞的な非言語的反応と真実の非言語的反応を比較しようとする場合，それらの反応が同じような面接状況で引き出されたのか，欺瞞的な部分と真実の部分

で同じような話題について話しているのか，短期間の間にそれぞれが話されたのかを確認する必要がある。

　映像の入手が難しいため，欺瞞の非言語的手がかりに関するフィールド研究はわずかしかない。また，研究者が真実さの根拠を十分に証明できなかったり，比較可能な真実の選択に失敗したり，もしくは両方の問題のために，公刊されている欺瞞に関するフィールド研究の質は低いことが多い。

　フィールド研究に代わるものとして，**実験研究**がある。実験研究において，研究者は参加者（多くは大学生）[原注6]に真実を話す，もしくは嘘をつくように依頼し，その際の非言語的反応を測定する。これまでに公刊された研究では，参加者はさまざまな話題について真実を話す，もしくは嘘をついていた。たとえば，視聴した映像について，ある物体をポケットの中に入れているかについて，行方不明になったお金に関与しているか，などである。そのほかの研究では，参加者は見せられたトランプの札，画面に現れた点の数，特定の人物に対する感情，いくつかの論議を呼びそうな問題などについて，真実または嘘の話をした。

　実験研究にはいくつかの利点がある。録画ができるので，研究者は参加者の行動を何回でも見直すことができる。研究者が真実を話すか，嘘をつくかの指示を出しているので，誰が嘘をついているかわかっている。そのため，真実さの根拠を証明することは問題にはならない。また，真実を話す人と嘘をつく人の状況は，嘘をつくことを除けば同一である。そのため，比較可能な真実を作り出すことも問題にはならない（つまり，真実を話す人と嘘をつく人は同じ話題を話し，同じ人に面接される，などほぼ同一である。唯一の違いは，ある人は真実を話し，ある人は嘘をつくことである）。そのため，真実を話す人と嘘をつく人の反応の違いは，片方のグループの参加者が嘘をついていたためだと考えることができる。さらに，統制された実験室状況の性質から，研究者は欺瞞的な行動に影響を与えるさまざ

原注6　参加者が犯罪者である Klaver と Lee と Hart（2007），および Porter, Doucette, Woodworth, Earle と MacNeil（2008）の欺瞞に関する2つの実験研究を参照してほしい。

な要因の影響を検討することができる。たとえば,子どもと大人に同じ話題について真実,または嘘の話をしてもらえば,子どもと大人で欺瞞の非言語的手がかりが異なるかを検討できる（Vrij, Akehurst, et al., 2004a）。また,種族的出身が異なる参加者に,同じ話題について真実,または嘘の話をさせることで,種族的背景や文化が異なる参加者が,同一,もしくは異なる欺瞞の非言語的手がかりを示すかを検討することも可能である（Vrij &Winkel, 1991）。同じように,研究者は,面接者が用いる面接スタイルが,面接対象者の示す欺瞞の非言語的手がかりに影響を与えるかを検討することができる（Vrij, 2006a）。また,十分に事前準備がなされた嘘と自然に話された嘘では,非言語的手がかりが異なるかを検討することも可能である（Littlepage & Pineault, 1985）。

ただし,実験研究には限界がある。実験研究では,参加者が嘘をつくかを選択するのではなく,実験者が嘘をつくように指示している。つまり,嘘は容認されていて,罪悪感は生じにくい。別の制限として,利害関係が大きくなりえないことが挙げられる（Ekman, 1985/2001; Malone & DePaulo, 2001; Miller & Stiff, 1993）。実験室実験においては,利害関係を高めるために,参加者が嘘を切り抜けることに成功すればお金が与えられてきた（Vrij, Akehurst et al., 2002; Vrij, Edward, & Bull, 2001c）。ほかの研究では,参加者は別の参加者に観察されて真実性を判断されると伝えられたり,将来のキャリアの成功を占う上で上手に嘘をつくことは重要な指標であると伝えられたりする（DePaulo, Lanier, & Davis, 1983）[原注7]。そのような研究では,嘘の利害関係はかなり小さい。人々が話す嘘の多くは利害関係の小さいものであるので（DePaulo, Kashy et al., 1996,および後述を参照）,それ自体は,日常生活で嘘をつく際に人々がどのように行動するかについての有用な例を示してくれる。

ただし,警察の取調べにおける被疑者,空港での密輸入者,疑い深い記

原注7　後者は本当のことである。たとえば,よい看護師は嘘が上手であり,末期症状の患者や,ひどく醜い状態（たとえば、火傷）の患者などと接触する際に否定的な感情を隠蔽できる。

者と会話する汚職政治家，妻を裏切る夫は，利害関係の大きい嘘をついている。そのような嘘を作り出そうとして，実験研究において利害関係をさらに高めた研究者もいる。たとえば，FrankとEkman（1997）の実験の参加者は，50ドルを盗む機会が与えられた。参加者は，お金を盗んでいないと面接者を信じさせれば，その全額を手中に収めることができた。かつ面接者に嘘をついていると判断されれば，参加者はその50ドルを諦め，かつ1時間当たり10ドルの参加謝礼をもらえなくなった。さらに，一部の参加者は，嘘をついていることがばれると追加の罰を受けることになった。不気味に「XXX」と書かれた窮屈な暗い部屋の中で冷たい金属製の椅子に座り，ランダムに連続する10から40ほどの，110デシベルの大音量のホワイトノイズに耐えなければならないと伝えられた。

　このような研究では倫理的な懸念が生じる。ただし，倫理的な問題があるにも関わらず，このような研究の利害関係は，現実の状況における利害関係には及ばないと主張する人はいるかもしれない。参加者にさらに高額な報酬を与えることはいつでも可能である。たとえば，参加者が面接者に真実を話していると信じさせることに成功した場合，50ドルの代わりに500ドルを与えることはできるだろう。しかし，面接者に真実を話していると信じさせることに失敗した場合にひどい罰を与えることは不可能である。大学の倫理委員会は，研究者がその研究を実施することを許可しないだろう。また，罰は実現可能なものではなく，そのことに参加者は気づく可能性がある。倫理的ガイドラインによって，研究者は，いつでも研究への参加を取りやめることができることを参加者に伝えなければならない。そのため，FrankとEkman（1997）の研究のように，暗い部屋に入室して1時間にわたってホワイトノイズを聞かなければならないと脅される際に，参加者は逃れる自由が実際にはあることに気づくだろう。つまり，実験室実験において，実際に利害関係が大きい状況を作り出すことはおそらく不可能である。多くの場合，利害関係が大きい現実の状況で，嘘をつく人がどのように行動するかを検討することが唯一の選択肢になる（Barrett, 2005; Riggio, 1994）。

第3節　嘘をつく人の行動

　欺瞞の非言語的手がかりについて検討した研究のうち，著者が見つけることのできた英語で公刊された132の研究の結果を別表3.1に掲載した。それぞれの行動について欺瞞との関係を示した。「＜」の記号は，ある特定の行動が真実を話す人より嘘をつく人で表出が少ないことを示している。「＞」の記号は，ある特定の行動が真実を話す人より嘘をつく人で表出が多いことを示している。「－」の記号は，真実を話す人と嘘をつく人で差がないことを示している[原注8]。空白の箇所は，これらの研究においてその行動が検討されていないことを意味している。別表3.1では，声と発話に関する行動（**音声的手がかり**，p. 117）とそのほかの行動（**視覚的手がかり**，p. 119）に分けて記載した。Box3.2では，これらの行動の定義を示す。

　また，別表3.1の下部に，DePauloとLindsayら（2003）の欺瞞の手がかりに関する量的**メタ分析**の結果の要約を加えた。別表3.1の下部の数値は，Bella DePauloと彼女の同僚たちが算出した**効果量 d** を表している。Cohen（1977）は，0.20, 0.50, および0.80の効果量を，それぞれ小さい効果，中程度の効果，大きい効果として解釈することを提案している。マイナスの d は，その行動が真実を話す人より嘘をつく人で表出が少ないことを示し，プラスの d は，その行動が真実を話す人より嘘をつく人で表出が多いことを示している。太字で印字されている d のみが有意，つまり真実を話す人と嘘をつく人の間の実質的な差を示している。

　別表3.1では，報告された知見は一貫性に欠けていて，研究間で結果に矛盾が多いことが示されている。たとえば，ある研究では嘘をつく人は真実を話す人よりも言いよどみの表出が多かったが，ほかの研究では表出が少なかった。さらに別の研究では，言いよどみと欺瞞に関連は見出されな

原注8　本書のすべての別表において，真実を話す人と嘘をつく人の差について説明するときは，統計的に有意な差がある場合を述べている。

かった。そのほかの多くの行動においても，同じように一貫性に欠ける傾向がみられた。つまり，ピノキオの伸びる鼻のような手がかりは存在しないことがわかる。

　別表 3.1 では，いくつかの手がかりはほかの手がかりに比べて安定した傾向があることも示されている。嘘をつく人は真実を話す人よりも高い声で話すという傾向がみられた。このことは，DePaulo と Lindsay らのメタ分析でも示されている。ただし，Cohen の基準によると，d の値が 0.21 なので，欺瞞と声の高さの関連は弱いものであると示唆される。また，真実を話す人と嘘をつく人の声の高さの差異はたった数ヘルツと通常は小さく，特別な装置を用いないと検出できない。

　会話の間については別の傾向がみられる。嘘をつく人は真実を話す人よりも長い会話の間を示すと思われる。しかし，間の頻度を検討すると，はっきりとした傾向はみられない。嘘をつく人は真実を話す人よりも会話の間が長いが，その頻度は多いとは言えないだろう。DePaulo と Lindsay ら（2003）のメタ分析では，会話の間の頻度と持続時間を区別しておらず，その 2 種類を一緒にすると会話の間は欺瞞と関連していなかった（d = 0.01）。DePaulo と Lindsay ら（2003）の分析では，潜時と嘘の関連は見出されなかった。しかし，別表 3.1 を見ると，多くの研究において嘘をつく人は真実を話す人よりも返答までの時間が長いことがわかる。このことは，参加者の反応時間を測定して，できるだけ早く反応するように教示した研究において特にあてはまった。Sporer と Schwandt (2006a) は，いくつかの音声的な特徴についてメタ分析を行い，嘘をつく人は真実を話す人よりも潜時が長いことを明らかにした。ただし，その効果量は小さく，d = 0.18 であった。

　さらに，多くの研究から，嘘をつく人は真実を話す人よりも手や指の動き，脚や足の動きが少ないことがわかっている。DePaulo と Lindsay らのメタ分析では，例示動作の効果量（d = $-$ 0.14）は小さいが，手や指の動きの効果量はやや大きいものであった（d = $-$ 0.36）。しかし，手や指の動きに関する効果のほとんどは著者自身の研究で示されていて，ほか

の多くの研究者はこれらの動きを測定していないようである。ほかの研究者がこの研究結果を再現すれば，手や指の動きと欺瞞の関連についてより確信を強めることができる。脚や足の動きの効果については，おそらく多くの研究において「差がない」という結果が示されたため，DePauloとLindsayら（2003）のメタ分析では有意にはならなかった。しかし，別表3.1に示されるように，差がみられた研究では，嘘をつく人は真実を話す人よりも脚や足の動きが少ないことが一般的であった[原注9]。

　最後に，姿勢の変化に関する効果を得た研究者の多くは，嘘をつく人は真実を話す人よりも座る位置を変えることが多いと報告している。ただし，姿勢の変化を測定したほとんどの研究では，真実を話す人と嘘をつく人に差はみられなかった。そのため，姿勢の変化と欺瞞は関連していないと結論づけるのが適切だろう。DePauloとLindsayら（2003）は，姿勢の変化と胴体の動きを区別していないが，2つの手がかりを一緒にすると欺瞞とは関連していなかった（$d = 0.05$）。

　別表3.1に記載された行動のうち，手や指の動きは欺瞞と最も関連する行動であった。ただし，著者らの研究結果からすると，この手がかりもピノキオの伸びる鼻のように扱うことは不可能だと思われる。181名の参加者の結果を分析したところ，64％の参加者は欺瞞時に手や指の動きを減少させたが，36％の参加者は増加させた（Vrij, Winkel, & Akehurst, 1997）。さらに，$d = -0.36$ という効果量は，Cohenの基準によると，小から中程度の効果量だと考えられる。

　DePauloとLindsayら（2003）は，別表3.1に掲載したものより，もっと多くの行動をメタ分析の対象にしていた。彼女たちはおよそ100種類の異なる行動について検討を行った。これまでに説明した3つの行動である声の高さ，例示動作，手や指の動きを含む，21種類の行動について有意な研究結果が得られた。残りの18種類の手がかりを表3.1に掲載したが，表の下半分に載せた8つの手がかりは少数の研究でしか検討され

原注9　なお，SporerとSchwandt（2006b）は，メタ分析から脚や足の動きの効果は有意であるものの，その効果は弱いこと（$d = -0.13$）を明らかにした。

表 3.1 欺瞞の非言語的手がかり

	d
瞳孔の拡大	.39
矛盾した／曖昧な行動	.34
言葉，および音声にもとづく不確かさ	.30
緊張した様子	.27
声の緊張	.26
あごが上がる	.25
語句の繰り返し	.21
言葉，音声にもとづく関与	−.21
唇を結ぶ	.16
快表情	−.12
少数の研究にもとづく手がかり	
足の動きの変化	1.05
瞳孔の変化	.90
真の笑顔	−.70
興味がないこと，無関心さ	.59
途切れ途切れ，繰り返された単語	.38
準備しているように見えること，自然さに欠けること	.35
表情の強度	−.32
まっすぐに身体を向けること	−.20

出典：DePaulo と Lindsay ら (2003)

ていない。そのため，これ以上は説明しない。これらの手がかりは効果量の大きさの順に並べられている。効果量が最も大きい手がかりは，これまでにあまり検討されてこなかった手がかり（表3.1の下半分）であった。ただし，よく検討されてきた手がかりに注意を向けると，瞳孔の大きさ（拡大）の効果量が最も大きく，dの値は0.39であった。

表3.1を見ると，真実を話す人に比べて，嘘をつく人の瞳孔は大きく見えることがわかる。加えて，嘘をつく人は緊張しているように見えることや，緊張した声を示すことが多く，快の表情を示すことが少ないことがわかる。また，嘘をつく人は曖昧で，不確かで，関与が低いように見えることが多く，語句の繰り返しが多い。

理論的観点の証拠

　これらの結果からは，先に説明した理論的観点の多くに対する一般的な証拠が得られる。いくつかの手がかり（声の高さ，瞳孔拡大，緊張した様子，声の緊張，唇を閉じる，表情の不快さ）は嘘をつく人が真実を話す人よりも緊張することを示している。また，嘘をつく人は，会話の間が長く，答えるまでに時間がかかり，例示動作，手や指の動き，脚や足の動きが少なくなり，瞳孔が拡大し，語句の繰り返しが多くなるという研究結果が得られている。この結果からは，嘘をつくことは真実を話すよりも，少しではあるが認知的負荷がかかることが示唆される。残りの手がかりからは，嘘をつく人は曖昧で，関与が低く，不確かであることがわかる。この結果は，嘘をつく人が真実を話す人よりももっともらしい発言ができず（DePaulo, Lindsay et al., 2003），もっともらしく行動を統制できないことが多いという予測によく合致している（DePaulo, Lindsay et al., 2003; Zuckerman et al., 1981a）。また，嘘をつく人が例示動作，手や指，脚や足の動きを一般的に減少させることによって固さが生じている。この固さも，もっともらしく行動を統制できないことによって生じている可能性がある。

　Zuckerman ら（1981a）の多要因モデルと DePaulo の自己呈示的観点のさらなる証拠は，実験研究と日記法を用いた研究に参加した人の自己報告から得られている。いくつかの実験研究において，研究者は真実を話す人と嘘をつく人が実験的な面接の間に用いたと報告した方略を検討した。それらの研究では，嘘をつく人は真実を話す人に比べて自分の信憑性を当然のものだと考えていないことが示された。そのため，嘘をつく人は本当らしい印象を作り出そうとして，たとえば不安や緊張を感じているとは見えないように，より一層の努力を払う（Colwell, Hiscock-Anisman, Memon, Woods, & Michlik, 2006; Granhag & Strömwall, 2002; Granhag et al., 2007; Hartwig, Granhag,& Strömwall, 2007;

Strömwall, Granhag, & Landström, 2007; Strömwall, Hartwig, & Granhag, 2006)。

　ほかの実験研究では，真実を話す人と嘘をつく人は，実験課題を行った後に，課題中に経験したことを報告するように求められる。一般的に嘘をつく人は真実を話す人よりも，緊張や認知的負荷を経験し，本当らしい印象を作り出そうと努力したと答える[原注10]。

　日記法を用いた DePaulo と Kashy ら（1996）の研究の参加者は，嘘をつく前に比べると嘘をついているときにやや緊張を感じたと報告した。著者たちの日記法を用いた研究からは，参加者が嘘を話すときは，真実を話すときよりも緊張することがわかった（Vrij, Ennis, Farman, & Mann, 2006）。日記法を用いた研究では，別の角度からも嘘をつくときにやや不快になることがわかっている。自己報告によって，参加者は顔を合わせてやり取りする際には嘘をあまりつかず，若干ではあるが，遠隔的な手段（電話など）によって嘘をつきやすいことがわかった（DePaulo, Kashy et al., 1996; Vrij, Ennis et al., 2006）。さらに，嘘をつくときは真実を話すときに比べて，認知的負荷を経験しやすく，本当らしくみえるように試み，自分が話したことを受け入れにくいことがわかった（Vrij, Ennis, et al., 2006）。

　Zuckerman らと DePaulo の観点は支持されているものの，日記法を用いた研究からは，嘘の大部分が実際には負担がかかるものではなかった点も注目しなければならない。DePaulo と Kashy ら（1996）の研究に参加した人は，一般的に嘘は深刻なものではなく，嘘を考えることにほとんど労力を使わず，嘘がばれる可能性についてあまり心配していないと評定した。さらに，参加者たちは，嘘をついたことをほとんど後悔していない

原注10 Caso, Gnisci, Vrij, & Mann, 2005; Gozna & Babooram, 2004; Granhag & Strömwall, 2002; Hartwig, Granhag, Strömwall, & Kronkvist, 2006; Strömwall et al., 2006; Vrij, Edward, & Bull, 2001c; Vrij & Mann, 2006; Vrij, Mann, & Fisher, 2006b; Vrij, Semin, & Bull, 1996; White & Burgoon, 2001. 実験研究において，参加者は嘘をつくように指示されている。そのため，嘘は実験者に許可されたものになる。そのようなことから，参加者の経験する「緊張」は，罪悪感によって引き起こされた可能性は低い。

し，もう一度機会があれば再び嘘をつくと答えていた。著者たちの日記法を用いた研究においても，参加者は嘘をつくときに緊張や認知的負荷をあまり感じておらず，本当だと思われるように大して努力しているわけでもなかった（Vrij, Ennis, et al., 2006）。以上をまとめると，日常生活で話される嘘の大部分は，利害関係が小さく，嘘をつく際に感情や認知的負荷，意図的な行動統制に関する明白な行動的手がかりが示される可能性は低いと考えられる。

利害関係が大きい状況においても，欺瞞の行動的な手がかりが生じにくいことがある。たとえば，間違った供述，つまりある人が不正確だということを知らずに，真実ではない供述を行う場合がそれに該当する。子どものころに虐待を受けたと誤って思い込んで，警察に虐待疑惑を訴える女性は，そのような行動的な手がかりを示さないであろう。彼女は自分が真実を話していると思い込んでいて，そのために罪悪感を覚える理由がない。また彼女は認知的な努力をほとんど必要とせずに偽りの記憶を思い出すことができるだろう。

逆に，ある人が自分が嘘をついていると思い込み，実際にはうっかりと真実を話している場合，行動的な「欺瞞の手がかり」を示すかもしれない。第2章において，友人が自分の集合住宅に隠れていると思い込み，その友人を守るために，友人は外国にいると警察に話した被疑者の例を挙げた。実際に友人は，被疑者の知らないうちに国外に逃亡していた。その結果，被疑者の供述は事実上正しいものであったが，彼自身は警察官に嘘をついていると思っていた。その結果，彼は否定的感情（たとえば，罪悪感や恐怖）や認知的負荷を経験し，友人について供述する間，本当らしく見えるように努力した可能性がある。

ほとんどの欺瞞研究では，送り手と受け手にやりとりが生じない。そのため，それらの研究からBullerとBurgoon（1996）の対人欺瞞理論（IDT）を検証することは不適切である。相互にやりとりを行う面接スタイルを用いた研究では，一貫した結果は得られなかった。すなわち，IDTの前提である，嘘をつく人は疑惑を打ち消し，より本当らしく見えるように自分

の行動を変化させるということについては,一貫した結果は得られなかった(DePaulo, Ansfield, & Bell, 1996; Levine & McCornack, 1996a, b)。ある研究では,面接者の質問によって発話の乱れが増え,会話の間が長くなった(Buller et al., 1989)。しかし,第5章で説明するように,これらの行動は不誠実な行動となる。次の研究では,面接者の質問によって自己操作が増加したが,これも誠実な印象を与える行動ではない(Buller, Strzyzewski, & Comstock, 1991)。DePauloとLindsayら(2003)のメタ分析では,相互作用的文脈で行われた欺瞞研究と非相互作用的文脈で行われた研究が比較された。その結果,嘘をつく人が疑惑を招く行動の表出を避けるという前提は支持されなかった。嘘をつく人は,疑惑を招くと信じているすべての行動を抑制しようとして,それに失敗することが多いのかもしれない(Buller, Stiff, & Burgoon, 1996)。これまでにも説明した通り,相手に示したい行動を示すことは難しいことが多い。

特筆すべき2つの研究結果

一般の人も嘘検知に関わる専門家も,以下の2つの研究結果に驚くと思われる。そのため,これらの研究結果を強調して説明する。1つ目の特筆すべき研究結果は,視線行動が欺瞞と関連しないことである。世界中の一般の人と専門家は嘘をつく人がだます相手から目をそらすと信じている。そのため,これは特筆すべきことである。また,この考えは警察のマニュアルに記載されていることが多い。この点については第5章でより詳細に論じ,嘘をつく人が目を見ないという誤った信念を人々が持つ理由を説明する。

視線回避が信頼できる欺瞞の手がかりではないことの理由は2つあると思われる。まず第一に,先に述べたように,注視には高いコミュニケーション能力がある(たとえば,アイ・コンタクトは他者を説得するために用いられる)。そのため,人は注視を用いることに慣れていて,統制することにも熟練している。十分に習熟されていて,統制しやすい行動は,信

頼できる欺瞞の手がかりにはなりにくい。第二に，注視は，嘘をつくことと関係のない多くの要因と関連している。二,三の例を挙げると，好きな人と話すときは，嫌いな人と話すときと比べてアイ・コンタクトは多くなる。地位の高い人と話すときは，地位の低い人と話すときよりもアイ・コンタクトが多くなる。すぐ近くに座るときは，少し離れて座るときよりもアイ・コンタクトは少なくなるし，気まずさを感じるときにもアイ・コンタクトは少なくなる（Kleinke,1986）。注視が欺瞞以外のさまざまな要因と関連するときには，当然，注視と欺瞞が関連するとは言えなくなる。

　２つ目の特筆すべき研究結果は，感情と認知的努力を経験することや，本当らしく見せようとすることは，嘘をつく人に限った話ではなく，真実を話す人にも該当するということである。そのため，真実を話す人も嘘をつく人も，感情，認知的努力，もしくは行動の統制の手がかりを示す可能性がある。被疑者が彼の妻を殺したかどうかを尋ねられる際に，緊張したような高い声で「いいえ，そんなことはしていない」と答えたとする。この男性は嘘をついているだろうか？　この問いに答えることは不可能である。緊張行動を示しているように見えたとしても，彼が緊張している理由はわからない。妻を殺したという事実を隠そうとしているために緊張している可能性はある。しかし同様に，真実を話す際に緊張することもある。たとえば，妻を殺していないと答える際に，刑事が自分のことを信じてくれないと心配するかもしれない。

　被疑者がアリバイについて話し始めるとすぐに，落ち着きなく動くことをやめたとする。このことから，被疑者が認知的負荷を経験していると推測されるが,嘘をついているかについて意見を述べることは不可能である。被疑者は嘘をつき，説得力のあるアリバイを偽装することに強い困難を感じ，落ち着かない動きをやめた可能性はある。しかし，無実の場合でも落ち着きのない動きをやめることがある。被疑者は，答弁においてアリバイが重要な要素であることを理解しているだろう。そのため，すべての詳細について正しく話し，重要だと思われる情報を話し忘れないよう考え込んでいる可能性がある。

真実を話す人と嘘をつく人が同様の感情と認知的過程を経験する可能性を警察官は十分に認識していないと思われる。刑事と議論すると，以下のような意見が出てくることが多い。「きっと彼は嘘をついている。われわれが犯行について説明しているとき，彼が緊張しているように見えた」。被疑者の行動にもとづき，この結論を出すには早すぎることが多い。ほとんどの場合，欺瞞を検知する人は，その人が嘘をついているかを確かめるために，追加の質問をしたり，面接対象者が話した情報を確認したりといった，追加措置を講じる必要がある。行動のみにもとづき欺瞞について結論を出そうとしても多くの場合あてにならない。この問題については，本書の後の章で説明する。

第4節　欺瞞の非言語的手がかりが ほとんど存在しない理由

　これまでに概略を述べたように，理論的な観点からすると，研究からは非言語的な手がかりと欺瞞に関連がみられることは少なく，通常は弱い関連しか見出せないと予測された。研究者が欺瞞の非言語的手がかりをある程度しか特定できていない理由はほかにもある。本節ではその理由について明らかにする。

不十分な評価方法

　一貫していて，信頼性のある欺瞞の非言語的手がかりが見つからない理由の一つとして，測定に用いられる評価方法が詳細ではないことが挙げられる。このことについては，すでに2つの例が示されている。「会話の間の頻度と持続時間を混合した」カテゴリは欺瞞と関連していなかった。ただし，「頻度」と「持続時間」を個別に検討すると，嘘をつく人は真実を話す人よりも会話の間の頻度は多いわけではないが，その持続時間がやや

長いことが明らかになった。また，文法的な誤り，口ごもり，言い直し，失言などを含む，言い間違いの総合的なカテゴリは，欺瞞と関連していなかった。ただし，言い間違いの下位カテゴリである語句の繰り返しは，欺瞞と関連していて，嘘をつく人は真実を話す人よりも繰り返しが多かった。被疑者の自白を分析したDavis, Markus, Walters, VorusとConnors (2005) の研究では，単語の繰り返しと欺瞞の間に同じような関連がみられた。また，このことは，10歳の少女2人を殺害した罪で有罪判決を受けたイギリス人の用務員であるイアン・ハントリーの取調べでもみられた。本節の後半で，この事例について説明する。

　検討はされていないが，そのほかの音声カテゴリである言いよどみ（「あー (ah)」，「うーん (um)」，「えー (er)」，「えっ (uh)」，「ふーん (hmmm)」）を詳細に検討すれば，同様の傾向がみられる可能性がある。SmithとClark (1993) は，「うーん」は「えっ」よりも高い認知的負荷を示すことを明らかにした。そのため，「うーん」と「えっ」を個別に検討することで嘘が明らかになる可能性がある。嘘をつく人は認知的負荷が増大するため，真実を話す人よりも発言に「うーん」を含める可能性がある。一方，「えっ」の使用については違いがみられないだろう。

　不十分な評価方法の影響を受けるのは音声的特徴だけではないかもしれない。Ekman (1985/2001) は，本当の笑顔と嘘の笑顔を識別するなど，さまざまな笑顔を識別している。この識別は欺瞞の検知に役立つ。本当の笑顔には，ある人物が実際に肯定的な感情を経験する際に示す笑顔が含まれる。本当の笑顔は2つの筋の活動をともなう。それは，唇の端を頬骨の方向に引っ張る**大頬骨筋**と，頬を引き上げ，目のくぼみの周辺から中心に皮膚を収縮させる**眼輪筋**である。後者の変化は，目の下の皮膚の弛みと，目じりの外側にカラスの足跡のような皺を生み出す。嘘の笑顔は，実際には肯定的な感情を経験していないときに，他者に肯定的な感情を経験していると思わせるために意図的に作られる。嘘の笑顔では，目のまわりに作用する眼輪筋が活動しないことが多い。Ekmanと同僚たちは，真実を話す人は嘘をつく人よりも本当の笑顔を多く表出し，嘘をつく人は真実を話

す人よりも嘘の笑顔を多く表出することを明らかにした。本当の笑顔と嘘の笑顔が区別されない場合，真実を話す人は嘘をつく人と同じくらいの頻度で笑むようである（Ekman, Friesen, & O'Sullivan, 1988）。本当の笑顔と嘘の笑顔にみられるそのほかの違いとして，嘘の笑顔はより非対称で，非常に素早く，または非常にゆっくりと表出され，長く持続することが多く，そして持続時間が安定しにくいことが挙げられる（Ekman, 1988; Ekman, Davidson, & Friesen, 1990; Ekman & Friesen, 1982; Ekman & O'Sullivan, 2006; Frank, Ekman, & Friesen, 1993）[原注11]。

おそらく研究者たちは，嘘をつく人が表出するある特定の動きを見落としてきた。非言語的コミュニケーションの研究者は，さまざまな種類の手の動きを区別している（Efron, 1941; Ekman & Friesen, 1969, 1972; Rime & Schiaratura, 1991）。Efron（1941）の研究にもとづき，EkmanとFriesen（1969）は手の動きを，表象動作，例示動作，情動表出，調整動作，身体操作の5つのカテゴリに区分した。彼らは後の著作（Ekman & Friesen, 1972; Friesen, Ekman, & Wallbott, 1979）において，このカテゴリを表象動作（「親指を立てること」[訳注1]のような特有の意味を持つ身振り），例示動作，身体操作の3つのカテゴリに限定した。なぜなら，「単に新しい姿勢になるため，もしくは休むためだけに手が動く場合を除けば，すべての動きがこの3種類に含まれる」（Friesen et al., 1979, p. 99）からである。欺瞞研究においてもこの3種類のカテゴリ化が用いられており，3つのカテゴリすべてがDePauloとLindsayら（2003）のメタ分析に登場している（DePauloらのメタ分析において，表象動作は欺瞞に特徴的な手がかりではなかったが，少数の研究者しかこれを検討していない）。

EkmanとFriesen（1972）は例示動作をさらに8つのタイプに分類しているが，これらの下位区分は欺瞞研究では一般に用いられていない。し

原注11 眼輪筋の活動がみられる笑顔は，必ずしも本当の笑顔ではない。この筋は，苦悩，悲しみ，苦痛など，そのほかの感情とも関連しているので，嘘の笑顔が表出される際にも，この筋が活動する可能性がある。ある人が嘘の笑顔でそれらの感情を隠蔽しようとすると，眼輪筋の活動が生じるだろう。さらに，表情を作るのが上手な熟練した役者は本当の笑顔のような嘘の笑顔をうまく作り出すことができるだろう。

訳注1 この動作は，欧米では「賛成」を示す身振りとして用いられることが多い。

かし，ある実験において，著者たちは例示動作をさまざまな種類に区別した（Caso, Maricchiolo, Bonaiuto, Vrij, & Mann, 2006）。この実験では，真実を話す人は所持している物品を説明した。一方，嘘をつく人は所持している物品を想像しなければなかった。おそらく指し示す現実の物品がないために，嘘をつく人は真実を話す人よりも直示的な動き（指さし）が少なく，通常は抽象的な概念を説明するときに用いられる隠喩的な身振り（McNeill, 1992）が多かった。すべての例示動作を複合して検討すると，欺瞞との関連性は見出されなかった。つまり，単語の繰り返しや微笑のように，例示動作の下位分類として特定の種類に区分するときだけ，欺瞞の手がかりとして明白になった。

最後に，研究者は，欺瞞の手がかりが明白になるのに十分なほど，コード化する真実の部分と欺瞞の部分を詳細に定義していない可能性がある。たとえば，まばたきは認知的負荷によって減少するが，認知的負荷がないときは連続して生じる（Holland & Tarlow, 1972; Leal, 2005; Stern, Walrath, & Goldstein, 1984）。このことからすると，高い認知的負荷がかかる嘘では，欺瞞的な部分の選択は非常に重要になると考えられる。そのような嘘はまばたきの減少と関連するが，嘘を言った直後にまばたきが連続することはありうる。そのため，研究者が嘘を言った直後の時間を欺瞞的な部分として含めれば，実際に嘘をついている間に生じるまばたきの減少を見落とすことがある（Fukuda, 2001）。

まとめると，これらすべての研究結果は，観察者が非言語的反応をより詳細に検証すれば，より多くの欺瞞に特徴的な手がかりが見つかる可能性があるという考えに収束する。観察者はさまざまな種類の行動（たとえば，言い間違い，言いよどみ，微笑，例示動作など）をまとめることを避けるべきであり，欺瞞的な部分になるものを正確に定義すべきである。さらに，それぞれの行動（たとえば，会話の間）の生起頻度と持続時間のどちらを測定するかによっても差が生じるだろう。

手がかりの組み合わせ

　研究者がそれぞれの非言語的手がかりを個別に検討すると，欺瞞に特徴的な手がかりは存在しない。しかし，それらの組み合わせを考慮して用いると特徴的な傾向がみられる可能性がある。これについていくつか証拠がある。たとえば，著者らの実験では，4つの非言語的行動（例示動作，言いよどみ，潜時，手や指の動き）を組み合わせると，真実を話す人の70.6％と嘘をつく人の84.6％を正確に判別することができた。それぞれの行動を個別に用いると，それよりも正確性が低かった（Vrij, Edward, Roberts, & Bull, 2000）。

　Ekmanと同僚たちも同じような傾向を見出している。訓練された観察者が**微表情**に注目することで真実と嘘を最大で80％まで検知することができた（Frank & Ekman, 1997）。微表情に加えて声の高さを考慮した場合，真実を話す人と嘘をつく人をより正確に識別でき，86％の真実と嘘を検知することができた（Ekman, O'Sullivan, Friesen, & Scherer, 1991）。ほかの研究では，研究者がいくつかの行動について検討した場合，71～78％の正確さで識別が可能であった（Davis et al., 2005; Heilveil & Muehleman, 1981; Vrij, Akehurst et al., 2004a）。つまり，行動の組み合わせから欺瞞に特徴的な傾向がみられる可能性がある。ただし，どの行動を組み合わせるかという疑問が生じる。現在のところ，研究者によって分析する行動の組み合わせは異なり，ある状況における嘘，もしくはある集団の嘘を特定するのに有効な組み合わせは，別の状況や別の集団には有効ではない可能性もある。しかし，原則として，非言語的な手がかりをそれぞれ個別に分析するよりも，その組み合わせを分析した方が，真実と嘘をより正確に識別できる。

　個別の手がかりではなく，手がかりの組み合わせを分析するという考えによって，欺瞞の手がかりとされる曖昧さ，不確かさ，関与，緊張した様子，楽しさなどの概念を説明することは可能だろう（表3.1参照）。その

ような状態の評価は，個別の手がかりではなく，手がかりの組み合わせにもとづいて行われる可能性が高い。

欺瞞の手がかりの集団間差

　表出される欺瞞の非言語的手がかりが人によって異なることがある。本節では，ある個人の民族性や文化，ジェンダー，年齢，パーソナリティ特性に関するいわゆる**個人間差**について説明する。

種族的出身，文化

　民族性や文化が異なれば，欺瞞の非言語的手がかりも異なる可能性がある。たとえば，白人の参加者は，ほかの種族的出身や文化の参加者と異なる漏洩の手がかりを示すかもしれない。残念なことに，欺瞞の文化間研究はあまり多くはない。多くの欺瞞研究は西洋文化で行われており，参加者の大多数は白色人種の血統であった。つまり，現在公刊されている研究結果からは，白人が嘘をつく際にどのように行動するかがわかるのである。文化間研究に欠けることは短所ではあるが，白人以外の参加者で異なる結果がみられたとしても，興奮すべきことではない。重要なのは，非言語的手がかりが生じる理由に留意することである。嘘をつく人が，感情や認知的負荷を経験する，または本当らしくふるまおうとするために，非言語的手がかりが生じるのである。それらの経験に文化差がある，または感情や認知的負荷，意図的な行動統制の兆候が異なるという理論的な理由はない。民族集団が異なる参加者の欺瞞の手がかりを比較した数少ない研究では，民族間の差異はみられなかった（Sitton & Griffin, 1981; Vrij & Winkel, 1991）[原注12]。

ジェンダー

　民族性や文化による差が生じにくいことと同じ理由で，真実を話す人と嘘をつく人の差異に男女差が生じる可能性は低い。多くの状況において，

嘘をつくときに経験する感情，認知的負荷，もしくは観察者に本当らしい印象を与えようとする試みに男女差はない。感情，認知的努力，意図的な行動統制の行動の表れが男女で異なるという理論的な理由もまったくない。おそらくそのために，ほとんどの欺瞞研究で男性も女性も参加者になっているのに，男女差はめったに報告されないだろう[原注13]。

年齢

参加者の年齢について考えると，年齢によって異なる状況が浮かび上がる。子どもは大人とは異なる欺瞞の手がかりを示す理論的な根拠があるが，その理論的概念は単純ではない。意図的な行動統制からのアプローチでは，以下のことが示唆される。第一に，嘘をつく人は観察者が欺瞞を検知するために自分の反応を観察することを理解しなければならない。第二に，どの行動が他者に対して誠実な印象を与えるかを知っていなければならない。第三に，嘘をつく人が望ましい反応を表出できなければならない。最初の2つの特徴からは，効果的に嘘をつくためには「他者の役割を演じる」ことができなければならないと考えられる。6歳未満の子どもは，このスキルがかなり不足している（Broomfield, Robinson, & Robinson, 2002; Flavell, 2000; Flavell, Botkin, Fry, Wright, & Jarvis, 1968）。そのため大人は，子どもは大人に比べて社会的な意識が低く，コミュニケーションに熟達していないと考えるのだろう（Leippe, Brigham, Cousins, & Romanczyk, 1987; Melinder, Goodman, Eilertsen, & Magnussen,

---

原注12 同じ欺瞞の手がかりを示すことは，同じ行動パターンを示すこととは別である。種族的背景や文化によって，人々はしばしば行動的パターンが異なる（Matsumoto, 2006）。たとえば，白人はアフリカ系アメリカ人より会話の相手の目をよく見る傾向がある（Fugita, Wexley, & Hillery, 1974; Ickes, 1984; Johnson, 2006; LaFrance & Mayo, 1976; Smith, 1983）。しかし，参加者が白人の場合，真実を話す人と嘘をつく人のアイ・コンタクトに差異はなく，同様に，参加者がこれまで検討されてきた白人以外の集団の場合も，真実を話す人と嘘をつく人のアイ・コンタクトに差異はなかった（Sitton & Griffin, 1981; Vrij & Winkel, 1991）。つまり，視線行動は，種族的出身や文化の違いによって影響を受けるが，真偽性による影響は受けないのである。第6章で説明するように，種族的出身や文化が異なる人の示す行動の違いは，欺瞞検知の誤りを引き起こす可能性がある。
原注13 行動の男女差に関する総説については，Hall（1984, 2006）を参照してほしい。

2004)。この文脈において，**心の理論**に言及する人もいる（Gallup, 1982; Keenan, Gallup, & Falk, 2003; Sabbagh, Moses, & Shiverick, 2006）。心の理論とは，他者の考えが自分の考えとは違っていて，自分が考えていることを他者が必ずしも知っているわけではないことを理解する能力を指す（Johnson, Barnacz et al., 2005）。幼い子どもほど他者の心的状態についての理解が不足しているので，嘘を漏洩させる可能性のある非言語的手がかりを抑制しようとしないと考えられる。結果的に，幼児は嘘をつく際に大人よりも緊張と認知的負荷の手がかりを示すと予測される。

　また，年齢とともに子どもの筋制御は向上する（Ekman, Roper,& Hager, 1980; Feldman & Phillipot, 1993; Hala & Russell, 2001; Kieras, Tobin, Braziano, & Rothbart, 2005, Saarni, 1984; Sabbagh, Moses, & Shiverick, 2006; Talwar, Murphy, & Lee, 2007）。たとえば，ある自然観察研究において，Saarni（1984）は6～10歳の子どもが期待外れのプレゼントをもらったときの反応を観察した。幼い子どもは年上の子どもよりも本当の反応（否定的表情）を示す傾向があった。Ekmanら（1980）は，5歳，9歳，13歳の子どもを対象に研究を行い，年上の子どもほど顔の表情に関わる成分活動を意図的に生み出す能力が高いことを明らかにした。この研究結果から，子どもは年齢とともに自分自身をうまく制御できるようになるので，欺瞞の手がかりが少なくなると考えられる。

　これまでに示した根拠からすると，幼児は大人よりも嘘をつくことが下手だと考えられる。しかし，さらなる3つの議論が，この考えに疑問を投げかける。DePauloとJordan（1982）は，幼い子どもは嘘をつく際にあまり感情を経験しないと主張している。たとえば，幼さゆえに嘘がばれることの否定的な結果を見落とす可能性が高く，そのため，嘘がばれることへの恐怖をあまり経験しない可能性がある。また，人は年齢が高くなるにつれて自然に表情を表出しやすくなるが，欺瞞を隠蔽するためにはその表情を時には抑制しなければならない（Morency & Krauss, 1982）。役割演技のスキルと筋制御の向上から，理論的には大人はより上手に嘘をつけ

るようになるはずである。しかし，大人は嘘をつく際に感情を経験しやすく，自然な感情表出が増加するため，ある程度は相殺されるのだろう。第二に，すでに説明したように，真実を話す人も感情と認知的負荷を経験するが，子どもの場合，真実を話す人と嘘をつく人で感情と認知的負荷にほとんど差がない可能性がある。第三に，経験した出来事について思い出すよう促されると，一般的に幼児は大人より発言が短い（Lamb, Orbach, Sternberg, Esplin, & Hershkowitz, 2002）。このことは幼児が嘘をつく際に有利に働くだろう。話す時間が短いほど，欺瞞の非言語的手がかりを示す機会は減り，手がかりを示す可能性も低くなる（DePaulo, Lindsay et al., 2003）。

　嘘をつく際に子どもがどのように行動するかを検討した研究は少ない。このような状況は，倫理的な制約に原因の一部がある。実験研究では，参加者に嘘をつくように教示することが多い。一般的に子どもは学校や家で嘘をついてはいけないと教えられている。この点が子どもにとって問題になることが多い。研究者はこの問題を回避するために，子どもの自発的な嘘を観察したり，悪意のない嘘をつかせたりしている。

　これまでに公刊されている欺瞞の行動的手がかりを検討した研究は，利害関係が小さく，嘘をつくことが容易で，子どもに嘘をつくように動機づける取り組みはなされていない（Feldman, Devin-Sheehan, & Allen, 1978; Lewis, 1993; Lewis, Stanger, & Sullivan, 1989; Talwar & Lee, 2002; Vrij & Winkel, 1995）。たとえば，Lewisの2つの研究では，子どもたち（2歳児と3歳児）は背後にある物を覗き見てはならないと伝えられた。子どものうち何人かはそれを見てしまい，そのことを尋ねられると見たことを否認した（つまり嘘をついた）。その子どもたちの反応は，覗いていない，つまり覗かなかったと正直に答えた子どもたちの反応と比較された。Feldmanとその同僚によって行われた研究では，8歳の子どもたちにある課題を行う実験協力者をほめるように求めた。真実の条件では，実験協力者の成績はよく，そのため，賞賛は本当のものであった。欺瞞条件では，実験協力者の成績が悪く，そのため賞賛は欺瞞的なものであっ

た。以上の研究からは，真実を話すときと嘘をつくときの違いが小さいことだけが明らかになり，ほかの研究と比較すると，欺瞞を示す手がかりに関して一貫した傾向は示されなかった（Vrij, 2002a）。興味深いことに，どの研究においても，人々が一般的に嘘と結びつけている手がかりである視線回避や落ち着きのなさ（第5章）は，実際には欺瞞と関連していなかった。

これまでに本節で説明した研究は，子どもの反応のみを検討していた。このような研究にもとづき，子どもが示す欺瞞の非言語的手がかりが大人と異なるかを判断することはできない。このことを検討するためには，同じ実験で子どもと大人の反応を比較する必要がある。知る限りでは，嘘をつく際の大人（大学生）と子ども（5, 6歳児）の非言語的反応を比較した研究者は著者たちだけである（Vrij, Akehurst et al., 2004a）。

真実条件の参加者は，ある実験協力者とコネクト4[原注14]というゲームを行った。そのゲームの間に，ある人が入室してきて，ある発言を行い，ホワイトボードに書かれた文字を消して，退室した。嘘をつく人は，この出来事に実際には参加せずに，何が起こったかについて知らされた。その後の面接において，その出来事を経験したかのように装うよう指示された。

真実を話す人も嘘をつく人も，その出来事について面接を受けた。参加者は，その面接の際に本当らしい印象を与えれば，少額の報酬が貰えることを約束された。面接者は誰が真実を話していて，誰が嘘をついているかを知らされていなかった。その結果，大人と子どもの行動的反応には大きな違いがあることがわかった。たとえば，子どもは大人の約2倍の動きを見せた。ただし，欺瞞の手がかりはかなり似ていた。大人であっても子どもであっても，欺瞞は手や指の動きの減少と関連していた。そのほかに検討した手がかりである視線回避，潜時，会話の間，発話速度，言いよどみ，言い間違い，自己操作，例示動作，脚や足の動きに関しては，子どもであろうが大人であろうが，真実を話す人と嘘をつく人で違いはみられな

原注14 コネクト4は，プレイヤーが穴の開いた格子の中に駒を入れ，それを一列に4つ並べると同時に，相手が1列に4つ並べることを阻止する二人用ゲームである。

かった。

　まとめると，嘘をつくときと真実を話すときを比較した場合，子どもの非言語的行動に大きな差異があることを示した研究は，これまでに一つもない。この点に関して，子どもの研究結果は大人の結果と同様である。大人と子どもの行動を比較した唯一の研究では，両年齢群において同じ欺瞞の手がかり（手や指の動きの減少）がみられた。視線回避や落ち着きのなさなどの世間一般で信じられているステレオタイプ的な欺瞞の手がかりは，子どもの欺瞞に特徴的な手がかりではないことが明らかになった。

パーソナリティ特性

　人々が示す欺瞞の非言語的手がかりは，パーソナリティに影響を受ける可能性がある。しかし，必ずしも研究結果は期待するほど明確ではなかった。すでに説明したように，マキャベリアニズムが高い人は嘘を目的を達成するための合理的な手段だと捉えやすく（第2章），そのため，嘘をつくときに罪悪感を持ちにくい（本章）。また，他者に影響を与えるために戦略的な自己呈示を行いやすい（本章）。そのため，マキャベリアニズムが高い人は，その傾向が低い人に比べて欺瞞の手がかりを示しにくいと予測される。ただし，その仮説を支持する証拠はほとんどない。Exline, Thibaut, Hickey と Gumpert（1970）は，マキャベリアニズムが高い人は低い人に比べて，嘘をつくときにアイ・コンタクトを保持しやすいことを報告した（このことには，罪悪感を持ちにくいこと，もしくは戦略的な自己呈示を行いやすいことが影響している可能性がある）。ただし，ほかの研究ではマキャベリアニズムが高い人と低い人の行動に違いは示されなかった（Knapp, Hart, & Dennis, 1974; O'Hair, Cody, & McLaughlin, 1981）。

　別の研究では，**サイコパシー**の高い人と低い人の非言語的行動が比較された。その結果，2つのグループ間に明確な違いはみられなかった（Klaver, Lee, & Hart, 2007; Book, Holden, Starzyk, Wasylkiw, & Edwards, 2006, and MacNeil & Holden, 2006 も参照）。

すでに説明したように，公的自己意識の高い人は，特に人々が自分自身に注目していると感じやすく，好ましい印象を作り出すために自分の行動を懸命に統制しようとする。実際に公的自己意識が高い人が低い人に比べて，非言語的な呈示スタイルを統制しようとするかについては，研究結果が一貫していない。Baumeister（1984）と Gallaher（1992）は，統制を試みるという結果を報告している。しかし著者らの行った欺瞞の実験では，その結果は再現されなかった（Vrij, Edward, & Bull, 2001c）。

　著書らの研究では，嘘をつく人が疑わしい行動，たとえば，長い潜時，視線回避，身体操作を示す程度を測定した。その結果，公的自己意識とそれらの手がかりの表出には関連がみられなかった。

　Riggio と Tucker と Widaman（1987）の欺瞞研究では，公的自己意識が高い人は低い人に比べて嘘をつくことが下手で，たとえばアイ・コンタクトが少なく，感情的な反応を表出することが明らかになった。つまり，疑わしい行動を表出しないようにしても，人は必ずしもそれに成功するとは限らないと考えられる。このことについては，Buller と Burgoon の対欺瞞理論の根拠を概説した際にも述べた。

　嘘をつく際に，**外向的な人**と**内向的な人**が異なる行動を示すことについては，強固な経験的な証拠がある（Miller, deTurck, & Kalbfleisch, 1983; Riggio & Friedman, 1983; Siegman & Reynolds, 1983）。外向的な人は嘘をつくときに，正直に話すときに比べて動きが減少する。一方，内向的な人は嘘をつくときに，正直に話すときに比べて動きが増加する。また，内向的な人は外向的な人に比べて，嘘をつくときに発話の乱れが多くみられる。内向的な人は，外向的な人に比べて対人的なやりとりで気まずさを感じやすく，おそらく嘘をつく際に緊張しやすい。そのことによって，動きが増えたり，発話が流暢ではなくなったりする。Siegman と Reynolds（1983）は，真実を話すときと嘘をつくときの会話の間，発話速度，潜時の違いは，外向的な人より内向的な人で大きいことを明らかにした。この場合も先と同様に，おそらく内向的な人が外向的な人よりも対人的なやりとりで気まずさを感じやすいためだろう。

役者性も嘘をつく際の行動に影響する。役者性に劣る人に比べて，役者性に優れた人は嘘をつく際に動きが減少することが多い。おそらく役者性に優れた人は，緊張の兆候を抑制することが得意なためである（Vrij, Akehurst, & Morris, 1997）。また，役者性に優れた人は，役者性に劣る人に比べて，嘘をつく際に会話の間を示すことが少ない（Miller, deTurck, & Kalbfleisch, 1983; Siegman & Reynolds, 1983）。最後に，参加者が喜びの表出が不適切な状況におかれる研究では，**セルフ・モニタリング**（外向性と演技スキルの両方を含む特性）の高い参加者は低い参加者よりも喜びを隠すことが上手であった（Friedman & Miller-Herringer, 1991）。

個人に特有なパターン

欺瞞の手がかりの集団差に関して，前節では，特に内向的／外向的，役者性の優劣に関して，いくつかの傾向を説明した。しかし，これまでにほかの分類では，欺瞞の非言語的手がかりについて明確な傾向はみられていない。そのような分類が大まかすぎるので，明確な手がかりの傾向を見つけることができないのかもしれない。また，個人レベルで検討すれば欺瞞の最適な手がかりが見つかるもしれない。つまり，最適な手がかりは個人に特有のものかもしれないし，嘘を漏洩する一連の独特な非言語的手がかりが個々人にあるのかもしれない。実際に，取調べ中に殺人犯が表出した行動を著者らが分析したが（後に詳細に説明する），その殺人犯は欺瞞の手がかりを表出していた（Vrij & Mann, 2001a）。ただし，同じ状況下で別の人物がまったく同じ行動のパターンを示すとは考えにくい。この問題をさらに複雑にすることとして，手がかりは状況に特異的であり，犯人が別の機会に，ほかの話題について，もしくは取調べ以外の状況で面接を受けたとしたら，同じ手がかりを示すという保証はない。つまり，状況要因が人の行動に影響を与える可能性がある。次の項では，そうした要因について説明する。

状況要因

　個人間の違い（個人間差）のほかに，嘘がつかれる文脈の違い（個人内差）が，欺瞞の手がかりに影響を与える可能性がある。これから4つの文脈的な影響について紹介する。それは，嘘の複雑さ，嘘を切り抜けることへの動機づけ，利害関係，および嘘をつく人が受ける面接のスタイルである。

嘘の内容の複雑さ

　嘘をつくことが困難な場合もある。ある求職者が前の仕事でとんでもないことをしでかしたとする。驚いたことに，選抜面接で選考委員のメンバーがそのことについて尋ねてきた。求職者は，本当に就職したいと思い，その失態を認めたくはない。そのため，創作ではあるが，本当らしい説明を即座に思いつかなければならない。それは簡単なことではないだろう。おそらくその求職者は懸命に考えなければならず，おそらく，長い潜時，言いよどみ，言い間違い，発話速度の低下，動きの減少がみられるだろう。
　しかし，嘘をつく人がいつも不意をつかれるわけではない。一般に嘘をつく人はどんな質問が予想されるか理解していて，準備を行うことができる。たとえば，多くの犯人は，犯行が行われた時間の自分の活動について，いつかは警察に尋問される可能性があることを自覚しているだろう。そのため，犯人があらかじめ質問に対する答えを十分に準備している可能性も考えられる。そのような状況では嘘をつくことはさほど難しくはないだろう。警察に犯行時刻の自分の活動について尋ねられたときに，念入りに準備をした犯人は，あらかじめ準備したことを答えるだけで済む。
　嘘を準備する機会があると，嘘をつく人はどのように行動するだろうか？　自然な真実に比べて，自然な嘘では潜時が長くなるが，練られた真実に比べて練られた嘘では潜時が短くなることを示唆する証拠がある。さらに，練られた嘘のメッセージに比べて，自然な嘘のメッセージは会話の間の多さと関連している（DePaulo, Lindsay et al., 2003）。まとめると，

自然な嘘をつくことは，練られた嘘をつくことよりも困難であり，自然な嘘では懸命に考えているという音声的な手がかりがより多く生じることになる[原注15]。

　嘘をつく人は返答する際にすべてを創作する必要はなく，ある情報を隠蔽すればよいときもある。税関職員にスーツケースに何が入っているか尋ねられたときに，密輸入者がしなければならないことは情報の隠蔽である。つまり密輸品について話す必要はない。著者らの研究の中には，そのような状況で嘘をつく人がどのように行動するかを検討したものがある（Akehurst & Vrij, 1999; Vrij, 1995; Vrij, Akehurst, & Morris, 1997; Vrij, Semin, & Bull, 1996; Vrij & Winkel, 1991）。これらの研究では，欺瞞条件の参加者は実際には隠し持っているヘッドフォンを持っていないと否認しなければならなかった。つまり，参加者の課題はある情報を隠蔽することであった。この参加者たちの返答は，ヘッドフォンを隠し持っていない参加者が持っていることを否認したときの返答，つまり誠実な参加者の返答と比較された。これらの研究では，嘘をつく人は真実を話す人よりも言いよどみが少なく，早口であった。このことについては，以下のように説明するのが妥当だと思われる。ヘッドフォンのことを嘘をついて話さないことは，おそらく簡単であり，そのため，認知的負荷の手がかりは表出されないだろう。その代わりに，嘘をつく人は誠実な印象を作り出そうとして，言いよどみや発話速度が遅くなりすぎることを避けようとした可能性がある。その結果，発話は不自然に滑らかで，早口になったのだろう。

　さらに，著者らは別の研究で，言いよどみの頻度について嘘の複雑さの調整効果を検討した（Vrij & Heaven, 1999）。意図的な行動統制からのアプローチによると，嘘をつく人は言いよどみを避けようとすることが予測される。嘘をつく人は，嘘が簡単な場合にのみ，言いよどみの回避に成功し，嘘をつくことが困難な場合，認知的負荷の兆候が表出されると予測

原注15　練られた嘘でみられる手がかり（短い潜時）は意図的な行動統制によるものかもしれない。おそらく嘘をつく人は答える前に時間がかかりすぎることは疑わしくみえると考えるので，素早い返答が行われやすい。

された。参加者は口げんかをしているカップルの映像を見せられた。まず，男性が登場し，衛星放送テレビを購入すれば，家でフットボールを視聴できるので，パブに行かなくて済むと主張した。次に女性が登場し，彼がテレビを購入したいのは，単にポルノ番組を見るために友人をパブから家に連れて来ることができるからだと説明した。参加者はこの映像を見た後に，映像のある側面については嘘をつくように，別の側面については真実を話すように求められた。登場人物のうち1名の容姿について不正確に伝えるという嘘は，創作することが比較的容易であった。一方，登場人物が衛星放送テレビを購入したい理由を考える嘘は，創作することが困難であった。予測通りに，嘘をつくことが認知的に困難な場合には，嘘をつく人は（真実を話す人に比べて）言いよどみが多く，嘘が簡単な場合には（真実を話す人に比べて）言いよどみが少なかった。

嘘を動機づけられた人

必ずしも嘘をつく人が等しく動機づけられているわけではない。おそらく警察の取調べを受ける殺人犯は，友人の新しいドレスを好きだと嘘をつく女性に比べて，真実を隠蔽しようと強く動機づけられるだろう。嘘を切り抜けようと強く動機づけられている人は，その結果に関心のない人とは行動が異なるかもしれない。DePauloとLindsayら（2003）はメタ分析によって，成功報酬（たとえば，お金）が与えられた研究では，報酬が与えられなかった研究に比べて，より多くの欺瞞の非言語的手がかりが得られることを明らかにした。さらに，参加者がカンニングや窃盗のような問題行動（たとえば，違反行為）を隠蔽するために嘘をつく研究では，年齢や意見のような事項（たとえば，違法行為以外）について嘘をつく研究に比べて，欺瞞の非言語的手がかりが表出されやすかった。つまり，嘘をつく人は，嘘がばれないように動機づけられるほど，その行動から嘘がばれやすくなる。DePauloとKirkendol（1989）は，この現象を**動機づけによる減損効果**と名づけた。

この効果は驚くべきものかもしれないが，説明は簡単である。おそらく，

嘘をつく際に強く動機づけられた人は，動機づけられていない人よりも強い感情，たとえば，嘘がばれる恐怖を経験するであろう。加えて，おそらく，嘘をつく際に強く動機づけられた人は，動機づけられていない人よりも認知的負荷を経験するだろう。嘘をつく際に強く動機づけられた人は，話をすることにより気を使うだろうし，自分の嘘がばれているかを確かめるため，嘘の相手の行動をより注意深く観察するだろう。すでに説明したように，嘘をつく人にこれらの過程が強く生じるほど，欺瞞の手がかりは生じやすくなる。また，嘘をつく際に強く動機づけられた人は，おそらく誠実な印象を与えようと努力する。しかし，このことがよい方向に働くとは限らない。なぜなら，行動のすべての面を統制することは不可能な場合が多いからである。すべての面を統制しようとすればするほど，統制が困難になりやすい（Baumeister, 1984; Baumeister & Showers, 1986）。

利害関係が大きい嘘

　時には利害関係が大きくなる場合もある。殺人事件の捜査では，事件への関与を否認する被疑者にとって，信じてもらうことはまさに重要事項である。利害関係が大きい状況では，どのような欺瞞の手がかりが生じるのだろうか？　すでに説明したように，実験研究から答えを得ることは不可能である。なぜなら，実験研究の利害関係は，自分の行動について取調べを受けるときの密輸入者，犯人，浮気をした配偶者，詐欺行為を行うビジネスマン，汚職政治家の利害関係と同程度になることはありえないからである。そのような利害関係の大きい状況において，真実を話す人と嘘をつく人がどのように反応するかを検討するために研究者が選べる数少ない選択肢として，利害関係の大きい現実の状況を分析することが挙げられる。

　公刊されている現実場面の観察はわずかにしかない。著者が知っている分析について説明するが，それはビル・クリントン，サダム・フセイン，イアン・ハントリー（10歳の少女2人を殺害した罪で有罪になったイギリス人の用務員）の分析である。残念なことに，これらの中には，欺瞞に関する洞察をほとんど得ることができないものもある。なぜなら，真実さ

の根拠を証明すること（ビル・クリントン）[原注16]や，比較可能な真実を選択すること（特にサダム・フセインとイアン・ハントリーの事例）が難しいためである。ただし，そのほかの分析は価値のあるものであった。これらの現実場面の観察から，ある傾向が浮かびあがると考えられる。利害関係が大きい状況において嘘をつくときは，会話の間が長く，単語を繰り返し，手や指の動きが減少するといった，認知的負荷の手がかりが特に生じやすいと思われる。このことは，利害関係の大きい状況において，嘘をつく人は緊張の兆候，特に視線回避と身体操作を示すと強く信じている嘘検知に関わる専門家の考えとは大きく異なっている（第5章）。以降で説明する分析では，緊張の兆候が生じるという証拠は見当たらなかった。

ビル・クリントン ビル・クリントン前アメリカ大統領は，1998年8月17日に大陪審の前でモニカ・ルインスキーとの不倫疑惑について証言した。そのとき，クリントンはベティ・カーリー（彼の個人秘書）に関する質問に何度か答えなければならなかった。ベティ・カーリーは，モニカ・ルインスキーがクリントン大統領から貰ったプレゼントを回収するために彼女の家に行った。質問は，クリントン大統領がベティ・カーリーにそうするよう指示を出したかということである。これは重要な質問である。クリントンが実際に指示を出したのであれば，司法妨害の明白な証拠になる。ケネス・スター検察官のチームはクリントンに2回，ベティ・カーリーにそのような指示を出したかどうかを尋ねた。クリントンは2回とも指示を出したことを否認し，そのたびに注目すべき行動を示した（Vrij, 2002b）。2回とも，彼は姿勢を正して座り，身動きせず，まっすぐにカ

原注16 1953年に，ReidとArtherは，さまざまな犯罪の容疑を疑われた486名の犯人と323名の無実の人の行動に関する研究を公刊した。彼らの分析から，いくつかの欺瞞の指標が明らかにされた。しかし，それらの事例の真実さの根拠については詳細に説明されていない。Horvath（1973）は100人の被疑者を対象に研究を行い，そのうち50人が真実を話し，50人が嘘をついていた。ポリグラフ検査の検査前面接の段階における被疑者の発話内容と非言語的行動が観察された。非言語的行動に関する分析から，いくつか特徴的な手がかりが明らかになった。ただし，この研究でも，真実さの根拠に関する情報は記述されていない。真実さの根拠の確かさが示されなければ，その観察された差異が嘘という事実によって生じたものかを実際には判断できない。そのため，これらの研究についてこれ以上詳細には説明しない。

メラを見据えた。特に初回に，彼の行動は顕著であった。クリントンは素早く否認し，それは面接者が質問を終える前ですらあった。また，否認の後に続く沈黙の間，彼は硬い行動を崩さず，カメラをまっすぐに見続けた。面接の特定の部分において，明らかにクリントンはケネス・スターのチームと大陪審に対して誠実な印象を与えたいと思っているように見えた。残念なことに，真実さの根拠が不明なため，ベティ・カーリーに指示を出したことについてクリントンが嘘をついていたかはわからない。

サダム・フセイン イラクのサダム・フセイン前大統領は，第一次湾岸戦争中にケーブル・ニュース・ネットワーク（CNN）で当時働いていたジャーナリストのピーター・アーネットにインタビューを受けた。その94分間のインタビューの様子はCNNで放送された。DavisとHadiks（1995）は，このインタビューの最中のフセインの行動を観察・評価した。彼らは手，腕，胴のあらゆる単一の動きを測定するために，詳細な評価方法を用いた。その評価方法は欺瞞研究で通常用いられてきた方法よりも詳細なものであった。そのインタビューでは，いくつかの話題が議論された。たとえば，イスラム国家間の絆，イスラエル，ジョージ・ブッシュ・シニア大統領，人間の盾にされた西側の人質，イランに着陸したイラクの飛行機のことなどであった。

DavisとHadikの観察から，フセインはさまざまな手や腕の動きを用いていて，特定の話題について議論するときに特異的な例示動作を示すことが明らかになった。イスラエルについて議論するとき，フセインは左前腕を短く垂直に強く突き出す一連の動きを見せた。その際に握り拳をともなうこともあれば，ともなわないこともあった。この行動のパターンは，イスラエルとシオニズム（訳注：ユダヤ人の祖国回復運動）について議論するときのみにみられた。また，ジョージ・ブッシュ・シニアについて話すときは最小限の行動しか見せなかった。フセインは「人々に話したい……人々と真の対話を，ブッシュ氏とではない」と言い，言語的にはブッシュ・シニア大統領をあまり気にしていない様子であった。しかし，ブッシュ・シニア大統領について話す際に，はっきりとした胴の動きがみられ，

身振りも一気に激しくなった。DavisとHadiksは，それらの行動を，フセインが個人的にジョージ・ブッシュ・シニアに対して非常に強い敵意を抱いていることの有力な証拠として解釈した。

アーネットは，イランに着陸したイラクの飛行機についても議論した。フセインはアーネットに「この戦争について，私たちに味方しないイスラム国家は一つとしてない」と話した。それから彼は，イラクの飛行機が近隣諸国に着陸することが必要なときがあることの理由を説明し始めた。フセインは飛行機が返還されるかについても尋ねられた。飛行機が返還されないことを信じるに足る十分な理由があったにも関わらず，フセインはそのことについて話さなかった。インタビューのこの部分で，フセインの行動は抑制され，かつ統制されていた。彼はゆっくりと姿勢を正し，身振り手振りをひときわ抑制し，動きを止めてさえいた。DavisとHadiksは，このときにフセインが回答を創作したと考えている。残念なことに，この事例でも真実さの根拠が実際には証明されていない。イスラエルとブッシュ・シニアについて話しているときに，特異的な行動パターンを示したという研究結果は，話題への関与が行動に影響することを示すよい例である。比較可能な真実を選択する際には，このことを考慮しなければならない。

イアン・ハントリー 2002年8月4日の日曜日，2人の10歳の女子生徒が夕方に南イングランドの家を出て，何一つ痕跡を残さずに消えた。イギリスの警察史上もっとも大がかりな犯人捜査の始まりであり，それから数週間の間，少女たちの捜索は，国民の関心を集めた。

この捜査の間，28歳の学校の用務員であるイアン・ハントリーが何度も登場した。少女が行方不明になった夜に，彼は警察官に捜査を手助けできるかと尋ね，警察官が学校を探索できるように学校のドアの鍵を開けると申し出た。また，彼は警察官に，少女たちが行方不明になった夜に，2人の少女に彼の家の前で話しかけたと言った。彼女たちは，学校で彼女たちの学級の補助をしていたハントリーのガールフレンドであるマクシーン・カーに用があって来ていた。このことから，ハントリーが彼女たちと話した最後の人物になった。ハントリーは警察官にアリバイを述べた。彼

は8月4日にガールフレンドと一緒にいたと話し，彼女がそのことを裏づけた。

　その後の数日間，ハントリーはジャーナリストたちのまわりをうろつき，奇妙な質問をした。たとえば，彼はあるジャーナリストに少女の服は見つかったかと尋ねた。このことから，そのジャーナリストは少女が服を脱がされていることを彼がすでに知っているという印象がして，奇妙な質問だと思った。ジャーナリストはこの件を警察に通報した。そのころ警察は，少女たちに関する目撃疑惑と，この地域で性犯罪者だと知られている数百人の人物の所在を調べることに気を取られていた。

　ジャーナリストたちはハントリーにテレビに出演するように依頼した。彼は，最初は断っていたが，6日後に考えを変えた。ただし，ハントリーの言うところによれば，少女たちの行方不明は「国益に関わるものではない」ので，地方テレビの番組にのみ出演することを希望した。テレビ番組において，家の外で彼女たちを見たことによって，感じたことがあるかと尋ねられたときに，彼は「本当にひどすぎる。私が，少女たちが話した最後の信頼できる人物だったかもしれないと考えると，本当に腹立たしい」と答えた。

　テレビのインタビューの数日後，ハントリーは再び考えを変え，8月14日に全国放送の番組に出演することを決心した。このことが彼を破滅へと導いた。視聴者は通報し，その中には，娘が10歳のときにハントリーに強姦されたと話す女性もいた。ただし，この事件は裁判沙汰にはなってはいなかった。その後，以前にハントリーが子どもとの性交について取調べを受けていたことが発覚した。また，少女たちの携帯電話のうち1台が，ハントリーの家の外で電波が途切れたという証拠があった。CCTVカメラの映像からは，マクシーン・カーが8月4日に100マイル離れた場所にいて，彼女が主張しているようにハントリーと一緒にはいなかったことが証明された。以上のことから，ハントリーは主犯格の被疑者になった。その後すぐに，警察はハントリーが出入り可能な学校の倉庫から彼女たちの衣服を発見し，衣服を覆っていたゴミ袋から彼の指紋が見つかった。さ

らなる証拠が発覚し，ハントリーは2人の少女を殺害した罪で有罪になった。

　彼が自供した晩に，BBCテレビはハントリーとガールフレンドのマクシーン・カーに対する警察の取調べの映像を含む，この事件に関する番組を放送した。著者が知る限り，イギリスのテレビで被疑者に対する取調べの克明な映像はこれまでに放送されたことはなかった。そのため，この番組によって，警察の取調べで殺人に関する嘘をついた男性の行動について，比類ない洞察を誰もが得ることができた。著者は，映像の中に3つの欺瞞の手がかりがみられることに気づいた。それは，手や指の動きの減少，長い会話の間，単語の繰り返しである。取調べにおいて，ハントリーは話しているときに右手を使っていくつかの例示動作を示し，右手で頭を掻く男性だということがわかる。例示動作や頭を掻く動きを見せないときは，彼は右手の指を動かした。ただし，嘘をつくとき（実際には少女たちは彼の家の中に入ったのに，図書館の方に歩いて行ったと警察官に話したとき）は，その指の動きをやめた。頭を掻く動きや例示動作は，引き続きみられた。また，面接者に少女たちは図書館の方に立ち去ったと話す前に，彼は長い間を取った。8月4日の日曜日に彼のガールフレンドが何をしていたかについて尋ねられたときにも，長い間が生じた。彼はようやく「彼女は宿題をしていた，ええ，彼女は宿題をしていた」と言った。この繰り返しが3つ目の欺瞞の手がかりだと考えられ，注目に値する。2回目に宿題について述べたとき，彼は肯定的にうなずいたが，面接者の目を見る，身体を向けるといった，面接者を説得するような行動をまったく示さなかった。そのため，返答の真偽性について自分自身を納得させたいという印象がある。また，ある種の繰り返しがみられたのは，少女たちと身体的な接触があったかを尋ねられたときであった。ハントリーはそのことを否認したが，「身体的な接触？　していません」と質問の一部を繰り返した。

　この事例では真実さの根拠は十分に証明されている。ハントリーが少女たちは図書館の方に歩いて行ったと話したときに嘘をついたことがわかっている。また，その日曜日にガールフレンドは家におらず，彼が2人の少

女と身体的な接触を行ったこともわかっている。ただし，比較可能な真実に関する問題は残っている。ハントリーは自分が被疑者であることを自覚していたし，ハントリーと話した後に少女たちがどこに行ったか，少女たちと身体的な接触があったかという質問に対する回答がきわめて重要なこともおそらく理解していた。これらは特に利害関係の大きい質問であった。

殺人犯　ある人物が行方不明になって，数日後に遺体で発見された。この被害者が殺されたのは明らかであった。数人の別々の目撃者が，遺体が見つかる数日前に被害者と話している男性を見たと証言した。目撃証言にもとづき，警察はその男性の似顔絵を作成することに成功した。数か月後，ある男性が逮捕され，取調べのために警察署に連れて来られた。その男性の顔が疑う余地がないほど似顔絵と似ている事実とは別に，彼が犯行に関与していると警察が信じる理由はほかにもあった。

警察はこの男性を事細かに取調べた。最初の取調べで，その男性は被害者が行方不明になった日に何をしていたかを尋ねられた。彼は朝に仕事に出かけ，午後は友人宅を訪問し，食料品店にも行き，夜は隣人宅を訪問したと詳細に説明した[原注17]。警察は，男性が供述したありとあらゆる点を確認した。彼の雇用者など，数人の別々の目撃者から，朝の活動に関する申し立てについての裏づけは得られた。しかし，彼の主張するその日の残りの活動についてはまったく裏づけが得られなかった。このことから，男性はさらに疑わしくなり，より詳細な取調べが始まった。その間，男性は一貫して被害者を殺害したことを否認し，被害者に会ったことさえないと主張した。数週後，彼が殺人犯であることを明確に示す重要な証拠が見つかった。男性の車の中から見つかった髪の毛が犠牲者のものだと確認されたのである。加えて，遺体を包んでいた布の繊維が彼の車の中から発見された。この重要な証拠によって，男性は被害者を殺害したことを認めた。また，

原注17　被害者が行方不明になった数か月後に取調べが行われたが，その男性はその日の活動を詳細に説明できた。彼は，警察がこの事件について自分に尋問すると考え，そのため，その日に何をしていたかを日記で確認したと警察に語った（その日，および遺体が発見されるまでの間，メディアはその人物が行方不明になったことについて大々的に報じていたので，無実の被疑者でもその人物が行方不明になった日がいつであるかを知ることはできた）。

彼は何が起こったかについて詳細に説明した。後に男性は，刑事裁判所から殺人の有罪判決を受け，終身刑になった。

　この殺人犯は，自白の最中に事実をすべて話したわけではなかった。彼は，家から被害者に会った場所までどのように運転したかについては真実を話し，別々の目撃者が彼の話を部分的に裏づけた。どのようにして被害者と会ったかについて，被疑者が嘘をついていることは明らかであった。数人の別々の目撃者は，ある特定の場所で被疑者を見たと主張した。加えて，彼の所有物（彼も所有を認めている）がその場所で見つかった。この重要な証拠があるにも関わらず，男性はこの場所を訪れたことを否認し続けた。彼はその場所の近くにいたことを認めたものの，実際にそこに立ち入ったことについては否認した。

　著者たちは，この殺人犯が真実を話している，または嘘をついていると確信できた取調べの場面をすべて分析した（Vrij & Mann, 2001a）。2つの部分——1つは真実，もう1つは嘘——が，自供前の取調べから得られた。真実の部分は，被害者が行方不明になった朝の活動に関する供述から構成された。前述したように，目撃者が彼の話のこの部分を裏づけした。この供述の長さは31秒間であった。嘘の部分の長さは67秒間であったが，これは同じ日の午後と夜の活動に関する供述から構成された。彼は地元の町で行ったいくつかのことについて警察に話した。実際には，彼は隣町まで車を運転して，被害者と会っていた。彼はその日，その後に被害者を殺害した。

　残りの4つの部分——2つの真実と2つの嘘——は彼の自白から得られた。最初の真実の部分の長さは26秒間であった。彼はその部分で，高速道路の出口から被害者に会った場所までどのように運転したかを詳細に供述した。話のこの部分は目撃者によって裏づけられている。2つ目の真実の部分の長さは27秒間であり，同じ話の繰り返しであった。自白における1つ目の嘘は，被害者を殺害した日に，彼が地元の友人宅を出た時刻に関するものであった。実際には，主張したよりも数時間早く彼は友人宅を後にしていた。目撃者は，彼が友人宅にいるはずの時間に被害者と

表 3.2　取調べ中の殺人犯の行動

行動	自白前 真実	自白前 嘘	自白時 真実	自白時 嘘
言いよどみ	11.54	08.04	03.47	03.49
言い間違い	07.69	14.29	08.33	11.63
会話の間の持続時間	10.33	22.84	04.53	15.63
会話の間の頻度	05.90	06.27	04.53	08.13
発話速度	02.00	01.00	03.00	02.00
視線回避	26.56	44.33	47.55	12.50
笑顔	00.00	00.00	00.00	00.00
例示動作	01.97	01.79	06.79	00.00
自己操作	00.00	00.00	00.00	00.00
手や指の動き	00.98	01.79	06.79	00.00
頭の動き	19.18	17.01	16.98	16.88
胴の動き	00.00	00.00	00.00	00.00

報告された平均値は 100 語ごとの出現頻度（言いよどみ，言い間違い），毎分ごとの時間秒（会話の間の持続時間と視線回避），もしくは毎分ごとの出現頻度（発話速度を除くそのほかの行動）の平均値を表している。発話速度は 3 件法で評定された（1 = 遅い，3 = 早い）。

会っているのを目撃した。これは重要な嘘である。なぜなら，その数時間（彼が訪れたことを否認している場所に彼が訪れていた数時間）を説明しなければならないからである。この嘘の長さは 16 秒間であった。自白における 2 つ目の嘘は，彼が被害者と会った場所に関するものであった。この嘘の長さは 32 秒間であった。前述したように，彼が訪れたことを否認している場所で被害者と会ったという有力な証拠がある。

　著者らは 20 時間以上のビデオテープを手に入れたが，この研究には数分間しか使用できなかった。取調べのそのほかの部分は，真実さの根拠を証明することが不可能であった。たとえば，その殺人犯は，被害者との会話，および殺害方法について詳細に供述した。ただし，彼の話のこの部分については，真実性を検証することが不可能である。

　表 3.2 は，取調べ中の殺人犯の行動を要約したものである。報告されている平均値は 100 語あたりの出現頻度（言いよどみと言い間違い），1 分あたりの持続時間（秒）（会話の間の持続時間と視線回避），または 1 分あたりの出現頻度（発話速度を除いたそのほかの行動）を表している。発話

速度は 3 段階で評定された（1 = 遅い，3 = 早い）。

　自白前に得られた真実の供述と欺瞞的な供述には，いくつかの違いがみられた。その殺人犯は嘘をつくときに，真実を話すときよりも言い間違いが多く，会話の間が長く，ゆっくりと話し，視線回避が多かった。この行動パターンは，必死に考える必要のある人によくみられるものである。その殺人犯にとって，嘘をつくことは真実を話すことよりも困難であったように思われる。嘘をつく際に殺人犯が必死に考える必要があるように見えたことは，意外なことかもしれない。彼は自分が被疑者だということを自覚していたし，嘘を準備する時間は十分にあった。警察官をだますために日記に偽りの記述を行っていた。このことからも，彼が準備していたということは裏づけられる。このように準備していたにも関わらず，必死に考えなければならなかったということの証拠が殺人犯の行動から示された。この理由として，彼がまったく機転が利かなかったことが挙げられる（これは彼を取調べた刑事の意見である）。嘘をつく人が大して賢くないのであれば，準備による効果が得られないことを示唆する証拠がある（Ekman & Frank, 1993）。

　また，自白をした取調べにおいて，真実を話す場合と嘘をつく場合でいくつかの違いがみられた。嘘をつくとき，この殺人犯は言い間違いが多く，会話の間が長く，ゆっくりとした速度で話し，視線回避，例示動作，手や指の動きは少なかった。この場合も同じように，言い間違いが多く，会話の間が長く，その頻度も多く，発話速度がゆっくりであったことは，彼が必死に考えなければならなかった証拠だと考えることができる。また，動きの減少は認知的努力の結果かもしれない。もしくは，本当らしく見せようとした兆候なのかもしれない。嘘をつく際に警察官とアイ・コンタクトを保つことは，本当らしい印象を与えようとしていると解釈できるだろう。この殺人犯は，視線を回避することによって疑わしく見えることを理解していて，不誠実な印象を与えることを避けるため，刑事の目を直視した可能性がある。また，自白をした取調べにおいて，その殺人犯は，彼が訪れたと警察官が主張する場所（彼が被害者と会っていた場所）には行ったこ

とがないと警察官に信じさせようとした。一般的に，人は説得しようとするときに会話の相手の目を見る。

また，このように説得の観点から解釈すると，自白前（嘘をつく際に視線を回避する）と自白中（嘘をつく際に警察官の目を見る）の視線行動の違いを説明できるだろう。自白前の取調べでは，殺人犯は警察の取調官に疑われてはおらず，特定の日の自分の所在について説明する機会を与えられただけであった。一方，自白をした取調べにおいて，警察官は，その殺人犯に被害者に会った方法については信じることはできないと告げた。そのため，彼はこの件に関する警察官の考えを変えるために説得を試みたのだろう。

まとめると，その殺人犯によって示された行動パターンから，特に嘘をつく際に，彼が認知的負荷を経験していた証拠が得られた。また，彼が自分の行動を統制しようとした可能性はあるが，緊張して行動しているようには見えなかった。この解釈を検証するため，この殺人犯や事件のことをまったく知らない65名の警察官に，分析した取調べの6つの部分を呈示した。そして，その男性が緊張している程度，行動を統制しようとしている程度，真剣に考えている程度を評定させた。警察官たちは，その殺人犯がどの部分で真実，または嘘を話しているかについては伝えられなかった。その結果，その男性は嘘をついているときに真剣に考えているという印象があることがわかった（Vrij & Mann, 2001a）。

殺人犯，放火犯，および強姦犯 大学院の博士課程における研究の一部として，Samantha Mannは13人の男性の被疑者と3人の女性の被疑者が警察の取調べで真実と嘘を話しているときの非言語的な反応を分析した（Mann et al., 2002; Vrij & Mann, 2003a, b, 2005）。その取調べは録画されていて，そのテープが被疑者の反応を詳細にコード化するのに利用された。被疑者は重大な犯罪，たとえば，殺人，強姦，放火などについて取調べを受け，有罪になった場合，長期の懲役刑に処されていた。この研究では，16件の事例すべてにおいて真実さの根拠は証明されており，被疑者の真実の行動と欺瞞的な行動が公正に比較された。真実さの根拠に関し

て言うと，ほかの情報源（信頼できる目撃証言と法医学的証拠）によって，被疑者が真実を話している，または嘘をついているという確証が得られた映像の場面が選択された。加えて，それぞれの被疑者について，できるだけ自然に比較ができる真実と嘘が選択された。たとえば，ある被疑者が，ある人物の殺害の幇助方法を詳細に供述した（真実）。その被疑者が，後に犯罪への関与を完全に否認した（嘘）。法医学的証拠からは，彼のもともとの供述が疑いの余地なく裏づけられた。

　分析結果から，真実を話す場合に比べて，被疑者は嘘をつく場合に会話の間が長く，まばたきが少なくなることが明らかになった（Mann et al., 2002）。13 人の男性の被疑者のデータのみを分析すると，第三の手がかりのみがみられた。嘘をつく人は，真実を話す人に比べて手や指の動きが少なかった（Vrij & Mann, 2003a, b, 2005）。一方，緊張を示す指標（落ち着きのない動きと視線回避）はみられなかった。これらの結果からすると，被疑者の欺瞞の手がかりは，緊張ではなく，認知的負荷の増大と意図的な行動統制の結果によって生じた可能性が高いと考えられる。このことを最も強固に裏づける証拠は，欺瞞時のまばたきの減少であった。研究からは，まばたきは不快な情動喚起によって増加するが（Chiba, 1985; Harrigan & O'Connell, 1996; Tecce, 1992），認知的負荷が増大すると減少すること（Bagley & Manelis, 1979; Bauer, Goldstein, & Stern, 1987; Bauer, Strock, Goldstein, Stern, & Walrath, 1985; Holland & Tarlow, 1972, 1975; Wallbott & Scherer, 1991）が明らかにされている。

　被疑者の欺瞞の手がかりは，緊張ではなく，認知知的負荷の増大と意図的な行動統制の結果により生じているという仮説を検証するため，著者らは追加の研究を行った（Mann & Vrij, 2006）。まず，Mann ら（2002）が研究で用いた真実と欺瞞の映像場面から選択したものを警察官に呈示した。その後，被疑者がどの程度(i)緊張している，(ii)真剣に考えている，(iii)自分自身を統制しようとしているかの，3 つの印象を与えているかを警察官に評価させた。その結果，嘘をつくときに被疑者は，真実を話すときに比べて，真剣に考えているように見えることが示された。また，嘘をつく

ときに被疑者は，真実を話すときに比べて，自分を統制しようとしているように見えた。一方で，被疑者は嘘をつくときよりも真実を話すときの方が緊張しているように見えた。

　Martha Davis とその同僚は，録画された 28 人の犯罪の被疑者の供述を分析した（Davis et al., 2005）。その被疑者たちは警察に尋問された後，州検察官補に対して供述した。この研究では，臨床検査値，犯行現場分析，または目撃者の証言と被疑者の供述から，真実さの根拠は十分に立証されていた。また興味深いことに，その研究者たちはそれぞれの発言について「**有罪可能性**」(incriminating potential; IP) を得点化していた。発言がニックネームのような事項に関するものであれば，ごくわずかな値になり，犯行に直接関連している場合は，IP は非常に高い値になった。4 つの IP カテゴリが定義された。IP は比較可能な真実に関連している。理想的には，IP が低い嘘は IP の低い真実と，IP が高い嘘は IP が高い真実と比較すべきである。残念なことに，IP が低い嘘はなかった。Davis らは，被疑者はやみくもに嘘をつかず，IP が高いと嘘の比率が増加することを見出した。3 つの欺瞞の手がかりが生じ，その手がかりは語句の繰り返し，口ごもり，ゆっくりと頭を横に振ることであった。3 つの手がかりはすべてが欺瞞的な発言でより多くみられた。腕の動きも検討されたが，欺瞞との関連はみられなかった。ただし，彼らは「身振り」という全般的なカテゴリで評価していて，特有な手や指の動きのような手がかりは検討していなかった。

　要約　真実さの根拠，または比較可能な真実の問題にも関わらず，現実場面の観察からはある傾向がみてとれる。嘘をつく人は，緊張行動，特に視線回避や落ち着きのない動きを示すという人々の予想は支持されなかった。むしろ，嘘をつく人は，真剣に考えることを余儀なくされている，または自分自身を統制しようとしているという印象があり，語句の繰り返し，長い会話の間，手や指の動きの減少といった手がかりがみられた。

　人々が緊張行動の明確なパターンを表出しない理由はいくつかある。たとえば，本節には犯罪者と政治家の分析が含まれている。そのような人は

一般の人々とは異なる可能性がある。一般の人々が利害関係の大きい嘘をつくときは，明確な緊張の手がかりを示すのかもしれない。この可能性を否定することはできないが，それが事実だとは考えていない。利害関係が大きい嘘をつくときに，もっと多くの人が緊張の手がかりを示さないと考えている。そのような悪質な嘘をつくときは，同じように高い認知的負荷を経験するからである。前述のように，認知的負荷は，落ち着きのない動き（たとえば，緊張の兆候）を抑制する脳の高次野の活動と関連している。加えて，嘘をつく人が真剣に考えるときに，認知的努力によって持続性の（生理的）覚醒が一瞬の間，抑制される証拠がある（Leal, Vrij, Fisher, & van Hooff, 2006）。生理的覚醒が低下すると，緊張の兆候は生じにくい。

面接スタイル

最後に，面接方法によって，出現する欺瞞の手がかりが変わりうる。面接スタイルが欺瞞の非言語的手がかりに影響するかに関する研究はほとんど行われていない。おそらく対人欺瞞理論アプローチの一部として実施された対話形式の研究がその例外である。これについては先に説明した。ただし，これらの研究では，面接スタイルは体系的に操作されておらず，面接スタイルによって欺瞞の非言語的手がかりが異なるかについては答えることができない。著者らの研究（Vrij, 2006a）が明らかにしたように，面接スタイルは欺瞞の手がかりに影響を与えると思われるので，この点は不十分であるだろう。

Moston と Engelberg（1993）は，イングランドとウェールズの被疑者の取調べの録画を分析して，警察官が**情報収集型**と**問責型**の2つの面接スタイルをよく用いていることに気づいた。情報収集型の面接スタイルでは，面接者は被疑者に，オープン質問（たとえば，「午後3時から4時までの間，あなたは何をしていました？」，「昨夜ジムに行っていたと言いましたね。ほかに誰がいましたか？」）によって被疑者の活動について事細かに供述することを求める。一方，問責型の面接スタイルでは，面接者は被疑者に非難を突きつける（たとえば，「あなたの反応を見ると，何かを

隠しているような気がする」）（Vrij, 2003 と Hartwig, Granhag, & Vrij, 2005 を参照）。

　著者らは，Moston と Engelberg（1993）の分析に合わせて，真実を話す人と嘘をつく人が 3 つの段階それぞれにおいて取調べを受ける実験を行った。取調べは，情報収集型の面接スタイルで始まり（段階 1：「ついさっき，あなたがその部屋にいたときに起きたことを教えてください」），次に問責型の面接スタイルへと変わり（段階 2：「あなたの反応を見ると，何かを隠しているような気がする」），最終的に情報収集型の面接スタイルに戻った（段階 3：「もう一度，ついさっき，あなたが部屋にいたときに起きたことを教えてください」）。真実を話す人と嘘をつく人を比べたところ，問責型の面接スタイルの段階では生じた手がかりは 1 つだけで，嘘をつく人は真実を話す人よりも笑うことが少なかった。一方，2 つの情報収集型の面接スタイルの段階それぞれにおいて，欺瞞の手がかりが 2 つみられた。両方の段階において，嘘をつく人は真実を話す人よりも笑うことが少なく，手や指の動きも少なかった。情報収集型と問責型の面接スタイルでみられた違いは，おそらく発言の長さによるものである。一般的に，情報収集型の質問（たとえば，「午後 3 時から 4 時までの間，あなたは何をしていました？」）に対する回答は，問責型の質問（たとえば，「あなたがお金を取ったと思う」）に対する回答よりも長い供述であることが多い。供述が長いほど欺瞞の非言語的手がかりを示す機会が多くなる。実際に，短い発言に比べて，長い発言で欺瞞の非言語的手がかりが多くみられる（DePaulo, Lindsay et al., 2003）。

　加えて，取調べの問責段階において情報収集段階よりも欺瞞の非言語的手がかりが生じなかった理由は，**文脈隠蔽効果**によって説明することができるだろう。文脈隠蔽効果は，不正行為への非難（つまり，問責型の面接スタイル）が嘘をつく人の行動だけではなく，真実を話す人の行動にも影響を与えうるという仮説にもとづいている。信じられていないことに気がつくと，嘘をつく人も真実を話す人も否定的な感情を経験する（Bond & Fahey, 1987; Ekman, 1985/2001）。そして，説得力のある，もしくは誠

実な印象を与えると思われる行動を示すことで，面接者に自分が無実であると信じさせようとするだろう（Buller & Burgoon, 1996; Edinger & Patterson, 1983; Hocking & Leathers, 1980）。その結果，非難は，嘘という行為よりも，ある人の非言語的行動に強い影響を与える。その結果，真実を話す人と嘘をつく人の非言語的行動の違いは，非難されるときには消えてしまう。

第5節　結び

　人々は嘘をつくときにどのように行動するであろうか？　残念なことに，この質問に簡単に答えることはできない。一義的に欺瞞と関連する非言語的行動は存在しないし，ピノキオの伸びる鼻のような手がかりが存在するという理論的説明もありはしない。嘘をつく人が示す可能性のある行動は，本章で説明した多くの要因によって決定される。単純な答えは存在しないが，欺瞞の手がかりを特定するためにどのような戦略を用いればよいかについて，ヒントを得ることはできた。
　本章では，それぞれの非言語的手がかりを個別に検討するより，その組み合わせを検討した方が，欺瞞についての有益な情報が得られることを説明した。研究者が手がかりの組み合わせを検討した研究すべてにおいて，そのような組み合わせにもとづいて，少なくとも70％の真実と嘘を正確に識別することが可能であった。そのため，第一のガイドラインとして，個別の非言語的手がかりではなく，常に手がかりの組み合わせを検討すべきである。このガイドラインに関して，どのような手がかりの組み合わせを検討すべきかという疑問が生じるが，明確な答えは存在しない。おそらくそれは，誰がどのような状況で嘘をつくかに左右されるだろう。そのため，第二のガイドラインとして，観察者は欺瞞の手がかりを検討する際に，ある人が同じような状況で表出する行動との違いを検討することで，そのような個人差と状況を統制する必要がある。実例として，殺人犯があ

る日の活動を説明する場合に，朝の活動を説明するときと，午後および夕方の活動を説明するときでは異なる行動が表出された（Vrij & Mann, 2001a）。

　観察者はそのような違いを解釈する際に注意すべきである。その違いは何かが起きていることを示していても，必ずしもその人が嘘をついていることを示すわけではない。欺瞞以外の要因によって行動の変化が生じることもある。この点において，欺瞞の非言語的手がかりの特定は，2段階のアプローチである。最初の段階で行動の変化に気づき，次の段階でその変化の実質的な意味を解釈する。第二段階では，証拠の探索を強化するなど，さらなる検討が必要な場合が多い。殺人犯の事例では，この戦略が有効であった。徹底した捜査によって，殺人犯の車の中から被害者の髪の毛と遺体を包んでいた布切れが発見され，犯行を否認し続けた殺人犯はその後に自白した。

　また，観察者は，嘘をついていると思われる人をさらに取調べることができる。この点に関して，情報収集型の面接スタイルからは多くの欺瞞の手がかりが得られるため，問責型の面接スタイルよりも有益であることが本章から明らかになった。取調べを開始する際に情報収集型の面接スタイルを用いれば，面接者は主体的な役割を担うことが可能であり，真実を話す人と嘘をつく人の違いが拡大する形で取調べが展開すると考えられる。第15章で，著者の考えを詳細に説明する。

Box 3.1　疑わしいが無実である

　皮肉なことに，他者に与える印象について不安を感じていない場合，真実を話す人が疑わしい行動を示すことがある。次の現実の例が，そのことを説明してくれる（Vrij & Mann, 2001b）。
　ある男性が記者会見を行い，その様子がイギリスのテレビで放映された。そこで彼は，人々に対して行方不明になった自分の娘の行方について情報提供を求めた。その放送で彼は，「私たちはあなたに帰ってきて

ほしいと思っている。あなたは考えているだけだから（長い間），どういうわけか帰りにくいって。帰れないとは思わないで，帰って来て」と話した。その間，男性は注目すべき行動を示した。彼は目をきょろきょろと動かし，笑っているように見えた。発言の合間に，彼は手で口を触った。

ワークショップにおいてその部分を提示すると，それを見た多くの人は彼の行動を疑わしいと感じる。実際，第5章にある通り，これは多くの人々が疑わしいと感じる行動であり，多くの警察のマニュアルには，嘘をつく人がこの種の行動を示すと記載されている。

しかし，この事件において，男性は被疑者ではなかった。実際，もし男性が嘘をついているとしたら，この種の行動を表出する可能性は少ないと考えられる。自分の行動が疑いを招くと思い，この種の行動を自制するだろう。しかし，彼は無実であったために他者に与える印象を意識せず，この種の行動を表出した。

Box 3.2　非言語的行動の定義

音声的手がかり
1. **言いよどみ**：「あー」，「うーん」，「えー」，「えっ」，「ふーん」などの発話のフィラーの使用
2. **言い間違い**：文法上の誤り，単語および（もしくは）文の繰り返し，言い直し，文の切り替え，文の不完全さ，言い違いなど
3. **声の高さ**：声の高さの変化，たとえば，声の高さの上昇，もしくは下降など
4. **発話速度**：一定時間内に話された単語数
5. **潜時**：質問と応答の間の沈黙の時間
6. **会話の間の持続時間**：会話における沈黙した時間の長さ
7. **会話の間の頻度**：会話における沈黙した時間の頻度

視覚的手がかり
8. **注視**：会話相手の顔をのぞき込む
9. **笑顔**：微笑むこと，および笑う
10. **身体操作**：顔や手首などを掻く
11. **例示動作**：言語的に伝達される内容の修飾と補足を目的とした手や腕の動き
12. **手や指の動き**：腕の動きをともなわない手や指の動き
13. **脚や足の動き**：脚や足の動き
14. **胴体の動き**：胴体の動き

15. **頭の動き**：うなずき，および首を横に振る
16. **姿勢の変化**：座る姿勢を変える動き
17. **まばたき**：目をまばたきする

Box 3.3　目の動きと神経言語プログラミング

　多くの警察官は，特定の目の動きからある人物が嘘をついているか明らかになると信じている（Leo, 1996a）。この考えが警察関連の文献に掲載されることもある。

　特に，嘘をつく人が上を見て，左に目を向けるという考えが一般に信じられている。この考えは，神経言語プログラミングのモデルに由来する。このモデルを開発した人物たちは，そのような目の動きと欺瞞との関連については何も述べていない。

　目の動きが欺瞞を示すという証拠は存在しない。この関連性を提唱している人でさえ，この考えを支持するデータを提示したことはない。このことの警察関連の文献の総説については，VrijとLochun（1997）を参照してほしい。

Box 3.4　微表情

　Ekmanは，顔の微表情を観察すれば欺瞞に関する有益な情報が得られると考えている（Ekman, 1985/2001）。

　感情が強く喚起されると，ほとんど自動的に顔の筋活動は活性化される。たとえば，怒りでは，唇が狭まり，眉毛が引き下がる。通常，恐怖では，眉毛が引き上げられ，お互いに引き寄せられ，上まぶたが上がって下まぶたに緊張がみられる。喜びでは，本文で説明したように，唇の端を引き上げる筋肉が作用し，目の下の皮膚が弛み，目尻の外側にカラスの足跡のような皺が生じる。

　ある人が実際に経験した感情状態を否定しようとすれば，それらの表情を抑制しなければならない。そのため，恐怖を感じている人が怖がっていないと主張すれば，通常は恐怖を示す顔面の微表情を抑制しなければならない。特に，感情は思いがけず生じるため，抑制することは非常に困難である。

　たとえば，通常，人は意図的に怯えようとはしない。ある出来事が起

こった結果，もしくは特定の考えが思い浮かんだ結果，思わず怯えるのである。落ち着いていると主張している被疑者が，取調べ中に自分が犯行に関与していることについて思った以上に警察官が知っていると気づいた瞬間に怯えるようになったとする。恐怖が生じた瞬間に，被疑者は恐怖の表情を見せるかもしれない。

　怯えていることがばれないようにするために，被疑者が感情表出を抑制しようとする可能性がある。通常，人はそれらの表出を素早く，表情が表れ始めてから1/25秒以内に抑制することが可能である（Ekman, 1985/2001）。とはいえ，その表情は，短時間は呈示されるため，訓練された観察者であれば検出は可能である（Ekman, 1985/2001）[原注18]。

　本当の感情を隠蔽しようとしないで，それとは逆のことを試みることはできる。つまり，実際にはある特定の感情を経験していないときに，その感情を経験しているふりをすることができる。実際には怒っていないときに，ある母親は子どもに対して怒っているふりをすることができる。説得力を持たせるために，その母親は怒りの表情を作り，唇を狭めなければならない。多くの人にとって，この筋活動を自発的に引き起こすことは非常に難しい（Ekman, 1985/2001）。

　最後に，実際には経験していない感情を装える人もいる。浮気性の夫は，妻が自分の浮気をどの程度知っているかを理解すれば，妻との会話の最中に恐怖を覚える可能性がある。ただし，妻が彼のことを信じていないようなので，妻に対する怒りを装うことで，この感情状態を隠蔽しようとするだろう。そのため，彼は説得力を持たせるために恐怖の表情を抑制し，怒りの表情と置き換えねばならない。眉が上がりやすい（恐怖の手がかり）にも関わらず，眉を下げる（怒りの手がかり）必要があるため，この置き換えは困難である（Ekman, 1985/2001）。

　笑顔に関する研究結果と同様に，筋活動以外の点からも，自然な表情は意図的な表情とは異なる可能性がある。

　たとえば，自然な表情と意図的な表情は，潜時，オンセット時間（表出の開始から表出強度のピークまでの時間），オフセット時間（表出の強度が最初に下がり始めてから表出が消えるまでの時間），ピーク強度の持続時間，全体的な持続時間が異なることが明らかになっている（Ekman, Friesen, & Simons, 1985; Hess & Kleck, 1990; Hill & Craig, 2002; Ekman & O'Sullivan, 2006 も参照）。

原注18　この点に関して，近年発展してきたコンピュータによる自動的な表情分析が役立つ可能性がある（Masip, 2006 を参照）。

Box 3.5　心の理論と嘘のスキル

　研究から，子どもは年齢が上がるとともに，他者の心的状態に影響を与えることが上手になることが明らかになっている。
　Sodian（1991）は，競争相手をだまさなければならない隠し物ゲームにおいて，3歳児は「妨害工作」（競争相手が報酬を得ることを物理的に邪魔する）を用いるのに対し，4歳児の多くは他者が物品を取らないように間違った方向を指し示して競争相手をだますことを明らかにした。Russell, Mauthner, Sharpe と Tidswell（1991）は，子どもが他者をだますために空箱を指し示す必要がある別の隠し物ゲームを用いて，4歳児は3歳児に比べて演技が非常に上手であることを明らかにした。Peskin（1992）の研究では，3～5歳の子どもたちは競争相手とゲーム対決を行った。ただし，その競争相手は自分が前に欲しいと言っていた物品を必ず選択した。子どもは「競争相手があなたの欲しいものを手に入れられないようにするため，しなければならないことや，言わなければならないことを考えて」と教示された。そのゲームにおいて，競争相手は各々の子どもに「何がほしい」と問いかけた。5歳児（87％）は3歳児（29％）よりも，好きではない物品を指し示したり，情報を隠蔽（「教えたくない」）して，競争相手の心的状態に影響を与えようとした。

Box 3.6　クリントンの大陪審証言

　Hirsch と Wolf（2001）は，クリントンの大陪審証言の真実さの根拠を気にしてはいないように思われる。
　彼らは，クリントンが証言中に表出する23種類の非言語的，言語的手がかりを観察した。その映像の23分間の部分を検討し，クリントンが基本的な質問（自分の氏名，弁護士の氏名など）に返答する同じ証言の中の11分間と比較した結果，19種類の手がかりで有意差がみられた。また，彼らはその23分間の部分を賛同者たちに対して資金集めのスピーチを行った5分間と比較した。この場合，20種類の手がかりで有意差がみられた。23分間の部分においてクリントンが嘘をついていたと仮定しても，23分間ずっと嘘をついていたとは考えにくい。通常，欺瞞的なメッセージには真実の要素が含まれている（Turner, Edgley, & Olmstead, 1975; Maclin & Maclin, 2004; Wang, Chen, & Atabakhsh, 2004）。
　また次に，真実の発言と欺瞞的な発言が不公平な形で比較されている。

23分間の部分とほかの部分(基本的な質問に対する回答や資金集めのスピーチ)の比較は,リンゴとオレンジを比較しているようなものである。面接の冒頭に行われる世間話と,気まずい思いをする可能性がある不倫についての質問に答えるときでは,表出される行動は異なるだろう。また,資金集めのスピーチで人々に説明するときと,不倫疑惑について質問を受けるときでは,表出される行動が異なることも明らかである。この点において,有意差がみられたのは19種類もしくは20種類の手がかりであり,23種類すべての手がかりではなかったことの方が驚くべきことかもしれない。

別表3.1 欺瞞の非言語的手がかり

	音声的手がかり						
	言いよどみ	言い間違い	高い声	発話速度	潜時	会話の間の持続時間	会話の間の頻度
Abe et al. (2006)					−		
Allen et al. (1992)					>		
Anolli & Ciceri (1997)		>	>	−		−	>
Anolli et al. (2003)	−	>				−	>
Bello (2006)	−	>					>
Bond et al. (1985)	−	−					
Bond et al. (1990)	>	−					−
Buller & Aune (1987)			−	−			
Buller et al. (1989)		<				−	<
Buller et al. (1994a)	>	−			<		
Cody & O'Hair (1983)					<		
Cody et al. (1984, 即時応答)		−		−	>	>	−
Cody et al. (1984, 遅延応答)		>		−	−	>	−
Cody et al. (1989)	−	>		−	−		−
Davatzikos et al. (2005)					<		
Davis et al. (2005)	<	>	−			−	−
DePaulo et al. (1982b)	−	>					
DePaulo, P. J. & DePaulo (1989)	−	−					
deTurck et al. (1985)		>			>	>	
Dulaney (1982)		−			<		
Ebesu & Miller (1994)	−		<				−
Ekman (1988)		>		<			
Ekman et al. (1976)			>				
Ekman et al. (1985)					>		
Ekman et al. (1991)			>				
Engelhard et al. (2003)					−		
Farrow et al. (2003)					>		
Feeley & deTurck (1998)	>	>			−		−
Fiedler & Walka (1993)	>		−	<			
Fukuda (2001)					>		
Ganis et al. (2003)					−		
Gozna & Babooram (2004, 座りながらの面接)	−		−	−	<		
Gozna & Babooram (2004, 立ちながらの面接)	<		−	>	<		
Granhag & Strömwall (2002)	−				−		<
Greene et al. (1985)					>		
Gregg (2007, 実験1)					>		
Gregg (2007, 実験2)					>		
Harrison et al. (1978)					>		
Heilveil & Muehleman (1981)		>			>		−
Hocking & Leathers (1980)	−	>		−	−		−
Höfer et al. (1993)	−	<		−	<		
Johnson, R. et al. (2003)					>		
Kalma et al. (1996)					<		<
Klaver et al. (2007)	−	−					<
Knapp et al. (1974)	−	−					
Köhnken (1985)		>			<		
Kraut (1978, 実験1)	−	−			>		
Kraut (1978, 実験2)					<		
Kraut & Poe (1980)				−	>		
Langleben et al. (2005)					>		
Levine et al. (2005)		<		−	<		<
Mak & Lee (2006)					>		
Mann et al. (2002)	−	−				>	
Matarazzo et al. (1970)						−	
Mehrabian (1971, 実験1)		−					

(続く)

	音声的手がかり					会話の間の持続時間	会話の間の頻度
	言いよどみ	言い間違い	高い声	発話速度	潜時		
Mehrabian (1971, 実験2)					−		
Mehrabian (1971, 実験3)					>		
Mehrabian (1972)		>			−		
Miller et al. (1983)	−	−		−	−		
Motley (1974)			−				
Nunez et al. (2005)					>		
O'Hair et al. (1981)					<		
Parliament & Yarmey (2002)					<		
Porter & Yuille (1996)	−						
Porter, Doucette et al. (2008)	−			−			
Riggio & Friedman (1983)	−						
Rockwell et al. (1997)			−	<	>		
Rosenfeld, Biroschak et al. (2006)					−		
Seymour et al. (2000)					>		
Spence et al. (2001)					>		
Spence et al. (2003)					>		
Stiff & Miller (1986)	−			−		−	
Stiff et al. (1994)					−		
Streeter et al. (1977)			>				
Strömwall et al. (2006)	−						
Vendemia et al. (2005a, 実験1)					>		
Vendemia et al. (2005a, 実験2)					>		
Vendemia et al. (2005a, 実験3)					>		
Vendemia et al. (2005b)					>		
Verschuere et al. (2004a)					−		
Verschuere et al. (2004b, 実験1)					>		
Verschuere et al. (2004b, 実験2)					>		
Verschuere et al. (2004b, 実験3)					>		
Vrij (1995)	<	−	>				
Vrij (2006a, 情報収集型面接)	−	−					
Vrij (2006a, 問責型面接)	−	−					
Vrij & Winkel (1991)	<	−	−	>			
Vrij & Heaven (1999, 困難な返答)	>	>					
Vrij & Heaven (1999, 簡単な返答)	<	−					
Vrij, Edward et al. (2000)	>	−		−	>		
Vrij & Mann (2001a)	−	>		<	−	>	−
Vrij et al. (2001a)	−	−		−	>		
Vrij et al. (2001c)	>	−		>	>		
Vrij et al. (2004a, 成人)	−	−		−	−		
Vrij et al. (2006a)					−		
Vrij, Mann et al. (2008, 通常の順序)	−	−		−	−		
Vrij, Mann et al. (2008, 逆の順序)	−	>		<	−		
Walczyk et al. (2003)					>		
Walczyk et al. (2005, 実験1)					>		
Walczyk et al. (2005, 実験2)					>		
Winkel & Vrij (1985)	−	>					
Zhou & Zang (2006)					>		<
要約							
DePaulo, Lindsay et al. (2003)	−	−	**>**	−	>	>	−
	0.04	0.00	**0.21**	0.07	0.02		

< 真実を言う人より，嘘をつく人で手がかりとなる行動が減少する (続く)
> 真実を言う人より，嘘をつく人で手がかりとなる行動が増加する
− 嘘をつく人と真実を言う人で差がみられない
空白の箇所は，その手がかりが検討されていないことを意味する

	凝視	笑顔	自己操作	例示動作	手や指	脚や足	胴体	頭	姿勢の変化	まばたき
Akehurst & Vrij (1999)			−	−	<	−	−			
Bond et al. (1985)	>	−	−	>				−		
Bond et al. (1990)	−	−	−	−	−	−	−	−		
Buller & Aune (1987)	<	−	<	−	−	−	−	−		
Buller et al. (1989)	<	−	−	−			−	−		
Buller et al. (1994a)		−						−		
Buller et al. (1994b)		−						<		
Burns & Kintz (1976)	−									
Caso et al. (2006a)			<	−						
Caso et al. (2006b)			<	<	−					
Chiba (1985)										>
Cody & O'Hair (1983)	−	−	−	<		<		>		
Cody et al. (1989)	−	−	−	−		−		−		
Craig et al. (1991)										<
Davis & Hadiks (1985)				<						
Davis et al. (2005)				−					>	
Dente et al. (2006)					−					
DePaulo, P. J. & DePaulo (1989)	−	−						−		
deTurck & Miller (1985)			>	>				−		
Donaghy & Dooley (1994)									−	
Ebesu & Miller (1994)			−	−					>	−
Ekman (1988)		−	<	<		<				
Ekman & Friesen (1972)			>	<						
Ekman et al. (1976)				<						
Ekman et al. (1988)		−								
Ekman et al. (1990)		−								
Ekman et al. (1991)		−		<						
Feeley & deTurck (1998)	−	−	−	−				−		
Fiedler & Walka (1993)		>	−					<		
Fukuda (2001)										<
Galin et al. (1993)										>
Gozna & Babooram (2004, 座りながらの面接)	−	−	−	−	<	<	−	>	−	
Gozna & Babooram (2004, 立ちながらの面接)	−	>	−	−	−	−	−	>	−	
Granhag & Strömwall (2002)	>	<	<	−	−	−	−	−		
Greene et al. (1985)	−	−	−	<	<	<	<	<	−	
Griffin & Oppenheimer (2006)	>									
Gross & Levenson (1993	−	−	<				<			>
Hadjistavropoulos & Craig (1994)										−
Hadjistavropoulos et al. (1996)										−
Heilveil & Muehleman (1981)	−	−						−		
Hess & Kleck (1994)		−								>
Hill & Craig (2002)										−
Hocking & Leathers (1980)	<	−	−	−	<	−	−	−		
Höfer et al. (1993)	−	−	<	−	<	−				
Kalma et al. (1996)	<	−		<	>				−	
Kennedy & Coe (1994)	−	−						>	−	
Klaver et al. (2007)								>	−	−
Knapp et al. (1974)	<	−	>	−						
Kraut (1978, 実験1)		−	−		−	−				
Kraut & Poe (1980)		−	−					−	−	
Leal et al. (2006)										<
Levine et al. (2005)	−			−	<					
Mann et al. (2002)	−		−	−	−					<
Matarazzo et al. (1970)	−									
McClintock & Hunt (1975)			>	−		>		>		

(続く)

				視覚的手がかり						
	凝視	笑顔	自己操作	例示動作	手や指	脚や足	胴体	頭	姿勢の変化	まばたき
Mehrabian (1971, 実験1)					<					
Mehrabian (1971, 実験2)		−								
Mehrabian (1971, 実験3)			−					−		
Mehrabian (1972)				−		<	−			
Miller et al. (1983)	<		−	−	−	−				
O'Hair et al. (1981)	−	<	>	−		−		>	−	
Porter, Doucette et al. (2008)		−	>	>						
Riggio & Friedman (1983)	>						−			
Schneider & Kintz (1977)						−				
Sitton & Griffin (1981)	>									
Stiff & Miller (1986)		−	−	−	−	−	−	−		−
Strömwall et al. (2006)	−	−	−	−	−		−			
Vrij (1995)		−	−	−	<	<	−			
Vrij (2006a, 情報収集的面接)	−	<	−	−	<	−				
Vrij (2006a, 問責的面接)	−	<	−	−	−					
Vrij & Winkel (1991)			−	−	<	<	−	−		
Vrij, Semin et al. (1996)			−	−	<	<				
Vrij, Akehurst et al. (1997)				−	<					
Vrij, Edward et al. (2000)			−	<	<					
Vrij & Mann (2001a)	−	−	−	<	<	−	−			
Vrij et al. (2001a)	−	<	−	<	<	<				
Vrij et al. (2001c)	−	−	<	−	−					
Vrij et al. (2004a, 成人)	−		−	−	<	−				
Vrij et al. (2006a)	−		−	−	<				<	
Vrij, Mann et al. (2008, 通常の順序)	−		−	−	<	−				
Vrij, Mann et al. (2008, 逆の順序)	−		−	−	−	>				>
Zuckerman et al. (1979)		<								
要約	−	−	<	<	<	−		−		−
DePaulo, Lindsay et al. (2003)	0.03	0.00	−0.01	−0.14	−0.36	−0.09		−0.02		0.07

< 　真実を言う人より，嘘をつく人で手がかりとなる行動が減少する
> 　真実を言う人より，嘘をつく人で手がかりとなる行動が増加する
− 　嘘をつく人と真実を言う人で差がみられない
空白の箇所が，その手がかりが検討されていないことを意味する
DePaulo, Lindsay et al. (2003) は，胴体の動きと姿勢の変化を個別には評価していない

第4章
欺瞞の個別の言語的手がかり

　本章は，欺瞞の言語的手がかりを検討する5つの章（第4章〜第8章）のうち最初の章である。第7章から第10章で説明される言語的手がかりは，嘘を見抜く際に専門家や研究者に使用されている言語的な嘘検知ツールを構成している。本章ではこのようなツールには含まれていない言語的手がかりをまとめ，これらの手がかりを「個別の手がかり」と呼ぶことにする。章末の Box 4.1 にこれらの個別の手がかりの定義をまとめた。

　聞き手が真実ではないと知っていることについて話し手が嘘をつく場合は特に，発話内容によって欺瞞は明らかになる。つまり，このような場合では，事実と嘘をつく人の発言を直接的に比較することで，疑う余地なく欺瞞が明らかになる。

　実際にあった事例を見てみよう。作家であり保守党の政治家でもあったジェフリー・アーチャーは，政党の会議が開催されている間に滞在先のホテルで3人の新聞記者と会っていた。アーチャーは首相から電話がかかってきたと言い張り，その3人の新聞記者に部屋から退出するように求めた。ある政治家がホテルの廊下をうろうろしていた新聞記者を見かけ，彼らに何をしているのかを尋ねた。その政治家は，アーチャーが新聞記者たちに嘘をついていること，彼が首相と電話で話すことができないことにすぐに気づいた。なぜなら，その政治家はまさにその瞬間，首相が会議で演説中であることを知っていたからである（「*The Independent*」2001年7月20日付, p. 3）。アーチャーの話は事実と矛盾していたため，彼が嘘を

ついていたことを見破られたのである。

　ジョナサン・エイトキンも事実にもとづく証拠によって嘘を見破られた人物である。エイトキンは，ジョン・メージャー首相の下で保守党の政治家として務めており，防衛調達大臣と財務省の首席副大臣を歴任した。防衛調達大臣だったとき，エイトキンはパリのリッツホテルにしばらく滞在したことがあった。イギリスの新聞『*The Guardian*』とテレビ番組『*World in Action*』は，ホテルの滞在費用が実業家によって支払われたことを報道した。エイトキンはこの報道を強く否定した。その代わりに，彼は自分の妻が滞在費用を支払ったと主張し，新聞社とテレビ局を名誉棄損で訴えた。しかし被告側が，費用の支払いはエイトキンの妻ではなく取引候補であったサウジアラビアの兵器を扱う企業によって行われた証拠を示したため，この訴えは取り下げとなった。その後，エイトキンは陪審員裁判を受け，偽証と司法妨害の嫌疑を認めた。そして，彼は刑務所へ収容された[原注1]。

　多くの場合，聞き手は事実を把握していない。このような状況では，発言を事実にもとづく証拠と比較しても嘘を見破ることはできない。聞き手が事実をある程度知っていたとしても，その事実と発言を比較することによって相手が嘘をついたと結論づけることもできないだろう。被疑者は女性の部屋に入ったことは認めるものの，その行為が彼女の意思に反していたことは否定する可能性がある。この場合，男性が女性の部屋にいたという物理的な証拠は，その男性が否認している内容が真実かを明らかにしない。

　発話内容の特徴が欺瞞を明らかにするかについて，以下のような疑問が生じる。たとえば，嘘をつく人は特定の言葉を話す傾向があるのか，あるいは特定の言葉を話すことを避ける傾向があるのかである。この疑問は，欺瞞の言語的手がかりを扱った第5章で説明する。今後の説明で明らか

原注1　これは驚くべき申し立てである。エイトキンは，妻の所在について嘘をついたことはいずれ明らかになることに気づいていたと思われる。新聞社やテレビ局を訴えることによって，エイトキンは嘘を見破られる可能性を高めてしまっただろう。なぜなら，被告側はエイトキンが嘘をついている証拠を探索し，明らかにしようとするからである。

にするつもりだが，ピノキオの伸びる鼻と同じような欺瞞だけに関連した言語的手がかりは存在しない。しかし，本章で説明する個別の手がかりなどの言語的手がかりは，十分ではないが欺瞞に特徴的な指標となる可能性がある。

第1節　理論的観点

　第3章で説明したように，たとえば**感情**，**認知的努力**，**意図的な統制**や，確信と経験の欠如のような，嘘をつくときの非言語的行動に影響を与えるいくつかの要因は，嘘をつくときの発話内容にも影響を与える。

感情

　第3章で説明したように，状況によって嘘をつく人は罪悪感を持つことがあるし，嘘がばれてしまうことを恐れることがある。罪悪感と恐怖は両方とも否定的な感情であり，これらの感情は嘘をつく人の否定的な意見によって言葉から漏れ出てしまうだろう。たとえば，ウォーターゲート事件のときにニクソン大統領は「私は誠実な人間である」の代わりに「私はペテン師ではない」と言っていた（DePaulo（1998）の中で『*The Sunday Times*』1998年5月24日付，p. 14が引用されている）。否定的な意見のほかの例としては，「心地よくない」，「憎悪する」，「役に立たない」，「嫌に思う」などのような否定的な感情を反映した言葉の使用が挙げられる。こっそりお菓子を食べた少年が，自分はこのお菓子が嫌いだと嘘を言い張ることで欺瞞が明らかになる可能性がある。

　否定的な感情の経験が与えるほかの影響として，嘘をつく人が自分と嘘を関連させたくないために，一般的な用語を含む回答や，自分のことについて明確に言及しない回答をする傾向がある。たとえば，「あなたは喫煙するか？」といった質問に対してありうる回答は「この家で喫煙する人は

いない」であろう。また，自分の発言と自己を関連づけたくない傾向は，その発言を間接的で，自分から距離をとった，はぐらかすものにしてしまう（たとえば，直接的ではない表現）。ポーラ・ジョーンズがセクシャル・ハラスメントでクリントン大統領を訴えた公判の中で，モニカ・ルインスキーが1995年11月から不倫関係にあったことを第三者に伝えたことが嘘であるか尋ねられたとき，クリントン大統領は「それは確かに真実ではない。それは真実ではない」と回答した（「*The Independent*」1998年7月30日付, p. 14）。また，自分の発言と自己を関連づけたくない傾向は，結果的に回答を短くする原因となる。

認知的努力

　嘘をつく人が事前に準備をする機会がない場合は特に，嘘をつくことが困難になる。そして，嘘をつくことに対して困難さを経験している場合には，嘘をつく人の発話内容から嘘が明らかになる。たとえば，嘘をつくときの創造力が乏しいことは，具体的な詳細情報が不足する原因となる。その結果，より一般的な用語を使用し，自己言及が少なくなるか，発言が短くなる。また，嘘をつく人は説得力のある嘘をつくことに失敗することで，その嘘は信じがたいものになる。

　さらに，嘘をつく人は自分が嘘をついていないことを確信させる内容を考えることができないため，詳細な内容を話すことを避けようとする。その結果，回避的で，不明確な，あるいは無関係なことを言うようになる（たとえば,直接的ではない表現)。嘘をつくときのほかの認知的負荷の特徴は，嘘をつく人がもう一度同じ話をするように求められたときに，同じ情報を繰り返して話せるように，自分が以前に話した内容を覚えておく必要があることである。そのため，うまく記憶できなかった場合には，話が矛盾し，一貫しないことになる。つまり，時間が経つと同じ詳細情報を繰り返すことができなくなる。

意図的な統制

　嘘をつく人は，自らを有罪に追いこむ発言を積極的に回避するように努力する。その結果，嘘をつく人はジレンマに陥る。嘘をつく人が何も言わない限り，発話内容から嘘を見破られることはないため，最も安全な方略は沈黙を守ることである。しかし，嘘をつく人は黙り込むことが不審に見えることに気づいているため，沈黙することを控えるだろう。そのため，できる限り嘘を見抜く機会を聞き手に与えない発言をすることが最もよい解決策となる。

　嘘をつく人は一般的で，具体的ではない言葉を使用して，嘘を見破られないようにする。また，自分のことに触れないこと，過度な詳細情報を与えない短い発言をすること，あるいは嘘をつく人が与えたくない情報の代わりとなる無関係で「直接的ではない」情報を与えることによって，嘘を見破られないようにする。後者の例としては，友人と映画館に行ったことを隠したい少年が，動物園に行ったと思っている親から動物園の感想を聞かれたときに，友人と事前に口裏を合わせた話題を集中して話すようなことである。

　自分の不利になる発言をしないように努力することは，細心の注意を払って話をする原因となる。このように注意をしながら話すことで，嘘をつく人はあまり一般的ではない言葉を多く使用するようになり，結果として語彙の多様性が増加する（Carpenter, 1981）。しかし，理論的には嘘をつくことによって語彙の多様性が低下するといった逆の影響が生じる可能性もある。先行研究では，言いたいことを伝えようと努力している場合，自分が提供した情報を繰り返すことがあると報告されている（Aune, Levine, Park, Asada, & Banas, 2005）。情報の繰り返しは語彙の多様性を減少させる原因となる。また，相手から信頼されるように動機づけが高められると画一的な言葉を使用するようになり，これも語彙の多様性の低下によって特徴づけられる（Hollien, 1990; Osgood, 1960）。

　最終的に，発話内容を統制するための努力は，非常に一貫した話を生み

出すことになる。つまり，嘘をつく人は将来的に話すことになる内容を事前に準備することが可能であり，話を繰り返すように求められたときはいつでも予行演習した台本通りの話を繰り返すだろう。その一方で，真実を話す人はほとんどの場合に自分の記憶から話を思い出す。最初に話した内容を二度目に話すときは忘れたり，最初に話したときには忘れていた内容を二度目に話すときに思い出して追加したりするため，記憶を思い出しながら話をすると，語り直すたびに話の内容が変化する。

確信と経験の欠如

　嘘をつく人は発言をするときに確信を持てないため，多くの言語的手がかりが生じる。嘘をつくときには罪悪感や恐怖を経験し，不快さを感じているため，嘘をつく人には確信がない。罪悪感や恐怖が欺瞞の言語的手がかりに与える影響は，すでに感情の項で説明した。
　嘘をつく人は，自分の発言を実際に経験していないことも確信を持てない原因となる。このような個人的な経験の欠如によって，一般的な用語の使用が増加し，自己言及が減少し，返答が短くなる。

第2節　嘘をつく人の発話内容

　欺瞞の言語的手がかりは，**欺瞞の非言語的手がかり**と同様の手法で研究されてきた。多くの場合,真実を話す人と嘘をつく人が実験研究に参加し，実験のために発言する。実験の後に，このような発言が書き起こされ，個別の言語的手がかりとしてコード化されている。そのような研究の詳細についてはすでに第3章で説明した。
　別表4.1には，著者が知る限りの69件の研究知見を要約した。これは，真実を話す人と嘘をつく人の言語的行動を比較した，英語で刊行された研究から得られた知見である。これらのすべての研究で，真実を話す人と嘘

をつく人は成人だった。表に示された言語的手がかりと欺瞞との関連性は以下の通りである。「＜」記号は，その言語的手がかりとなる行動が真実を話す人よりも嘘をつく人の発言に少なくなることを示す。逆に「＞」記号は，真実を話す人よりも嘘をつく人の発言に多くなることを示す。また，「－」記号は，嘘をつく人と真実を話す人の発言に差が見られないことを示す。表の空白は，その言語的手がかりが，その研究では対象となっていないことを示す。

別表4.1の一番下の行には，DePaulo, Lindsay, Malone, Muhlenbruck, Charlton と Cooper（2003）が行った欺瞞の手がかりに関するメタ分析の結果を記載してある。この一番下の行の結果の値は**効果量**であるCohen の d であり，0.20は小さい，0.50は中程度，0.80は大きな効果があると解釈される統計値である（Cohen, 1977）。dの値が負である場合，その言語的手がかりが真実を話す人よりも嘘をつく人で少なくなることを示す。また，dの値が正である場合，その言語的手がかりが真実を話す人よりも嘘をつく人で多くなることを示す。別表で太字で表記された d のみが統計的に有意な差があることを意味し，真実を話す人と嘘をつく人の発言の中に実質的な違いがあることを示している。

まず，別表4.1の結果から，すべての研究で同じ結果が得られた個別の言語的手がかりは存在しないことがわかる。この結果は，ピノキオの伸びる鼻と同じような個別の特徴的な言語的手がかりが存在しないことを示す。しかし，否定的発言，過度に一般化した用語，自己言及や，妥当性に関しては一定の傾向が見られる。真実を話す人と嘘をつく人に差が見られたこれらのすべての手がかりに関して言えば，その差は前述した理論によって予測されるものである。つまり，真実を話す人よりも嘘をつく人の発言は，否定的な意見が多く，一般化した言葉が多く，自己言及が少なくなり，話の妥当性が低下したものになる。

DePaulo と Lindsay ら（2003）のメタ分析によると，やや効果量は小さいが，否定的な意見と妥当性は実質的な効果があることは明らかである。否定的な意見が発言に含まれることは，嘘をつく人の発言から否定的な感

情を経験していることが漏れ出た結果であり，妥当でない回答をすることは，嘘をつく人が妥当な回答をすることに非常に困難を感じている結果と考えられる。DePauloとLindsayら（2003）のメタ分析の中では，一般化した言葉が発言に含まれることや，自己言及に関して実質的に意味のある傾向が見られなかった。これは，多くの研究においてこれら2つの手がかりと欺瞞に関連性が見られなかったためだと考えられる。

別表4.1の結果から，真実を話す人よりも嘘をつく人は直接的ではない発言をすることがいくつかの研究で見られていることがわかる。嘘をつく人は，嘘をつくこと自体に否定的な感情を持ち，嘘と自分を関連づけたくないために直接的ではない回答をすると考えられる。また，嘘をつく人はすぐに適切な回答を考えることができないため，あるいは関連する情報を与えたくないために，直接的ではない回答をすると考えられる。

DePauloとLindsayら（2003）のメタ分析の結果において直接性が$d = -0.55$であったことから，この想定は非常に支持されている。しかし，直接性の効果に関する多くの研究は一部の研究者によって得られたものであった。ほかの研究者が結果を再現できた場合，直接性の手がかりがより頑健な指標であると考えられる。しかし，嘘をつく人が直接的ではない回答をする知見をほかの研究者は再現できていない。

実際に，著者らは逆の効果を示していたものの，この研究はDePauloとLindsayら（2003）のメタ分析の論文が公表された後に実施されており，この論文のメタ分析に含まれていなかった。したがって，欺瞞の特徴的な手がかりとしての直接性の統計的な裏づけは，dの値が示唆している効果よりも弱くなると考えられる。

回答時間に関連する知見は一貫していない。しかし，多くの研究者は理論から予測されるように，真実を話す人よりも嘘をつく人は回答が短くなることを示している。SporerとSchwandt（2006a）のメタ分析では，$d = -0.11$と値は小さいが，嘘をつくことと回答時間に想定された関連性があることが示されている。嘘をつく人は自分の発言から距離をおきたいと思うため，回答が短くなると考えられる。また，嘘をつくことが認知的

に困難であるため，あるいは聞き手に嘘を見破るための多くの機会を与えないよう意図的に回答を短くするために，回答が短くなると考えられる。

　語彙の多様性に関して明確な傾向は見られていない。そのため，語彙の多様性と欺瞞の関連性は明確ではないと結論することが無難である。上述したように，意図的な統制によるアプローチは，嘘をつくときに語彙の多様性が低下したり，増加したりすることを予測しているため，このように明確な傾向が見られないことは驚くべきことではない。

　同じ題材に関する異なる2つの発言の中で繰り返された詳細情報の数として定義される一貫性は，同じ人の一連の発言を比較した場合に，欺瞞と関連がないように見える。しかし，同じ出来事について異なる2人の発言を考慮する場合には，一定の傾向が見られる。それは，真実を話す2人よりも，嘘をつく2人の発言は一貫している傾向である。この一貫性は簡単に説明できる。嘘をつく2人は将来的に話すことになる内容を協議しており，その後にこの協議によって一致させた台本にもとづいた話を思い出すことになる。その結果，嘘をつく2人の話は類似する可能性が高い。

　その一方で，真実を話す2人は両方とも思い出す情報源として自分の記憶の出来事を使用する。両者の記憶は微妙に異なることもあるし，思い出す価値がある出来事の詳細情報が異なる可能性もある。その結果，思い出した内容は一貫しないことになる（たとえば，「反復と再構成仮説」，Granhag, Strömwall, & Jonsson, 2003）[原注2]。また，別表4.1の結果から，矛盾が欺瞞と関連するといった証拠がないことがわかる。

　DePauloとLindsayら（2003）の研究では，別表4.1に含まれる欺瞞の個別の言語的手がかりよりも30個近く多くの手がかりを対象とした研究を検討している。しかし，これらの手がかりのほとんどは，その研究の中で付随的に測定されたものであった。この手がかりのうち7つだけ

原注2　一般的に想定されているよりも，発話内の一貫性を判断することは困難である。なぜなら，聞き手たちには，以前の発言と現在の発言が一貫しているかについてよく不一致が生じるからである（Granhag & Strömwall, 2001a, b）。

がより頻繁に測定されていたが，その中で欺瞞と関連が見られたものはなかった。これらの手がかりには「私たち」，「私たちを」や，「私たちの」などの言葉を使用する集団の参照，「彼は」，「彼女は」，「彼らは／彼女らは」や，「彼らを／彼女らを」などの言葉を使用する他者の参照，「だろう（may）」，「かもしれない（might or could）」，「～と思う（I think）」や，「そうみたい（I guess）」などの言葉を使用する仮定構文と，「ほらあの（you know）」，「ええと（well）」，「まさか（really）」や，「つまり（I mean）」などの言葉を使用する儀礼的発話が含まれている。

個別の言語的手がかりにもとづく
真実を話す人と嘘をつく人の正確な分類

　個別の言語的手がかりにもとづいて，真実を話す人と嘘をつく人を正しく分類できる程度が検討されている。これらの研究では，各手がかりを個別に扱うのではなく，いくつかの言語的手がかりを組み合わせて検討している。

　個別の言語的手がかりを検討することは，ピノキオの伸びる鼻を探しているのと同じであり，実際にはこのような手がかりは存在しない。逆に，いくつかの言語的手がかりの組み合わせとして検討することによって，真実を話す人と嘘をつく人を67～80％の正確性で分類することが可能である（Bond & Lee, 2005; Colwell, Hiscock, & Memon, 2002; Newman, Pennebaker, Berry, & Richards, 2003; Zhou, Burgoon, Twitchell, Qin, & Nunamaker, 2004b）[原注3]。

　しかし，これらの研究では研究者によって異なる言語的手がかりの組み合わせを検討していた。そのため，特定の状況における特定の集団に所属する参加者で役に立つ特定の言語的手がかりの組み合わせが，ほかの状況

原注3　これらのいくつかの研究では，人によるコード化の訓練にかかる時間を節約するため，言語的手がかりの生起頻度はコンピュータ・プログラムによって自動的に算出されている。しかし，自動的なコード化は制限されるべきである。たとえば，コンピュータ・プログラムによるコード化では，発言の妥当性は判断できない。

におけるほかの集団に所属する参加者にも同様に有効であるかは不明である。

第3節　状況による違いと個人差

　本章で説明してきた個別の言語的手がかりは，特定の状況下や特定の人にとって，より強固な欺瞞の手がかりとなることはあるだろうか。残念ながら，このような状況による違いと個人差についてまだ十分に検討されていないため，この疑問に対して明確な回答を出すことはできない。DePauloとLindsayら（2003）のメタ分析では，他者から信頼されるように強く動機づけを高められた場合とそうでない場合，あるいは回答を準備する機会があった場合となかった場合に，欺瞞の言語的手がかりに違いが見られるかを検討している。このメタ分析に含まれていた研究の中では，回答時間だけが十分に測定されていた。そこで，DePauloとLindsayら（2003）では動機づけと嘘をつくための準備時間が回答時間に与える影響を検討し，それらが影響を与えないことを示している。

　しかし，SporerとSchwandt（2006b）のメタ分析では，動機づけが高められていない場合，真実を話す人と嘘をつく人には回答時間に差が見られなかった。一方で，非常に動機づけを高められた場合，真実を話す人よりも嘘をつく人は回答時間が短くなっていたことが示されている。また，準備時間が短い場合，真実を話す人と嘘をつく人には回答時間に差が見られなかった。一方で，十分な準備時間が与えられた場合，真実を話す人よりも嘘をつく人は話す時間が短くなっていた。

　個人差に関しては，欺瞞の個別の言語的手がかりに男女差や民族差（文化差）が見られるかを検討した研究はないと思われる[原注4]。日常生活の環境の中で観察されたデータから，年上の子どもや成人は高度で入念な嘘を

原注4　発言の男女差に関しては，KendallとTannen（2001）やO'Connelら（2004）を参照してほしい。

ついている一方，4歳の子どもはだいたい1語で嘘をつくことが示されている（Bussey, 1992）。明らかに，本章で説明してきた多くの手がかりは，1語の回答には見られない。その結果，これらの欺瞞の個別の言語的手がかりは，非常に幼い子供では検討できない。

　歳を重ねるごとに，子どもは言葉で嘘をつくのが上手になる（Talwar, Murphy, & Lee, 2007）。4歳になる頃には聞き手の心の状態を考慮し始め，その場合は特に嘘をつくのが上手になる（Bussey, 1992; Leekam, 1992）。4歳になる頃には，子どもは嘘をうまくつき通すためには嘘の発言の信憑性を他者に確信させる必要があることに気づいている（Oldershaw & Bagby, 1997）。たとえば，おもちゃを自分で壊してしまった少女は，自分の兄弟がおもちゃを壊したと単に責任をなすりつけるかもしれない。しかし，その少女は自分がおもちゃを壊す力がないと言い張ることなどによって，兄弟がおもちゃを壊したと母親に信じこませようとすることも実際には可能である。後者の戦略をとるためには，子どもはある程度の年齢になっている必要がある。

　本章で説明してきた欺瞞の個別の言語的手がかりを検討した研究では、子どもを参加者としたものがほとんどない。ある研究では，真実を話す子どもよりも嘘をつく子どもは，一連の面接中に話の一貫性が低くなっていた。ただし，この研究では真実を話す子どもと嘘をつく子どもの発言に生じた矛盾の数には差は見られていない（Bruck, Ceci, & Hembrooke, 2002）。しかし，ほかの研究では，真実を話す子どもよりも嘘をつく子どもは話の一貫性が高かった（Quas, Davis, Goodman, & Myers, 2007; Strömwall & Granhag, 2005, 2007; Fivush, Peterson, & Schwarzmueller, 2002 も参照）。2つの研究において，真実を話す子どもよりも嘘をつく子どもの話は妥当性が低かった（Ball & O'Callaghan, 2001; Landström, Granhag, & Hartwig, 2007）。

　パーソナリティに関して，第2章で，マキャベリアニズムが高い人は自分の目的を達成するために嘘をつきやすいことを示した。そのため，マキャベリアニズムが高い人は言語的に嘘をつくスキルが高いと想定され

る可能性がある。しかし，この想定には証拠がない。たとえば，マキャベリアニズムの高低に関わらず，真実を話す人と嘘をつく人には，否定的発言，自己言及，他者の参照，回答時間や，語彙の多様性に関して同様の違いがみられている（Knapp, Hart, & Dennis, 1974; O'Hair, Cody, & McLaughlin, 1983）。また，ほかのパーソナリティ特性に関しても違いが見られていない。RiggioとFridman（1983）の研究から，欺瞞に特徴的な手がかりである妥当な回答の程度は，内向的な人と外向的な人や，役者性に優れた人と劣った人には違いが見られないことが示されている。DePauloとEpsteinとLeMay（1990）は，社交不安傾向の高低が真実を話す人と嘘をつく人の回答時間に与える影響を検討している。その結果，社交不安傾向の低い群と高い群の両群において，真実を話す人と嘘をつく人の回答時間に違いが見られた。

　欺瞞の個別の言語的手がかりには，パーソナリティに関連した違いは見られないと結論づけるのは時期尚早である。たとえば，知能がこの役割を果たす可能性がある。これまでの多くの研究において，参加者は大学生であり，その人たちの知能は平均以上であると思われる。そのため，知能が低い人において個別の言語的手がかりが欺瞞とより強く関連するかを検討することは興味深いだろう。

　理論的には，知能と個別の言語的手がかりに関連性が存在する可能性はある。知能が低い人は信憑性の高い回答を考えるのにより困難を感じるだろう。そのため，知能の低い人には過度に一般化した用語，自己言及，直接性，回答時間，妥当性，矛盾や一貫性のような認知的負荷に関連する個別の言語的手がかりが顕著に見られる可能性がある。

第4節　結び

　本章の初めに，聞き手が真実ではないことを知っていることについて嘘をつくときは特に，発話内容から欺瞞が明らかになることを簡単に説明した。事実と嘘をついている疑いのある人の発言を直接比較すると，疑う余地なく欺瞞は明らかになる。

　さらに本章では，事実にもとづく証拠がない場合にも，発話内容が欺瞞に関する情報を提供することを示した。通常，警察のマニュアルでは欺瞞と発話内容の関係についてあまり触れられておらず，そのようなマニュアルの中では非言語的行動と欺瞞の関連性が詳細に説明されているため，発話内容と欺瞞の関連性は非常に興味深い。これは，特に1970年代から1980年代の初期において，研究者が欺瞞の非言語的手がかりよりも言語的手がかりを十分に着目していなかったためだろう。しかし，1980年代の後半に基準にもとづく内容分析，1990年代にリアリティ・モニタリングが導入されてから，この傾向は変化してきた。この2つの言語的評価ツールについては，第8章と第9章で説明する。

　嘘をつく人は自分の発話をうまく統制でき，発話から欺瞞が漏洩する可能性は低いと想定されているため，警察のマニュアルや一般の人は嘘の言語的手がかりに十分に着目してこなかったと思われる。しかし，嘘をつく人が自分の発話をうまく統制できるといった想定は誤っている。まず，人は自分が伝えている内容について自覚している一方，言葉遣いそのものを自覚していることはほとんどない。その結果として，嘘をつき始めたときに自分の発話の微妙な変化には気づくことができない。自分の発話の変化に気づかない場合，嘘をつく人は発話を統制しようとしない。次に，説得力のある嘘をつく課題は非常に困難であり，結果的に欺瞞の言語的手がかりが生じてしまう。

　たとえ雄弁な話し手でさえ，認知的負荷が生じるため，欺瞞の言語的手がかりが明らかになってしまう。たとえば，ポーラ・ジョーンズがセクシャ

ル・ハラスメントでクリントン大統領を訴えた公判の中で，モニカ・ルインスキーがこの公判において召喚令状を送付されたことを弁護士以外の誰かに話したかを，クリントン大統領は尋ねられた。真実を話すことを宣誓した上での大統領の回答は，「そうは思わない」であった。この回答は，クリントン大統領の友人であるバーノン・ジョーダンの証言と矛盾している。ジョーダンは大統領とルインスキーの召喚令状について話をしていたと発言していた。この矛盾にクリントン大統領が直面したとき，ルインスキーの召喚令状について話をした最初の人は誰かを思い出そうとして，妥当でない回答をしてしまったと思われる。このような質問をされた場合，大統領は人の名前を答えることを期待され，「そうは思わない」と答えることは期待されていない。そのため，この回答には疑問が残る。

Box 4.1　言語的行動の定義

1. **否定的発言**：否認，過小評価する発言や否定的な気分を示す発言のように，物，人，あるいは意見に対して嫌悪を示す発言。
2. **過度に一般化した用語**：「いつも」，「けして〜ない」，「誰も〜ない」や，「だれでも」のような単語の使用。
3. **自己言及**：「私」，「私に」，「私のもの」のように話し手自身を参照した単語の使用。
4. **直接性**：間接的な，距離が遠い，回避的な反応ではなく，直接的で，関連性がある，明確な返答。
5. **回答時間**：回答している時間，あるいは発話した単語の総数。
6. **妥当な回答**：筋が通っており，信憑性や合理性がある発話。
7. **語彙の多様性**：発話中に使用された単語の総数に対する異なる単語数の割合。
8. **一貫性**：同一人物，あるいは異なる話し手によって2回以上繰り返し発話された詳細情報の一致数。
9. **矛盾**：発話内や発話間の矛盾。

別表 4.1 欺瞞の個別の言語的手がかり

	否定的発言	過度に一般化した用語	自己言及	直接性	回答時間	妥当な回答	語彙の多様性	一貫性	矛盾
Anolli & Ciceri (1997)					>				
Anolli et al. (2003)					>				
Bond et al. (1985)	—		—						
Bond et al. (2005)	—		—						
Burgoon et al. (1996a)			<						
Burgoon et al. (1996b, 研究 1)			<	<					
Burgoon et al. (1996b, 研究 2)			<	<					
Burgoon & Qin (2006, 面接の最初の部分)			—		>		<		
Burgoon & Qin (2006, 面接の後半の部分)			—		<		<		
Caso et al. (2006b)					>				
Cody & O'Hair (1983)					<				
Cody et al. (1984, 即時応答)		>			<		—		
Cody et al. (1984, 遅延応答)		—			<		—		
Cody et al. (1989)		>							
Colwell et al. (2002)					<		>		
Davis et al. (2005)					—				
DePaulo, P. J. & DePaulo (1989)	—		—						
DePaulo, Epstein et al. (1990)					<				
DePaulo, LeMay et al. (1991)						—			
DePaulo, Rosenthal et al. (1982b)	>	—	<						
deTurck & Miller (1985)					<				
Driscoll (1994)			—						
Dulaney (1982)	—		—		<		>		
Ebesu & Miller (1994)		—	<	<	<				
Feeley & deTurck (1998)			—		<				
Granhag & Strömwall (2002, 一人の個人内比較)					<			—	—
Granhag et al. (2003, 2人の被疑者の比較)								>	—
Granhag et al. (2003, 一人の個人内比較)								—	—
Greene et al. (1985)					<				
Harrison et al. (1978)					>				
Heilveil & Muehleman (1981)					<				
Hershkowitz (1991)			—						
Klaver et al. (2007)			—						
Knapp et al. (1974)	>	>	—		<		<		
Kraut (1978)					<	<			
Kraut & Poe (1980)			—						
Landström et al. (2005)						—			
Matarazzo et al. (1970)					—				
Mehravian (1971, 実験 1)					—				

研究	否定的発言	過度に一般化した用語	自己言及	直接性	回答時間	妥当な回答	語彙の多様性	一貫性	矛盾
Mehravian (1971, 実験2)					<				
Mehravian (1971, 実験3)					<				
Miller et al. (1983)					—				
Motley (1974)					<				
Newman et al. (2003)	>		<						
O'Hair et al. (1981)					<				
Porter & Yuille (1996)			—		—		—		
Porter & Doucette et al. (2008)					—				
Rassin & van der Sleen (2005, 一人の個人内比較)								<	
Riggio & Friedman (1983)						<			
Roberts et al (1998)			<						
Rockwell et al. (1997)					<				
Ruby & Brigham (1998)					—				
Santtila et al. (2000)					<				
Schooler et al. (1986)			<		<				
Sporer (1997)					—				
Sporer & Sharman (2006)					>				
Stiff & Miller (1986)			—		—	<			
Strömwall, Bengtsson et al. (2004)					<				
Vrij (2006)					—				
Vrij, Edward et al. (2000)					<				
Vrij et al. (2004a)					—				
Vrij et al (2006a)		—		>					
Vrij, Mann et al. (2007)					—				
Wagenaar & Dalderop (1994, 2人の被疑者の比較)								>	
Winkel & Vrij (1995)					<				
Zhou et al. (2004a)		—	—	—	>		<		
Zhou et al. (2004b)	>				<				
Zhou & Zang (2006)					<				
Zuckerman et al. (1979)			<						
要約	>	—	—	<	<	<	—	—	—
DePaulo, Lindsay et al. (2003)	**0.21**	0.10	−0.03	**−0.55**	−0.03	**−0.23**	−0.10		

注：< 真実を話す人よりも嘘をつく人で減少することを示す
　　> 真実を話す人よりも嘘をつく人で増加することを示す
　　— 嘘をつく人と真実を話す人に差が見られなかったことを示す
　　空白はその研究で検討されていないことを示す
　　DePaulo, Lindsay et al. (2003) の研究では，一貫性と矛盾は検討されていなかった

第5章
欺瞞の非言語的，言語的手がかりに関する信念

　　　嘘つきは地面につま先をこすりつけ，震える。顔色が変わる。
　　　指で髪の生え際をこする。そして何とかして人々の前を離れよう
　　　とする。
　　　　　　　　　　　　（ヒンドゥー教ヴェーダ聖典，紀元前900年，
　　　　　　　　　　　　　　　　Seager & Wiseman, 1999, p. 33）

　第3章, 第4章では，嘘をつく人の行動や発言について説明した。そして，いくつかの非言語的，言語的手がかりは欺瞞と弱い関連があるものの，嘘をつくときに典型的にみられる非言語的，言語的行動は存在しないことを示した。本章では，嘘をつく人の行動や発言に関する人々の信念を説明する。
　人は，嘘をつく人は緊張して行動すると考えているだろうか，落ち着いたままだと考えているだろうか？　嘘をつく人の発言は前に話したことと一貫していると考えているだろうか，一貫していないと考えているだろうか？　本章では，これらの疑問を扱う。
　欺瞞の手がかりに関する信念を測定することは重要である。信念は行動の意図につながる（Eichenbaum & Bodkin, 2000; Strömwall, Granhag & Hartwig, 2004）。したがって，欺瞞の手がかりに関する信念を測定すると，人が嘘検知に用いる手がかりが予測でき，その結果，嘘検知の正確性を予測できる。実際, Forrest, Feldman と Tyler（2004）は，欺瞞の

手がかりに関する信念の正確性が高い人は低い人に比べ，嘘検知の正確性が高いことを示した。

　本章では，初めに人々が持つ欺瞞の非言語的，言語的手がかりに関する信念を扱った研究を簡単に説明する。この節で，その信念が広まっている程度についても考察する。異なる国や職業の人が，どの程度同じ信念を持っているか？　この節では，世界中で持たれている信念は非常に似ていることを示す。また，警察官，税関職員，入国審査官，看守のような嘘検知に関わる専門家は類似した信念を持っており，彼らの信念は大学生のような専門家ではない人の信念と変わらないことを説明する。この節では最後に，囚人はほかの人たちとはやや異なった信念を持っていることを明らかにする。

　信念は，あるものが正しい，本物だという感覚や確信と定義される（Strömwall, Granhag & Hartwig, 2004）。この定義では，信念が正確だとは限らないことになる。本章の第2節では，欺瞞の非言語的，言語的手がかりに関する信念と，嘘をつく人の実際の行動や発言に関する知見を対比する。嘘をつく人の非言語的，言語的行動に関する一般の人と専門家の信念は，ともに実際の行動や発言とは大きく異なることを説明する。このことから，誤った信念が生じる起源とそれが維持される理由に関する疑問が生じる。これらの疑問には，本章の最後の節で答えを示す。多くの信念は「嘘をつくことは悪い」という考えから生じることと，誤った信念が確立されると維持され続ける理由を説明する。

第1節　欺瞞的な行動と発言に関する信念

信念を測定する3つの方法

　欺瞞の手がかりに関する信念の測定法はいくつかある。たとえば，「人が嘘をついているとわかる手がかりは何か？」という自由回答式の質問に

回答するように求める方法がある。この**自由回答式の質問法**は，直接的であるもののあまり使われてこなかった。しかし，世界中の人々の信念を測定した唯一の研究や，イギリスの警察官とドイツの刑事の信念を測定した2つの研究で用いられた[原注1]。

自由回答式の質問の限界は，質問されたときに参加者が思いつかない欺瞞の手がかりに関する信念が存在する可能性があることである。このため，選択回答式の質問を含む質問紙に回答するように求める研究者が多い。一般的な**選択回答式の質問法**による質問紙では，手がかりを一覧にし，参加者に手がかり（たとえばアイ・コンタクト）と欺瞞の関連に関する信念を回答するように求める。回答には，「嘘をつくときに非常に増える」，「嘘をつくときに増える」，「嘘をつくときに少し増える」，「変わらない」，「真実を話すときに少し増える」，「真実を話すときに増える」，「真実を話すときに非常に増える」のような評定尺度が用いられる。

欺瞞の手がかりに関する信念を測定する別の方法に，**相関法**がある。相関法では，真実を話す人と嘘をつく人の映像を集め，彼らが示した非言語的，言語的行動を詳細に分類し，データ化する。これらの映像を，参加者（嘘を検知する人）に示し，話している人が真実を言っているか，嘘をついているかを，場面ごとに判断するように求める。そして，嘘を検知する人の判断と，映像に含まれる実際の非言語的，言語的手がかりとの相関を検討する。得られた結果から，ある人が嘘をついているかを判断するときに実際に用いている手がかりが示される。たとえば，嘘を検知する人が，多く身体を動かした人を動かさなかった人よりも嘘をついたと判断する傾向があれば，身体の動きを欺瞞の手がかりとして用いたと判断できる。

原注1　この自由回答式の質問法とは少し異なる方法による嘘検知の研究がある。こうした研究では，参加者は，真実を話す，あるいは嘘をつく人の映像の一部を示され，その人の発言が真実だと思うか嘘だと思うかを判断するように求められる。その後，参加者は，自分の判断の手がかりは何かを尋ねられる。このような自由回答式の質問法では，得られる答えは文脈に無関係ではなく，映像の内容に影響される。たとえば，真実を話す人や嘘をつく人の答えが短ければ，参加者が言語的手がかりを報告する可能性は低い。したがって，本文で説明する自由回答式の質問と比べ，この方法による結果は限定される。また，2つの方法を比較した研究では，結果が一致していた（Mann, Vrij & Bull, 2004）。したがって，本章では，このような限定された自由回答式の質問法を説明しない。

相関法で実際の欺瞞に関する信念を測定できるかは疑いの余地がある。嘘検知をする人が，実際にどの手がかりを用いるか，つまり先ほどの例でいえば，自分が身体の動きを欺瞞と結びつけていることを実際に気づいているかは明確ではない。彼らが映像を判断するとき，信念の影響を受けているかも明確ではない。つまり先ほどの例で言えば，嘘をつく人は一般的に身体の動きが少なくなると信じているものの，ほかの理由で，実験においては身体の動きが多い人が嘘をついたと判断する可能性がある。しかし，人の行動は一般的には信念の影響を受けるので，この方法から嘘の信念に関する示唆が得られると考えられる。そのため，自由回答式と選択回答式の質問法と，相関法の間で結果が一致する部分があると想定される。

自由回答式の質問法

Charles Bond は，「欺瞞に関する国際研究チーム」(The Global Deception Research Team) という非営利的で大がかりな欺瞞の手がかりに関する信念研究を指揮した。彼は，58 か国の研究者による国際研究チームを編成した。研究者は，自国の男女各 20 人からデータを集めた。参加者は 16 歳以上で，多くは大学生であった。

参加者には，「人が嘘をついているとわかる手がかりは何か？」という質問に回答するように求めた。103 の信念が得られ，9 つの信念は 15％ 以上の参加者に回答された。表 5.1 の最初の列から，特に一つの手がかりが多く挙げられたことがわかる。それは視線回避である。人々は圧倒的に，嘘をつく人は視線をそらすと信じており，この信念は 64％ の参加者に挙げられた。この信念は，世界各国でおおむね同じように回答された。視線回避は，58 か国中，51 か国から最も多く挙げられた。挙げられた割合が最も少なかったアラブ首長国連邦でも，参加者の 20％ に挙げられており，8 番目に多く挙げられた信念であった。

参加者の 25％ 以上に挙げられたほかの信念は，嘘をつく人は緊張し，整合性のない発言をし，身体の動きが多くなるという信念であった。さら

表 5.1 自由記述質問法での欺瞞の手がかりに関する信念

The Global Deception Research Team (2006)	Mann et al. (2004)	Greuel (1992)
それぞれの研究で参加者の 25％以上に挙げられた手がかり		
視線回避（64％）	視線回避（73％）	一貫性のない発言／妥当ではない発言（87％）
緊張した様子（28％）	身体の動き（25％）	被害者に普通はみられない行動（48％）
整合性のない発言（25％）		
身体の動き（25％）		
それぞれの研究で参加者の 15〜25％に挙げられた手がかり		
顔の表情	身体操作	
一貫性のない発言	あいまいな発言	
言いよどみ	一貫性のない発言	
顔色の変化	言いよどみ／沈黙	
沈黙	声（高い／大きい）	
	顔（発汗／赤面／まばたき）	

に，表情，一貫性のない発言，言いよどみ，顔色，会話の間によって，嘘が明らかになると信じられていた。これらの手がかりも 58 か国の参加者におおむね同じように回答されており，それらの信念を世界中の人が持っていると結論づけられる。これらの信念の多くは緊張の兆候（視線回避，緊張した様子，整合性のない発言，身体の動き，表情，言いよどみ，顔色の変化）であり，嘘をつく人は真実を話す人に比べて緊張して行動すると人は信じていると考えられる[原注2]。

99 人のイギリスの警察官に面接調査した研究もある（Mann, Vrij & Bull, 2004）。対象となる警察官は，平均年齢 34 歳，平均勤務年数 11 年であった。彼らに，「人が嘘をついているか，真実を言っているかを判断するために，どのような非言語的，言語的手がかりを用いるか？」という自由記述法の質問に回答するように求めた。合計 30 の信念が得られ，

原注 2　それらの手がかりのいくつか（視線回避，整合性のない回答，発言の整合性のなさ，言いよどみ，会話の間）は，認知的負荷の兆候とみなすこともできるだろう。しかし，研究結果では，認知的負荷に関する一貫したパターンはみられない。たとえば，熱心に考えることは身体の動きの減少と関連する。しかし，嘘をつく人は身体の動きが増加すると，人は一般的に信じている。したがって，嘘をつく人は緊張行動を示すと人は一般的に信じているというのが，この結果に対する著者の見解である。

8つの信念は15％以上の警察官に挙げられた。表5.1から，視線回避が最も多く挙げられた信念であることがわかる。73％の警察官が，嘘をつく人は視線をそらすと回答した。2番目に多い手がかりは身体の動きで，25％の警察官が回答した。また，15～25％の警察官は，嘘をつく人は身体操作，あいまいで一貫性のない発言，言いよどみや会話の間，声の変化，汗，赤面，まばたきを示すと考えていた。

　この調査と，欺瞞に関する国際研究チームの調査の結果の一致は重要である。たとえば，両方の調査で，視線回避と身体の動きは両方の調査で手がかりとして突出しており，一貫性のない発言，言いよどみ，会話の間も多く挙げられた。この結果から，嘘検知に関わる専門家（Mannらの研究の参加者）は，一般の人（欺瞞に関する国際研究チームの研究の参加者）と同様の欺瞞の手がかりに関する信念を持っていると考えられる。専門家と一般の人はともに，真実を話す人に比べると，嘘をつく人は主に緊張して行動すると信じていると考えられる。

　Greuel（1992）は，より限定的な「欺瞞の手がかりに関する信念」の研究を行った。彼女は，性的暴行の捜査を専門とする51人のドイツの刑事に，「強姦被害の申し立ての真実性を判断する手がかりは何か？」と質問した。多くみられた回答は，「ほかの証拠の有効性」（参加者の48％），「直感」（31％）であった。欺瞞の非言語的，言語的手がかりに関する信念について，2つの回答がみられた。大多数（87％）の参加者は，被疑者の一貫性のない発言や，妥当ではない発言を挙げた（表5.1の3列目）。さらに，多くの刑事が，被害者の「普通ではない行動」に疑わしさを感じると回答した[原注3]。

原注3　専門家が，被害者の発言の真実性を判断するために，被害者の普通ではない行動を観察するという証拠がほかにもある。この方略は，第8章で説明する，言語評価ツールである供述の妥当性評価で用いられる。第8章で報告するように，この方略は気がかりなものである。なぜなら，被害者の普通ではない行動に観察することは，普通の被害者の行動が存在することを意味する。これは正しくない。

選択回答式の質問法

　著者の知る限りでは，欺瞞の手がかりに関する信念について，選択回答式の質問法を用いた 16 の調査がこれまでに英語で発表されている（別表 5.1 にある 15 の調査と，Taylor & Hill-Davies, 2004）[原注4]。これらの調査はオランダ，スウェーデン，イギリス，アメリカ，そして世界中（欺瞞に関する国際研究チームの調査）で行われた。さまざまな集団に属する人がこれらの調査に回答した。大多数の研究は一般の人を含んでおり，その多くは大学生であった。また，以下のさまざまな職業の人を含んでいる研究も多かった（税関職員，裁判官，経営者，移民局の職員，捜査官，看守，検察官，ソーシャルワーカーや，教員）。囚人を対象とした調査もあった。

　いろいろな職業の人と一般の人の信念が，同時に調査されることもある。このような研究では，職業間で一貫した違いはみられなかった。つまり，専門家の信念は一般の人の信念と違いはみられなかった。しかし，囚人の信念は，嘘検知に関わる専門家や一般の人の信念とやや異なっていた。こうした理由から，囚人とそのほかの集団を統合した人たちのみを分けて考える。

　Taylor と Hick (2007) は，調査の中で「些細な」嘘と「深刻な」嘘を区別した。些細な嘘と深刻な嘘の欺瞞の手がかりに関する信念には少し違いがみられたため，これらの結果を分けて報告する。自由記述質問法を用いた研究と同様に，すべての研究で大人の欺瞞の手がかりに関する信念が検討されていた。また，大人が抱く子ども（5～6 歳）と若者（14～15 歳）の欺瞞の手がかりに関する信念を，大人の手がかりに関する信念に加えて検討した研究もある（Vrij, Akehurst & Knight, 2006）。人が抱く信念は，嘘をつく人による年齢による違いはみられないようである（Taylor

---

原注4　Taylor と Hill-Davies（2004）の結果は，別表 5.1 に掲載できるように報告されていなかった。

& Hill-Davies, 2004 を参照)。したがって，嘘をつく人の年齢による違いは考慮しない。

選択回答式の質問法による調査の要約を別表 5.1 に示す。「＜」は参加者が手がかりとなる行動の減少と欺瞞を結びつけていること，「＞」は手がかりとなる行動の増加と欺瞞を結びつけていること，「－」は手がかりとなる行動と欺瞞が関係すると信じていないことを示す。空白の箇所は，その手がかりが検討されていないことを示す。

別表 5.1 の各研究から，欺瞞の手がかりに関する信念は国が異なっても共通していることがわかる。真実を話す人に比べ，嘘をつく人には，発話の乱れ（言いよどみや言い間違い），高い声，発話速度の増加，潜時の増加，会話の間がみられると人は信じている。さらに，嘘をつく人には，視線回避，身体の動きの増大（身体操作，例示動作，手，指，足，脚，胴体，頭，姿勢の変化，まばたき）がみられると信じている。それに加え，嘘をつく人の発言は直接性，妥当性，一貫性が低く，多くの矛盾を含んでいると信じている。挙げられた多くの手がかりは緊張（言いよどみや言い間違いの増大，高い声，発話速度の増加，アイ・コンタクトの減少，身体の動きの増大，直接的な回答の減少）と関連する。したがって，嘘をつく人は真実を話す人に比べ，主に緊張して行動すると，人は信じていることが示唆される[原注5]。

囚人以外の人は囚人に比べ，このような嘘の手がかりに関する信念を強く持っている (Granhag, Andersson, Strömwall & Hartwig, 2004; Vrij & Semin, 1996, 別表 5.1 を参照)。一般の人と囚人の信念の違いは，別表 5.1 に示されている違いよりも大きい。たとえば，両方とも嘘をつく人

[原注5] 繰り返しになるが，それらの手がかり（言いよどみや言い間違いの増大，発話潜時の増加，会話の間，視線回避，もっともらしさが低く直接的ではない発言の増大，一貫性のない発言の増大，矛盾の増大）のいくつかは，認知的負荷の徴候とみなすこともできるだろう。しかし，研究結果からは，認知的負荷に関する一貫したパターンはみられない。たとえば，認知的負荷があるときには，発話速度の増加や身体の動きの増加よりも，発話速度の低下や身体の動きの減少がみられると想定される。したがって，嘘をつく人は緊張行動を示すと人は一般的に信じているというのが，著者の見解である。

は視線を避けると信じているものの，一般の人は囚人に比べ，このような信念を強く持っている（Vrij & Semin, 1996）。最後に，Taylor と Hick（2007）の結果は，嘘をつく人は些細な嘘をつくときよりも深刻な嘘をつくときの方が，緊張の兆候を示しやすいと，人は考えていることを示唆している。

相関法

調査研究と同様に，ドイツ，オランダ，スウェーデン，イギリス，アメリカを含む，多くの国で相関研究が行われてきた。ほとんどの研究で参加者は大学生である。税関職員（Kraut & Poe, 1980），保護観察官（Ruback, 1981; Ruback & Hopper, 1986），警察官（Vrij, 1993; Vrij, Akehurst, Van Dalen, Van Wijngaarden, & Foppes, 1996; Vrij, Edward, & Bull, 2001b; Vrij, Foppes, Volger, & Winkel, 1992a,b, 1994; Vrij, Winkel, & Koppelaar, 1991）を対象とした研究もある。別表 5.2 の各研究が示すように，国や参加者の属性による体系的な違いはみられなかった。

別表 5.2 から，観察者は，言いよどみや言い間違いの増加，高い声，発話の減少，長い会話の間，視線回避の増加，身体操作，手や指の動きの増加，脚や足の動きの増加，胴体の動きの増加，姿勢の変化の増加，頭の動きの減少と欺瞞を結びつけていることがわかる。さらに，観察者は，自己言及の減少，直接的ではなく短く妥当性の低い答え，一貫性のない発言と欺瞞を結びつけている。

相関研究でみられる多くの手がかり（別表 5.2）は，欺瞞の兆候であると信じられている手がかり（選択回答式の質問法，別表 5.1）[原注6] と一致する。別表 5.1 と 5.2 の知見の一致は，欺瞞の手がかりに関する観察者

原注6　言いよどみ，言い間違い，高い声，注視，身体操作，手や指の動き，脚や足の動き，胴体の動き，姿勢の変化，直接性，妥当性，一貫性である。
原注7　ほかの手がかり（会話の間の頻度，まばたき，否定的な発言，過度に一般化した用語，自己言及，語彙の多様性，矛盾）は，両方の方法を比較できるほどは測定されていなかった。

の信念（別表5.1）が欺瞞を検知するときに着目する手がかり（別表5.2）に影響することを支持している。

ほかの手がかり（発話の割合，潜時，会話の間の持続時間，例示動作，頭の動き，発言の長さ）には，選択回答式の質問法の結果と相関法の結果に違いがみられる。これらの信念は，選択回答式の質問法の結果よりも，欺瞞の手がかりに関する信念との関連が明確ではないだろう[原注7]。

相関法を用いた研究の多くの知見（嘘をつく人には，言いよどみ，言い間違い，高い声，視線回避，身体の動き，自己言及の少なさ，直接的ではなく短い答えがみられる）は，嘘をつく人は真実を話す人に比べて緊張して行動すると信じられていることを支持している。しかし，いくつかの相関研究では，人は普通ではない行動，つまり，基準から外れた行動や不適切な行動と，欺瞞を結びつけていることを示した研究もある。たとえば，過度の視線回避だけでなく，注視も疑わしい印象を与えることを示す研究が3つある（Bond, Omar, Pitre, Lashley, Skaggs, & Kirk, 1992; Desforges & Lee, 1995; Levine et al., 2000）。視線回避も注視も規範を逸脱しており，一般的に普通だとみなされる行動の範囲から外れる。同様に，BaskettとFreedle（1974）やBoltz（2005）は，適度に遅れた反応は正直な印象を与えるのに対し，非常にゆっくり，あるいは非常に速い反応は欺瞞的な印象を与えることを示した。最後に，Kraut（1978）は，過度の言いよどみも，言いよどみがないことも疑われることを示した。

まとめると，警察での取調べ中の被疑者，浮気したことを妻に疑われている夫，悪さをしたことを親に否定する子どもは，緊張の兆候を示すと疑わしい印象を与えるだろう。しかし，極端に多いアイ・コンタクト，あまりに速い返答，あまりに流暢な話し方のような普通ではない行動をしても，疑わしい印象を与えるだろう（Henningsen, Cruz, & Morr, 2000も参照）[原注8]。

原注8　著者が本文で示したよりも，状況は複雑である。なぜなら，行動が生じる文脈が行動の解釈に影響するためである。つまり，ある行動は，ある文脈ではほかの文脈よりも疑わしく見える（Aune, Levine, Ching, & Yoshimoto, 1993; Feldman & Chesley, 1984; Kraut, 1980; Kurasawa, 1988; Strömwall & Granhag, 2003a）。ある実験では，観察者は，女性がデートで会話する場面に関する，操作された2つの映像のうちの一つを見た。映像の中で，女性の容姿について，恋人としての好まし

表5.2 欺瞞の客観的,主観的指標

	客観的指標 (実際)[a]	主観的指標 (信念)[b]
音声的手がかり		
言いよどみ	−	>
言い間違い	−	>
高い声	>	>
発話速度	−	−
潜時	>	−
会話の間の持続時間	>	−
会話の間の頻度	−	>
視覚的手がかり		
注視	−	<
笑顔	−	−
身体操作	−	>
例示動作	<	−
手や指の動き	<	>
脚や足の動き	<	>
胴体の動き	−	>
頭の動き	−	−
姿勢の変化	−	>
まばたき	−	>
言語的手がかり		
否定的発言	>	−
自己言及	−	<
直接性	<	<
回答時間	<	−
妥当な回答	<	<
一貫性	−	<
矛盾	−	>

a:記号の説明
　< 　真実を話す人に比べて嘘をつく人に少ない
　> 　真実を話す人に比べて嘘をつく人に多い
　− 　欺瞞と関連していない

b:記号の説明
　< 　真実を話す人に比べて嘘をつく人に少ないと信じられている
　> 　真実を話す人に比べて嘘をつく人に多いと信じられている
　− 　欺瞞と関連させていない

さが強調されているかが操作された。つまり,ディナー・デートでの彼女の容姿が,若々しく服装を意識した女性に特有なものかが操作された。どちらの映像でも,その女性は,相手から目をそらす,姿勢を変化させるといった,欺瞞と関連すると信じられている手がかりを示した（どちらも同じ行動を見せた）。両方の会話で,女性は,自分は初対面の男女のデートを楽しむ大胆な人間であると言った。観察者は,彼女の容姿がデートの状況に不適切であるときに,彼女をより欺瞞的であると評価した（Aune, et al., 1993）。

第2節　信念の正確性

　欺瞞の手がかりに関する信念はどの程度正確だろうか？　この節では，欺瞞の手がかりに関する信念と，嘘をつく人の実際の行動（第3章）や発話（第4章）を比較する。表 5.2 の 2 列目に第 3 章，第 4 章の知見をまとめ，欺瞞の客観的指標とした。表 5.2 の 3 列目に，本章で説明した，欺瞞の手がかりに関する信念についての知見をまとめた。この信念を欺瞞の主観的指標とした。

　表 5.2 の 2 列目に，ある手がかりについて，真実を話す人よりも嘘をつく人の方が，「＜」は少なくなること，「＞」は多くなることを示す。「－」は，真実を話す人よりも嘘をつく人で違いがみられないことを示す。3 列目に，ある手がかりについて，真実を話す人よりも嘘をつく人の方が，「＜」は少なくなると信じられていること，「＞」は多くなると信じられていることを示す。「－」は手がかりと関連するとは信じられていないことを示す[原注9]。

　表 5.2 から，欺瞞の手がかりに関する信念の多くは誤っているとわかる。表 5.2 の 24 の手がかりのうち，信念が正しいのは 6 つ（声の高さ，発話の割合，笑顔[原注10]，頭の動き，直接性，妥当な回答）のみであった。したがって，人は，表 5.2 の手がかりの 25% しか正しい信念を持っていないことになる[原注11]。表 5.2 から，人は欺瞞と関連する手がかりの数を過大に見積もっていることもわかる。欺瞞と実際に（弱い）関連がある手がかり

原注9　欺瞞の手がかりのうち，「過度に一般化した用語」と「語彙の多様性」は十分に検討されていなかったので，表 5.2 に含めなかった。

原注10　「笑顔全般」の結果が表 5.2 にあるが，笑顔は欺瞞と関連していない。しかし，本当の笑顔と作り笑いを区別すると，欺瞞との関連がみられる（第 3 章）。観察者が上記の関連に気づいているかは定かではない。

原注11　音声的，視覚的，言語的手がかりを区別すると，音声的手がかり（29% の正確性），視覚的手がかり（20% の正確性），言語的手がかり（29% の正確性）に関する類似する信念を持っていることになる。囚人の信念は，嘘検知に関わる専門家や大学生と異なると思われることを前述した。著者の調査では，囚人の信念は正確性が高いことを示した（Vrij & Semin, 1996）。税関職員，警察官，看守，囚人，大学生の，欺瞞の手がかりに関する信念の正確性得点を算出した。囚人はほかの人たちよりも正確な信念を持っており，ほかの人たちの信念の正確性には違いはみられなかった。

は24の手がかりのうちの10の手がかりのみなのに対し，16の手がかりが欺瞞と関連すると信じている。

　欺瞞と実際に関連がある10の手がかりについて，人は誤った信念を持っているものも多い。それらの10の手がかりのうち，欺瞞と実際に結びついているのは3つ（嘘をつく人は，声が高くなり，直接性が低くもっともらしくない回答をする傾向がある）のみである。したがって，人は，表5.2の手がかりのうちの33%しか正しい信念を持っていない。欺瞞と関連する，手や指の動き，脚や足の動きは，実際には信念とは逆の方向で関連している。つまり，嘘をつく人はそれらの動きが増大すると信じられているのに対し，実際に嘘をつく人はそれらの動きをあまり示さない。欺瞞と関連する残り5つの手がかり（潜時，会話の間の持続時間，例示動作，否定的発言，発言の長さ）は，欺瞞と関連すると信じられていない。ほかにも興味深い知見がある。表5.2の24の手がかりのうちの8つは欺瞞と関連しないと信じられているのに対し，そのうちの5つは実際には欺瞞と関連している。

　まとめると，人は一般的に，欺瞞の手がかりに関する誤った信念を持っている。実際には欺瞞と関連しない多くの手がかりと欺瞞を結びつけている。また，欺瞞と弱い関連のある手がかりについて，実際に欺瞞に関連すると気づいていないことや，欺瞞とは関連しないと考えていることも多い。その結果，実際には欺瞞とは関連しない手がかりを欺瞞と結びつける一方，欺瞞と弱い関連があるいくつかの手がかりには気づいていない。

　欺瞞の客観的指標と主観的指標が一致しない主な理由の一つは，欺瞞の手がかりに関する信念が非常に単純化されていることである。嘘をつく人は真実を話す人に比べて緊張し，緊張の兆候を示すだろうと，多くの人は信じている。前の章で，嘘をつく人は真実を話す人に比べて緊張するとは限らないし，嘘をつく人が緊張していても緊張の兆候を示すとは限らないことを説明した。たとえば，嘘をつく人は自分の行動や発話を上手く統制し，その結果，緊張の兆候を示さない可能性がある。さらに，嘘をつくことに関する認知的負荷が，緊張が現れることを自動的に抑えるならば，緊張の兆候はみられないだろう。

第3節　欺瞞の非言語的, 言語的手がかりに関する誤った信念の起源

　本章の主な知見の一つは，人は欺瞞の非言語的，言語的手がかりに関する誤った信念を持っていることである。そのため，欺瞞の誤った手がかりの起源に対する疑問が生じる。起源は3つ挙げられ，それらを道徳からの説明，接触からの説明，非難からの説明とする。

道徳からの説明

　第2章で説明したように，嘘をつくことは悪いというステレオタイプ的な考えがある。Bondは，嘘をつく人が視線をそらすという信念は，嘘をつくことは悪いというステレオタイプに一致していると主張している（Global Deception Team, 2006）。嘘をつくことが悪いならば，人は嘘をつくときには良心の呵責を感じるだろう。人は，良心の呵責を感じるときに視線をそらす傾向がある（DePaulo, Lindsay, Malone, Muhlenbruck, Charlton, & Cooper, 2003）。さらに，嘘が悪いとすれば，嘘をつくときに見抜かれることを心配し，視線回避，口ごもり，高い声で話す，身体を多く動かすといった，緊張の兆候を示すだろう。

　道徳からの説明にもとづく推論により，5，6歳の子どもが視線回避や手足の動きと欺瞞を結びつける理由が説明できる（Rotenberg & Sullivan, 2003）。幼い頃から子どもは嘘をつくことは悪いと教えられた結果，良心の呵責や不安の手がかりと嘘を結びつけるだろう。道徳からの説明にもとづく推論により，囚人がほかの人に比べ，嘘をつく人は緊張して行動をするという信念を強く持っていない理由も説明できる。彼らは犯罪を成功させるために嘘を頻繁につく必要があるため，ほかの人に比べて嘘をつくことに罪悪感を感じにくいだろう。嘘をつくことに罪悪感を感じにくいならば，嘘をつく人が緊張して行動すると考える理由はないだろう。

接触からの説明

　嘘つきは視線をそらすという信念や，緊張と結びついた行動を示すという信念は，大衆メディアの中にも多くみられる。実際，著者が読んだ大衆メディアで欺瞞を扱うすべての記事は，何らかの形でこの信念を含んでいる。したがって，嘘をつく人が真実を話す人に比べて緊張して行動するという確信がない人には，このような記事はこの信念を信じさせるものになるだろう。

　この考えを助長するのは大衆メディアだけではない。警察のマニュアルも同様である。Pär Anders Granhagと著者は，多くの警察の取調べマニュアルを確認した（Vrij & Granhag, 2007）。このようなマニュアルは一般的に，信頼性の低い欺瞞の手がかりに関する弱い警告を含んでいる。しかし，真実を話す人と嘘をつく人の発話や行動の違いに関するその後の詳細な記述によって，警告がわかりにくくなる（Moston, 1992参照）。このようなマニュアルで着目すべきとされる非言語的手がかりの概要を，表5.3に示す。

　これらの警察マニュアルに記載される手がかりは，視線回避の点では一致している。すべてのマニュアルに，嘘をつく人が視線を避けると記述されている。第3章で述べたように，警察官と被疑者の取調べの状況を含め，この記述には証拠がない。ほかのいくつかの手がかり（たとえば，手で口を覆う）も，複数のマニュアルに挙げられている。嘘をつく人がこのような手がかりを示す証拠もない。これらのマニュアルは，嘘をつく人は緊張して行動するという考えにもとづいているため，挙げられている手がかりは一致する（Blair & Kooi, 2004を参照）。一方，マニュアルによって，強調されている緊張の手がかりは異なる。マニュアル間の違いが生じる理由を考えることは興味深い。表5.3のどの手がかりも，欺瞞に関する研究では欺瞞の手がかりとされていなかったため，研究にもとづいていないことは明白である。これらのマニュアルに記述されている量はとても多い。

表 5.3 公刊された警察の取調べマニュアルにみられる欺瞞の非言語的手がかりの例

マニュアル	欺瞞の非言語的手がかり
Gordon & Fleisher（2002）	アイ・コンタクトに問題がみられる
	鼻を触る
	足や脚が絶え間なく動く
Inbau, Reid, Buckley, & Jayne（2001）	アイ・コンタクトを避ける
	姿勢を頻繁に変化させる
	髪を触る身振りをする
	口や目を手で覆う
Macdonald & Michaud（1992）	目をこする
	アイ・コンタクトを避ける
	耳を覆う／こする
Rabon（1992）	絶え間なく動く
	足で床を叩く
	そわそわする動きをする
	過度につばを飲み込むことが多い
	注視を避ける
Yeschke（1997）	足を引きずる
	アイ・コンタクトを避ける
	服の糸くずを引っ張る
	まばたきが多くなる
Zulawski & Wicklander（1993）	椅子を動かす
	唐突でぶっきらぼうな行動をする
	細かい筋肉の動きがぎこちない
	冷たく湿った手になる
	口を覆うために手を使う
	アイ・コンタクトが持続しない

たとえば，GordonとFleisher（2002）は，女性愛者や同性愛者の男性と，異性愛者の男性を区別し，身体操作の仕方が異なると説明している。しかし，この主張を支持するデータは示されていない（Strömwall, Granhag, & Hartwig, 2004）。

非難からの説明

最後に，嘘をつく人は真実を話す人に比べて緊張して行動を示すというステレオタイプ的考えの起源は，他者に嘘をついていると非難する行為に

よって生じると考えられる。被疑者が嘘をついていると刑事が確信しているものの，被疑者は取調べ中，不法行為を否定し続けているとする。被疑者の抵抗を打ち崩すために，刑事は被疑者が嘘をついていると非難する可能性がある。第3章で説明したように，被疑者を非難するだけでも視線回避や身体の動きの増大といった緊張の手がかりを示すようになる可能性がある。このことは，無実の被疑者にも，罪を犯した被疑者にも起こりうる（Bond & Fahey, 1987; Ekman, 1985/2001）。しかし，刑事は，自分の非難によって被疑者が緊張して行動していることを理解せず，被疑者が嘘をついているためにそのように行動していると考える可能性がある。

第4節　欺瞞の非言語的，言語的手がかりに関する誤った信念が維持される理由

誤った信念は，一度確立されたら消し去りにくい。その結果，信念は維持されるだろう。このことはさまざまな理由で生じる。ここでは5つの理由を説明する。

錯誤相関

誤った信念が確立されたら，人は実際には存在しない証拠を認識する。たとえば，ある人が嘘をついているという印象を抱くと，その人が実際に示す視線回避する程度を過大評価する（Levine, Asada & Park, 2006）。したがって，実際は正しくないとしても，嘘をついている疑いのある人が視線回避していると考える（証拠の認識の例）。

著者の実験は，存在しない証拠を認識する別の例となる。この実験では，参加者はビデオカメラの前で真実を話したり，嘘をついたりした。参加者に，真実を話したとき，あるいは嘘をついたとき，自分はどのように行動したと思うかを尋ねた。その後，参加者の実際の行動を調べた（Vrij,

Semin & Bull, 1996; Vrij, Edward & Bull, 2001a)。参加者は嘘をついたときの方が真実を話したときに比べて身体の動きが少なかったにも関わらず，嘘をついたときに身体の動きが多かったと考えていた。また，嘘をついたときと真実を話したときで同じ視線パターンがみられたのに，嘘をついたときの方が視線を多く回避していたと考えていた。つまり，嘘をつくときに，実際は示していないのに，自分は身体の動きや視線回避といった緊張の手がかりを示したと考えていた（証拠の知覚の例）。

存在しない証拠を認識することとは別に，錯誤相関も，嘘をつく人が視線を回避するという誤った信念が持続する理由の説明になる。視線パターンは非常に目立つ。人と話すときには相手の視線を見るという会話規則がある。そのため，視線パターンに着目し，視線パターンと欺瞞に関係があるかを探そうとすると考えられる。実際には，視線パターンは不規則である。嘘をつくとき，アイ・コンタクトが少なくなる人も多くなる人もいる。真実を話すときと嘘をつくときの視線回避のパターンの違いは個人内でみられる。第3章の有罪となった殺人犯は，わかりやすい例である。その人は，供述の前は嘘をついたときに視線を多くそらし，供述中は嘘をついたときにアイ・コンタクトを続けた。

視線行動と嘘には関連がみられないのに，人はそれを簡単には認めない。なぜなら，人はあいまいな出来事の説明を探し，秩序と予測を求める傾向があるためである（Gilovich, 1991）。この結果，実際に存在しない関連性を認識することになる。人は，自分に重要な出来事の生起頻度を過大評価する傾向がある（Chapman, 1967）。嘘をつく人は視線をそらすという考えが人にとって重要であるため，嘘をつく人が視線をそらすことに気づいた回数を過大評価する。その結果，実際には存在しない，視線回避と嘘の関連を認識することになる。

確証バイアス

　人は自分の信念を反証する情報よりも確証する情報を探す傾向がある（**確証バイアス**，Darley & Gross, 1983）。信念を支持する情報を見つけると，自分の信念は正しいという自信を高め，信念を変えにくくする。密輸者は視線をそらしたり身体を多く動かしたりする傾向があると信じる税関職員は，このように行動する旅客の荷物を，視線を向け落ち着いている旅客の荷物よりも確認しようとする可能性が高いだろう。視線をそらしたり身体を多く動かしたりする密輸者もいるので，税関職員は，少なくとも検査する何人かの荷物から違法な製品を見つけるだろう。このことで，自分は検査する荷物について正しい戦略を使っているという自信を高め，この戦略を使い続けるだろう。

　著者は，ある国を訪問したとき，空港でパスポートを確認する機関である，軍警察の上官と話したことがある。彼は，自分の機関は偽造パスポートの押収に優れていると思うと話し，自分の考えの根拠を示すために，軍警察の警察官にパスポートを見せる旅客の映像を著者に見せた。ある女性は明らかに緊張しており，その様子にその警察官は疑念を持った。その警察官は彼女のパスポートを慎重に調べ，虚偽のパスポートであることを発見した。上官は，この例は，緊張の手がかりを探す戦略が成功することを示すものであると考えていた。

　実際，この例は，緊張の手がかりを探す戦略が成功することを示すものではない。著者はこの上官に，映像の中で，緊張行動を示していない旅客も偽造のパスポートを所持していたことはあったかを尋ねた。上官は，このような旅客のパスポートを細かく調べていないのでわからないと答えた。これは残念なことである。なぜなら，緊張行動を示す多くの旅客と緊張行動を示さない多くの旅客のパスポートを確認しないと，緊張の手がかりを探す戦略が成功するかを判断できないからである。この戦略の有効性を示すために，落ち着いている旅客が偽造のパスポートを所持していない

ことを示す必要がある。しかし，落ち着いている旅客のパスポートを確認することは多くの人の信念を反証する情報を探すことになるので，起こりにくい。

信念固執

人は信念を反証する例を見つけたとき，最初の信念が誤っている兆候として新しい事実を解釈せず，その例を無視する傾向がある。この現象は，**信念固執**と呼ばれる（Anderson, Lepper, & Ross, 1980）。信念固執は誤った信念が持続するもう一つの理由である。人は，アイ・コンタクトを続け，緊張行動を示さない嘘をつく人に直面することがあっても，この機会を重要であると考えない傾向がある。この機会を例外と考えたり，この証拠を説明する別の理由を考えたりしやすい[原注12]。

思考の力

人は自分にとって意味のある意見を形成すると，その考えをさらに支持する理由を考えようとする。嘘をつく人が視線をそらす理由を尋ねられると，この考えを確証する理由を考え，嘘をついたときに視線をそらす人に会った例を記憶から探すだろう（Strömwall, Granhag & Hartwig, 2004）。この信念を支持する例を考えると，嘘をつく人は視線をそらすという考えは補強される。つまり，話題について考えるだけで意見が補強されやすくなる（Tesser, 1978）。

原注12 確証バイアスや信念固執は，認知的完結欲求（need for cognitive closure: NFC）と関連する（Ask, 2006; Ask & Granhag, 2005, 2007; Kruglanski & Webster, 1991）。NFC は，話題に対する明確な意見を欲するというものである。NFC には状況的要因も個人的要因も影響する。状況的要因については，課題が退屈である，対象者に時間的制約がある，疲れているときに，NFC は高められる（Ask & Granhag, 2007）。個人的要因については，NFC が高い人は，決定前の不確実性を嫌うので決定が早い傾向がある。彼らは，不確実な状況に再びならないように，自分の決定に固執する傾向もある（Ask & Granhag, 2007）。

フィードバックの乏しさ

　確立した誤った考えが持続する理由をもう一つ説明する。人は，自分の経験から学び，自分の考えは誤っていたことに気づくために必要なフィードバックを十分に受け取っていないことがよくある。フィードバックが有効になるためには，フィードバックが，頻繁に，確実に，即座に与えられる必要がある。欺瞞の非言語的，言語的手がかりに関するフィードバックについては，観察者は，嘘をついた人の実際の行動や発言を理解するために，ある人とのやりとりのすぐ後に，その人が嘘をついたかを教えられる必要がある。しかし，人はほとんどのやりとりで相手に嘘をつかれたかを知ることはできないので，これは現実的ではない。自分が嘘をつかれたことを知ることができても，やりとりのかなり後である場合が多い（Park, Levine, McCornack, Morrisson, & Ferrara, 2002）。それまでに，相手の正確な行動や発言を忘れてしまうだろう。

　興味深いことに，荷物を探す係員やパスポートを確認する係員は，旅客が嘘をついているかがすぐにわかるので，十分なフィードバックを得ることができる。十分なフィードバックを得るためには，彼らは旅客の荷物を探すことやパスポートを確認することを，密輸者や偽造のパスポートを所持していると思えない人を含め，無作為に行う必要がある。前述したように，彼らはそのようにしていない。

第5節　結び

　国や職業が違っても，人は，嘘をつく人の行動や発言に関する信念を共有している。特に，嘘をつく人はアイ・コンタクトを維持できないと思っている。一般的に，嘘をつく人は真実を話す人に比べて，緊張して行動すると信じられている。人が持つ信念と，嘘をつく人の実際の行動や発言を

比較すると，人の持つ信念が誤っていることがよくあることが明らかになった。人は実際よりも多くの手がかりを欺瞞と結びつけている。また，嘘と少し関連のある手がかりについて，実際に欺瞞と結びついていることに気づいていないことや，欺瞞と関連しないと思っていることもしばしばある。その結果，実際には関連しない手がかりのいくつかを欺瞞と結びつけ，欺瞞と少し関連するほかの手がかりのいくつかに気づいていない。

　さらに，これらの誤った手がかりが生じる起源を説明した。説明の一つは，嘘は悪いものであるというステレオタイプ的な考えによって生じるというものであった。嘘をつくことが悪いならば，嘘をつくときに罪悪感を覚え，嘘を見破られることを心配するだろう。それから，誤った信念が一度確立されると持続する理由を説明した。それは，錯誤相関（実際には存在しない手がかりを認識する），確証バイアス（信念を確証する情報を探す傾向），信念固執（信念を反証する証拠を無視する傾向），思考の力（信念を支持する証拠や理由を考えること），乏しいフィードバック（自分の経験から学ぶことを妨げる不十分なフィードバック）である。これらはすべて，誤った信念を持続させるだろう。

　欺瞞の手がかりに関する誤った信念の生じ方と持続する理由を組み合わせ，誤った信念が多くの警察のマニュアルでみられる理由を説明できたと著者は考える。これらのマニュアルの著者が，自分が書く情報（つまり，嘘をつく人は緊張し，緊張行動を示す）は正しいと信じていることは間違いない。しかし，マニュアルの著者の考えは体系的な研究ではなく，警察の取調べでの行動や発言に対する自分やほかの警察官の印象にもとづいている。本章で明らかにしたように，彼らの印象は歪められている可能性がある。したがって，警察のマニュアルの著者には，印象ではなく体系的な研究にもとづいてマニュアルを記述すべきだと助言したい。

　欺瞞の手がかりに関する信念を測定することは重要である。なぜなら，本章でも示したように，嘘を検知しようとするときに人が用いる戦略に関する洞察を与えるからである。その点で，得られた知見は，残念なものである。つまり，嘘を検知する人は非言語的，言語的手がかりに着目すると

きに有効ではない手がかりを用いていることを示しており，欺瞞検知がうまくいかない結果を生み出していると考えられる。第6章では，この悲観的な考えが正しいことが多いことを示す。

Box 5.1　より主観的な欺瞞の手がかり

　欺瞞の手がかりについて，本章で紹介した手がかりに比べ，より主観的な手がかりを明らかにした研究がある。特に，Akehurst, Köhnken, Vrij と Bull (1996), Lakhani と Taylor (2003), Taylor と Hick (2007), Vrij と Akehurst と Knight (2006) の選択回答式の質問法による大規模な調査で，より主観的な手がかりが明らかになった。これらの調査で示されたそのほかの手がかりに関する結果には，これまでに説明してきた知見と一致する点がある。それは，人は多くの緊張の兆候を欺瞞と結びつけているものの，それらの兆候のほとんどが実際には欺瞞と関連していない点である。これらの手がかりに関心のある人は，上記の調査に関する文献を参照してほしい。

　服装が疑念に影響することを明らかにした研究もある。著者の研究では，91名のオランダの刑事に，真実や嘘を話す人の映像の一部分を見せた (Vrij, 1993)。彼らの92％は，被疑者を取調べた経験が十分にあると報告した。映像の一部分を見た後，彼らに映像に映っている人が真実を話しているか嘘をついているかを判断するように求めた。その結果，捜査官の判断は，映像の中で被疑者とされる人物が着ている服装に影響されたことを示した。だらしない服装の被疑者はしっかりした服装の被疑者に比べ，疑わしい印象を与えた。別の研究では，黒い服装の人は明るい服装の人に比べ，観察者に疑わしい印象を与えたことを示した (Vrij & Akehurst, 1997)。この知見は，黒い服装は他者に否定的印象を与えることを示す研究を補強するものである (Frank & Gilovich, 1998; Vrij, 1997; Vrij, Pannell, & Ost, 2005)。言うまでもなく，服装は信頼できる欺瞞の指標ではない。

　容貌が他者の印象に影響することを示した欺瞞に関する研究もある。魅力的な顔の人は一般的に，正直だという印象を与える (Aune, Levine, Ching, & Yoshimoto, 1993; Bull & Rumsey, 1988)。童顔の容貌（広い額と間隔の開いた目）の人も同様の印象を与える (Masip, Garrido, & Herrero, 2003a,b, 2004; Zebrowitz, Voinescu, & Collins, 1996)。これらの特徴も，欺瞞の手がかりとしては有効ではない。

別表 5.1 選択回答式の質問法での欺瞞の手がかりに関する信念

	音声的手がかり						
	言いよどみ	言い間違い	高い声	発話速度	潜時	会話の間の持続時間	会話の間の頻度
Akehurst et al. (1996, 他者の信念の評定)	∨	∨	∨	∨	∨		∨
Colwell et al. (2006)	∨	∨	∨	∨	∨		∨
Gordon et al. (1987)	∨	∨	∨	∨			
Granhag et al. (2004, 囚人)			−				
Granhag et al. (2004, 囚人以外)			∨				
Granhag et al. (2005)							
Lakhani & Taylor (2003, 利害関係の大きい嘘)	∨	∨	∨				∨
Strömwall & Granhag (2003b)	−		−				
Taylor & Hick (2007, 些細な嘘)	∨	∨	−		∨	−	∨
Taylor & Hick (2007, 深刻な嘘)	∨	−	∨		∨	∨	∨
Taylor & Vrij (2001)	∨	∨	∨		∨		
The Global DeceptionTeam (2006)	∨	∨	∨	∨	−		
Vrij, Akehurst, & Knight (2006)	∨	∨	∨	∨	−		∨
Vrij & Semin (1996, 囚人)	∨		−	∨	∨		
Vrij & Semin (1996, 囚人以外)	∨	∨	∨	∨	∨		
Zuckerman et al. (1981b, 他者の信念の評定)	∨	∨	∨	∨	∨		
要約	∨	∨	∨	∨	∨	−	∨

(続く)

	視覚的手がかり									
	注視	笑顔	身体操作	例示動作	手や指の動き	脚や足の動き	胴体の動き	頭の動き	姿勢の変化	まばたき
Akehurst et al. (1996, 他者の信念の評定)	∨	∨	∨	∨						∨
Colwell et al. (2006)	∨	—	∨	∨						∨
Gordon et al. (1987)	∨	∨	∨	∨	∨	—	∨	∨	∨	∨
Granhag et al. (2004, 囚人)	∨									
Granhag et al. (2004, 囚人以外)	∨									
Granhag et al. (2005)	—									
Hart et al. (2006)	∨	—		∨	∨	∨		∨	∨	∨
Lakhani & Taylor (2003, 利害関係の大きい嘘)	∨	∨	∨		∨	∨		∨	∨	∨
Strömwall & Granhag (2003b)	∨									
Taylor & Hick (2007, 些細な嘘)	—	—	∨		—	—		—	—	—
Taylor & Hick (2007, 深刻な嘘)	∨	—	—		∨	∨	∨	∨	—	—
Taylor & Vrij (2001)	∨	—	∨	∨	∨	—		∨		∨
The Global DeceptionTeam (2006)	∨		∨	∨	∨	∨	∨	∨	∨	
Vrij, Akehurst, & Knight (2006)		∨	∨	—	∨	∨	∨	∨	∨	∨
Vrij & Semin (1996, 囚人)	∨	—	—		∨	∨	—	∨	—	
Vrij & Semin (1996, 囚人以外)	∨	∨	∨							
Vrij & Taylor (2003)	—	—								
Zuckerman et al. (1981b, 他者の信念の評定)	∨	∨		∨	∨		∨	∨	∨	∨
要約	∨	—		∨						∨

(続く)

	言語的手がかり								
	否定的発言	過度に一般化した用語	自己言及	直接性	回答時間	妥当な回答	語彙の多様性	一貫性	矛盾
Akehurst et al. (1996, 他者の信念の評定)				<	<	-			>
Colwell et al. (2006)				<	>				
Granhag et al. (2004, 囚人)								-	
Granhag et al. (2004, 囚人以外)								<	
Granhag et al. (2005)								<	
Lakhani & Taylor (2003, 利害関係の大きい嘘)					>			-	>
Strömwall & Granhag (2003b)					-			<	
The Global DeceptionTeam (2006)						<		<	>
Vrij, Akehurst, & Knight (2006)	>			<		<			
Vrij & Taylor (2003)				<				<	
Zuckerman et al. (1981b, 他者の信念の評定)	-		>		-				>

要約

注：
< その手がかりの減少と欺瞞を結びつけている
> その手がかりの増加と欺瞞を結びつけている
- その手がかりが欺瞞と関連するとは信じられていない

別表 5.2 相関法での欺瞞の手がかりに関する信念

	音声的手がかり						
	言いよどみ	言い間違い	高い声	発話速度	潜時	会話の間の持続時間	会話の間の頻度
Apple et al. (1979)					>, <		
Basket & Freedle (1974)		>	>		>, <		
Boltz (2005)							>
Bond et al. (1985)	—	—					
Bond et al. (1990)	—, >	>					
Bond et al. (2004)	>	>					
DePaulo, Rosenthal et al. (1982)	>	>		>			
DePaulo, P.J., & DePaulo (1989)	>	—		>			
Ekman (1988)			—	>			
Fiedler & Walka (1993)	—		>	>			
Frank & Ekman (2004)				>, >	>, >		
Harrison et al. (1978)	—				>		
Kraut (1978, 実験1)	>, <						
Kraut (1978, 実験2)		—					
Kraut & Poe (1980)	>	>		>	>		
McCroskey & Mehrley (1969)	—	—, —, >					
Nigro et al. (1989)	>			>	>		
Riggio & Friedman (1983)				>			
Riggio et al. (1987)				>		>	
Ruback & Hopper (1986)	>	>	—			>	
Ruva & Bryant (1998)	>		>	—			
Stiff & Miller (1986)							
Streeter et al. (1977)	>	>, —, —	>		>		
Vrij (1993)				—			
Vrij, Foppes et al. (1992)	>	>		>			
Vrij & Winkel (1994)	>	>					
Vrij et al. (2001b)				—			
Woodall & Burgoon (1983)	>	>	>	>	—	>	
要約							

(続く)

	視覚的手がかり									
	注視	笑顔	身体操作	例示動作	手や指の動き	脚や足の動き	胴体の動き	頭の動き	姿勢の変化	まばたき
Akehurst & Vrij (1999)	∨									
Bond et al. (1985)	∨∨	∧−	−∧	−∨				∧−	−	−
Bond et al. (1990)	∧,∨									
Bond et al. (1992)	∧,∨								−	−
Brooks et al. (1986)										
DePaulo, P.J., & DePaulo (1989)	−,−	−,−	−	−				−	∧	
Desforges & Lee (1995)	∧,∨									
Ekman & Friesen (1972)			∧,−							
Ekman (1988)		−,−	−,∧	−		−				
Fiedler & Walka (1993)			∧							
Frank & Ekman (2004)	∨,∨	∧,−	∨,−					−,∨	∧,∧	∧
Hemsley & Doob (1978)	∨	∧,−	∨,−						−	
Hess & Kleck (1994)			∧							
Kraut (1978, 実験1)		∨,−		∨						
Kraut & Poe (1980)	∨	∧,−		∧,−	∧,∧,−	∧,−				
O'Sullivan et al. (1988)					∧,∧,−		∧,∧	∨,∨		
Riggio & Friedman (1983)	∨,∨	∨,−	∨,−	∧,∨,−,−		∧,−	∧		∧,∧	
Riggio et al. (1987)		∧,∧	∧,−	−		−	−		−	−
Rozelle & Baxter (1978)			∧,−					−		
Ruback (1981)		∧	∧,−							
Ruback & Hopper (1986)	∨,∨	−,∧		∧		∧			∧	−
Stiff & Miller (1986)							∧	∨	∧	
Vrij (1993)		∧	∧						−	
Vrij, Akehurst et al. (1996)	−	−	∧							
Vrij, Foppes et al. (1992)		∧								
Vrij & Winkel et al. (1991)	∨,∨		∧							
Vrij & Winkel (1992a)									∧	
Vrij et al. (2001b)	∨						∧	∨	∧	
要約	∨	−	∧	−						

(続く)

	言語的手がかり								
	否定的発言	過度に一般化した用語	自己言及	直接性	回答時間	妥当な回答	語彙の多様性	一貫性	矛盾
Bond et al. (1985)	−								
Bond et al. (1990)	<								
Bond et al. (2004)				<					
DePaulo, Rosenthal et al. (1982)		>	<						
DePaulo, P.J., & DePaulo (1989)	<	−		−					
Granhag & Strömwall (2000)								<	
Harrison et al. (1978)					>	<			
Kraut (1978, 実験1)				<					
Kraut & Poe (1980)			<					<	
Leippe et al. (1992)			−						
Lind et al. (1978)					>>	>>			
Riggio et al. (1987)					−				
Stiff & Miller (1986)			<	<	−	<		<	
Stiff et al. (1989)									
Vrij (1993)	−								

要約

注：< その手がかりの減少と欺瞞を結びつけている
　　> その手がかりの増加と欺瞞を結びつけている
　　空白の箇所は，その手がかりは検討されていないことを示す

第6章
専門的なツールを使わない嘘検知

　本章以降の8つの章では，人々が嘘を検知する能力を検討する。第7章から第13章では，嘘検知に関わる専門家と研究者が嘘を検知するために使っている専門的なツールの正確性について説明する。本章では，人々がそうした専門的なツールを使わずに，相手の非言語的行動や言語的行動に注目することによって嘘をつく人を見抜く能力について検討する。
　嘘を検知する能力とは，真実と嘘を識別する能力を指す。嘘を検知するのが上手な人はある人が嘘をついているときにそれを判断できるだけでなく，真実を述べているときにもそれを判断できる。たとえば，5つの真実の発言と5つの欺瞞的な発言が混じった10個の発言に対して，その真偽を見極めなければならないとする。ここで，ある人が10個の発言すべてが欺瞞的であると判断した場合，5つの嘘はすべて当たることになる。この人は嘘を検知するのが上手な人と言えるだろうか？　著者の定義によればそうは言えない。なぜならこの人は正直な5つの発言すべてについて不正確な判断をしているからである。しかし，この人が5つの嘘と5つの真実の両方を正しく識別したのならば，そのスキルに感銘を受けるだろう。
　本章では，まず一般の人が（i）初対面の人，（ii）友人や恋人，（iii）子どもの嘘と真実を検知するのがどのくらい上手かを説明する。これからみていくように，一般の人が真偽を検知する成績は**チャンスレベル**を少し上回る程度，つまりコインを投げてその裏表で決めた場合よりも少し上とい

う程度である。一般の人はある人が真実を言っていると指摘することにはある程度成功するが，嘘をつく人を識別することは下手である。これは初対面の人，友人，恋人，そして子どもを評価する際にもあてはまる。次に嘘検知に関わる専門家の話をする。本章では，専門家も初対面の人の嘘を，偶然を少し上回る程度でしか検知できないことを明らかにする。彼らはある人が嘘をついていると判断することは一般の人よりもやや上手だが，代わりに真実を話す人を識別することの正確さを犠牲にしている。おそらく嘘検知に関わる専門家と一般の人の最大の違いは，専門家は（i）一般の人よりも疑い深く（ある人が嘘をついていると判断しやすく），（ii）真実と嘘を識別する自分の能力により自信を持っている，ということだろう。

　人々が嘘と真実を検知する能力については悲観的な見通しになるにも関わらず，これまでの研究では，この能力に個人差があることも明らかにされている。この個人差を説明しうる要因，たとえば嘘を見抜く人のジェンダー，パーソナリティ，動機づけについても説明する。

　さらに，観察者が行う真偽性の判断（つまりある人が真実を話していると思うか嘘をついていると思うか）に影響を与えるいくつかの要因についても説明する。白人以外の人の自然な行動は，しばしば白人の観察者に疑わしい印象を与える。さらに，特定のパーソナリティ特性を持つ人は持たない人よりも信用されやすい。特定のパーソナリティ特性を持つ人の自然な行動がそうした効果をもたらすのである。また，以下のようなこともある。つまり，（i）受動的に観察するよりも実際に面接をすること，（ii）その人にさらに質問を重ねる（「精査」する）ことが，真偽性判断に影響を与える。面接者は受動的な観察者よりもだまされやすく，その上，精査はある人を信じる傾向をさらに高める。

　本章ではまず非言語的・言語的コミュニケーションが真偽性の評価に与える相対的影響について説明する。具体的には，もし人が欺瞞を検知しようとするなら，何がその決定に最も影響を与えるのか，対象人物が示した行動か，彼らの発話の内容か？　この質問に一般化できる形では答えられないことを示す。

第1節　非言語的・言語的行動が信憑性評価に与える相対的重要性

　いくつかの情報源（警察の手引書，研究知見，日常生活の観察）を見ると，非言語的行動は真偽性判断をする上で重要な役割を果たしていることがわかる。一般的に警察の手引書は，欺瞞の言語的手がかりよりも非言語的手がかりに多くのページを割いている。実際，基準にもとづく内容分析（CBCA，第8章）やリアリティ・モニタリング（第9章）のような，嘘をつく人と真実を話す人をある程度識別する言語的な真偽性判断のツールについては，こうした手引書では触れられていない。警察の手引書では，「人が伝達する内容の70％が非言語的な水準で生じている」（Inbau, Reid, Buckley, & Jayne, 2001, p. 143）などとして，非言語的手がかりの重要性が非常に強調されている。

　研究知見を見ると，著者らが行った嘘検知に関する実験では，99人のイギリスの警察官に，被疑者の取調べの映像の一部を54場面分見るよう求めた。そして彼らに各映像を見た後で真偽性判断をしてもらい，判断の根拠とした手がかりを報告してもらった（Mann. Vrij, & Bull, 2004）。警察官が報告した手がかりの大部分（78％）は，非言語的なものであった。また，ある人の非言語的行動がその人の発話内容とは乖離していることに観察者が気づくときは，彼らは非言語的チャネルに頼っていることが多い。そのため，たとえば就職の選考のための面接で，遠慮がちなふるまいの応募者が仕事への熱意を主張すると，人々はこの応募者を本人が主張するほど仕事に熱意を持っていないと思いやすい（DePaulo, Rosenthal, Eisenstat, Rogers, & Finkelstein, 1978; Hale & Stiff, 1990; Heinrich & Borkenau, 1998; Hoffner, Cantor, & Thorson, 1989; Zuckerman, Driver, & Koestner, 1982; Zuckerman, Speigel, DePaulo, & Rosenthal, 1982）。

　いくつかの現実生活の観察からも，ある人が嘘をついているか判断

する際に非言語的行動が重視されることが示されている。Kaufmann, Drevland, Wessel, Overskeid と Magnussen（2003, p. 22）は彼らの本国ノルウェーで，司法判断が非言語的コミュニケーションにもとづいている場合があり，しかもそれが利用可能な証拠と矛盾する場合にもそうであることに気づいた。彼らが記述している公判の事例には，有罪を示す間接証拠の証明力は強かったものの，被告人（ファイナンシャル・アドバイザー）が「被告人の非言語的行動は責任逃れしようとするような目の動きが一切なく自信がありそうだった」ことが理由の一部となって無罪とされた事例があった。フロリダでは，トム・ソーヤーが性的暴行と殺人の容疑で起訴された。捜査官は 16 時間にわたって彼を尋問し，恐怖を与え，おそらく**虚偽自白**を引き出した。最初の取調べで事件への関与を否定したとき，彼は困惑して見え，顔が紅潮していたため，有力な被疑者になってしまった（Meissner & Kassin, 2002）（トム・ソーヤーの判例についての詳細は，Ofshe（1989）や Box11.2 を参照）。これとは別のアメリカの事例で，14 歳のマイケル・クロウは長期にわたる尋問を受け，妹を刺し殺したと自白した。この少年の告発は後に取り下げられた。彼が第一級の被疑者にされたのは，刑事たちが，彼が自分の妹の死に対して不適切なほどわずかな感情的反応しか示さなかったと思ったためである（Kassin, 2005）。

　なぜ，嘘を見抜く人はそれほどまでに非言語的行動に注意を払うのだろうか？　第一に，人々は非言語的行動を解釈する能力に自信を持っているのだろう。人は他者の行動を観察するだけで，パーソナリティ特性（たとえば外向性や社交性），男性性，女性性や性的指向を含むその他者のあらゆることについて，十分な正確さで判断することができる。行動からは，地位関係，支配関係，恋愛関係についての情報を理解することもできる（Ambady, Bernieri, & Richeson, 2000; Ambady & Rosenthal, 1992; DePaulo, 1992; DePaulo & Friedman, 1998）。言いかえれば，人は非言語的行動から推論することに慣れている。

　第二に，観察者がかなり多くの注意を非言語的行動に向けるのは，おそらく人は自分の発言に比べて非言語的行動についてはあまり意識して

おらず，その結果，隠そうとしている情報が非言語的チャネルを通じて「漏れ出る」と想定しているからである（DePaulo et al., 1978; Hale & Stiff, 1990; Kalbfleisch, 1992; Maxwell, Cook, & Burr, 1985; Stiff, Hale, Garlick, & Rogan, 1990; Vrij, Dragt, & Koppelaar, 1992）。確かに，ある条件下において人は自分の非言語的行動のある側面を，言語的コミュニケーションほど上手に統制できない（DePaulo, 1992; DePaulo & Kirkendol, 1989; Ekman, 1993; Ekman & Friesen, 1969, 1974）。たとえば，空港で係員がヘロイン密輸者に対して何か違法なものをスーツケースに入れていないか尋ねるとする。密輸者にとって「何も隠していない」と発言することは簡単だろうが，普通にふるまって何の疑いも抱かれないようにするのは難しいだろう。同じように，学生が試験監督に対して，試験中に彼女の足元で見つかった授業ノートが自分のものではないと言うことは簡単だろうが，平静を保つのは難しいだろう。嘘をつく人にとって行動を統制するのが難しい理由は，すでに第3章で説明した。ほかにも厄介な問題があり，彼らは本当らしい行動を示しながら，緊張の兆候を抑制する必要がある。

　しかし，嘘を見抜く人はいつも非言語的行動にばかり注意を向けているわけではない。研究によれば，真偽性を判断するとき，非言語的行動により多くの注意を向けるときもあれば，発話内容に注意を向けるときもあり，2つのチャネルのどちらがより重要かはさまざまな要因によって決まることが示されてきた。たとえば，会話の話題について観察者が何を知っているかによって決まる（Stiff, Miller, Sleight, Mongeau, Garlick, & Rogan, 1989）。観察者がその話題についてよく知っている場合，発話に集中し，自分が知っていることと対象人物が話すことを比較することが多い。第4章で挙げた例として，ジェフリー・アーチャーが大統領との電話に関してついた嘘は，こうして明らかになった。

　また，観察者が利用できる発話内容の量にも左右される。先に述べたヘロイン密輸者や学生の例のように，ある人は2, 3語，または2, 3の文しか言わない場合がある。このような場合，観察者はその相手の行動を観

察する以外に術はない。別の状況では，もっと多くの発話内容を観察者が利用できる場合がある。たとえば，観察者は複数の発言を得られるだろう。ある出来事について同じ人物から複数の発言を聞くだろうし，異なる人々から聞く可能性もある。そのような場合，嘘を見抜く人は発話内容に焦点を当て，異なる発言の一貫性を確認する傾向がある（Granhag & Strömwall, 1999, 2000a, b, 2001a, b; Strömwall & Granhag, 2005, 2007; Strömwall, Granhag, & Johnson, 2003）。

真偽性判断における非言語的手がかりと言語的手がかりの相対的な影響力を左右する別の要因は，これらの手がかりの特殊性である。たとえば，人は話の内容がありそうもないと思ったとき（Kraut, 1980）や，発言が話者の自己利益に反するように見えるとき（Noller, 1985）に言語的手がかりに頼る。反対に，何かをじろじろ見つめているなど，誰かが奇妙に見える行動をみせるときには，その人に関する真偽性の判断はそれらの行動の影響を受けやすい（Bond, Omar, Pitre, Lashley, Skaggs, & Kirk, 1992）。

それに加え，ある人物の真偽性に関する予期はその人が注意を向ける先に影響を与える。警察官はあらかじめ被疑者が有罪だと想定している（Evans, 1994; Kassin, 2005; Moston, Stephenson, & Williamson, 1992; Stephenson & Moston, 1994）。イギリスの警察の取調べを分析した結果，73％の事例で警察官は取調べを行う前から被疑者の有罪を「確信」していた（Moston et al.,1992）。Saul Kassin（2005, p. 216）は何年もかけてアメリカの多くの警察官に誘導尋問によって無実の人に自白させる可能性を心配しているか尋ねたところ，共通してみられた返答が「心配はしていない，なぜなら私は無実の人には尋問をしないからだ」であったと報告している。嘘をつくと予期すると，警察官は被疑者の断固とした否認にはほとんど関心を持たず，欺瞞を検知するための身体的兆候に注目したがる（Millar & Millar, 1998）。

さらに[原注1]，人によっては言語的・非言語的チャネルへの評価が異なるだろう（Friedman, 1978）。Noller（1985）は，女性は男性に比べて発

話内容に敏感には反応しにくく,非言語的手がかりを信頼しやすいと報告している。女性は一般的に男性よりも非言語的行動について熟知しており,これを解釈するのが上手である(Hall, 1984)。この能力が,女性を非言語的手がかりに注目させるのだろう。同様に,嘘を見抜く人が持つ,欺瞞の言語的・非言語的手がかりについての知識は注意の焦点に影響を与えるだろう。欺瞞の言語的手がかりをよく知っていると自負する人はある人の話を注意深く聞くだろうし,自分は欺瞞の非言語的手がかりについてよく知っていると思っている人はある人の行動を注意深く吟味するだろう。

上に述べたように,警察の手引書は欺瞞の非言語的手がかりを言語的手がかりよりも重視している。これは,警察官は発話内容を聞くことの方が適切な場面でさえ欺瞞の非言語的手がかりにより多くの注意を払う傾向があることを意味しうる。捜査を始めるとき,警察官は犯行についてわずかな情報しか持っていない場合があり(Horvath & Meesig, 1996),その場合,誰が被疑者か明確な考えがない。したがって,警察官は犯罪が起きた場所の周辺に住んでいる人たちや,警察官が(その時点で)犯行に関わったと思っている何人かの人を事情聴取しようとするだろう。この人たちの非言語的なふるまいは,彼らが引き続き被疑者とみなされて2回目の取調べに呼ばれるかの決め手とされるだろう(Greuel, 1992; Kraut & Poe, 1980; Rozelle & Baxter, 1975; Vrij, Foppes, Volger, & Winkel, 1992; Walkley, 1985; Waltman, 1983)。これが,先述のトム・ソーヤーやマイケル・クロウの事例で起きたことである。この方法には限界があると思われる。第4章で述べたように,心的状態(否定的感情など)は発話を通じても漏れ出すし,その場で即座にもっともらしい回答を行うことは難しいこともある。発話を統制することも難しいだろうから,嘘を見抜く人が,非言語的行動に主に注意を払うという方略は,そのような状況では

原注1 ほかにも要因を挙げることができる。嘘を見抜く人が実際の面接者か受動的な観察者であるかは発話内容と非言語的コミュニケーションのどちらに注意を払うかに影響を与える変数の一つである。しかし,このことに関する知見は一貫していない。Bullerら(1991)やFeeleyとdeTurck(1997)は,積極的な質問者は非言語的コミュニケーションに注意を払いやすいが,観察者は主に発話内容を聞くことを見出した。GranhagとStrömwall(2001b)はこれとは逆の効果を見出している。

限定的すぎる。また，本章で明らかにするように，人々は，誰かを「見る」ときより「聴く」ときの方がその真実と嘘を上手に識別できることが多い。

まとめると，観察者が言語的または非言語的チャネルのどちらに注意を払うかという問題は，観察者がその会話の話題について知っていること，観察者が利用可能な発話内容の量，言語的手がかりと非言語的手がかりの弁別性，ある人が嘘をついているかに関する観察者の予期，欺瞞の言語的，非言語的手がかりに関する観察者の知識に左右される。

第2節　一般の人が初対面の人の嘘を検知する能力

一般の人が初対面の人の嘘を検知する能力は，過去数十年間，精力的に検討されてきた。典型的な嘘検知の研究では，観察者（通常は大学の学部生）は人物が出てきて真実を話すか嘘をつくかする短い映像を見るよう求められる。そして各映像を見た後に，出てきた人物（たいてい（メッセージの）送り手と呼ばれる）が真実を話しているか嘘をついているかを判断するよう求められる。典型的には，送り手の半分は真実を話す人であり，残り半分は嘘をつく人である[原注2]。このような研究で，送り手が真実を話しているか嘘をついているかを素朴に推測すると，真実の50％を正しく分類し（真実の正答率），嘘の50％を正しく分類し（嘘の正答率），結果として合計の正答率が50％となる。本章の最初で紹介した疑い深い実験参加者は，実際には半分は欺瞞的で半分は真実のものである10個の発言すべてに対して欺瞞的であると判断する。そのため嘘の正答率は100％だが真実の正答率は0％となり，合計の正答率は50％になる。これはチャンスレベル（50％）と同じことである。

嘘検知に関する研究では，観察者は送り手やその発言について一切の背景情報を与えられないため，使える唯一の情報源は，送り手が示す非言語

原注2　一般的に，観察者には真実を話す人と嘘をつく人の割合は告げられない。なぜなら，それを告げると真実と嘘の判断の数を揃えようと慎重になってしまうからである。

的行動と言語的行動である。現実世界と比較すると，これはやや不自然な嘘検知の仕方である。Park ら（2002）が行った研究では，大学生に対して日常生活の中で他者が自分に嘘をついていることに気づいた経験を思い出してもらい，どうやってその嘘に気づいたかを尋ねた。嘘をつかれたときに，嘘をつく人の非言語的行動または発話内容だけを頼りにして，その嘘を検知した事例は2％に満たなかった。一般的に，嘘は第三者からの情報（38％），物的証拠（23％），自白（14％）から明らかになり，嘘の80％以上は嘘をつかれて1時間以上経ってから，40％は1週間以上経ってから検知された。

　嘘検知に関する研究の多くで，観察者が判断すべき情報の断片は，第3章や第4章で述べたような研究にもとづいて作られている。これらの研究のほとんどで，送り手は実験のために真実を話したり嘘をついたりしていた。嘘をつく人は一般的に認知的負荷を多少は経験しており，真実を話す人と嘘をつく人の利害関係は小さなものから中程度のものまでさまざまであった。

　Kraut（1980）は嘘検知に関する研究の総説を発表した。それらの研究の多くで合計正答率は45〜60％であり，平均正答率は57％であった。Kraut の1980年の総説が発表されて以降，多くの研究が発表された。別表6.1に，著者が知る範囲で英語で1980年以降に発表された，一般の人が初対面の人の真実と嘘を識別する能力に関する79件の研究を示した。合計正答率は最も低いもので31％であり（Brandt, Miller, & Hocking, 1982），これは外れ値のように思われる。次に低かったのは38％で，Brandt と Miller と Hocking（1980a）の別の研究であった。一方，合計正答率が最も高かったのは68％であった（Wan Cheng & Broadhurst, 2005）。残りの研究の合計正答率は42〜65％であった。さらに別表6.1からは，多くの研究（79件中62件）で合計正答率が50〜60％と報告されていることがわかる。79件の研究の合計正答率の平均値は54.27％であり，Kraut（1980）が見出した57％という数値よりやや低い。これはチャンスレベルの50％をほんのわずか上回る程度という値である。

別表 6.1 には，34 件の研究における真実の正確性（真実を正しく分類）と嘘の正確性（嘘を正しく分類）を区別して示している。真実の正答率は一般的に嘘の正答率よりも高い。34 件中 25 件の研究で真実の正答率の方が嘘の正答率よりも高かった。真実の正答率は 49 〜 81％であった。真実の正答率が 65％以上のものが一般的で，34 件中 16 件の研究がそうであった。真実の正答率の平均値は 63.41％であり，これはまったくの偶然で得られる値よりも高かった。反対に，嘘の正答率は最も高いもので 70％だが最も低いものだと 27％であった。嘘の正答率は 50％を下回る研究が多く，34 件中 18 件の研究がそうであった。嘘の正答率の平均値は 48.15％であり，これはまったくの偶然で得られる値よりも低かった。

真実バイアス

真実の正答率の方が嘘の正答率よりも高い理由の一つは**真実バイアス**である。これは，観察者がメッセージを欺瞞的なものとみなすよりも真実のものとみなす傾向である（Köhnken, 1989; Levine, Park, & McCornack, 1999; Zuckerman, DePaulo, & Rosenthal, 1981）。Bond と DePaulo（2006）は嘘検知に関する研究のメタ分析を行い，観察者は同じ数の嘘と真実を呈示されたにも関わらず，メッセージの 56％を誠実なものと判断し，44％を欺瞞的なものと判断していたことを見出した。言いかえれば，観察者はだまされやすいということである。真実バイアスについては少なくとも 8 つの説明がされている（DePaulo, Wetzel, Weylin Sternglanz, & Walker Wilson, 2003; Gilbert, 1991; Vrij, 2004b; Vrij & Mann, 2003a）。第一に，日常生活において人は欺瞞的な発言よりも誠実な発言により頻繁に遭遇する（第 2 章）ため，ある人の発言を真実を話していると想定する傾向がある（いわゆる**利用可能性ヒューリスティック**による説明，O'Sullivan, Ekman, & Friesen, 1988）[原注3]。第二に，第 2 章で概要を述べたように，Goffman（1959）は，人生は劇場のようなものであり，人は役者が演じるように行動すると主張した。日常生活におい

て他者に見せる「自己」は本当の自己ではなく，編集されたものである。そのような劇場では，われわれは，自分自身が見せているやり方を尊重して他者が自分を見てくれると期待するが，われわれも他者が他者自身をわれわれに見せようとするやり方を受け入れる。後者が結果として真実バイアスになる。

　第三に，社会的な**会話規則**は，疑いを示すことを妨げる（Toris & DePaulo, 1984）。人は会話の相手が自分の言うことに疑問を示すとすぐにいら立つ。話すと相手がいちいち遮って「信じられない」「本当とは思えない」「それを証明できる？」などと言ってくる会話を想像すると，その会話は長くは続かないだろう。言いかえれば，社会的な会話規則は，相手を信じ込めと指示している。第四に，人は欺瞞が実際に起きているかに自信を持てない可能性がある。そのような不確実性の下では，最も安全で礼儀正しい方略は，明示的に表出されたことを信じることだろう（DePaulo, Jordan, Irvine, & Laser, 1982）。これに関連するのが Fiedler と Walka（1993）の**反証可能性ヒューリスティック**であり，真実バイアスの第五の説明である。Fiedler と Walka によれば，現実性を確認することで簡単に反証できる発言は簡単に反証できない発言に比べて信頼しにくいという。しかし，人はしばしば簡単に反証できない気持ち，好み，態度や意見（第2章）について嘘をつく。その場合，観察者はメッセージを当然のものとみなしやすい。

　第六に，Gilbert（1991）は，知識表象に関するスピノザのモデルにもとづいて，すべてのものは最初は真実として理解され，それを疑うことには特別な努力を要すると説明している。言いかえれば，真実バイアスはやりとりの初期設定だと言える。これに関連して Elaad（2003）は，真実バイアスの存在を説明する第七の理由を，Tversky と Kahneman（1974）の**係留のヒューリスティック**に基づいて提案した。これは，判断において最初の値（係留点）からの調整が不十分であるために，最終的な判断の値

原注3　ヒューリスティックとは，複雑な刺激を少ない認知的努力で評価することを可能にする，単純な意思決定規則のことである（Tversky & Kahneman, 1974）。

が最初の値の方に偏ったものになってしまうというものである。したがって，観察者はある人が真実を話しているという考えに夢中になっていると，それに反する証拠が出てきたときに調整が不十分になるだろう。最後に挙げる理由として，Grice（1989）はやりとりにおいて人が使う言葉は一連の原理に従うことが期待されていると述べている（McCornack（1992）も参照）。たとえば，量の公準は必要十分な量の情報を提供せよと言うし，関連性の公準は関係のある情報を提供せよと言う。しかし，人はこれらの規則を破り，曖昧に話すことがよくある。会話の相手はそうした曖昧さに慣れているし，それを許容しており，またそうした曖昧さが生じたときも疑い深くなることは少ない。結果として，嘘をつく人の発話が言葉の原理を犯している場合でも，観察者はそう簡単に疑い深くはならない。

　真実バイアスはよくみられるが，絶対的なものではなく，疑念が高まってきたときには消えることがある（DePaulo, Lindsay, Malone, Muhlenbruck, Charlton, & Cooper, 2003）。たとえば，観察者が販売員の商品販売のための発言を判断する研究では，観察者は嘘バイアスを示す（DePaulo & DePaulo, 1989）。ほかの研究では，実験参加者に「送り手が完全に誠実であるとは限らない」と告げると，嘘だと判断する数が増えた（McCornack & Levine, 1990a, b; Millar & Millar, 1997b）。最後に，以下で示すように，警察官は，尋問する被疑者を有罪だと想定することが多く，真実バイアスも示さない。

欺瞞の手段

　嘘を見抜く人は，送り手をさまざまな手段で判断しうる。たとえば，対面の会話では送り手の話を聞いたり姿を見たりすることができるが，電話では話を聞くことしかできない。研究者は観察者が使えるチャネルが嘘検知の成績に影響を与えるかを調べてきた[原注4]。Bond と DePaulo（2006）は欺瞞の手段に関する研究を再検討し，手段による影響があることを見出した。嘘を見抜く人が送り手の話を聞くことしかできない場合は，聞くこ

とも見ることもできる場合と同程度に嘘を検知することができた。しかし，見ることしかできない場合は，聞くことしかできない場合（$d = .37$）や聞くことも見ることもできる場合（$d = .44$）よりも成績が悪かった[原注5]。言いかえると，観察者は送り手の声を聞けないときに嘘を検知するのが下手になる。この理由は少なくとも2つある。第一に，第3章と第4章で明らかにしたように，嘘の音声的および言語的手がかりは視覚的手がかりよりも多く，声を聞くことのできない観察者はこれらの特徴的な音声的および言語的手がかりを利用できないからである。第二に，人は嘘をつく人が視線を外し，動きが増える（第5章）と思っているが，これらは欺瞞の特徴的手がかりではない（第3章）。観察者が送り手を見ることしかできないとき，こうした誤った**ステレオタイプ**的な見方にもとづいて真偽性を判断してしまい（Bond & DePaulo, 2006），不正確な判断をしやすくなる。また，こうしたステレオタイプ的な見方は，真実を話す人ではなく嘘をつく人のふるまいに関するものである。したがって観察者は，送り手を見ることも聞くこともできる場合や聞くことだけができる場合に比べて，見ることだけができる場合にある人が嘘をついているとみなしやすくなる（Bond & DePaulo, 2006; Mann, Vrij, Fisher & Robinson, 2007; Vrij, 2008）。

原注4　例として以下の文献も参照してほしい。Al-Simadi & Al-Simadi, 2000; Bond & Atoum, 2000; Bond, Thomas, & Paulson, 2004; Davis, Markus, & Walters, 2006; DePaulo, Stone, & Lassiter,1985; Ekman & Friesen,1974; Ekman, Friesen, O'Sullivan, & Scherer,1980; Frank & Ekman, 2004; Hocking, Bauchner, Kaminski, & Miller, 1979; Kassin, Meissner, & Norwick, 2005; Maier & Thurber, 1968; Manstead, Wagner, & MacDonald,1986; Noller, 1985; Porter, Campbell, Stapleton, & Birt, 2002; Zuckerman, Driver, & Guadagno,1985.

原注5　すでに第3章で述べたように，**効果量**（d）が .20, .50, .80 というのは，それぞれ小さい，中程度，大きな効果と解釈すべきである。

動機づけ／利害関係

　第3章ですでに述べたように，嘘をつく人が全員等しくその欺瞞を成功させようと動機づけられているわけではない。信じてもらえないことによる否定的な程度や信じてもらえることによる肯定的な程度が高い，利害関係の大きい状況では，利害関係の小さい状況に比べて，人はより本当らしく見せるように動機づけられる。第3章でも報告した通り，動機づけられることは嘘をつく人にとってむしろ不利益をもたらす。嘘をつく人が嘘を見破られることを避けようと動機づけられるほど，その行動から嘘がばれやすくなる。この現象は**動機づけによる減損効果**と呼ばれている。この効果は，欺瞞への行動的反応を引き出す3つの過程（**感情**，**認知的努力**，**意図的な行動統制**）が，嘘をつくことに動機づけられていない人よりも動機づけられている人にとって重要になることから説明される（第3章）。
　嘘をつく人が利害関係の小さい嘘をつくときよりも**利害関係の大きい嘘**をつくときに欺瞞の手がかりを示しやすいとすれば，利害関係の大きい嘘の方が検知しやすい。実際，利害関係の大きさを操作した（そうはいっても本当に利害関係が大きいわけではない）一連の実験で，観察者は利害関係の小さい条件に比べると，利害関係の大きい条件において，真実と嘘を上手に識別できた[原注6]。BondとDePaulo（2006）の総説でも，送り手が動機づけられていないときよりも動機づけられているときの方が，嘘と真実を識別しやすいことが明らかにされている（$d=.17$）。

原注6　DePaulo, Kirkendol, Tang, & O'Brien,1988; DePaulo, Lanier, & Davis,1983; DePaulo, LeMay, & Epstein,1991; DePaulo et al., 1985; Lane & DePaulo,1999; Vrij, 2000; Vrij, Harden, Terry, Edward, & Bull, 2001.

準備

前もって嘘をつく準備をする機会があることもあれば，その場で即時的に嘘をつかねばならないこともある。第3章ですでに見たように，練られた嘘は自然な嘘よりも嘘をつくのがいくらか簡単で，認知的負荷の兆候を示すことも少なくなる。したがって，BondとDePaulo (2006) のメタ分析の結果から得られた，観察者は練られたメッセージよりも自然なメッセージの真実と嘘を識別することの方が上手にできることも驚くことではない（$d = .14$）。

送り手の熟知性

第3章で説明したように，行動や話し方には個人差がある。このことが，初対面の人の嘘を検知することを難しくしている。というのも，観察者は初対面の人のふだんの行動や話し方を知らないからである。おそらく嘘検知は，観察者が嘘かどうかを判断しなければならない初対面の人の真実の行動や発話を知れば簡単になるだろう。そうすれば真実だとわかっているメッセージを話すときと，いま判断しなければならないメッセージを話すときの行動や発話の違いを探し出すことができる。いくつかの研究でこのことを検討している。これらの研究では，観察者が初対面の送り手の発言の真偽性を判断しなければならない点はこれまでの研究と同じであったが，嘘を検知する課題の前に観察者は送り手の「基準となる真実のメッセージ」を見るよう求められた（観察者には，基準となるメッセージは真実であることが説明されていた）。これらの研究では，基準となる真実の面接の様子を見た観察者は，そうした面接を見ていない観察者に比べて，その後の嘘検知課題の成績がよかった（Brandt, Miller, & Hocking, 1980a b, 1982; Feeley, deTurck, & Young, 1995）。言いかえると，送り手の正直な行動を知ると，真実と嘘の識別は簡単になる。

ほかの研究では，観察者に真実の，または欺瞞的なメッセージを基準として見せたが，そのメッセージが真実を話しているか嘘をついているかを知らせなかった。真実である場合にのみ，ベースラインのメッセージを見ることが効果的であることが明らかになった（Garrido & Masip, 2001; O'Sullivan, Ekman, & Friesen, 1988）。O'sullivan と Ekman と Friesen（1988）は，観察者は自分が観察した行動を誠実だと想定しやすい（利用可能性ヒューリスティック）ため，最初に見た行動（つまり基準となる行動）を不誠実だと想定するよりは誠実だと想定しやすいと説明している。もし最初の行動が誠実なら，その後の似ていない行動を不誠実なものだとみなすことは簡単になるだろう。しかし，最初の行動が実は欺瞞的なものであるのに誠実なものだと誤ってラベルづけすれば，その後の行動を評価する際に誤りが生じるだろう。

要約

　初対面の人の真実と嘘を識別しようとすると，一般の人はチャンスレベルよりわずかに上手に嘘を検知できるにすぎない。また，一般の人はその初対面の人を信じる傾向があるが（真実バイアス），真実バイアスは疑い深くなった場合には消える。嘘検知の正確性はいくつかの要因によって影響を受ける。観察者が嘘と真実をより上手に識別できるのは，以下のようなときである。つまり，(i) 送り手のふるまいを見たときよりも，送り手の話を聞いたとき，(ii) 送り手の利害関係が大きいとき，(iii) 送り手のメッセージが練られたものではなく自然なものであるとき，(iv) 観察者が基準となる送り手の正直な行動を熟知しているときである。

第3節　一般の人が友人や恋人の嘘を検知する能力

　送り手の自然で正直な反応が真実と嘘の検知を促進するのならば，送り

表6.1 一般の人が友人または恋人を判断したときの正答率[1]

	正答率（％）		
	真実	嘘	合計
Anderson, DePaulo, & Ansfield（2002, 友人）[2]			54
Bauchner（友人，Miller, Mongeau, & Sleight(1986)から引用）			74
Fleming & Darley（1991, 友人，親子）			49
Levine, Park, & McCornack（1999, 未婚のカップル）	82	34	58
McCornack & Levine（1990, 未婚のカップル）[3]			53
McCornack & Parks（1986, 未婚のカップル）			59
Millar & Millar（1995, 実験1: 友人，親類）[4]			51
Millar & Millar（1995, 実験2: 友人，親類）			53

注 [1] 統制条件の結果のみ用いた。　[2] 1回目と2回目のデータを合成した。　[3] 低疑念条件。
[4] 音声と映像のある条件。

手の友人や恋人の真実と嘘は初対面の人のそれよりも上手に検知できると予測される。この考えに沿うものとして Boon と McLeod（2001）は，人が自分の恋人の嘘を検知することは非常に上手だと思っていると報告した[原注7]。いくつかの実験で，観察者はよく知っている人物が登場する映像を見るよう求められた。また，初対面の人に関する実験と同じように，これらの実験では非言語的行動と発話内容しか情報として利用できないようになっていた。表6.1に示したのは，著者が知る範囲の，英語で発表されている論文でこうした研究の知見をまとめたものである。これらの研究は，友人，家族や恋人の真実と嘘を識別することが初対面の人の真実と嘘の識別よりも簡単だという考えを否定する結果を出している。Miller と Mongeau と Sleight（1986）は，Bauchner によって行われた，友人同士がお互いに74％の正確性で嘘を検知できると示した実験を報告している。著者が知る限り，このように高い正答率は初対面の人を使った研究ではみられたことがない。しかし，この結果は再現されていない。ほかの研究では正答率は49〜59％の間で得られている。この正答率は，初対面の人の真実と嘘を見抜こうとした観察者においてみられた正答率と似たもの

原注7　興味深いことに，人は恋人が自分をだますより自分が恋人をだます方が成功すると思っている（Boon & McLeod, 2001）。

である。実際，初対面の人と友人や恋人の真実と嘘を検知する能力を直接比較した研究では，いずれも正答率には差異はみられなかった（Anderson, DePaulo, & Ansfield, 2002; Buller, Strzyzewski, & Comstock 1991; Fleming, Darley, Hilton, & Kojetin, 1990; Millar & Millar, 1995）。Comadena（1982）は友人または親友の真実と嘘を識別する能力を検討したが，違いはみられなかった。ほかの研究では，関係の親密さと正確性の関連が検討されている。それらの研究のいずれにおいても，親密さと正確性の間に関連はみられなかった（Levine & McCornack, 1992; McCornack & Parks, 1986; Stiff, Kim, & Ramesh, 1992）。

　AndersonとAnsfieldとDePaulo（1999）は，親密さと欺瞞の検知の正確性に関連がないように見える理由をいくつか提示している。彼らは，親密な関係にある恋人がお互いに欺瞞を見抜こうとするとき，お互いについての大量の情報を思い出すとしている。この情報は圧倒的なものでありうるため，嘘を見抜く人は，欺瞞の正しい手がかりを注意深く探そうとするよりも，この情報を直観的に処理して取り扱うだろう（つまり，単純な判断操作を行う）。もう一つの説明は，親密な関係のやりとりにおいて，嘘を見抜く人は同時に社会的認知（たとえば，可能性のある欺瞞の手がかりを解読する）と社会的行動（たとえば，やりとりにおいて支持的に見えるようふるまう）を同時にしなければならない（Patterson, 1995, 2006）。このことは，嘘を見抜く人にとって要求されることが多く，嘘に集中できないほどたくさんの課題であり，結果として，有益な欺瞞の手がかりに気づかないままになる可能性がある。さらに考えられる説明として，関係が進展するほど，人は相手をだますように独特のコミュニケーションを作り上げる技能が巧みになる。つまり，嘘をつく人は相手とのやりとりを通じて，その相手が検知できないような嘘のつき方を学んでいる。

　さらに，恋愛関係においてつかれる嘘の大部分は，**利他的な嘘**，つまり相手を守るためや相手がよい思いをするための嘘である（第2章）。そのような嘘をつくとき，人はたいてい罪悪感を持たない。したがって欺瞞の手がかりも示さないだろう。また，利他的な嘘は恋人が聞きたいと思って

いる情報を含むため，相手もそうした嘘を検知しようとは動機づけられないだろう。最後に，人は感情的にその関係に投資しており，ある種の情報はその関係を脅かす。そのような場合，人は嘘を検知しようとはしない。そうしたくないからである（第1章で，このように嘘を検知したがらない動機的理由を**現実逃避効果**と名づけた）。

　後者2つの動機的説明は，ほとんどの恋愛関係において**真実バイアス**があると言っている。実際，関係性が親密になるほど，人はその相手を正直だと信じる傾向を強める，いわゆる**関係性真実バイアスヒューリスティック**(Stiff et al., 1992)があると言われている。McCornackとParks(1986)やLevineとMcCornack (1992)はこれを説明するモデルを提案し，検討も行っている。この議論の核心は，親密さと真実バイアスがお互い直接的につながっているわけではなく，自信と関連しているという点である。2人の関係が強まるとすぐに，お互いの嘘を検知することに自信を持つようになる（「私は〇〇のことをよく知っているから，〇〇が嘘をついているかを言い当てることができる」というように）。高い自信は，相手はあえて自分に嘘をつこうとはしないだろうという信念をもたらす（「私は〇〇の嘘をすべて検知できるから，〇〇は気をつけた方がいい」，というように）。このことからその人が嘘をついているか見抜こうとするための努力をしないようになる（「いずれにせよ〇〇が私に嘘をつくわけはないので，心配していない」など）(Stiff et al., 1992)。

　ColeとLeetsとBradac (2002)は，関係性真実バイアスが観察者の**愛着スタイル**によって異なるかを調べた。愛着スタイルは，人が恋愛関係をどう認識するかを教えてくれる（第2章）。安定型[原注8]の個人は自分自身と他者について肯定的な捉え方をする。こうした人たちは親密であると快適と感じ，そのことを相手との関係の価値とみなす。とらわれ型の個人は自分自身について否定的な捉え方をする一方，恋人を理想化する。こう

原注8　第2章で説明した回避傾向と不安傾向の2次元で，4つの愛着スタイルに整理することができる。安定型は回避傾向も不安傾向も低く，とらわれ型は回避傾向が低く不安傾向が高く，恐れ型は回避傾向も不安傾向も高く，愛着軽視型は回避傾向が高く不安傾向が低い (Griffin & Bartholomew, 1994a, b)。

した人たちは簡単に恋に落ちるが，典型的にこの関係への相手の長期的な関与や関心の程度については疑いを持っている。この型の人たちは恋愛関係に親密さを望むものの，相手がそうした欲求を満たすつもりがあるか不安を抱いている。恐れ型の人は自分自身についても他者についても否定的な捉え方をする。恐れ型の人たちは他者を信じることが難しく，親密さを回避する傾向があり，親密な関係であることに居心地の悪さを感じる。最後に愛着軽視型の人は，自分自身について肯定的な捉え方をする一方で，他者について否定的な捉え方をする。愛着軽視型の人たちは親密さの重要性を否定し，自律的であろうと励む。まとめると，安定型ととらわれ型の人は恋人に親密さを求め，他者について肯定的な捉え方をする。反対に，恐れ型と愛着軽視型の人は親密さを避け，他者について否定的な捉え方をする。Cole ら は，関係性真実バイアスは，特に他者について肯定的な捉え方をする（安定型およびとらわれ型の）者にみられることを見出した。

友人や恋人の嘘を検知する能力の低さと友人や相手を信じる傾向は，テロリズムとの闘いに関して気がかりな予期をもたらす。2005 年 7 月 7 日にイギリスのロンドンで爆破テロとさらなる破壊活動の未遂のあと，人々は自分自身の属するコミュニティ内で，友人や家族などに対しても警戒するよう求められている。本節で紹介した研究知見からすると，人が潜在的なテロリストを親密な友人や家族の中からきちんと識別できるかは疑わしい。

要約

一般の人は，初対面の人の真実と嘘を検知するのと同程度に，友人や恋人の真実と嘘を検知することができる。このことに対する説明はいくつかある。たとえば関係が進展すると，人はその相手をだますために独特なコミュニケーション技術を身につけるようになる。また，相手と親密な関係になるほど，その人は相手の嘘を検知できると自信を持つようになり，結果として次第に相手は自分に嘘をつかないと信じるようになる（関係性真

実バイアスヒューリスティック)。この他者を信じる傾向は，安定型ととらわれ型の愛着スタイルを持つ個人の方が，恐れ型や愛着軽視型の愛着スタイルを持つ個人よりも強い。

第4節　一般の人が子どもの嘘を検知する能力

　幼い子どもと大人が同じ出来事に関して嘘をついたとき，どちらの嘘の方が簡単に検知できるだろうか？　おそらくほとんどの人は幼い子どもの嘘の方が簡単に見つかると言うだろう。実際のところ，幼い子どもはまだ（i）もっともらしい嘘をつくための認知的能力を持っておらず，（ii）信頼できるという印象を与えることの重要性を実感しておらず，（iii）誠実な態度を示すのに必要な筋制御ができない（第3章）。しかし，第3章では子どもの嘘を検知することは思うほど単純ではないと述べた。たとえば，子どもは信じてもらえないことによる否定的な結果をまだ実感していないため，嘘をつくときに恐怖を経験しない。また，年齢が上がるにつれて，人は自然に顔に表情を表出するようになり，欺瞞を隠すためにこれを抑制しなければならないこともある。さらに，幼い子どもは一般的に，経験した出来事について思い出すように言われたとき，大人よりも短い発言をする。これは子どもが嘘をつくには都合がよい。なぜなら嘘をつく人が話す時間が短いほど，欺瞞の非言語的手がかりを示す機会が減り，そうした手がかりを見せることが少なくなるからである（DePaulo, Lindsay et al., 2003）。発言が短ければ語数も少なく，欺瞞の言語的手がかりが生ずる可能性も減ることになる。発言は欺瞞の言語的手がかりをもたらす要因である（Vrij, Mann, Kristen, & Fisher, 2007）。

　いくつかの研究で，大人が子どもの真実と嘘を識別する能力について検討されている。これらの実験は初対面の人の嘘を検知する実験と同じ方法論を使っている。言いかえれば，大人の観察者は初対面の子どもの発言の真偽性を評価しており，子どもの行動と発言だけが使える情報である。著

表 6.2 一般の人が子どもを判断したときの正答率[1]

	送り手の年齢	正答率（%）		
		真実	嘘	合計
Ball & O'Callaghan（2001, 実験 1）	6-12	75	53	60
Ball & O'Callaghan（2001, 実験 2, 3 を合成）	6-12			65
Chahal & Cassidy（1995）	8	70	63	66
Edelstein, Luten, Ekman, & Goodman（2005）	5-7			50
Jackson & Granhag（1997）	11-12	72	25	49
Landström, Granhag, & Hartwig（2007）[2]	10-11	53	66	60
Larochctte, Chambers, & Craig（2006）	8-12			54
Leach, Talwar, Lee, Bala, & Lindsay（2004, 実験 1）	3-11			51
Strömwall & Granhag（2005）	11	77	41	59
Strömwall & Granhag（2007）[3]	12-13	57	68	63
Strömwall, Granhag, & Landström（2007）[4]	11-13	55	48	52
Talwar, Lee, Bala, & Lindsay（2006）	4-7	74	26	50
Vrij, Akehurst, Brown, & Mann（2006）	5-6	61	63	62
Vrij & van Wijngaarden（1994）	5, 9	57	51	54

注 [1] 統制条件の結果のみ用いた。 [2] 実演条件と映像条件の結果を合成した。 [3] 全条件の平均値である。 [4] 準備がなされた発言条件と準備がなされなかった発言条件の結果を合成した。

者が知る範囲の，英語で書かれた研究で，子どもがそれぞれ嘘をついているかを観察者に強制選択で選ぶように求めたものを表 6.2 に示した[原注9]。

これらの研究の合計正答率は 49 ～ 66％である。ほとんどの研究で真実の方が嘘よりも検知が簡単であった。表 6.2 の正答率は印象的なものではなく，大人が子どもの真実と嘘を検知するのは難しいという印象を与える。特に，Jackson と Granhag(1997)の研究で嘘の正答率が低い(25％)。これはおそらく実験デザインが原因だろう。この実験では，真実を話す子どもは野生チンパンジーの群れの映像を見て，見たものを思い出すよう求められた。嘘をつく子どもは映像を見たふりをして物語を創作するよう求められた。子どもは嘘をつくことを非常に上手にできたようで，ほとんどの子どもが真実を話していると判断された。ここで起きていたことの説明としてありうるのは，ほとんどの子どもは野生のチンパンジーの映像を見たことや動物園でチンパンジーを見たことがあり，細部の描写も十分で本当らしく見える話を創作することができたということである。

いくつかの研究で，観察者はさまざまな年齢の子どもの真実と嘘を検知するよう求められ，子どもの嘘は子どもの年齢が上がるにつれて検知しにくくなるかが検討された（DePaulo, 1991）。その結果，この仮説はおおむね支持されたが，男女差もみられた（Feldman, 1979; Feldman, Jenkins, & Popoola, 1979; Feldman, Tomasian, & Coats, 1999; Feldman & White, 1980; Morency & Krauss, 1982; Westcott, Davies, & Clifford, 1991）。5～12歳の子どもを対象としたFeldmanとWhite（1980）の研究では，女子は年齢が上がるにつれて顔に欺瞞の手がかりが表れないようになっていったが，男子ではそうした傾向がみられなかった。また，年長の女子が最も嘘をつくことが上手であった。男子に比べて，女子は一般に表出的であることの方が他者からよく扱われるため，感情を非言語的に表出する機会が多いのだろう。ShennumとBugental（1982）は6～12歳の子どもを対象に検討し，男子は女子に比べて年齢が上がるにつれて否定的感情を中和する（何か嫌いなものについて中立的であるようにふるまう）能力が高くなることを見出した。男子は否定的感情を示さないよう教えられるため，特に否定的感情を中和するよう訓練されるのだろう。

　これらの知見から，大人の嘘よりも子どもの嘘の方が検知することが簡単であることが示唆される。しかし，事実はそうではないように見える。2つの研究で，大人の参加者は幼い子ども（5～7歳）および大人の

原注9　強制選択法（たとえば，この子どもは嘘をついているか真実を話しているかの二択）を使うことによって，研究者は正答率を計算することができる。子どもの欺瞞の検知研究においては，強制選択とは異なる方法を使うことが一般的である。多くの実験で，大人はその子どもが嘘をついていると思うかを「1. 絶対にそう思わない～7. 絶対にそう思う」などのリッカート方式の尺度に回答するよう求められる。これら研究の結果は正答率に変換することができない。しかし，これらの結果も本文に書いているような強制選択方式の研究の結果と同じ傾向を示している（Allen & Atkinson, 1978; Bugental, Shennum, Frank, & Ekman., 2001; Feldman, 1979; Feldman, Devin-Sheehan, & Allen, 1978; Feldman, Jenkins, & Popoola, 1979; Feldman & White, 1980; Feldman, White, & Lobato, 1982; Goodman, Batterman-Faunce, Schaaf, & Kenney, 2002; Goodman, Myers, Qin, Quas, Castelli, Redlich, & Rogers, 2006; Leach, Talwar, Lee, Bala, & Lindsay, 2004; Lewis, 1993; Lewis, Stanger, & Sullivan, 1989; Morency & Krauss, 1982; Orcutt, Goodman, Tobey, Batterman-Faunce, & Thomas, 2001; Talwar & Lee, 2002）。

真実と嘘を検知するよう求められた。その結果，2つの年齢間で正確性に差異はなかった（Edelstein, Luten, Ekman, & Goodman, 2006; Vrij, Akehurst, Brown, & Mann, 2006）。表6.2に示された正答率（子どもの欺瞞を検知する能力）は別表6.1で示されたもの（大人の欺瞞を検知する能力）と同程度である。これらの知見は，子どもの真実と嘘を検知することは大人の真実と嘘を検知することと同じくらい難しいことを示している。

いくつかの研究で，子どものいる観察者は子どものいない観察者に比べて子どもの真実と嘘の検知が上手か検討されている。結果は一貫しない。ChahalとCassidy（1995）は子どもを持つ親は子どもを持たない大人に比べて子どもの真実と嘘の検知が上手であることを見出したが，いくつかのほかの研究ではそのような違いはみられなかった（Ball & O'Callaghan, 2001; Talwar & Lee, 2002; Vrij, Akehurst, Brown, & Mann, 2006）。ただし，これらの研究で子を持つ親が真実と嘘を検知するよう求められたのは他人の子どもであり，自分の子どもではなかった。MorencyとKrauss（1982）は，子どもの親は自分の子どもの欺瞞を検知するのはほかの大人よりも上手であることを見出した。

いくつかの研究では，子どもの顔や体の動きを観察する場合の方が発言を聞いたり書き起こし文を読んだりする場合よりも真実と嘘の識別が難しいかを検討している（Ball & O'Callaghan, 2001; Chahal & Cassidy, 1995; Feldman & White, 1980; Shennum & Bugental, 1982; Talwar & Lee, 2002）。ChahalとCassidyは，観察者が子どもの顔や体を見ることができる場合は嘘検知の成績に違いがないことを見出した。ほかの研究では大人の嘘の場合と同じような傾向がみられた。観察者は子どもの行動を観察した場合よりも，子どもの声と話を聞いたり子どもの発話の書き起こし文を読んだりした場合の方が，正確に真実と嘘を検知できた。

子どもは大きくなるにつれて，嘘を検知することが上手になるかを調べた研究もある。おそらくそうなると予測する人もいるだろう。DePauloとJordanら（1982）は，年齢が上がるにつれて子どもは文化的，社会

的，対人的知識を持つようになると考えた。これによって子どもは他者が記述した一定の感情，出来事，または経験が，彼らが記述した通りには生じにくいと実感しやすくなる可能性がある。こうした人生経験に関する議論は，おそらく性的虐待を受けた子どもが虐待を受けていない子どもよりも嘘検知が上手な理由を説明しうるだろう（Bugental, Shennum, Frank, & Ekman, 2001）。また，役割取得のスキルが嘘を検知する能力と関連するのはもっともな話である（Feldman, White, & Lobato, 1982; Saarni & von Salisch, 1993）。観察者は送り手が発言する状況を理解することで，他者の行動的反応がその状況に適切かを解釈できるようになるだろう。

　こうした研究はあまりに少ないため決定的な回答を出すことはできないが，この話題に触れているいずれの研究においても，子どもが真実と嘘を検知する能力は年齢とともに高まることを見出している（DePaulo, Jordan et al., 1982; Feldman et al., 1982; Morency & Krauss, 1982; Rotenberg, Simourd, & Moore, 1989）。DePauloとJordanら（1982）は，この問題を徹底的に調べ，年齢の上昇と欺瞞を検知する能力の向上はほぼ完璧な直線関係にあることを見出した。Feldmanら（1982）は，嘘検知課題に先立って子どもの「相手の立場になって考える」能力を検討し，この能力と，真実と嘘を識別する能力との間に正の相関を見出した。

要約

　一般の人は子どもが言った真実と嘘を検知することが得意ではない。子どもの親になることで子どもの嘘の検知が促進されることはないが，ほかの大人に比べて自分自身の子どもの欺瞞を検知することは上手である（ただしこれを示した研究は1つだけである）。子どもの真実と嘘を検知するのは，観察者がその子どもの行動を見る場合よりも子どもの話すことを聞く場合の方が簡単である。そして，欺瞞を検知する子どもの能力は年齢とともに向上する。

第5節　専門家による大人の欺瞞の検知能力

　大学生（嘘検知研究の典型的な観察者）だけが嘘検知をしているわけではないと言われる可能性がある。嘘検知に関わる専門家（警察官や税関職員）は，一般の人よりも嘘検知が得意だろうか？　そうした人たちは，人に面接をしたり嘘を見抜く経験により，欺瞞を検知するスキルが高い可能性がある。専門家自身も一般の人も，専門家は一般の人よりも上手に真実と嘘を識別できると考えている（Garrido, Masip, & Herrero, 2004）。

　嘘検知に関わる専門家は，観察者として多数の研究に参加してきた。一般の人の場合と同様に，専門家は初対面の人の映像を見て，利用できる情報はその映像の中の送り手が示した非言語的，言語的行動だけであった。表6.3に，著者が知る範囲の，英語で発表された，専門家による嘘検知に関する研究を示した。正答率とは別に，研究参加者の専門的背景も示してある。これを見るとわかる通り，この研究の参加者のほとんどは警察官である。表の上の方には専門家が大人の送り手を判断した研究を載せているが，下の方は子どもの欺瞞を検知する能力を扱ったものを載せてある[訳注1]。大人の嘘を扱った3つの研究において，「専門家」とは囚人のことを指す。まずこれらの研究の知見から説明する。

訳注1　原文の誤りと思われる。

表 6.3 嘘検知に関わる専門家が成人を判断した際の正答率[1]

	正答率（%）		
	真実	嘘	合計
G. D. Bond, Malloy, Thompson, Arias, & Nunn（2004, 囚人）[2]	35	69	52
G .D .Bond, Malloy, Arias, Nunn, & Thompson（2005, 囚人）	51	67	59
Hartwig, Granhag, Strömwall, & Andersson（2004, 囚人）	42	89	65
DePaulo & Pfeifer（1986, 連邦警察職員）[3]	64	42	53
Ekman & O'Sullivan（1991, シークレット・サービス職員）			64
Ekman & O'Sullivan（1991, 連邦警察のポリグラフ技師）			56
Ekman & O'Sullivan（1991, 警察官）			56
Ekman, O'Sullivan, & Frank（1999, CIA 職員）	66	80	73
Ekman, O'Sullivan, & Frank（1999, 保安官）	56	78	67
Ekman, O'Sullivan, & Frank（1999, 法執行者）	54	48	51
Garrido, Masip, & Herrero（2004, 警察官）	26	69	48
Gozna & Forward（2004, 警察官）			48
Hartwig, Granhag, Strömwall, & Kronkvist（2006, 刑事）			56
Hartwig, Granhag, Strömwall, & Vrij（2004, 刑事）			57
Kassin, Meissner, & Norwick（2005, 警察官）	64	32	48
Köhnken（1987, 警察官）	58	31	45
* Mann & Vrij（2006）[4]	67	70	69
* Mann, Vrij, & Bull（2004, 警察官）	63	66	65
* Mann, Vrij, & Bull（2006, 警察官）	73	69	71
* Mann, Vrij, Fisher, & Robinson（2007, 警察官）	60	70	65
Masip, Garrido, & Herrero（2003b, 警察官）[5]	42	62	52
Meissner & Kassin（2002, 法執行者）			50
Porter, Woodworth, & Birt（2000, 保護観察官）	20	60	40
Vrij（1993, 刑事）	51	46	49
Vrij, Akehurst, Brown, & Mann（2006, 教師, ソーシャルワーカー, 警察官）	58	63	61
Vrij & Graham（1997, 警察官）			54
* Vrij & Mann（2001a, 警察官）	70	57	64
* Vrij & Mann（2001b, 警察官）		51	
Vrij, Mann, Kristen, & Fisher（2007, 警察官）[6]	63	38	50
* Vrij, Mann, Robbins, & Robinson（2006, 警察官）[7]	70	73	72
Vrij, Mann, Fisher, Leal, Milne, & Bull（2008, 警察官）	50	42	46
総合正確性得点[8]	**56.35**	**56.11**	**55.91**

注 *現実の利害関係の大きい状況で真実と嘘を判断するよう求めたものである。 [1] 統制条件の結果のみ用いた。 [2] 精査前の分析の結果のみである。 [3] 経験を積んだ職員と経験の浅い職員の結果を合成した。 [4] 条件1と条件3の結果を合成した（訳注：警察官が参加者である）。 [5] 第3時点での判断の結果であり，呈示順が異なる条件の結果を合成した。 [6] 3つの面接条件の結果を合成した。 [7] 4つの課題すべての結果を合成した。 [8] 囚人の結果は正確性得点の計算に入れていない。

囚人

　Bond らによる囚人を対象とした2つの研究は，どちらもアメリカの拘置所で実施されたものであり，Hartwig らの研究はスウェーデンの拘置所で実施されたものである。これら3つの研究の結果は似たものであった。囚人は真実を検知するよりも嘘を検知する方が上手であった。嘘の正答率は67〜89%であった一方，真実の正答率は35〜51%であった。3つの研究すべてで，同じく観察者として一般の人（学部生）が参加しており（別表6.1），囚人と一般の人の嘘検知の成績を直接比べることができる。3つの研究すべてで，囚人は合計正答率が一般の人よりも高かった。囚人が嘘と真実を識別する能力がより優れていることは，囚人が一般の人よりも嘘をつく人の行動についてよく知っていると考えればそれほど驚くことではないだろう。

　一般の人は3つの研究のうち2つで真実バイアスを示し，もう1つではバイアスがみられなかった。それに対して，囚人は3つすべての研究で嘘バイアスを示し，映像のほとんどを不誠実と判断していた。囚人が嘘バイアスを示すことは，犯罪者の世界ではおそらく欺瞞がより一般的であると思われることから驚くことではない。犯罪者にとって，ほかの犯罪者仲間を軽々しく信じ込めば，だまされることになるだろう。これらの接触が仕事としてのやりとりであったら，自分が搾取される結果になる。そのため，このような状況で疑いの心を持つことは最善の方略である。

嘘検知に関わる専門家：合計正答率

　表6.3に示した24件の研究（28サンプル）は嘘検知に関わる専門家，主に警察官が参加したものである。これらの研究の合計正答率は40〜73%であり，平均すると55.91%である[原注10]。これは一般の人の合計正答率と同程度である（別表6.1）。8つの研究では，警察官と一般の人の

嘘検知能力を比べた（DePaulo & Pfeifer, 1986; Ekman & O'Sullivan, 1991; Garrido & Masip, 2001; Garrido et al., 2004; Kassin, Meissner, & Norwick, 2005; Masip, Garrido, & Herrero, 2003b; Meissner & Kassin, 2002; Vrij & Graham, 1997）。8つの研究のうち7つでは警察官と一般の人の合計正答率に違いはみられず，残り1つの研究では一般の人の方が警察官よりもよい成績であった（Kassin et al., 2005）。言いかえると，警察官の方が一般の人よりも真実を話す人と嘘をつく人の識別に優れているという結果を示す研究は1つもなかった。

　Ekmanとその共同研究者たちは，2つの研究でいくつかの嘘検知に関わる専門家集団における嘘検知スキルを調べた。彼らは，いくつかの専門家集団はほかの専門家集団よりも嘘を見抜くのが上手なようであるという結論を出した。1991年に彼らが行った研究では，アメリカ合衆国シークレット・サービス捜査官の成績が一般の人よりも優れていたが，それでもその正答率は64％と高くはなかった。1999年には嘘検知スキルが優れている別の集団を見出した。具体的にはアメリカ中央情報局（Central Intelligence Agency：CIA）の職員が，合計正答率73％という数値を出していた[原注11]。EkmanとO'Sullivan（1991）は，シークレット・サービス捜査官が嘘を見抜くのが上手である2つの理由を提示している。第一に，多くのシークレット・サービス捜査官は護衛の業務をしており，潜在的な攻撃から政府の要人を守っていることである。この業務には群衆を注意深く調べるという内容も入っており，この課題は非言語的手がかりに頼らなければならない。おそらく彼らは非言語的手がかりを頼りにしてきたため，欺瞞課題で非言語的手がかりに上手に注目できるのだろう。第二に，シークレット・サービス捜査官は，彼らが相手にするほとんどの人は真実を話していると思っていることである。これは，たとえば，被疑者は嘘をつい

原注10　この分析のために，EkmanとO'Sullivan（1991）の異なる標本の得点を平均化した。Ekmanら（1999）の異なる標本の得点についても同様の処理をした。
原注11　これは言うほど肯定的なことではない。Bond(2008)によると，EkmanとO'SullivanとFrank（1999）は，嘘検知に関する課題の一つで73％の正答率を出した職員が，ほかの2つの課題では最低得点を出したことを報告していない。

ていると思いやすい警察官とは明らかに対照的である。したがって，シークレット・サービス捜査官は嘘をつかれている可能性を低く捉え，欺瞞の非言語的，言語的な兆候に焦点を当てようとするだろう。多くの人は自分に嘘をついていると想定する警察官にとって，欺瞞を検知することは有益な選択肢ではないのだろう。彼らは被疑者の主張を支持または否定する証拠を探すことにより頼るだろう[原注12]。

真実と嘘の正答率と嘘バイアス

嘘検知に関わる専門家と一般の人の違いがみられるのは，真実と嘘を検知する能力を別々に調べた場合だけである。一般の人は嘘より真実を検知する方が上手であるが，こうした傾向は専門家ではみられなかった。専門家の真実の正答率は20〜73％であり，嘘の正答率は31〜80％であった。真実の方が嘘よりも上手に検知できたのは9つのサンプルであり，ほかの10種類のサンプルでは真実より嘘を上手に検知できていた。専門家による真実の正答率の平均は56.35％であり，嘘の正答率の平均は56.11％であった[原注13]。一般の人に比べて，専門家は嘘を検知するのがやや上手で，真実を検知するのがやや下手なようである。これは少なくとも部分的には，専門家が真実バイアスを示さないことが原因である。実際，多くの研究で，警察官は**嘘バイアス**を示し，見せられた映像の大部分を欺瞞的だと判断することが示されている[原注14]。しかも，専門家と一般の人の両方が参加した研究のすべてにおいて，専門家は一般の人よりも映像を欺瞞的だと判断しやすかった（Garrido et al., 2004; Kassin et al., 2005; Masip, Alonso et al., 2005; Masip et al., 2003b; Meissner & Kassin,

---

原注12 O'Sullivan と Ekman（2004）および O'Sullivan（2005, 2007）は 12,000 人以上の嘘検知に関わる専門家を調べ，より嘘検知に優れた個人を29人見つけたと主張している。彼らはその人たちを「魔法使い」と呼んでいる。この主張の根拠に対する統計的な観点からの批判は Bond と Uysal（2007）を参照してほしい。
原注13 この分析において，Ekman ら（1999）の異なる集団の得点を平均化した。
原注14 Garrido 2004; Masip, Alonso 2005; Masip et al., 2003b; Hartwig, Granhag, Strömwall, & Vrij, 2004; Kassin et al., 2005; Meissner & Kassin, 2002, 2004.

2002)。さらに，長く警察署内で働いた警察官ほど嘘バイアスが顕著である（Masip, Alonso et al., 2005; Meissner & Kassin, 2002）[原注15]。おそらく警察署内での社会化の過程を経ると警察官は疑い深くなり，結果として嘘の判断をしやすくなるのだろう（Masip, Alonso et al., 2005）[原注16]。

自信

嘘検知に関する研究の多くは，正確性に加え，観察者の真偽性判断に対する自信も測定している。こうした研究では自信と正確性の関連がみられることは少ない（DePaulo, Charlton, Cooper, Lindsay, & Muhlenbruck, 1997 のメタ分析を参照）。つまり，自信は正確性を予測しない。嘘検知に関わる専門家と一般の人の自信と正確性を比較した研究では，興味深い傾向がみられた。専門家は一般の人よりも真偽性判断に対して自信を持っているが，一般の人より実際に正確というわけではなかった（DePaulo & Pfeifer, 1986; Garrido et al., 2004; Masip, Garrido, & Herrero, 2004; Meissner & Kassin, 2002）。Allwood と Granhag（1999）は，自信を持つ傾向は警察官や嘘検知に独特のものではなく，さまざまな課題を実行する多くの専門家集団に共通してみられると指摘している。

しかし，嘘をつく人を見抜く能力に対する高い自信は，その自信が間違っているときには有害である（Kalbfleisch, 1992）。高い自信は，限

原注15 ほとんどの研究は，警察での経験と，真実と嘘の検知の正確性の関連を明らかにしていない（DePaulo & Pfeifer, 1986; Ekman & O'Sullivan, 1991; Meissner & Kassin, 2002; Porter, Woodworth, & Birt, 2000）。

原注16 専門家がある人が嘘をついていると判断する傾向には，文化的要素が関連する可能性がある。イギリスでの著者らの研究では，嘘バイアスがみられなかった（Mann & Vrij, 2006; Mann, Vrij, & Bull, 2004, 2006; Mann, Vrij, Fisher, & Robinson, 2007; Vrij, Akehurst, Brown, & Mann, 2006; Vrij & Mann, 2001b; Vrij, Mann, Fisher, Leal, Milne, & Bull, 2008; Vrij, Mann, Kristen, & Fisher, 2007; Vrij, Mann, Robbins, & Robinson, 2006）。おそらくこれは警察の文化と関連があるだろう。イギリスの法律では取調べの際の倫理的配慮を強調し，その中心的側面は面接者が先入観を持たないことである（たとえば Williamson, 1993）。反対に，アメリカの手引書は主に被疑者の抵抗を破り自白を得るための戦術を強調している（たとえば Inbau, Reid, Buckley, & Jayne, 2001）。これらの作戦は被疑者が有罪であるという想定にもとづいており，先にも述べたように，有罪とみなすことは嘘バイアスを招く。

られた情報にもとづく早急な判断をもたらすことが多い（Levine & McCornack, 1992; Lord, Ross, & Lepper, 1979）。次のような状況を想像してほしい。ある人が休日に車で出かけようとしていて，しかしその人が出ようとしたちょうどそのときに天気が特に悪くなったとする。このような状況で，車の運転に自信のないドライバーならば，経験を積んだドライバーよりも道路状況に関する情報を集め，結果としてドライブするかをよく考えて意思決定をするだろう。たとえば，自信のないドライバーは天気予報をよく聞いて状況を探るだろう。経験を積んだドライバーはおそらく「この悪天候はそんなに長くは続かないだろう」または「天気は確かにひどいが，休暇の目的地に着く頃までにはよくなっているだろう」などと不十分なヒューリスティックに頼るだろう。同じように，嘘検知スキルに対する高い自信により，真実を話す人と嘘をつく人を識別する際にヒューリスティックを使ってしまうだろう。欺瞞を検知する際にヒューリスティックを使用すると誤りが起こりやすい。第3章で述べたように，欺瞞と非言語的行動の関係は非常に複雑で，単純な決定規則では扱えない。

　高い自信が有害な理由はほかにもある。自信が高い捜査官は人の行動を通して欺瞞を見抜こうとして，そのため物的証拠の捜索をおろそかにする（Colwell, Miller, Lyons, & Miller, 2006）。また，自信が高いと嘘検知について自分はすでによく知っていると思い，もっと学ぼうという動機づけが低くなりやすい。この課題において専門家がたいてい中程度の成績しか示していないと考えると，嘘検知についてさらに学ぼうとしないことは望ましくない。さらに，詳しくは本章の考察の部分で述べるが，もし刑事が被疑者は嘘をついていると確信していたら，この刑事は被疑者に対して説得的尋問技法を使って自白を得ようとするだろう。もし被疑者が無実であったなら，虚偽自白をさせてしまう可能性がある。最後に，高い自信は情報が法廷で呈示されたときに影響をもたらすだろう。研究からは，陪審員は特に，目撃者の自信による影響を受けやすいことが示されている（Cutler, Penrod, & Dexter, 1990; Cutler, Penrod, & Stuve, 1988; Lindsay, 1994）。このことは，被疑者の行動から被疑者が嘘をついている

ことが明らかだと自信を持って主張する警察官は，そうした自信を示さない警察官よりも陪審員に信じられやすいことを意味する[原注17]。高い自信を持つことは，その警察官が正確ではない場合には問題がある。

利害関係

すでに述べたように，嘘検知に関する研究において，観察者は典型的に，実験のために嘘をつく，または真実を話す送り手の様子を見るよう求められる。このような研究では，警察官が欺瞞を検知する能力を正確に評価できないという人もいるだろう。こうした研究では，送り手の利害関係は，取調べ中の被疑者がつく嘘の利害関係に比べて非常に小さいからである。実験室状況で利害関係の大きい状況を取り入れることの問題点（第3章）を考慮すると，警察官が欺瞞を検知する本当の能力を調べる妥当な方法は，現実の犯罪捜査で真実と嘘を検知するスキルを調べることだと言われるだろう。著者らは，一連の嘘検知に関する実験において，まさにそのことを調べた。表6.3のアスタリスクがついている研究はすべて，現実世界の利害関係の大きい状況で話された真実と嘘を識別するよう警察官に求めたものである。いくつかの研究で，警察官は殺人，放火，強姦などの容疑で起訴された被疑者に対する警察の取調べの映像を見るよう求められた（Mann & Vrij, 2006; Mann, Vrij, & Bull, 2004, 2006; Mann et al., 2007; Vrij, Mann, Robbins, & Robinson, 2006）。この映像は，第3章で詳細を述べた，Mannら（2002）の現実の警察と被疑者の取調べの分析から作成した。これらの研究では，比較的高い合計正答率がみられ（65〜72%），警察官が利害関係の大きい真実と嘘を検知する程度がかなり正確であることが示されている。しかし，こう結論する前に注意が必要である。別の研究（Vrij & Mann, 2001b）では，警察官に，ある人たちが一

原注17 この議論は，嘘検知に関わる専門家は観察した被疑者の行動にもとづいた真偽性の評価を法廷での証拠として呈示すると想定している。こうしたことが実際にどれほど頻繁に起きるのかはわからないが，イギリスで1件そうした事例があることを把握している。

般大衆に向けて，行方不明の家族の捜索への協力や行方不明の家族を殺した殺人犯に関する情報提供を乞う記者会見の映像を見せた。この人たちは記者会見中全員が嘘をついており，また後に彼ら自身が行方不明になっていた家族を殺した罪で有罪になった。警察官は，この研究ではチャンスレベルの成績（正答率51％）であった。最後に，私たちは警察官に服役中の殺人犯の取調べの映像を見せた（Vrij & Mann, 2001a）。この事件の詳細は第3章で述べた。警察官は比較的多くの真実を正しく分類したが（70％），嘘検知の成績は高くはなかった（57％）[原注18]。これらの全体的な知見から，利害関係の大きい状況では，警察官は真実と嘘の検知に関して頻繁に誤りを犯すことが示唆される。

専門家による子どもの欺瞞の検知能力

表6.4は，著者が知る範囲の，英語で発表された，嘘検知に関わる専門家が子どもの真実と嘘を検知する能力について検討した研究の一覧である。子どもの嘘を対象としたものは8つの研究（サンプルは9つ）しかないが[原注19, 訳注2]，知見は成人の嘘について得られたものと似た結果である。具体的には，正答率は43～67％であり，これは成人の嘘に関する研究で得られた正答率と同程度である。加えて，専門家と一般の人の比較を行った研究（Hershkowitzら（2007）とWestcottら（1991）を除くすべての研究）では，専門家が嘘を検知する成績はおおむね一般の人と同程度であった。さらに，一般の人より正確というわけではないにも関わらず，

原注18 この男性は信じられやすいということはすでにわかっていた。詳細な捜査をしている刑事との会話から，何人かの刑事はこの男性が無実であると信じていたことを知った。また，この人物は犯罪歴があり，以前に法律上の強姦（未成年との性交）で服役していた。この人物は無期懲役となっていたが，以前のように社会に対する脅威はないとして釈放された。その後，彼は異常な性行為を再開したが，今度は証拠を消して，再度捕まる可能性を最小限にするために，被害者を殺害もしている。

原注19 8つ目の研究であるGoodman, Batterman-Faunce, SchaafとKenney（2002）は正答率が提示されていないので表6.4には載せていない。

訳注2 原注19について，原書では表6.3となっているが，表6.4の誤りと思われるため訳者が修正した。

表 6.4 嘘検知に関わる専門家が子どもを判断した時の正答率[1]

	送り手の年齢	正答率（%）		
		真実	嘘	合計
Chahal & Cassidy（1995, ソーシャルワーカー）	8	63	70	67
Crossman & Lewis（2006）	3-7	42	55	49
Hershkowitz, Fisher, Lamb, & Horowitz（2007）[2]		95	24	60
Jackson & Granhag（1997, 法廷弁護士）	11-12	54	32	43
Leach, Talwar, Lee, Bala, & Lindsay（2004, 実験 1, 警察官）	3-11			44
Leach, Talwar, Lee, Bala, & Lindsay（2004, 実験 1, 税関職員）	3-11			49
Vrij, Akehurst, Brown, & Mann（2006, 教員, ソーシャルワーカー, 税関職員）	5-6	61	63	62
Westcott, Davies, & Clifford（1991, 理学療法士, 教育分野や産業分野の心理学者, 心理カウンセラー, キャリア・アドバイザー）	7-11	67	53	59

注　[1] 統制条件の結果のみ用いた。Hershkowitz らの研究はフィールド研究であり，ほかの研究は実験研究である。　[2] プロトコル条件の結果である。子どもの年齢は報告されていなかった。

専門家は一般の人よりもその判断に自信を持っていた（Leach, Talwar, Lee, Bala, & Lindsay, 2004）。

要約

　嘘検知に関わる専門家は，コインを投げることによる偶然にまかせた予測よりもやや高い正確性で真実と嘘を検知することができる。おそらくシークレット・サービス捜査官を除いて，専門家が一般の人よりもこの課題に長けていることはない。一般の人と比べて，嘘検知に関わる専門家はある人を不誠実だと判断しやすく，自分が行う真偽性の判断により確信を持ちやすい。

第6節　真実と嘘を識別する能力の個人差

　嘘検知に関する研究のほとんどは正答率が 50 〜 60％であると明らかにしてきたが，観察者の間には個人差がみられる。たとえば，著者らの嘘検知に関する実験（Mann et al., 2004）では，録画された警察官と殺人，強姦，放火の被疑者の取調べの様子を警察官に見せて判断を求めたところ，大きな個人差がみられ，個々の警察官の正答率は，低い人は 30％から高い人は 90％まで，多様であった(90％を達成した警察官は 3 人いた(Mann, 2001))。嘘検知に関する実験におけるこのような個人差はどう説明できるだろうか？　第一に，正答率が高いのも低いのも，部分的には，幸運または不運の結果である。著者らの実験では，30％の正答率を出した警察官が次の実験で高い正答率を出す可能性があり，一方 90％の正答率を出した 3 人の警察官がその後の実験で低い正答率を出す可能性もある。実際，嘘を見抜く人に 1 つだけでなく 4 つの嘘検知に関するテストをするよう求めたある実験では，一貫して非常に低い，または高い正答率を出した警察官はいなかった（Vrij, Mann, Robbins, & Robinson, 2006）。それにも関わらず，4 つのテストを行った後，何人かの警察官は他者よりも成績がよかった（正答率は 62 〜 82％）。このことから，安定した個人差はあるといえる[原注20]。また，ほかの研究者は，ある実験で測定された嘘を検知する能力が，ある程度，ほかの実験で測定される嘘を検知する能力と正の相関を示すことを見出しており（Edelstein et al., 2006），やはり安定した個人差が存在すると示唆している。

　ある人がほかの人よりも嘘を検知するのが上手な理由を解明しようとする研究が行われてきた。個人差を説明しない 2 つの要因はすでに述べた。嘘を検知する能力は嘘を見抜く人の専門性（おそらくシークレット・サービス捜査官は除くが）とも，嘘検知に対する個人の自信の高さとも関連が

原注20　もっと多くの検査を実施すれば，個人差は減っていき最終的になくなるということもありうる。これは Bond と DePaulo（2007）の見解である。

ない。嘘検知に関わる専門家としての経験の長さも嘘検知には関係がなく（Aamodt & Custer, 2006 の総説を参照），嘘を見抜く人の年齢も関係がない（Aamodt & Custer, 2006; Vrij & Mann, 2005）。本節では，ほかの個人差要因について見ていく。まず嘘を見抜く人のジェンダーと，真実と嘘を識別する能力との関連について述べ，続いて，嘘を見抜くスキルと，嘘を見抜く人のパーソナリティ，嘘を見抜く人が欺瞞を検知するときに用いる手がかり，送り手のコミュニケーション・スタイルに対する嘘を見抜く人の熟知度，嘘を見抜く人の動機づけとの関連について説明する。

嘘を検知するスキルの男女差

女性は男性よりも他者の非言語的行動を解釈するのが上手である。つまり，女性は男性に比べて他者が目的を持って伝えようとするメッセージを理解するのが上手である（Hall, 1979, 1984; Rosenthal & DePaulo, 1979）。女性は男性よりも非言語的行動の観察と解釈に時間をかけ，意思決定過程においてより多くの手がかりを使う（Hurd & Noller, 1988）。女性たちは男性に比べて，表情の読み取りが非常に得意であり，何も隠していない人の表情を読むのが非常に正確である（DePaulo, Epstein, & Wyer, 1993）。Hall（1979）はこうした知見について，調節による説明を提示している。彼女は11か国で女性がどれくらい男性よりも非言語的メッセージの理解に長けているかを比べた。その結果，女性が差別されていると思われる国，たとえば高等教育を受けている女性の割合が低い国などにおいて，女性の非言語的行動の理解が優れていた。さまざまな社会における女性の性役割は，女性が男性よりも他者に合わせなければならないと暗示している。誰かの非言語的行動を解釈できることは，他者に合わせることができるための重要なスキルだろう。

女性は男性よりも非言語的行動を読むのが上手であるが，初対面の人の真実と嘘を検知するのが男性より上手であるというわけではない（DePaulo, Wetzel et al., 2003; DePaulo, Epstein, & Wyer, 1993; Hurd & Noller,

1988; Manstead, Wagner, & MacDonald, 1986; Porter, Woodworth, McCabe, & Peace, 2007)。しかし，女性は男性よりも疑念を持ちにくく，言われたことを真実だと思いやすい (DePaulo, Epstein, & Wyer, 1993)。言いかえると，女性は非言語的行動の読み取りにおける男性に対する有利さを，嘘を検知する課題においては失っており，初対面の人の嘘を評価する際には真実バイアスを示す。これに対する次のような説明はもっともらしく思える。女性は誰かが伝えたいと思う情報を解読するのが男性より上手である。しかし，欺瞞の場合，人は本当の気持ちや考えを隠そうとする。嘘を検知するとき，観察者は人が何を伝えたいと思っているかを調べるべきではなく，何を隠そうとしているかに注目すべきである。おそらく，女性が初対面の人の嘘を検知しようとするとき，その人物が伝えようとすることに影響を受けすぎてしまい，嘘検知に誤りが生じたり真実バイアスを示したりするのだろう。

ただし，もとから知っている人（たとえば恋人や友人）の真実と嘘を検知しようとする場合，女性は非言語的行動の読み取りに関する男性に対する有利さを失っているようには見えない。McCornack と Parks (1990) は，女性の方が男性よりも恋人の嘘検知に優れていることを見出した。別の研究では，初対面の人が残念な知らせを受け取ったばかりかを当てることは男女ともできなかったが，恋人が残念な知らせを受け取ったばかりかを当てることは女性だけができ，男性はできなかった (DePaulo, Wetzel et al., 2003)。最後に，女性の友人関係ではつきあいの長さが1か月の場合よりも6か月たっている場合の方がお互いの嘘検知が正確だが，男性の友人関係では6か月のつきあいでもお互いの嘘についてあまり洞察できていなかった (Anderson et al., 1999)。

まとめると，これまでの研究知見からすると，女性は男性よりも嘘検知に優れているが，それは相手が知っている人である場合に限られる。おそらく女性は男性よりも，友人や恋人の自然で正直な行動や発話をよく認識しており，これを基準となる真実の行動として，嘘をついている可能性があるときの行動と比べることで，嘘検知が男性より上手になるのだろう。

別の可能性として，男性と女性は同程度に友人や恋人の真実の行動を認識しているが，女性は彼らの真実の行動と嘘の行動のわずかな違いに気づくものの，男性はそれに気づかない可能性もある。

観察者のパーソナリティと嘘検知のスキル

一部の研究者は，観察者のパーソナリティが真実と嘘を検知する彼らの能力に影響を与えているかを検討してきた。DePauloとTang (1994) は，このことを検討した最初の研究者だろう。彼女らは社交不安というパーソナリティ特性について調べた。社交不安の高い個人は低い自尊心の影響を受け，社会的なやりとりの最中に緊張し，自分はよくない印象を与えていると思うことが多い。DePauloとTangは，いくつかの理由で，社交不安の高い観察者は社交不安の低い観察者よりも真実と嘘を上手に検知できないだろうと述べている。緊張していることは注意の焦点を比較的少数の手がかりに狭める可能性がある。このことは，社交不安の高い観察者は限定された手がかりに注目しすぎ，ほかの重要な欺瞞の手がかりを見落とす可能性があることを意味する。また，社交不安の高い人は，自分は愚かだという感覚や立場を失うことへの懸念など，課題に関係ない思考に気を取られやすい。これらの妨害要因によって重要な欺瞞の手がかりを見逃す可能性がある。

さらに，欺瞞を検知しようとする試みと課題に無関連な心配が組み合わさると，観察者の**ワーキングメモリ**にかなりの負担がかかる。課題が非常に要求の高いものである場合，欺瞞を検知する課題に関連する情報処理に割ける容量が減少するだろう。最後に，社交不安の高い観察者が十分に情報を処理し，いくつかの重要な手がかりに気づいたとしても，それを間違って解釈する可能性がある。社交不安の高い人は，社会的なやりとりに対して防衛的な対応をすることが多い。彼らは他者に悪い印象を持たれる可能性を心配して，そのようなことが起きないように無難なやりとりをするのである。安全なやり方の一つは，送り手が読み取ってほしいと思っている

やり方で手がかりを読み取ることである。DePauloとTangの研究では，社交不安の高い観察者は社交不安の低い観察者よりも真実と嘘の識別の成績はよくなかったが，別の研究では社交不安の高い人と低い人で違いはみられなかった（Vrij & Baxter, 1999; Vrij, Harden, Terry, Edward, & Bull, 2001）。

　ほかの研究者は**自覚状態**と欺瞞を検知する能力の関連に注目した。自覚状態とは自己に注意が向いた状態のことである。自覚状態，場合によっては**私的自己意識**と呼ばれるものの高い人は，「自分についてかえりみることが多い」「たいてい自分の本当の気持ちに注意を向ける」「いつも自分がどうしたいのか考える」などの項目に「そう思う」と答える。自覚状態は自分自身の心に対する洞察を与えるので，他者の心の中で何が起きているのかについての洞察も与えるだろう。他者の心を読む能力は，嘘検知を向上させうる。実際，自覚状態（私的自己意識）と真実と嘘を識別する能力の間には正の関連がみられる（Johnson, Barnacz, Constantino, Triano, Shackelford, & Keenan, 2004; Malcolm & Keenan, 2003）。

　私的自己意識は**内向性**と関連する。内向性とは一般的に思考や概念といった内的世界を志向する傾向のことである。自分について思考や内省をする私的自己意識と異なり，**内向的な人**の内的世界は自己以外のものも扱う。内向的な人の自分自身についての内省は，自覚状態得点の高い人と同様，嘘検知には有益だろう。著者らは内向性と真実と嘘を識別する能力の間に関連を見出せなかったが（Vrij & Baxter, 1999; Vrij, Harden et al., 2001），O'Sullivan（2005）は，嘘検知スキルが非常に優れている人（いわゆる「魔法使い」，原注12を参照）のほとんどは内向的な人のようだと報告している。

　自覚状態の高い人や内向的な人は他者の心を読むのが上手であるが，**役者性**に優れた人はほかの誰かの行動を読むのが上手な可能性がある。これまでの章で述べた通り，嘘をつく人は時々，見せたくないと思っている緊張や認知的負荷の手がかりを抑制するために演技を行い，本当らしく見えるような行動を示そうとする。おそらく役者性に優れた人は，ある人が「自

然な」行動を見せている（たとえば，真実を話している）のか，または「演じている」（たとえば，嘘をついている）のかに気づくことに優れているだろう。著者らはある研究で，役者性に優れた人がそうではない人よりも真実と嘘を識別するのが上手であることを見出したが，次の研究では再現できなかった（Vrij, Harden et al., 2001）。まとめると，知見は混在していて結論は明示できないが，自覚状態の高い人，内向的な人，役者性に優れた人は比較的に嘘検知が得意である一方，社交不安の高い人は比較的，嘘検知が得意ではないことを示す十分な証拠はある。

　別の話題として，嘘を見抜く人のパーソナリティは嘘検知スキルに対する自信と関連するかという問題がある。社交不安の高い人，内向的な人，恥ずかしがり屋の人は，そうではない人に比べて，社会的なやりとりについてあまり自信を持っていない。やりとりについての自信がないことが，やりとりにおける判断の自信のなさをもたらし，結果として社交不安の高い人，内向的な人，恥ずかしがり屋な人は欺瞞を検知する能力について，そうではない人よりも自信がないという説明は，もっともらしく思える。研究知見はこの考えを支持している（Vrij & Baxter, 1999; Vrij, Harden et al., 2001）。すでに説明した通り，欺瞞を検知する課題の難しさを考えると，自信過剰にならないことは，おそらく欺瞞の検知にとって有効である。

観察者が用いる手がかりと欺瞞を検知するスキルの関係

　欺瞞に特徴的な手がかりについてよく知っていれば真実と嘘を検知するのが上手になるという話はもっともらしく思える。James Forrest とその共同研究者たちはまさにその通りであることを見出した（Forrest, Feldman, & Tyler, 2004）。彼らはまず，参加者に 18 項目からなる「**欺瞞の手がかりに関する信念**」についての質問紙への回答を求め，それから嘘検知に関する実験に参加するよう求めた。すると，欺瞞の手がかりに関する信念についての質問紙への回答が正確である人ほど，嘘検知課題の成

績がよいという結果が得られた。

　観察者が使う手がかりと嘘を検知する能力の関連に関するそのほかの多くの研究では，これとは違うやり方で研究がなされている。ほとんどの研究では，観察者は嘘を検知する課題の前に，欺瞞を検知しようとするときにどのような手がかりに注目するか，各真偽性判断の後にどのような手がかりにもとづいてその判断を行ったのかを尋ねられる。警察官に，殺人犯，強姦犯，放火犯への取調べの映像の一部を見せた研究では，警察官が報告した手がかりと真実と嘘の検知の正確性の間に関連がみられた（Mann et al., 2004）。第一に，嘘を検知するのが上手な人は，それが下手な人よりも，**言語的手がかり**（曖昧な回答，話の矛盾など）を挙げていた。第二に，**視覚的手がかり**（視線回避，姿勢，身体の動きなど）を挙げた警察官ほど，検知の正確性は低かった。特に，嘘をつく人は視線をそらし，落ち着きなく動くと答えた警察官は最も成績が低かった。言いかえると，被疑者が何を言っていたかを注意深く聞く人は，被疑者の非言語的行動に注意を向ける人よりも欺瞞を検知するのが上手である。

　ほかの研究でも，送り手の話すことを聴けば上手に嘘を検知することができ，送り手を観察すると嘘を検知できなくなることが示されている。Anderson ら（1999）や Feeley と Young（2000）は，**音声的手がかり**（言い間違い，発話のフィラー，会話の間，声）を挙げる参加者ほど，正確性が高かった。第3章で述べた有罪判決を受けた殺人犯が話した真実と嘘を参加者に検知するよう求めた実験では，視線回避と落ち着きない動きを欺瞞の手がかりとして挙げた参加者は，正確性が最も低かった（Vrij & Mann, 2001a）。また，Porter, Woodworth, McCabe と Peace（2007）は，視覚的手がかりを報告する参加者ほど，真実と嘘を識別する能力が低いことを見出した[原注21]。

　しかし，Ekman とその共同研究者らは，視覚的手がかりに注意を払うことは欺瞞の検知にとって有益でありうることを示した。Frank と

原注21　しかし，Porter と Woodworth と Birt（2000）は身体的手がかりが正確性を向上させることを見出している。

Ekman（1997）は，嘘を検知するのが上手な人はそれが下手な人に比べて短時間の表情表出に気づくのが上手であると報告した。EkmanとO'Sullivan（1991）は，音声的／言語的手がかりと視覚的手がかりの両方を挙げた参加者は，音声的／言語的手がかりまたは視覚的手がかりのどちらかだけを挙げた参加者よりも正答率が高いことを見出した。

　まとめると，ほぼすべての研究が，嘘を検知するためには話を注意深く聞くことが必要であり，単に行動に注意を払うだけでは嘘を検知する妨げになるだけということを示した。これらの知見は，送り手の様子を見るだけの観察者は，送り手の話を聞くだけの観察者や送り手の様子を見ることも聞くこともできる観察者に比べて嘘検知の成績が悪いことを報告した，前述の研究知見と一致する。

　反対に，警察官の手引書はしばしば欺瞞の視覚的手がかりに焦点を当てる（第5章）。たとえば，Inbauとその共同研究者（2001）は，嘘をつく人は，話すときに，視線回避，不自然な姿勢の変化，身体操作，手を口元や目元にやるなどの多様な視覚的手がかりを示すことを示唆した。著者らは嘘検知に関する研究の中で，これら「インボーの手がかり」の効果を測定した（Mann, Vrij, & Bull, 2004）。警察官がインボーの手がかりを挙げた回数を数え，この数と警察官の嘘を検知する課題の成績との関連を見た。その結果，インボーの手がかりを挙げた警察官ほど，真実と嘘の識別が下手であった。さらに，KassinとFong（1999）の実験では，一部の参加者にInbauらが手引書で説明している視覚的手がかりを教えた。その結果，これら参加者のその後の嘘を検知する課題の成績は，何も教えなかった参加者よりも悪かった。言いかえると，Inbauら（2001）の手引書で説明されている視覚的手がかりと嘘に関する情報を信じることは逆効果であり，嘘検知を下手にさせるということである。ほかの警察の手引書もInbauらが報告しているのと同じような視覚的手がかりについて書かれており，先の批判はこれらの手引書にも言えることだろう。視覚的手がかりに関する情報を頼れば，嘘検知がより下手になる可能性が高い。

嘘をつく人のコミュニケーション・スタイルに対する熟知性

　嘘をつく人のコミュニケーション・スタイルを熟知していると，その人の嘘を上手に検知できる。たとえば，人は魅力的な人に話しかけるときはそうではない人に話しかけるときよりも，より開放的なコミュニケーション・スタイルを持つ。これは魅力的な人と非魅力的な人が異なるコミュニケーション・スタイルに慣れていることを意味する（DePaulo, 1994）。DePauloとTangとStone（1987）はこのことが真実と嘘を検知する能力に影響を与えるかを検討した。送り手は魅力的または魅力的ではない会話相手に向かって真実または嘘を話すよう求められた。これらの発言は録画され，魅力的または魅力的ではない観察者に呈示された。映像では送り手の姿だけが見えており，魅力的または魅力的ではない会話相手の姿は見えていなかった。その結果，魅力的な観察者は魅力的な人に向けて話された真実と嘘を検知するのがより上手であり，魅力的ではない観察者は魅力的ではない観察者に向けた真実と嘘を検知するときの方が正確だった。したがって，魅力的な人と魅力的ではない人はそれぞれ自分が慣れ親しんだコミュニケーション・スタイルで話されたとき，嘘を検知するのが上手であるといえる。

　同様の傾向は，嘘を見抜く人が自国の人または他国の人が話した真実と嘘を検知するときにもみられた。観察者は外国人の送り手より自国の送り手が話す真実と嘘を検知する方が上手であった。たとえばある研究では観察者に音声なしの映像を見せた。アメリカ人の観察者は，アメリカ人が話したときにはチャンスレベル以上の正確性で真実と嘘を検知することができたが，ヨルダン人が送り手の場合にはそのようにはできなかった。ヨルダン人の観察者は逆の傾向を示した。彼らはヨルダン人の送り手の真実と嘘をチャンスレベル以上に検知することができたが，アメリカ人の送り手の場合はそうはならなかった（Bond, Omar, Mahmoud, & Bonser, 1990）。

その後の研究で，BondとAtoum（2000）は観察者が音声も聞くことができる場合の真実と嘘を識別する能力を調べた。この研究の参加者にはインド人が含まれていた（Bond & Rao, 2004 も参照）。このとき，アメリカ人，ヨルダン人，インド人は外国人の真実と嘘をチャンスレベル以上に検知することができたが，これは聞くことも見ることもできたときだけであった。ただ外国人の行動を観察するだけか，または外国人の発話を聞くだけの場合には，チャンスレベルと同程度の成績しか出せなかった。言いかえると，外国人の嘘を検知するためには視覚と音声の両方が必要である。観察者は外国人が喋っていることを理解できないので（外国の言語を喋れないので），この研究の音声条件では，音声的手がかりは提示されたが言語的手がかりは提示されなかったことになる。したがって，送り手の音声的手がかりを聞くことは嘘検知には必須のものだった。

嘘を見抜くことに動機づけられた人

　人はいつも同じように嘘を見抜こうと動機づけられているわけではない。ある母親は息子がご飯をおいしいと言っているときに彼が本当のことを言っているか確かめようとは特に思わない。一方，息子が彼女の財布からお金を抜き取ったことを否定しているときには本当のことを確かめようとするだろう。動機づけの高さは，真実と嘘の検知に異なる形で影響を与える。直観的に考えると，動機づけが高いと成績は改善される。つまり，嘘を見抜こうと高く動機づけられた人は，それほど動機づけられていない人に比べて真実と嘘を識別するのが上手だと予測できる。動機づけが高まると，おそらく嘘を見抜く人はより注意深くなり，それゆえ気づかないと嘘検知に失敗するような手がかりにも気づきやすくなる。しかし，動機づけが高まることで嘘を検知する能力が阻害されるとも予測できる。心理学的研究では，高い動機づけはたいてい課題が相対的に易しい場合は成績を促進するが，課題が相対的に難しいときは成績を阻害することが示されてきた（Kim & Baron, 1988; Pelham & Neter, 1995; Zajonc, 1980）。

この現象を説明すべく，Zajonc（1980）は，動機づけは覚醒を生じさせ，覚醒は個人の優勢反応を行う傾向を高めると提案した。課題が簡単またはよく学習されたものであるときは，優勢反応はたいていその課題で正解となる。しかし，課題が複雑なものであるときは，優勢反応はたいていその課題で間違いになる。嘘検知は，複雑な情報処理と解釈を必要とする難しい課題であるため，Zajoncの仮説が正しいならば，動機づけは嘘検知の成績を向上させるというよりも阻害するはずである。研究の結果はZajoncの仮説を支持するものであり，動機づけは真実と嘘を検知する能力を阻害した（Forrest & Feldman, 2000; Porter et al., 2007）。おそらく動機づけは観察者が欺瞞を示すと思う特徴的な手がかりに頼る傾向（つまり優勢反応）を高めるが，人が好んで注目する手がかりは欺瞞に特徴的なものではないことが多い（第5章）ために，嘘検知の成績が阻害されるという結果になりやすいのだろう。もしこの推論が正しいのであれば，嘘検知が上手な人の成績は，動機づけが高まると向上すると考えられる。なぜなら，そういった人が動機づけられると，欺瞞に特徴的な手がかりに注目する傾向を高めると思われるからである。このことについては，今のところ誰も検討していない。

　O'Sullivanは，動機づけと嘘検知の上手さの間に正の関係があると述べている（O'Sullivan, 2005; O'Sullivan & Ekman, 2004）。しかし，彼女はここまでに述べたものとは異なる形で動機づけを扱っている。彼女の研究では，観察者は特定の嘘を検知する課題でよい成績を得ようと動機づけられていたが，現実世界，つまり実験の文脈の外では，これらの人々は必ずしも嘘を検知することに動機づけられた人ではない可能性がある。O'Sulivanは現実世界で嘘をつく人を見つけようと動機づけられた人について述べている。彼女は，嘘を検知するのが上手な人は他者を理解する能力を向上させたいと思っており，彼らの（他者を理解する能力の）成績に関するフィードバックを探したがると説明している。後者に関して，彼女は嘘を検知する課題で間違ったときに苦悩する少数の「**嘘検知の魔法使い**」について述べている。彼らはそのことに何度かふれ，数日後にもそ

れについてふれ，自分が間違ったことについて理解しようと試みるという（O'Sullivan, 2005）。言いかえると，O'Sullivan は欺瞞についてより詳しくなりたいと動機づけられている人のことを述べている。欺瞞についてより詳しくなれば，その人たちの嘘検知のスキルが向上すると考えるのはもっともだろう。なぜなら，先にも述べたように，欺瞞について熟知することは嘘検知を促進しやすいからである。

要約

　いくつかの要因が，真実と嘘を検知する能力に影響を与える。女性は友人や恋人の欺瞞を検知しようとするときは男性よりも上手にできるが，初対面の人について判断するときは男性の成績を上回るほどではない。さらに，自覚状態の高い人，内向的な人，役者性に優れた人は相対的に嘘を検知することが得意であるが，社交不安の高い人は相対的に嘘を検知するのが不得意である。嘘検知が上手な人は欺瞞についての特徴的な手がかりについて，下手な人よりもよく知っている。嘘を検知するのが上手な人は，送り手が話すことを注意深く聴き，送り手の発話と彼らの行動の両方に注意を向けるが，嘘検知が下手な人は送り手の行動のみに注目する。嘘検知は，嘘を見抜く人が送り手の用いるコミュニケーション・スタイルを熟知している場合の方が，知らない場合に比べてやや簡単である。嘘を見抜く人が欺瞞の手がかりについてあまりよく知らない場合，真実と嘘を識別しようと動機づけられると成績は低下する。しかし，動機づけが欺瞞の手がかりについてより詳しくなろうとする方向に働くのであれば，動機づけられることによっておそらく嘘を検知するスキルが向上するだろう。

第7節　真偽性の判断に影響を与える要因

　前節では，嘘を見抜く人の真実と嘘検知の正確性に影響を与える要因について説明してきた。本節では，観察者の判断の正確性ではなく，真偽性判断に影響を与える要因について説明する。ここでいう真偽性判断とは，観察者がある発言を真実もしくは嘘だと判断しやすいかである。真偽性判断に影響を与える要因の一つはすでに触れた通り，疑念を抱いているとより嘘だと判断しやすくなることである。本節ではほかに4つの要因について述べる。順に，送り手のパーソナリティ，種族的出身，観察者が積極的な面接者かもしくは受動的な観察者か，質問をすること（精査）である。

送り手のパーソナリティ

　第5章で，人々が嘘をつく人の行動についてステレオタイプ的な見方をすることについて述べた。こうした見方の結果，実際に嘘をついているか真実を述べているかに関わらず，観察者に疑わしい印象を与える人もいれば，おおむね誠実な印象を与える人もいる。自然で誠実な行動が嘘をつく人の行動のステレオタイプにあてはまる人は，嘘をついているという印象を与えてしまう（**不誠実な態度バイアス**）。一方，自然な行動が誠実な人の行動に関するステレオタイプにあてはまる人は，真実を話しているという印象を与える（**誠実な態度バイアス**）[原注22]。

　この不誠実または誠実な態度バイアスはパーソナリティ特性と関連する。**公的自己意識**の感覚の強い人は，真実を話しているか嘘をついているかに関わらず，他者に対してより本当らしくない印象を与えやすい。彼らは他者から観察されることを過剰に心配し，不安になる。この不安は結果

原注22　Feldman, Tomasian, & Coats, 1990; Riggio, 2006; Riggio & Friedman, 1983; Riggio, Tucker, & Throckmorton, 1988; Riggio, Tucker, & Widaman, 1987; Vrij, 1993; Vrij & Van Wijngaarden, 1994; Vrij & Winkel, 1992b; Zuckerman, DeFrank, Hall, Larrance, & Rosenthal, 1979.

として彼らの行動の中で目立ち，それが彼らを不誠実に見せてしまう。内向的な人や社交不安の高い人も他者に不誠実な印象を与えてしまう。内向的な人の社会的な不器用さや，社交不安の高い人が発する，緊張，神経質さ，恐れといった印象（Schlenker & Leary, 1982）は，観察者からは欺瞞を示すものと解釈されてしまう。

　反対に，表出的な人は，言っていることが真実かどうかに関わらず，本当らしさを感じさせる。表出性または「自発的な発信」（DePaulo & Friedman, 1998）は，「人が意図的に自分の気持ちを他者に伝えようとしていないときに，非言語的な表出行動からその人の感情を読み取る容易さ」と定義できる（DePaulo & Friedman, 1998, p.13）。表出性はカリスマ性（Friedman, Riggio, & Casella, 1988）と関連している。表出的な人の第一印象は肯定的なものであることが多い。そのような人はたいていよく好かれ，魅力的とみなされやすい（DePaulo & Friedman, 1998; Gallaher, 1992）。自発性は疑念を低め，結果として表出的な人たちは容易に嘘を切り抜ける（Riggio, 1986）。さらに，社会的に機転が利いて能力のある人は誠実な印象を与える。このような人は，社会的やりとりにおいて居心地がよさそうで落ち着いており，自分を効果的に呈示することに長けている。

　面白いことに，これらのふるまいはその人の嘘をつく傾向（第2章）を正確に反映していない。たとえば内向的な人は外向的な人に比べて頻繁には嘘をつかず（Kashy & DePaulo, 1996），犯罪に関わることも少ない（Eysenck, 1984）。さらに，社交不安の高い人は問いただされても嘘を突き通すことが少ない（Vrij & Holland, 1998）[原注23, 24]。

原注23　**マキャベリアニズム**の高い人はしばしば嘘をつき（第2章），嘘をついたときに罪悪感をあまり経験しない（第3章）。したがって，こうした人たちは嘘をつくのが上手な人だと考えられる。面白いことに，実際はそうではない。マキャベリアニズムの高い人の真実と嘘を検知することは，マキャベリアニズムの低い人の真実と嘘を検知するのに比べて簡単でも難しくもない（Frank & Ekman, 2004; Manstead, Wagner, & MacDonald, 1986）。
原注24　魅力的または童顔であること，送り手の衣服など，態度バイアスをもたらすほかの要因については第5章を参照してほしい。

送り手の種族的出身

　非言語的行動は文化的に影響される（第3章）。例として視線回避がある。アフリカ系アメリカ人は白人系アメリカ人に比べて視線を回避しやすく（LaFrance & Mayo, 1976），オランダに住むトルコやモロッコ出身の人はオランダ生まれのオランダ人よりも視線回避を示す（van Rossum, 1998; Vrij, Dragt, & Koppelaar, 1992）。そのため会話相手の目を見ることは白人の典型的な行動であって，白人以外の人はあまり示さないものである。これは文化差によるものである。会話相手の目を見ることは西洋文化では礼儀正しいとみなされるが，ほかのいくつかの文化では無作法だとみなされる（Vrij & Winkel, 1991; Vrij, Winkel, & Koppelaar, 1991; Winkel & Vrij, 1990）。

　さらに文化的に規定される非言語的行動の違いも見出されている。著者らはオランダにおいて，白人で生え抜きのオランダ人と黒人でスリナム系の住民（以前はオランダの植民地であったスリナム出身で，今はオランダに住む人）を比較した研究で，模擬的な取調べにおいて嘘をついているときや真実を話しているときの非言語的行動の傾向を調査した（Vrij & Winkel, 1991）。オランダ人とスリナム人の面接者が取調べを行ったが，このことは結果に何の影響も与えなかった。さらに，2つの民族集団間で異なる欺瞞の手がかりはみられなかった[原注25]。しかし，白人系オランダ人とスリナム人の間には，真実を話しているか嘘をついているかに関わらず行動面で大きな差異がみられた。スリナム人は，嘘をついているかどうかに関わらず，発話の乱れ，視線回避，笑顔，身体操作や例示動作が多かった。

　このことは，観察者は異文化間のやりとりにおいて注意深くしておかなければならず，異なる種族的出身の送り手が示す非言語的行動は，その文化についての知識をきちんと持って解釈すべきだということを意味す

原注25　SittonとGriffin（1981）がアメリカ人を対象にして，黒人と白人の欺瞞の非言語的手がかりを比べたときも，違いはみられなかった（第3章）。

る（Ruby & Brigham, 1997; Vrij, 1991）。著者らは，必ずしもそのようにはなされていない証拠を得ている。著者らは警察官の模擬的な取調べの映像を用意した。送り手は白人の生え抜きのオランダ人か，スリナム人（どちらも職業的な役者）であった。それぞれの取調べから，異なる行動を演じる映像が作成された。ある取調べでは，送り手は典型的な「白人のオランダ人」的行動を演じ（限定された視線回避），もう1つの面接では典型的な「スリナム人」的非言語的行動を演じた（より視線回避を示す）。ほかの映像では，送り手の身体動作と発話の乱れの回数を操作した。白人のオランダ人警察官にこれらのうち1つの映像を見せて，この役者がどれくらい疑わしい印象を与えるかを尋ねた。警察官はスリナム人の送り手と白人のオランダ人の両方を同程度に疑わしいとみなしていた。しかし，送り手が示した非言語的行動は警察官の印象に影響を与えていた。送り手がスリナム人に典型的な行動を示したときは，白人のオランダ人に典型的な行動を示したときに比べて，一貫してより疑わしい印象を与えていた（Vrij & Winkel, 1992b, 1994）。たとえば，身体操作を使った実験では，送り手がスリナム人に典型的な非言語的行動を示した場合には警察官の72％が送り手は疑わしいとみなしたのに対し，白人のオランダ人に典型的な行動を示した場合には41％しか疑わしいとみなさなかった。

　これらの知見は，嘘をつく人の行動に関する人々の信念を考慮に入れれば簡単に説明できる。第5章で明らかにしたように，視線回避，身体操作と発話の乱れは，どれもスリナム人の典型的な行動様式であるが，これらは欺瞞の表れとみなされてしまうのである。したがって，これらの知見からは，白人以外の送り手と白人の観察者のやりとりでは**文化間の非言語コミュニケーションの失敗**が生じることが明らかになった。ある民族集団においては典型的な非言語的行動様式が，白人の観察者には欺瞞の手がかりだと簡単に解釈されてしまう。

積極的な面接者 vs. 受動的な観察者

これまで示してきた嘘検知の研究では,観察者は実際に送り手に面接をすることはなく,ただ送り手の様子を映像で見るだけであった。もし観察者が送り手に面接をしたら正確性は向上するだろうか? 警察官,検察官,裁判官はそうだと思っている(Strömwall & Granhag, 2003b)。おそらく彼らは,面接をすることで観察者は嘘をつく人を打ち負かすような質問を行う機会が得られると考えているのだろう。したがって,面接それ自体は嘘検知を向上させないと知ったら専門家たちは驚くだろう。いくつかの実験では,受動的な観察者と比べて積極的な面接者(一般の人や嘘検知に関わる専門家)の正答率は決して高くなく,場合によっては低い場合さえあると示されてきた(Buller, Strzyzewski, & Hunsaker, 1991; Burgoon, Buller, & Floyd, 2001; Durban, Ramirez, & Burgoon, 2003; Feeley & deTurck, 1997; Granhag & Strömwall, 2001b, c; Hartwig, Granhag, Strömwall, & Vrij, 2004b; Kalbfleisch, 1994; Stiff, Kim, & Ramesh, 1992)^{原注26}。

面接者と観察者の違いは,真偽性判断の仕方に表れる。積極的な面接者(一般の人でも専門家でも)は,受動的な観察者よりも送り手を信じる傾向がある(Bond & DePaulo, 2006; Hartwig, Granhag, Strömwall, & Vrij, 2004b)。おそらく送り手は面接の間,面接者の応答に反応し,本当らしい言語的メッセージと非言語的呈示スタイルを調整することに成功するのだろう。送り手が観察者とやりとりをせず,観察者が録画された面接を見るだけの場合,送り手は観察者の反応に影響を与えることができない。このことが正確性の低さと真実バイアスにつながると言えるが,この説明は必ずしも十分なものとは言えない。というのも,嘘をつく人は常に本当らしい印象を与えることに成功するわけではないからである(第3章)。

原注26 特別な面接手順を考慮に入れた場合は異なる様相が見えてくる。第15章で,欺瞞を検知する能力を高める,信頼のできる面接技法について説明する。

別の解釈として，おそらく送り手は本当らしい印象を与えようとしているのでなく，単純に面接者に好かれようとしているとも考えられる。人はたいてい他者から好かれたいと望んでいて，そのための一つの方法は他者に親切にすることである（Baumeister, 1982; Monahan, 1995）。おそらく面接者は観察者よりも送り手を肯定的に評価しがちであり，それゆえ送り手を誠実だなどと好ましい人として認識するのだろう。

精査

　送り手の発言によっては，面接者はさらに説明を求めて質問をするだろう。質問（精査）は中立的に表現することもできるし（「このことがわからないので，説明してもらえますか？」），肯定的に表すこともできるし（「あなたのことを信じていますが，これがわからないのです。〜ということはどうして可能なのですか？」），否定的に表すこともできる（「あなたのことを信じられません。私をだまそうとしていませんか？」）。直観的には，追加質問によって真実と嘘の検知が簡単になると考えられるだろう。嘘をつく人は話を続け，さらなる情報を提供しなければならない。明らかに，嘘をつく人が多くのことを話すほど，また多くの情報を提供するほど，言語的手がかり（矛盾することを言ったり，観察者が正しくないと知っていることを言ったりする）や非言語的手がかりを通して誤りを犯し，嘘がばれる可能性が高くなる。しかし，いくつかの研究からは，精査が正確性を高めず，他者が本当のことを話していると判断する傾向を高めることが示されている（Bond, Malloy, Thompson, Arias, & Nunn, 2004; Buller, Comstock, Aune, & Strzyzewski, 1989; Buller, Strzyzewski, & Comstock, 1991; Levine & McCornack, 2001; Stiff & Miller, 1986）。これは**精査ヒューリスティック**と呼ばれる（Levine, Park, & McCornack, 1999）。精査の種類（否定的，中立的，肯定的）に関係なく，どの精査も同じ効果をもたらし，嘘をつく人に有利に働く。

　ただし，LevineとMcCornack（2001）は，精査の効果には限界があ

ることを見出した。観察者が単に送り手の真偽性を判断するよう求められた場合には，精査によって真実バイアスが生じた。しかし，嘘検知課題の前に観察者が欺瞞に特徴的な手がかりと特徴的ではない手がかりについて情報を与えられ，真偽性判断をする際に特徴的な手がかりのみに注目するよう教示を受けた場合には精査による効果はみられなかった。Levine と McCornack は，教示を受けないとヒューリスティックによる受動的な情報処理がなされるが，教示を受けると能動的な情報処理がなされると説明している。明らかに，観察者が積極的な情報処理を行っているときには精査の効果はみられなかった。このことは，観察者に同じ被疑者の3回の取調べを見せた Granhag と Strömwall（2001b, c）の実験で，精査の効果が見出されなかった理由を説明できる。これらの研究では，観察者が発言の矛盾を検知しようと試みたために，積極的な情報処理が行われたのである。

要約

いくつかの要因が観察者の行う真偽性判断に影響を与える。ある個人（公的自己意識の高い人，内向的な人，社交不安の高い人）は実際に真実を話しているか嘘をついているかに関わらず観察者に不誠実な印象を与えやすいが，これは彼らの自然な行動のせいである。白人以外の送り手が白人の観察者に不誠実な印象を与えてしまうのも同じ理由である。対照的に，表出的で社会的に機転が利く人は観察者に誠実な印象を与えやすいが，これも彼らが自然に示す行動のせいである。積極的な面接者である場合，ただの観察者である場合に比べて送り手を信じる傾向にあるが，これは送り手を精査するためである。

第8節　考察

一般の人の嘘検知能力

　本章では，善良な一般の人が，初対面の人，友人，恋人や子どもの発話を，その送り手やその発言の背景情報がまったくない状態で示されたとき，つまり使える情報源が送り手の言語的，非言語的手がかりのみである場合，真実か嘘かを検知するのがどの程度上手にできるかを検討した。このような状況では，一般の人はチャンスレベルを少し上回る程度の成績しか示さず，初対面の人の真実と嘘を検知するよりも，友人，恋人や子どもの真実と嘘を識別する方が上手であるということもなかった。人は多くの状況で，不信の反応を示し，自分の恋人や子どもの嘘を見破ったというだろう。しかし，彼らはおそらく，単純に恋人や子どもの行動を評価したのではなく，彼らが知っている証拠（送り手の話すことが事実や他者の発言と矛盾することなど）と比べることによって見破ったのだろう（Park et al., 2002）。また，多くの嘘を検知することは現実には何を意味しているのだろうか？人は自分の恋人や子どもが自分にこれまで何回嘘をついてきたかを知らない。人が検知してきた多くの嘘は，これまでにつかれた嘘全体からみればわずかなものである可能性がある。

　さらに，一般の人は真実バイアスを持ち，出くわした発言の大部分を本当らしいと判断しがちであることも説明した。真実バイアスは初対面の人よりも，友人や家族との間でより強くみられる。また，単に送り手を観察するだけの場合よりも，送り手とやりとりをする場合の方が強くみられる。そして観察者が送り手に質問（精査）をする場合の方が，質問をしない場合よりも強くみられる。おそらく真実バイアスは，日常生活では研究で示唆されている以上に生じているだろう。なぜなら，日常生活では人は友人や家族とよく話し，やりとりを行うからである。

　真実バイアスの結果として興味深いことは，嘘を検知するのが下手な

人であっても，日常生活の中のやりとりのほとんどを正しく判断するということである（Levine, Kim, Park, & Hughes, 2006; Park & Levine, 2001）。このことは，日常生活のほとんどの発言が真実であること（第2章）から説明される。割合を用いて例を挙げる。ある女性が夫と1日に10回会話をし，夫はそのうち2回嘘をついたとする。そして，彼女は夫の話をすべて信じていたとする。この場合，女性は夫の話の80％（10回中8回）を正しく分類できている。しかし，嘘と真実の識別という意味では，彼女は成績不良である。真実は100％分類できているが（8回中8回），嘘の分類成績は0％であり（2回中0回），合計正答率は50％である（つまり，真実の正確性と嘘の正確性を合わせたもの）。これは偶然にまかせて答えた場合と同じ程度でしかない。やりとりにおいてこの正答率（80％）を十分と考えるかは，検知されずに残っている嘘の性質に左右される。第2章で説明したように，たいていの嘘は害のないものか，むしろ観察者と他者の関係にとって都合のよいものでありさえする。この観点からすると，嘘をつかれたときにだまされることと，その裏の側面——つまり他者を欺くこと——を受け入れる方略は，有利に働く可能性がある。しかし，観察者やその環境（家族，職場など）にとって害のある嘘もいくつかある。このような場合は方略を変えてあまり信じ込まないようにする方がよい。本書の残りの部分では，嘘を検知するためにすべきことに関する情報を呈示する。

専門家の嘘検知能力

嘘検知研究には，多様な嘘検知に関わる専門家集団，特に警察官が参加してきた。これらの研究では，専門家集団のほとんどは，非言語的または言語的行動にもとづいて初対面の人の真実と嘘を検知しようとした場合にはチャンスレベルよりほんの少し高い程度の成績しか得られないことが示された。こうした専門家が真実と嘘を識別する能力は一般の人のそれと同程度であった。多くの専門家が一般の人に比べてそれほど嘘検知が上手で

はない理由は，3つ思い浮かぶ。

　第一に，おそらく多くの専門家は，誰かの非言語的・言語的行動を観察して真実と嘘を検知することを十分に訓練しておらず，おそらく一般の人と同じように，ほとんどの真実と嘘の検知は入手可能な証拠と発言を比べることで検知していることである。このことは，群集を見渡す経験を積んでいるシークレット・サービス捜査官が一般の人やほかの専門家集団に比べて，誰かの行動を観察して嘘を検知するのが上手であることをうまく説明するだろう。

　第二に，おそらく専門家は彼らがくだす判断に適切なフィードバックを得ていない（DePaulo & Pfeifer, 1986）。第5章ですでに述べたように，十分なフィードバックは，頻繁で，信頼できて，即時的であることが必要である。言いかえると，観察者は毎回の他者とのやりとりの後すぐにその人が嘘をついているかを知らされる必要がある。多くの専門家にとって十分なフィードバックを得ることは難しい。たとえば被疑者や目撃者を取調べる警察官を考えてみよう。被疑者や目撃者が真実を言っているか嘘をついているかは決して判明しないか，または取調べのずっと後になってからようやく判明するだろう。その点に関しては，ほかの専門家，たとえば税関職員は望めばより十分なフィードバックを得ることができるだろう。無作為に利用者を止めて，検査する前にその人が密輸をしようとしているかを判断してみればよい。その後に検査をすれば，自分の直観が正しいかを確認することができるだろう。

　第三に，おそらく嘘検知に関わる専門家は，嘘を検知する訓練が不足しているか，不十分な訓練しか受けていないことである。世界中の専門家がどのような訓練を受けているのかは知らないが，実際のところまったく訓練を受けていない可能性もある。しかし，この件に関する警察の手引書を読むと，現存するこうした訓練プログラムの質については悲観的にならざるをえない。

　真実と嘘を検知する難しさとは別に，2つの知見が得られた。第一に，専門家は真実と嘘を検知する能力に対する自信を表明しやすく，一般の人

よりも自信を持っていることが多い。自信はあるが特別に技能があるわけでもないというのは，ほかの理由の中でも厄介なことである。自信が高いと限られた情報から安易な意思決定を行いがちだからである。嘘検知は複雑な課題であり，したがって素早く浅い意思決定過程はよい結果をもたらさないだろう。第二に，少なくともいくつかの国では，専門家はたいてい嘘バイアスを示し，送り手を信じない傾向がある。

いくつかの要因（精査，積極的な面接，疑い深いこと）は嘘バイアスに影響を与える。精査と積極的な面接は嘘バイアスを弱める一方で，疑い深いことは嘘バイアスを強める。そのため，嘘検知に関わる専門家を対象に行った実験室実験でみられることがある嘘バイアスが現実を反映しているかは判断が難しい。しかし著者は，これらの要因はお互いに打ち消し合うため，現実を反映しているだろうと考える。質問をすること（精査）は典型的に送り手をより本当らしく見せ，観察者が情報を包括的に（つまり直観的に）処理する場合に限り，嘘バイアスを弱める。積極的に欺瞞の手がかりを探す（たとえば能動的な情報処理を行う）観察者は精査による影響を受けない。専門家はヒューリスティック的というよりは積極的な情報処理を行うので，精査はおそらくそれほど大きな影響を与えないだろう。多くの専門家は，現実世界において積極的に面接を行うので，実験室実験が示唆するほどは嘘バイアスを示さないのだろう。ただし，専門家は現実世界において面接相手を疑うことが多く，そのため，おそらく嘘検知の実験で送り手を評価するときよりも疑い深い。このことによって専門家は現実世界において，実験室実験が示唆するよりも嘘バイアスを示しやすいのだろう。おそらく積極的な面接と疑い深さの効果は互いに打ち消し合い，結果として実験室実験で示される嘘バイアスは現実世界での真偽性判断を反映することになる。

無実の被疑者への影響

本章から浮かび上がってくる全体像は，嘘検知に関わる専門家が真実を話している人と嘘をつく人を非言語的および言語的行動から正確に識別し

ようとするとき，専門家たちの意思決定は不正確で，嘘バイアスが生じているが，専門家自身はその決定に自信を持っているということである。これは，警察官が時々無実の被疑者を有罪だと誤って信じて尋問する可能性があることを意味する。尋問者が一度無実の被疑者を有罪だと誤って信じてしまうと，この間違った信念は微妙で意識されない鏡映行為の過程[原注27]を通じて強化される可能性がある。無実の被疑者は犯罪への関わりを一切否定しがちであるが，これは尋問者をいら立たせるだろう。尋問者は動きを増加させることでそのいら立ちを示す可能性がある。研究では，被疑者は面接者の動きが増加すると，自分も動きを増加させ，行動を鏡映することが示されてきた。面接相手はその後無実の被疑者が示した動きの増加を欺瞞の手がかりと解釈する（Akehurst & Vrij, 1999）。

　尋問者が，犯罪への関与を否定する被疑者を有罪だと思うとき，彼らは被疑者に「**リードの尋問の九段階法**」と呼ばれる尋問の技法を使うよう助言されている（Inbau et al., 2001）。これは説得的で対決的な尋問技法であり，潜在的には被疑者（無実の者も含む）に自白させる影響力がある（Gudjonsson, 2003; Kassin, 1997, 2004; 2005; Kassin & Gudjonsson, 2004; Leo & Ofshe, 1989）。この技法は，基本的な形式がすでに強力なものであり，Kassinとその共同研究者は，いちど無実の被疑者が誤って有罪とされてしまったら，有罪の被疑者が受けるよりもさらに厳しく尋問されることに耐えなければならない危険性があることを見出した。つまり，無実の被疑者の否認を信じない尋問者は，自白を引き出すための努力を倍増させる傾向がある（Kassin, Goldstein, & Savitsky, 2003）。

　おそらくInbauら（2001）は，彼らの尋問技法が持つ被疑者に対する強力な影響力を認識しており，この種の尋問を「その罪が捜査官の見解では疑いようがなく確かである」（Inbau et al., 2001, p. 209）被疑者に対してのみ使うよう勧めているのだろう。有罪だという見解は，指紋，

原注27　第3章のカメレオン効果も参照してほしい。

DNA標本,信頼できる目撃者による証言などの事実にもとづく証拠から得られる場合もある。しかし,そのような証拠が入手できない場合は,ほとんど尋問前の取調べで被疑者が示す行動からそうした見解が得られる(Hartwig, 2005)。Inbauら(2001, p.78)は「成功する尋問者は自分が真実か欺瞞かを検知する能力について内心かなりの自信を持っているに違いない」と報告している。しかし本章では,平均的な尋問者の真実と嘘を検知する能力について懐疑的になるべきだと示してきた。有罪か無罪かをふるまいから判断することは,多くの無実の被疑者を強力な尋問技法にさらすことになると思われる。無実の被疑者で内向的な人や社交不安の高い人は尋問されることについて非常に高い危険性がある。そのような人の行動は,有罪か無罪かに関わらず疑わしい印象を与えてしまうからである(先に述べたトム・ソーヤーは,社交不安の高い人である;Leo & Ofshe, 1998)。また,白人以外の被疑者は特に白人の尋問者に取調べを受ける際に危険性がある。これは白人以外の人の行動もまた疑念を引き起こすからである。

　人々が真実を話す人と嘘をつく人を識別する能力の向上を目指して,専門家のための真偽性評価のツールがいくつか開発されてきた。これらのツールについてこの後の7つの章で述べるが,最初はInbauら(2001)の手引書にあった嘘検知のための面接手順,つまり行動分析のための面接法の説明から始める。

> **Box 6.1　態度バイアス検査**
>
> 　あなたが信頼できる印象を他者に与えているか調べる簡単な方法がある。顔面表情で基本感情(喜び,怒り,恐れ,驚き,悲しみ,嫌悪)を表出するのが上手な人は,下手な人よりも本当らしく見える(Riggio & Friedman, 1983)。したがって,基本感情を表情に表出して,あなたが伝えようとしている感情が何であるかを判断してもらおう。そこで得られた正答率が,あなたが与えている印象の本当らしさの指標となるだろう。

別表 6.1 一般の人が初対面の人の嘘と真実を判断した際の正答率 [1]

	正答率（％）		
	真実	嘘	合計
Anderson, DePaulo, & Ansfield（2002）			51
C. F. Bond & Fahey（1987）	49	50	49
C. F. Bond, Kahler, & Paolicelli（1995）			63
C. F Bond, Omar, Mahmoud, & Bonser（1990）[2]			56
C. F Bond, et al.（1992, 実験 1）			50
C. F Bond, et al.（1992, 実験 2）			55
C. F Bond, et al.（1992, 実験 3）			52
C. F Bond, et al.（2004）	56	47	52
G. D. Bond et al.（2004）	74	44	59
G. D. Bond, Malloy et al.（2005）	80	27	54
Brandt, Miller, & Hocking（1980a）			38
Brandt, Miller, & Hocking（1980b）			42
Brandt, Miller, & Hocking（1982）			31
Davis, Markus, & Walters（2006）[3]	62	55	58
DePaulo & Pfeifer（1986）			54
deTurck（1991）			54
deTurck, Feeley, & Roman（1997）			57
deTurck, Harszlak, Bodhorn, & Texter（1990）			64
deTurck & Miller（1990）			53
Edelstein, Luten, Ekman, & Goodman（2006）	59	41	50
Ekman & O'Sullivan（1991）			53
Ekman, O'Sullivan, & Frank（1999）			58
Etcoff, Ekman, Magee, & Frank（2000）			47
Feeley & deTurck（1995）	72	54	63
Feeley & deTurck（1997）			49
Feeley, deTurck, & Young（1995）			56
Feeley & Young（2000）[4]	54	46	50
Fiedler & Walka（1993）	55	61	53
Fleming & Darley（1991）			42
Frank & Ekman（1997, 実験 1）[5]			58
Frank & Ekman（1997, 実験 2）			60
Frank, Feeley, Paolantonio, & Servoss（2004）	59	53	56
Garrido, Masip, & Herrero（2004）	51	66	59
Granhag & Strömwall（2000a）	69	44	57
Granhag & Strömwall（2001c）[6]	56	59	57
Hartwig et al.（2004）	50	65	58
A. K. Johnson et al.（2004）[7]	60	50	55
A. K. Johnson et al.（2005）			55
Kassin & Fong（1999）			56
Kassin, Meissner, & Norwick（2005）	63	54	59
Landström, Granhag, & Hartwig（2005）			50
Lane & DePaulo（1999）			59
Levine & McCornack（2001, 研究 1）			54

（続く）

	正答率（%）		
	真実	嘘	合計
Levine & McCornack（2001, 研究2）			59
Levine & McCornack（2001, 研究3）			56
Levine, Park, & McCornack（1999, 研究2）	70	38	54
Levine, Park, & McCornack（1999, 研究3）	69	27	48
Levine et al.（2005, 研究1）			52
Levine et al.（2005, 研究2）			53
Levine et al.（2005, 研究4）	69	32	50
Levine, Kim, Park, & Hughes（2006）	67	34	50
Littlepage & Pineault（1985）[8]	81	30	56
Malcolm & Keenan（2005）	73	44	59
Masip, Garrido, & Herrero（2006）	59	49	54
Mei-tai Fan, Wagner, & Manstead（1985）			58
Millar & Millar（1995, 研究1）[9]			50
Millar & Millar（1995, 研究2）[9]			50
Millar & Millar（1997a）			49
Miller et al.（1981, 研究1）[10]			55
Miller et al.（1981, 研究2）[11]			56
Miller, deTurck, & Kalbfleisch（1983）[12]			51
Newman, Pennebaker, Berry, & Richards（2003）	74	30	52
O'Sullivan（2003）[13]	62	49	55
O'Sullivan, Ekman, & Friesen（1988）	69	48	54
Porter, Campbell, Stapleton, & Birt（2002）			58
Porter, Woodworth, McCabe, & Peace（2007）			53
Santarcangelo, Cribbie, & Ebesu（2004）	70	59	65
Schul, Mayo, Burnstein, & Yahalom（2007）			59
Smith, Archer, & Constanzo（1991）			60
Stiff & Miller,（1986）	67	41	54
Strömwall, Granhag, & Jonsson（2003）[14]	70	45	58
Vrij & Baxter（1999）[15]	52	54	53
Vrij & Graham（1997）			42
Vrij, Akehurst, Brown, & Mann（2006）	58	63	61
Vrij, Harden, Terry, Edward, & Bull（2001, 研究1）[16]	57	53	55
Vrij, Harden, Terry, Edward, & Bull（2001, 研究2）[17]	53	55	54
Wan Cheng & Broadhurst（2005）[18]	67	70	68
Zuckerman, Koestner, & Alton（1984）			62
Zuckerman, Koestner, & Colella（1985）[19]			58
総合正確性得点	**63.41**	**48.15**	**54.27**

注　[1] 統制条件の結果のみ用いた。　[2] ヨルダン人とアメリカ人の観察者のデータを一緒にしてある。　[3] 観察者は犯罪の自白の映像を見聞きした。別表6.1に示した研究の中で現実の素材を用いたものは唯一これだけである。　[4] 認知能力の高い条件と低い条件の結果を合成した。　[5] 犯罪に関する嘘の条件と意見に関する嘘の条件の得点を合成した。　[6] 単一条件である。　[7] 偽悪条件と偽善条件の結果を合成した。　[8] 自然な会話と練られた会話を合成した。　[9] 音声条件と映像条件の結果を合成した。　[10] 音声情報条件と映像情報条件，事実に関する発言と感情に関する発言の結果を合成した。　[11] 実演条件である。　[12] すべての条件の結果を合成した。　[13] 意見映像と犯罪映像の結果を合成した。　[14] 単独条件の1回目と2回目の判断の結果を合成した。　[15] 否認と精緻化の結果を合成した。　[16] 利害関係の小さい嘘と大きい嘘の結果を合成した。　[17] 簡単な嘘と難解な嘘の結果を合成した。　[18] 広東人条件とイギリス人条件の結果を合成した。　[19] 顔のみ条件，発話のみ条件，および顔と発話条件の結果を合成した。

第7章
行動分析のための面接法

　本章から続く7つの章（第7章〜第13章）では，嘘検知，検出に関わる専門家や科学者たちが使う真偽性の評価ツールについて説明する。
　第8章から第10章では，発話内容を分析するための手法を紹介する。そのためには，送り手の供述は録音され，その後に文字に書き起こされるか，あるいは送り手自身に供述を筆記するよう求める必要がある。分析は書き起こされた資料にもとづいて行われる。第11章から第13章では，皮膚反応や呼吸の割合，血圧といった送り手の生理反応を検討するツールを紹介する。これらの反応を測定するために検査対象者は，「ポリグラフ」と呼ばれる機械につながれる。また，虚偽検出における近年の発展により，真実や嘘を話しているときの脳活動を測定できるようになった。ここでは，脳波（electroencephalograms: EEGs）や脳スキャン（機能的磁気共鳴画像法, functional Magnetic Resonance Imaging: fMRI）が行われている。
　これらのツールは，いずれも面倒な手順を踏まなければならないという共通点がある。供述は録音されるか，書き起こされる必要があるし，検査対象者はポリグラフにつながれたり，脳波を計測するための電極がついた帽子をかぶったり，fMRIスキャナーの中に入る必要がある。この煩雑さにより，現場での即時の判断に用いることが困難になる。これに対して，**行動分析のための面接法**（Behavior Analysis Interview：**BAI**）では文字起こしや機器を装着する必要がない。さらに，欺瞞に対する行動的手がかりを検討する唯一の専門的なツールであるという点においても，BAIはほかのツールとは一線を画している。

本章ではBAIを扱う。まずBAIの背景や理論的根拠について説明したうえで，BAIの手続きを説明する。そして，BAIを用いた研究を概観することで，その有効性についても解説する。本章を通じて，BAIの前提となる理論的原理は完全なものではないこと，研究結果からBAIが効果的な欺瞞検出のツールであるかが疑問視されることを明らかにする[原注1]。

第1節　BAIの背景と目的

BAIはJohn E. Reidとその共同研究者たちによって開発された欺瞞検出のツールであり，その基礎はFrank Horvathによって築かれた。Horvathは，ポリグラフ検査の前に実施した一連の質問項目に対して，被検者が言語的，非言語的にどのように反応するのかを検討するというフィールド研究を行っている（Horvath, 1973）。BAIの手順はHorvathの質問項目に修正を加えたものである。

BAIは，Reidらによる3日間の訓練プログラムの中で学ぶことができる。このプログラムの中には，すでに第6章でも触れた「リードの尋問の九段階法」も含まれている。BAIの詳細な手続きは，そのほかの手法と同様に『*Criminal Interrogation and Confessions*（犯罪捜査と自白）』に記されている。初版は1962年に，最新版である第4版は2001年に刊行されている（Inbau, Reid, Buckley, & Jayne, 2001）。Reidらのグループの報告では（ウェブサイト http://www.reid.com/training_programs/

[原注1] 本章は，Inbauら（2001）の第11章に従って議論を進める。著者らがBAIについての実験を公表した後（Vrij et al., 2001），Inbauらの共著者でもあるJoseph Buckleyがこれに応対している。第一に，彼は共同研究者と共に1本の論文を書き上げた（Horvath, Blair, & Buckley, 2008）。実に興味深いことに，その論文中ではBAIの描かれ方がInbauら（2001）の第11章とは異なっており，所与とされる理論的根拠も異なっている。さらに，Inbauら（2001）の第11章では何の制約にも触れられていないのにも関わらず，ある仮定が満たされたときのみBAIの使用が可能であるという制約についても明示されている。第二に，Buckley氏は私に手紙を書き，BAIに関する記述にいくつかの誤りがあることを指摘してきた。しかし，その手紙の中にあるBAIの記述は，やはりInbauら（2001）の第11章にあるものとはいくつかの点で異なっていた。Inbauらの手引きについては，次の版でBAIの章を改訂するとともに，BAIに関するより正確な説明を求めたい。

r_interview.html)，彼らの訓練プログラムには民間部門（小売業，金融業，医療，製造業等）や公共部門（法執行機関や政府等）からの受講生が，世界各地から集まっているとのことである。

　また，1974年の最初の実施以来，30万人を超える法執行機関や警備部門の専門家が3日間のプログラムを受講したと報告しており，アメリカでは，最も一般的に教えられる2つの質問技法のうちの一つがBAIであるとされている（Frank Horvath, 2006, 私信）。この見方は，テキサス州の法執行官たちへの調査でも支持されている（Colwell, Miller, Lyons, & Miller, 2006）。

　BAIは，取調べにおいて重要な第一歩となりうる。BAIの手続きは，被疑者が有罪あるいは無罪であるという可能性に焦点を当てるために，尋問に先立つ状況で用いられる。言いかえると，被疑者をさらに尋問する意味があるかどうかを見分ける目的でBAIは用いられるのである。また，BAIはポリグラフ検査に先立つ事前の取調べの一部として用いることもできる。その場合は，ポリグラフ検査の結果と併せて，被検者が有罪か無罪かを判断することになる（Horvath, 1973）。

第2節　BAIの手続きと，その根拠となる前提

　BAIの核は，「行動反応を誘発するように仕組まれた質問をすること」とされる（Inbau et al., 2001, p. 173）。BAIは対象者の非言語的反応と言語的反応の両方を検討するものなので，その核を示されただけでは，（行動分析のための面接法という名前と同様に）どのような手順を踏むのかが十分にはわからない。BAIの手続きには，特定の時間における被疑者の行動について，オープン質問が含まれている（たとえば，「午後3時から午後4時の間に何をしていましたか？」）。これら一連の標準化された質問に対して，真実を話す人と嘘をつく人では異なる反応をすると考えられる。

Inbauらの手引きの第11章によると，BAIの手順は15個の質問で構成される。Blair（1998）ではさらに，「鎌をかける質問」を追加している。BAIの要素としてではないものの，この鎌をかける質問はInbauらの手引きにも登場しており，第12章「特殊な質問技法の使用」で説明されている。

　Blairにならって，本章では鎌をかける質問をBAIの手続きの要素として説明する。表7.1にBAIの16の質問項目の概略を示した。表内の項目は，財布の中からお金を盗んだ人に対する質問になるように調整した。ほかの種類の犯罪については，質問項目の若干の再調整が必要になるだろう。太字の見出しはInbauら（2001）によって用いられたもので，本章ではこれらの見出しを用いることとする。

　非言語的反応について，Inbauら（2001）は嘘をつく人は真実を話す人に比べて取調べ中に不快を感じることを報告している。その結果，犯人は事件の経緯と盗んだかを直接話すとき（質問2）に足をよく組んだり，椅子の上で姿勢を変えたり，身づくろいの行動をする。その一方で，無実の被疑者は供述への自信を強調するために，よく前傾し，安定してアイ・コンタクトをとり，例示動作を行う。ほかにも犯人は，知識に関する質問（質問3）に素早く答えるために，誠実さに欠ける返答となることが多い。さらには，動機に関する質問（質問10）には，姿勢を変えるといった不安を減少させる行動をとることが多い。

　言語的反応についても，Inbauら（2001）によると取調べに対して異なる態度を持っていることから，真実を話す人と嘘をつく人とでは16個の質問に対して異なる反応が生じると考えられている。真実を話す人はより役に立つ情報を与えようとし，疑いが晴れることへの期待を示すのに対して，嘘をつく人は非協力的で，疑われていることに対して適切な水準の関心を示さないと考えられる（Horvath, Jayne, & Buckley, 1994も参照してほしい）。

　たとえば，犯人（つまり，嘘をつく人）は，無実の被疑者（つまり，真実を話す人）に比べて取調べの目的（質問1）に対して「わからない」といっ

表 7.1 行動分析のための面接法で用いる質問項目（お金を盗んだ場合）

Q1. 目的	この取調べの目的について，あなたは何を知っていますか？
Q2. 経緯	あなたはお金を取りましたか？
Q3. 知識	あなたは誰がお金を取ったのか知っていますか？
Q4. 疑惑	あなたは誰がお金を取ったと疑っていますか？
Q5. 保証	あなたを除いて，お金を取っていないと確信できる人はいますか？
Q6. 信憑性	あなたは，誰かが意図的にお金を取ったと考えていますか？
Q7. 機会	お金を取る最もよい機会があったのは誰ですか？
Q8. 態度	なくなったお金について取調べを受けていることを，どう感じていますか？
Q9. 思考	これまで，似たようなことについて考えたことがありますか？
Q10. 動機	お金を取った人は，何故そのようなことをしたのだと思いますか？
Q11. 罰	お金を取った人はどんな目に遭うと思いますか？
Q12. 第2の機会	お金を取った人に対しては何かしらの猶予が与えられるべきだと思いますか？
Q13. 意義	あなたにとって，お金を取らない理由は何ですか？
Q14. 結果	この取調べが終わったら，お金が取られたことに関するあなたの関与について，どのような結果になっていると考えますか
Q15. 愛する人への伝言	今日の取調べについて，誰に伝えましたか？
Q16. 鎌をかける質問	ここに，あの部屋で作動していた監視カメラがあり，テープもみ見ることができます。もし私たちがそのテープを見るとしたら，あなたがお金を取ったと確信する理由となりますか？ 私たちは，あなたがお金を取ったと確信していると言っているのではありません。ただ，このことに関するあなたの見解を知りたいと思っています。

出典：Inbau, Reid, Buckley と Jayne（2001）
注：鎌をかける質問は Blair（1998）で言及されているもので，Inbau ら（2001）の BAI の章や Horvath, Jayne と Buckley（1994）では言及されていない。

たような回避的な反応をしたり，経緯（質問2）に対して「そこは私の職場なのに，なぜ自分がそんなことをするのか」といったように直接的に犯行を否認しなかったり，犯人に関する知識（質問3）を否定しやすかったり，ほかの被疑者の名前（質問4）を挙げにくかったり（被疑者が無実だと知っている人の名前を挙げると不必要な嘘をつくことになるから），無実の人の名前（質問5）を挙げやすかったりする（ほかの被疑者たちの中に自分自身を紛れ込ませておきたいから）と考えられる。

また，犯人は，「お金はなくなっただけではないか」といったように犯罪自体が起こっていなかったことを主張したり（質問6），自分が犯罪に関与する機会があったことを認めない傾向にある（質問7）。さらには，

無実の被疑者は容疑が晴れることを信じているが，犯人は取調べを受けていることに対して否定的な感情を口にする（質問8）。また，犯人は犯罪について話して不安を和らげたいという内的欲求を持つと同時に，その発言がもたらす結果からは逃げたいために，似たような犯罪について考えたことがあると認める傾向がある（質問9）。

ほかにも犯人は，自身の動機が明らかになることを避けたいために，筋の通った動機を答えることが少なく（質問10），罪を犯した人に対する深刻な罰を主張しにくい（質問11）一方で，猶予を主張しやすい（質問12）。また，罪を犯さない理由については（質問13），無実の被疑者が「なぜなら自分は盗人ではないから」と一人称で答えるのに対して，有罪の被疑者は「それは法に背くから」といったように三人称で答える傾向がある。さらに，無罪であることについて確信を示さず（質問14，16），取調べを受けることを愛する人に伝えていない傾向にある（質問15）原注2。

著者は，BAIの手続きの背景にある原理について疑問を抱いている。なぜなら，真実を話す人と嘘をつく人との間に異なる非言語的反応を生じさせると考えられている前提，つまり，嘘をつく人の方が取調べ中に不快を感じているという考え自体，科学者たちに受け入れられていないからである。たとえば第3章で示したように，信じてもらえないこと自体が深刻な結果につながる状況では，嘘をつく人と同様に，真実を話す人であってもそのことを心配するだろう（DePaulo, Lindsay, Malone, Muhlenbruck, Charlton, & Cooper, 2003）。

Inbauらの前提に異議を唱えることになるのだが，欺瞞における非言語的手がかりについて検討した研究の結果は，この指摘に合致している。詳細は第3章で触れているが，嘘をつく人が視線を回避したり，姿勢を変えたり，足を組んだり，身づくろいのしぐさをしやすいわけではないことが示されている。事実，アイ・コンタクトは欺瞞と無関係であるし，Inbau

---

原注2　BAIを用いる調査者たちは，質問に対する被疑者の反応のすべてがここで示されたものと一致するわけではないことを認めている。そのため，調査者はBAIの各項目に対して個別に評価するのではなく，全体的な反応を評価するべきであるといえる。

ら（2001）の仮定と正反対に，嘘をつく人は動きが増加するのではなく，むしろ減少する傾向にある。このことは，取調べ場面を対象として被疑者の非言語的反応を検討した研究でもみられている（Mann, Vrij, & Bull, 2002）。人は頭を使って考える必要のある課題を行う際には，全体的に活発さが減るものである（第3章）。嘘をつく人は真実を話す人よりも頭を使って思考しなければならないため，その結果として全体的な活動量が減少するものと考えられる。代わりに，嘘をつく人は自身の信憑性が低いことを当然と考えているために，取調べ中の自身の動きについて神経を研ぎ澄ます。自分を信じてもらいたいと考える点では真実を話す人も同じであるが，彼らはそもそも特別な努力や注意が必要になるとは考えない。結果的に，嘘をつく人は，真実を話す人に比べて緊張している，疑わしいとみなされる表出的な動作を抑えようとするのである（第3章）。

　嘘をつく人の方が信頼を得ようと印象操作するという説明は，嘘をつく人の方が非協力的なふるまいをするという見解に対しても疑問を投げかける。この見解は，BAIの質問に対して真実を話す人と嘘をつく人が異なる言語的反応をすることを予測するための前提の一つであった。真実を話す人も嘘をつく人も，おそらくは協力的にふるまうことがよい印象につながると考えているだろう。ただし，嘘をつく人の方が自身の信憑性を低く見積もっているために，よりよい印象を得るためにふるまうのであろう。

第3節　BAIの関連研究

　Inbauら（2001, p. 173）はBAIについての章の冒頭で，「これらの特別な質問に対して無実の被疑者は犯人とは異なる反応をする傾向にあることが研究によって示されてきた」と記している。彼らはこの記述について詳細に説明していないが，その前の章ではBAIの手続きを実証的に検討したHorvathら（1994）のフィールド研究を引用している。Horvathら（1994）では窃盗の被疑者に対してBAIが行われており，計5人の面

接者によって行われた60事例の映像が検討されている。それらの映像は，BAIの訓練を受け，実施した経験もある4人の評定者によって評定された。その結果，4人の評定者たちは78％の正答率で真実を話す人を，66％の正答率で嘘をつく人を弁別することができた。しかし，ほかの何人かの被疑者については「決定的ではない」（つまり，本当か嘘か判断できない）と評価された。これらの判断を考慮しない場合，4人の評定者たちの正答率は，真実で91％，嘘で80％となり，全体では86％に達した。

この正答率の高さには感心するが，この研究には2つの重要な限界がある。1つ目は，BAIを行った面接者が5人だけで，評定者も4人だけである点である。BAIを行う面接者のスキルについて議論しようにも，このサンプルは少なすぎる。評定者は4人ともよく訓練され，経験も積んでいた。しかしHorvath（1994, p. 804）も認めているように，スキルの低い，あるいはスキルの異なる評定者で高い正答率が得られるかはわからない。また，5人の面接者もBAIの経験をよく積んでいた（8年から14年の経験を持っていた）が，経験の少ない面接者によって行われたBAIについて，4人の評定者が高い正答率が得られるかもわからない（Horvath et al., 1994）。2つ目は，この研究では真実さの根拠が明確ではない点である。つまり，無実の被疑者が本当に無罪であり，犯人が本当に有罪だったかどうかが実証されていない。この点については，この研究だけの問題ではない。第3章ですでに述べたように，多くのフィールド研究では真実さの根拠が乏しいことが悩みになる。真実さの根拠についてHorvathら（1994）は，（i）自白，あるいはそれらが得られないこと，（ii）「略歴」，「機会」，「動機づけ」などの要因についての評定者の「体系的な事実分析」を基準として用いている。これらの基準はいずれも，真実さの根拠とするのには問題がある。自白についての問題は，第8章と第11章で詳しく述べる。体系的な事実分析には，おそらくより問題がある。略歴や機会，動機というのは被疑者が実際に無罪か有罪かについて何ら証拠を提供しないからである。

Horvathら（1994）は彼ら自身，真実さの根拠を実証するための基準

として自白や体系的な事実分析を用いることに問題を認めている。彼らは「フィールド研究の場合，何をもって真実さの根拠を定めるのかがきわめて難しい」と記述している（p. 805）。さらに，彼らが分析した事例のうち，「議論の余地がない証拠」をもって真実さの根拠を定めることができていたのは，60事例中わずか2事例だけであったことを報告している。「もしこれら2事例のような事例が数多く得られれば真実さの根拠についての基準を定めることができ，得られた知見の解釈についても問題が生じなくなるだろう」と結論づけている（p. 805）。

　Frank Horvathとそのチームが直面した問題については共感する。真実さの根拠を実証することは困難であるし，とても時間がかかる。著者たちが行ったフィールド研究では，取調べ中に被疑者が表出した欺瞞の行動的手がかりを検討したが，そこでは真実さの根拠を実証するために1年以上を費やした。それでも，16事例しか得られなかった（Mann et al., 2002）。この研究では，真実さの根拠を実証するために，まず調査に関わった刑事に面接したうえで，その犯罪に関連する大規模な資料を精査した。多くの事例で真実さの根拠を確立することができなかったため，サンプルは小さかった。

　しかし，真実さの根拠を実証することは，欺瞞におけるフィールド研究にとって決定的に重要である。真実さの根拠が実証されたときにのみ，研究者は真実（嘘）を話していた人が実際に真実（嘘）を話していたと結論づけることができる。検査対象者が本当に無実かどうかを明確にすることは，その研究から何らかの結論を得るため，あるいはその知見を信頼できるようになるためには不可欠である。試みに，ある例を考えてみる。もし男女差に関する結果を報告した研究において，参加者の性別が報告されていなかったとする。この場合，読者はどのくらいその男女差を信用するだろうか。著者なら，そのような知見は信頼しない。

　幸い，ほかのいくつかの研究では，真実さの根拠が実証された状態でBAIの原理が検討されている。これらの中には，Inbauらがまとめた不快の兆候（足を組む，視線を外す等）に注意を払うと，欺瞞検出の正確性

が向上するかを検討したものや，真実を話す人と嘘をつく人との協力性の違いを検討したものが含まれる。すべてではないが，そのいくつかは実験室実験にもとづいている。その実験では，大学生が実験のために真実や嘘を話した。

　ある実験室実験では，Inbauら（2001）が欺瞞の手がかりであるとした不快さを観察するように訓練した観察者と，訓練をしていない観察者を比較している（Kassin & Fong, 1999）。観察者（大学生）は模擬犯罪の被疑者（大学生）についての取調べを見たうえで，各被疑者の真偽性を判断するように求められた。訓練を受けた観察者（正答率46％）は，訓練を受けていない観察者（正答率56％）に比べて嘘検知が不正確であった。

　この結果，つまりInbauら（2001）の示す不快さの手がかりに注意を払うことで嘘検知が不正確になるという結果は，著者らのフィールド研究でも支持されている。その研究では，殺人や強姦，放火の罪に問われている被疑者が実際に取調べを受けている映像について，警察官が供述の真偽を判断した（Mann, Vrij, & Bull, 2004）。すでに第6章でも述べたように，警察官がInbauらの手がかり（視線回避，姿勢の変化，身体操作など）に着目するほど，欺瞞検知課題の正確さが低下するという負の関連がみられている。つまり，警察官が欺瞞の手がかりにおけるInbauらの見解を採用すればするほど，真実と嘘を識別できなくなるのである。

　別の実験室実験では，真実を話す人はある出来事に実際に参加し，嘘をつく人はその出来事に参加はしていないが詳しい情報を与えられ，参加していたふりをするように求められた（Vrij, 2005a）。そして，その出来事について警察官に取調べを受け，詳しく思い出すように求められた。実験では，参加者が何が起きたかを供述すると面接者が供述の真偽性について疑問を投げかけるようになっており，何が起きたのかを再度供述するように求められた。その結果，真実を話す人の方が嘘をつく人よりもそうすることを断った。真実を話す人の方が協力的ではなかったのである。これは，Inbauらの仮定と相反する。

　さらに別の実験室実験では，BAIの手続きの一部である行動誘発質問

を検証した（Vrij, Mann, & Fisher, 2006a）。真実を話す人（大学生）は，別の参加者のふりをした実験協力者と一緒に，コネクト4で遊ぶという模擬的なイベントに参加した（コネクト4は有名な2人用ゲームであり，プレイヤーは穴の開いたマス目に自分の駒を置き，相手より先に，1列に4つ並べることを目指すゲームである）。ゲーム中，参加者は2回の中断にあった。1回目には，ほかの実験協力者が黒板を消しに部屋にやってきた。2回目には，また別の実験協力者が財布を探しにやってきた。そして，財布を見つけたところでその実験協力者は10ポンド紙幣がなくなっていると主張した。参加者は，なくなったお金について取調べを受けると告げられた。

　嘘をつく人は，模擬的なイベントに参加していなかった。代わりに，財布から10ポンドを取ったものの，取調べではそれを否認するように求められた。彼らは，真実を話す人がするのと同様にコネクト4のゲームをしていたと面接者に伝えるように教示を受け，その後にイベントの情報が書かれた用紙を手渡された。

　真実を話す人，嘘をつく人それぞれの動機づけを高めるため，取調べの始まる直前に，面接者にお金を取っていないと確信させた場合には15ポンドが手渡されることを説明した。もし面接者を確信させられなかった場合は，代わりに実際に起こったことを文章として書かなければならないことを伝えた。

　このシナリオは，BAI用に考案されたものであった。たとえば実験協力者1は，参加者が入室前からすでにその部屋にいた。これは，実験協力者1にはお金を取る機会があったことを意味する（BAIの質問項目4，7）。また，実験協力者1はわずかの時間，参加者を一人残して部屋を後にしている。これにより，参加者もまた，お金を取る機会があったことを意味している（質問4，7）。実験協力者2については，部屋に一人きりだった時間がなく，お金を取ることは不可能である（質問5）。

　すべての取調べは，同じ制服を着たイギリスの男性警察官によって行われた。面接者には各参加者の条件（真実を話すか，嘘をつくか）は知らさ

れていなかった。参加者はまず,コネクト4に取り組んでいたときに何が起こったかについて,できるだけ詳しく報告するように求められた。その後,表7.1の中から質問15を除いた,計15個のBAI項目について尋ねられた(「愛する人へ伝える」という質問15は実験室実験には不適当なため除外された)。すべての取調べは録音,録画され,文字に起こされた。BAIのコード化のうち,言語的な側面は書き起こし文にもとづいて,非言語的な側面はビデオにもとづいて行われた。

　各質問を個別に分析したところ,Inbauらの仮定はほとんどが支持されないことが明らかになった。Inbauらの予測が支持されたのは,鎌をかける質問(質問16)だけであった。真実を話す人は,嘘をつく人に比べて自身の潔白を表明する際により自信に満ちていた。そのほかにも真実を話す人と嘘をつく人に違いがみられたものの,それらはInbauらの仮定とは矛盾していた。真実を話す人は,取調べの目的を回答するときにより回避的であり(質問1),お金を取っていないと確信できる人の名前を挙げにくかった(質問5)。また,嘘をつく人よりも足を組み,姿勢を変えることが多かった。Inbauら(p. 127)を参考にBAI得点を計算し,すべての質問に対して合計したところ,真実を話す人と嘘をつく人との間に違いがみられた。しかし,その結果はInbauらの予測とは真逆であり,真実を話す人の方が協力的ではなく,より不快の兆候をみせていた。さらなる調査として,68人のイギリスの警察官にこれらのBAI映像の中から一部を選択したものを提示し,被疑者が真実を話しているか嘘をついているかを判断するよう求めた(Vrij, Mann, Kristen, & Fisher, 2007)。その結果,全体的な正答率は51%だった。この確率は,コインを投げたときの確率(50%)とほぼ一緒である[原注3]。

原注3　本研究の対象となったイギリスの警察官たちは,BAIの訓練を受けていなかった。しかし,このことが正確性に悪影響を与えたとは考えていない。真実を話す人と嘘をつく人の言語的,非言語的反応はBAIの予測とは異なっていた。もしBAIの訓練を受けた観察者がその知識を適用したとしても,真実を話す人と嘘をつく人を識別するような手がかりを見つけ出すことはできなかったであろう。

第4節　BAI技法の評価

　BAI の背後にある理論的根拠は，真実を話す人と嘘をつく人が行動誘発質問に対して異なる反応をするというものである。これは，嘘をつく人は不快さを感じること，協力的ではないこと，容疑をかけられていることに対して適切な水準の関心を示さないこと，によって生じると考えられる。しかし，真実さの根拠が実証されている状態での実験室実験やフィールド研究は，BAI の背後にある理論的根拠を支持しなかった。それどころか，真実を話す人の方が不快さの兆候を示し，非協力的であるという正反対の結果が得られた。

　BAI を支持する人たちはおそらく，本章で提示した知見が実験室実験で得られたものであり，実際の現場について述べることは難しいと指摘するだろう。しかし，これらの実験室実験で得られた知見は，本章で報告しているフィールド研究（Mann et al., 2002, 2004）の知見と酷似していることを強調しておきたい。また，BAI を支持する人たちが本章の知見を受け入れないのだとしても，彼ら自身が BAI についての適切な科学的検証を行うべきであろう。BAI の手続きに利点が認められておらず，乏しい実践しか行われていないとみなされている（Blair & Kooi, 2004 も参照）のにも関わらず，多くの人が BAI の訓練プログラムを受けているという現状を見過ごすわけにはいかない。

　無実の被疑者にとっては，BAI の手続きがとられているという状況自体が不安にさせるものである。調査者は，被疑者たちに対して感じる印象にもとづいて，BAI 後の判断を決定するかもしれない。そのような印象が正しいという保証はどこにもないのにも関わらず，BAI の利用者たちは自信満々であるだろう。被疑者の有罪を強く確信している警察官は，説得的な面接技法を用いる。結果として，それが被疑者の抵抗を取り除くことになる。第6章で詳しく述べたように，いったん無実の被疑者が間違って有罪であると判断された場合には，真犯人よりも厳しい取調べにかけら

れる危険がある。これにより，虚偽の自白をしてしまうかもしれない。

　真実を話す人と嘘をつく人で異なる言語的，非言語的反応が生じるようにBAIの面接手続きを考案した労力は称賛する。今日では，特定の面接手続きが言語的，非言語的な欺瞞検出に対してどの程度資するものかという問いが忘れられている。こうしたアプローチの潜在的な可能性を信じるものの，その面接手続きが理に適った学説にもとづくかどうかが本質的に重要なのである。この問題については，第15章で再度議論する。そこでは，嘘検知に資すると考えられる面接手続きについて説明するつもりである。

> **Box 7.1　BAIに関する法的考慮**
>
> 　Moston（1992）は，BAIの質問項目は，国によっては法的に認められない可能性があると論じている。たとえば，鎌をかける質問（質問16）は，有罪を示す証拠がある可能性を暗に示しており，誘導尋問に該当する。また，目的に関する質問（質問1）は，被疑者が取調べを受ける理由を誰からも聞いていないときにのみ意味がある。しかしながら，イギリスやウェールズでは，なぜ取調べが行われるのかについて，事前に被疑者に伝えることが法律で定められている。

第8章
供述の妥当性評価

　本章では，**供述の妥当性評価**（Statement Validity Assessment: **SVA**）を取り上げる。SVA は，被害者や被告人の供述の真偽性を言語的に評価するために，おそらく近年最もよく用いられているツールである。アメリカの一部の法廷や（Ruby & Brigham, 1997），オーストリア，ドイツ，スウェーデン，スイス，そして，オランダなどの西ヨーロッパの国々の刑事法廷では，SVA を裁判の証拠として用いることが認められている（Köhnken, 2002, 2004）。SVA は，性犯罪の裁判において，子どもの証言の信憑性を判断することを目的に，スウェーデン（Trankell, 1963）とドイツ（Undeutsch, 1967; Arntzen, 1970）でその開発が始まった。この技法が，子どもへの性的虐待の有無を検証するために開発されてきたのは驚くに当たらない。性的虐待では，医学的，身体的な証拠が乏しい事例が多く，虐待の事実を判断することが難しいと言われている。また，被害者と被告人の供述が対立し，第三者による目撃情報がまったく存在しないような場合も多い。このような場合，被害者と被告人，それぞれの供述の信憑性が重要になる。特に，被害者が子どもの場合，子どもの証言は信用できないという大人たちの一般的な思い込みから，被害者の証言が不利な立場に置かれることがある（Ceci & Bruck,1995）[原注1]。

[原注1] 性的虐待についての子どもの証言が（部分的なものも含めて）どの程度不正確であるかは定かではない。アメリカでは，これを 6% から 60% の間だと推定している（Craig, 1995）。性的虐待において，その報告が無効であると判断された事例では，虚偽の証言を行うよう働きかける大人や同輩からの圧力，被告人についての誤った人物同定，そして，完全な作話が含まれていたと報告されている。

本章では，SVA の歴史的背景を概観し，SVA を構成する 4 つの段階について紹介する。その後，SVA に関する利用可能な実証研究を概説する。SVA の中核となるのは，**基準にもとづく内容分析**（Criteria-Based Content Analysis; **CBCA**）である（Berliner & Conte, 1993）。CBCA は，19 個の基準によって構成され，供述が真実であれば，その供述にはより多くの基準があてはまる（含まれる）と考えられる。

　SVA に関する研究の多くが，この CBCA の段階の部分に焦点を当ててきた。本章では，CBCA を活用することによって，専門家がどの程度正確に真実や嘘を検出できるか，そして，2 名の評定者が同じ供述を評価する場合に，同じような CBCA 得点の結果が得られるか（いわゆる評定者間一致）について議論する。研究の結果から，CBCA を用いた場合には，真実と嘘の検出率は偶然に得られる確率（50％）を上回ることが示されている。その一方で，誤りが生じることもわかっている。

　本章の後半では，CBCA とはまた別の SVA の段階の一つである，**妥当性チェックリスト**について議論する。妥当性チェックリストとは，CBCA 得点に影響を与える可能性がある欺瞞以外の 11 項目の問題に関するチェックリストである。妥当性チェックリストに関する先行研究では，面接スタイル，面接対象者の年齢，そして，面接対象者が CBCA について指導を受けた（その仕組みを知っている）場合の効果などを主に取り上げている。これらの 3 つの要因が，CBCA 得点に影響を与えることを示す。

　このように，本章では妥当性チェックリストを活用する際のいくつかの問題点について説明する。ここでは，CBCA による評価に影響しうる要因を特定・測定することの難しさや，これらの要因が CBCA 得点に与える影響力を正確に判断することの困難さについて取り上げる。さらには，妥当性チェックリストに含まれる要因が CBCA を用いた評価に影響を与える根拠や，チェックリストに含まれる項目以外の要因の影響についても述べる。最後に，犯罪捜査に SVA を活用することに関して，先行研究で得られた知見の意義について述べる。SVA は犯罪捜査において有益である一方で，専門家による科学的証拠として認めるには正確性の面でいまだ

不十分な点があると言える。

第1節　SVAの歴史

　供述分析は，現在の SVA の手続きほど体系的ではなかったが，1950 年代からドイツの専門家によって，刑事裁判事件で用いられてきた（Steller & Boychuk, 1992）。1954 年に，西ドイツの最高裁判所は，数名の専門家を召集し，公聴会を開いた。その目的は，特に性犯罪の裁判で子どもの証言の信憑性を評価することにおいて，心理学者がどの程度貢献することができるのかを見極めるためであった。

　公聴会では，法心理学者の Udo Undeutsch が，彼自身が取調べた 14 歳のレイプ被害者の事例について報告した。その報告を聞いた，立法機関に所属する5人の裁判官は「（Undeutsch の）報告に感銘を受け，子どもや少年の目撃者による証言の真実性を評価することにおいては，法廷の形式的な雰囲気の中で事実認定を追求する人々が行うよりも，心理学の専門家が法廷の外で検証を行う方が，別の観点によるよりよい資料が得られることを確信した」（Undeutsch, 1989, p.104）。

　その結果，1955 年には，ドイツの最高裁判所により，係争中の性的虐待事例のほとんどにおいて，心理学的面接と証言の信憑性についての評価を命じる裁定がなされた。これにより，多くの事例で，心理学者が専門家証人として法廷に呼ばれるようになった。Arntzen（1982）によれば，1982 年までには 40,000 件を超える事例で専門家証言が行われたと推定される。

　これらの動きを受け，西ドイツやスウェーデンでは，性的虐待の被害者による証言の信憑性を評価するための，さまざまな内容分析の基準が開発された。はじめて編集された包括的な基準リストは，Undeutsch（1967, 1982）によるものであった。類似したリストがほかの研究者によっても公刊された（Arntzen, 1970, 1983; Littmann & Szewczyk, 1983;

Trankell, 1972)。

　その後，Günter Köhnken と Max Steller は，ほかの研究者たちの協力を得て，利用可能な基準をより洗練されたものへと改良し，SVA と呼ばれる公式の評価手続きに組み入れた（Köhnken & Steller, 1988; Raskin & Esplin, 1991b; Raskin & Steller, 1989; Raskin & Yuille, 1989; Steller, 1989; Steller & Boychuk, 1992; Steller & Köhnken, 1989; Yuille, 1988b)。Köhnken と Steller によって開発された手法が，今日用いられている SVA の手法である。

　つまり，実際に公的な評価手続きができあがったのは 80 年代後半であり，これは，ドイツの最高裁判所が 1955 年に裁定を行ってから 30 年後のことである。さらに，供述分析を検証した研究が初めてドイツで公刊されたのも，ドイツの法廷で実際に供述分析が用いられるようになってから 30 年後のことであった（Steller, 1989)。当然のことながら，犯罪法廷において証拠として採用される手続きの**妥当性**[原注2]を検証する研究は必要であり（Doris, 1994)，これらの研究は，80 年代後半に SVA の手続きが公刊された後に行われた。本章では，今日英語で公刊されている，SVA に関するすべての研究について総説する[原注3]。

　ドイツの刑事裁判では SVA は確立された手続きである。検事や弁護団は，SVA の**信頼性**[原注4]や妥当性を争点とすることはほとんどない（Köhnken, 1997, 私信)。検察官や弁護人は，たとえば，専門家証人による証言の弱点を追及する，法廷で専門家証人に対する反対尋問を行う，そして，別の専門家を雇って専門家証人の専門知識の質について助言をもら

原注2　心理学では，妥当性とはその検査の正確性を指す。つまりここでは，SVA が真実と嘘を識別できるのかということである。
原注3　SVA の手続きに関するそのほかの概説や議論については，Horowitz (1991); Köhnken (1996, 2002, 2004); Lamb et al. (1997a,b); Lucas & McKenzie (1998); Memon, Vrij, & Bull (2003); Peztek & Taylor (2000); Porter & Yuille (1995); Ruby & Brigham (1997); Tully (1999); Vrij (2005b); Zhou, Burgoon, Nunamaker, & Twitchell (2004a) などを参照してほしい。
原注4　信頼性とは，SVA の手続きを用いた際の専門家間での一貫性のことである。つまり，2 人の専門家が SVA により同じ事例を個別に評価した場合に，その結果が同じになるかということである。

うなどの方法で，SVAの結果に対して異議を唱えることやSVAの証拠を覆すことを許されている（Köhnken, 1997, 私信）。

　SVAを適用しているほかの国々についての詳しい状況は不明ではあるが，おそらく，ドイツほどその技法が確立されている国はないだろう。RubyとBrigham（1997, 1998）は，アメリカのいくつかの法廷でSVAが証拠として用いられたことを紹介しているが，その数はドイツに比べるとかなり少ない。アメリカでは，SVAは法廷での証拠としてではなく，警察による取調べを方向づける際や訴追裁量の行使の際に活躍することの有効性に価値が置かれているように思われる（Raskin & Esplin, 1991b）。しかし，Honts（1994）は，SVAは，その妥当性が確定的に証明された技法であるため，アメリカでも広い範囲で活用されるべきであると述べている。ほかの研究者たちも，SVAをアメリカの犯罪法廷で証拠として活用することを推奨している（Raskin & Esplin, 1991a, b; Zaparniuk, Yuille, & Taylor, 1995）。

　一方で，SVAの手続きに懐疑的な研究者もいる（Brigham, 1999; Davies, 2001; Lamb, Sternberg, Esplin, Hershkowitz, Orbach, & Hovav, 1997b; Pezdek & Taylor, 2000; Rassin, 1999; Ruby & Brigham, 1997; Wells & Loftus, 1991）。SVAに対する意見は二分されており，国によりその手続きが確立されている度合いが異なる。

第2節　供述の妥当性評価の4つの段階

　SVAは4つの段階から構成される。（1）事例の見通しを得るための調書分析，（2）面接対象者から供述を得るための半構造化面接，（3）供述の内容を体系的に計画するための基準にもとづく内容分析（CBCA），そして，（4）一連の項目に沿ってCBCAによる結果を評価するための妥当性チェックリストである。

第1段階——調書分析

　SVAの手続きは**調書分析**から始まる（Köhnken, 2004）。調書には，目撃者である子どもに関する情報（たとえば，年齢，認知能力，被告人との関係性），問題となっている出来事の特徴（たとえば，一度きりの出来事だったのか，複数回に及ぶ出来事であったのか），子どもやほかの関係者の以前の供述，そして，出来事が起こった時点から報告がなされるまでの時間経過や事件に関係する人々の関係性などの情報（たとえば，離婚調停などの事例で，両親が子どもの養育権を争っているか）が含まれなければならない。

　評定者は，調書分析によって問題となっている出来事の概要について仮説を組み立てる際に情報を得ることができ，この調書分析で得られた情報や仮説が後のSVAの段階に影響することもある。たとえば，被告人が被害児とある特定の場所で会っていたことを認めているような事例では，2つ目の面接の段階において，場所に関する情報に多く焦点を当てて聞く必要はなくなる。さらに，3つ目のCBCAの分析に関する段階では，子どもの場所に関する供述の部分については，この事例で嘘を検知するうえでは役立たなくなるため，評定範囲から除外することもある。

　さらに，保護者が子どもの養育権をめぐり争っているような事例では，一方の親が，もう一方の親から性的虐待を受けたと虚偽の告発を行うように，子どもに働きかけている場合もある。このような情報は，4つ目の妥当性チェックリストの段階で評定者が検証すべき事項となる。調書分析を通して，申し立ての中で，争点になっている問題についての見通しを立てることが可能となり，分析を行う際には，調書分析で得られた情報に十分に注意を向ける必要がある。さらに，その事例において，評定者が注意すべき疑わしい状況などに関する見通しを立てることが可能である。

第2段階——半構造化面接

　SVA の2つ目の段階は，申し立てられている事柄について子ども自身が報告を行う**半構造化面接**である。適切な面接を行うことは簡単なことではない。特に，過去の出来事についての子どもの報告は著しく不完全なことが多いため，面接対象者が子どもの場合は，さらに困難である（Cordon, Pipe, Sayfan, Melinder, & Goodman, 2004; Goodman & Melinder, 2007; Lamb, Sternberg, & Esplin, 2000; Memon, Vrij, & Bull, 2003; Milen & Bull, 1999; Saywitz, 2002）。

　子どもの報告が不完全である理由は複数あるが，出来事を詳細に報告するために必要な認知能力や言語能力の未熟さなどが挙げられる（Davis, 1991, 1994a; Fivush, 2002; Fivush, Haden, & Adam, 1995）。さらに，年齢の低い子どもは，年齢の高い子どもや大人に比べて記憶の検索方略が簡素で，思い出す際に，成功しにくい記憶方略を用いることから，自分自身の力で記憶の中から必要な情報を引き出すことが難しい（Saywitz, 2002）。

　社会的な要因も，不完全な報告を引き起こす要因となる。しかし，これは，子どもだけに限ったことではない。たとえば，対人的な不安を抱える人々は，初対面の相手がいると居心地の悪さを感じ，あまり多くの情報を自発的に報告しない場合がある（Vrij, Akehurst, Soukara, & Bull, 2002）。その情報量は，取り上げる話題の内容によっても異なる。中には，目撃，体験した事件の内容について自由に話すことに戸惑いを感じる人もいる（Saywitz, 2002）。

　これらの理由から，面接者は通常，最初に得られた情報だけでは不十分であると感じているような場合が多い（Kebbel & Milne, 1998）。そのため，申し立ての内容について詳しく知るためには，さらに具体的な質問をせざるを得ない場合がある。その場合，一般的には，申し立ての内容についての面接者自身の理解に沿った質問を行うという方略がとられやすい。

しかし，そのような質問方法では，実際には体験していない事柄についても，面接対象者が体験したかのように容易に同意してしまうという問題を引き起こす可能性がある。以下は，大人とあまり話さない子どもとの間で繰り広げられる，よくある会話の例である。

　　大人：今日は学校で何したの？
　　子ども：（答えない）
　　大人：今日は学校で水泳したの？
　　子ども：（うなずく）
　　大人：それはよかったね！　水泳は楽しかった？
　　子ども：（うなずく）
　　大人：そう。アームバンド（訳注：腕につける浮輪）をつけずに泳いだの？
　　子ども：（うなずく）
　　しかし，実際には，子どもは，その日水泳をしていなかった。

　多くの場合，この例のような大人の誘導に子どもが迎合する形式の会話が，何らかの害を引き起こすことはない。しかし，これが犯罪についての取調べの状況下で起こった場合には大変危険である。適切な面接とは，面接者からの影響を受けずに，子ども自身が体験した出来事について自分の言葉で話をすることである。
　子ども（大人も）に対してどのようにして適切な面接を行うのかという問題は，これまで多くの心理学者の興味を引いてきた。不適切な手がかりや誘導を用いず，自由報告の形式で，面接対象者からできるだけ多くの情報を引き出すことを目的とした，心理学的原理にもとづく特殊な面接技法が開発されてきた[原注5]。
　取調べでの面接について検討した多くの先行研究では，情報収集を目的とする場には，**オープン質問**（たとえば，「何が起こったのか話してください」）が，最も効果的な質問形式であることが示されてきた。オープン

質問は，面接対象者に制限を与えず，面接者の影響を受けていない回答を引き出すことができる。そして，面接対象者自身が情報の流れを統制しながら話を進めることが可能である。この質問形式によって得られる面接対象者の回答は，ほかの質問形式に比べて長く，情報量が豊富であると言われている。

　WH質問（5W1Hによる質問；何，どこ，いつ，なぜ，誰）の多くも，オープン質問に分類される。これらの質問は，面接の最初の段階で用いなければならない。「それで」，「それから」など，**語りを促す相づち**は，目撃者に話し続けるよう後押しする。

　特定質問は，面接の後半で用いられるべき質問形式である。この質問は，面接対象者がすでに述べた内容について，さらに詳細に聴き取るために用いる。たとえば，面接対象者が男性については述べたが，その男性の容姿については詳しく報告しなかった場合に，「その男性はどのような格好をしていましたか」と質問するなどが特定質問にあたる。

　誘導質問（たとえば，「その男性は黒人でしたか？」）は，面接対象者が本人の記憶にもとづいて報告を行うのではなく，質問の中に埋め込まれた情報を単に繰り返して回答してしまう可能性があるという点で問題である。**選択式質問**（選択肢を与える質問，たとえば，「その男性は白人でしたか，黒人でしたか？」）の方が，誘導性は低いという点でより適切であると言える。しかし，面接者によっては，適切な選択肢を提示しない可能性があることは否定できない。この場合は，オープン質問を用いた（たとえば，「男性の肌の色は何色でしたか？」）方が，より誘導性は低いので，望ましい。また，誘導質問（たとえば，「彼はあなたを触りましたか？」）を行う場合は，その後に，取り上げられている話題について，より詳細な情報を多く得ることを目的としたオープン質問（たとえば，「そのとき起こったこと

原注5　Bull, 1992, 1995; Davies, 2004; Davies, Westcott, & Horan, 2000; Goodman & Melinder, 2007; Hershkowitz, 1999; 200b, 2002; Lamb, Orbach, Sternberg, Esplin, Hershkowitz, & Esplin, 1999; Memon & Bull, 1999; Memon, Vrij, & Bull, 2003; Milne & Bull, 1999, 2006; Raskin & Esplin, 1991b; Sternberg, Lamb, Esplin, Orbach, & Hershkowitz, 2002; Westcott & Brace, 2002; Westcott & Kynan, 2004, 2006.

についてすべて話してください」）を行う必要がある。

　実際には，これらの適切な質問を活用するという原則に従って司法面接を実施している実務家は少ない。たとえば，Helen Westcott と Nicola Brace の 2002 年の研究では，イギリス・ウェールズの警察官とソーシャルワーカーによって行われた 119 件の子どもへの面接を分析している。

　その分析結果からは，オープン質問はほとんど用いられず（6%），特定質問が最も頻繁に用いられていたことが示された（47%）。選択式質問（29%）は，相づち（13%）よりも頻繁に用いられ，中には誘導質問（5%）もみられた（Sternberg, Lamb, Davies, & Westcott, 2001; Westcott & Brace, 2002）。イスラエル，スウェーデン，そして，アメリカで行われた研究でも，類似した結果が得られている（Gilstrap, 2004; Westcott & Brace, 2002）。そのほかの先行研究でも，面接者自身が面接訓練で獲得したスキルや知識を実際に活用したり，維持することに難しさを感じていることが示された（Westcott & Kynan, 2006; Westcott, Kynan, & Few, 2005）。

第 3 段階――基準にもとづく内容分析

　第 2 段階で行われた面接での被害者の報告は録音され，書き起こされる。SVA の 3 つ目の段階では，この書き起こし文を用いて基準にもとづく内容分析（CBCA）が行われる。面接対象者の供述の真偽性を評価する際に，実際の録画や録音ではなく，書き起こし文を分析に用いることは，面接対象者の非言語的行動を考慮する機会を奪う可能性がある。これを，不利であると考える研究者もいる（Landry & Brigham, 1992）。しかし，SVA の専門家の多くは，これらの非言語情報がかえって CBCA の評価の妨げになると考えている。

　これまでの章でも取り上げてきたように，多くの人が，欺瞞の検知において，非言語情報に関する誤ったステレオタイプを持っている。そのため，他者の行動にもとづいた嘘の検知は，結果的に誤った判断を導く可能性が

ある。しかし，また別の目的では，録画は大変有効な情報となる。たとえば，面接者の面接技法の乏しさや，面接者によるそのほかのバイアス効果を特定するには，書き起こし文よりビデオ録画を用いた方がより簡単に行える（Honts, 1994; Lamb, Sternberg, & Esplin, 1994; Yuille, 1988b）。そのため，面接を録音・録画することは大変有効ではあるが，CBCAによる評価は，書き起こし文にもとづいてのみ行われるべきである。

CBCAを用いた評価では，訓練を受けた評定者が，CBCAリストの19項目の基準について，評価する供述の中にそれぞれの基準があてはまるかを，多くの場合3件法によって評価する。基準にあてはまらない場合は0点，あてはまる場合は1点，強くあてはまる場合は2点の3件法で19の基準を評定する。一方で，Köhnken（2004）は，0点（あてはまらない）から4点（強くあてはまる）までの5件法を用いて評定を行った方が，供述が真実であるか，作り上げられたものであるかの小さな違いを特定する上でより感度がよいと考えている。

著者らの研究では，19項目の基準にあてはまる情報がそれぞれ供述の中に含まれる頻度を数えて分析を行う。この方法の利点は，どの発話が，どの基準として評価されたかがわかりやすく，2人以上の評定者が同時に評定を行う場合に，評定者間でどの部分の判断が一致し，どの部分が一致しないかを特定することが可能になる。表8.1にCBCAの19項目の基準を示した。

CBCAは，Undeutschによって提唱された，実際に体験した出来事についての記憶にもとづく供述は，空想や造り上げられた虚偽の供述とは質的，内容的に異なるという仮説にもとづいている。これは，**ウンドイッチュ仮説**と呼ばれる（Steller, 1989）。CBCAの専門家によると，この19項目の基準は，供述が嘘である場合に比べて，真実である場合にみられやすい（あてはまる）と考えられている。本章でウンドイッチュ仮説について述べる場合には，ここで示したより詳細な仮説を念頭に置いている。CBCAの基準は，すべてが供述の真実性を示す方向の指標である。言いかえれば，CBCAは嘘の兆候を探すことを目的としているのではなく，「こ

表 8.1 供述分析における内容基準

全体的特徴
  1. 論理的構造
  2. 構造化されていない供述
  3. 詳細情報の量

特定の内容
  4. 文脈への位置づけ
  5. 相互作用についての詳細情報
  6. 会話の再現
  7. 出来事の中の予期されない事態についての情報
  8. 非日常的な事柄についての詳細
  9. 不必要な事柄に関する詳細
  10. 誤解された情報の正確な報告
  11. 外的な関連情報
  12. 主観的な体験についての報告
  13. 犯人の心的状態についての推測

動機に関連する内容
  14. 自発的な訂正
  15. 記憶または知識の欠如を認めること
  16. 自分自身の記憶について疑問を提起すること
  17. 自己非難
  18. 犯人に対するゆるし

犯罪に関わる特定の要素
  19. 犯罪の特徴に関する詳細

出典：Steller & Köhnken（1989）を改変

とばを用いた虚偽検出器」ではない。そのため，基準を満たさないからといって，その発話が虚偽であるとは言えない（Yuille, 1988b）。

　CBCAの19項目の基準は，4つの下位項目にまとめられる。最初の3つの基準は全体的特徴のカテゴリとしてまとめられる。このカテゴリは，供述全体を評価するための基準である。Köhnken(1996, 1999, 2004)は，基準1～3について，供述が嘘の場合と真実の場合の間で，なぜこの基準で違いが生じるのかを説明している。彼は，認知的な観点からの説明を行い，この1～3の基準を含む内容について作話することは大変難しいため，これらの基準が含まれる場合には，その供述が本物の体験である可能性を示すと述べている。

基準1：論理的構造　供述が整合性を持ち，論理的に一貫しており，矛盾がない場合に，供述は論理的構造の基準を満たすと判断される。論理的な一貫性とは，妥当性と同じものではない。論理的に一貫している供述が，妥当性が低い場合もある。

基準2：構造化されていない供述　時系列に沿っていない供述は，構造化されていない供述であると判断される。構造化されていない供述は，話者の気が動転している場合などにみられる。たとえば，感情的な状態にある大人のレイプ被害者は，構造化されていない供述を行う傾向がある (Winkel, Vrij, Koppelaar, & Van der Steen, 1991)。供述を行う際に，中心となる出来事についてまず話し始め（たとえば，「彼は私の体中を触っていた」），その後，出来事の最初の部分に戻り，（たとえば，「初めて彼に会ったときは安全な人に見えた」），その次に，出来事の後半に起こった事柄を説明し（たとえば，「彼は逃げるときに冷ややかな笑みを浮かべていた」），また最後に初めの段階に話が戻る（たとえば，「もう少し警戒していたらよかった」）といったような話し方をする場合がある。すでに何度かその内容について誰かと話をしている場合や，自分自身で頻繁にその出来事について思い出したり，考えたりしている場合には，時系列的に説明しやすくなるため，この基準は役に立たなくなる。

基準3：詳細情報の量　供述が豊かで詳細な場合や，供述の中に場所，時間，人物，事物，そして，出来事に関する特定の描写が含まれるような場合に，この基準があてはまると判断される。たとえば，以下のような供述は詳細情報の量が多いと判断される。「アルバート通りの信号機の近くにあるATMを使いました。周囲はだんだん暗くなってきていて，霧雨の降る寒い日でした。ATMの周りには，少なくとも8人か9人ぐらい人が立っていました。私がお金を取って歩き出したとたん，男が現れてナイフで脅し，私の胸を触りました。私はあまりの恐怖に何もできず，周囲の人たちは誰もこのことに気づいていない様子でした」

　2つ目のカテゴリは，特定の内容と呼ばれるものである。このカテゴリには，4～13までの基準が含まれる。これらの基準は，供述の中の特定

の文に注目し，供述の具体性と鮮明さを検証するための指標である。この基準は，全体的特徴カテゴリの中の詳細情報の量（基準3）を細かく検討したものである。基準1～3と同様に，4～13までの基準に関する情報を作話することも大変難しいため，これらの基準があてはまる場合は，供述内容が実際の体験にもとづいたものである可能性を示すと考えられる。

基準4：文脈への位置づけ　出来事が時間や場所と関連づけられて説明され，行動が日々の活動や慣習と結びついている場合にこの基準があてはまると判断される。たとえば，その犯罪がお昼休みの公園で男性が犬の散歩をしている際に起こったという被害者の供述である。

基準5：相互作用についての詳細情報　本来，出来事には一連の行動や反応が含まれる。被害者と被疑者との間に相互に関連するような情報がある場合にこの基準を満たすと判断される。たとえば，「こっちに来ないでと私は言ったけど，彼はどこへも行かずただ笑っていた。そして，私は泣きだしたの」といった供述は，この基準を満たすと判断される。

基準6：会話の再現　本来，出来事は会話を含むものであり，基準6はこの点に焦点を当てている。会話の再現では，発話や会話について，実際にその人物が述べた通りの言葉で，その内容が報告されているか，また，話者が誰であるかが認識可能な程度に会話の内容が思い出されているかを判断する。この基準では，ただ単に会話の内容を報告するのではなく，少なくとも1人以上の人物が実際に言った内容そのものが，言った通りの言葉で報告された場合にこの基準を満たすと判断される。たとえば，「彼は，『大丈夫かい。顔色が悪いよ』と私に言った」という供述は，この基準を満たすと判断される。「彼は私が大丈夫かどうか尋ねた」だと基準を満たしていないことになる。

基準7：出来事の中の予期されない事態についての情報　この基準は，供述に予期されないような事柄に関する内容が含まれているかを判断するためのものである。たとえば，被疑者の車の警報機が急に鳴り出した，被疑者が車のエンジンをかけるのに手間取っていたという目撃者の供述である。

基準8：非日常的な事柄についての詳細　この基準は，人物，物，出来

事などについての情報が独特で，予期されず，思いがけないものであるが，その文脈においては意味がある形で供述に含まれる場合にあてはまると判断される。たとえば，犯人の腕に入れ墨があった，犯人が口ごもったという目撃者の供述である。

基準9：不必要な事柄に関する詳細　申し立てられた内容に関係しているが，告発には必要のない情報が含まれているかについての基準である。たとえば，犯人は猫アレルギーだったので，寝室に入ってきた猫を追い払ったという目撃者の供述である。

基準10：誤解された情報の正確な報告　目撃者自身が理解できていない内容について，報告がみられるかに関する基準である。たとえば，子どもが大人の性的行為の意味を理解できず，その行為をくしゃみや痛みと関連づけて誤解して説明している場合などである[原注6]。

基準11：外的な関連情報　申し立てられた犯行に関する事柄ではないが，その犯行と関連する出来事についての報告がみられるかを検討するための基準である。たとえば，犯人がほかの女性との性交渉について話しているのを聞いたと目撃者が述べた場合である。

基準12：主観的な体験についての報告　目撃者が事件当時に経験した感情の進展や変化について言及しているかを検討するための基準である。たとえば，当時，出来事の最中にはとても怯えていたが，すべてが終わったら安堵したことについて話しているような場合である。この基準には，たとえば，出来事の最中に逃げ出す方法を考えていたなど，その当時に考えたことについて目撃者が述べた場合なども含まれる。

基準13：犯人の心的状態についての推測　事件の最中の犯人の感情，考え，もしくは，動機について目撃者が説明しているかに関する基準である。たとえば，「彼も緊張していて，手が震えていた」，もしくは，「私が叫ぶ

原注6　先行研究では，8歳以下の子どもは性的な行動についての知識をほとんど持ち合わせていないことが示されている（Gordon, Schroeder, & Abams, 1990; Volbert & Van der Zanden, 1996）。多くの専門家は，性的虐待の指標として「年齢不相応な」性的知識を重要視している（Conte, Sorenson, Fogarty, & Rosa, 1991）。一方で，JonesとMcQuiston（1989）は，そのような知識に年齢基準などはないとしている。

かもしれないということを彼は考えていた。なぜなら，私に触り始める前に，彼はすべての窓を閉めて，大音量で音楽をかけた」などである。

　3つ目のカテゴリは，動機に関連する内容と呼ばれ，14〜18の基準がこのカテゴリに属する。このカテゴリは，目撃者がどのように供述を行うかに関するものである。Köhnken (1996, 1999, 2004) によれば，14〜18の基準は，実際の体験にもとづいて供述を行う場合に，動機的な理由によりこれらの基準に該当する発言が頻繁に生じると言われている。正直に話す人は，嘘をつく人ほど印象操作することを気にしていない（第3章）。嘘をつく人は，真実を話す人に比べ，他者に信憑性が高いと印象づけることができると思うような報告を作り上げることに熱心で，正直な人物であるという印象を損なうと考えられるような情報を供述に含まないよう注意するだろう。結果的に，真実性の高い供述は，一般的に人々が真実性が高いと思うような供述のステレオタイプとは一致しない情報を含む場合がある。このことから，基準14〜18は，「真実性ステレオタイプに反する」基準と呼ばれることもある（Ruby & Brigham, 1998）。

　基準14：自発的な訂正　この基準では，面接者が手がかりを与えるのではなく，目撃者自身が以前に自分が行った供述の内容に情報をつけ足したり，訂正したりしているかを判断する。「それは2時頃だった。いや，待てよ。だいぶん周りが暗くなっていたから，もう少し遅い時間だったにちがいない」は訂正の例である。「私たちは彼の車に乗っていて，彼はスピードを出していた。そういえば，彼の車はボルボだった。彼はスピードを出していて，信号で止まれなくなってしまうほどだった」は情報の追加の例である。

　基準15：記憶または知識の欠如を認めること　この基準では，「わからない」，「覚えていない」，もしくは，「車の中にいたときのこと以外は全部忘れてしまった」などのように，目撃者が自分で出来事の一部について覚えていないことを認める内容が含まれるかを判断する。基準14と同様に，面接者からの手がかりなしに，目撃者が自発的にこれらの内容について述べた場合にのみこの基準にあてはまると判断される。そのため，直接的な

質問（「彼のシャツは何色でしたか？」）に対する「わからない」，「覚えていない」という発言はこの基準を満たさない。

　基準16：自分自身の記憶について疑問を提起すること　目撃者が自分自身の証言の一部について，奇妙である，もっともらしくない，もしくは，あり得そうにないなどと感じることを指摘している場合にこの基準を満たす。たとえば，「おかしく聞こえるかもしれないけど，彼はとても親切な男性だった。近所の人々もみんな彼が好きだった。だから，私の言うことを誰も信じてくれないと思っていた」である。

　基準17：自己非難　目撃者が，自分自身にも非があったかもしれないという内容について述べている場合がこの基準にあてはまる。たとえば，「彼を家に招いた私がバカだった」である。

　基準18：犯人に対するゆるし　自分自身の行為や過失が原因となった可能性があるなどのように，目撃者が，被疑者をかばうような証言を行う場合にこの基準を満たす。たとえば，ある女児は，被疑者が投獄されていることについてかわいそうであると感じていた。その理由は，被疑者が彼女を傷つける意図はなかったと考えていたからである。

　基準19：犯罪の特徴に関する詳細　4つ目のカテゴリは，犯罪に関わる特定の要素であり，最後の19個目の基準1つがこのカテゴリに含まれる。この基準では，専門家によってその種の犯罪において典型的であると判断されるような要素について，目撃者が話しているかを判断する。ただし，この要素は，一般的に考えられる内容とは反対の内容の場合がある。この基準は，真実の供述の中で多くみられる。なぜなら，この基準に合致する要素を作り上げることは非常に難しいと考えられるからである（Köhnken, 1996, 1999, 2004; Marshall & Alison, 2006）。

評定者間の信頼性

　2人の評定者が同じ供述に対して，CBCAにもとづいて独立に評価を行った場合，その2人の評定者は同じ結果を得ることができるだろうか？これは大変重要な問題である。なぜなら，本来，評定結果は，供述の内容のみで決まらなければならないが，2人の評定者の結果が異なるということは，評価結果が評定者の個人的な解釈の影響を受ける可能性があることを示すからである。

　この問題に答えるため，著者は可能な限り，CBCA研究を再検討した。ここでは，その結果の要約を示すが，これらの研究の完全な内容についてはほかの文献で説明されている（Vrij, 2005b）。多くの研究において，完全ではない部分もあるが，ほとんどの基準で評定者間で一致がみられた（しかし，基準2の構造化されていない供述と，基準14の自発的な訂正では例外がみられる）。さらに，評定者間の一致得点は，基準ごとの得点を算出する場合に比べ，合計得点を算出した場合により高くなることが示された。

　この結果は，供述の中のある発話に，CBCAの基準にあてはまる情報が含まれるという点では評定者間で考えが一致するのに対して，具体的にどの基準にあてはまるかという点では，意見が異なる場合があることを示している。評定者間での高い，しかし完全ではない一致得点に関する結果からは，CBCAの合計得点の信頼性の高さはうかがえるものの，個々の基準についての判断では，評定者間で評価が異なる可能性を示している。

　そのために実際の事件では，2人以上の評定者によってCBCAの評価を行うべきである。2人の評定者が独立に，同じ供述を評価することによってはじめて，CBCA得点がその供述の内容を反映しているか，少なくとも部分的には，個々のCBCA評定者の個人的な意見を反映しているのかを判断できる。しかし，現在，実際の事件などでは1人の評定者によって評価が行われる場合がほとんどである[原注7]。

第4段階——CBCAの結果に関する評価：
妥当性チェックリスト

　CBCAは，それ単独で供述の信憑性を判断するには不十分である。CBCA得点は，供述の真偽性以外のほかの要因の影響を受ける可能性がある。たとえば，面接の中で面接者が面接対象者を誘導し，面接対象者の話の欠けている部分を埋めてしまっている可能性がある。ほかにも，面接の前に，別の人物が面接対象者に対して面接で話すべき内容を指示している可能性もある。このような状況では，作られた虚偽の話であったとしても，具体的な内容が語られる可能性がある。また，その逆のことも起こりうる。真実の供述が内容的に乏しく，詳細情報に欠けるような場合もある。その理由として，面接対象者の年齢が非常に低い，言語能力が不十分である，気が動転していて十分に話ができない，そして，面接者が面接対象者に全体について語る機会を十分に与えていないなどが挙げられる。

　CBCA得点が，真偽性以外の問題の影響を受ける可能性があるということは，CBCAが標準化された検査ではないことを意味する。標準化された検査とは，心理学的に意味のある明確な基準を持ち，検査対象についての解釈を可能にするものである（Kline, 1993）。たとえば，知能検査は標準化された検査である。ある人物の知能が130であると示された場合，その人物は非常に知能が高いと解釈でき，70の人物に比べて知能が高いことになる。基準がまったくないような検査では，その検査によって得られた結果が示す内容を評価することは不可能である。そのため，検査の標準化は重要であると言える。

　CBCAを標準化された検査に近づけるために，妥当性チェックリストが開発された。このチェックリストは，供述の真偽性に影響を与える可

原注7　CBCAの評定者間一致に関するさらに詳しい情報は，Godert, Gamer, Rillと Vosse（2005），Horowitz（1998），Horowitz, Lamb, Esplin, Boychuk, Krispinと Reiter-Lavery（1997），Tully（1998）を参照してほしい。

能性があるという点で，検討が必要とされるいくつかの問題項目によって構成されたチェックリストである。SVA 評定者は，妥当性チェックリストに含まれる問題点を，一つ一つ体系的に検討し，CBCA の結果のさまざまな解釈の可能性を検証，判断する。各問題項目が棄却されるたびに，CBCA の得点が供述の真偽性を反映しているという仮説が強まることになる。反対に，各問題項目が妥当であると判断される場合には，その CBCA 得点が供述の真偽性を正確に反映していない可能性があることを評定者は考慮しなければならない。

　CBCA 得点に対する妥当性チェックリストによる評価が SVA の 4 つ目の，そして，最後の段階となる。妥当性チェックリストには，多少内容が異なる数種類のものがある（Raskin & Esplin, 1991b; Steller, 1989; Steller & Boychuk, 1992; Yuille, 1988b）。表 8.2 に示した妥当性チェックリストは，Steller とその同僚によって公刊されたものである（Steller, 1989; Steller & Boychuk, 1992）。本節では，妥当性チェックリストを説明するに留める。この妥当性チェックリストには懸念事項があり，その内容についてはこの後の「妥当性チェックリストに関する考え」の部分で説明する。

　最初の 3 つの問題項目は，面接対象者の個人特性に関するものである。
　1．言語や知識の不適切さ　この問題項目では，証人の言葉の使い方や知識がその年齢での一般的な能力を超えた範囲のものであるか，もしくは，体験した出来事を通して知りうる可能性の範囲を超えたものであるかを検討する。そのような場合には，その供述内容が，他者の影響を受けている可能性がある。
　たとえば，子どもの親権・養育権を得るために，女性が「元夫に虐待された」と告発するよう子どもに指示している可能性がある。説得力のある事件内容を作り上げるために，女性は一緒になって供述内容を考え，子どもに話す内容を教えている可能性もある。
　2．感情の不適切さ　証人が面接の中で被害者が示す感情（通常は非言

表 8.2　妥当性チェックリスト

心理学的特徴
　1. 言語や知識の不適切さ
　2. 感情の不適切さ
　3. 被暗示性への感度

面接の特徴
　4. 暗示的，誘導的，高圧的な質問
　5. 面接全体の不適切さ

動機
　6. 報告するには疑わしい動機
　7. 初期の開示と報告がなされた文脈の疑わしさ
　8. 虚偽の報告を行うように圧力があった可能性

調査質問
　9. 自然法則との不一致
　10. 供述間の矛盾
　11. ほかの証拠との不一致

出典：Steller（1989）を改変

語情報として表出される）が，申し立てられた出来事を経験した証人が表出しうるものとして適切であるかを検討するための項目である。たとえば，性犯罪は不安定な感情を引き起こし，被害者を混乱させる。本当の被害者であれば，面接の中で明確な感情の表出を示すことがある。これらの感情の欠落は，その供述が作り上げられたものである可能性を示している。

　3．被暗示性への感度　この項目は，面接における証人の被暗示性を判断することを目的としている。人によって，被暗示性への感度はさまざまである。やってもいない水泳について子どもに質問するという前述の例で考えると，おそらく子どもの中には，水泳をしていないと正しく答える者もいる。司法場面での誘導に対して，子どもや大人がどの程度影響されやすいかについてはいまだ議論はあるものの，3つの結論が導き出される。1つ目に，被暗示性には年齢差があることが挙げられる。年齢の低い子どもは年齢の高い子どもよりも被暗示性が高く，子どもは大人よりも被暗示性が高い（Pezdek & Hodge, 1999; Pezdek & Hinz, 2002）。2つ目に，被暗示性には個人差がある（Ceci, Crossman, Scullin, Gilstrap, & Huffman, 2002）。3つ目に，面接方法によって被暗示性が生じる可能

性がある（引き出された情報の量と質もそうである）(Sternberg, Lamb, Esplin, Orbach, & Hershkowitz, 2002)。

　Yullie (1998b) や Landry と Brigham (1992) は，面接の最後の部分で面接対象者にいくつかの誘導質問を行い，面接対象者の被暗示性を評価することを推奨している。たとえば，子どもに，被告人の自宅の居間には水槽があった（面接者はこの情報が事実ではないことを知っている）と誘導し，子どもの反応を観察する。子どもがこれらの誘導質問に迎合したならば，その子どもは非常に被暗示性が高い可能性が考えられる。これらの誘導質問は，話の中核的な情報（たとえば，性的虐待についての内容など）ではなく，周辺的な情報についてのみ行うことが許される。
　中核的な出来事に対してこれらの誘導質問を行えば，供述内容の質を損なうことになる。なぜなら，子どもがこれらの誘導質問に迎合した場合には，面接者が事実ではないと知っている性的虐待の内容に関して子どもが発言してしまう可能性があることになるからである。
　さらに，誘導質問は面接対象者の記憶をゆがめる。実際には起こらなかったような出来事について，面接者が「これらの出来事が起こった」と誘導した内容を，面接対象者が「思い出す」ということがある。これは，第2章で議論した内容である。章末の Box 8.1 にこの現象に関する典型的な例を示した。

　次の2つの問題項目は，面接者の，面接スタイルや面接を行う際の態度に関するものである。
　4．暗示的，誘導的，高圧的な質問　この問題項目は，面接者が面接対象者に対して，面接の中で誘導的であったか，なんらかの圧力をかけた可能性があるかを検討するものである。面接が暗示的，誘導的，高圧的であったならば，SVA による分析を行うべきではない。
　5．面接全体の不適切さ　暗示的か以外にも，面接の質を決定づける要因がある。たとえば，子どもはしばしば面接の中で答えがわからない質問

に対しては「わからない」と答えてよいことに気づいていない場合がある。子どもは（時に大人であっても），記憶や知識がないことを認める代わりに，答えに確信が持てない場合でも，質問に答えてしまう傾向がある。これは，作話につながる。そのため，面接の冒頭部分で，面接者は子どもに，「わからない」と答えてもよいことを明確に説明し，わからない場合には「わからない」と答えるべきであることを伝える必要がある（Milne & Bull, 1999; Mulder & Vrij, 1996）。

次の3つの問題項目は，面接対象者の話す動機に関するものである。
6．報告するには疑わしい動機　この問題項目は，事件について報告することにおいて，証人に疑わしい動機があるかを検討するものである。面接対象者が，誰かにその報告内容を言わされている可能性もある。その申し立てを行うことにより，事件に関わるすべての人が，それぞれどのような結果を得る可能性があるかを考え，証人と被疑者との関係性に注意することが大切である。

たとえば，両親による，子どもの養育権や面会権に関する争い，離婚の過程などが挙げられる。先にも示した通り，子どもの養育権について両親が争っている場合には，その争いに勝つために，一方の親がもう一方の親を訴えるよう，子どもに指示している可能性もある。

7．初期の開示と報告がなされた文脈の疑わしさ　この問題項目では，供述の起点や経緯，特に，最初の報告が出てきた文脈について検討する。申し立てに関する初期の開示に，疑わしい要素があるかを検証する。たとえば，初期の報告が自発的に出てきたものかなどが挙げられる。もし何かを質問したことによって得られた開示である場合は，最初に誰（保護者，先生，心理士など）が目撃者に申し立てられた出来事について報告するように言ったかなどを検証する。

8．虚偽の報告を行うように圧力があった可能性　この問題項目では，誰かが証人に対して，虚偽の報告を行うよう，または，真実の供述の中でもある特定の部分を誇張するように，誘導した，教えた，圧力をかけた，強

制したかを判断する。

　最後の3つの問題項目は，犯罪の種類や先行する供述との関連に関するものである。
　9. 自然法則との不一致　この問題項目では，述べられた出来事が非現実的で，不可能なものであるかを判断する。ある女性が近親相姦によって妊娠したと訴えた場合，その関係を持った時点での証人の年齢，報告された内容が現実的に起こりうるかを検討する。
　10. 供述間の矛盾　多くの場合，一つの出来事には複数の証言が存在する。証人が，以前に面接を受けている可能性もある。もしくは，同じ出来事について面接を受けているほかの人物が存在する可能性がある。この問題項目では，中核となる出来事の描写において，その主要な要素が，証人自身のほかの供述や他者の供述と矛盾する，もしくは，相反する可能性について検討する。
　この問題項目では，すべての不一致や矛盾があてはまるというわけではないことが重要な点である。むしろ，「中核となる出来事についての描写の中の本質的な矛盾」が存在するかが重要となる（Köhnken, 2004, p. 54）。
　11. ほかの証拠との不一致　この問題項目は，供述の中の主要な部分が，信頼性の高い物的証拠やそのほかの具体的な証拠と矛盾しているかを検討するものである。さらに言うと，利用可能な証拠と出来事の中核に関する描写との間の本質的な矛盾について検討するものである。

第3節　CBCAに関する研究の文献的検討

研究の種類

　CBCA を検証するため，これまで2種類の研究が行われてきた。一つは**フィールド研究**であり，これは実際に性的虐待による被害に関する申し立てを行っている面接対象者の供述を分析したものである。もう一つは**実験研究**であり，実験の目的のために嘘をついた，もしくは真実を話した参加者の供述を分析するというものである。第3章でも説明した通り，それぞれの方法論には長所があり，一方の長所は他方の短所となる場合がある。

　フィールド研究で分析された供述は現実世界の事件で得られた供述であるため，法的な関連性が明確である。フィールド研究の主な問題は，その供述が真実か虚偽かを疑いなく確定するための真実さの根拠をどのように設定するのかという点にある。よいフィールド研究では，DNA による証拠や医学的証拠など，目撃者の供述とは独立した基準にもとづいて真実さの根拠が決定される[原注8]。しかし，CBCA が実施されるような現実の事例では，このような客観的な証拠が存在しないものがほとんどである(Steller & Köhnken, 1989)。そのため，一般的には，有罪判決や自白などの基準が真実さの根拠として用いられる。

　しかし，これらの基準は，供述内容次第であるという点で問題がある。質の低い供述は，質が高い供述に比べて有罪判決や自白につながりにくい。CBCA 得点は，供述の質を反映するものだと考えられているため（質

[原注8]　Lykken (1988) によれば，科学的な根拠にもとづいたフィールド研究は4つの基準を満たさなければならない。(ⅰ) 選ばれた事例は代表的なサンプルでなくてはならない，(ⅱ) 実在の状況の中で行われた面接で得られた供述を用いていなければならない，(ⅲ) 供述は，事例の処遇について知らない（真実さの根拠を知らない）少なくとも2名の評定者によって独立に得点化されなければならない，そして，(ⅳ) これらの得点（たとえば，CBCA 得点）は独立した基準にもとづいた真実さの根拠（たとえば，物的証拠）と比較されなければならない。

の低い供述はCBCA得点が低く，質の高い供述はCBCA得点が高い），有罪判決や自白がCBCA得点と独立しているとは言えない。たとえば，CBCA研究の中には，裁判官が訴えを退けた場合，その供述と分類するものもある（Boychuk, 1991; Esplin, Boychuk, & Raskin, 1988）。

しかし，申し立ての棄却は必ずしも，その子どもの証言が虚偽であることを示すわけではない。単に，その子どもが，裁判官や陪審員に対して，体験した出来事をもっともらしく説明することができなかっただけの可能性もある。そのような，もっともらしくないが真実である供述は，同じくCBCA得点が低い可能性がある。有罪判決を真実さの根拠として用いることは，CBCA得点の低い供述は虚偽である可能性が高いという不適切な仮説を支持する結果につながりかねない。

ほかの研究では，自白の有無を真実さの根拠として用いているものもある（Craig, Scheibe, Raskin, Kircher, & Dodd, 1999）。罪を犯した被告人に対する唯一の証拠が，犯罪が行われたことを告発する子どもによる供述であった場合（性的虐待の事例の多くがそうであるが），その供述の質が低ければ犯人は自白しない傾向がある。質の低い証言は，強い証拠としては見なされない。犯人の多くは，突き付けられた証拠が強いほど，自白すると言われている（Moston, Stephenson, & Williamson, 1992）。質の低い供述は，低いCBCA得点につながり，CBCAの評定者によりその供述が真実であるとは判断されにくい。それに対して，虚偽の供述であっても質の高い供述であれば，真実性が高いとCBCA評定者によって評価され，無実の罪で訴えられている被告人が無罪判決を得る可能性は劇的に下がってしまう。有罪判決が避けられないと思った場合には，無実の人物であっても，量刑を下げるために罪を認めることが有益となる可能性がある（Steller & Köhnken, 1989）。

まとめると，その供述が真実であるか，虚偽であるかに関わらず，質の低い（たとえば，もっともらしくない）供述は低いCBCA得点につながり，自白や有罪判決を得る見込みを減らし，質の高い（たとえば，もっともらしい）供述は高いCBCA得点へつながり，有罪を示す自白を得る見込み

を高める。

　これらの例が示す通り，有罪判決や自白は，CBCA 得点と真偽性との仮説通りの関連性を示す根拠となる可能性が高い。しかし，このことは，有罪判決や自白と CBCA 得点との正の関連が保証されないような場合でもあてはまる。つまり，有罪判決や自白を真実さの根拠として用いている CBCA のフィールド研究では，CBCA を支持する結果が誇張されている可能性がある[原注9]。

　実験研究では，その供述が本当か嘘かを実際に確定するのは容易である。しかし，一般的に実験状況は，現実世界の状況と異なる。ついさっき見たばかりの映像について思い出すことと（実験研究でよく用いられる手続きである），性的虐待の経験について説明することは異なる。これらの生態学的妥当性の欠如を理由に，Undeutsch（1984）は，SVA 分析の正確性を検証するために実験研究を用いることはほとんど役に立たないと考えている。

　研究者は，実験研究が可能な限り現実世界に近づくように努力しなければならない。そして，実際の性的虐待事例の要素を模擬的に再現するような状況を作り出す努力をしなければならない。Steller（1989）は，性的虐待の経験は3つの重要な要素によって特徴づけられると議論している。つまり，(a) 自分自身が関与している，(b) 否定的な感情をともなう出来事である，(c) 状況に対する統制がその人物にとって不可能な状況である。

　1つ目の要素は，実験研究において簡単に再現できるだろう。しかし，残りの2つの要素は，倫理的な問題から，実験室で取り入れるのは非常に難しい。そのため，実験室での CBCA 研究でよく用いられる手続きとしては，参加者に過去の否定的な体験（たとえば，採血をした，犬にかまれた）について話してもらう方法がある。もう一つの手続きには，参加者

原注9　性的虐待に関する研究において，その供述が真実か虚偽かを確立することの難しさに関する議論については，Horowitz, Lamb, Esplin, Boychuck, Reiter-Lavery, & Krispin（1996）を参照してほしい。

が実際には体験していない出来事について作話して報告してもらう方法がある。当然，実験者は参加者の話す内容が真実か，虚偽かを判断しなければならない。その際に，たとえば，参加者の両親にそのような経験があったかを確認することがあるが，実験研究で必ずこの手続きが行われているわけではない。

　さまざまな実験研究で，さまざまな研究方法が用いられている。その方法論について，本章の表8.3と別表8.1に示した。それぞれの研究を次のように区別した。それぞれの研究は，（ⅰ）実際に参加者がある出来事に参加し，後でその出来事について真実，もしくは，嘘の内容を話すように求められる（活動），（ⅱ）参加者は映像を見て，後でその映像の内容について真実，もしくは，嘘を話すように求められる（ビデオ），（ⅲ）参加者は，模擬的な出来事を観察し，その出来事について，本当や嘘の内容を話すよう求められる（模擬），そして，（ⅳ）参加者は自身の過去の否定的な体験について，真実を話す，もしくは，作話して話すよう求められる（記憶）と区別される。

　先にも述べたように，CBCAは，申し立てられた性的虐待の事例において，子どもの証言を評価するために開発されたものである。多くの研究者は，CBCAを性犯罪に関する子どもの供述を評価するためだけに開発されたものだと紹介する（Honts, 1994; Horowitz, Lamb, Esplin, Boychuk, Krispin, & Reiter-Lavery, 1997）。しかし，中には，性的虐待以外の問題で，大人の証言を評価する技法として，CBCAのさらなる活用を提唱している研究者もいる（Köhnken, 2004; Köhnken, Schimossek, Aschermann, & Höfer, 1995; Porter & Yulie, 1996; Ruby & Brigham, 1997; Steller & Köhnken, 1989）。この研究者らは，CBCAの根拠となるウンドイッチュ仮説が，子ども，目撃者と被害者，そして，性的虐待などに制限されるわけではないことを指摘している。

　この問題を明確にするために，表8.3と別表8.1に，各研究での供述が子どもによるものであるか大人によるものであるか，そして，被害者／目撃者によるものであるか被疑者によるものであるのかを示した。参加者が，

自分の否定的な体験について話す場合は，対象者を「被害者」として分類した。最後に，フィールド研究と実験研究を区別した[原注10]。

本章では，著者が知る限りの英語で公刊された50件以上のCBCA／SVAに関する研究と書籍をすべて再検討した。その中に，ドイツの研究者が行ったCBCA／SVAに関する研究がいくつかある。ドイツの犯罪捜査におけるSVAの重要性を考えると，CBCA／SVAの研究の多くがドイツで行われているという事実は驚くべきことではない。ただし，その多くがドイツ語で執筆されているため，読者の多くはこれらの研究を入手しにくい。よって，これらのドイツ語で書かれた研究は，本章の文献の検討に含めなかった。

一方，論文ではなく学会などで発表されたCBCA／SVAの研究はこの再検討に含めた。著者は，学会発表について議論するのはあまり気が進まない。なぜなら，学会発表の多くは，その領域の専門家による査読を受けておらず，報告された研究内容は徹底的に確認されたものだとは言えないからである。それでも，CBCA／SVAを議論する上で重要な役割を果たす，ほかの研究者によっても取り上げられているような学会発表はこの再検討に含めた（たとえば，Bradford, 1994; Bybee & Mowbray, 1993; Davies, 2001; Horowitz, 1991; Köhnken et al., 1995; Steller, 1989）。最後に，Boychuk（1991）の未公刊のフィールド研究を含めた。この博士論文は，SVAの研究領域の中でも，重要な役割を果たすものであり，幅広く支持を受けている（たとえばLamb, Sternberg, Esplin, Hershkowitz, & Orbach, 1997a; Horowitz, 1991; Ruby & Brigham, 1997）。

CBCAの基準は欺瞞を示す指標ではなく，真実を示す指標であるため，

原注10 CBCAの専門家の間でCBCAを用いる条件についてその意見が一致しないのは，CBCAの持つ論理的基礎がないという性質が原因となっている可能性が考えられる。確かに，Köhnkenは，真実を話している人物と嘘をついている人物のCBCA得点の違いには認知的，動機的な要因が関わっていると述べ，理論的基礎を示している。しかし，これらは，後付けによる説明であり，CBCAの手続きの説明が導入されたかなり後に取り入れられたものである。さらに，Köhnkenの理論的仮説がほかのCBCAの専門家の間で共有されているかは不明である。

本章では，これまでの章とはその意味を変えたものがある。別表8.1では，「＞」は，CBCAの基準が虚偽の供述に比べ，真実の供述であてはまることが多いことを示す。「＜」は，虚偽の供述に比べ，真実の供述で基準にあてはまることが少ないことを示す。真実の供述と虚偽の供述の間に差がみられない場合は，「－」を示した。「＊」は，その研究で特定の基準が検討されていなかったことを示す。ウンドイッチュ仮説では，虚偽の供述に比べ，真実の供述でCBCAのすべての基準がより多く含まれると予測している。

真実と嘘の供述におけるCBCA得点の違い：
フィールド研究

　CBCA得点の妥当性を検討した最も初期の研究として，Esplinら（1988）によるものが挙げられる。3歳半〜17歳の子どもによる性的虐待の申し立てについての40例の供述を分析し，被疑者の自白，膣や肛門への外傷を裏付ける明確な医学的証拠がある場合には，その供述は「確証がある供述」として分類された。被疑者による強い否認や，司法判断による棄却や申し立ての取り下げがあった場合は，その供述を「疑わしい供述」として分類した。訓練されたCBCA評定者によって供述が評定された。供述が基準にあてはまらない場合は0点，あてはまる場合は1点，強くあてはまる場合は2点とした。よって，CBCAの合計得点の範囲は0〜38点となる。

　結果は，非常に印象的なものであった。疑わしい事例のCBCA得点の平均値は3.6点であったのに対して，確証がある供述では24.8点であった。さらに，疑わしい供述と確証がある供述では，その得点の分布が重なることはまったくなかった。疑わしい供述の最高得点は10点（1名が10点，3名が0点）であり，一方，確証がある供述の最低点は16点であった（1名が16点で，最高得点は34点）。疑わしい供述と確証がある供述について各基準での違いを検討したところ，19項目中16の項目で予想通りの

差異がみられた。確証のある供述は，疑わしい供述に比べて基準が多く含まれ，この結果は，ウンドイッチュの仮説を強く支持するものである（別表 8.1 を参照）。Wells と Loftus（1991, p.169）は，この結果を「心理学研究の中で，私たちが遭遇した最も印象的な結果」と評価した。同様の結果を，Lamers-Winkelman（1995）は，「真実であるなら上出来すぎる」と表現している。

　Esplin ら（1988）の研究には，批判が大きかった。問題の一つとして，供述が 1 人の評定者によってのみ評価されたことが挙げられる。そのため，評定におけるコード化が信頼できるものであったかを知ることができない。加えて，Wells と Loftus（1991）は，2 種類の供述の違いは，証人の年齢によるものであった可能性を指摘している。確かに，疑わしい供述の子どもたち（平均 6.9 歳）は，確証のある供述の子どもたち（平均 9.1 歳）に比べて年齢が低かった。さらに，疑わしい供述のうち 8 事例は 5 歳以下の子どもによる供述であったのに対して，確証のある供述では 5 歳以下の子どもは 1 名のみであった。3 つ目に，医学的証拠を除くそのほかの真実さの根拠が，供述と独立したものであるとは言えなかったことが挙げられる。真実さの根拠に自白を用いることの問題については，これまでの部分でも示してきた（これは，供述を確証のある供述に分類するために用いた基準の一つである）。加えて，棄却や不起訴，そして，被疑者による強い否認（供述を疑わしい供述に分類するために用いた基準）があったのは，供述が虚偽であったためではなく（研究者たちはそう主張していたが），子どもたちの供述が真実で，実際に性的虐待の事実があったような場合であっても，その供述に説得力がなかったことによる可能性もある。Wells と Loftus（1991, p. 169）の言葉を引用する。

　　供述に説得力がない理由として，子どもの論理的理由づけの欠如，恐怖によって周辺的な詳細情報を処理できなかったこと，言語スキルの乏しさなどが挙げられる。子どもが説得力を欠く証人であることを理由に，検察官が告発をせず，裁判官は有罪ではないと判断し，そし

て，弁護士は被疑者に対して犯行を認めないように助言する（被疑者がより粘り強く否認する）可能性がある。

　Boychuk（1991）は，一連の研究で，4〜16歳の子どもの性的虐待の申し立てについての75例の供述を分析した。彼女は，Esplinやほかの研究者と行った自身の研究に対するいくつかの批判に対処した。たとえば，事件の最終決着（供述が真実か，嘘か）を知らない3名の評定者に供述を評価させた。さらに彼女は，確証がある集団，疑わしい集団のほかに，3つ目のカテゴリとして，虐待の疑いがありそうな集団を含めた。虐待の疑いがありそうな事例は，医学的証拠はないが，被疑者の自白，もしくは，最高裁判所の有罪認定がある事例である。

　しかし，残念ながら，別表8.1にも示したように，彼女はすべての分析において，確証がある集団と虐待の疑いがありそうな集団をまとめて分析した。この2つの集団の供述をまとめたことで，真実さの根拠は信頼性に欠けるものとなってしまった。残った2つの集団の違いを検討したところ，Boychukの研究では，13の基準で期待された方向での有意差がみられたが，Esplinらの研究結果に比べ有意差がみられた基準は少なかった（別表8.1を参照）。つまり，確証がある事例では，疑わしい事例に比べて，より多くの基準があてはまることが示された。これは，ウンドイッチュ仮説を支持する結果である。

　ParkerとBrown（2000）は，大人のレイプ被害の申し立てに関する供述をCBCAによって評価するというフィールド研究を実施した。いくつかの基準で差がみられ，すべての差が期待された方向で生じた（別表8.1）。しかし，この研究でも重要な手続き上の問題があった。たとえば，供述の妥当性を判断する際の基準とされた，（ⅰ）レイプに関する説得力のある証拠（どのようなものを証拠としたか，明確な記述がなかった），（ⅱ）被疑者が特定される，逮捕されるなどの法的な補強証拠は，どちらも曖昧で，事件に関する事実として独立しているとは言えない。加えて，ほとんどの供述が1人の評定者によって評価された。また，その評定者が，

事件に関する事実を知らなかったか，事件に関する背景情報が利用可能であったかも明らかにされていない。

　Craig ら（1999）は，3 〜 16 歳の子どもによる，性的虐待の申し立てについての 48 例の供述を分析した。被疑者の自白がある，もしくは，被疑者がポリグラフ検査を通過しなかった場合に，その供述は確証がある供述として分類された。子どもの申し立ての撤回が詳細で信頼できる場合，もしくは，ポリグラフ検査の結果が被疑者が無実である可能性を示している場合には，その供述は非常に疑わしい供述として分類された。言いかえれば，この研究でも，事件事実と独立した真実さの根拠を設定することができなかった。そして，評価には CBCA の基準のうち，14 基準のみが用いられた。基準にあてはまらない場合は 0 点，あてはまる場合は 1 点が割り当てられた。そして，CBCA の合計得点のみが検討され，得点の範囲は 0 〜 14 点であった。確証がある供述の CBCA 得点の平均値は（7.2 点），非常に疑わしい供述に比べ（5.7 点），わずかに高いものであった。

　Rassin と van der Sleen（2005）は，真実と思われる 27 件の性被害の申し立てについての供述と，虚偽の可能性がある 14 件の供述を分析した。残念なことに，この研究では，被害者（供述を行った人物）の年齢が示されていない。そして，被疑者が有罪となった場合にはその供述を真実であると分類し，被害者が虚偽の証言で罪に問われた場合には供述を虚偽であると分類した。この研究の著者らは，これらの真実さの根拠が，司法的な観点にもとづいて設定されたと述べている。確かにその通りであるが，有罪判決は事件事実と独立した基準であるとは言えない。この研究では，7 つの基準について検討され，そのうちの 2 つの基準が真実を話す人と嘘をつく人を識別するものであった。これらの 2 つの基準は，供述が虚偽である場合に比べて，供述が真実の場合にあてはまることが多いという結果が示された。この結果も，ウンドイッチュの仮説を支持する内容であると言える。

　真実さの根拠が確立された，より統制のとれたフィールド研究が Michel Lamb とその同僚らによって行われ，4 〜 12 歳の性的虐待の

被害児による 98 例の供述が分析された (Lamb, Sternberg, Esplin, Hershkowitz, Orbach & Hovav, 1997b)。彼らは，被疑者と子どもとの間に実際に身体的な接触があったことを示す証拠，そして，補強証拠となる事実が存在する事例のみを対象にした。これらの真実さの根拠を用いた場合には，多くの事例が対象外となる。ゆえに，最初の面接の対象数は 1,187 件にものぼった。基準が供述に含まれる場合は 0 点，含まれない場合は 1 点が割り当てられた。彼らの研究は，たとえば，Boychuk や Esplin らの研究に比べ，少数の基準でしか有意差が見出せなかった。その理由として，CBCA の 19 基準のうち，14 基準のみを用いたことが挙げられる。しかし，すべての有意差が期待通りの方向で示された。真実さの根拠が妥当な集団の供述では，そうでない集団の供述に比べ，より多くの基準が含まれることが示された。彼らは，CBCA の合計得点についても分析している（0 から 14 点の範囲）。もっともらしい供述（6.74）は，もっともらしくない供述（4.85）に比べ，より多くの基準が含まれることが示された。しかし，この差も，Esplin やその同僚らによる研究の結果に比べると，かなり小さなものであった[原注11]。

まとめ

6 つの研究のうち，5 つの研究で真実さの根拠が十分に確立されていなかった。そのため，これら 5 つの研究結果は，本当の意味で信頼できる結果ではないという点で，その解釈には注意が必要である。しかし，すべての研究結果をまとめると，フィールド研究において，同様の傾向がみられる。今日公刊されているものの中で唯一信頼できると考えられる研究では，その差は小さいものの真実と虚偽の供述にいくつかの違いがみられ (Lamb et al., 1997b)，これらの違いは，虚偽の供述に比べて，真実の供述でより多く基準があてはまるという，ウンドイッチュ仮説から予測できる結果であった。ほかの 5 つの研究でも，手続きに問題があるとはいえ，同じような傾向の結果がみられている。虚偽の供述と真実の供述との間に

差がみられる場合は，どれもすべて，真実の供述でより多くの CBCA の基準がみられたという，予測された方向での結果であった。

　時には，真実の供述と虚偽の供述の間に差がみられないような場合もある。これは，CBCA の基準が嘘をついたときに伸びるピノキオの鼻のようなものではないことを示唆している。しかし，非言語的情報に関する結果（別表3.1）に比べると，重要な違いがみられる。非言語的基準については，一貫した結果がみられない。ある研究では，嘘をつく人は，真実を話す人に比べより多く特定の行動を行うことがある。一方で，ほかの研究では，同じ行動について，嘘をつく人の方が，真実を話す人に比べて，その行動を行う頻度が少ないという結果が得られている。さらに，別の研究では，これらの行動と嘘の間に，まったく関連がみられなかった。CBCA 基準による結果は，より一貫したものである。虚偽の供述の方が，真実の供述に比べ，より多くの CBCA 基準があてはまるという結果を示したフィールド研究はない。

真実と嘘の供述における CBCA 得点の違い：実験研究

　フィールド研究の結果に比べると，実験研究では，真実の供述と嘘の供述の間の違いは一般的にごくわずかな差であった（別表8.1）。しかし，その差はすべて，ウンドイッチュ仮説の予測する通りの方向であり，真実

原注11　Orbach と Lamb（1999）によって公刊された事例研究では，13歳の性的虐待の被害児による供述の正確性が，ほかの研究に比べてより確信が高い状態で判断できた。面接で被害者によって報告された情報は，性的虐待の最中に録音した内容と比較することが可能であった。被害児は，母親に対して，祖父から数回にわたり，性的被害を受けたことを打ち明けた。しかし，母親は彼女の訴えを信じなかった。あるとき，被害児がテープレコーダーで音楽を聞きながら入浴していた際に，祖父が風呂場に入ってきた。その際に，被害児は，テープレコーダーの録音ボタンを押し，まさに行われようとしていた性的虐待の内容を録音した。Orbach と Lamb は，被害児の供述について CBCA 分析を行った。彼らが用いた14項目の基準のうち，10項目がその供述にあてはまることが示された。もちろん，たった一つの（真実の）供述を検討した研究にもとづいて CBCA の妥当性を論じることはできない。さらに，被害児は事件に関する録音テープが存在する事実を知っており，そのことが被害児の供述に特定できない影響を与えた可能性がある。それでも，補強証拠の性質や強さにより，この研究は記載する価値があると言える。

の報告では，虚偽の報告に比べ，基準がより多く含まれた。ウンドイッチュ仮説に反する結果が得られた実験研究の多くは，Landry と Brigham (1992)，そして Ruby と Brigham (1998) によって行われたものであった。彼らの研究結果については，いくつかの説明が可能である。彼らの研究では，たったの 45 分程度の訓練しか受けていない評定者が CBCA の評定を行った。このような短時間の訓練で，本当に CBCA にもとづき評定できるようになるのかは疑わしい。

さらに，CBCA は長い供述を評価するために開発されている (Raskin & Esplin, 1991b) のに，評定の対象となった供述は平均 225 語程度の短いものであった。最後に，Landry と Brigham (1992) の研究では，評定者は，書き起こされた供述ではなく映像を見て評価を行った（一般的な CBCA の評価では面接の書き起こし文が用いられる）。前にも述べた通り，CBCA は録画された供述を評価することには向いていない。言いかえれば，これらの研究は複数の点で典型的な CBCA の手続きから逸脱しており，このことが CBCA の評価に影響を与えた可能性がある。

研究結果の頑健性

ウンドイッチュ仮説がさまざまな実験状況で支持されたならば，CBCA の研究結果は頑健であると言うことができる。そのことは，別表 8.1 で示されている。参加者が実際に活動に参加する，映像や模擬的な出来事を見る，過去の体験について話すなど，用いられた実験手続きに関わらず，虚偽の供述に比べて，真実の供述で CBCA の基準が多く含まれることが示された。加えて，ウンドイッチュ仮説は，子ども，大人，目撃者，被害者，そして，被疑者，どの立場の参加者の供述においても支持された。子どもと大人 (Akehurst, Köhnken, & Hofer, 2001; Vrij, Akehurst, Soukara, & Bull, 2002, 2004a, b)，そして，目撃者／被害者と被疑者(Vrij, Akehurst et al., 2002, 2004b) をそれぞれ直接比較した研究でもこの仮説が支持された。これらの結果は，CBCA が性的虐待における子どもの

供述の評価に限定されるものではないという，CBCA の専門家たちの意見を支持する。

第4節　各基準とCBCA合計得点の根拠

別表 8.1 の下部に，各基準がウンドイッチュ仮説を支持しているかを示した。どの程度支持されているかを評価するために，各基準について，(ⅰ) 虚偽の供述に比べ，真実の供述で基準を満たす内容がより多く含まれるという結果が得られた研究がいくつあるか，(ⅱ) 基準について検討した研究がいくつあるかを算出した。(ⅰ) を (ⅱ) で割った数値が各基準の支持得点である。よって，基準について検討された 10 件の研究のうち，虚偽の供述に比べて，真実の供述で基準が多く含まれた研究が 5 件ある場合には，支持得点は 5/10=50% となる。もしも，残りの 5 件の研究で，真実の供述に比べて，虚偽の供述でより多く基準が認められた場合には得点がより低くなる。

しかし，すでに述べたように，このような結果が生じるのはまれである。ウンドイッチュ仮説が支持されないときは，真実と虚偽の供述の間で差がないような場合が多かった。その点で考えると，50%の支持得点は比較的高い値であると言える。別表 8.1 の下部をみると，基準 3 の詳細情報の量が最も支持を得たことがわかる。この基準は 29 件の研究（フィールド研究，実験研究の両方を合わせて）で検討され，そのうち 22 件の研究で（76%），真実を話す人は，嘘をつく人に比べてより詳細な情報を報告していたことが示された。さらに言えば，真実を話す人が，嘘をつく人に比べて，詳細情報の量が少ないという研究は 1 つもなかった。このことは，基準 3 についての強い根拠となる[原注12]。

実際に，これらの根拠は強固なものであるため，著者らの研究（Vrij, Mann, Kristen, & Fisher, 2007）を含むいくつかの研究で，詳細情報の量が欺瞞の特徴的な手がかりにならなかった理由を知ることは有益であ

る。著者らの研究では，嘘をつく条件の参加者には，真実を話す条件の参加者が実際に体験した出来事と同様の内容について，同じ出来事を体験したかのように話すよう求めた。嘘をつく条件の参加者には，真実を話す条件の参加者が実際に体験した内容についての詳細情報を与えた。おそらく，これらの詳細情報は，嘘をつく条件の参加者自身が話をする際に，その話の内容に多くの詳細な情報を含めることを可能にする。著者らの実験では，そのほかの基準でも，嘘をつく人と真実を話す人の間に差異がみられた。文脈への位置づけ（基準4），会話の再現（基準6），非日常的な事柄についての詳細（基準8）は，虚偽の供述に比べて真実の供述に多く含まれた。言いかえれば，詳細情報の量（基準3）ではなく，これらの詳細情報の質（基準4，6，8）が参加者の嘘を明らかにしたと言える。

別表8.1をみると，構造化されていない供述（基準2），文脈への位置づけ（基準4），そして，会話の再現（基準6）は，少なくとも50％の支持得点を得ていることがわかる。一般的に，動機に関する基準であると言われる基準14～18は，認知的な基準（1～13，19）に比べて支持が得られていないことが示された。特に，基準17の自己非難は，10件の研究で検討されているにもかかわらず，今までにまったく支持が得られていない。2件の研究で有意差がみられたが，どちらの研究でも，真実の供述では，嘘の供述に比べて基準が含まれる割合が少なかった。

動機に関する基準について批判する研究者もいる。BerlinerとConte（1993）は，動機に関する基準の中には，基準15の記憶または知識の欠如を認めることのように，真実を示す証拠として，目撃者に自分自身の証

原注12 CBCA以外の研究の多くにおいても，真実と虚偽の供述における詳細情報の量（基準3）と文脈への位置づけ（基準4）の違いについて集中的に検討がなされている。一般的には，これらの研究でも，真実を話している人の方がより詳細情報を含む供述を行い（e.g., Burgoon, Buller, Ebesu, White, & Rockwell, 1996a; Jones & McGraw, 1987; Jones & McQuinston, 1989; Köhnken & Wegener, 1982; Lindsay & Johnson, 1987; Pezdek & Hodge, 1999; Pezdek & Roe, 1997)，嘘をついている人に比べて，より文脈に位置づけられた供述を行う（e.g., Alonso-Quecuty, 1991; Johnson & Foley, 1984; Johnson, Foley, Suengas, & Raye, 1998; Johnson & Raye, 1981）というウンドイッチュ仮説を支持する証拠を提供している。これらの基準はリアリティ・モニタリングの一部でもあるため，詳細情報の量や文脈への位置づけに関する研究については第9章でも取り上げる。

言に確信がないことを認めるように要求するような内容があることを指摘している。これは，供述に自信があるということは，その供述が真実である可能性を下げてしまうことを暗に意味する。そのため，Conteらはこのような判断は疑わしいと指摘している。別表8.1では，信頼性のあるコード化を行うことが難しいという理由から，動機に関する基準について検討しなかった研究者もいることがわかる（Horowitz, Lamb et al., 1997）。

第3章や第4章ですでに議論してきたように，虚偽検出において，個別の手がかりに焦点を当てることは，あまりよい方法であるとは言えない。なぜなら，それは，ピノキオの伸びる鼻を探すことと同じことだからである。これは，CBCAによる評価を行う場合にもあてはまる。

20件もの研究で，研究者たちはCBCAの合計得点を計算し，真実を話す人と嘘をつく人の得点を比較した。これらの結果は印象的なものである。20件のうち16件の研究で（80％），真実を話す人の方が，嘘をつく人に比べてCBCAの合計得点が高いことが示されている。真実を話す人の得点が，嘘をつく人の得点よりも低かったのは，20件の研究のうち1件（5％）のみであった（Ruby & Brigham, 1998）。すでに述べたように，RubyとBrigham（1998）で用いられた手続きは，一般的なCBCAの手続きといくつかの点で異なる。この点で, RubyとBrighamの研究は，CBCAの手続きを評価する研究として適切であるとは言えない。

第5節 CBCA得点にもとづく，真実と嘘の正確な識別

訓練を受けている CBCA 評定者は，一般の人よりも嘘の検知に優れているか

　CBCA の専門家が一般の人に比べて，嘘と真実の識別に優れているかという問いに答えるためには，どのようにしたら CBCA の専門家になれるのかを知ることが有益である。残念ながら，実際にどのような訓練が必要かはあまり知られていない。Raskin と Esplin（1991b）は，2，3日間のワークショップへの参加が必要であるとしている。一方で，Köhnken（1999, 2004）は，3週間の訓練課程に参加することを推奨している。どの程度の訓練が必要となるのかについてはさまざまな議論があるが，ある程度長期的な訓練プログラムが必要であると言える。

　CBCA／SVA の評価を行うことは，決して簡単な課題ではない。CBCA の一覧は詳細で，いくつかの基準は理解するのに時間を要する。CBCA のコード化の後には，妥当性チェックリストによる評価を実施する必要があり，これもまた複雑な作業である（Steller, 1989; Wegener, 1989）。包括的な訓練なしに必要なスキルを習得することは難しく，2，3日間のワークショップでは十分とは言えない。

　いくつかの研究では，CBCA の専門家と一般の人による真実と嘘の検出スキルを直接比較している（Akehurst, Bull, Vrij, & Köhnken, 2004; Köhnken, 1987; Landry & Brigham, 1992; Ruby & Brigham, 1998; Santtila, Roppola, Runtti, & Niemi, 2000; Steller, Wellershaus, & Wol, 1988; Tye, Amato, Honts, Kevitt, & Peters, 1999）。しかし，これらのどの研究でも，CBCA の専門家になるための最低ラインである2，3日のワークショップに満たない訓練が行われていた。最も短い訓練（45分）は，Landry と Brigham（1992），そして Ruby と Brigham（1998）によっ

て実施されたものであった。Stellerら（2004）の訓練も大して変わらない長さ（90分）であった。Akehurstら（2004）の訓練は2時間のものであり，Köhnken（1987）や，Santtilaら（2000）の研究では，訓練セッションの長さについては明記されていなかった。しかし，彼らの訓練も，ここで紹介したほかの研究と似た長さであったと思われる。一般的な訓練内容としては，研修者にCBCAの基準に関する情報が示された配付資料が配られる。その後，講師が基準についてより詳しく，例を示しながら説明する。そして，研修者は練習用の供述をいくつか評定するよう求められ，その内容について後に講師と議論する。

　訓練を受けた評定者と，受けていない評定者を比較した研究の結果は一貫しないものであった。訓練を受けた評定者は一般の人に比べて，真実や嘘を正確に識別できるという結果が得られた研究（Landry & Brigham, 1992; Steller et al., 1988; Tye et al., 1999）もあれば，訓練の効果を見出せなかった研究（Ruby & Brigham, 1998; Santtila et al., 2000）や，訓練を受けたことにより，真実と嘘の識別ができなくなるという研究（Akehurst et al., 2004; Köhnken, 1987）もあった。訓練の練度が十分ではないと思われるこれらの研究結果にもとづいて，CBCAの技法に疑問を呈することは公平ではない。ひとつ言えることは，観察者に対して短期間のCBCAの訓練を実施することは，嘘や真実を検知する能力に予測できない影響を与える可能性があるということである[原注13]。

原注13　CBCAを用いるための訓練と関連する唯一のフィールド研究は，Gumpert, Lindbald と Grann（2002b）によって行われた。彼女らは，供述分析に背景を持つ専門家の証言と，児童精神医学領域などで雇用されている臨床的な背景を持つ専門家の専門家証言を比較した。その結果，供述分析の専門家による報告は一般的により質の高いものであることが示された（質の評定方法については Gumpert, Lindbald, & Grann, 2002b を参照）。残念ながら，この研究結果からはCBCAの訓練の効果については多くを知ることができない。彼女らも認めているように，この研究では鑑定結果の報告の正確性については評価されていない。さらに，各集団は訓練以外の部分でお互いに異なる特徴を持っていた可能性もある。

正答率の算出に関するさまざまな方法：
基準の重みづけと決定規則

CBCA の研究では，正答率，つまり，嘘をつく人物と真実を話す人の識別の精度は，3 つの異なる方法で算出されている。多くの実験研究では，一般的に CBCA 得点について，判別分析などを用いた統計的分析が行われる。この分析方法では，CBCA 得点をコンピュータに入力し，真実か嘘かが識別される。この識別の結果が，実際の参加者の状態と比較され，正しく識別できた割合が正答率に相当する。

2 つ目の分析方法は，CBCA の評定者に，真実／嘘の判断を行うように求める方法である。これは，現実場面に近い方法であると言える。CBCA 評定者は，CBCA の合計得点，もしくは，個別の基準にもとづいて識別する。Steller と Köhnken（1989）は，真実性の評価において，いくつかの基準は，ほかの基準に比べ，より重要であると指摘している。たとえば，大人の性的な行為をくしゃみや痛みというように子どもが表現するなど，正確に報告されているにも関わらず，その情報に関して誤った解釈がなされているような場合（基準 10）は，その性的虐待がどこで行われたかを子どもが述べる場合（基準 4）よりも明らかに重要になる。しかし，それぞれの基準に対してどのような重みづけを行うかは，SVA の手続きの中で指針が示されておらず，この点は個々の評定者の解釈まかせである。

真実と嘘の識別について，評定者による識別とコンピュータによる分析を比較した研究が 1 つだけ存在する（Vrij, Kneller, & Mann, 2000）。この研究では，供述全体の正答率に差はみられなかった。ただし，コンピュータによる分析は嘘検出が正確であり（正答率はコンピュータによる分析で 80%，CBCA の評定者では 60%），真実の検出は，CBCA 評定者による識別の方がより正確であった（正答率は CBCA の評定者では 80%，コンピュータによる分析では 53%；表 8.3 を参照）。この嘘と真実の判別にお

けるコンピュータの分析と CBCA 評定者による判断の正答率の違いは，CBCA 評定者の判断が，必ずしも CBCA の合計得点にもとづくものではないという考えを支持するものである。

　3つ目の分析方法は，一般的な**決定規則**を用いることである。この手続きは，研究と現実場面の両方で用いられている。たとえば，Yuille (Horowitz, 1991 を参照) は，供述が真実であると判断するために「CBCA の1から5までの基準と，加えてそのほかに2つの基準にあてはまる必要がある」という規則を用いている。Raskin (Zaparniuk et al., 1995 を参照) は，供述が真実であると判断されるためには，基準1～3に加え，残りの基準のうちの4つにあてはまる必要があるとしている。Craig (1995) は，また別の決定規則を用いている。彼は，5つ以上の基準が含まれる場合に供述が真実である可能性が高いと主張している。しかし，決定規則を用いることには，深刻な欠点がある。専門家によって規則が異なるという点で，これらの技法は恣意的であり，自分たちがなぜ特定の判断基準を用いているのかについて，根拠のある理由を説明できる専門家はいない。さらに重要な点として，これらの決定規則が用いられる場合には，SVA が想定する年齢や面接スタイルなど，真実性以外の問題に，CBCA 得点が左右される可能性が無視されることになる。一般的な決定規則を用いることは，SVA の手続きに違反することにつながる。当然のことながら，2人のドイツ人の創始者を含む，多くの CBCA の専門家たちは，決定規則を用いることに強く反対している (Steller & Köhnken, 1989)。

フィールド研究と実験研究での正答率

　正答率が報告されている，もしくは，報告されたデータにもとづいて正答率の算出が可能なフィールド研究は2つしかない (Esplin et al., 1998; Parker & Brown, 2000)。両方の研究において，非常に高い正答率が得られている (表8.3)。ただし，先に述べたように，どちらの研究も手続き上の深刻な問題があり，これらの結果については，ここでは取り上げない。

正答率について報告したそのほかの研究は，すべて実験研究であった。これらの研究では，全体の正答率は 54 〜 90％とさまざまであった。比較的低い正答率を示した研究の一つに，Landry と Brigham（1992）のものがある。彼らの例外的な研究結果については，すでにいくつかの理由をあげて説明した。加えて，この研究では，評定者は，決定規則を用いるよう助言され，5 個以上の基準が供述に含まれる場合に，高い信頼性があるとされた。しかし，決定規則を用いることは，CBCA 評定者が採用するべきではない手続きである。そのため，彼らの研究結果を無視すると，表 8.3 では，真実を判別する正答率は 44 〜 91％，嘘の判別の正答率は 60 〜 100％とさまざまであることがわかる。真実の判別の正答率の平均値（70.81％）は，虚偽の判別の正答率の平均値（71.12％）と同程度である。これらの研究の総合的な正答率の平均値は 70.47％である[原注14]。直接的な比較が行われた研究では，対象者が子どもから大人，そして，目撃者，被害者，被疑者のいずれの場合でも正答率に違いはみられなかった。これは，CBCA が子どもや目撃者の供述の評価に限定されないことを支持する結果であると言える[原注15]。

原注14　正答率を算出する前に，Akehurst ら（2001）の 3 つの得点の平均を算出した。Ruby と Brigham（1998），Vrij と Akehurst ら（2004a），そして Vrij と Kneller と Mann（2000）についても，2 つの得点に対して同様の平均を算出した。そのため，すべての研究において正答率に均等な重みづけが行われた。

原注15　著者の知る限りでは，Ruby と Brigham（1998）は，今日の研究で唯一，民族性が CBCA 得点に与える影響について検討したものである。研究の結果から，正答率には違いがみられなかったものの，異なる文化に所属する人々は語り方が異なる可能性があるため，民族性の問題は，今後の研究において注目に値する（Davies, 1994b; Phillips, 1993; Vrij & Wrinkel, 1991, 1994）。

表 8.3 CBCA の正答率

著者	年齢	出来事	立場	評価方法	正答率(%) 真実	嘘	合計
フィールド研究							
Esplin et al. (1988)	3 – 15	フィールド	被害者	CBCA 評定者	100	100	100
Parker & Brown (2000)	成人	フィールド	被害者	決定規則	88	92	90
実験研究							
Akehurst et al. (2001)	7 – 11／成人	活動	n/a	判別	73	67	70
Akehurst et al. (2001)	7 – 11	活動	n/a	判別			71
Akehurst et al. (2001)	成人	活動	n/a	判別			90
Akehurst et al. (2004)	7 – 11	活動	n/a	CBCA 評定者			63
Erdmann et al. (2004)[1]	6 – 8	記憶	被害者	判別	77	66	71
Granhag et al. (2006)	12 – 13	模擬	目撃者	判別			58
Höfer et al. (1996)	成人	活動	n/a	判別	70	73	71
Joffe & Yuille (1992)[2]	6 – 9	活動	n/a	CBCA 評定者			71
Köhnken et al. (1995)	成人	ビデオ	目撃者	判別	89	81	85
Landry & Brigham (1992)	成人	記憶	被害者	CBCA 評定者	75	35	55
Ruby & Brigham (1998)	成人（白人）	記憶	被害者	判別	72	65	69
Ruby & Brigham (1998)	成人（黒人）	記憶	被害者	判別	67	66	67
Santtila et al. (2000)	7 – 14（合計）	記憶	被害者	回帰	69	64	66
Sporer (1997)	成人	記憶	被害者	判別	70	60	65
Steller et al. (1998)	6 – 11	記憶	被害者	CBCA 評定者	78	62	72
Strömwall, Bengtsson et al. (2004)	10 – 13	活動	目撃者	判別	44	64	54
Tye et al. (1999)	6 – 10	活動	目撃者	判別	75	100	89
Vrij, Akehurst et al. (2004a)[3]	5 – 6	活動	目撃者／被疑者	判別	71	64	69
Vrij, Akehurst et al. (2004a)	成人	活動	目撃者／被疑者	判別	58	65	62
Vrij, Akehurst et al. (2004b)[4]	6 – 15／成人	活動	目撃者／被疑者	判別	50	69	60
Vrij, Edward et al. (2000)	成人	ビデオ	目撃者	判別	65	80	73
Vrij, Kneller et al. (2000)[5]	成人	ビデオ	目撃者	判別	53	80	67
Vrij, Kneller et al. (2000)[6]	成人	ビデオ	目撃者	CBCA 評定者	80	60	70
Yuille (1988a)	6 – 9	記憶	被害者	CBCA 評定者	91	74	83
Zaparniuk et al. (1995)[7]	成人	ビデオ	目撃者	決定規則	80	77	78
総合正確性得点					**70.81**	**71.12**	**70.47**

n/a 参加者が活動に参加するような手続きで実験が行われ，被害者でも，被疑者でもなかったような場合

注：[1] 初回面接のみ。 [2] 簡単な指導を受けた条件のみ。 [3] CBCA に関する情報について知らされていない参加者のみ。 [4] 簡単な指導を受けた条件のみ。 [5] 嘘をつく人は CBCA に関する情報を知らされていない人のみ。 [6] 嘘をつく人は CBCA に関する情報を知らされていない人のみ。 [7] 「基準1～5にあてはまり，かつ残りの基準のうち2つにあてはまる」という決定規則を適用した正答率。

第6節　妥当性チェックリスト：研究知見

　今日，妥当性チェックリストについての研究は，CBCA 得点に関する3つの問題に焦点を当てている。それは，面接対象者の年齢，面接者の面接スタイル，そして，面接対象者への指導である。本節では，これらの問題に関する研究を概観する。

面接対象者の年齢

　先にも述べた通り，認知能力，言語能力，記憶の検索方略は，児童期を通して，年齢とともに発達し，次第に目撃した事柄について詳細な報告を行うことが容易になる（Davies, 1991, 1994a; Fivush, 2002; Fivush et al., 1995; Saywitz, 2002）。そのため，年齢の低い子どもの供述は，年齢が高い子どもや大人の供述に比べて詳細情報が少ない。また，8歳以下の子どもは他者の視点で物事を見ることが難しい（Flavell, Botkin, Fry, Wright, & Jarvis, 1968）。よって，基準13（犯人の心的状態についての推測）は年齢の低い子どもの供述にはあてはまりにくい。最後に，年齢の低い子どものメタ認知，メタ記憶（つまり，自分自身がその質問の答えを知っているか覚えているかをわかっていること，Ghetti & Alexander, 2004; Magnussen et al., 2006; Walker & Warren, 1995）は発達的に未熟である。そのため，記憶が欠落していることに気づきにくい可能性がある（基準15）。先行研究では，CBCA 得点は年齢に左右されることが指摘されている。年齢が上がるにつれ，CBCA 得点も高くなる[原注16]。
　3つのフィールド研究において，各年齢の供述に各 CBCA 基準が含まれる頻度を検討している（Boychuck, 1991; Buck, Warren, Betman, & Brigham, 2002; Lamers-Winkelman & Buffing, 1996）。これらの研究では，19の基準の多くが年齢と関連していた。たとえば，Buck et al.（2002）は，2～14歳の子どもの性的虐待についての面接を検証し，

19 の基準のうち 13 が年齢と関連していることを示した。関連がみられなかった残り 6 つの基準（非日常的な事柄についての詳細，誤解された情報の正確な報告，犯人の心的状態についての推測，自分自身の記憶について疑問を提起すること，自己非難，そして，犯人に対するゆるし）は，10％以下の面接にしか含まれなかった。

多くのフィールド研究者たちは，年齢に関わらず，供述の中に各基準が含まれる頻度について検討している。彼らは，基準によって，供述に含まれる頻度が大きく異なることを示している[原注17]。特に，基準 1（論理的構造），基準 3（詳細情報の量），基準 4（文脈への位置づけ），基準 19（犯罪の特徴に関する詳細）は，供述に含まれる頻度が高く，基準 10（誤解された情報の正確な報告），基準 16（自分自身の記憶について疑問を提起すること），基準 17（自己非難）は含まれる頻度が低い（典型的には供述の 10％以下）。これらの結果からすると，なぜ後者の 3 つの基準がウンドイッチュ仮説を支持することが少ないのかがよくわかる（別表 8.1）。当然のこととして，まったく供述に含まれない基準では，嘘と真実の供述を識別することはできない。それは，ほとんど含まれない基準でも同じである。

原注 16 Anson, Golding, & Gully, 1993; Blandon-Gitlin, Pezdek, Rogers, & Brodie, 2005; Boychuk, 1991; Buck, Warren, Betman, & Brigham, 2002; Craig et al., 1999; Davies, Westcott, Horan, 2000; Hershkowitz, Lamb, Sternberg, & Esplin, 1997; Horowitz, Lamb, Esplin, Boychuk, Krispin, & Reiterr-Lavery, 1997; Lamb et al., 1996; Kamers-Winkelman & Buffing, 1996; Pezdek et al., 2004; Santtila et al., 2000; Vrij, Akehurst et al., 2002, 2004a, b.
いくつかの研究では，有意な年齢の効果はみられなかった（Akehurst et al., 2001; Tye et al., 1999）。しかし，Tye ら（1999）の研究では，嘘と真実の供述を行った子どもの年齢は均等に調整されていなかった。Hershkowitz ら（1997）では，年齢と CBCA の合計得点との間の相関は，有意傾向（$p < .10$）に留まった。

原注 17 Ason et al., 1993; Boychuk, 1991; Buck et al., 2002; Esplin et al., 1988; Horowitz, Lamb et al., 1997; Lamb et al., 1997b; Lamers-Winkelman & Buffing, 1996. これらのフィールド研究で得られた出現率の概説については，Vrij, 2005b を参照してほしい。

面接者の面接スタイル

　CBCA 得点は面接スタイルとも関連する[原注18]。たとえば，オープン質問（「何が起こったか話してください」）や発話を促進させるような相づち（誘導的ではない言葉による励まし，Hershkowitz, Lamb, Sternberg, & Esplin, 1997）は，面接対象者によってすでに話された内容に焦点を当てるような直接的な質問方法に比べて，CBCA の基準によりあてはまる供述を引き出しやすい（Craig et al., 1999; Hershkowiz et al., 1997）。また，言葉による肯定（「なるほど」など）や承認するような発言（つまり，子どもが話した内容を面接者が要約すること）も，CBCA 得点と正の相関を示した（Davies, Westcott, & Horan, 2002）。
　特殊なこの面接技法は，面接対象者から得られる情報の量を増やすように考案されている。これらの技法のひとつに，**認知面接**と呼ばれるものがある。認知面接は，アメリカの研究者である Ron Fisher と Ed Geiselman（1992）によって開発された。この面接技法は，今日では，ドイツ，イギリス，そしてアメリカ（おそらくほかの国も）の警察官により，協力的な目撃者への面接において頻繁に活用されている。
　時に人は，自分の記憶の中から特定の情報を自発的に思い出すことが難しい場合がある。認知面接は，記憶した中から情報を想起，検索することに関する心理学的原理にもとづいており，協力的な目撃者であれば，認知面接は，従来の面接に比べてより正確な情報を引き出すと言われている（Köhnken, Milne, Memon, & Bull, 1999; Milen & Bull, 2003）。さらに，認知面接によって得られた目撃者の供述は，従来の面接によって得られた

原注18 Craig et al., 1999; Davies, Westcott, & Horan, 2000; Hershkowitz, 1999; 2001b; Hershkowitz, Lamb, Sternberg, & Esplin, 1997; Köhnken et al., 1995; Lamb, Esplin, & Sternberg, 1995; Lamb, Hershkowitz, Sternberg, Esplin, Hovav, Manor, & Yudilevitch, 1996; Santtila et al., 2000; Steller & Wellershaus, 1996; Sterenberg, Lamb, Hershkowitz, Esplin, Redlich, & Sunshine, 1996; Vrij, Mann, Kristen, & Fisher, 2007.

供述に比べ，CBCA得点が高くなる（Köhnken, et al., 1995; Steller & Wellershaus, 1996）。認知面接に関する詳しい情報については，Fisher, Brennan と McCauley（2002）を参照してほしい。

面接対象者への指導

　もしも，面接対象者が自分の供述がCBCAによって評価されるということに気づいていたら，CBCA基準にあてはまるような供述を行い，その供述が信用できるという印象を評定者に与えようとするかもしれない。このような試みを**カウンターメジャー**という。原則として，真実を話す人も嘘をつく人も，カウンターメジャーによる対処を試みる可能性はある。ただし，嘘をつく人は，真実を話す人ほど自身の信憑性を当然のものだと考えていないため，よりその対処を試みやすいだろう（DePaulo, Lindsay et al., 2003）。

　著者は，CBCAに対するカウンターメジャーについて検討した5つの実験を知っている（Caso, Vrij, Mann, & DeLeo, 2006; Joffe & Yuille, 1992; Vrij, Akehurst et al., 2002, 2004b; Vrij, Kneller, & Mann, 2000）。著者らの実験では，異なる年齢群の参加者（6～8歳，10～12歳，14～15歳，大人）が，複数の出来事について真実を話す，もしくは嘘をついた。参加者のうち何名かは（本当のことを話す場合も，嘘とつく場合も），事前にいくつかのCBCAの基準について説明を受けた。説明の後，これらの「指導を受けた」参加者は，自分たちの真実の供述もしくは嘘の供述の中に，先ほど習ったCBCAの基準にあてはまる情報を含めるように求められた。供述は書き起こされてCBCA評定者による評定がなされ，情報を与えられていない参加者のCBCA得点と比較された。

　事前に指導を受けたことによって，CBCAは真実性の識別に役に立たないツールになった。一般的に，指導を受けた参加者は，指導を受けていない参加者に比べ，CBCA得点が高かった。さらに，嘘と真実の供述を比較したところ，指導を受けていない参加者でのみ違いがみられた。その

ため，指導を受けた人物が嘘をついた場合，CBCAの分析によって正確な識別を行うことは難しい。たとえば，著者らの大人を対象とした実験では（Vrij, Kneller, & Mann, 2000），CBCAの専門家は，CBCAについて指導を受けていない参加者の嘘の供述の69％を正しく識別できたのに対して，指導を受けた参加者の嘘の供述では27％であった。CBCAの評定者に，参加者のうち何人かは指導を受けていることを告げ，供述を再度評価するように求めると，指導された群で嘘をついている人物を特定できる割合が増加したが，それは40％程度であった。このことから，CBCAの評定者に指導を受けている可能性を伝えたとしても，嘘をついた人の多く（60％）が，真実を話した人として判別されたことがわかる。

著者らの実験では，事前の指導によって，参加者の嘘は成功するようになったが，6～8歳児を対象とした研究は例外であった。子どもたちは，CBCAについて説明された後でも，自分たちの供述の質を向上させることはできなかった。これは，訓練の特性に起因すると考えられる。子どもたちには，限られた情報しか与えられず，教えられた内容を練習する時間も与えられなかった。その上，指導者は子どもたちにとって馴染みのない人物であった。年齢の低い子どもであっても，顔見知りで，信頼できる人物より事前に訓練を受け，時間をかけて練習すれば，嘘をうまくつく可能性はある。著者らの実験では，年齢の高い子どもや大人に比べて，年齢の低い子どもを指導するのはより困難であることを示したと言える。

第7節　CBCA基準と真実の供述との関連についての信念

前節では，CBCAの手続きについて説明を受けた人は，CBCAの評定者をだますために，供述の中にCBCAの基準にあてはまる情報を組み入れることが可能であることを示した。供述の信憑性を高く見せるよう調整するためには，CBCAの手法について知らない人が，CBCAの基準と

真実の供述との関連をどのように捉えているかを知ることが重要である。CBCA について知らない人物が，本当らしい印象を他者に与えようと強く動機づけられた場合には，自分自身が信憑性が高いと思う内容を供述しようとするだろう。はたして，これらの供述は，CBCA の評定者によって信用されるだろうか？　一般の人々が信憑性が高いと思う点と，CBCA 評定者が信憑性が高いと思う点が重なっているならば，それは可能であろう。

　この問題について検討した研究は少ない。著者が知るところでは，4 つの調査研究しかない（表 8.4 を参照）。これらの調査研究では，参加者には，CBCA の基準の一覧が提示され，各基準にあてはまる情報が信憑性の高い供述の中に含まれると思うかどうかについて以下のように回答することを求められた。それは，（ⅰ）真実の供述に比べて嘘で多く含まれる，（ⅱ）真実の供述に比べて嘘で含まれる頻度が少ない，（ⅲ）嘘と真実の間で差はない，であった。成人を対象とした 3 つの研究がイギリスで行われ，嘘検知に関する専門家（警察官，教師，ソーシャルワーカー）と一般の人の両方について検討された（Akehurst et al., 1996; Taylor & Vrij, 2000; Vrij, Akehurst, & Knight, 2006）。その結果，どのグループの結果も類似しており，一般の人であっても，専門家であっても，真実の供述の言語的特徴について，類似した信念を持っていることが示された。表 8.4 の結果は 3 つのグループを合わせたものである。

　表 8.4 の中で，「＞」の記号は参加者が虚偽の報告に比べて真実の報告で基準にあてはまる情報が多く含まれると信じていることを示す。一方，「＜」の記号は，虚偽の供述に比べて，真実の供述で基準にあてはまる情報が少ないと信じている場合を示す。「－」は，参加者が，虚偽や真実の供述と基準との間に関連があると考えていないことを示す。そして，「＊」は，その研究では基準と真実／嘘との関連が検討されていないことを示す。先に述べた通り，CBCA の専門家は，すべての基準について，虚偽に比べて，真実の供述で基準にあてはまる情報が多く含まれると信じており（表の中の「＞」の記号），CBCA 研究の多くはこれと同様の傾向を示している。

表 8.4 基準にもとづく内容分析の基準と真実の供述に関する人々の信念

著者	CBCA 基準																		
	1	2	3	4	5	6	7	8	9	10	11	12	13	14	15	16	17	18	19
Akehurst, Köhnken, Vrij, & Bull (1996)	*	*	>	<	>	—	—	*	<	<	<	*	*	<	>	<	<	<	—
Colwell, Miller, Miller, & Lyons (2006)	>	<	>	*	*	*	*	*	<	*	*	*	*	<	<	*	*	*	*
Taylor & Vrij (2000)	—	—	—	<	*	—	<	<	<	*	*	*	*	<	<	>	>	<	>
Vrij, Akehurst, & Knight (2006)	>	<	>	*	>	—	—	<	<	*	*	>	*	—	<	*	*	*	*

> 観察者が，虚偽の供述に比べて，真実の供述で基準にあてはまる情報が多く含まれると信じている場合
< 観察者が，真実の供述に比べて，虚偽の供述で基準にあてはまる情報が多く含まれると信じている場合
— 観察者が，真実／嘘の供述と基準を関連させていない場合
* 基準が検討されていなかった場合
サンドイッチ仮説からは，嘘をついている場合より真実を話している場合の方が，基準にあてはまる情報が多く含まれると予測される
注：1 成人の信念のみ。

表8.4は，基準3（詳細情報の量）や基準5（相互作用についての詳細情報）は，供述が嘘の場合に比べて，真実の供述でより生じやすいと人々が信じていることを示している。これは，CBCA研究と一致した結果である。そのほかの基準の多くに関しては，各基準が真実の供述とどのように関連するかについての知識を人々は持っていない。実際に人は，現実とは真逆の信念を示すことも多々ある。たとえば，基準4（文脈への位置づけ），基準8（非日常的な事柄についての詳細），基準9（不必要な事柄に関する詳細）など，本来は真実の供述に多く含まれる基準について，人々は虚偽の供述に多く含まれると信じている。

　まとめると，信憑性の高い供述に関する人々の信念は，CBCAの専門家のものといくつかの点で異なっている。これは，CBCAの評定者にとっては都合がよい。もしそうであれば，CBCAに関する知識がない人物が虚偽の報告を真実らしく見せようと考えたとしても，CBCAの評定者にとって信憑性が高いと判断されるような供述を示す可能性は低いためである。

　ほかの研究では，人が認識する供述の信憑性とある1つのCBCA基準（詳細情報の量）との間の関連に焦点を当てている。多くのCBCA研究において，詳細情報を多く含む場合には，供述が真実であるという印象を与えることが示されている（Bell & Loftus, 1988, 1989; Conte, Sorenson, Fogarty, & Rosa, 1991; Wells & Leippe, 1981）。しかし，Freedman, Adam, DaveyとKoegl（1996）は，これらの関連が文脈に左右されることを見出した。観察者が，ある人物が嘘をつこうとしていると疑っている場合には，中程度の詳細情報の量を与えることで，最も信用できるという印象を与えることができる。このような状況で，詳細情報を多く報告してしまうと，かえって，説得力があるように見せようとしすぎている，防衛的すぎる，もしくは，話の内容の一部をでっち上げようとしているという印象を与えてしまう。同様に，Coolbear（1992）は，子どもが詳細情報を多く報告しすぎた場合も疑いを招くと述べている。それは，その子どもが，供述する内容について他者から指導を受けた可能性があることを示

すからである。人にとって許容可能な基準を超えると，その報告は疑わしいと思われるようである。同様の結果が，認識された信憑性と非言語的情報との関連においてもみられている（第5章）。これらの研究では，中程度の行動（たとえば，中程度レベルのアイ・コンタクト）は，規範を逸脱する行動（たとえば，視線をそらす，じっと見つめるなどの行動）に比べ，真実らしい印象を与えることが示された。

第8節　妥当性チェックリストに関する考え

　実際の事例に対する妥当性チェックリストの活用についての研究は少なく，公刊されている研究は3つだけである（Gumpert & Lindblad, 1999; Lamers-Winkelman, 1999; Parker & Brown, 2000）。特にGumpertとLindbladによる研究は興味深く，以下に彼らの研究について説明する。はじめに，妥当性チェックリストに関する問題点を挙げ，それらの問題を心理学的原理や研究結果と照らし合わせる。

妥当性チェックリストの問題を特定することの難しさ

　妥当性チェックリストの中のいくつかの問題を特定することは難しい。たとえば，SVAの専門家は，子どもの供述の信憑性の評価を高めるために，大人が子どもに供述内容について指示を与えた証拠を探そうとする。しかし，先にも述べた通り，供述内容を指導したことをCBCAの専門家が特定するのは難しい。

妥当性チェックリストの問題を測定することの難しさ

　妥当性チェックリストの問題項目である，被暗示性への感度（項目3, Steller, 1989）は，測定することが難しい。ある人はほかの人に比べて，

面接者の誘導の影響を受けやすい。被暗示性の高い子どもは，面接者の予測を裏づけるような情報を報告する傾向があるが，実際にその情報が間違っている場合は問題になる。そのため，Yuille（1988b）や Landry と Brigham（1992）は，面接の最後にいくつかの誘導質問を行い，面接対象者がその質問に対してどのように回答するかを評価するのがよいとしている。誘導質問は，前述したように，供述全体の信憑性を損なう恐れがある中心的情報に対してではなく，周辺的情報について行うべきであるとしている（たとえば，面接者が友人はその場に居なかったことを知っている場合，「妹と一緒にいたとき，どの友達がそこにいましたか？ クレアですか？ サラですか？」）。周辺的情報に対して聞くといったように，質問対象となる情報を制限することは問題である。子どもは，周辺的情報に比べて，中心的情報への暗示に対して抵抗力があると言われている（Dalton & Daneman, 2006; Goodman, Rudy, Bottoms, & Aman, 1990）。また，ストレスの少ない出来事（その多くが周辺的な出来事）に比べて，ストレスの多い出来事（その多くが中心的な出来事）への暗示に対して抵抗力があると言われている。そのため，子どもたちの周辺的情報への被暗示性についての知見にもとづいて，中心的情報に対する被暗示性に関する結論を導くことは有益ではない。妥当性チェックリストのこの問題項目は，被暗示性が状況ではなく，個人特性によって生じるという仮説にもとづいて構成されているようである。これは，適切な仮説であるとは言えない（Milen & Bull, 1999）。

妥当性チェックリストの問題項目の影響力を判断することの難しさ

妥当性チェックリストの問題項目が特定され測定されると，その測定された内容が実際どの程度 CBCA 得点に影響を与えているかを判断することは不可能ではないにしても，困難なことが多い。これまでに示した通り，面接スタイルは，目撃者が報告する情報量に影響することが多い。しかし，

すべての目撃者が特定の面接スタイルの影響を受けるとは限らない。また，影響を受けたとしても，後にそれがどの程度供述の内容に影響しているかを厳密に判断することはできない。つまり，妥当性チェックリストの問題項目が個人の供述に与える影響を正確に測定することは不可能であり，推定することしかできない。そして，これらの推定が間違っている可能性もあるだろう。

　妥当性チェックリストの問題項目が，CBCA得点に与える実際の影響について判断する際に，SVAの専門家たちが直面する困難さを示すよい例として，Lamers-WinkelmanとBuffing（1996）のフィールド研究が挙げられる。この研究では，評定者はCBCA得点を計算する際に，子どもの年齢の影響を考慮するように指示された。それにも関わらず，CBCA基準のうち6つの基準で年齢と正の相関がみられた。つまり，年齢に応じて，CBCA得点を修正するように求めた場合であっても，年齢の高い子どもは，年齢の低い子どもに比べてCBCA得点が高くなるという，年齢による影響がみられた。このように，妥当性チェックリストの問題項目の影響を正確に特定，測定すること，そして，これらの問題項目がCBCA得点に実際にどのような影響を与えるのかを厳密に評価することは難しい。ここから，妥当性チェックリストの手続きはCBCAの手続きに比べ，主観的であり，体系化されていないことは明らかである（Steller, 1989; Steller & Köhnken, 1989）。そのため，ドイツの実際の刑事事件でも，供述の信憑性に関する2人の評定者の評価が一致しない場合は，その多くが妥当性チェックリストの問題項目の影響力の部分についてであることは驚くべきことではない（Köhnken, 1997, 私信）。スウェーデンにおける妥当性チェックリストの利用を検討すると，問題項目が子どもの供述に与える影響力について，評定者によっては異なる結論に至る事例もあることがGumpertとLindbald（1999）により示されている。このことから，現実の事件では，少なくとも2人以上の評定者が独立にその事例を評価することが望ましい。しかし，現時点では，セカンド・オピニオンを求めることは実務ではあまり一般的ではない[原注19]。

妥当性チェックリストの問題項目の根拠

妥当性チェックリストの問題項目の根拠について，いくつか疑問点がある。それは特に，問題項目2の感情の不適切さ（Steller, 1989），問題項目9の自然法則との不一致（Steller, 1989），問題項目10の供述間の矛盾，問題項目11のほかの証拠との不一致（Steller, 1989）の根拠についてである。

感情の不適切さ

妥当性チェックリストの問題項目2は，子どもが面接中に不適切な感情の表出を行ったかを検討するものである（Raskin & Esplin, 1991b）。子どもが虐待の詳細について報告する際に何の感情の兆候も示さない，もしくは，不適切な感情の兆候を示している場合には，子どもの話す内容の信憑性が低い可能性があることを示唆する。これは，SVAの専門家以外の間でも一般的に言われていることである。

Coolbear（1992）は，法学や福祉の専門家が，子どもが体験した題材の特徴と子どもが表出する感情が一致することは，真実性の指標になると考えていることを示した。第6章では，警察により第一被疑者であると信じられていた14歳のマイケル・クロウの話を取り上げた。彼が第一被疑者とみなされたその理由は，妹の死に対して「不適切にもほとんど感情を示さなかった」からであった（Kassin, 2005）。さらに第5章では，性

原注19 SVAの専門家が対処しなければない問題の一つに，目撃者の反応が供述の真偽性以外の要因の影響を受けるということが挙げられる。これは，SVAによる評価に限ったことではない。行動的，生理的反応を検証することで嘘を見抜く専門家たちも同じ問題に直面する。嘘検出に関わる専門家たちは，ベースラインの反応を設定することで，これらの問題に対応している。ベースラインの反応とは，面接対象者が真実だと知っている典型的で，自然な反応であり，取調べと類似した状況で得られる。このベースラインの反応と，取調べ状況での反応を比較する。両方の反応に与える外的要因の影響は同じであることが想定されているため，両方の反応の違いは，欺瞞によるものであると考えられる。しかし，この手続きは複雑であり，効果的なベースラインを作り出すことは難しい場合が多い。このベースラインの問題は，すでに第3章で述べた。この問題については，本書の後半で再度取り上げる。

的虐待事件専門のドイツの刑事たちが，被害者が「非典型的な行動」を示した場合には，その供述に疑いを持ち始めるという話も紹介した。

著者の懸念点は，異常行動／不適切な感情，もしくは，典型的な行動／適切な感情が存在するということが誤って想定されていることである。レイプ被害者に関する研究では，2種類の自己呈示があると言われている。「表出型」は，他者にわかるように，明確に被害者が苦痛を示すような自己呈示の種類である。その一方で，「無感覚型」のように，被害者が苦痛を目に見える形で示さないような自己呈示の種類もあると言われている（Burgess, 1985; Burgess & Homstrom, 1974; Vrij & Fischer, 1995）。このようなコミュニケーション・スタイルの違いはパーソナリティ特性によるものであり，欺瞞との関連はない（Littman & Szewczyk, 1983）。しかし，感情表出の違いは，被害者の供述の信憑性に異なる印象を与え，感情的な被害者は，感情を抑制して体験を報告する被害者に比べて信用されやすい（Baldry & Winkel, 1998; Baldry, Wrinkel, & Enthoven, 1997; Bothwell & Jalil, 1992; Kaufmann, Drevland, Wessel, Overskeid, & Magnussen, 2006; Winkel & Koppelaar, 1991）。適切な感情などは実際には存在せず，人は，表出された感情へのバイアスにより，時に間違った結論を導き出す傾向がある。このことから，SVAの評定者に対して感情に注目するよう促すのは不適切である。この問題については，マイク・オブライアンというイギリスの法務総官が提出した，証言台で異様に落ち着いた様子の被害者に対して疑いの目を向けることは適切ではないと議論した諮問書の内容の方が，的を射ていると感じる（「*The Observer*」2006年3月26日付, p. 19）。

供述間での矛盾

妥当性チェックリストの問題項目10では，同じ目撃者による供述間の不一致について検討している。この問題項目では，面接対象者の2つの供述に矛盾がある場合には，虚偽が含まれる可能性があることを主張している。しかし，子どもを対象とした研究の中で，FivushとPetersonと

Schwarzmueller（2002）は，供述間の不一致は，欺瞞を検出するための適切な指標であるとは言えないことを明らかにした[原注20]。この研究では，子どもの供述が面接のたびに変わることは，ごく自然なことであるという結果が示された。この供述の変遷は，面接によって面接者が異なる点や，面接の中で用いられた質問の違いによるものが大きいと考えられる。

Köhnken（2004）は，供述間の不一致について検討することの問題点を認め，不一致を検証することは，本質的に適切でないと論じている。それよりも彼は，「本質的な矛盾――つまり，中心的な出来事に関する矛盾――であれば，少なくとも説明が必要である」としている（Köhnken, 2004）。この注意深い結論は納得できるものである。しかし，特に子どもの供述の評価においては，いまだ問題が存在する。子どもは，中心的な出来事についても矛盾した供述を行うことがあり，その理由の一つに質問の繰り返しが挙げられる（Moston, 1987; Poole & White, 1991; Quas, Davis, Goodman & Mayers, 2007）。幼い子どもは，1つの質問に対して，2つの異なる回答を報告する可能性がある。子どもたちは，「同じ質問が2回繰り返されたのは，最初の自分の答えが間違っていたからである」と解釈してしまうことがある。これは，よく起こる現象であるためこの推論には納得がいく。保護者や教師は，子どもが回答を間違えた場合に，同じ質問を繰り返すことがある。性的虐待の事例では，子どもたちは繰り返し面接を受けることが多い。その際に，同じ質問について別の面接で聞かれることが多く，矛盾を検証する際には，このような問題が生じる。

供述の現実性

妥当性チェックリストの問題項目9や11では，供述の中で述べられた出来事が非現実的か，また，不可能であるかを判断する。SVAの専門家によれば，これらの非現実的な要素が含まれている場合には，その供述の真実性に疑いが生じる。しかし，非現実的，もしくは，不可能な詳細情報

原注20　第4章で示したように，供述間の不一致は，大人においても，適切な欺瞞の指標ではない。

が供述の中に存在することは，その供述が虚偽であるということと必ずしも結びつくわけではない。DalenbergとHylamdとCuevas（2002）は，虐待の事実があったことについて「至適基準」を満たす子どもたち（たとえば，けがの状態が申し立てられた内容と一致する医学的診断を受けた子どもたち）の，初期の申し立てでの供述を分析した。その結果，小人数ではあるが，子どもの供述の中に，空想の登場人物，不可能で信じがたい内容，また，本来そのようなことが起こったのであれば外的証拠によって支持されるはずの（でも実際には支持されなかった）あまりにもひどい虐待行為など，奇妙で起こりそうにない内容が含まれていることが示された。これらの供述は非現実的な要素を含んでいるため，妥当性チェックリストによる評価では真実ではないと判断される可能性がある。

検証が必要な問題項目が妥当性チェックリストに含まれていない

　CBCA得点に影響を与える可能性があるすべての問題項目が妥当性チェックリストに含まれているわけではない。その結果，リストに含まれていない問題項目については，検証されないことになってしまう。たとえば，面接対象者が，自分に馴染みのある出来事について話す場合には，熟知していない出来事について話す場合に比べ，CBCA得点が高くなる（Pezdek et al., 2004）。面接対象者が出来事について熟知していることは，実際の供述の真実性を超えて，CBCA得点に強い影響を与える可能性がある（Blandon-Glitlin, Pezdek, Rogers, & Brodie, 2005）。虚偽の供述であっても，熟知している出来事について話した場合にCBCA得点が高くなるのは，目撃者が虚偽の供述を作り上げる際に，自分自身の経験を利用できるためである。RaskinとEsplin(1991b)はこの問題を認めている。彼らによると，「多くの基準が組み込まれた供述を作り上げるための，ほかの情報源を目撃者が持っているような場合」には，CBCAを適用することは難しい（Raskin & Esplin, 1991b, p.280）。Pezdekは，現実の性

的虐待事例では，性的行為に関して既存の知識がない，もしくは，性的行為を経験したことがない人の供述に対してのみ，SVAは虚偽と真実を識別する有効なツールとなりうることを示唆している（Pezdek & Taylor, 2000）。面接対象者の出来事に対する熟知性についての検証は，SVA手続きの中に含まれていない。

　妥当性チェックリストに含まれていないもう一つの重要な要因は，面接対象者に対する面接の回数である。被害児が一度児童虐待に関する申し立てを行うと，一般的に法システムにおいては複数の状況で詳細な面接を受けることになる（Granhag, Strömwall, & Landström, 2006）。面接の回数は，供述の内容に影響することが研究で示されている。子どもは，最初の面接に比べて2回目の面接で，より多くの情報を報告する可能性がある（Goodman & Schwartz-Kenney, 1992; Yulie & Cutshall, 1989）。子どもは，初めて会う面接者との最初の面接では居心地の悪さを感じ，そのために多くを話さない可能性がある。また，面接者との信頼関係の構築が必要であるため，最初の面接ではあまり話そうとしない可能性もある。しかし，Boychuk（1991）のフィールド研究では，面接の回数の多さは，面接対象者の報告内容に対して負の影響を与えることが示された。彼女は，1回，2回，3回，4回，そして，それ以上の回数，面接を受けた子どものCBCA得点を比較した。その結果，少なくとも3回以上面接を受けた子どもによる供述のCBCA得点は，3回未満の子どものものに比べて低いことが示された。Boychukは，複数回面接を繰り返すと，子どもはその話題について話すことに飽きてしまう可能性があると指摘している。

　ErdmannとVolbertとBöhm（2004）は，実験研究で，子どもに対する面接回数が，CBCAによる評価の正確性に影響を与えるかを検討した。6～8歳の子どもに対して，実際に体験した出来事と虚偽の出来事について面接を5回行った。CBCAによる評価は，1回目と5回目の面接の後に実施された。実際に体験した出来事と虚偽の出来事の間で，1回目の面接後のCBCA得点では違いがみられたのに対して，5回目の面接後では，得点の違いはあまりみられなくなった。以上の結果から，面接の回数が増

えるにつれ，CBCA の手法を用いた真実と虚偽の識別は難しくなると言える。これらの結果を考慮すると，CBCA による評価は，初回面接で得られた供述に対して行うことが最も効果的であると言える。

　研究によって，CBCA 得点が，言語能力や社会的スキルと関連していることがこれまでに示されてきた（Santtila et al., 2000; Vrij, Edward, & Bull, 2001c; Vrij, Akehurst et al., 2002, 2004b）。たとえば，Santtila ら（2000）では，CBCA 得点と WISC-R の単語検査によって測定された言語能力との間に正の相関がみられた。著者らの研究でも，ある年代の人たちでは，CBCA 得点と社会的器用さやセルフ・モニタリングとの間に正の相関，そして，CBCA 得点と社交不安の間には負の相関があることが示された（Vrij, Akehurst et al., 2002）。しかし，言語能力，社会的スキルの測定は妥当性チェックリストには含まれていない。

　現在はまだ解明されていないことも含め，ほかの問題も CBCA 得点に影響を与える可能性がある。たとえば，抑うつや注意障害などの心理的な障害がある子どももおり，これらの症状が CBCA 得点にどのような影響を与えるかについては，解明されていない[原注21]。

妥当性チェックリストの間違った活用

　Gumpert と Lindbald（1999）のフィールド研究では，スウェーデンの SVA 評定者による妥当性チェックリストの活用について検討している。その結果，妥当性チェックリストの難しさから，専門家の中には妥当性チェックリストを誤った方法で用いている者もいることが示された。1つ目に，妥当性チェックリストの問題項目が子どもの供述に与える一般的な

原注21　これまでに議論された，妥当性チェックリストの問題項目についての測定と，実際にこれらの問題項目が CBCA 得点に与える影響について判断することの難しさは，以下の概念にも適応できる。たとえば，社会的器用さとセルフ・モニタリングは個別の事例ではどのように評価されるべきなのだろうか（このことにおいて，人々の自然言語の使用はその人物のパーソナリティ指標と関連があることを示す研究がある。Pennebaker & Graybeal, 2001; Pennebaker & King, 1999）。そして，この社会的器用さとセルフ・モニタリングが供述の質にどの程度影響するのかを，個別の事例ではどのように判断すればよいのだろうか？

影響について時に強調する一方で,実際に評価の対象となっている個別の子どもの供述に対して問題項目が与える影響について議論している専門家は少ない。2つ目に,供述に影響を与える可能性がある外的な要因について指摘する一方で,専門家はCBCAの結果に頼っており,質の高い供述は真実,質の低い供述は虚偽であると判断しがちである。

　GumpertとLindblad（1999）は,ごく少数の限られた事例しか検証していないため,これらの少数データから結果を導き出すのは尚早であるかもしれない。しかし,彼らの結果をより大きなサンプルで再現できたとしたならば,これらの結果が示すものは憂慮すべき内容である。第一に,妥当性チェックリストの問題項目が,現場で無視されていることを意味している。なぜこのようなことが起こるのかを説明することは簡単である。すでに議論してきたように,妥当性チェックリストの問題項目が供述に与える実際の影響について正確な判断を行うのは非常に難しく,その影響を無視することが一番簡単な解決策であることが多い。第二に,妥当性チェックリストの問題項目の影響を無視することは,SVAの結果が,CBCA得点で示された結果以上に正確なものにはならないことを意味している。CBCA得点と妥当性チェックリストを合わせた評価結果は,CBCA単体で評価した結果と変わらないことになる。第三に,妥当性チェックリストの問題項目の影響を無視することは,もともと質の低い供述を行う面接対象者は,低いCBCA得点になりやすいため（たとえば,年少の子ども,言語スキルが低い面接対象者）,考慮されるべき境遇が無視され,不利な立場に置かれる可能性があることを意味している。

埋め込み型の虚偽／嘘と虚記憶を検出することの難しさ

　子どもは,実際に性的虐待の被害に遭っていて,体験したことを正確に報告していたとしても,（故意であろうが,そうでなかろうが）誤って別の人物を犯人であると訴えてしまうようなことがある。この場合,この虚偽の申し立てが,真実として判断される恐れがある。正確な供述の中に,

一部誤った情報が埋め込まれているため，この虚偽の供述の大部分の要素は真実の内容となる。誤って別の人物が罪に問われるのであれば，このような供述を**埋め込み型の虚偽の供述**と呼び，別の人物が故意に告発される場合には**埋め込み型の嘘**と呼ぶことにする。このような供述には，詳細情報が多く含まれていて，高い CBCA 得点を得る可能性がある。

　さらに，大人であっても，子どもであっても，人は自分が実際に体験したことと，単に想像しただけの内容を混同することがある（Foley & Johnson, 1985; Johnson & Foley, 1984; Markham, 1991; Parker, 1995）。おそらく，この想像した出来事についての供述は詳細であり，そのため高い CBCA 得点を獲得し，真実であると判断されるだろう。実際は体験していない出来事について想像した際の記憶が，どの程度詳細であるかを検討した研究がある。まず大人を対象とした研究では，Crombag と Wagenaar と Van Koppen（1996）が説得力のある例を示している。彼らの研究は，1992 年 10 月 4 日に，オランダのアムステルダムにある 11 階建ての建物に，エル・アル航空ボーイング 747 型の貨物機が衝突した，現実の事故にもとづくものである。オランダのテレビ局は，国内の大惨事について，消防隊が炎と戦う様子や崩れかけたビルから人々を救出する様子を大々的に報道した。この大惨事は数日間にわたって主なニュースとなり，最終的には国中の人が何が起こったのかを詳細に知っていた（もしくは知っていると思っていた）。衝突の瞬間自体の映像は存在しなかったため，どのニュース番組でも衝突後の状況しか放送されず，その瞬間の映像が放送されることはなかった。それにも関わらず，「飛行機がビルにぶつかる瞬間の映像を見ましたか？」という質問に対して，研究に参加した 93 名の大学生のうち 61 名（66％）が，映像を見たと答えた。「目撃者」の多くは，存在しない衝突する飛行機の映像について，さらに詳細な内容を報告した。41 名の参加者が飛行機がビルに水平にぶつかったのを見たことを記憶しており，10 名が垂直にぶつかったのを，そして，14 名がぶつかるときにはすでに飛行機が炎に包まれていたのをテレビで見たと答えた。まとめると，実際には目撃していないにも関わらず，目撃したと思い

込んでいる内容について，多くの参加者が鮮明に，そして，詳細に記憶していたことになる。

同じように，著者らは，成人の参加者に対して，実際には存在しない，ダイアナ妃，ドディ・アルファイド（編注：ダイアナ妃の婚約者），そしてその運転手が死亡したパリでの自動車事故の瞬間の映像を見たかを尋ねた（Ost, Vrij, Costall, & Bull, 2002）。質問された 45 名の参加者のうち，20 名（45%）がその映像を見たと答えた。最後に，Johnson と Hashtroudi と Lindsay（1993）は，CBS のテレビ番組で，当時のアメリカ大統領であったロナルド・レーガンが，海軍の隊員に対して，実際に米軍パイロットとして行った英雄的行為について詳しく話をした印象的な例を取り上げた。しかし，この英雄的行為に関する実際の記録，もしくは，類似した記録は見当たらず，このレーガン大統領の話は，1940 年代に公開されたダナ・アンドリュースの映画のワンシーンに不自然なほど酷似していた。

Ceci と彼の同僚たちは，子どもを対象とした実験研究において，3〜6 歳の子どもに複数の出来事について想像するように求めた。出来事の中には，三輪車から落ちて足を縫うけがをしたこと（否定的な出来事）や，同級生と一緒に気球に乗ったこと（肯定的な出来事）など，子どもたちが実際には体験していない出来事も含まれていた（Ceci, Loftus, Leichtman, & Bruck, 1994）。彼らは，子どもたちに想像した出来事についての面接を毎週実施した。その結果，11 回目の面接の際に，3，4 歳児の 59%，5，6 歳児の 51% が気球に乗ったことを思い出し始めた。さらに，3，4 歳児の 31%，5，6 歳児の 28% が面接者に対して，三輪車から落ちて足を縫ったことがあるという報告を行った。すべての面接は録画され，その様子から，子どもたちの供述は一貫していて，詳細なものであることがわかった。そのため，これらの供述は，高い CBCA 得点を得て，真実だと判断されやすい。しかし，これらは実際には虚偽の供述である。追加の研究で，Ceci と同僚らは，子どもたちの 11 回目の面接を専門家（子どもへの面接を専門とする臨床家や研究者で，CBCA の訓練は受けていない者）に

見せ，実際に子どもが体験した出来事と，虚偽の出来事を判断できるかを検討した（Ceci, Huffman, Smith, & Loftus, 1994; Ceci, Loftus et al., 1994）。これらの専門家が，正確な報告と誤った報告を識別できた割合は，チャンスレベル（50％）程度であった。Ceci らの研究に参加した専門家が，CBCA の使用について訓練を受けていない人々であったことは，残念なことである。CBCA の専門家が，CBCA の訓練を受けていない専門家に比べて，うまく真実と虚偽を判断できるのかを知ることは大変興味深いからである。

　CBCA が，実際に体験した出来事と，単に想像された出来事を識別できるかを検討した研究に最も近いものとして，Steve Porter と彼の同僚らが行った研究がある（Porter, Yuille, & Lehman, 1999）。彼らが行った研究で，大人を対象としたものについては，すでに第 2 章（Box2.1）で取り上げた。彼らは，面接によってある種の方向づけを行い，参加者（大人）に実際には体験していない出来事（たとえば，病院の救急治療室に運ばれる）についての記憶の「植えつけ」を行った。その結果，多くの参加者は，実際にはこれらの出来事を体験していないにも関わらず，体験したと思い込むようになった。さらに，参加者の植えつけられた記憶に関する報告と，参加者が実際に体験した出来事に関する報告を比較した。これらの報告について，ほかの手がかりと一緒に，詳細情報の量（基準 3）と自分自身の記憶について疑問を提起すること（基準 15）の 2 つの CBCA 基準を検討した。植えつけられた記憶についての報告と，実際の体験についての報告との間で，この 2 つの CBCA 基準にあてはまる情報が含まれる頻度に差はみられなかった。CBCA の基準のうち 2 つのみを用いた 1 つの研究だけでは，結論を下すのに不十分ではあるが，CBCA の評定者にとって**虚記憶**にもとづく虚偽の報告を正しく識別するのは難しいという結論はもっともらしく思われる。CBCA の評定者にとってだけ，この種の報告の真偽性の判断が難しいわけではない。第 3 章でも示した通り，虚記憶の場合，嘘をついているわけではないため，行動的な欺瞞の手がかりも表出しにくい。しかし，虚記憶がリアリティ・モニタリングによって検

出できるという知見もいくつか存在する。これについては，第9章で説明する。

第9節　法的意義

　本節では，本章で示したCBCA／SVA評価に関する科学的な証拠の刑事法廷での位置づけについて，著者自身の考えを示す。本書全体を通して，刑事法廷で活用されている，もしくは，法廷での活用がその支持者によって推奨されている真実性の評価ツールについて記した部分には必ずこのような節を設けるようにした。これらの評価ツールが刑事法廷において，専門家による科学的証拠として認められるために必要な基準を満たすかという観点から検討を行うことで，許容性の問題について説明したい。アメリカ最高裁によって示された，（アメリカ）連邦裁判所で専門家による科学的証拠として認められるための一連のガイドラインをここでは用いる。このガイドラインは，*Daubert v. Merrel Dow Pharmaceuticals Inc.*(1993)の判例で示されたものである。この判例では，5つの基準（**ドーバート基準**）が設けられた（Honts, 1994）。それは，(a) 科学的仮説は検証可能か，(b) 仮説は検証されているか，(c) 誤判定率は明らかになっているか，(d) 仮説や方法は査読を受けて公刊されているか，(e) 仮説や方法が根拠とする理論はしかるべき科学者たちの一般的な支持を受けているか，の5つである。表8.5がこれらの問いに対するSVAの回答を要約したものである。

Q1．科学的仮説は検証可能か？

　実験研究では，虚偽の供述に比べ，真実の供述では高いCBCA得点が得られるという予測（ウンドイッチュ仮説）を簡単に検証できる。原理的には，フィールド研究でもウンドイッチュ仮説を検証することは可能ではあるが，真実，もしくは，虚偽の供述について疑いのない根拠（真実さの根拠）を設定することは現実的に考えて難しい。この1つ目のドーバー

表 8.5　CBCA と SVA 評価に関するドーバートの 5 つの質問に対する答え

	CBCA 実験研究	CBCA フィールド研究	妥当性 チェックリスト	SVA
(1) 科学的仮説は検証可能か？	検証可能	問題がある	問題がある	問題がある
(2) 仮説は検証されているか？	検証されている	検証されていない	検証されていない	検証されていない
(3) 誤判定率は明らかにされているか？	明らかにされているが，誤判定率が高すぎる	明らかにされていない	明らかにされていない	明らかにされていない
(4) 仮説や方法は査読を受けて公刊されているか？	公刊されている	公刊されている	公刊されていない	公刊されていない
(5) 仮説や方法が根拠とする理論は，しかるべき科学者たちの一般的な支持を受けているか？	不明である	不明である	不明である	不明である

トの問いに対する著者の答えは，CBCA の実験研究に対しては「検証可能」であるが，CBCA のフィールド研究に対しては「問題がある」である。妥当性チェックリストを支えるいくつかの仮説についても，現実世界において厳密な検証を行うことは難しい。たとえば，面接スタイルが供述の内容に影響を与えた程度をどのように立証するのかなどの問題がある。そのため，この 1 つ目のドーバートの問いに対する答えは，妥当性チェックリストと SVA 全体に対して「問題がある」である。

Q2．仮説は検証されているか？

2 つ目のドーバートの問いに対する著者の回答は，実験研究に対しては「検証されている」である。その多くの研究の対象者が子どもではなく，大人であったとはいえ，別表 8.1 には，ウンドイッチュ仮説が検証された 32 の実験室データが載せてある。それに対して，フィールド研究は数が少ない上に，そのうちのいくつかの研究は質の低いものであった。そのため，CBCA のフィールド研究については，この 2 つ目の問いに対して「検証されていない」と答えたい。妥当性チェックリストに関する研究は，ほとんど存在しないため，妥当性チェックリストと SVA 全体に対する答えも「検証されていない」である。

Q3. 誤判定率は明らかにされているか？

　実験研究での，CBCA 判断に関する誤判定率は明らかになっている。真実，嘘の両方の検出において誤判定率は，30％程度である（表8.3）。この誤判定率は，実験研究では，CBCA を用いた嘘や真実の検出がチャンスレベル以上で可能であることを示しているが，同時に，誤った判断が頻繁に生じることも示している。30％の誤判定率は，CBCA による評価が，刑事法廷において設けられている一般的な立証基準である「合理的に疑いの余地がない」ものであるとは言えないことを示している。CBCA の実験研究に対する 3 つ目の質問への著者の回答は，「明らかにされているが，誤判定率が高すぎる」である。特に興味があるのは，フィールド研究での SVA 判断に関する誤判定率である。適切な手続きにもとづいてこの誤判定率を検討したフィールド研究は，今日ではまだ公刊されていない。そのため，CBCA のフィールド研究，妥当性チェックリストと SVA 全体に対する答えは「明らかにされていない」である。

　フィールド研究における誤判定率が解明されない限り，実験研究で得られた誤判定率を用いる以外の選択肢はない。この実験研究の 30％程度の誤判定率は，SVA 判断の正確性を推定する上では妥当であるとは言えない。妥当性チェックリストの節で，現実世界の SVA 評定者は，最終的な判断を行う際に，CBCA の結果に大きく影響を受ける傾向があることを示した。さらに，現実世界の状況で，真実／嘘の評価を行うことは，実験研究での真実／嘘の評価と同様，もしくはそれ以上に難しい。なぜなら，実験室の中で統制されているさまざまな要因が，現実場面では CBCA 得点に影響を与える可能性があるからである。妥当性チェックリストの節で，これらの要因が与える厳密な影響について，特定，測定，そして判断することは難しいことを示した。同じ節で，妥当性チェックリストに含まれる問題項目の根拠に対する疑問や，関連する要因がこのチェックリストに含まれていない問題についても取り上げた。さらに，現実世界の虚偽の供述

の中には検出が難しいものも存在する（埋め込み型の虚偽／嘘と虚記憶）。まとめると，現実世界の事例における SVA 評価の誤判定率は不明ではあるが，SVA の評価を行う過程で関連してくる数多くの問題により間違った判断が生じやすいことは確かである。もし，30％を CBCA の誤判定率のガイドラインとしたのであれば，SVA による評価が「合理的な疑いの余地のない」水準を下回ることは明らかである。つまり，SVA 評定の正確性は，刑事法廷で科学的証拠として採用されるためには十分ではないと言える。

Q4．仮説や方法は査読を受けて公刊されているか？

現在，実験研究，フィールド研究の両方において，多くの CBCA 研究が査読つき論文として公刊されている。一方で，妥当性チェックリストや SVA に関する研究はいまだ不足している。4つ目のドーバートの問いに対する著者の回答は，CBCA の実験研究，フィールド研究については「公刊されている」であるが，妥当性チェックリストと SVA 全体の研究については「公刊されていない」である。

Q5．仮説や方法が根拠とする理論はしかるべき科学者たちの一般的な支持を受けているか？

これまでに示してきたように，CBCA／SVA の手続きに対して懐疑的な研究者がいる（Brigham, 1999; Davies, 2000; Lamb et al., 1997b; Pezdek & Taylor, 2000; Rassin, 1999; Ruby & Brigham, 1997; Wells & Loftus, 1991)。たとえば，今日，唯一の信頼できるフィールド研究を行ったと思われる Lamb ら（1997b, p.262）は，「……法廷に適した，信頼性，妥当性のある検査方法として CBCA を指定するには，CBCA の精度の水準は依然低すぎる」としている。しかし，5つ目のドーバートの問

いに答えるためには，これらの意見を示している学者が，しかるべき科学者を代表する人々であるかを知る必要がある。適切な科学者たち全体によって，今日まだ，この問題についての協議はなされていない。著者の最後のドーバートの問いに対する答えは「不明」である。

総合的な判断

SVA による評価は，刑事法廷での専門家による科学的証拠として，ドーバート基準の基準を満たすとは言えない。この技法の根底にある科学的仮説が，現実世界で実際に検証可能かについては，フィールド研究での真実さの根拠の設定の難しさという点で疑問が残る。さらに，妥当性チェックリストや，既知の誤判定率に関する研究など，この技法に関して検討しているフィールド研究の数が十分でないことから，CBCA 評定は合理的に疑う余地のない技法ではないことは明らかである。最後に，しかるべき科学者たちの間でこの技法が一般的に受け入れられるものであるのかはいまだ不明である。誤判定率に関しては，30％という数字は，現実世界で検証されたものではなく，実験研究で得られた結果である。このことから，CBCA の誤判定率が 30％であるという主張に対して，CBCA を評価する人たちが反論する可能性がある。しかし，この 30％という誤判定率を無視したとしても，SVA の誤判定率は不明のままであることを CBCA を評価する人は認めるべきである。このような結果も，ドーバート基準を満たすとは言えない。

第10節　SVAの評価

SVA の背景にある理論的根拠とは，実際の体験にもとづく記憶から引き出された供述は，作り上げられた，もしくは，空想にもとづく供述とは内容的にも質的にも異なるというものである。これは，本当のことを話す，

もしくは，嘘をつく際に経験する認知的負荷や自分の供述を真実だと見せようとする動機づけによって生じる。SVA の問題点は，この検査が標準化されておらず，CBCA 得点は真実性以外のほかの要因の影響を受ける可能性があるという点にある。これらの要因は特定，測定することが多くの場合困難であり，CBCA 得点に与える厳密な影響は推測の域を出ない。SVA の専門家たちはこれらの要因のいくつかについて検討することを試みるが，十分な根拠を示すのは難しい。その一方で，CBCA 得点に影響を与えることが知られているそのほかの要因は，専門家に軽視されている。最後に，虚偽の供述の中には，SVA によって検出するのが難しいようなもの（埋め込み型の虚偽／嘘と虚記憶）もある。

　現実世界の取調べにおける CBCA（そして，SVA 全体）の精度は，多くのフィールド研究において真実さの根拠が設定できないという点から考えると，いまだ明らかではない。ただし，実験研究では，真実と嘘の両方において，CBCA によって 70％程度の精度で検出が可能であることが示されている。そのため，真実と嘘の検出における誤判定率は 30％となり，合理的な疑いの余地がない水準，つまり，法廷で証拠として認められる基準に達していないことになる。ほぼ 3 回に 1 回の割合で間違いとなるような水準の誤判定率は，刑事法廷での専門家による科学的証拠として認められる基準となるドーバート基準を満たすものではない。このことが，著者が法廷で SVA が証拠として認められるべきではないと考える理由である。

　著者のこの確かな見解に対して，SVA による評価を刑事法廷で認めることを提案している人々が意義を唱える可能性があることは理解している。これらの人々の主要な論点は，刑事法廷で提示されるもっと正確性が低いそのほかの証拠と SVA を比較するべきだというものである（Köhnken, 2004）。刑事司法組織で働いている多くの人々は，この議論に対してより敏感であると予測される。しかし，この観点に対しては反対意見もある。たとえば，被疑者を含む法廷の人々は，SVA の専門家によって法廷に提出された証拠が強固なものだと感じるかもしれない。被疑者が

無実であるような事例では，SVAの評定者がこの被疑者に対する申し立ての内容が真実であると判断した場合，このような証拠を示されることによって，被疑者は有罪を免れることはできないと考えてしまうかもしれない。その結果，量刑を軽くするための虚偽自白につながる可能性もある。著者の意見としては，影響力のある証拠は，正確性が高くあるべきである。

このような著者の願いに反し，SVA評定が刑事法廷で証拠として認められるという判断が下されたのであれば，SVAの専門家は，彼らが専門家証言を行う場合に，最低限，彼らが行った評定と関連する問題や限界についても示すべきである。それによって，裁判官，陪審員，検察官，そして，法廷弁護人が，その専門家の証言の妥当性を検討することが可能になる。それに加えて，この評定方法の客観的性質（つまり，事実認定ではなく，むしろ人間による解釈）により，SVAを行う場合は2名以上の評定者が評定し，評定者間の信頼性を検討する必要がある。

これらの批判的な意見があるにも関わらず，著者は，このCBCAのリストは，専門家に虚偽検出で活用できる豊富な言語的基準を与えることができると考えている。多くの研究が，構造化されていない供述，詳細情報の量，文脈への位置づけ，会話の再現など，いくつかのCBCA基準が欺瞞に特徴的な基準であることを示している。また，研究の結果の一貫性については目を見張るものがある。真実の供述では，嘘の供述に比べてCBCAの基準がより多くあてはまるか，もしくは，真実の供述と嘘の供述の間でCBCAの基準に違いはみられないという結果である。真実の供述が，嘘の供述に比べて，CBCAの基準を含む割合が少ないという結果は，2，3の例外的な事例以外ほとんどみられなかった。個別の基準について検討した場合よりも，CBCAの合計得点を検討した場合に，最も説得力のある結果が得られた。CBCAの合計点を算出した大多数（80%）の研究で，真実の供述の方が嘘の供述よりもCBCA得点が高いという結果が得られている。さらに，これらの結果が頑健であるという証拠もある。つまり，これは対象者が，子どもであるか大人であるかに関わらず，さらに，被害者／目撃者であるか被疑者であるかにも関わらず，また，性的虐待の

内容，それ以外の内容についての供述であっても変わらない。これは，虚偽検出の際の非言語的手がかり（第3章）や，CBCAのリストに含まれる基準以外の言語的手がかり（第4章）よりもはるかに一貫した結果である。

　さらに，全体的な非言語的，言語的手がかりにもとづいて嘘を検知する（第6章）よりも，CBCAを用いた方が，人はより嘘をうまく検知できるということを研究結果は示している。CBCAを活用した場合の正確性はちょうど70％を上回る程度であるのに対して，専門家が非言語的，言語的手がかりにもとづいて包括的な評価による嘘検知を行った場合には，55％を若干下回るものであった（第6章）。実際に，CBCA研究で得られた正確性の平均値は，専門家による非言語的・言語的行動を手がかりとした研究で得られた最も高い正答率と同等である。警察で用いられているマニュアルでは，非言語的手がかりやCBCAのリストに含まれていない言語的手がかりについて焦点を当て，CBCAのリストに含まれている基準は多くの場合，これらのマニュアルでは無視されている。これは残念なことである。

　CBCAは，チャンスレベル以上で真実や嘘を検出できる，また，さまざまな面接対象者や，さまざまな状況で活用できるという点から，著者は，嘘の検知に関わる専門家が取調べにおいてCBCA／SVA評価を活用することが可能だと考える[原注22]。たとえば，捜査の初期段階において，さまざまな面接対象者の真偽性を判断するための大まかな指標として活用することや，特定の面接対象者の真実性についての専門家の意見が分かれる場合の活用が考えられる。CBCAを用いた評定には，面接者による不適切な促しや，誘導を含まないような自由報告形式にもとづいた供述が適切であるため，被検者を面接する方法について捜査官を徹底的に訓練する必要がある。たとえば，刑事は，被疑者への取調べにおいて，SVA手続きで許容される以上の誘導的な面接スタイルを活用することが多い。これは，

原注22　殺人事件の取調べでのSVA分析については，YuilleとCutshall（1989）を参照してほしい。

被疑者の供述に対して CBCA の評定が不適切に行われてしまうことにつながりやすい。

　さらに，参加者が CBCA の評価方法について総合的ではない訓練プログラムを受けると，一貫性のない訓練の効果が得られたという研究がある。このことからすると，捜査官に対して CBCA の評価方法についての適切な訓練を行う必要もある。Landry と Brigham（1992）の実験で示されたように，SVA 手続きから逸脱することは悲惨な結果につながる。彼らは，参加者を短期間の CBCA の訓練プログラムに参加させ，短すぎる供述を評定させた。さらに，参加者は，書き起こし文ではなく，映像を見て評定を行い，真実性の評定には決定規則を用いた。この研究では，真実の供述に比べて，嘘の供述の方が高い CBCA 合計得点を得ており，公刊されている研究の中で唯一，CBCA 合計得点に関する不安定な研究結果を示している。

　司法的な文脈以外の状況で CBCA 分析を用いることも可能である。どのような場合に CBCA を適用すべきかについては専門家の間でも意見は分かれている。しかし，専門家の中には，否定的な感情を誘発する，統制不能で，面接対象者が直接関与する出来事についての供述であれば，どのような供述でも，適用できるという議論もある（Steller, 1989; Steller et al., 1988）。司法的な文脈以外の多くの状況がこの基準を満たすと思われる。さらに，ほかにも，嘘をつく人が認知的負荷を感じているような場合，また，自分の供述が信用できるように見せようと動機づけられている場合にも CBCA が使えるという意見もある（Köhnken, 1996, 1999, 2004）。このことは，さらに多くの状況にあてはまる[原注23]。

　ただし，明らかに CBCA の手続きは複雑で，（ⅰ）自由報告を含む供述でなければならない。また，（ⅱ）評定には書き起こし文を用いなければならない。さらに，多くの基準を含むという点で時間がかかる。そのた

[原注23] CBCA による評価は，一般的に，人々が自分，もしくは，他者の活動について話す際に活用される。しかし，人は活動についてのみ嘘をつくわけではない。人は，自分の意見，態度，そして，感情についても嘘をつく（第2章）。これらの種類の嘘を検出する際に，CBCA を活用するのはおそらく適切ではないだろう。

め，多くの状況での使用に適さないかもしれない。いくつかの基準のみを用いた迅速な評価は，供述の真偽性に関する大まかな見通しを得るためには十分であるかもしれない。これについて，実際にそうであるかを検証する研究が必要である。代わりに，迅速で，簡易的で，適用しやすい真偽性の評価ツールが使用可能かもしれない。このようなツールである，リアリティ・モニタリングについては，次章で説明する。

Box 8.1　質問で用いられる言いまわしが記憶に与える影響

　LoftusとPalmer（1974）は，質問の言いまわしが記憶に影響を与えることを示した。参加者は交通事故に関するスライドを見て，その後，「車が接触（contact）したとき，車の速度はどのくらいの速さでしたか？」という質問に回答した。ほかの参加者も同じ質問を受けたが，「接触（contact）」という単語の代わりに，「当たる（hit）」，「ぶつかる（bumped）」，「衝突する（collided）」，そして，「激突する（smashed）」という言いまわしが用いられた。すべての参加者が同じスライドを見たにも関わらず，質問で用いた単語が参加者の記憶に影響した。推測された速度はそれぞれ，31，34，38，39，そして41マイルであった。
　1週間後に，参加者はスライドの中で割れた窓ガラスを見たかどうか質問された。実際には，スライドの中には割れた窓ガラスは含まれていなかったにも関わらず，「激突（smashed）」という単語を用いて質問された参加者の32％が割れた窓ガラスを見たと回答した。それに対して，「当たる（hit）」という単語を用いた条件では，14％であった。したがって，質問で用いられる言いまわしは，参加者の記憶に影響を与えることが示された。

Box 8.2　トラウマをともなう経験に関する記憶

　明らかに，性的虐待はストレスをともなう出来事である。高いストレスをともなう出来事について，人がどの程度その内容を記憶できるかを検討することは難しい。なぜなら，高いストレスをともなう状況を作ること自体が倫理的に問題となるからである。高いストレスをともなう出来事の記憶について検討するには，現実世界の事例に頼らざるをえない。しかし，実在の事例では，何が実際に起こったのかを知ることは難しく，その人の記憶が完全で正確であるかを判断することはできない。
　Peters（1991）は，実際に起こった内容を確認できる，ストレスをともな

うさまざまな出来事について，子どもがどのような報告を行うかを検討した。彼は，歯医者への訪問，予防接種を受けるための医院への受診，そして，模擬の窃盗についての子どもの報告を検証した。研究結果より，ストレスが出来事の記憶に損傷を与えることを示した。

しかし，ほかの研究も含めて総括すると，異なる結果が得られた研究もある。衝撃的で，トラウマをともなう出来事は，通常の出来事に比べて記憶されやすい (Cordon et al., 2004; Magnussen, et al., 2006)。高いストレスをともなう出来事を経験した人々が，詳細な情報を報告することができるという印象的な事例もいくつか報告されている。

たとえば，PynoosとEth (1984) は，一方の両親の殺人を目撃した40人以上の子どもに対して面接を行っている。この研究では，子どもたちが，目撃した内容についていくつかの詳細情報を正確に覚えていたことが示された。母親がレイプされる現場を目撃した子どもたちを対象とした研究でも，子どもたちがその出来事をよく覚えていることが示された (Pynoos & Nader, 1984)。JonesとKrugman (1986) は，誘拐され，性的虐待を受け[訳注1]，その後，穴の中に置き去りにされた3歳児が，体験した内容や犯人についての詳細な情報を報告できたことを示した。

さらに，第二次世界大戦中にナチスのエリカ強制収容所に収容されていた人々が，40年経った後でも収容されていた当時のことについて詳細に記憶していることがわかった (Wagenaar & Groeneweg, 1990)。この研究では，研究参加者は強制収容所での経験について2回にわたる面接を受けた。1回目の面接では1943年から1947年の間のことについて，2回目の面接では1984年から1987年の間のことについて尋ねた。この研究は，ストレスをともなう出来事の記憶の通用する程度を示している。その結果，通常は，収容所での経験は正確に記憶されていた。ただし，時間の経過にともない，特定の情報や本質的な情報が忘れられている場合もあった。忘れられている記憶の中には，虐待されたことや殺人を目撃したことなども含まれた。

記憶は幼児期初期から存在するが，3歳以前の記憶について覚えている人はほとんどいない (Cordon et al., 2004; Goodman & Melinder, 2007; Magnussen et al., 2006)。幼児期初期のこの明らかな記憶の欠如の理由の一つは，年齢の低い子どもの特徴である言語能力の不足に由来する。研究によれば，子どもは話せるようになる前に体験した出来事を思い出すことはできない。つまり，言語能力の発達にともない，子どもは出来事を記憶することが可能となる。

訳注1　欧米ではまったくの他人からの性的被害も性的虐待に含まれる。

Box 8.3　SVA を利用しない人が用いる方略

　Coolbear (1992) は，SVA に馴染みのない専門家が，どの程度妥当性チェックリストに類似した基準を用いて申し立ての信憑性を評価しているかを検討した。性的虐待の申し立てを経験したことのある，司法，福祉の専門家 51 名に対して構造化面接を行った。その結果，最も一般的な回答は，子どもらしい言葉遣いをしていることが真実性の指標となるというものであった（妥当性チェックリストの問題項目 1）。さらに，子どもによって語られた出来事と，子どもの示す感情が一致しているかどうか（妥当性チェックリストの問題項目 2）も真実性の指標となると回答された。最後に，子どもの両親の間に，離婚や親権の問題などがあることをわかっている場合は，性的虐待の申し立ては，注意しながら進めなければならないと多くの参加者は述べた（妥当性チェックリストの項目 6 〜 8）。これらの専門家が活用する方略は，SVA の専門家が用いるものとある程度似通ったものであった。

別表8.1　CBCA基準における真実と嘘の違い

著者	年齢	出来事	立場	CBCA基準 1	2	3	4	5	6	7	8	9	10	11	12	13	14	15	16	17	18	19	合計
フィールド研究																							
Boychuk (1991)	4-16	フィールド	被害者	∧	∧	∧	∧	∧	∧	∧	∧	∧	—	・	∧	・	∧	—	—	—	∧	—	∧
Craig et al. (1999)	3-16	フィールド	被害者	・	・	・	・	・	・	・	・	・	—	・	・	・	・	・	—	・	・	・	∧
Esplin et al. (1988)	3-15	フィールド	被害者	∧	∧	∧	∧	∧	∧	∧	—	∧	—	∧	∧	∧	∧	—	—	∧	∧	∧	∧
Lamb et al. (1997b)	4-13	フィールド	被害者	—	∧	∧	—	∧	∧	∧	—	∧	—	—	—	∧	・	—	—	—	・	∧	∧
Parker & Brown (2000)	成人	フィールド	被害者	—	∧	∧	∧	∧	∧	∧	—	—	—	—	—	—	・	—	—	—	—	—	・
Rassin & van der Sleen (2005)	不明	フィールド	被害者	・	・	・	・	・	・	・	・	・	—	・	・	・	・	・	・	・	・	・	・
実験研究																							
Akehurst et al. (2001)	7-11/成人	活動	n/a	∧	—	∧	∧	—	—	—	—	—	—	・	∧	—	—	—	—	・	—	・	∧
Akehurst et al. (2004)	7-11	活動	n/a	—	—	・	・	∧	∧	・	・	—	—	・	・	・	・	・	・	・	・	・	・
Blandon-Gitlin et al. (2005)	9-12	活動	被疑者	・	・	∧	・	・	・	・	・	・	・	・	・	・	・	∧	—	・	・	・	—
Caso et al. (2006c)[1]	成人	模擬	被疑者	∧	・	∧	∧	∧	∧	∧	—	—	—	—	∧	—	—	・	・	—	・	—	∧
Colwell et al. (2002)	成人	記憶	目撃者	—	∧	・	・	—	∧	—	—	—	—	—	—	—	∧	∧	—	・	—	—	・
Erdmann et al. (2004)[2]	6-8	模擬	被害者	∧	∧	∧	∧	∧	∧	∧	∧	—	—	・	∧	∧	・	∧	—	・	∧	—	∧
Gödert et al. (2005)	成人	模擬	目撃者	・	∨	・	・	—	∧	・	∨	・	—	—	—	∧	—	—	∨	—	—	—	∨
Granhag et al. (2006)[3]	12-13	活動	n/a	・	∧	・	∧	・	・	・	∧	∧	—	・	∧	—	—	—	∧	・	∧	—	∧
Höfer et al. (1996)	成人	ビデオ	目撃者	∨	∧	∨	∧	—	∧	∧	∧	・	・	・	∧	∨	—	∧	—	∨	∧	・	∧
Köhnken et al. (1995)	成人	活動	目撃者	∧	∧	∧	∧	∧	∧	∧	∧	—	・	∧	∧	・	∧	∧	・	∨	∧	∧	∧
Landry & Brigham (1992)	成人	ビデオ	被疑者	—	・	—	∧	∧	∧	∧	—	—	・	∧	∧	・	—	・	—	・	—	・	・
Porter & Yuille (1996)	成人	記憶	被疑者	∧	∧	∧	∧	・	∧	∧	∧	—	—	—	—	—	—	・	—	—	—	—	∧
Porter et al. (1999)[4]	成人	記憶	被害者	—	・	・	・	—	・	・	∧	∧	—	—	・	・	・	・	—	・	—	・	・
Ruby & Brigham (1998)	7-14	活動	被害者	—	—	—	∨	—	—	—	∧	∧	∨	・	∨	・	—	∧	—	・	・	∨	・
Santtila et al. (2000)	6-11	記憶	被害者	∧	∧	∧	∧	∧	∧	∧	∧	—	—	・	—	∧	—	∧	∧	・	∧	—	∧
Sporer (1997)	成人	記憶	被害者	∧	・	∧	∧	∧	∧	—	∧	∧	—	・	∧	・	・	∧	・	・	∧	・	∧
Steller et al. (1998)	10-13	活動	目撃者	—	—	—	—	—	・	—	—	—	—	∨	∧	・	—	—	—	・	—	—	—
Strömwall, Bengtsson et al. (2004)	6-10	活動	目撃者	—	・	∧	∧	—	—	・	・	・	—	・	・	・	—	∧	—	・	—	・	・
Tye et al. (1999)	5-15/成人	活動	目撃者/被害者	・	・	∧	∧	—	∧	∧	・	・	—	・	∧	・	—	・	—	・	—	—	∧
Vrij, Akehurst et al. (2002)	5-15/成人	活動	目撃者/被害者	—	—	・	・	—	・	—	∧	—	—	・	—	∧	—	∧	—	・	∧	∧	∧
Vrij, Akehurst et al. (2004a)	6-15/成人	活動	目撃者/被害者	—	—	・	∧	—	∧	—	—	—	—	・	・	∧	—	∧	—	・	・	∧	∧
Vrij, Akehurst et al. (2004b)	成人	ビデオ	目撃者	∧	—	∧	・	—	・	—	—	—	—	・	∧	∧	—	∧	∧	・	∧	∧	∧
Vrij, Edward et al. (2000)	成人	ビデオ	目撃者	—	—	∧	・	—	・	・	—	・	—	—	—	—	・	∧	—	—	・	・	∧
Vrij, Edward et al. (2001a)	成人	ビデオ	目撃者	∧	—	∧	・	—	・	—	—	・	—	・	—	∧	・	∧	—	・	・	∧	∧
Vrij, Edward et al. (2001c)	成人	ビデオ	目撃者	—	・	∧	・	—	・	—	∧	—	—	・	・	・	—	・	—	・	—	・	∧
Vrij & Heaven (1999)	成人	ビデオ	目撃者	—	—	—	・	・	・	・	・	・	—	・	・	・	—	—	∧	・	・	・	・

(続く)

研究																				
Vrij, Kneller et al. (2000)[5]	成人	活動	目撃者	>	—	—	>	—	*	*	*	—	—	>	—	*	*	*	*	11/27
Vrij & Mann (2006)	成人	活動	被疑者	—	—	—	*	*	*	*	*	*	—	*	*	—	*	—	*	12/24
Vrij, Mann et al. (2007)	成人	活動	被疑者	—	—	*	*	>	*	—	*	*	—	*	>	—	*	*	*	22/29
Vrij, Mann et al. (2008, 通常の順序)	成人	活動	被疑者	*	>	*	<	*	>	>	*	*	—	*	*	—	—	*	*	16/26
Vrij, Mann et al. (2008, 逆の順序)	成人	活動	被疑者	>	>	>	*	>	*	>	*	*	>	>	>	—	—	>	*	12/27
Winkel & Vrij (1995)	8–9	ビデオ	目撃者	>	>	>	>	>	>	>	>	*	>	>	>	*	*	>	>	15/25

合計（支持：総研究数の比）: 11/27, 12/24, 22/29, 16/26, 12/27, 15/25, 5/22, 11/25, 7/23, 1/10, 4/14, 8/24, 7/21, 8/26, 9/23, 4/20, 0/10, 2/10, 1/3, 16/20

総合支持率（%）: 41, 50, 76, 62, 44, 60, 23, 44, 30, 10, 29, 33, 33, 31, 39, 20, 0, 20, 33, 80

> 基準にあてはまる情報が、虚偽の供述に比べて、真実の供述で多く含まれる場合
< 基準にあてはまる情報が、真実の供述に比べて、虚偽の供述で多く含まれる場合
— 基準と真実／嘘の間に関連がない場合
* 参加者が検討されていないような手続きで実験が行われ、被疑者でも、被害者でも、目撃者でもなかったような場合
n/a 真実を話す人と嘘をつく人はCBCAに関する情報について知らされていない参加者のみ。[2] 初回面接のみ。[3] 1回のみ面接を受けた場合と複数回の面接を受けた場合の両方を合わせた。[4] 事実と作話された内容についての記述の比較。[5] 嘘をつく人はCBCAに関する情報を知らされていない人のみ。

第9章
リアリティ・モニタリング

　本章では，**リアリティ・モニタリング**（Reality Monitoring: **RM**）と呼ばれる言語的な指標を用いた真偽性の評価ツールについて説明する。著者の知る限り，嘘検知に関わる専門家たちはこのツールを使用していない。しかし，世界中の科学者たちはリアリティ・モニタリングに関心を寄せており，これまでにカナダ，フィンランド，フランス，ドイツ，スペイン，スウェーデン，イギリスの研究者たちがRMを用いた欺瞞研究の成果を発表している（Masip, Sporer, Garrid, & Herrero, 2005; Sporer, 2004）。

　RMが研究者たちの間で支持されているのは，その評価ツールが確固たる理論的根拠にもとづいているためである。RM自体は真偽性の評価ツールではない。正確に言えば，RMは実際に経験したことと想像したことを識別するために使用される認知的過程に言及するものである（Johnson & Raye, 1981）。しかし，RMの概念と欺瞞には関係があり，欺瞞を検出するために利用できると信じている研究者もいる。

　本章では，RMの概念について，その概略を述べることから始める。もともとのRMの概念が，ある出来事を経験したと誤って思い込んでしまったことで生じた虚偽の証言を検出するために役立つ可能性があることを示したい。この考え方によると，RMはこれまでの章で述べられたツールとは区別される。非言語的行動の分析（第3章）やSVA（第8章）を利用して，このような誤った信念（記憶）を見抜くことは難しく，また，不

可能であることも多い。そこで，著者が知り得る限りの，英語で発表されたすべての RM 研究を概観することによって，RM の手法をどのように，また，どんな状況で使用できるかを説明する。

本章では，まず，RM 基準によって真実を話す人と嘘をつく人をある程度識別することが可能であり，RM 手法を使用することによってチャンスレベル（偶然）よりも高い確率で真実と嘘を見分けることができるようになることを示す。

第1節　人々の記憶についての洞察

RM によって，人々は実際に体験した出来事の記憶の特徴と想像した出来事の記憶の特徴を識別している。RM の核心は，実際の経験にもとづいた記憶は空想の記憶と比べて質的に異なるということである。

Marcia Johnson と Carol Raye は，1981 年に記憶の特徴についての重要な論文を発表した（Johnson, Hashtroudi, & Lindsay, 1993 や Johnson & Raye, 1998 も参照）。彼らは，実際の体験は知覚過程を経て獲得されると主張した。知覚過程には，**感覚情報**（におい・味・触感についての情報，聴覚情報），**文脈情報**（空間に関する詳細（その出来事が起こった場所についての詳細や，人やものがどのような位置関係にあったかについての詳細），時間に関する詳細（出来事が起こった時系列的な順番，出来事が継続した時間）），**感情についての情報**（出来事が起こっている間に感じたことについての詳細）の3つが含まれている。これらの記憶は，たいてい，とてもはっきりしていて鮮明である。

一方，想像の出来事の記憶は内的な情報源に由来するものであり，**認知的操作**を含んでいる。たとえば，思考と推論が含まれる（「あの晩はとても寒かったので，コートを着ていたに違いない」）。想像した出来事の記憶は，たいてい曖昧で具体性に欠けるのである。

ふと頭に浮かんだ出来事が実際に経験したものか，想像にもとづいたも

のかを判断しようとすることはしばしばある。記憶が実際に体験した出来事（外的な情報源）に由来するのか，あるいは想像した出来事（内的な情報源）に由来するのかを判断する過程は，**リアリティ・モニタリング**と呼ばれる。実際に体験した出来事の記憶なのか，想像した出来事の記憶なのかを判断するために，先に述べた手がかりが使用されている。たとえば，ある出来事についての記憶が鮮明で，多くの感覚情報が含まれていると，われわれはその出来事を実際に経験したものだと信じる傾向がある。しかし，記憶が曖昧で，予測や推論が多く含まれていると，われわれはその記憶を想像した出来事の記憶だとみなす傾向がある（Johnson, Foley, Suengas, & Raye, 1988）。

　この概念を明確にするために，著者が実際に体験したことを取り上げる。以前，著者はA地点からB地点まで車で移動したときに一緒に車に乗っていたのは誰かと尋ねられた。3人の名前が思い浮かんで，「それは確かなのか？」と疑問が生じ，考え始めた。

　運転者はこの場所について詳しくない。そして，著者は運転者と，彼の隣にいた人の会話をはっきりと思い出すことができた。運転者の隣の人はこの場所についてよく知っている人で，運転者とこれから向かう場所について話をしていた。運転者の隣の人が方向を指示するときの身振りや手振りもはっきりと思い浮かべることができた。しかし，自分の隣には誰が座っていたのだろうか。運転者のガールフレンドだったと思う。そうでなければ，彼女はどうやって家まで帰ったというのだ？

　しかし，著者は彼女が自分の隣に座っていたというはっきりした記憶がないことに気づいた。彼女の記憶がない代わりに，彼女が車にいたことを説明するために認知的操作（たとえば，彼女は運転者のガールフレンドなのだから，車に乗っているはずだ）を使ったのである。このように考えた結果，運転者と彼の隣にいた人についての確信は得られたが，運転者のガールフレンドが自分の隣に座っていたことについては，もはや確信が持てなくなった。実際には，あのときに運転者のガールフレンドが私と一緒に車に乗っていたわけではないことがわかったのである。

Johnson ら（1988）は，人々の出来事についての記憶を調べるために 39 項目の**記憶特性質問紙**（Memory Characteristic Questionnaire; **MCQ**）を作成した。MCQ は，ある出来事についての感覚情報，文脈や感情に関する情報，あるいは認知的推論はもちろん，その出来事に関する記憶の明確さや鮮明さも測定する質問紙である。Johnson ら（1988）の実験において，参加者は MCQ に回答することで，ある特定の出来事に関する彼らの記憶の質を評価するよう求められた。そして，RM 理論から予測されるように，実際に経験した出来事の記憶と想像した出来事の記憶は，確かに質的に異なることが示された。

　しかし，これらの差は時間の経過とともに小さくなった。つまり，実際に経験した出来事と想像した出来事の記憶の差異は，子どもの頃の記憶よりも大人の記憶（最近の記憶）において，より大きいことが示されたのである。ある出来事について話したり，考えたりすると，外的な記憶（実際に経験したことの記憶）はより一層，内的な記憶（想像したことについての記憶）と類似し，内的な記憶はより一層，外的な記憶に類似するだろう。

　外的記憶が時間の経過とともに内的な記憶と類似する理由の説明として，次のようなことが考えられる。経験した出来事についての記憶をのちに促進，強化するために認知的操作が使用される（Roegiger, 1996）。たとえば，ある人が外国で，休暇を過ごすための目的地を目指して猛スピードで運転していたとする。その人は 2 通りの異なる方法で，目的地までの道中で自分がどれくらい速度を出したのかを思い出そうとするだろう。

　まず，自分がどのくらい速度を出しているかを確認するため速度計を頻繁に見たことを思い出すに違いない。もう 1 つの方法は，論理的な推論と，高速道路を走ったので速度が出ていたに違いないという予測によって，自分自身が出した速度を思い出せるだろう。認知的操作が含まれる後者の方法は，前者の方法よりも自分が速度を出していたことを簡単に思い出せる。もし，2〜3 年後に，彼が休暇を過ごした外国でスピードを出して運転したのかを尋ねられたら，彼はその問いに答えるために，速度計を頻繁に確認したことよりも，高速道路を走ったことを思い出すだろう。その結果，

彼が経験した出来事の記憶には認知的操作が含まれることになる。

それとは対照的に，想像した出来事の記憶は，より外的な記憶に類似しやすい。なぜなら，人々は過去に起こったと考えられる出来事については視覚的に想像しようとするからである（Manzanero & Diges, 1996）。その結果，想像した出来事の記憶はより鮮明で具体的になり，感覚情報，文脈情報，感情の詳細情報が含まれるようになるだろう。

ある状況において，子どもは大人ほど明確に事実と空想を識別しないことが示されている（Lindsay, 2002）。ある物事について，2人の異なる人物のうち，どちらがそれをしたのかと尋ねられれば，子どもは大人と同じくらい正確に答えることができる。しかし，2つの物事のうち，どちらが実際に経験したことで，どちらが単に空想しただけのことなのかと尋ねられると，子どもは大人のように正確に答えることはできない。

このような現象を引き起こす要因はさまざまである（Ceci & Bruck, 1995; Lindsay, 2002; Lindsay & Johnson, 1987）。たとえば，子どもは大人よりも想像力が豊かで，子どもは自分が何かをしている様子を想像するのが得意な可能性がある。子どもが想起した事実についての記憶と空想の記憶はより似通ったものになるだろう。また，大人は自分の記憶が正しいかを確認するための，より有効な方略を持っている。クリスマス休暇に家族と一緒に地中海にあるビーチ・リゾートに行ったとする。泳ぎに行こうかと何度か家族と話をしたが，海で泳ぐには寒すぎたので一度も泳ぎには行かなかった。数年後，家族を訪ねてきた友人に，そのクリスマス休暇に地中海のビーチ・リゾートへ泳ぎに行ったのかと尋ねられた。大人はこのような質問に直面しても，冬の間は決して海へ泳ぎに行くことはないとわかっているので，子どものように混乱することはないだろう。

第2節　虚記憶を見抜く

　MCQを使えば自分の記憶の特性について評価することができる。観察者が自分以外の誰かの記憶について，その特性を評価することは可能だろうか。また，記憶の特性を評価することによって，実際に経験した記憶と想像した（虚偽の）記憶を識別することができるだろうか？
　観察者が他者の記憶を調べるためには，人々が自分の記憶を言語化する必要がある。Johnson（1988）は，このことで問題は複雑になると述べた。Johnsonは，人々が出来事に関する記憶をどのように描写するかということと実際にどのように思い出すかは異なるものだと確信している。人々は話をより興味深く，筋の通ったものに作り変えてしまう傾向がある。もし，必要があれば，実際には思い出してはいないけれども筋の通った情報や，真実味のある情報を加えることで記憶に存在する隙間を埋めようとする（たとえば，ある人がいつも青いスカーフを身につけていることを知っていると，実際にはそのような詳細情報を思い出さなくても，その人が青いスカーフを身につけているという特定の出来事についての描写を盛り込んでしまうだろう）。記憶の隙間を埋めようとするこのような現象は，特に，想像した出来事の記憶で生じ，記憶をより曖昧で不鮮明にする。その結果，自分の記憶を言語化するたびに，実際に経験した出来事の記憶と想像した出来事の記憶の差異は小さくなる（Johnson, 1998）。
　SchoolerとGerhardとLoftus（1986）は，おそらく，実際に経験したことの記憶と虚記憶を識別する観察者の能力について検討した最初の研究者である。ある参加者には対向車注意の標識が写っているスライドを見せ，残りの参加者にはその標識を見せなかった。対向車注意の標識を見ていない参加者に対しては，その標識があるということを口頭で伝えただけである。その後，対向車注意の標識を見たグループと見ていないグループの両方で，多くの参加者が対向車注意の標識を見たと報告し，そしてその標識について言語的に説明することができた。この結果は，参加者の中に

は対向車注意の標識を見たということを，まさに誤って信じた（想像した）人がいることを示している。

　RMの基準を識別する訓練を受けた観察者たちは，対向車注意の標識に関する情報が含まれた書き起こし文を提示され，その人物が対向車注意の標識を実際に見たのか，それとも想像しただけなのかを判断するよう求められた。訓練された観察者（正答率60%）は，訓練されていない観察者（正答率50%）よりも，想像した出来事の記述を正確に識別することができた。しかし，実際に経験した出来事の記憶を識別する場合には，訓練されている観察者（正答率63%）と訓練されていない観察者（正答率63%）の正答率に違いはなかった（Shooler et al., 1986, 実験4）。このように，訓練された観察者は，実際に経験した出来事の記憶と想像した出来事の記憶をある程度正確に識別することができる。ただし，その成績はさほど素晴らしいものではなかった（全体の正答率は62%であり，偶然よりも12%高い値である）。

　ほかの研究でも，たとえば，PorterとYuillieとLehman（1999）は，参加者に，実際には経験しなかった過去の出来事（たとえば，救急治療室に運ばれた）について想像させ，それを経験したものとして信じさせることに成功した（この研究の詳細については，第2章のBox 2.1を参照してほしい）。参加者は，想像によって作られた虚記憶と実際に経験した出来事について言葉で説明した。虚記憶と実際の出来事の記憶の内容はどちらも文字に書き起こされ，感覚情報がどれくらい含まれているか評価された。すると，両者に違いはなかった。しかし，参加者に，その出来事に関する自分自身の記憶を評価するように求めると，実際に経験した出来事の記憶は，植えつけられた記憶よりも鮮明さ（RM基準の一つ）の面で高く評定された。その**効果量**も十分に大きかった（$d = 1.20$）。

　まとめると，RMのツールを用いて実際の経験の記憶と虚記憶を識別できるかについて，これまでの研究結果から得られた示唆は弱いものである。ただし，虚記憶に関する研究は少なく，この問題についてはまだ十分に検討されていない。たとえば，Schoolerら（1986）の研究で使用された対

向車注意の標識についての記述は，非常に短いものであった（20語程度）。また，Porterと彼の共同研究者たちはいくつかのRM基準について検討したが，すべての基準を扱ったわけではない。

　想像した出来事の記憶を識別するために，RMについてさらなる研究が必要であることは疑いの余地がない。行動に注目したり，SVA分析を用いたりしても，経験した出来事の記憶と想像した出来事の記憶を識別できないことが多いからである。RM質問紙を利用することで，人々が実際の記憶と虚記憶をある程度，自分自身で識別できることは心強い（Porter et al., 1999）。ただし，それには制限がある。幼い子どもの記憶や，大人の記憶でも，ずいぶん前に起こった出来事について述べるときはRMツールは機能しないようである。

第3節　リアリティ・モニタリングと欺瞞

　1990年以降，科学者たちは，リアリティ・モニタリングによる分析が真実と嘘とを識別するために使用できるかを検討してきた。彼らは，真実とは経験した出来事の記憶であり，一方，嘘は想像した出来事の記憶であると仮定している。言うまでもなく，すべての嘘が経験していない出来事の記述というわけではない。嘘の多くは，出来事に関するものではなく，人々の感情や意見，あるいは態度に関するものである（第2章）。

　しかし，嘘検知に関わる専門家は，そのほかの種類の嘘に対して関心を示すことが多いという主張がある。たとえば，自分の行動や居場所について嘘をついた場合である。自分の行動や居場所について嘘をつくとしても，実際に経験したことを語ることがある。ただし，その出来事を経験した時期を変えて語るのである。たとえば，昨夜の強盗への関与を否認している強盗犯は，その場所ではなくジムに行ったと言うことができる。そして，その強盗犯はジムに行ったことについて（別の機会に行ったときの）真実を語ればよい。そして，唯一，彼が嘘をつかねばならないことは，いつ（何

表 9.1 リアリティ・モニタリングの基準

1. 明瞭性
2. 知覚情報
3. 空間情報
4. 時間情報
5. 感情
6. 話の再構成可能性
7. 現実性
8. 認知的操作

時あるいは何日に）ジムへ行ったかである（**埋め込み型の嘘**，第8章）。

　欺瞞的な供述が，経験したように装っているだけで実際には経験していない行為や場所にもとづくのであれば，これらの供述は RM 基準の観点から，経験した出来事にもとづく真実の供述とは異なるのだろうか。研究者たちがこの問題について検討しているので，これまでの研究で明らかにされたことについて説明する。

　RM を用いた欺瞞に関する実験の一般的な手続きは，真実を話す人と嘘をつく人に面接を行い，面接の内容を録音して書き起こすというものである。そして，RM の専門家が面接で語られた内容の逐語記録の中に RM 基準にあてはまる情報がどのくらい含まれているかを調べるのである。標準化された RM 基準が開発されていないので，研究者によって異なる RM 基準が使われている。Sporer（1997）の8つの基準が英語で公刊された最初の一連の基準であるので，本章ではこれらの基準を使用する。

　8つの基準の内容を表9.1に示す。RM 基準と CBCA 基準（第8章）には重複する項目があるので，これらの類似点についても，これ以降に述べることとする。基準1〜7は真実の供述に多く現れ，基準8は欺瞞的な供述に多く現れると考えられている。基準を評定するために用いられる方法も研究者によって異なる。書き起こし文の中に出現した基準に合致する情報の頻度を調べる研究者もいれば，評定尺度を用いる研究者もいる。また，その両方を用いる研究者もいる。

基準1：明瞭性

　この指標は内容の明瞭性と鮮明さに関するものである。この基準が満たされると，内容が明瞭で，はっきりとしていて，そして鮮明である（ぼんやりとして曖昧であるのとは対照的である）。

基準2：知覚情報

　この基準は内容に感覚情報が含まれているかどうかに関するものである。供述に音（「彼は私に対して強く叫んだ」），におい（「腐った魚の臭いがする」），味（「このフライドポテトはとてもしょっぱい」），身体的感覚（「本当に痛い」），視覚的な詳細情報（「看護師が病室に入ってくるのを見た」）のような，感覚的な情報は含まれているのだろうか？
　RMにおける聴覚的な詳細情報はCBCAの基準6（会話の再現）とは異なる。CBCAの基準6はもっと厳密で，もともとの形で報告された発話のみが該当する。つまり，RMの考え方では，「『顔色が悪いけれども，大丈夫かい？』と彼は言った」，「彼は私に気分はどうかと尋ねた」，のような2つの表現は両方とも聴覚的な詳細情報とみなす。しかし，CBCAでは，逐語的ではない後者の表現を会話の詳細情報とはみなさない。

基準3：空間情報

　この基準は場所（「それは公園で起きた」），あるいは人や物の配置（「その男性は妻の左側に座っていた」）に関するものである。この指標はCBCAの基準4（文脈への位置づけ）と関連している。

基準4：時間情報

　この基準は，出来事がいつ起きたのか（「早朝のことだった」），あるいは出来事の順番がはっきりと示されているか（「その客はやかましい騒音を耳にすると，緊張した様子で立ち去った」）どうかに関するものである。この基準も CBCA の基準4（文脈への位置づけ）と関連している。

基準5：感情

　この基準は，対象者が出来事の最中にどんなことを感じたか（「私はとても怖かった」）に関するものである。この基準は CBCA の基準12（主観的な体験についての報告）と関連している。ただし，CBCA の基準12には感情だけでなく思考も含まれる（第8章）。

基準6：話の再構成可能性

　この基準は，話された情報のみにもとづいて出来事を再構成できるかに関するものである。この基準は CBCA の基準1～3（論理的構造，構造化されていない供述，詳細情報の量）と関連している。

基準7：現実性

　この基準は，話がもっともらしく，現実的で，筋の通ったものであるかどうかを検証するものである。CBCA の基準1（論理的構造）と関連している。ただし，RM 基準は妥当性を考慮するが，CBCA の基準1ではそれを考慮しないという点で異なっている。

基準8：認知的操作

　この基準は出来事の最中になされた推論（「彼女が建物の配置を知らないように見えた」）の記述に関するものである。ただし，著者自身が行った研究では，認知的操作をもっと広く定義しており，後に出来事について話すときに行った推論も認知的操作に含めている。たとえば，「彼女は賢そうにみえた」は視覚的な詳細情報についての推論であり，著者のコード化法では認知的操作である。

第4節　評定者間信頼性の得点

　評定者間信頼性とは，2人のRM評定者が同じ供述を，お互いに独立して評定したときに，同じ結果が得られるかに関するものである。一般的に，研究におけるRMのコード化については十分な評定者間一致が得られている（RMの評定者間一致度についてはSpore, 2004を参照してほしい）。評定者間の一致度はCBCAと比較すると，RMの方が優れている。著者はRMの評定とCBCAの評定の両方を経験したが，RMツールはCBCAツールよりも評定者への指導が容易で，指導に要する時間も短い。これには2つの理由があると考えられる（Sporer, 1997も参照）。第一の理由は，RMツールは使用する基準がCBCAツールよりも少なく，RMの評定者は訓練が少なくて済むである。第二の理由は，RM基準はCBCA基準よりも解釈（誤解）の余地が少ないことである。たとえば，視覚的，聴覚的，空間的，時間的な詳細情報（RM基準）を区別することは評定者にとって難しいことではないが，詳細情報が非日常的なものか，不必要なものか，予期されないものか（CBCA基準）を判断することは難しい場合がある。

第5節　虚偽検出ツールとしての
　　　　　リアリティ・モニタリング

　別表9.1には，著者が知る限りで，今までに英語で公刊されたRMを用いた欺瞞研究の概略を示した。ドイツ語やフランス語，スペイン語で公刊されている研究もあるが，それらは多くの読者に対して開かれたものではないので除外した。英語以外の言語で公刊された研究については，ドイツとスペインの研究者であるSiegfried SporerとJaume Masipが，別の文献の中で（英語で）総説を発表している（Masip, Sporer et al., 2005; Sporer, 2004）。

　CBCAの研究の総説を作成したときのように，著者は別の文献（Masip & Sporer et al., 2005; Pezdek & Taylor, 2000; Sporer, 2004）で議論された学会発表の内容もそこに含めた。RM研究の多くは，ヨーロッパ心理と法学会が発行する書籍の一部分として出版されている。それらの書籍の各章で示されていることは学術論文のように査読されたものではないので，内容の質について保障されているとは言えない。これらの出版物の多くは，学会発表と同様に，RM基準がどのように使用されたかに関する詳細情報が含まれていない。RMは標準化されたツールではなく，研究者によってコード化の方法が異なるため，RM基準の使用に関する情報が含まれていないことは問題である。また，それらの多くの研究論文で，研究者たちが使用した評定法の信頼性についての詳細が示されておらず，たった1人の評定者によって評定が行われたという印象がある。そのため，その評定が信頼できるものか不明である。

　そこで，別表9.1には研究論文が査読のある学術雑誌に掲載されたか否かも示した。RMツールが幼い子どもに対して機能しない可能性があることはすでに述べた通りである。このことについても，別表9.1では，対象者が大人か子どもか，子どもである場合にはその年齢を示した。別表9.1に挙げた研究には，起こってから長い時間が経過した出来事について検討

した研究はなかったので，昔の出来事の記憶を対象とした場合にRMは機能しないという仮説について検証することはできない。

　ほとんどの研究が実験室で行われた研究であり，参加者（ほとんどは大人）は実際に経験したこと，または経験しなかったことについて報告するよう求められた。たとえば，HöferとAkehurstとMetzger（1996）の実験では，真実を話す参加者は，写真撮影に参加し，その後に行われた面接で写真撮影のときに起きた出来事について尋ねられた。嘘をつく参加者は写真撮影には参加しなかったが，写真撮影に参加した人たちが経験した出来事について教えられた。その後の面接では，嘘をつく参加者は，写真撮影に参加したふりをした。

　Roberts, Lamb, ZaleとRandall（1998）や，Rassinとvan der Sleen（2005）はフィールド研究を行った。Kim Robertsと彼女の共同研究者たちは，性的虐待が疑われる26名の子どもの証言について検討した。対象となった26名は，立証済みの事例（10名）と立証されていない事例（16名）に分けられた。司法取引の前に被疑者が虐待を認める自白をした場合や，あるいは医学的な証拠や物的証拠があった場合には立証された事例と判断された。立証されていない事例と判断されたのは，虐待を立証するための重要な証拠がない場合，被疑者が虐待を否認し続けている場合，あるいはポリグラフ検査によって虐待の否認が真実だと認められた場合である。これらの要因が，事実として確立しているものではないということはこれまでに明らかにしてきた。つまり，この研究では真実さの根拠は証明されていない。

　Rassinとvan der Sleen（2005）の研究については第8章ですでに説明した。この研究では27件の真実の性被害の申し立てと，14件の虚偽の申し立てについて検討されたが，被害者の年齢は報告されなかった。被疑者の有罪判決をもたらした申し立てであればそれを真実とした。一方で被害者自身が虚偽の申し立てで罪を問われた場合には，その申し立てを虚偽だとみなした。有罪判決は独立した事実ではないので（第8章），この研究でも真実さの根拠は証明されていない。

別表9.1では，虚偽の供述よりも真実の供述で基準にあてはまる情報が多く出現した場合を「＞」の記号で示している。「＜」の記号は，基準にあてはまる情報が出現した回数が虚偽の供述よりも真実の供述で少なかったことを意味する。真実の供述と虚偽の供述で出現回数に差がなかった場合は「－」の記号を示した。空欄はその研究において検討されなかったことを意味する。RM 理論によると，認知的操作以外のすべての基準は，真実の供述にあてはまる情報が頻繁に出現し，認知的操作の基準にあてはまる情報は欺瞞の供述で頻繁に出現するはずである。

　別表9.1では，研究結果が概して一貫しない傾向にあることが示されている。明瞭性は必ずしも真実の供述で特徴的にみられる兆候ではなかった。ただし，真実を話す人と嘘をつく人に違いがある場合，真実の供述は虚偽の供述よりも常に明瞭であることが示された。感覚情報については明確な結果は得られていない。これまでに行われてきた多くの研究では，感覚情報という基準がどのように利用され，評定されたのかについては報告されていない。視覚的情報と聴覚的情報のそれぞれに注目した学術論文では，次のような傾向が示された。それは，聴覚的情報は欺瞞的な供述よりも真実の供述の中に多く出現する傾向にあったというものである。文脈への位置づけについての知見はさまざまである。この基準も同様に，多くの研究においてどのように定義され，評定されたが明示されていない。

　空間と時間に関する詳細情報に注目した研究（ほとんどが学術論文）では，それぞれについて次のような傾向が示された。空間的，時間的な詳細情報は，ともに欺瞞的な供述よりも真実の供述の中によく現れる。ただし，Bond と Lee（2005）の研究では，真実を話す人の供述に含まれていた空間的な詳細情報は，嘘をついた人の供述と比べて少ないという結果が得られていて，ほかの研究と一致していない。この研究にはほかの研究とは異なる重要な特徴がある。Bond と Lee（2005）の研究では，評定者が RM 基準にあてはまる情報の有無をコード化するのではなく，コンピュータを用いた自動コード化システムを用いていた。この問題については本章の後半でもう一度述べる。

出来事の最中にどのように感じていたかを報告するという点（感情）について，真実を話す人と嘘をつく人で差がみられた研究は多くない。真実を話す人と嘘をつく人に差がみられた研究は3つあるが，それらの結果はお互いに食い違っていた。この基準はCBCAの基準12と関連している。CBCAの研究においては，この基準が最も信頼性が高い基準というわけではないが，RMの場合よりもその有効性が支持されている（別表8.1）。
　いくつかの研究では，真実の供述は欺瞞的な供述よりもその内容を再構成しやすいことが示されている。この基準はCBCA研究で強く支持されている3つの全般的基準（基準1〜3）と関連している。さらに，真実の供述内容は欺瞞的な供述の内容と比べて，より現実味があるように聞こえることを明らかにした研究者もいる。この基準は第4章で述べた言語的な手がかりである**妥当性**と関連している。妥当性の高い供述は，欺瞞的ではなく，真実である可能性が高い。このことは第4章でも示した通りである。
　最後に，認知的操作について，真実を話す人と嘘をつく人の違いを示すことができた研究は少ないことが示されている。真実の内容に欺瞞的な内容より多くの認知的操作が含まれていることを示した研究があるが，これはRM理論から導き出された仮説とは正反対の結果である。ただし，著者らの研究では，確かに，嘘をつく人は真実を話す人よりも多くの認知的操作を供述の内容に含めるということを何度か示してきた。この違いは基準をコード化する方法によるものだと考えられる。ほかの論文ではコード化法が詳しく報告されていないので，認知的操作の基準がどのようにコード化されたのかは明らかではない。ただし著者らは認知的操作についてほかの研究者より広い定義を用いてきたと思われる。
　これまでに述べた通り，著者らは出来事が起きたときの推論と，出来事が起きたことを思い出したときの推論の両方を認知的操作とみなして評定している。したがって，著者らのコード化法では「彼女は礼儀正しく見えた」という内容には認知的操作が含まれるし，「彼女はとても賢いように思えた」や「彼は年齢の割に背が高く見えた」も同様である。これらの推

論は出来事を思い出したときになされたものであり，ほかの研究者たちは認知的操作としてコード化しないだろう。著者らが認知的操作に関する広い定義を採用したことは効果的であり，それによって真実と嘘を識別することが可能だと思われる。

　これまでの章ですでに述べたように，たった一つの手がかりだけを検討することは，実際には存在しないピノキオの伸びる鼻を調べるようなものである。いくつかの手がかりを組み合わせて検討する（つまり，RM 基準の合計点を調べる）のが有効な方法だろう。そのような研究者は多くないが，RM の合計点を算出すると，多くの場合，RM 理論で示されているように，真実を話す人は嘘をつく人よりも RM 得点が高いことが示されている[原注1]。

　その例外として，5，6 歳の子どもの回答について検討した著者らの研究がある。RM の合計点を使用しても，5，6 歳の子どもの場合には真実を話しているか，嘘をついているかを識別することができなかった。ただし，対象者の年齢が 10 歳かそれ以上の場合には真実と嘘を識別することができた。これは，RM 基準は幼い子どもに対しては有効ではないという RM の仮説を支持するものである。興味深いことに，同じ研究で CBCA の得点を用いたところ，5，6 歳の子どもが話した真実と嘘を識別することができた（第 8 章）。このことは，幼い子どもの嘘検出に失敗するのは，RM 手法の検出力の低さが原因であることを示唆している。

RM のコード化：コンピュータ vs. 評定者

　Bond と Lee（2005）がほかの研究者と異なる点は，コンピュータによる自動化された RM のコード化システムを使用したことである。コンピュータによるコード化システムを採用することの利点は明らかである。

原注 1　RM の合計得点を計算する前に認知的操作の基準は再コード化が必要である。そうすることで，RM の総合得点を構成するほかの基準と同様に，認知的操作の基準が高得点の場合には真実を，低得点の場合には嘘を示すことになる。

コンピュータを用いたコード化は，評定者が手作業でコード化するよりも速い。また，すべての評定者が同じコンピュータ・ソフトウェアを使用すれば，評定者の主観が反映されるようなコード化の相違をなくすことができる。Bond と Lee は「言語検索と単語カウント」(Linguistic Inquiry and Word Count: LIWC) というコンピュータ・ソフトウェア・システムを使用した (Pennebaker, Francis, & Booth, 2001)。LIWC は文章中にあるさまざまな単語の頻度を数え，それらを分類する。分類には感覚，空間，時間，そして認知機制があり，これらはすべて RM 基準に関連している。

　Bond と Lee の実験では，LIWC を用いて RM 基準をコード化したところ，結果は一貫しなかった。知覚情報についての得点は真実を話す人の方が嘘をつく人よりも高く，空間的な詳細情報の得点は嘘をつく人の方が高かった。後者の結果は RM 理論と矛盾するものであり，空間的な詳細情報に関する公刊された研究知見の中で唯一，一貫しない結果である（別表9.1）。

　Bond と Lee (2005) は，収集されたデータに対して評定者による RM のコード化を行っていないので，(LIWC を用いて) 自動化された RM のコード化が評定者の手作業によるコード化よりも優れていると示したわけではない。そこで，著者たちはこのことを実験的に検討した (Vrij, Mann, & Fisher, 2007)。その結果は LIWC を用いたコード化の有効性を示すものではなかった。評定者が手作業で書き起こし文をコード化したとき，聴覚的情報，空間的な詳細情報，時間的な詳細情報，そして認知的操作の基準について真実を話す人と嘘をつく人に差異があった。しかし，LIWC を用いてコンピュータでコード化を行ったときには明確な差異がみられなかった（別表9.1）。これは驚くべきことではない。LIWC の分類は RM の分類と類似しているが，RM 理論にもとづいて作られたものではない。このような理論的基盤の欠如がエラーの原因となる。たとえば，思うという単語は LIWC の分類では認知機制に該当する。つまり，「彼女の髪は黒かったと思う」という文章は，LIWC では認知機制に分類される。

一方，手作業でRMのコード化を行う評定者は，この文章を認知的操作には分類しない。自動化されたコード化を用いる問題点は，RMツールもCBCAツールと同様に文脈を考慮する必要があるのに，コンピュータによる単語集計システムは文脈を考慮しない点にある。

RM 得点に影響する問題

RMは標準化されたテストではないので，真偽性以外にもRM得点に影響を与える要因がある。CBCA得点と同様に，RM得点は年齢の影響を受ける。子どもから大人になるにつれて，年齢とともにRM得点は高くなる（Santtila, Roppola & Niemi, 1999; Vrij, Akehurst, Soukara, & Bull, 2004a, b）。さらに，RM得点はCBCA得点と同様にパーソナリティ特性と関連する。たとえば，社交不安傾向の高い人のRM得点は，そうではない人よりも低い（Vrij, Akehurst, et al., 2004b）。

すでに第8章で説明したように，真偽性を判断する際に対象者の年齢やパーソナリティがどのように影響するのかを評定者が正確に判断するのは難しい。そのため，多くの場合，これらの要因は無視されてしまう。その結果，幼い子どもや社交不安の強い人の場合，RMツールで供述を評定すると，彼らが嘘をついていても，ついていなくても，その供述は信用できないと判断される危険性がある。もう一つの問題は指導に関するものである。第8章でも述べたが，CBCAツールに関する知識を身につけている人は，CBCAの専門家によって信頼性が高いと判断されるような供述を作り出すことができる。RMについてのカウンターメジャー研究は今日まで発表されていないが，RMツールがどのように機能するかを学べば，RMの評定者が信頼性が高いと判断するような供述を作ることもまた可能だと考えられる。

第6節 リアリティ・モニタリング研究における正答率

　本節では，RM 分析を用いて真実と嘘をどの程度識別できるかを検討した研究について概観する。著者が知り得る限りで，正答率を報告していて，英語で公刊された 10 件の研究を一覧にして表 9.2 に示す。真実の検出に対する正答率は，わずか 53% のものから非常に高い 88% のものまでさまざまである。嘘検出に対する正答率は真実の場合よりも安定しており，ほとんどの研究が 61 〜 83% の範囲にある。ただし，Sporer と Sharman（2006）の正答率だけが飛び抜けて低い（40%）。真実の正答率の平均値は 71.70%，嘘に対する正答率の平均値は 66.10% である。真実と嘘を合わせた全体の正答率は平均で 68.80% であり，正答率はすべて，偶然の確率（コインを投げて予想する場合の確率）よりも高い。

　ここに挙げたほとんどの研究において，研究者たちは RM と CBCA の有効性を比較するため，CBCA 分析も行っている。その結果は判断が難しいものである。3 つの研究において，CBCA 分析を用いた方が全体の正答率が高かった。しかし，ほかの 5 つの研究では，RM 分析を用いると全体の正答率が高かった。これら 8 つの研究において RM 分析を行った場合の全体の正答率の平均値は 68.13% であり，CBCA 分析を行った場合の全体の正答率の平均値（63.63%）よりもわずかに高い。2 つのツールを併用すると，それぞれを単独で使用した場合よりも高い正答率が得られるかを検討した研究者たちもいる。3 つの研究すべてにおいて，2 つのツールを併用すると，CBCA を単独で使用した場合よりも高い正答率が得られた。しかし，RM を単独で使用した場合と比較すると，併用した場合に正答率が高かったのは，上記で述べた 3 つのうちの 2 つの研究だけだった。3 つ目（残りの 1 つ）の研究では，併用した場合の正答率と RM を単独で使用した場合の正答率は同程度である。

表 9.2 リアリティ・モニタリング手法における正答率，および CBCA 分析との比較

著者	正答率 (RM) 真実	正答率 (RM) 嘘	正答率 (RM) 全体	正答率 (CBCA) 真実	正答率 (CBCA) 嘘	正答率 (CBCA) 全体	正答率 (RM + CBCA) 真実	正答率 (RM + CBCA) 嘘	正答率 (RM + CBCA) 全体
Granhag et al. (2006)	62	63	63			58			
Höfer et al. (1996)	61	70	66	70	73	71			
Santtila et al. (1999)	62	66	64	69	64	66[1]			
Sporer (1997)	75	68	71	70	60	65	83	75	79
Sporer & Sharman (2006) [2]	82	40	61						
Strömwall, Bengtsson et al. (2004)	53	73	63	44	64	54	70	68	69
Strömwall & Granhag (2005) [3]	82	83	82						
Vrij, Akhurst et al. (2004a) [4]	81	73	77	58	65	62			
Vriĳ, Akhurst et al. (2004a) [5]	88	61	74	50	69	60	88	61	74
Vrij, Edward et al. (2000)	71	64	67	65	80	73			
総合正確性得点	71.70	66.10	68.80	60.85	67.86	63.63	80.33	68.00	74.00

注：[1] CBCA の正答率は Santtila et al. (2000) からの引用。[2] 真偽性の判断は JMCQ の評価にもとづいている。[3] 2 つの発言の平均値。[4] 成人の参加者のみ。[5] 簡易指導条件のみ。

第 6 節　リアリティ・モニタリング研究における正答率

第7節　虚偽検出ツールとしての
リアリティ・モニタリングに対する評価

　リアリティ・モニタリングの背景理論は，実際に体験した出来事の記憶と空想にもとづいた記憶は質的に異なり，それらの記憶の違いは発話の違いになって現れるというものである。RMを用いた真偽性の評価には制約と限界が存在する。その制約とは，幼い子どもに適用できないということと，起こってから非常に長い時間が経過した出来事について話す際にはおそらく適用できないということの2点である。RM手法の限界は，まず，欺瞞研究においてRM基準が十分に定義されていないという点である。研究者によって基準の定義が異なっており，認知的操作の基準についての研究結果は基準の定義がいかに重要であるかを示唆していた。著者たちは，認知的操作の基準において真実を話す人と嘘をつく人に違いがあることを示したが，著者たちとは異なる定義を採用した別の研究者たちは，その差異を示すことができなかった。もう一つの限界は，RMは標準化されたテストではなく，真偽性以外の要因がRM得点に影響することである。同様の問題はCBCAでもみられた。CBCA得点と同様に，RM得点は年齢とパーソナリティ特性に影響を受け，カウンターメジャーにはおそらく脆弱である。

　本章で挙げた研究から，RMツールを用いるとチャンスレベルよりも高い確率で真実と嘘を検出できることが示された。したがって，RMは現実の場面で利用できると考えられる。RMを欺瞞の検出ツールとして（i）単体で使用する，（ii）CBCAと組み合わせて使用する，という2つの使用法が考えられる。まず第一に，真実と嘘をチャンスレベルよりも高い確率で検出できるということは，嘘の検知に関わる専門家がこのツールを単体で使用できることを意味する。RMは最高の虚偽検出検査ではないし，RMツールを用いて収集した証拠が法廷での証拠として認められるわけではない。しかし，RM分析は供述の真偽性についての目安を示すために有

効だろう。

　第二に，RM は CBCA と併用することが可能である（Sporer, 2004 も参照）。この点は非常に有益だろう。CBCA は認知的要因と動機に関する要因を考慮した手法であり，RM はわれわれの記憶の特徴にもとづいた手法である。認知，動機，記憶，これらはすべて欺瞞に関連することである。したがって，RM と CBCA を併用すれば，それぞれのツールを単体で使用するよりも多くの欺瞞の特徴を取り扱うことになるだろう。

　CBCA ツールを用いて性的虐待の被害を受けた可能性のある子どもの供述の真偽性を評価する評定者は，RM 基準の一つである知覚的情報を CBCA のリストに加えたいと思うだろう。ポルノ映像を見ることによって，性行動に関する子どもの知識は増加する。そのため，ポルノ映像を見た後は，性的な経験がない子どもも，実際には経験していない性的経験について詳細に報告することができるだろう。しかし，ポルノ映像によって得られた詳細な報告の場合，実際に経験したのであれば避けられないにおいや味についての情報が欠けているはずである。したがって，性行動に関する供述に含まれるこのような詳細情報は，その供述が実際の経験にもとづいているかの手がかりになるだろう（ただし，ポルノ映像の中の登場人物がにおいや味について述べたり，示唆したりしない場合に限る）。さらに，CBCA には文脈への位置づけ（基準4）という包括的な基準があるが，RM では空間的な詳細情報と時間的な詳細情報を区別している。空間情報と時間情報の両方が，真実を話す人と嘘をつく人を識別することは明らかであるので，より洗練された文脈的な埋め込みという基準によって CBCA ツールの精度が向上するかどうかに注目することは有意義なことだろう。

　さらに，RM 基準の認知的操作を CBCA ツールに加えるべきだろう。この基準の非常に魅力的な特徴は，認知的操作の出現が嘘を示唆するという点にある。CBCA に含まれているのは真実を示唆する基準のみであり，それぞれの基準にあてはまる情報が出現することで供述内容が真実である可能性が高まる。しかし，それぞれの基準にあてはまる情報が出現しない

ことが嘘をついていることを意味するわけではない。ただ単に，内容が真実であることを裏づける証拠がないということを意味しているにすぎない（第8章）。

このことは，評定者がCBCA得点が非常に低いことをどのように解釈すればよいのかという問題をもたらすだろう。もし，嘘の手がかりとなるものがあれば，評定者は供述が偽られたものだと自信をもって判断できるだろう。つまり，供述にはCBCAの真実の基準にあてはまる情報はなく，RMの欺瞞の基準にあてはまる情報が存在するという理由の方が，CBCAの真実の基準にあてはまる情報が欠けているというだけよりも説得力があると思われる。ただし，RM基準をCBCAのリストに加える前に，評定者は次のことを理解しなければならない。対象者が幼い子どもである場合，供述の真偽によってRM基準に差異は生じない。そのため，幼い子どもの供述の真偽性を評価するときにはRM基準は有効ではない。

RM基準をCBCAのリストに加えることで考慮すべき基準が増えるということは明らかである。嘘の検知に関わる専門家が裁判で使えるような証拠でなくとも，供述の真偽性についての手がかりを手に入れたいと思っているような場合，時間を浪費するようなツールはおそらく必要とされない。したがって，CBCAとRMを組み合わせる場合，もともとのCBCAツールとRMツールのそれぞれから除外できる基準があるかを検討することは価値がある。

評定者が書き起こし文を読むのではなく，録音された内容を聴いてCBCAやRMの基準にあてはまる情報が出現する頻度を調べることができるかについて知ることも有用である。なぜなら，そうすることができればCBCAやRMをとても簡単に利用できるからである。著者たちはこの問題の解明に役立った（Vrij, Evans, Akehurst, & Mann, 2004）。訓練セッションでは，5人の観察者に対して指導者が，4つのCBCA基準と5つのRM基準についての定義と例を提示した。その後，観察者と指導者は録画された面接を見て，面接の中にCBCAとRMを合わせた9つの基準にあてはまる情報が出現した回数を評定した。観察者の評定は指導者

の評定と比較され，観察者は指導者から成績に関するフィードバックを与えられた。5つの面接を見て議論するという90分の訓練を終えると，すべての観察者はCBCAとRMの基準にあてはまる情報の頻度の評定に必要なことがわかるようになったと感じた。そして，観察者たちは52事例の面接を2回ずつ見て，CBCAとRMを合わせた9つの基準にあてはまる情報が出現した頻度を評定した。彼らの評定は，書き起こし文を読んで評定したCBCAとRMの評定者の評定と比較された。結果は訓練が有効であることを示していた。まず，5人の評定者の間で，RM基準の認知的操作を除くすべての基準について，あてはまる情報の出現頻度の評定が一致した。第二に，彼らの評定は，書き起こし文を読んで評定したRMとCBCAの評定者の評定と相関が認められた。そして第三に，書き起こし文にもとづいた評定から検出された真実を話す人と嘘をつく人との差異は，映像を視聴して行った評定でもみられた。

　RMを真実と嘘の検出に使用することとは別に，RMを用いた記憶特性質問紙（MCQ）には一つの可能性がある。それは，われわれが実際に経験したと思っていても実際には想像しただけの出来事についての描写である虚記憶と真実を識別できるという可能性である。ただし，MCQについては，これまで現実生活に即した研究があまり行われてこなかった。したがって，MCQが真実と虚記憶を見分けるために有効だと薦める前に，現実の場面におけるMCQの利用についてさらなる研究が必要だと考えられる。

別表 9.1　リアリティ・モニタリング基準における真実と嘘の違い

研究	査読有無	年齢	明瞭性	知覚情報	視覚情報	聴覚情報	文脈的への位置づけ	空間情報	時間情報	感情	再構成可能性	現実性	認知的操作	合計
Alonso-Quecuty (1992)(即時)	無	成人	>	>			>	<					−	
Alonso-Quecuty (1992)(遅延)	無	成人	>	−			>						−	
Alonso-Quecuty (1996)	無	成人	−	−			−	−					−	
Alonso-Quecuty (1996)	無	8−10	>	−			−	−					−	
Alonso-Quecuty (1996)	無	8−10	>	>			>						−	
Alonso-Quecuty et al. (1997)	有	成人	>	>			>						>	>
Alonso-Quecuty et al. (1997)	有	9	>	>			>	<					>	
Bond & Lee (2005)	有	成人	−												
Granhag et al. (2006)[1]	有	12−13		>		−	>	−	−	−				
Hernandez-Gernaud & Alonso-Quecuty (1997)[2]	無	成人	>						>				>	>
Höfer et al. (1997)	有	成人				−		−	>			>		
Manzanero & Digest (1996)[3]	有	成人	>			>		−	>		>	>	>	
Porter et al. (1999)	有	成人	−	<			>					−		
Rassin & van der Sleen (2005)	有	不明	−	>										
Roberts et al. (1998)	有	子ども	>	−		−		>	>	−				
Santtila et al. (1999)	有	7−14	−					>	>	<	−			
Sporer (1997)	無	成人		−					>	<	>			
Sporer & Sharman (2006)[4]	有	成人	>						>	<	−			
Strömwall, Bengtsson et al. (2004)[5]	有	10−13		−		−			>	>	>		−	>
Strömwall & Granhag (2005)	有	11		−					>				−	
Vrij, Akehurst et al. (2004a)	有	5−15+成人		>										
Vrij, Akehurst et al. (2004a)	有	5−6												−	
Vrij, Akehurst et al. (2004a)	有	10−15+成人		>		−			>					>
Vrij, Akehurst et al. (2004b)	有	6−15+成人													>
Vrij, Edward et al. (2000)	有	成人		>		−			>				>	
Vrij, Mann et al. (2008, 通常の順序)	有	成人		−		−							−	
Vrij, Mann et al. (2008, 逆の順序)	有	成人		>		−			>				>	
Vrij, Mann et al. (2007)[6]	有	成人		>		−			>				<	>

\> 欺瞞的な供述に比べて、真実の供述で言語的指標が多く出現した場合
< 真実の供述に比べて、欺瞞的な供述で言語的指標が多く出現した場合
− 言語的指標の出現が内容と関連していない
空欄　その指標について検討していないことを意味する

注: [1] 1回だけ想起した場合と繰り返し想起した場合の結果を合わせた。　[2] 認知面接と標準面接の結果を合わせた。　[3] 自然な状態での面接と計画的な面接の結果を合わせた。　[4] 他者評定の結果を用いた。書き起こした文に対する評定ではなく、JMCQの結果を用いた。　[5] 1回だけ想起した場合と繰り返し想起した場合の結果を合わせた。　[6] 評定者によるコード化のみを用い、間質型の面接は除外した。

第10章
科学的内容分析

　本章では，**科学的内容分析**（Scientific Content Analysis: **SCAN**）と呼ばれる言語的な真偽性評価ツールについて説明する。SCAN は元イスラエル警察の警部補であり，ポリグラフ検査官でもあった Avioam Sapir が開発したものである。

　最初は，本書に SCAN を載せる予定はなかった。それは，SCAN を用いた研究がほとんどなく，その使用を強く薦める研究者がいなかったためである。しかし，著者は 2006 年 7 月にイギリスのポーツマス大学で開催された捜査面接法に関する会議で心変わりした。その会議で，著者はさまざまな国の犯罪捜査官も列席する聴衆の前で虚偽検出に関するセミナーを実施した。著者は捜査官たちが主に使用する虚偽検出ツールはどれかということを尋ねたところ，最も回答が多かったのは SCAN であった。SCAN のウェブサイト（http://www.lsiscan.com）によると，オーストラリア，カナダ，アメリカの全域で連邦政府，法執行機関，軍事機関によって使用されている。また，ベルギー，イスラエル，メキシコ，シンガポール，南アフリカ，オランダ，イギリスのようなさまざまな国でも使用されている。つまり，SCAN は世界中で使用されているように思われる。

　最初に，SCAN の手続きを紹介する。SCAN が真実を話す人と嘘をつく人をどの程度識別できるのかを説明した後に，SCAN の長所と短所について解説する。

第1節　SCANの手続き

　SCAN の基本的前提は，実体験の記憶にもとづく供述は作り事や空想にもとづく供述とは内容や質が異なるというものである（Smith, 2001）。SCAN 基準には欺瞞的な供述よりも真実の供述でより生じやすいものもあれば，真実の供述よりも虚偽の供述において生じやすいものもあると考えられている。SCAN は真実を話す人と嘘をつく人の差異を予測するが，なぜこうした差異が生じるのかについての理論的根拠は何もない。

　SCAN の分析では供述書が用いられる。供述が検査対象者の言葉を反映していることが重要である。捜査官は口頭の供述を書き起こすことができるが，検査対象者が自分自身で供述を書くことが望ましい。なぜなら，捜査官の考えによって供述が歪められる危険を低減することができるためである。検査対象者はある特定期間の自分の活動を書き起こすよう求められる（たとえば，「あなたは起きてから寝るまでの間，何をしていましたか」）。検査対象者の行為に関して予備知識なしに読み手が供述を十分把握できるよう，検査対象者は詳細な供述書を作成しなくてはならない。検査対象者は面接を受けている間（Adams, 1996），または，面接の前に VIEW 質問紙に回答した上で（Sapir, 1987/2000），自分の供述を記述できる。捜査官は検査対象者がこの質問紙に回答する際は，その場にいないようにするが，それは捜査官が検査対象者の供述に影響を与える危険を避けるためである。検査対象者の都合のよい時間と場所で質問紙に回答し，それをメールまたはファックスにて返送することができる。この供述は手書きである必要があるが（Sapir, 1987/2000），それは後述するように，SCAN のある基準では，検査対象者によってなされる訂正の数が検証されるためである。SCAN は被疑者と目撃者の供述に適用することができ，成人と子どもの両方に適用することができる（Sapir, 1987/2000）。

　コード化においては，捜査官は SCAN の予測と一致する要素が供述に含まれているかを確認する。あてはまる場合，捜査官は検査対象者が嘘を

表 10.1 科学的内容分析の基準

1. 容疑の否認
2. 社会的紹介
3. 自発的訂正
4. 確信または記憶の欠如
5. 供述の構造
6. 感情
7. 客観的時間と主観的時間
8. 順序の逸脱と無関係な情報
9. 情報の欠落
10. 一人称単数，過去時制
11. 代名詞
12. 言葉遣いの変化

ついている可能性が高いかを判断できるし，あるいは，後の面接で疑わしい供述の要素を検査対象者と話し合うこともできる。

　SCAN 基準に関するリストは広範囲に及んでいるため，技法に関するワークショップで最も強調された基準（Driscoll, 1994），あるいは，研究で使用された基準（Smith, 2001）を説明する（表 10.1）。SCAN 基準の中には CBCA のリスト（第 8 章）に記載されている基準と類似したものもあるが，それについては後述する。興味深いことに，これには SCAN 評定者が欺瞞的な供述においてよくみられると信じている基準も含んでいるが，CBCA 評定者は真実の供述においてしばしばみられると信じている[原注1]。

原注1　これらの相反する予測の中には，嘘をつく人の方略に関する仮説が異なることに起因するものがあると考えられる。CBCA の基本的な前提は，嘘をつく人は対象となる人物に，実際は何も起きていなかったが，何かが起こったと信じさせたいというものである。つまり，性的虐待があったと偽ることである。あるいは CBCA が性的虐待以外の状況で用いられるのであれば，性的虐待以外の行為が起きたと偽ることである（「私は昨夜ジムに行き，こんなことやあんなことをした」）。SCAN の基本的な前提では，嘘をつく人は，対象となる人物に何かが起きたと確信させるのに多大な労力を払うことなく，特定の活動を隠すことに集中するだけだとされる（「私はテレビを見ていたが，何が映っていたか思い出せない」）。

基準1：容疑の否認

　この基準は検査対象者が「私は……していない」と述べることによって，供述における容疑を直接的に否定するかということに言及するものである。真実を話す被疑者は欺瞞的な被疑者よりも供述に否認を含める傾向があると考えられる。

基準2：社会的紹介

　この基準は，供述書に記述される人物がどのように紹介されるかに言及するものである。書き手は供述を書いている間，書き手がだれについて述べているのかを読者にはっきりさせるよう注意しなければならない。そのため，社会的紹介は曖昧さを残すべきではない（たとえば，「私の妻リザは……」）。書き手が曖昧さを残している，たとえば，誰かをうまく紹介できていない場合（たとえば，「われわれ」が誰かということを述べることなく「われわれは外出した」と記述している），書き手のなんらかの心理状態が他者を紹介することを妨げていると考えられる。曖昧な紹介をしているほかの形式としては，代名詞（「彼」，「彼女」など）を用いる場合もあれば，個人名を用いる場合もある。あるいは，供述のある箇所では個人名を突如として省略したり，ある箇所では個人名を用いたりするような場合である。社会的紹介における曖昧さは，書き手が何かを隠したい，または，曖昧にしている人物との間に葛藤がある可能性を示している。

基準3：自発的訂正

　この基準は，これまで書いた内容に線を引いて消すような供述の訂正に言及するものである。説明および追加は認められるけれども，検査対象者は書いた内容が何であれ，それを消さないようにはっきりと教示される。

この教示に従わなかったということは欺瞞の可能性を示している。この基準は CBCA の基準 14 と類似しているが，CBCA の専門家は自発的な訂正が欺瞞ではなく，真実であることを示すと信じている。

基準 4：確信または記憶の欠如

　この基準は，書き手が供述のある要素に関して曖昧さを残したり（「私は……と信じている」「私は……と思う」「……のようなものだ」），あるいは，書き手が何かを思い出すことができないと報告する際に該当する。SCAN の使用者はこうした表現を疑わしいものとして解釈する。この基準は CBCA の基準 15 と似ているが，CBCA の専門家は記憶の欠如を欺瞞ではなく，真実を示す兆候として解釈する。

基準 5：供述の構造

　この基準は供述のバランスに言及するものである。真実の供述は，はじめの 20% は出来事が起きるまでの行動を記述するため，次の 50% は実際の出来事を記述するため，最後の 30% は出来事が起きた後のことについて説明するために用いられる。したがって，10 行の供述であれば，2 行は出来事が起きるまでの記述，5 行は出来事の記述，3 行はその後に関する記述から構成されるだろう。供述のバランスがとれていないほど，その供述が欺瞞的である確率が高まる。

基準 6：感情

　この基準は，供述に感情が記述されているかに言及するものである。真実の供述は欺瞞的な供述よりも感情に関する記述が含まれている傾向がある。この基準は CBCA の基準 12 と同じである。ただし，CBCA とは異なり，SCAN では感情が供述のどの部分で述べられているかについても言及す

る。嘘をつく人は話のクライマックス直前で感情について述べるが，真実を話す人は話の至る所で感情（特に，話のクライマックス後）で感情について述べると考えられている。Smith（2001）は仕事中のケガに関する保険金詐欺の疑惑をかけられた男性の事例を挙げている。その男性は仕事中にケガを負ったと主張していた。彼の供述では，「私は階段を上ろうとし……とても緊張していました。私は階段から落ちやしないかと不安でした……」と書かれていた。SCAN 使用者は供述内の位置（話のクライマックスの直前）を指摘し，その男性は詐欺を自白した。

基準 7：客観的時間と主観的時間

　この基準は，どれくらい異なる時間が供述内でカバーされているかに言及するものである。客観的時間は出来事の実際の時間が供述内で記述されていることに注意を向けるものであるが，主観的時間はそれらの出来事を記述するのに費やした言葉の量に言及するものである。欺瞞的な供述とは違い，真実の供述では，客観的時間と主観的時間が一致している。たとえば，30 分間を記述するための供述に 5 行を充て，その後の 2 時間を記述するために 3 行を充てているのであれば，主観的時間と客観的時間は一致しておらず，これは欺瞞の可能性があることを示している。

基準 8：順序の逸脱と無関係な情報

　この基準は，供述が時系列順に出来事を記述しているかを検討するものである。時系列順に語られていないということは欺瞞の可能性がある。さらに，この基準では関連がないように思われる無関係な情報があるかを検討する。無関係な情報があれば，検査対象者がなぜ無関係な情報を含める必要性を感じたのかを SCAN の専門家は取調べるべきである。検査対象者がより重要な情報を隠すために無関係な情報を含めた可能性が考えられる。この基準は 2 つの CBCA 基準を結び付けたものである。その 2 つの

基準とは，構造化されていない供述（基準2）と不必要な事柄に関する詳細（基準9）である。ただし，CBCAの専門家はこれらの基準を欺瞞の手がかりではなく真実の手がかりとして評価する。

基準9：情報の欠落

この基準は，いくつかの情報が省略されたということを示す供述内の表現に言及するものである。たとえば，「しばらくして」，「ついには」，「後で」，「その後すぐに」というような言葉の使用を挙げられる。Smith(2001)は「彼女は私を殴ったり，蹴ったりし始め，ついには，ワインボトルで私を殴ったんだ」という例を挙げている。この文章は，彼女が殴ったり蹴ったりし始めてから，ワインボトルで殴るまでの間の出来事を，書き手が明らかにしたくないことを示している。

基準10：一人称単数，過去時制

この基準は，供述が書かれている形式に言及するものである。真実の供述は一人称単数，過去時制で書かれていると考えられる。なぜなら，書き手はすでに起こった出来事を記述するからである（「私は煙が窓から出てきているのを見ました」）。この基準から逸脱する場合，疑わしさが高まる。

しかし，時には現在時制を用いることを期待され，過去時制の使用が欺瞞を示す場合もある（Adams, 1996）。行方不明者について述べている供述を例に挙げてみよう。子どもたちが行方不明な場合，両親の心の中ではまだ生きていると表現されることが多い。この場合，子どもたちについて現在時制で述べるはずである（Adams, 1996）。この基準から逸脱（「Xは犬と妹と遊ぶのが好きでした」）すると，疑いは高まるだろう。

基準11：代名詞

　この基準は，供述内での代名詞の使用（「私」，「私の」，「彼」，「彼の」，「彼ら」，「彼らの」など）に言及するものである。代名詞は関与，責任，そして所有を示す。代名詞を省略すること（「私は家を出た」ではなく，「家を出た」）は，書き手は記述した行為に対して自分自身が関わることについて気が進まないことを示している。「私」が適切である場合に「私たち」を用いるということは，書き手が責任逃れをしようとしていることを示している。所有を示す代名詞（「私の」など）を省略することは，書き手が所有権を否定していることを示す。Smith（2001）は車を盗んだ男の供述として以下のような例をあげている。「30分ほど，G.Wentショッピングの駐車場に車を停めていました。外へ出ると，車はなくなっていました」。この供述は代名詞が抜けているため，関与，責任，所有の欠如を示している。後に，この男性は自分の車は盗まれていなかったことを自白した。

　また，代名詞の使用は二人の関係を特定するものである。たとえば，ある人が供述で「私たち」ではなく「私の妻と私」と言及し続けたのであれば，これは書き手と彼の妻の間の距離または緊張関係を示すだろう。

基準12：言葉遣いの変化

　この基準は，供述における専門用語または語彙の変化に言及するものである。言葉の変化は，何かが書き手の心の中で変わったことを示している。たとえば，被疑者が供述の中で「会話」として述べたすべての会話の内，ひとつだけ「議論」と記述したのであれば，この会話はそれ以外の会話とは異なるものとして認識されている可能性がある。供述内で言葉遣いの変化に気づいたとき，SCAN使用者は一連の出来事からそのような変化を正当化できるどうかをよく考えるべきである。SCANの専門家が正当化できると考えるのであれば，書き手は真実を記述している可能性がある。

しかし，専門家が正当化できないと考えるのであれば，書き手が嘘を記述している可能性がある。たとえば，ある男性が自分の車について記述するとき，「乗りもの」「車」，そして「黒色の車」と言葉遣いを変えたとしよう。これは言い回しの変化を正当化することが難しく，その男性はこの車が実在しないことを告白した（Smith, 2001）。

第2節　虚偽検出ツールとしてのSCAN

現在までにSCAN技法を検証した研究は3件しか公刊されていない。最初の研究は，Lawrence Driscoll（1994）が実施したフィールド研究であった。彼は，ポリグラフ検査の直前に被疑者が自発的に記述した30事例の供述を分析した。すべての供述は一人のポリグラフ検査者が得たものである。検査対象者は真実を述べていることを証明すると考えられるすべてのことを，自分自身の言葉で書き出すよう求められた。検査対象者は「最初から」書き始め，話を語るのに必要と感じるものを具体的に記述するよう教示された。各供述はSCAN基準に合致するか分析されたが，誰が供述をコード化したかに関する情報は示されていない。SCANのコード化担当者（一人だけであったと思われる）は，11件の真実の供述のうち8件（73%）と19件の欺瞞的な供述のうち18件（95%）を正しく識別することができた。個々の基準を検証する際，Driscollは嘘をつく人と真実を話す人を完璧に識別できる基準はひとつもないということを見出した。容疑の否認（基準1）は各グループ（真実を話す人と嘘をつく人の双方）に関する最良の予測因であり，この基準にもとづくと，77%の真実を話す人と88%の嘘をつく人を正しく識別することができた。

このような予想以上に高い正確性を示すにも関わらず，DriscollはSCANの使用をあまり勧めていない。彼は，真実を話しているのに嘘をついていると判断された人（27%）が相対的に大きい集団であることを問題視しており，「供述書のみにもとづく法的措置は見直す必要がある」

(p.86) と述べている。さらに，Driscoll はこの研究に重大な制限事項があることを認めている。分析されたすべての供述の真実さの根拠は不確かであった。つまり，各被疑者に関して，彼（女）らが事実を話していたのか，それとも嘘をついていたのかがわかっていないのである。そのため，Driscoll は自分の研究結果を慎重に考察すべきだと結論づけている。さらに言うと，検証された各事例について真実さの根拠が確認できないので，正答率がまったく信頼できないことになる。

第二の研究では，いくつかの SCAN 基準が検討されたが，ここでは真実さの根拠は問題とならなかった（Porter & Yuille, 1996）。この実験研究では，参加者が模擬的な窃盗に関与する，もしくは関与せずに，この犯行疑惑について面接を受けた。しかし，この実験では，参加者は口頭で供述を行い，後にそれらを書き起こした。SCAN の手続きでは，検査対象者に供述を書き起こすよう求めることが推奨されているが，これはそうしたやり方から外れるものである。Porter と Yuile（1996）は3つの SCAN 基準を検討した。その3つとは，供述の構造（基準5），情報の欠落（基準9），一人称単数，過去時制（基準10）である。これらのどの基準に関しても，真実の供述と虚偽の供述で違いはみられなかった。

第三の，そして最後の SCAN 研究は，Nicky Smith（2001）がイギリス内務省で実施したフィールド研究である。彼女は5つの評定者グループに対して27事例の供述を判断するよう求めた。3つのグループは経験レベルが異なる SCAN 使用者であり，4つ目のグループは経験豊富ではあるが，SCAN の訓練は積んでいない刑事たちであった。5つ目のグループは，新たに採用された警官であり，SCAN の訓練は積んでいなかった。3つのグループの SCAN 使用者は，供述が真実であるか，欺瞞的であるか，断定できないかを判断し，少なくとも真実の 80%，嘘の 75% を正確に識別することができた。この数値は印象的に思えるが，SCAN の訓練を受けていない経験豊富な刑事の正答率と SCAN 使用者の正答率に，統計的に有意な差はみられなかった。つまり，SCAN の情報は真実と嘘を識別する能力を高めているわけではなかった。さらに，Driscoll の研究のよう

に，すべての事例に関する真実さの根拠が不確かであり，やはりこの正答率は信頼できないと思われる。

　Smith（2001）は個々の基準が真実を話す人と嘘をつく人を識別する上でどれぐらい効果的か，さらにSCANの専門家がそのほかの参加者より頻繁に用いる基準があるかを検討した。3つの基準で真実を話す人と嘘をつく人には差がみられた。その3つとは，容疑の否認（基準1），情報の欠落（基準9），時制の変化（基準10）であり，その差はSCANの予測と一致していた（虚偽の供述では，否認することが少なく，より多くの情報の欠落があり，時制の変化が多かった）。

　さらに，Smith（2001）は最も頻繁に用いられる基準は代名詞の不適切な使用（基準11），確信または記憶の欠如（基準4），そして，言葉遣いの変化（基準12）であることを見出した。ただし，Smithは専門家によって供述が欺瞞的であるかを決める際に用いたSCAN基準が異なることにも言及していた。つまり，SCAN使用者の間でその適用が一貫していないということである。この一貫性の欠如はSCANのウェブサイト上でも明らかになっている。Sapirは供述を分析した際に，どのように欺瞞を検出できるかに関して数多くの事例をウェブサイト上で説明している。これにはビル・クリントン，オサマ・ビン・ラディン，ジョージ・ブッシュ大統領，コリン・パウエル前国務長官，ハマスの指導者による発言が含まれている。Sapirは2006年10月9日の核実験に関する北朝鮮の声明を分析している。しかし，別の事例では，Sapirはそれぞれの供述が欺瞞を示す可能性について異なる理由を挙げている。

　まとめると，Smithが見出したことは，SCAN使用がSCANの訓練を積んでいない経験豊富な刑事よりも嘘を検出することが上手だとは言えないこと，そしてSCAN使用者の間で適用方法が一貫していないということである。この知見にもとづき，Smith（2001, pp. 38/39）は，自身の研究は「幅広い導入を考える前に注意を払う必要があることを強調した」と結論づけた。

　いくつかのSCAN基準はCBCAの一部でもあり，CBCA研究では，

これらの重複する基準が真実を話す人と嘘をつく人を識別できるかどうかを検討してきた。別表8.1に要約しているように，CBCA研究は，真実を話す人は嘘をつく人よりも供述の中でより多くの感情を報告するという仮定（SCAN基準6とCBCA基準12）が支持されることを明らかにした。しかし，そのほかの重複する基準に関しては支持されなかった。SCANが予測することは，嘘をつく人は自発的な訂正をより多く行い（SCAN基準3），記憶の欠落を認め（SCAN基準4），順序の逸脱や無関係な情報をより多く報告する（SCAN基準8）。CBCA研究が示したことは，多くの研究において，真実の供述と虚偽の供述はこれらの基準に関して違いはみられず，差がみられたときは，SCANの予測とは逆になるということである。つまり，真実を話す人よりも嘘をつく人は，自発的な訂正をせず（CBCA基準14），記憶の欠如が少なく（CBCA基準15），順序の逸脱が少なく（CBCA基準2），不必要な情報を報告しない（CBCA基準9）ということである。

第3節　SCAN技法の評価

　SCANの基本的前提によると，実体験の記憶にもとづく供述は，でっち上げ，あるいは，空想にもとづく供述とは内容や質が異なる。そのため，虚偽の供述よりも真実の供述においてあてはまりやすい基準もあれば，真実の供述よりも虚偽の供述においてあてはまりやすい基準もある。SCANにまつわる問題は，実証的な支持が得られておらず，標準化もされていないことである。

　実証的支持が欠けていることについて述べると，SCAN技法が真実を話す人と嘘をつく人をうまく識別できるかを検討した研究はこれまでほとんどなかった。2つの研究は，多くの真実を話す人と嘘をつく人はSCANによって正しく識別することができることを見出した。しかし両研究における真実さの根拠は確立されていない。これは，検査対象者が実際に真実

を話しているか，それとも嘘をついているかが不確かであることを意味する。そのため，それらの研究における正答率は信頼できない。ほかの研究（主には，CBCA 研究）は，いくつかの SCAN 基準は SCAN が予測する方向で真実を話す人と嘘をつく人を識別しないことを明らかにした。

標準化されていないという点に関しては，SCAN 使用者によって同じ供述を分析するときに注意を向ける基準が異なっている。そして，異なる供述によって，異なる基準が欺瞞の指標として強調される。標準化されていないということは，それぞれの SCAN 使用者の主観的解釈やスキルに多くが左右されることを示唆する。結果として，個人差が生じ，ある SCAN 使用者はほかの使用者よりも，真実を話す人と嘘をつく人を上手に識別できる。SCAN を用いて，嘘をうまく見抜く人とそうでない人を調べることは有益かもしれないが，両者を弁別するための方法は存在しない。

SCAN の使用に関して標準化がなされていないことについて，2 つの要因が関係していると考えられる。第一に，SCAN は理論的基盤を欠いていることである。SCAN の根本にある論理的根拠は，真実を話す人と嘘をつく人の供述は互いに異なるというものである。しかし，この方法でなぜこのような差が生じるのかを説明できない。真実を話す人と嘘をつく人の間でなぜ差が生じるのかという理論的理解は，個々の SCAN 使用者に供述の解釈方法に関する共通の枠組みを提供する。第二に，SCAN 基準のリストはまとまりのある一連の基準というよりも，個別の基準のリストであることである。この点に関して，SCAN は本書で述べられているほかの言語的な真偽性評価ツール（第 7 章～第 9 章を参照：BAI，CBCA，RM）とは異なる。CBCA では，検討される言語基準のリストはまとまりのあるものである。そのため，供述を分析するとき，そのツールの個々の基準があてはまるかどうかにもとづく CBCA の合計得点を算出する。そして，この合計得点にもとづき真偽性の評価が行われる（第 8 章）。これは，それぞれの CBCA 評定者が同じ供述を評価する際に必ずしも同じ合計得点が得られるわけではないが，同じ評価手続きを用いるこ

とを意味している。この原則は BAI と RM にも適用される。対照的に，SCAN は別個に評価される基準が含まれている。結果として，評定者によっては同じ供述を分析するときに，注意を向ける基準が異なる可能性がある。また，同じ評定者が異なる供述を評価するとき，注意を向ける基準が異なる可能性もある。

　こうした批判にも関わらず，SCAN には魅力的な要素が 2 つある。第一に，供述内で言い回しの変化を検証する方法は好ましいと思われる。欺瞞の非言語的手がかりを説明する際（第 3 章）に，面接内の別の比較可能な部分におけるある人の行動の変化を検証すれば，おそらく最も正確に行動を解釈し，欺瞞を検出することができると述べた。供述内で言語的変化を検証する SCAN アプローチは，言語的供述に対してこの方法を適用している。この比較方法の詳細は第 15 章において説明する。

　著者が好む第二の要素は，後の面接を方向づけるためのツールとして SCAN を用いる点である。つまり，検査対象者が嘘をついているかを判断するのではなく，捜査官は供述のどの要素に対して検査対象者にさらに質問をするかの洞察を得るため SCAN 分析を用いることができる。このように，SCAN を取調べに構造をもたらす方向づけツールとしてみなすことができる。Adams（1996）は，SCAN を虚偽検出ツールというよりもむしろ取調べを方向づけるツールとして導入したが，すべての SCAN 捜査官がそのように用いているとは思えない。多くの捜査官は SCAN を虚偽検出ツールとして用いており，SCAN の結果のみにもとづいて，検査対象者の真偽性を決定しているのではないかと疑われる（Sapir はウェブサイトでそうしている）。もし，SCAN を用いる刑事が被疑者は供述で嘘をついていると思えば，被疑者の抵抗をくじくために説得的な尋問技法を用いるかもしれない。著者が第 6 章で説明したように虚偽自白を導くので，無実の被疑者にこうした説得的な尋問技法を用いないことが重要である。SCAN の結果が無実の被疑者を保護するという保証は何もない。

　結論として，著者は SCAN の肯定的な要素を理解しているものの，SCAN が実際に機能するという証拠に欠け，標準化されていない

ことを考えると，虚偽検出の方法としての SCAN の使用を容認することはできない。著者が虚偽検出の目的で SCAN を薦めるようになるには，研究者がその有効性を実証し，それぞれ SCAN 使用者が用いる方法がある程度一致する必要がある。この点において，Sapir が彼の方法の正確性について述べていることは興味深い。SCAN に関するワークブックの中で次のように述べている。「SCAN 技法を学んだ学生の多く，そして，仕事でそれを応用する人は，SCAN 技法がポリグラフより優れているとは言わないまでも，それと同等であると報告している」(Sapir, 1987/2000, p. 121)。SCAN 技法に対してこのことを引用するとしたら，その正確性が曖昧であることは憂慮すべきである。なぜなら，Sapir 自身が SCAN をどれほど正確なものかわかっていないためである。

第11章

生理学的虚偽検出：
懸念にもとづくアプローチ[訳注1]

　これから3章にわたって，生理学的虚偽検出を取り上げる。歴史的にも，嘘をつくと，嘘をつく人の体の中で生理的な活動が生じると考えられてきた。たとえば，紀元前1000年の中国では，嘘をついている疑いのある人の口の中に生米を含ませてから吐き出させ，吐き出した米が乾燥していたら，その人は嘘をついていると判断していた（Kleinmuntz & Szucko, 1984）。この前提には，恐怖は唾液の分泌を低下させ，口の中を乾燥させるという生理学的根拠があった（Ford, 2006）。

　近年は，これとは別の生理指標が学者や実務家によって研究されている。その多くは，**皮膚電気活動**（electrodermal activity: **EDA**，指から生じる汗など）や血圧，呼吸である。一般に，これらの生理指標は**ポリグラフ**（2つのギリシア語による造語。*poly* = 多くの，*grapho* = 書くこと）と呼ばれる装置を用いて同時に計測される。ポリグラフは，チャート上にインクペンで描画したり，コンピュータ画面上に視覚的に表示したりして，さまざまな身体活動を直接かつ正確に表して見ることができる科学的な測定装置である（Bull, 1988）。ポリグラフは，EDAや血圧，呼吸の変化を正確に記録する。また，身体のさまざまな部位に取りつけたセンサーから拾い上げた信号を増幅することで，小さな変化さえも測定することができる。一般に，ポリグラフを使用する場合には，2本の指の上に金属の電極を1

訳注1　本章に関する訳者の見解を補足として整理した。p. 529を参照してほしい。

つずつ装着してEDAを測定したり，二頭筋のまわりに血圧カフを巻いて血圧の変化を測定したり，胸や腹のまわりに呼吸計測用トランスデューサを巻いて呼吸の深さや周期を測定したりする。

ポリグラフは嘘発見器と呼ばれることがあるが，これは誤解を招く呼び方である。ポリグラフは嘘を検出するわけではなく，嘘をついたときに付随して生じると考えられる生理活動を検出しているにすぎない。嘘と直接結びつくピノキオの鼻のような身体活動パターンは存在しないため，ポリグラフ検査者はこのような非直接的な方法で欺瞞を測定する以外に方法がない（Saxe, 1991）。

欺瞞を対象とするポリグラフには，単に欺瞞を検出する以上の実用的価値がある。アメリカ文化には，ポリグラフ検査は正確だというステレオタイプ的信念がある（National Research Council, 2003）原注1。これが，ポリグラフ検査にさらに3つの用途をもたらしている。1つ目は，抑止効果である。たとえば，保護観察中の性犯罪者は，ポリグラフ検査で発覚してしまうことを恐れて，なんらかの犯罪行為に加担しようとはしないだろう。あるいは，スパイであることを隠している人は，雇用前に受けるポリグラフ検査でスパイ目的であることがばれてしまうと思い，国家安全保障局への採用を志願しないだろう。2つ目は，ポリグラフ検査を受けなければならなくなることで，自供が引き出される可能性があることである。たとえば，犯罪者は，ポリグラフ検査で反応が出るくらいなら，犯罪行為について追及されて嘘をつくよりも，自分の犯罪行為を自発的に認めた方が，自身の置かれた状態がよくなると考えるだろう。3つ目は，ポリグラフ検査が使われていると一般市民に知れ渡ることで，彼らに犯罪から守られているという印象を与え，安心感を持たせるだろうことである。

ポリグラフの検査者は，真実を話す人と嘘をつく人では反応が異なると考えられるさまざまな検査を利用している。ある種の検査は，いくつかの心理学的前提にもとづいて構成されている。この中には，検査の鍵となる

原注1　ほかの国の見解は不明であるが，おそらくこの信念には文化差があるだろう（Bull, 2006）。

質問に対して検査対象者が示す顕著な生理反応は，検査対象者の懸念が増した結果であるとの前提もある。Charles Honts, David Raskin や John Kircher は，このような懸念にもとづく検査の著名な支持者である[原注2]。しかし，以下で述べるように，このような検査は議論の対象となり，批判を受けている。批判をしている著名な人物には，Gershon Ben-Shakhar, John Furedy, William Iacono, David Lykken や Leonard Saxe がいる[原注3]。さまざまなポリグラフ検査の信頼性や妥当性に関する長く続く論争の口火を切ったのは，David Raskin と David Lykken であった。彼らは，互いに法廷に出廷した鑑定証人や法手続きの中で対立する可能性のある相手方であるかのように，科学論文の中で論争を始めた。このほかの懸念にもとづくポリグラフ検査の支持者や批判者もこの論争に加わっていった。興味深いのは，批判者たちはポリグラフ検査それ自体を批判していないことである。それどころか，批判者たちの誰もがポリグラフ検査を支持している。彼らは，懸念が高まる前提にもとづく検査を使うのではなく，嘘をついている人は事件の重要な詳細を突きつけられると定位反射（つまり，詳細を認識している兆候）を示すという仮説にもとづく検査を使うよう提唱している。

　懸念にもとづく方法と定位反射にもとづく方法との違いは非常に重要なので，これら2つの方法にもとづくポリグラフ検査を2つの章に分けて説明する必要がある。本章では，懸念にもとづくポリグラフ検査について説明し，第12章では定位反射にもとづくポリグラフ検査について説明する。

　懸念にもとづくポリグラフ検査は，ベルギーやカナダ，中国，イスラエル，メキシコ，ノルウェー，パキスタン，ポーランド，ロシア，ルーマニ

原注2　Honts, 1991, 1995, 2004; Honts, Kircher, & Raskin, 1996, 2002; Honts & Perry, 1992; Raskin, 1982, 1986, 1988, 1989.

原注3　Ben-Shakhar, 1991; Ben-Shakhar & Furedy, 1990; Ben-Shakhar, Lieblich, & Bar-Hillel, 1982; Furedy, 1991a, b, 1993, 1996a, b; Honts, Kircher, & Raskin, 1996; Iacono, 2000; Iacono & Lykken, 1997; Lykken, 1959, 1960, 1988, 1991, 1998; Saxe, 1991. 両方の立場を記した書籍は，Faigman, Kaye, Saks, & Sanders（1997, 2002），Gale（1988）や Kleiner（2002）を参照してほしい。

ア，シンガポール，韓国，台湾，タイ，フィリピン，アメリカ，トルコなど世界中の国で行われ（British Psychological Society, 2004; Honts, 2004; Lykken, 1998; Svebak, 2006），検査の多くは犯罪捜査で活用されている。ただし，一般的には，これらの国で行われるポリグラフ検査の結果が法廷で証拠として用いられることはない[原注4]。アメリカでは民事手続きでもポリグラフ検査が行われ，その結果はよく民事裁判に提出されている（Iacono, 2000; Raskin & Honts, 2002）。おそらく，懸念にもとづくポリグラフ検査のほとんどはアメリカで行われている。そこでの利用には，少なくとも4つの目的がある（Consigli, 2002; Gale, 1988; National Research Council, 2003）。すなわち，犯罪捜査における検査対象者の真偽評価，法執行機関や国家安全保障局における雇用前の適性検査，特に保安管理が必要な職業における職員の適性検査，治療中や保護観察中，あるいは収容中の性犯罪者の検査である。

　以下では，現在利用されている3つの懸念にもとづくポリグラフ検査を説明し，それらの検査への批判を説明する。また，これらの検査の正確性を調査した実験と実務研究も説明する。これらの研究は，犯罪捜査場面のほとんどすべての検査で利用されている対照質問法（Comparison Question Test: CQT）という検査方法が，チャンスレベル以上で真実を話す人と嘘をつく人を識別できることを示している。しかし，その正確性は，識別が間違いないと言える水準からはほど遠いことも示している。著者は，懸念にもとづくポリグラフ検査が法廷で証拠として認められるべきではない理由の一つが，この正確性の水準にあると考えている。本章では，採用志願者や公的機関の職員，性犯罪者の適性検査のために行われるポリグラフ検査が，犯罪被疑者に行われるポリグラフ検査よりも問題が多い理由も説明する。

　EDAや血圧，呼吸のほかに，脳血流量（機能的磁気共鳴画像法（function Magnetic Resonance Image: fMRI）で測定される脳活動）や事象関連

原注4　検査結果が刑事裁判で証拠として用いられているニューメキシコ州やベルギーは例外である（Daniels, 2002; Van der Plas, 2006）。

電位（脳波（EEG）で測定するP300），音声信号特徴（音声ストレス分析で測定），眼のまわりの血流パターンの変化（熱検知カメラで測定される赤外線画像）など，そのほかの生理指標についても欺瞞との関係が研究されている。そのため，これらの生理指標も説明する。fMRIによる虚偽検出は，第13章で説明する。EEG-P300による虚偽検出は定位反射を根拠としているので，第12章で説明する。音声ストレス分析や赤外線画像は懸念にもとづく方法なので，本章で説明する。

第1節　懸念にもとづくポリグラフ検査

関係－無関係質問法

　関係－無関係質問法（Relevant-Irrelevant Test: **RIT**）は，初めて広く利用されたポリグラフ検査の質問法である。1932年にLarsonが考案したもので，Marston（1917）の研究がもとになっている。RITでは，2種類の質問をする。事件に関係する質問（関係質問）と事件に関係のない質問（無関係質問）である。関係質問は，捜査中の事件に関連する質問である。たとえば，「あなたは昨夜黒いメルセデス・ベンツのガラスを割って，その中に入りましたか？」といった質問である。犯人であろうとなかろうと，すべての検査対象者はこの質問に対して「いいえ」と返答する。そうでなければ，事件に関わったと認めていることになる。無関係質問は，事件とは関係がなく，かつ，検査対象者がこの質問に返答する際には真実を言うだろうことがわかっている質問である。たとえば，「今日は火曜日ですか？」といった質問である。検査者はこれら両方の質問に対して生じた生理反応を比較する。RITでは嘘が発覚する不安が生理反応を生じさせるということを理論的根拠にしているため（Raskin & Honts, 2002），関係質問に対する反応が無関係質問よりも大きければ，それは関係質問に対して嘘をついている兆候であるとみなされる。

この根拠は，単純で粗末だと言われている（Podlesny & Raskin, 1977）。無関係質問には個人間の差，つまり，それぞれの人に当然生じる生理反応の違いを統制する意図がある。しかし，第3章で説明したように，**個人間差**だけでなく**個人内差**も考慮する必要がある。すなわち，同じ人でも質問の質に応じてそれぞれの質問に異なった反応を示す可能性があることに注意する必要がある。雇い主の事務所から金銭を盗んだ疑いで，ある女性にポリグラフが取りつけられているとする。彼女は無実だが，生理反応が大きく出てしまえば，仕事を辞める必要があることはわかっている。そのため，「あなたはお金を盗みましたか？」という関係質問は，彼女にとって重大な結果をもたらす質問である。したがって，この関係質問が無関係質問（彼女のシャツの色など）よりも大きな生理反応をもたらす結果となる可能性は大いにあり得る。

　同じような事例が何年か前のオランダのテレビ番組で放送されていた（Veronica 局の「*Breg je voor Berg*」という番組）。その番組では，過去に成績を上げるためにドーピングをしたかを明らかにする目的で，自転車競技の前世界王者であるヘリー・クネットマンにポリグラフを取りつけていた。「あなたはそのとき時計をしていましたか？」とか「あなたは今アムステルダムにいますか？」といった無関係質問と「あなたは競技人生の中で，成績を上げるためにドーピングをしたことがありますか？」といった関係質問の両方が質問された。クネットマンは関係質問に対して「いいえ」と答えたが，この質問に対して生じた生理反応が無関係質問に対して生じた生理反応よりも大きかったため，彼は嘘をついていると責められる結果になった。もちろん，これは早まった結論である。プロのスポーツ選手にとって成績を向上させるドーピングはデリケートな問題であるので，実際にドーピングを使ったことがあってもなくても，この問題に関する質問にはほとんど自動的に生理活動が上昇してしまうことだろう。言いかえれば，ドーピングを使っていようがいまいが，すべてのスポーツ選手はこのような関係質問には強い反応を示すと考えられる。

　これらの例から，RIT が不適切な虚偽検出検査であることは明らかで

ある。明白な問題は，関係質問が検査対象者に与える可能性のある情動的な影響を，無関係質問が適切に統制していないことである（Iacono, 2000）。RIT を使うべきではないという点では，懸念にもとづくポリグラフ検査の支持者と批判者の間で意見が一致している（Honts, 1991; Lykken, 1988; Raskin, 1986; Raskin & Honts, 2002; Saxe, 1994）。Larson 自身もこの方法の限界を認めており，ほかの研究者が RIT について重要な指摘をしてくることについて，特にうれしくないと明言していた。1961 年に，Larson は次のように言っている。「当初，わたしは道具としての虚偽検出が専門的警察科学を担う一分野となることを願っていた。ところが，虚偽検出は，脅しの道具とほとんど変わりがない。嘘発見器は，多くの場所で使われてはいるが，かつて身体を打ってしていたのと同じような，自供させることを目的とした心理学的尋問にすぎない。わたしは，かつてその発展に関わったことを今は申し訳なく思っている」（Lykken, 1988, pp. 28-29 より引用）。

RIT は長年ポリグラフの主要な質問法であったが，今では犯罪捜査で使われることはほとんどない（Raskin & Honts, 2002）。ただし，たとえば，保険会社が顧客の請求が詐欺であると明らかにする場合などでは，おそらくいまだに使われている。これについては，本章の中で後述する。

対照質問法

近年，犯罪捜査で最もよく用いられているポリグラフ検査の方法は，**対照質問法**（Comparison Question Test: **CQT**，Control Question Test ともいう）である[訳注2]。CQT は，1947 年に Reid によって考案されて以降，Backster（1962, 1963）や Raskin（1979, 1982, 1986）によってさらに概念化されてきた。CQT と RIT で大きく異なる点は，CQT に対照質問が導入された点である。これによって，関係質問が検査対象者に与える可

訳注2　これらは直訳すると比較質問法や統制質問法となるが，わが国ではこの質問法は長らく対照質問法と呼ばれてきたため，本章でも対照質問法と訳す。

能性のある情動的影響を適切に統制し，個人内の差を統制したのである。
　一般的な CQT は，5つの段階で構成されている（Furedy, 1991b; Raskin & Honts, 2002）。第一段階は，**事前面接**の段階である。事件や犯人に関する情報を得ることが目的である。検査者は，検査対象者に心身の健康などいくつか基本的なことを尋ねる。また，検査対象者にかけられている容疑について話す。検査対象者には，自分自身の視点で自由に出来事を話してもらうようにする。この段階では，検査者は何が起こったのかを検査対象者の視点から知ることができる。また，この段階は，検査には専門的客観性や信頼性があるという雰囲気を醸成することにも役に立つ。
　次に，検査者は検査対象者にポリグラフのセンサーを取りつけ，ポリグラフ検査の基礎となる生理学について簡単に説明する。それから，**刺激試験**（第二段階）を実施する。これは，検査対象者にポリグラフがどんな嘘でも検出できると信じさせるために行われる。ポリグラフ検査では，検査対象者に検査が正確だと信じさせることが重要である。ポリグラフ検査は100％正確だと思わせることで，関係質問に返答する際に，犯人は懸念を強くし（「この器械をごまかすことはできないな」），無実の人は自信を強く持つ可能性がある（「この器械は正確だし，わたしは無実だから，潔白を証明することができる」）。検査対象者がポリグラフの正確性を信用していないときには，逆のことが起こると考えられる。すなわち，関係質問に返答する際に，犯人はさらに自信を強め（「まだ何も失っていない。ポリグラフをごまかすチャンスはまだ残っている」），無実の人は懸念を強くする可能性がある（「わたしは無実だけど，この器械はそれを示してくれるだろうか」）。
　刺激試験では，カード・テストがよく用いられる。検査対象者は，トランプの束からカードを1枚選び，それを覚えてから再びカードの束に戻すよう求められる。次に，検査者は検査対象者に何枚かカードを提示していく。それぞれのカードを提示する際には，そのカードは検査対象者が先ほど見たカードであるか質問する。検査対象者は，各質問に対して「いいえ」と答えるよう教示される。検査者は検査対象者が「いいえ」と答えて

いるときのポリグラフ・チャートを評価して，検査対象者が選んだカードが何であったかを検査対象者に伝える。検査者は，多くの場合，正確にカードを言い当てる。正解のカードが提示されると，検査対象者の内部では定位反射の働きによってほとんど自動的に生理反応が引き起こされるからである。これについては，第12章で述べる。

　検査者には，常に判断を誤り，間違ったカードを指摘するリスクがある。これは，結局のところ，検査が正確ではないことを示すことになるので，非常に困った結果をもたらす。検査者は，間違えることがないよう検査対象者にはわからないようにトリックを使うことがある。たとえば，正解のカードに印をつけておいたり，カードの束をすべて同じカードにしておいたりする（Bashore & Rapp, 1993）。後者の場合，検査者は検査対象者に実際にカードを見せることはせず，刺激試験で使うカードの番号を口頭で検査対象者に伝える。カード検査をしない検査者もいるが，そういう人達は，額縁に入れた卒業証書や免許などを部屋の壁に掲げて，検査対象者に検査が正確であると信じ込ませている（Bull, 1988）。

　刺激試験の後は，**質問構成の段階**（第三段階）に入る。この段階では，検査者はポリグラフ検査で使用する質問を作り，この質問について検査対象者と話し合いを行う。検査対象者と質問について話し合うことには，2つの理由がある。一つは，検査中や検査後に，質問の内容についてさらに話し合うことがないよう，検査対象者に質問を理解してもらわなければならないからである。もう一つは，検査対象者には質問に「はい。でも……」とか「それは場合によって……」と答えるのではなく，「はい」か「いいえ」ではっきりと答えてもらうようにしなければならないからである。前者のように返答した場合，検査結果の解釈が難しくなる恐れがある。表11.1は何者かがカメラを盗んだ事件で実施される典型的なCQTの質問の流れを例示したものである。なお，ここではCQTの例として窃盗を挙げたが，CQTはどんな種類の事件でも実施可能である。

　質問には3種類ある。無関係質問と関係質問，対照質問である。**無関係質問**は，「あなたは，アメリカに住んでいますか？」や「あなたの名前はリッ

表 11.1　対照質問法の例

N1.　あなたは，アメリカに住んでいますか？「はい」
PL1.　生まれてから20年の間に，自分の物ではない物を盗んだことがありますか？「いいえ」
R1.　あなたは，あのカメラを盗みましたか？「いいえ」
N2.　あなたの名前は，リックですか？「はい」
PL2.　1987年より前に，あなたは不誠実なことや違法なことをしたことがありますか？「いいえ」
R2.　あなたは，机からあのカメラを盗みましたか？「いいえ」
N3.　あなたは，11月に生まれましたか？「はい」
PL3.　21歳になる前に，トラブルから逃げようとしたり，誰かほかの人と問題を起こしたりして嘘をついたことがありますか？「いいえ」
R3.　あなたは，なんらかの方法であのカメラの窃盗に関わりましたか？「いいえ」

N＝無関係質問；PL＝対照質問；R＝関係質問
出典：Raskin, Kircher, Horowitz, & Honts（1989）

クですか？」などの一般的な質問である。無関係質問は，フィラー（つなぎの質問）として用いられる。無関係質問に対して生じる生理反応は，ポリグラフ・チャートの記録からは無視される。

　一連の質問の中には，一般的に3つの関係質問と3つの対照質問が含まれる。**関係質問**は，事件に関する具体的な質問である。たとえば，カメラ泥棒の例では，「あのカメラを盗みましたか？」といった質問が用いられる。**対照質問**は，統制質問として提示される。対照質問は，捜査中の事件に関する行為として扱われるが，容疑のかかっている事件に関するものではない。対照質問は常に現実生活の一般的な出来事に関する質問である。また，わざと曖昧にしてある。質問の内容は，検査対象者の人生を広範囲にわたって対象とするように作られている。検査者は，検査者の目から見て「いいえ」という答えが欺瞞となる対照質問を作る。実際に作成される質問は，事件の種類や検査対象者の置かれた状況次第で決まる。たとえば，窃盗の検査では，「あなたは生まれてから20年の間に，人の物を盗んだことがありますか？」といったような質問が作られる。検査者は，検査対象者は実際には21歳になる前に何かを盗んでいると思ってこの質問を作っている（多くの人はそのようなことをしている）。一般的な状況下では，検査対象者の中にはこの過ちを認める人もいるだろうが，ポリグ

ラフ検査中の検査対象者はこの過ちをあまり認めようとはしない。検査者は，そのような窃盗行為を検査対象者が認めることは，容疑のかかっている事件に関与するような人間であることを示すものであり，この事件の犯人だと思わせることになる，と検査対象者に信じ込ませているからである。Raskin（1989, p. 254）は，このように信じ込ませる方法を次のような例を挙げて説明している。「これは窃盗事件ですので，あなたの基本的な誠実さやあなたに信用に値する価値があるかを評価するために，いくつかあなた自身に関する一般的な質問をする必要があります。あなたが過去に同じようなことをしていないことやあなたがあのカメラを盗み，そのことについて嘘をつくような人ではないことを確認しておく必要があるのです。……ですから，もしわたしが『生まれてから20年の間に人の物を盗んだことがありますか？』と尋ねても，あなたは『いいえ』と答えることができますね？」原注5。

　ほとんどの検査対象者がこうした対照質問に「いいえ」と答える（Raskin & Honts, 2002）。それにも関わらず，検査対象者が過去の過ちを認める場合には，説明を求める。その後，検査者は検査対象者の告白を軽微なものとしたり（たとえば，「つまり，それはあなたが子どものときのことであって，よくわからなかったのですよね？」），対照質問を繰り返したりする（たとえば，「あなたが言ったことは置いておいて，……」）（O'Toole, Yuille, Patrick, & Iacono, 1994; Raskin & Honts, 2002）。あるいは，対照質問についての告白を聞いた後に，「わかりました。それにしても，あなたはカメラを盗んだのはあなただと私に思わせるような物を盗んだのですか？」と応答したりする。

　対照質問は，検査対象者が葛藤を感じるように作られている（Raskin & Honts, 2002）。検査対象者は，対照質問に肯定の返答をすれば，検査者に自分のことを不誠実な人間，つまりは捜査中の事件の犯人だと思わせることになってしまうと考えるだろう。一方で，対照質問に欺瞞を言えば，

原注5　ここで論じている窃盗の例に合わせて，Raskinの引用に手を加えた箇所には，圏点を付した。

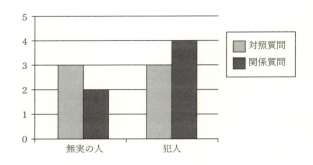

図 11.1 無実の人と犯人の生理学的プロファイル（CQT）

対照質問に対して強い生理反応が生じ，検査者は質問中の関係する問題について自分が言ったことは欺瞞だと思い，先に挙げた例であれば，カメラを盗んだ可能性があると判断することになると考えるだろう。実のところ，これから説明する通り，検査者は実際には対照質問に対して生じる強い生理反応を真実の兆候であると解釈するのだが，このことは検査対象者には伝えない。

　一般的に，対照質問や関係質問は，図 11.1 で示すように，犯人と無実の人で異なる生理反応パターンを引き起こすと考えられている。

　検査対象者が無実である場合，対照質問に対して関係質問よりも強い生理反応が生じると考えられている。検査者は，検査対象者が欺瞞を言う可能性がある対照質問をかなり強調する。また，検査対象者は，関係質問に対して正直に答えているため，関係質問に対する自分の返答よりも対照質問に対する自分の返答により強い懸念を感じることになるだろう。結果として，関係質問よりも対照質問に対してより強く反応することになると考えられる。しかし，検査対象者が犯人である場合には，同じ対照質問に対して生じる反応は，関係質問に対して生じる反応よりも弱くなると予想される。犯人である検査対象者は，どちらの質問にも欺瞞の返答をするため，原理的には両方の質問に同じ生理反応が引き起こされるはずである。しかし，関係質問は，検査対象者にとって最も直接的で深刻な脅威である。こ

のため，対照質問に対する嘘よりも関係質問に対する嘘により懸念を感じることになるだろう。したがって，対照質問よりも関係質問に対して，より強い生理反応が生じることになると考えられる。

次は，**適正な検査**である（第四段階）。ポリグラフ検査中は，邪魔の入らないことが重要である。どんな妨害要因も，ポリグラフで検出される生理反応になり，結果に影響する恐れがある。したがって，検査は外部雑音や騒音が聞こえない静かな部屋で行うことが望ましく，検査者や装置は検査対象者の前よりも横に位置することが望ましい。また，体動が余計な生理反応を引き起こす恐れがあるため，検査対象者には静止しているよう教示する。静止する必要があるということは，ポリグラフ検査の間中，検査対象者の協力が必要であることを意味する。つまり，検査対象者は任意に参加しているだけであって，検査中いつでも検査を辞退することができる[原注6]。質問は，生理活動を記録している間，25〜35秒ごとに1つずつ提示される。一連の質問は，少なくとも3回繰り返される。

検査の最後の第五の段階である**得点化の段階**は，ポリグラフ・チャートの解釈である。この解釈は，総合的な方法か数量化による方法がとられる。総合的な方法では，検査者は検査に対する検査対象者の生理反応の印象を形成し，次に，この印象を事件の事実（検査対象者の犯歴，事件の証拠）や検査中の検査対象者の行動の評価と結びつけて検査対象者の真実性について総合的な判断を下す。両者を結びつける方法に決まった方法はない。

Backster（1962, 1963）とRaskin（1979, 1982, 1986）は，数量判定法を提唱して導入した。数量判定法は，判定を行う際にポリグラフ・チャート以外の情報源の影響を最小にする一方で，チャートを体系的に得点化しようとする試みである。この方法では，対照質問に対する反応とその後にくる関係質問を比較する（PL1とR1，PL2とR2，PL3とR3をそれぞれ比較する）。この方法でつけられる得点は以下の4つであり，生理反応

原注6　ただし，検査対象者はおそらく検査を辞退しようという気にはならないだろう。これは，自分をより疑わしく思わせることになるからである。検査を辞退すれば，「無実であるならば，なぜポリグラフ検査でそれを証明しようとしないのですか？」と切り返されることは，容易に予想できるだろう。

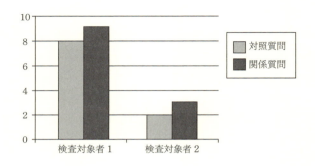

図 11.2 生理反応の個人差

に違いがなければ「0」，明らかな違いがあれば「1」，強い違いがあれば「2」，劇的な違いがあれば「3」がつけられる。

　しかし，何が「明らか」で，何が「強」く，何が「劇的」な違いか標準化された決まりはない。これは，検査対象者次第だからである。同じ大きさの差であっても，ある検査対象者では「強い」差であるのに，ほかの検査対象者では「明らか」な差でしかないことがある。図 11.2 は，この点を明確にしている。図 11.2 のどちらの検査対象者も対照質問よりも関係質問に対して強い反応を示しているが，関係質問と対照質問に対する反応差分値の絶対値は，どちらの検査対象者も同じである。しかし，検査対象者 2 の全体的な生理反応は検査対象者 1 の全体的な生理反応よりも小さいため，相対的な差は検査対象者 2 の方が検査対象者 1 よりもかなり大きい。したがって，検査者は検査対象者 1 の差よりも検査対象者 2 の差に高い得点をつけることになる。

　ほとんどの得点が 0 か 1 で，2 以上がつけられることはあまりない。3 がつけられることなどめったにない (Raskin & Honts, 2002; Raskin, Kircher, Horowitz, & Honts, 1989)。対照質問よりも関係質問に対して強い反応が観察された場合には負の得点（－1，－2，－3），弱い反応が観察された場合には正の得点（＋1，＋2，＋3）がつけられる。得点は，生理指標（EDA，血圧，呼吸）ごとにつけられる。これら 3 つの生理指

標の和を3セットで合計して全体得点が求められる。検査結果は，この全体得点にもとづいて決定される。得点が＋6以上であれば真実，－6以下であれば虚偽と判定される。得点が＋5から－5の間であれば，結果は不明である。最初の対照質問と関係質問に対して生じた反応は，無視されることが多い。検査対象者は，ポリグラフ装置に慣れていなかったり，検査に対して緊張したりしているため，最初の質問に対して過度に強い反応を示すことがよくあるからである。

対照質問法に対する批判

　対照質問法に関しては論争があり，反対論者たちからは批判が挙がっている。Iacono (2000) は，論争の背景には3つの理由があると考えている。それは，(i) CQTを応用する適切な理論的根拠の存在について科学者間での意見が一致していないこと，(ii) ポリグラフの専門家は実験環境の外で検査を行い，かつ，そのほとんどが大学とは関係のない独立したポリグラフの学校で訓練を受けた法執行機関の職員が行っていること，(iii) ポリグラフ検査が検査対象者一人一人に深刻な結果をもたらす可能性があることである。本節では，批判の主要な点をまとめていく[原注7]。

理論的根拠の脆弱性

　主要な批判の一つが，CQTの理論的根拠である。National Research Council (2003, p. 213) は，この批判について次のように述べている。「特に，関係質問や対照質問によって異なる恐怖や覚醒，そのほかの情動状態が引き起こされる点に関しては，非常に脆弱である」。CQTの仮説（犯人である検査対象者は関係質問に対して強い反応を示すが，無実の検査対象者は対照質問に対して強い反応を示す）について満足のいく説明をしよ

原注7　Ben-Shakhar, 2002; British Psychological Society, 1986, 2004; Fiedler, Schmid, & Stahl, 2002; Iacono, 2000; Lykken, 1998; National Research Council, 2003; Saxe & Ben-Shakhar, 1999. も参照。

うと，これまでにいくつかの理論的説明がなされてきた。しかし，どの説明も無実の検査対象者が対照質問よりも関係質問に対して大きな生理反応を示す可能性を排除していない。言いかえれば，CQT は個人内の差を適切に統制していないため，批判されている。

CQT の仮説の妥当性を示そうとして提唱された理論の一つに，**葛藤理論**（Davis, 1961）がある。これは，同時に引き起こされた 2 つの矛盾した反応性向が大きな生理反応を生じさせるという主張である。質問に嘘をつくと，「嘘をつく」性向と「真実を話す」性向との間で葛藤が生じる。嘘が深刻であればあるほど（たとえば，事件がより深刻であるほど），両者の葛藤は強くなる。しかし，誤認される恐れを抱いている場合などのように，検査対象者と検査者の間で葛藤がある場合には，無実の検査対象者であっても葛藤性向が生じる可能性がある（National Research Council, 2003）。

CQT の仮説の妥当性を示そうとする理論には，**条件反応理論**というものもある（Davis, 1961）。この理論は，とりわけ具体的な犯罪について言及する関係質問が，その犯罪の犯人である検査対象者の強い再認を引き起こし，それが強い生理反応をもたらすというものである。あまり具体的ではない対照質問は，犯人である検査対象者のそのような強い再認を引き起こさないだろうと考える。しかし，関係質問は無実の検査対象者のあらゆる思考過程を呼び起こす可能性があり，それが強い生理反応をもたらす恐れがある（National Research Council, 2003）。たとえば，最愛の妻が殺された事件で尋問を受けている無実の被疑者の場合，妻に関する話が彼女に対する彼の強い感情を呼び起こし，それがポリグラフのチャートに記録されることになる可能性がある。

罰恐怖仮説（Davis, 1961）は，検査対象者が嘘をついて捕まるという非常に悪い結果を恐れている場合，嘘をつくときの罰の恐怖が大きな生理反応をもたらすというものである。犯人である検査対象者にとっては，対照質問に嘘をつくよりも関係質問に嘘をつく方が悪い結果となるため，最も強い生理反応は当然関係質問によって引き起こされると考えられる

(National Research Council, 2003)。しかし，無実の検査対象者も関係質問に答える際に信じてもらえない可能性と非常に悪い結果になることを結びつけて考える恐れがあり，これが強い生理反応となる可能性がある(National Research Council, 2003)。おそらく，事件でほかの確定的証拠がない場合にポリグラフ検査が使われていることが，この問題を大きくしている(決定的な証拠があれば，ポリグラフ検査は行われない)。これは，ポリグラフ検査が行われる前の捜査段階では，無実の人たちは自分の無実を証明できていないことを意味している。無実の人たちにとって，ポリグラフ検査の結果は非常に重要な問題である。検査で虚偽の兆候を示す反応があった場合，それは彼らを取り巻く非難や容疑がいまだ晴らされていないことを意味することになるからである。これは，今後も警察から事件について捜査や取調べを受けたり，自分は無実であるという真実が決して明らかにならないことへの恐怖となったり，場合によっては家族や同僚，隣人などから否定的な反応をされることがあったりするなど非常に悪い結果となる可能性がある。そのような状況下では，関係質問が強い生理反応を引き起こしても当然である。

　ロジャー・キース・コールマンの事例を考えてみる。彼は，義理の妹を強姦し，残忍に殺害したことで有罪となり，死刑判決を受けた人物である(Ford, 1995)。ただし，コールマンは，無実を主張していた。この事件には彼を有罪と断定するには弱い部分がいくつかあった。たとえば，彼が有罪判決を受けた後に，4人の人物が事件についてほかの人が関与を認めたのを聞いたと証言を申し出ている。コールマンは，無実を証明しようとする最後の試みとしてポリグラフ検査を要望した。ポリグラフ検査は，死刑執行予定時刻の12時間前に行われた。コールマンは検査で虚偽を言っていると判断され，その夜死刑が執行された。コールマンがポリグラフ検査で虚偽と判断されたのは，おそらく驚くべきことではない。犯人であろうが無実であろうが，このポリグラフ検査の間，重要な関係質問に返答する際にコールマンが極度に興奮せずにいられたとは考えがたい。

　Ekman (1985/2001) は，CQT理論の予想に反して，無実の人が対

照質問よりも関係質問に対して強い反応を示すことがある理由をさらに4つ挙げている。1つ目は，無実の人は，警察はあてにならないと考えている可能性があることである。ポリグラフ検査を受けるよう求められた無実の人は，警察はすでに自分たちが関与していない事件で自分たちを疑うという失敗を一つ犯していることを知っている。おそらく，彼らはすでに自分たちの無実を警察に訴えていただろうが，いずれもうまくいかなかったのだろう。それでも，一方では検査は自分たちの無実を証明する機会だと理解するだろう。その一方で，自分たちを疑うという失敗を犯した人たちが，さらに失敗を重ねることを恐れることもあるだろう。言いかえれば，警察が自分たちを間違って疑うようなあてにならない方法をとっているのであれば，ポリグラフ検査も信用できないと考えられる。2つ目は，無実の人は，器械はあてにならないと考えている可能性があることである。たとえば，自分のコンピュータやほかの技術装置に不具合があるせいで，器械なんてあてにならないものだと思っているかもしれない。3つ目は，無実の人は，警察は不公平だと考えている可能性があることである。警察は好きではないとか信用できないとか思っている人は，ポリグラフ検査者は自分たちを誤判定したり，だましたりすると考えたり恐れたりすることだろう。4つ目は，無実の人が恐れを感じやすい人である可能性があることである。普段から恐れを感じやすい人は，対照質問よりも関係質問に対して強く反応するだろう。

　無実の検査対象者が関係質問より対照質問に対して必ず大きな反応を示す理由が明らかになっていないだけでなく，犯人である検査対象者が対照質問よりも関係質問に対して必ず強い反応を示す理由も明らかになっていない[訳注3]。理由の一つは，検査対象者が検査中の自身の生理反応をうまく統制しているため，「虚偽の徴候を示すパターン」が示されないからだと

訳注3　本文は "Not only is it unclear why innocent suspects should necessarily show larger responses to relevant questions than to probable lie questions, it is also unclear why guilty examinees should necessarily respond more strongly to relevant questions than to probable lie questions" となっているが，対象質問法の内容から誤記と判断し，正しい内容に修正した。

考えられる。これについては,「カウンターメジャー」の項でさらに詳しく説明する。また, CQT の論理に従うと, 重大な犯罪であればあるほど, 嘘をつくときに検査対象者が示す生理反応は強くなる。このため, 過去に重大事件に関わったことがある犯人である検査対象者は, 対照質問で聞かれている重大な犯罪について嘘をつくことになる。この結果, 対照質問に対して強い生理反応が引き起こされ, 対照質問に対する生理反応が関係質問に対する生理反応を上回る可能性がある。さらに, CQT の刺激試験段階における検査者の操作手続きが成功していた場合, 犯人である検査対象者は対照質問にも懸念を示すだろう。犯人である検査対象者が, 対照質問に欺瞞反応が出てしまえば自分が犯した事件にとってよくない結果になる恐れがある, と思っているような場合には, 犯人である検査対象者が関係質問より対照質問に懸念を向けないとは必ずしも言えないだろう (Ben-Shakhar, 2002; Ben-Shakhar & Furedy, 1990)。

　CQT の支持者たちは, 彼らの検査の理論的問題を認めている。彼らは,「特別な嘘反応や欺瞞に特異な反応パターンは存在しない」と述べているが (Raskin & Honts, 2002, pp. 4-5),「生理反応の背景にある因果的性質の評価は, 検査の正確性を決めることとは別の科学的問題である。背景にある理論的構造を完全に理解していなくとも, ……特定の検査目的を正確にかなえているのであれば, 検査を妥当とすることはまったくもって可能であるし, 受け入れられる」とも述べている (Raskin & Honts, 2002, p. 2)。本章で後述するが, 著者はこの考え方には問題があると考えている。

CQT 手順内への心理学的知見の取り入れ不足

　CQT を使っているポリグラフ検査者は, その手順に何十年にもわたって獲得されてきた心理学的知見を取り入れていないと述べている研究者たちがいる (Fiedler, Schmid, & Stahl, 2002; Mitchell, 2002; National Research Council, 2003)。これは, 生理学的虚偽検出の研究に積極的に従事している科学者がほとんどいないためと考えられている (Iacono, 2000; National Research Council, 2003)。心理学的知見に注意が払わ

れていないことについて，Fiedler ら（2002）は，先行する質問が後続する質問の意味づけや解釈を決めてしまうことを示唆する論文に触れている。これを受け，Cullen と Bradley（2004）は，正確な虚偽検出ができるかは，一連の質問の中の関係質問の位置によって決まることを見出した。また，Fiedler ら（2002）は，関係質問の言い回しが曖昧だと，検査対象者ごとに異なった解釈をする可能性があることも主張している。さらに Mitchell（2002）は，検査対象者に（i）虚偽検出におけるポリグラフの有効性と，（ii）対照質問の重要性を信じさせるために使われている可能性のある説得研究の文献について言及している。

　ポリグラフ検査の理論的展開に関する最も辛辣な批判は，おそらく，National Research Council（2003）によるものだろう。この文献では，たとえば心理生理学的虚偽検出が最も古い応用心理学の分野の一つだとしても，心理生理学的虚偽検出は基礎心理学や基礎生理学が 1 世紀以上にわたって成し遂げてきた発展の恩恵をほとんど受けていないと指摘されている[原注8]。たとえば，EDA の計測では何十年も前から皮膚抵抗よりも皮膚コンダクタンスの方が使いやすいことがわかっているのに，いまだに皮膚抵抗を計測しているポリグラフ検査者がいることが言及されている。また，ポリグラフ検査者が用いている多指標アプローチにも疑問が投げかけられている。ポリグラフ検査者は，チャートを得点化する際に，生理指標（EDA や血圧，呼吸）の違いを区別しないで，単に異なる測度の得点を平均して総得点を求める。しかし，皮膚電気系（EDA）や心臓血管系（血圧），呼吸系の指標が，心理状態に応じて異なる反応様式を示すことは昔から知られている（Kemeny, 2003 も参照）。

　National Research Council では，ポリグラフ検査者が無視してきた「ス

原注8　この結論は，当時のイギリスの内務大臣であるデービット・ブランケットの意見とは相容れないように思われる。彼は，刑務所からの出所前後に性犯罪者に対してポリグラフ検査を実施するというイギリスの事業計画に賛成した人物である。彼はこの計画について，「私たちは皆スパイ映画を見て育ち，また，KGB にはポリグラフで検出されないように人を訓練する方法があると聞いて育ちました。ですから，誰もが多少懐疑的です」と言っているが，「私たちは，21 世紀のまさに現代科学について話しているのです。そして，私たちは，それを試しているのです」と続けている（『The Independent』2004 年 5 月 29 日付，p. 4）。

ティグマ」に関する文献も言及されている。**スティグマ**は，無実の人が冤罪の犠牲になる高いリスクを負っていることを予測させる要因である。スティグマ化された人は，社会的に低く評価された集団の一員である。スティグマの原因は，ジェンダーや肌の色，身体的奇形，性的嗜好性などである。スティグマ化された人は，スティグマ化されていない人とコミュニケーションをとる際に，怖い気持ちになることがよくある。このため，一般的に，課題遂行時には大きな生理反応を示すが，ベースラインや安静時には大きな反応を示さない（National Research Council, 2003）。

検査者にとって重要かつ困難な役割：標準的検査手続きの欠如

ポリグラフ検査の準備は，心理学的技術の中でも非常に高度なものだと考えられる（Lykken, 1998）。ポリグラフ検査が機能するためには，検査対象者が無実である場合には関係質問よりも強い生理反応を引き起こすが，検査対象者が犯人である場合には関係質問よりも弱い生理反応を引き起こすような対照質問を作る必要がある。検査者にとって，これらの基準に合う質問を作成することは，明らかに容易なことではない。検査者が検査対象者の懸念を対照質問に強く向けさせてしまった場合には，犯人である検査対象者の欺瞞が検出されないというリスクを負うことになる。このような場合，対照質問に対する生理反応は関係質問に対する生理反応と等しくなるであろうから，検査結果は不明と判定される。一方で，検査者が検査対象者を対照質問で十分に惑わせていない場合，関係質問に対する検査対象者の生理反応が対照質問に対する生理反応よりも大きくなる恐れがあるため，無実の検査対象者を虚偽と判定してしまうリスクを負うことになる。

対照質問の作成には，対照質問に対する検査対象者の反応は，嘘であることがわかっている質問に対するものではなく，「おそらく」嘘である質問に対するものであるという問題もある（Lykken, 1998）。検査者は，検査対象者はこれらの質問に対して真実の返答をしていないと思っている。しかし，これが絶対に確実ではないこともよくある。検査者の想定が間違っ

ている場合には，対照質問が望んだ効果を発揮しないことは明らかだろう。この場合，検査対象者は対照質問に対して実際に真実の返答をしているからである。

　Raskin は，対照質問を作成することの難しさを認めている。彼自身の言葉によると，「従来用いられてきた CQT は，実施が難しい。正確な結果を得るためには，検査者の心理学的な感受性や知識，スキルに高い水準が求められる。残念なことに，多くのポリグラフ検査者には心理学的方法に関する適切な訓練が不足している。また，彼らは標準的心理検査の基本概念や要件を理解していない。こうした問題は，検査者が対照質問を作り，それを検査対象者に示す際にさらにまずい問題となる。すべての検査対象者に対応した質問の言い回しや話し合いの方法を標準化することは，非常に困難だからである。事前面接のときに提示し，話し合いを行った対照質問について検査対象者がどのように感じ，反応するかに非常に多くのことが関わっている」(Raskin et al., 1989, p. 8)。言いかえれば，それはすべて検査者の質に影響しているのであり，Raskin は検査者の平均的な質によい印象を持っていなかったようである。Barland (1988) もアメリカの多くの検査者の質について懸念を表している。CQT が論争となっている理由の一つは，ポリグラフ検査者の訓練が科学的環境の外で行われているからだ，と Iacono (2000) が述べているのは，この検査者の質の問題に関するものであるだろう。

　検査結果にポリグラフ検査以前から検査者が抱いている検査対象者の犯人性に関する信念が影響する事態となるのは，検査では検査者が重要な役割を担っていることが原因だろう。検査者にとって，検査対象者はまったく知らない人ではない。検査者は，検査対象者に関する重要なことを詳しく知っているだろうし（こうしたことは，捜査資料に書かれている），対照質問や関係質問を作成する事前面接の段階で検査対象者についての印象を形成していることだろう。検査者が検査対象者は無実だと思っている場合，検査者は対照質問提示時に検査対象者に対して強めの圧力をかけてしまう恐れがある。この結果，検査対象者が検査で虚偽の徴候の反応を示さ

ない可能性が高くなる。反対に，検査者が検査対象者は犯人だと思っている場合には，検査者は対照質問をそれほど強調しない恐れがある。この結果，検査対象者が検査で虚偽の徴候を示す可能性が高くなる。結果的に，検査結果は検査対象者の犯人性に関する検査者の事前信念を反映したものになると考えられる。

　CBS（アメリカのテレビ局）が行った事例研究で，事前信念の影響を受けた結果が得られたのも無理はない。1986年，CBSは，4人の従業員のうちの誰が高級カメラを盗んだか突き止めるために，ニューヨークの4つのポリグラフ検査会社に協力を要請した。各社の検査は，それぞれ異なる日に行われた。検査にやってきたポリグラフ検査者には，責任者が犯人ではないかと疑っている人物の名前を伝えた。各ポリグラフ検査者には，それぞれ違う人物の名前を告げた。

　これは，自作自演の劇であった。カメラは盗まれてなどいないし，4人の従業員もそのことは知っていた。彼らは単にカメラを盗んでいないと否定するよう（つまり，真実を話すように）言われていただけである。ポリグラフ検査で虚偽の徴候を示す反応が出なければ，彼らには報酬としてそれぞれに50ドルが支払われることになっていた。結果，4人のポリグラフ検査者は全員，はっきりと自信たっぷりに，犯人の疑いがあると伝えられた従業員の一人を犯人だと特定した（Lykken, 1988）。

　検査対象者の犯人性に関する信念のほかにも，検査対象者に対する好意や検査対象者をかわいそうに思う気持ちなど検査対象者についての印象が，ポリグラフ検査者，すなわち，ポリグラフの結果に影響する恐れがある。このような状況では，「虚偽であるという結果」はおそらくほとんどありえないだろう。検査者が意図的に偏りのある結果を出している可能性もあるが（Honts & Perry, 1992），必ずしもそういうわけではない。社会心理学の研究は，人は意図せずに事前情報や前から持っていた信念の影響を受けることを明確に示してきた（Rosenthal, 1976; Rosenthal & Rubin, 1978）。検査結果に対する検査者の期待が，検査で関係質問を提示する際の発話の間や声のトーン，声の大きさなどにわずかな変化をもたらすこと

もありうる。検査対象者が意識的あるいは無意識的にこうした手がかりを拾い上げた場合には，関係質問に対して大きな生理反応が生じる可能性がある (Ben-Shakhar, 2002)。

本節で重要なことは，CQTは客観的，科学的な方法として考えたり，示したりはできないということである。そうではなく，CQTの検査結果は，検査者のスキル，バイアス，期待に非常に大きな影響を受ける[原注9]。

検査者にとって重要かつ困難な役割：標準的チャート判定方法の欠如

総合判定法では，ポリグラフのチャートをもとに検査対象者の犯人性について全体的な印象を形成し，特に決まった方法を使うことなくこの印象を事件情報や検査対象者の犯歴，検査中の検査対象者の態度などポリグラフからは得られない情報と結びつけて総合的に判定する。これは犯人性に関する判断過程が主観的であることを意味している。なぜなら，判断の過程が検査者次第だからである。また，判定結果の検証も不可能である。ある検査者がその結論に至った理由は，ほかの人には理解できない。

BacksterとRaskinはこの問題を認め，数量判定法を取り入れた。しかし，この方法さえも主観的である。図11.2で示したように，方法が標準化されていないためである。標準化されていないということは，2人の検査者が同じチャートに得点をつけた際に，それぞれが異なる結論を導き出す可能性があることを意味している。このようなことは，実際に起こっている。Carroll (1988) は，実験研究における検査者間での判定結果の一致率は，0.61～0.95であったと報告している。この値は満足のいくものであるが，検査者間で確かに違いが生じていることも示している[原注10]。

原注9　検査者がCQTの結果に影響する可能性があるという指摘は，「互助的なポリグラフ検査者」に関する議論の中で意味を持つ。被疑者は自らの無実を証明するためにポリグラフ検査を依頼し，その対価を支払うことがある。CQTの批判者たちは，検査者は自然とクライエントの利益に合うような偏った判断をするため，検査ではこのような被疑者に対し，虚偽の徴候を示す反応はなかったと判定しがちになると主張している (Iacono, 2000; Lykken, 1998)。CQTの支持者たちは，自分たちの持っている記録には互助的なポリグラフ検査者効果を示す証拠はないと反論している (Raskin & Honts, 2000)。しかし，CQTに主観的性質があるということは，理論的根拠をもって互助的なポリグラフ検査者仮説を排除できないことを意味する。

また，Fiedler ら（2002）が指摘しているように，検査者間の相違は無作為に起こっているわけではない。こうした相違は，ほとんどが結果の判然としない事例で起こっている。

　先行研究は，結果の判然としない事例では検査対象者の犯人性に関する検査者の期待と数量判定法によるチャート得点との間で悪影響が起こりうることを明らかにしている。この研究では，経験を積んだポリグラフ検査者に，ある検査対象者のポリグラフ・チャートを解釈するよう求めた（Elaad, Ginton, & Ben-Shakhar, 1994）。チャートを得点化する課題を行う前には，検査者に検査対象者の情報を与えた。一部の検査者には検査対象者は最終的に事件への関与を自供したと伝え，ほかの検査者にはほかの人物が事件への関与を自供したと伝えた。このようにして操作した事前期待は，検査対象者の犯人性に関する検査者の判定に影響を与えていた。この結果から，事前期待が判定に影響することが支持されたと言えるだろう。ただし，このような結果が得られたのは，ポリグラフ・チャートから虚偽なのか真実なのかはっきりわからない場合のみであった。後述するが，この種の悪影響は実務場面でも起こっている。

　ポリグラフ・チャートをコード化する際の主観性に関する問題は，ここでも，検査者が重要な役割を担っていることを強く示している。こうした問題は，ポリグラフ・データの得点化にコンピュータを使うことで解決できる可能性がある。また，そのような方法も開発されている（Kircher & Raskin, 1988, 2002; Olsen, Harris, Capps, & Ansley, 1997）。コンピュータ・プログラムが行った判定は，客観的である。ただし，それが正確かは使用したコンピュータ・アルゴリズム次第である。National Research Council（2003）では，そのようなアルゴリズムの正確性に関しては，

原注10　これらの得点から，チャートを解釈する検査者の間で結果が一致していると言える。しかし，ポリグラフ検査で問題となる一致はこれだけではない。上述したように，CQT では質問の作成方法が標準化されていない。このことは，検査者が2人いればそれぞれが異なる質問を作成することを意味する。ここで問題となるのは，同じ検査対象者に対して2つの異なる CQT を作成する2人の検査者が，同じ判定結果に達するかということである。この問題は，ポリグラフの文献では触れられていないが（Iacono, 2000; Ben-Shakhar, 2002），本文で紹介した CBS の研究は，そのようにすることが適当であることを示唆している。

ほとんどわかっていないと報告されている（ただし，これについてはKircher & Raskin, 2002 も参照）。

どんなにチャートの得点化を客観的にしても，すべてのCQT批判者が満足することはないだろう。批判者の一人であるJohn Furedy は，ポリグラフ・チャートをコンピュータで得点化することについて，次のような見解を示している。「手続きに欠陥のあるデータから出てくる結果は，依然として欠陥のあるものであろう……つまり，俗的で非礼な言葉で言わせてもらうならば，ゴミを入れても，ゴミしか出てこないのだ」（Furedy, 1966a, p. 57）。

欺瞞手続きを用いることの脆弱性と違法性

CQT では，検査対象者をだますことが重要である。まず，検査者は，対照質問に対して強い反応が生じれば検査対象者が捜査中の事件の関係質問に対して欺瞞を述べていると判断すると信じるよう検査対象者を誘導する。しかし，実際には真実はその逆である。つまり，そのような場合，検査対象者は真実を言っていると判断される。また，検査対象者は検査の正確性を信じるよう誘導されるが，以下で見てわかるように，検査は正確ではない。さらに，ポリグラフの正確性を示すために用いられている刺激試験も検査対象者の誤解を招くものである。刺激試験ではカード・テストが使われているが，これは懸念にもとづくポリグラフ検査ではなく，第12章で述べる定位反射にもとづくポリグラフ検査である。言いかえれば，懸念にもとづくCQTの正確性を示すために，根本的に異なる検査（定位反射にもとづく検査）を使っているのである。

欺瞞手続きを用いることは妥当だと反論する人もいるだろう。CQT を支持する人たちは，おそらく，結果が手段を正当化すると言うだろう。また，必要があればだまして凶悪な犯罪者に有罪判決を下すことも重要だと言うだろう。ポリグラフ検査は時に無実の人のためになると反論する可能性もある。これはつまり，検査が彼らの潔白を明らかにするような場合である。

批判者たちは，検査対象者をだますことはどんなときでも不当であり，

否定的な結果をもたらす可能性があると指摘するだろう。たとえば，ポリグラフ検査を実施している警察やそのほかの機関の社会的信用や社会的信頼を損なう可能性がある。あるいは，検査対象者は，ポリグラフ検査者が嘘をつくことを許されているのだから，自分たちが嘘をつくことも許されると考える可能性がある。また，検査対象者は，自分たちがだまされていたと知れば，捜査員に協力するのをやめようと心に決めるだろう。ただし，一般にポリグラフの結果には法廷での証拠価値がないため，さらなる証拠を得るためには彼らの協力が必要となることも少なくない。同様に，取調べの間中だまされていたと知った人は，今後の捜査には協力しないようにしようと思うだろう。

　おそらくさらに重要なことは，欺瞞手続きがCQTを脆弱にしてしまうことである。検査が有効であるためには，検査対象者がこれらの嘘を信じる必要があるからである。そのため，検査対象者は，対照質問に対して嘘をつけば疑われると信じなければならない。また，検査は正確だと信じなければならない。Elaad（1993）やLykken（1988）によれば，すべての検査対象者がこれを信じているわけではないようである。おそらくCQTについて書かれた本や論文はたくさんある。それらには，対照質問の特性に関する詳細な記述や検査が誤りを犯しがちであることに関する記述がある。大衆新聞にさえもCQTに関する記事が載っている（Furedy, 1996b）。当然，まさにポリグラフ検査を受けている最中の検査対象者がこの記事にアクセスし（特に，いまや非常に広く拡散しているインターネットにアクセスし），それ（もしくは，その一部）を読んだことがあったとしても不思議はない。もしもそのような検査対象者が検査手続きや検査が誤りやすいこと，あるいはその両方を知っていたとすれば，対照質問の重要性や検査の正確性について検査者が話す嘘を信じようとはしないだろう。

　最後に，欺瞞手続きの使用が合法であるか考慮することは重要である。アメリカの学者が多くを占めているので，合法性の側面についてはポリグラフの議論では意味がない。アメリカでは警察が被疑者に嘘をつくことは許されているからである。しかし，欺瞞を用いた捜査手続きが法律上許容

されていない西ヨーロッパ諸国を含む多くの国では状況が異なる。国によってはCQTの実施が違法である可能性がある。

カウンターメジャー

本書で前述したように，誰かが自分を信じられるか判断しようとしているとわかったら，当然，人は信頼できる印象を持たせようとして相手の反応に影響を与えようとする。そのため，検査対象者はポリグラフの結果に影響を与えようとして，しばしば検査者に欺瞞を言っていないと判断させるような生理反応を起こそうとする。そのような試みは，**カウンターメジャー**と呼ばれている。原則，真実を話す人も嘘をつく人もカウンターメジャーを試みることができるが，嘘をつく人の方がよくそういうことをする傾向がある。彼らには，自身の信憑性を低くみなす傾向があるためである（第3章）。カウンターメジャーの有効性が明らかになれば，検査の正確性が低下すると考えられるため，ポリグラフ検査にとっては大きな意味があるだろう。

カウンターメジャーは，2つに大別される。舌を嚙んだり（床につま先を押しつけて）足に力を入れたりする**身体的カウンターメジャー**と恐怖体験について考えたり，数字を逆から数えたりする**精神的カウンターメジャー**である。これらのカウンターメジャーは，ポリグラフ検査の判定対象となる生理反応を引き起こす。対照質問が提示されているときにカウンターメジャーを行うと，検査対象者は対照質問に対する生理反応を人為的に大きくすることができる。これにより，検査で反応を示さない可能性が高くなる。

ReidとInbau（1977）は，カウンターメジャーの有効性を気にしてはいない。彼らは，適正に訓練を受けた検査者は，検査対象者が自分たちをだまそうとしていることに気づくため，カウンターメジャーが成功することはほとんどないと主張している。しかし，CQTの批判者たちも支持者たちも認めているように，カウンターメジャーが成功することは，先行研究から明らかである（Ben-Shakhar & Dolev, 1996; Elaad, 1987, Ben-

Shakhar & Furedy, 1990 から引用：Honts & Alloway, 2007; Honts & Amato, 2002; Honts, Devitt, Winbush, & Kircher, 1996; Honts, Hodes, & Raskin, 1985; Honts, Raskin, & Kircher, 1987, 1994）。ある実験では，実験参加者は身体的カウンターメジャーか精神的カウンターメジャーのどちらか一方の使い方を30分間訓練し，訓練セッション終了後にCQTを受けた（Honts et al., 1994）。ポリグラフ検査経験のある検査者が判定を行ったところ，身体的カウンターメジャーを行った実験参加者の12%しか検出することができなかった。また，精神的カウンターメジャーを行った実験参加者を疑うことはなかった。身体的カウンターメジャーと精神的カウンターメジャーは同じくらい有効であり，それぞれ実験参加者の約50%がポリグラフ検査をごまかすことができた。別の研究では，つま先を押しつけたり舌を噛む訓練を受けたりした後では，犯人役となった実験参加者の70%が真実であると判定された。一方で，訓練を受けた残り30%の犯人役実験参加者の検査結果は，判定不能であった（Honts et al., 1987）。つまり，カウンターメジャーを使った犯人役実験参加者の誰も虚偽であると判定されなかった。対照的に，カウンターメジャーを使わなかった犯人役実験参加者の80%が虚偽であると判定された。これらの知見は，経験を積んだ検査者はカウンターメジャーの使用を検出するだろうというReidとInbauの主張を否定するものであった。

　CQT批判者たちは，カウンターメジャーは比較的学習が簡単だと主張する（Ben-Shakhar, 2002; Lykken, 1998）。フロイト・"バズ"・フェイは，カウンターメジャーを使ってこの見解を支持する検査を行った。彼は，ポリグラフ検査で虚偽の徴候を示す反応があったことがもとで，殺人の罪により誤って有罪判決を受けた男性である。彼は，誤って投獄されていた2年半の間にポリグラフの専門家になろうと思い立った。そして，いずれも任意に自分の罪を告白した27人の囚人を指導し，CQTをごまかす方法を教えた。彼がたった20分指導しただけで，27人の囚人のうち23人がポリグラフ検査をごまかすことに成功している（Ford, 1995; Kleinmuntz & Szucko, 1984）。

虚言指示法

　すでに述べたように，CQTに対する主要な批判の一つは，標準的な検査手続きが存在しないことである。そのため，検査者のスキル次第である事柄が多い。しかし，CQT論者たち自身が認めているように，多くのポリグラフ検査者には必要な能力が不足している（Honts, 2004; Raskin & Honts, 2002）。**虚言指示法**（Directed Lie Test: **DLT**）は，CQTを標準化しようという試みの中で考案された質問法である（Horowitz, Kircher, Honts, & Raskin, 1997; Raskin & Honts, 2002; Raskin, Honts, & Kircher, 1997）。DLTとCQTの違いは，一つだけである。すなわち，DLTでは，関係質問がいわゆる虚言指示質問に置きかえられている。虚言指示質問は標準化されているため，どんな状況でも質問できる。虚言指示質問の典型例は，たとえば，「生まれてから27年の人生の中で，一つでも嘘をついたことがありますか？」や「27歳になるまでに，一つでも規則や法令を破ったことがありますか？」などである（Raskin & Honts, 2002）。検査者は，虚言指示質問は検査対象者が嘘をつくときにどのような生理反応が生じるか明らかにするための質問である，と検査対象者に知らせてからこの質問法を使う。さらに，検査対象者には，捜査中の事件に関して質問されたときの生理反応と虚言指示質問に対する生理反応を比較すると伝える。検査対象者には虚言指示質問に対して「いいえ」と答え，嘘をついたり規則を破ったりした特定の状況について考えるよう教示する。

　DLTの理論的根拠は，CQTと同じである。犯人は，関係質問に対して最大の懸念を向けると考えられるため，これらの質問に対して最大の反応を示すと予想する。無実の人は，虚言指示質問に最大の懸念を向けると考えられるため，（すなわち，虚言指示質問に対して）嘘をつくときの生理反応が（すなわち，関係質問に対して）真実を話すときの生理反応と実際に異なっていることを示そうとすると考える。

虚言指示法に対する批判

　DLT が CQT よりも標準化された検査であることは，疑う余地がない。しかし，DLT の手続きは CQT のほかのどの批判にも答えていないため，理論的根拠の脆弱性や検査手続きへの心理学的知見の取り入れ不足，標準的チャート判定方法の欠如，欺瞞手続きを用いることの脆弱性と違法性[原注11]，カウンターメジャーに対する脆弱性などといった批判には同様に脆弱である。DLT には，CQT よりもよくない点がいくつかある。Ben-Shakhar（2002）は，DLT は CQT 支持者たちの間でさえも議論になっていると指摘している。たとえば，虚言指示を過剰に強調しているので，嘘をついている人を検出できない可能性がある。また，Ben-Shakhar（2002）は，虚言指示質問は関係質問とは明らかに異なるため，個人内の差を統制できないことも指摘している。Iacono と Lykken（1999）は，検査対象者に虚言指示質問の目的を説明し，これら質問に対して強い反応を示す重要性を理解させることは，検査をごまかそうとする人に，その方法を教えることになる可能性を論じている。

第2節　CQTの正確性

　ポリグラフ検査の正確性に関する事例研究は，ポリグラフ検査の文献を調べればすぐに見つかる。しかし，それらの文献からポリグラフ検査の正確性に関する実態を知ることはできない。実態を知るためには，**実験研究**と**実務研究**の双方が行われている必要がある。この手の研究は，ほとんどすべてが有罪知識検査（Guilty Knowledge Test: GKT，第12章）と

原注11　DLT では，虚言指示質問の性質を説明する際に嘘を言うことはないが，検査の正確性を説明する際には依然として嘘を言っている。また，懸念にもとづく DLT の有効性を示すために，依然として定位反射にもとづく検査を使っている。

CQTの2種類の検査に関して行われている。本節では，CQTの正確性を説明する。

　CQTの正確性を検証するために，実験研究と実務研究の双方が行われてきた。実験研究と実務研究の違いについては，すでに別の章で説明した。CQTの実験研究の多くは，嘘をつく実験条件の参加者に模擬犯罪を課し，その後に行われるCQTで，その犯罪行為に関する質問に否定の返答をするよう教示する。真実を話す実験条件の参加者には模擬犯罪を課さないので，CQTで犯罪行為について質問しても，彼らは犯罪行為への関与を偽りなく否定することができる。実験研究には，誰が真実を話し，誰が嘘をつくか研究者が知っているという利点がある。また，たとえばカウンターメジャーなどCQTの正確性に影響するさまざまな要因を調べることができるという利点もある。

　実験研究の欠点は，一般に現実場面で得られるほど虚偽や真実という結果が得られないことである。実験参加者は，実験者に無実だと思わせることができれば報酬を与えると約束されたり，無実だと思わせることができなければ罰を与えると脅されたりする。こうした罰への恐怖には，時に過酷に思えるものもある。たとえば，BradleyとJanisse（1981）は，検査で嘘を検出された場合，「痛みはあるが，ずっとは続かない電気刺激」を与えると言って犯人役と無実役の実験参加者を脅している。それでもやはり，実験研究の利害関係が多くの現実場面における検査よりも低くなることは，ほとんど避けることができない。このため，実験研究は応用場面におけるCQTの正確性を評価する上では役に立たないと主張する研究者もいる（Ben-Shakhar, 2002; Elaad & Ben-Shakhar, 1997; Kleinmutz & Szucko, 1982; Lykken, 1988, 1998）。一方で，実験研究は，たとえば，相応の人を実験参加者にしたり（大学生だけを実験参加者としない），実際のポリグラフ実務を行ったりする（専門の検査者が検査したり，検査者を欺くために検査対象者の動機づけを高めたりする）などして一定の基準を満たしていれば役に立つ可能性があると主張する研究者もいる（Kircher, Horowitz, & Raskin, 1988; Raskin, 1989）。

実験にもとづく CQT を用いたポリグラフ検査を批判する研究者の主張には，もっともな点がある。すなわち，無実の検査対象者は，関係質問で言及する事件が重大であればあるほど，対照質問に返答するときよりも関係質問に返答するときに強く懸念を感じる可能性が高くなり，容疑性が高ければ高いほど懸念の程度が大きくなるという点である。実験研究では，容疑性が高くなるよう操作することはできない。このことが，無実の検査対象者が対照質問よりも関係質問に対して大きな反応を示すという重大な問題を隠してしまっている。このため，実験研究は CQT の実施条件を検証する上で最適な条件だと考えられている。

　実務研究では，現実の犯罪捜査で被疑者に対して行った CQT を分析する。実務研究の利点は，実際の検査結果だという点である。主な欠点は，真実さの根拠，つまり，検査対象者のうち実際に犯人である人や無実である人の正確な数が把握できない点である。ポリグラフ検査とは独立して集められる DNA 型などの補強証拠や確定証拠からこの根拠がわかれば理想的なのだが，一般にポリグラフ検査が行われるような事件ではこの手の証拠は得られない。なぜなら，実際の事件で有罪や無罪を裏付ける強力な証拠があれば，ポリグラフ検査を行う必要はないからである（Honts, Kircher, & Raskin, 2002）。このため，実務研究では，真実さの根拠を得るための方法として自供が広く受け入れられている。

　真実さの根拠として自供を用いることには，**サンプリング・バイアス**の問題がある（Fiedler, Schmid, & Stahl, 2002; Patrick & Iacono, 1991）。サンプリング・バイアスは，(i) ポリグラフ検査者が一般に検査を非常に正確であると思う理由を説明できる。また，(ii) CQT の実務研究で得られる正確性を誇張させ得る。まずは，ポリグラフ検査者の感覚的な理解から見ていく。ポリグラフ検査で検査対象者に虚偽の徴候を示す反応があれば，ポリグラフ検査者と警察は検査対象者が事件に関わっていたと確信し，自供を引き出そうとするだろう。検査対象者の中には自供する者がおり，こうした事件は検査対象者が実際に犯人だったという検査者の考えを全面的に強化させることになる。しかし，自供が虚偽である可能性

もある原注12。これを検査者や警察が見抜くのは難しい。虚偽自白が見抜かれるのは，虚偽自白を疑う証拠がある場合のみだろう。警察は自供した人が犯人であると信じているので，このような追加の証拠を探すようなことはしないだろうし，だからこそ，そのような証拠が出てくることもない。検査で反応のあった検査対象者が全員自供するというわけではない。また，無実の人が自供することなど，特にありそうにないだろう。ほかに事件の証拠がないということもよくある。こうした事件は，未解決のままとなる。しかし，未解決事件は，ポリグラフ検査で得られた虚偽という判定が実際に正しかったのだという信念を疑うものにはならない。未解決事件は，単に事件の真相を明らかにできなかったことを意味するだけである。結果的に，検査者が自身の行った「虚偽」というポリグラフ判定を疑う証拠に直面するようなことはほとんど起こりえない。

　検査で虚偽の徴候を示す反応がなかった検査対象者に関してはどうだろうか。検査者や警察は，これらの検査対象者は無実だと確信しているので，彼らが厳しい取調べを受けて屈するようなことはないだろう。まったく話を聞かれない可能性もある。また，検査で反応がなかったので，検査対象者を疑う証拠もない。したがって，検査で反応のなかった検査対象者（犯人である検査対象者も含む）は，自供しないだろう。警察は単に検査で反応がなかっただけの検査対象者とは別の誰かが事件に関わっていると確信しているので，証拠や別の被疑者の捜査を継続する可能性がある。ポリグラフ検査で反応のなかった検査対象者が真犯人である事件では，この捜査がうまくいくことはないだろう。したがって，こうした事件の多くは未解決のままである。未解決事件では，真実であるというポリグラフの判定を

原注12　無実の被疑者は，陪審員や裁判官に自分の無実を認めてもらう機会がほとんどないと知ると，刑を軽くするために自供しようと決心し，虚偽自白をすることがある（Gudjonsson, 2003）。あるいは，ポリグラフ検査で虚偽の徴候を示す反応が生じたがゆえに，実際に自分がやったのだと信じてしまうことがある。ピーター・レイリーやトム・ソーヤーの事例では，このようなことが起こった。これらの事例は，Box 11.2 に記した。ポリグラフを信用し，ポリグラフが正確だと信じているので，被疑者は自分の無実を疑いはじめるのかもしれない。これはばかげたことに思えるかもしれないが，検査者によってこのようにポリグラフは正確だと信じさせられていることを忘れないでほしい。また，警察は検査後にポリグラフ検査の結果は正確だったと被疑者に伝えることだろう。被疑者の中にはこれを信じる者もいる。

疑うことにはならない。結果的に，検査者が自身の行った「虚偽にあらず」というポリグラフ判定を疑う証拠に直面するようなことはほとんど起こりえない。

　サンプリング・バイアスによって，実務研究における CQT の検出率が容易に過大評価される理由も説明できる。実務研究では，検査対象者が自供した事件（これらの検査対象者は犯人だと考えられる）や検査対象者以外の人が自供した事件（これらの検査対象者は無実だと考えられる）だけを分析に用いる。検査で虚偽の徴候を示す反応があった犯人である検査対象者（正判定）は，検査で虚偽の徴候を示す反応がなかった犯人である検査対象者（誤判定）よりも自供することが多いだろうから，実務研究に取り入れられることも多くなるだろう。検査で反応があった犯人である検査対象者は，前述した通り，次のような理由で自供することが多い。すなわち，警察は検査で反応があった検査対象者が犯人であると確信するため，彼らから自供を引き出すことにさらに尽力するからである。また，検査で反応があった検査対象者には犯人である証拠（ポリグラフ検査の結果）を突きつけるが，反応がなかった検査対象者にはそうした証拠を突きつけないからである。

　検査対象者が犯人である場合に，どのくらいの過大評価が起こっているか数字で例を見てみる（出典は，National Research Council, 2003, p. 115）。300 人の犯人のうち 200 人にポリグラフ検査で反応があり，100 人に反応がなかったとする。これは 3 分の 2 の犯人が正しく判定されたということであり，検出率は 67% である。さらに，検査で反応があった犯人の 30% と反応のなかった犯人の 10% から警察がなんとか自供を引き出したとする。これは，検査で反応があった 66 人の犯人が自供し（200 人の犯人のうち 30%），検査で反応のなかった 10 人（100 人の犯人のうち 10%）の犯人が自供したということである。実務研究に取り入れられるのは，この 76 人の犯人だけである。なぜなら，自供した犯人は彼らだけだからである。この下位サンプルの検出率は 87% である（全 76 判定のうち正判定は 66）。この検出率は，67% という実際の検出率よりもは

るかに高い。

検査対象者が無実である場合，誰かほかの人が自供する可能性（実務研究のサンプルに含まれる無実の検査対象者の要件）は，無実の検査対象者に検査で反応があったとき（誤判定）よりもなかったとき（正判定）に高くなる。前者の場合，警察は無実の検査対象者が犯人であると考え，ほかの被疑者を見つけようという努力をほとんどしないだろう[原注13]。

CQT の検出率：実験研究

原理的に，CQT では 6 つの結果が考えられる。犯人である検査対象者は，対照質問よりも関係質問に対して強い生理反応を示す可能性がある。この場合，虚偽という結果になる。この結果は正しい。また，対照質問と関係質問に同程度の反応を示す可能性もある。この場合の結果は，不明である。さらに，関係質問よりも対照質問に対して強い反応を示す可能性がある。この場合，真実という結果になる。この結果は正しくない。

無実の検査対象者は，関係質問よりも対照質問に強い反応を示す可能性がある。この場合，真実という結果になる。この結果は正しい。また，対照質問と関係質問に同程度の反応を示す可能性もある。この場合の結果は，不明である。さらに，対照質問よりも関係質問に対して強い反応を示す可能性がある。この場合，虚偽という結果になる。この結果は正しくない。

要するに，2 種類の誤りがある。一つは，犯人である検査対象者が真実を話していると判定することで，**フォールス・ネガティブ・エラー**と呼ばれている。もう一つは，無実の検査対象者が虚偽を述べていると判定することで，こちらは**フォールス・ポジティブ・エラー**と呼ばれている。どちらのエラーも望ましいものではない。どちらが深刻であるかは，状況によって決まる。犯罪捜査（窃盗や強姦，殺人などの捜査）においては，おそらくフォールス・ポジティブ・エラーの方が深刻な誤りである。無実の

原注13　実験データと実務データを比較した研究については，Pollina, Dollins, Senter, Krapohl と Ryan（2004）を参照してほしい。

表11.2 CQTポリグラフ検査の正確性を調べた実験研究に関する総説の結果

	犯人条件			無実条件		
	虚偽	真実	不明	虚偽	真実	不明
Ben-Shakhar & Furedy（1990, $n = 9$）	80%	7%	13%	15%	63%	22%
Honts（1995, $n = 8$）	77%	10%	13%	8%	84%	8%
Honts（2004, $n = 11$）	82%	7%	11%	10%	83%	7%
Kircher et al.（1998, $n = 14$）	74%	8%	18%	12%	66%	22%
OTA報告（Saxe et al., 1985, $n = 12$）	74%	7%	19%	16%	60%	24%
Raskin & Honts（2002, $n = 11$）	80%	8%	12%	8%	84%	8%

注：$n =$ 確認された研究の数

人を起訴し，有罪にする恐れがあるからである。一方で，フォールス・ネガティブ・エラーは，真犯人が起訴や有罪判決を免れることになることを意味する。西洋の法体系では，「疑わしきは罰せず（1人の無実の人を有罪とするよりも，10人の罪人を無罪とする方がいい）」という原則がよく用いられる（de Keijser & van Koppen, 2007）。ポリグラフ検査は，スパイを捕まえるための安全保障上の脅威の捜査でも用いられているが（後述），そのような場合には，スパイを見抜けなかったということになるので，フォールス・ネガティブ・エラーの方が深刻な誤りとなる。1人でもスパイを見抜けなければ，甚大な被害が生じることは明らかである。

表11.2は，著者が知り得た英語で発表されたCQTの実験研究に関する6つの総説の概要を示したものである。それぞれの総説は，利用できる文献をすべて含めたというよりは，各総説の著者が最低限の質的な基準[原注14]を満たしていると思われる実験研究だけを含めたものである。そのため，総説によって取り上げた研究の数が異なり，結果も少し異なる。

CQTの実験研究の結果は，CQTが犯人役の実験参加者をかなり正確

[原注14] National Research Council（2003）は，ポリグラフ研究の質は低いことが多いと感じている。彼らが194の研究（実験と実務双方を含む）を調査したところ，彼らの設定した科学的妥当性の最低基準を満たしたものは，そのうちの57（実験研究50と実務研究7）であった。National Research Councilの分析には検出率が報告されていないため，この章の表には含めていない。National Research Council（2003, p. 4）では，ポリグラフ検査の正確性について，「完璧からはほど遠いが，偶然は大きく超えている」と述べられている。

表 11.3　CQT ポリグラフ検査の正確性を調べた実務研究に関する総説の結果

	犯人条件			無実条件		
	虚偽	真実	不明	虚偽	真実	不明
Ben-Shakhar & Furedy(1990, n = 9)	84%	13%	3%	23%	72%	5%
Carroll（1999, n = 3）[1]	83%	17%	—	47%	53%	—
Honts & Perry（1992, n = 3）	86%	11%	3%	30%	59%	11%
Iacono & Patrick（1997, n = 3）[2]	84%	—	—	—	56%	—
Lykken（1998, n = 4）[3]	86%	—	—	—	61%	—
OTA 報告（Saxe et al., 1985, n = 10）	87%	11%	2%	19%	75%	6%
Raskin & Honts（2002, n = 4）[4]	89%	1%	10%	12%	59%	29%

注：n = 確認された研究の数
[1] 結果が不明な事例は含まれていない。　[2] 誤判定事例や結果が不明な事例は，報告されていない。　[3] 誤判定事例や結果が不明な事例は，報告されていない。　[4] Honts（2002）は，Raskin と Honts（2002）と同じであるため，記載しなかった。

に識別できることを示している。総説では，犯人役の実験参加者の多く（74 ～ 82%）が正しく判定されており，間違って判定された数は比較的少ない（7 ～ 10%）。無実役の実験参加者に関しては，少なくともいくつかの総説では，あまり肯定的とは言えない実態がみられる。3 つの総説では，わずかに 60 ～ 66% の無実役の実験参加者が正しく判定されたにすぎず，12 ～ 16% の無実役の実験参加者が嘘をついていると間違って判定されている。ただし，いずれも CQT の支持者である Honts と Raskin が執筆した総説の結果はこれよりも肯定的で，83 ～ 84% の無実役の実験参加者が正しく判定され，間違って判定されたのは 8 ～ 10% であった。

CQT の検出率：実務研究

表 11.3 は，著者が知り得た英語で発表された CQT の実務研究に関する 7 つの総説を示したものである。これらには，実際に検査は行わず，ポリグラフ・チャートを評価しただけの検査者（たとえば，中立の評定者）から得られた検出率が示されている。結果は，総説によって少し異なる。それぞれの著者は，最低限の質的な基準を満たしていないと感じた実務

研究を除外していたため，著者によって総説で取り上げた研究が異なっていた。SaxeとDoughertyとCross (1985) は，「可能な範囲で，ポリグラフ検査に関する最近の心理学的知見の客観的記述」(p. 356) をしようと試みた。彼らは，アメリカの議会技術評価局 (Office of Technology Assessment: OTA) が，レーガン大統領にポリグラフ検査について助言するために行った総説を発表した。この中では，OTAの基準に合う10個の研究が含まれている。彼らの総説には，これまでに刊行されたどの総説よりも多くの研究が取り上げられている。OTAの総説の中で取り上げられた研究の場合と同様に，総説の中で用いられたほとんどの研究が真実さの根拠として自供を用いている。真実さの根拠に関する不確実性を考えると，報告された検出率は推測にすぎないと言えるだろう。また，上述したように，実務研究の検出率は，サンプリング・バイアスによって容易に誇張されてしまう可能性がある。

犯人であった検査対象者の正判定率に関する総説には，共通した部分がある。総説によると，犯人であった検査対象者の83～89%が正しく判定されている。犯人であった検査対象者を間違って判定（つまり，犯人に対して真実を話していると判定すること）した数には，総説によって相違がある。総説によると，誤判定率は1～17%である。最も低い誤判定率はRaskinとHonts[原注15]によるもので，最も高いものはCQTを批判しているCarrollによるものである。

無実であった検査対象者に関する総説の間では，ほとんど一致がない。ただし，どの総説も無実であった検査対象者の検出率は，犯人であった検査対象者の検出率よりも低い。総説では，無実であった検査対象者の53～75%が正しく判定され，12～47%が間違って判定されている。ここでも最も低い誤判定率を報告しているのはRaskinとHontsであり，最も高い誤判定率を報告しているのはCarrollである。

原注15 RaskinとHonts (2002) の総説には，PatrickとIacono (1991) の実務研究が取り上げられている。Iacono (2000) は，この総説の中で，自分たちの研究の検出率が間違って伝えられていると指摘している。

特にCQTの実務研究では，CQTがフォールス・ポジティブ・エラー，つまり，無実の検査対象者に濡れ衣を着せることに脆弱だというパターンがみられる。検査対象者が対照質問よりも関係質問に対して強い反応を示すときにそのような誤判定が生じるということを考えれば，これはおそらく驚くべきことではないだろう。検査者がいくら努力したところで，無実の検査対象者が常に関係質問よりも対照質問に対して強い懸念を示すわけではないことは明らかである。フォールス・ポジティブ・エラーの割合は，実験研究よりも実務研究の方が高い。これも驚くべきことではない。実務研究では利害関係が大きい。また，特に被疑者は，関係質問が自分に与える重大な結果を理解していると考えられる。

　上述したように，表11.3に示した結果は，実際にポリグラフ検査を実施した検査者とは別の検査者が生理データを評価して得たものである（たとえば，中立の評定者）。RaskinとHonts（2002, p. 32/33）は，「これは科学的観点から言って望ましいやり方である」が，（中略）「実際の事件でどのように評価するか決定するのは，普通は検査をした人である」と指摘している。その上で彼らは，CQTの正確性に関する実態を得るには，中立の評定者が行った判定よりも実際に検査を行った検査者の判定を調べるべきだと主張した。彼らの総説は，一般に中立の評定者よりも実際に検査を行った検査者の方が正確であることを明らかにしている（Raskin & Honts, 2002）。たとえば，Honts, Raskin, KircherとHodes（1988）では，実際に検査を行った検査者から非常に高い検出率が得られている。虚偽（92％）と真実（91％）の検出率は，これまでに欺瞞研究で報告されている検出率の中で最も高い。

　実際に検査を行った検査者の方が中立の評定者よりも正確である理由には，2つの理由が考えられる。一つは，実際の検査者の方が得点化されたチャートを読解する能力に長けていた可能性がある。ポリグラフの実務研究で判定を行った中立の評定者は通常経験を積んだ技術のある検査者であるので，この説明はあり得ないだろう。もう一つは，実際の検査者は，判定を行う際に，検査中の検査対象者の態度や事件情報などポリグラフとは

関係のないそのほかの情報を用いており，この付加情報が検査の正確性を高めたというものである。CQT の提唱者は，こうしたことが生じることを認めている（Honts, 1996; Horvath, 1973; Raskin & Honts, 2002）。Honts（1996）は，検査者がポリグラフの結果にもとづき判定を行った4つの事件（被疑者が犯人であった2つの事件と被疑者が無実であった2つの事件）について，この4つの事件の検査結果は不明であったため，判定すべきではなかったとしている。ただし，4つのどの事件でも，検査者が行った判定（虚偽もしくは真実）は正しかった。これは，ポリグラフとは関係のないそのほかの情報が検査者の判定を正しい方向に導いたことを示唆している。

　Patrick と Iacono（1991）は，実務研究において，ポリグラフ検査者による判定が，どのくらいチャート・データにもとづいているのか，あるいは，どのくらいチャート・データとポリグラフとは関係のない情報の組み合わせにもとづいているのか，より詳細に調べている（Iacono, 2000 も参照）。彼らが分析に使用したデータは，実際に検査を行った検査者の (i) 数量化得点と，(ii) 最終的な判定結果であった。理論上は，実際に検査を行った検査者がチャートを数量化した得点によって，最終的な判定結果が導き出されているはずである。しかし，結果は違っていた。虚偽を示す数量化得点がつけられた 132 の検査のうち，たった 82％しか虚偽を言っていると判定されておらず，18％は真実を話していると判定されていた。ほかの 69 の検査では，不明であることを示す数量化得点がつけられたが，これらの検査対象者の 45％は真実を話していると判定され，4％は虚偽を述べていると判定された。これらの結果は，実際の検査者は，数量化得点以外の情報を考慮していることを示唆している。また，検査者が下す決定にはパターンがあった。検査者の判定が数量化得点と合わなかった検査では，93％が真実を話していると判定されていたのである。

　彼らは，数量化得点や最終的な判定結果以外のほかの情報も分析に使用していた。彼らが使用したのは，中立の評定者がチャートを数量化した得点であった。実際に検査を行った検査者と中立の評定者の数量化得点を比

較したところ，数量化得点さえも，検査対象者が真実を話しているという方向へバイアスが働いていた。実際に検査を行った検査者は，72人の検査対象者の数量化得点について真実を話していると判定したが，中立の評定者が真実を話していると判定した検査対象者の数は，わずかに51人だけだった。さらに重要な点は，実際の検査者の最終的な判定（検出率90％）は，彼らがつけた数量化得点（検出率70％）よりも正しいことが多かったことである。最も検出率が低かったのは，中立の評定者であった（55％）。

まとめると，ポリグラフ・チャートを評価しただけの検査者（CQTの正確性に関する実際の検証）の検出率は55％にすぎず，これはあらゆる利用可能な情報に接していた，実際に検査を行った検査者の検出率（90％）よりもかなり低かった。また，実際に検査を行った検査者の判定や数量化得点は，真実を話しているという判定を行う方向にバイアスがかかりやすい可能性がある。これまで見てきたように，CQTはフォールス・ポジティブ・エラーを起こしやすいため，この点は興味深い。検査者はこの誤りをいくらかでも回避しようとして，判定を修正しているようである。

第3節　パーソナリティとポリグラフ

サイコパスの嘘をポリグラフで検出することは，困難だと思っている人もいるだろう。サイコパスはEDAの反応が小さいので（Lorber, 2004），対照質問と関係質問に対する反応の差の違いを見分けることが難しい場合がある。また，サイコパスは一般に普通の人よりも危険を気にせず，特に罰せられることを気にしない（Lykken, 1998; Porter & Woodworth, 2007）。したがって，サイコパスはポリグラフ検査の間，懸念を感じない可能性があり，彼らの嘘を検出できない恐れがある。しかし，先行研究は，サイコパスでもサイコパスではない人でも，ポリグラフで等しく嘘を検出できることを示唆している（Patrick & Iacono, 1989; Raskin & Hare,

1978)。

　内向的な人と**外向的な人**の検出可能性の違いをポリグラフ検査で比較し，両者に違いのないことを見出した研究もある（Steller, Haenert, & Eiselt, 1987; Watson & Sinka, 1993）。また，ジェンダーや人種といった背景特性を調べた研究でも顕著な差は示されていない（National Research Council, 2003）。ただし，National Research Council（2003）では，十分に質のよい研究が行われていないため，パーソナリティ特性や背景特性が何ら影響を与えないと結論づけるには時期尚早だとされている。

第4節　雇用後（前）の適性検査

特定事件と非特定事件，雇用前の検査：不明瞭さの違い

　アメリカでは，雇用後や雇用前の適性検査にポリグラフ検査が用いられている。1988年の被用者ポリグラフ保護法によって，実質的には民間企業がポリグラフ検査を使うことは制限された。しかし，アメリカ政府やFBI（Federal Bureau of Investigation），その他警察などの公的機関は現在でもポリグラフ検査を使っている（Krapohl, 2002）。

　職員を適性検査することには，いくつかの理由がある。1つ目は，具体的な保安脅威事件に関する情報を入手することである。高度な保安情報の入ったコンピュータが改ざんされた証拠が見つかったとする。かつ，このコンピュータには限られた職員しかアクセスできないものとする。このようなとき，コンピュータの改ざんを行ったか調べる目的で，アクセス権のある職員にポリグラフ検査を受けるよう求めることがある。この場合には，特定の事件についてCQTを実施する。これは，本章の最初に著者が述べた検査と同じものである。この事件の関係質問は，たとえば，「あなたはコンピュータを改ざんしましたか？」などである。

2つ目は，実際に違法行為が行われた証拠がないときに，職員がサボタージュに関わったり従事したりしていないか，あるいは，権限のない人などに機密情報を漏らしていないか調べる目的でポリグラフ検査が用いられる（National Research Council, 2003）。上記のコンピュータ改ざんの例との違いは，検査者が言及できる具体的な事件が存在しないことである。したがって，検査者は，曖昧，かつ，具体的ではない言い回しの関係質問をする以外に方法がない。非特定的な事件のCQTでは，「ここ5か月間に，権限のない人に機密情報を漏らしたことがありますか？」といった関係質問を行う。このような非特定的な質問は不明瞭であるため，問題がある。この質問は，ある職員に特定の事件の記憶を呼び起こさせる可能性があるが，同じ事件を経験したことのある別の職員の記憶は呼び起こさない可能性もある。また，職員に検査で虚偽の兆候を示す反応があったとする。それによって何がわかるだろうか。その職員は，何をしたのだろうか。ポリグラフ検査では具体的な質問をしていないため，これらの答えが示されることはない。検査後の面接で，その職員に対してなぜ大きな生理反応が生じたか理由を尋ねる必要があるし，また，検査後の面接中のこの職員の返答が真実であるかどうかは依然として見極めが必要である。たとえば，過去に何か違法なことをしたことがある職員は，そのとき，自分の記憶にある小さな違反行為を思い出す可能性があるが，そのことがもっと深刻な違反を暴くことにはならないだろう。

　ポリグラフ検査は，採用手続きにおいても適性検査として使われている。この場合の検査は，たとえば，雇ったらこの志願者は保安侵害を犯す可能性があるか，といったような将来的な職務遂行能力における特定の側面を予測するために用いられている。このような雇用前の検査は，非特定的な事件の検査よりもさらに不明瞭であるため，非特定的な事件の検査よりもさらに問題が深刻である。この場合，将来を予測するために（採用志願者の）過去について質問するのだが，過去に関する質問（たとえば，「今までに違法な薬物を使ったことがありますか？」）と雇用者が関心をもっている将来の行動（たとえば，「この人は，スパイになりますか？」）とが同

じ話題を対象に含めていないことがよくある。

採用手続きや雇用環境におけるポリグラフ検査の使用を評価する課題に取り組んだ National Research Council（2003）では，非特定事件や雇用前の検査の正確性に関する研究がほとんど行われていないことや，それに関する質的な実務研究がまったく行われていないことを承知しながらも，非特定事件や雇用前の検査が不明瞭であることを理由に，この類の検査の正確性は，ほぼ間違いなく特定事件のポリグラフ検査の正確性よりも低いと結論づけられている[原注16]。

基準比率

採用志願者や職員の適性検査には，不明瞭さのほかにも，**基準比率**という問題がある。基準比率は，検査するサンプルの中で欺瞞が発生する確率のことをいう。たとえば，実験研究では，実験参加者の半分が嘘をつく。したがって，嘘をつく人の基準比率は 50％である。しかし，雇用前の基準比率はこれよりもかなり低い。たとえば，おそらく 1,000 人の採用志願者がいれば，潜在的なスパイやテロリストはそのうちの 10 人だけだろう。基準比率が低い場合，虚偽検出検査が何らかの診断的価値を持つためには，虚偽検出検査の正確性が非常に高い必要があるという問題がある。ポリグラフ検査が嘘をつく人の 80％と真実を話す人の 80％を正しく判定するとしよう。1,000 人の志願者全員を検査すれば，8 人の（潜在的）スパイは正しく判定されるが，198 人の誠実な志願者（990 人の誠実な志願者のうち 20％）も嘘をついたと判定され，潜在的なスパイとみなされてしまう。

Krapohl（2002）は，このような冤罪をほとんど気にしていない。彼は，採用志願者の数は一般に募集人員の数を超えると主張する。したがって，仮に 500 の仕事があり，雇用する側がポリグラフ検査に従って判断

原注16 非特定的な事件や雇用前の検査で対照質問を作成する際の問題については，Ben-Shakhar（2002）を参照してほしい。

を行ったとしても，先の例では，未だ選考すべき志願者が794人残っており，このサンプルからは8人の潜在的スパイが排除されたことになる。何か悪いことをしたとか仕事に必要なものを身につけていないという理由ではなく，ポリグラフ検査者が間違えたという理由で198人の志願者が雇われないのだから，この論法に対しては，倫理的な問題を掲げるべきである。また，前述したように，これら198人の不幸な人たちの中には，スティグマ化された人も数多く含まれているだろう。なぜなら，彼らは一般にベースラインや安静時ではなく，課題遂行時に大きな生理反応を示すからである（National Research Council, 2003）。

　今度は，現職の職員を検査することについて考えてみる。雇用されている機関に対してスパイ活動をする職員の基準比率は，採用志願者に占める潜在的スパイの基準比率と同じくらい低いと考えられる。雇用されている機関に対してスパイ活動をするのは，おそらく1,000人の職員のうち10人だけだろう。嘘をつく人と真実を話す人を判定するポリグラフ検査の精度が80％であれば，8人のスパイが正しく判定される一方で，198人の誠実な職員がスパイの容疑をかけられることになる。ポリグラフのチャートからは，スパイをしている職員と濡れ衣をかけられた職員を識別することはできない。

　20％の職員にスパイの容疑がかけられている職場の勤労意欲は想像に難くない。そのため，ポリグラフを使用する者は，たとえば，嘘をついたと判断する閾値を上げるなどして，濡れ衣をかけないようにしたいと思うことだろう。これによって，スパイの濡れ衣をかけられる職員の数は確実に減るが，スパイをしている職員が捕まらない可能性も高くなる。したがって，National Research Council（2003, p. 6）では，「あまりに多くの忠実な職員が誤って嘘をついていると判断され，あまりに多くの保安上の脅威が未検出のままとなっている中で，……ポリグラフ検査は容認できない選択をしている。無実の検査対象者から実際の保安違反や潜在的な保安違反を識別する精度は，政府機関が職員の保安検査に使用することを許容するだけの信頼性があると言えるほどではない」と結論づけられている。

そのほかの目的：ポリグラフ神話

　採用志願者や職員にポリグラフ検査を行うと，ほかにも有益な効果が得られることがある。前述したように，人は，ポリグラフ検査を正確なものだと信じていることが多い。National Research Council（2003）では，これは「虚偽検出神話」と呼ばれている。このため，ポリグラフ検査は，抑止力として働く。ポリグラフ検査にかけられるとわかっていれば，潜在的なスパイは採用志願をあきらめ，現職の職員はスパイをしようという気にならないだろう。また，ポリグラフ検査は悪事を自発的に自供させることがある。職員は，後にポリグラフ検査にかけられるとわかっていれば，ポリグラフ検査を行う前の面接時に正直になることがある。自供を引き出すポリグラフ検査の力は，なぜポリグラフ検査がさまざまな場面で実施され，受け入れられているかを説明する理由の一つと考えられている（Lykken, 1998; Cross & Saxe, 2001）原注17。

　ポリグラフ検査には正確だという印象があるため，国家安全保障機関もこの検査に高い公的信頼を寄せているものと考えられる。しかし，実際には，ポリグラフ検査は誤りを犯しがちである。このため，国家安全保障機関が過度にポリグラフ検査に頼るのであれば，ポリグラフ検査に対するこのような信頼が国家安全保障サービスに危険を与える恐れがある（National Research Council, 2003）。Lykken（1998）は，これは問題だと思っている。彼は，アルドリヒ・エームズの例を上げている。エームズは，CIA の調査官であったが，何年にもわたってソビエトに機密情報を売っていた。また，彼はこの間に何回もポリグラフ検査を受けていた。しかし，検査では虚偽の徴候を示す反応はなかった。Lykken は，「虚偽

原注17　自供を得るために，適正なポリグラフ検査が実施される必要はない。虚偽検出器であると紹介されて衝撃的な見た目の電気装置につながれた検査対象者は，それが実際には「電子部品の寄せ集め」であるにも関わらず，その後の面接ではより正直に話をする（いわゆる偽パイプライン効果，Cross & Saxe, 2001; Jones & Sigall, 1971）。

検出器をごまかす彼の能力が当局者の疑いの目をそらしていたため，長い間スパイとしての仕事が成功したのだ」と述べている（Lykken, 1998, p. 3）。

第5節　性犯罪者に対するポリグラフ検査

　性犯罪者に対してポリグラフ検査を実施する頻度は急速に増加しており，アメリカでは現在も増え続けている（Branaman & Gallagher, 2005; Consigli, 2002; Honts, 2004）。性犯罪者に対するポリグラフ検査は，オランダ（Meijer, 2004）やイギリス（Wilcox, Sosnowski, & Middleton, 2000）などの国でも導入されている。性犯罪者に特別な注意が向けられていることは，おそらく驚くべきことではないだろう。一般的に，性犯罪者は自身の行動や興味の質，程度を過小評価し，再犯を起こしやすく，また，重大な犯罪を起こすと考えられている（British Psychological Society, 2004）。ポリグラフ検査による性犯罪者の適性検査は，刑務所からの釈放の条件として使われたり（Honts, 2004），釈放後の彼らの行動を監視するために使われたりしている（Kokish, Levenson, & Blasingame, 2005）。このような監視検査は，3か月から6か月ごとに定期的に行われることもある（Cross & Saxe, 2001）。

　性犯罪者に対しては，ほかにも種類の異なるポリグラフ検査が行われている（Branaman & Gallagher, 2005）。特定事件のポリグラフ検査では，特定の容疑に関わっていないか犯罪歴のある犯罪者にポリグラフ検査を実施する（たとえば，「ジョンのペニスを触りましたか？」）。こうした検査は，本章の中で前述した事件に関連した特定事件の CQT と似ている。より活用頻度の高い検査は，メンテナンスポリグラフ検査（たとえば，「保護観察の条件に違反したことがありますか？」や「ここ 3 か月の間に，保護観察官を心配させるようなことをしましたか？」）と性犯罪歴暴露ポリグラフ検査（「あなたは，自己の性犯罪歴の中に隠していることがあります

か？」)である。これらは，非特定事件のポリグラフ検査である。こうした検査の問題は，すでに述べた。質問が曖昧であるため（これは避けることができない），不明瞭な質問となる。したがって，このような検査は，ほぼ間違いなく特定事件の検査よりも正確ではない。

　メンテナンス検査と性犯罪歴暴露検査の正確性を明らかにした研究はない。問題となるのは，真実さの根拠である（Grubin, Madsen, Parsons, Sosnowski, & Warberg, 2004)。性犯罪者の中には，検査で虚偽の徴候を示す反応のない人がいる。このような人は，ポリグラフ検査の中で質問した期間の間，逸脱した性行動やリスクの高い行動に関わっていないと示唆される。しかし，これらの検査に関する真実さの根拠がないので，これらの犯罪者が検査で反応がなかったにも関わらず，逸脱行動を起こしていたということは十分にありうる。検査で反応を示し，その後の面接で逸脱した性行動やリスクの高い行動の類を認める犯罪者もいるだろう。しかし，彼らが認めた行為が実際に起こったものかどうかはわからない。もしかしたら，より重大な行為を隠すために小さな行為を認めたという可能性もある。あるいは，検査対象者が事件について自供する際に虚偽自白することがあるのと同じように，逸脱した性行動やリスクの高い行動を虚偽自白する恐れもある（Kokish et al., 2005)。

　正確性が明らかになっていないにも関わらず，また，その正確性に関して生じる疑いがあるにも関わらず，性犯罪者に対するポリグラフ検査は実務家の間では評判がよい。この評判の理由の一つは，保護観察官がそれまで知らなかった性的逸脱行動やリスクの高い行動を自供するに至らせてくれるからである（Ahlmeyer, Heil, McKee, & English, 2000; Consigli, 2002; Grubin et al., 2004)。さらに，これらのポリグラフ検査は「常習的犯行を予防するミッシング・リンク」であるという主張もある（Consigli, 2002, p. 239)。ポリグラフには，自供を引き出す効果や抑止効果があることはすでに述べた。しかし，ここで述べたように，ポリグラフ検査を使ってもその自供が真実なのか明らかにすることはできない。また，どれだけの性的逸脱行動やリスク行動事例が明らかにできないままになっているの

かはわからない。

そのほかの懸念

　性犯罪者に対して行うポリグラフ検査に関しては，もう二つ三つ懸念を述べておく必要がある。1つ目は，監視プログラムでは，同じ犯罪者を繰り返し検査することが標準的であることである（Consigli, 2002; Cross & saxe, 2001）。複数回検査をすることがポリグラフ検査の正確性にどのような影響を与えるかはわからない。しかし，おそらく悪影響があるだろう。繰り返すうちに慣れの効果が表れるだろうし，カウンターメジャーが利用される頻度も増えるだろう。2つ目の懸念は，避けられないことであるが，ポリグラフ検査が自発的な意思にもとづいて行われるのであれば，性犯罪者の中には検査を受けない選択をする者が出てくる可能性があることである。検査を拒む者をどう判断するだろうか？　検査の拒否は，必ずしも嘘をついていることを意味しないことがわかっている（Ginton et al., 1982）。しかし，おそらく保護観察官は拒否を虚偽の兆候と解釈するであろう。たとえば，イギリスで性犯罪者に対するポリグラフ検査を担当しているドン・グルービンは，「検査を受けた人たちは，何のリスクもないことを証明したい人たちです。私たちが検査したいと思っている多くの人たち，つまり，私たちが心配している人たちは，検査を受けようとしないのです」と話している（「*The Times*」2004年5月29日付, p. 7）。3つ目の懸念は，ポリグラフ検査を指導する職員の知識に関することである。BranamanとGallagher（2005）は，指導する職員は特定事件とそのほかの種類のポリグラフ検査が同様に正確だと誤解していると述べている。

表11.4　CQTポリグラフの検査に関するドーバートの5つの質問に対する答え

	CQT実験	CQT実務
(1) 科学的仮説は検証可能か？	検証可能	問題がある
(2) 仮説は検証されているか？	検証されている	おそらく検証されている
(3) 誤判定率は明らかにされているか？	明らかにされている	明らかにされているが，誤判定率が高すぎる
(4) 仮説や方法は査読を受けて公刊されているか？	公刊されている	公刊されている
(5) 仮説や方法が根拠とする理論は，しかるべき科学者たちの一般的な支持を受けているか？	一般的な支持を受けていない	一般的な支持を受けていない

第6節　法的問題

　本節では，刑事裁判における科学的証拠としてCQTの結果を用いることについて，本章で紹介した知見をもとに著者の見解を述べる。第8章と同じように，最高裁判所がアメリカ連邦裁判所における専門家の科学的証拠採用について示したガイドライン（**ドーバート基準**）を用いる（*Daubert v. Merrell Dow Pharmaceuticals, Inc.*, 1993）。表11.4は，著者の評定をまとめたものである。

Q1：科学的仮説は検証可能か？

　CQTの理論的根拠は，嘘をつく人は対照質問よりも関係質問に対して強い生理反応を示し，真実を話す人はそれとは逆に関係質問よりも対照質問に対して強い生理反応を示すだろうというものである。この仮説は実験研究で容易に検証可能である。ただし，その結果には生態学的妥当性が欠けていると考えられる。そのため，CQTの根拠を検証する上では，実務研究の方がより適していると考えられる。しかし，真実さの根拠を得ることが難しいため，この検証は困難である。第一のドーバートの問いに対す

る著者の答えは，CQT の実験的検証については「検証可能」であるが，実務的検証については「問題がある」である[原注18]。

Q2：仮説は検証されているか？

CQT の実験研究は数多く実施されているため，第二の問いに対する著者の答えは，CQT の実験研究に関しては「検証されている」である。今日までに，多くの実務研究も報告されているが，それらには議論の余地がある。報告されている実務研究の質が低いという問題がある（National Research Council, 2003）。また，そのほとんどに科学的基準を満たす真実さの根拠が確定していないという問題がある。CQT の実務研究に関する 2 番目のドーバートの問いに対する著者の答えは「おそらく検証されている」である。

Q3：誤判定率は明らかにされているか？

実験研究における CQT の誤判定率は，明らかにされている。総説によっても異なるが，フォールス・ネガティブ・エラー（犯人を間違って判定すること）は 7～10%，フォールス・ポジティブ・エラー（無実の人を間違って判定すること）は 8～16% である。ただし，これらの研究には生態学的妥当性が欠けているため，実務研究の誤判定率を調べた方がよいだろう。実務研究における正確な誤判定率は不明である。真実さの根拠がわからないし，ほとんどの実務研究でサンプリング・バイアスが生じているからである。報告されている誤判定率の推定値は，総説によって異なる。フォールス・ネガティブ・エラーは 1～17% で，フォールス・ポジティブ・エ

原注 18　CQT が妥当な理論的仮説にもとづいてないという事実があるため，この問いに対する著者の判定は容易により否定的なものとなった。ここで生じる問いは，「背景にある科学がどのように作用しているか適切に説明できないと認めざるを得ない場合には，どうすれば背景にある科学を検証することができるだろうか」という Gallai (1991, p. 96) の言葉の通りである。

ラーは 12 〜 47% である。このように，特に無実の検査対象者に関しては時に高い誤判定率が得られていることや，これらの誤判定率はサンプリング・バイアスによって容易に低下する可能性があるという知見を踏まえた上での著者の見解は，次の通りである。つまり誤判定率が高すぎるため，CQT の結果を「合理的な疑いの余地がない」証拠として提出することはできない。

　ほかにも CQT の結果に疑いの余地がないという結論を出すことができない理由がある。それは，CQT は検査者のスキル次第であるということである。おそらく CQT の正確性には，検査者間で大きな個人差があるだろう。したがって，それぞれの CQT 検査者が，実務研究の検出率を自身の検出率の目安として用いることは不適切である。ある検査者の検出率は，こうした既知の検出率をはるかに下回る可能性もある。

Q4：仮説や方法は査読を受けて公刊されているか？

　第四のドーバートの問いに対する著者の答えは，CQT の実験研究と実務研究の双方とも「公刊されている」である。ただし，質の高い CQT の実務研究の数は比較的少ない。

Q5：仮説や方法が根拠とする理論はしかるべき科学者たちの一般的な支持を受けているか？

　Iacono と Lykken（1997）は，ポリグラフに関する科学的意見を調べた調査結果を発表している。彼らは，アメリカ精神生理学会の会員（専門家）とアメリカ心理学会の会員（分野 1，一般心理学）に CQT についての意見を尋ねた。両団体の心理学者の意見は似ていた。面接を受けた会員のうち，CQT が科学的にしっかりとした心理学的原理や理論にもとづいていると考えていた会員は少数であった（約 33%）。また，CQT の結果を法廷で証拠採用することを支持するかどうか尋ねたところ，虚偽であるとい

う検査結果のときに賛成すると答えた会員は約22%だけであった。また，真実であるという検査結果のときに賛成すると答えた会員も約25%だけであった。したがって，最後のドーバートの問いに対する著者の見解は，「一般的な支持を受けていない」である[原注19]。

総合評定

　CQTは，刑事裁判において科学的鑑定証拠を採用するための基準であるドーバート基準を満たしていない。理論的根拠の検証に問題があり，実施されている実務研究の質，特に実務研究で得られる真実さの根拠に疑いがある。また，特に無実の被疑者の誤判定率は，おそらく高すぎるだろう。さらには，しかるべき科学者たちが検査について異議を唱えている。Gallia（1999）やHonts（1994），SaxeとBen-Shakhar（1999）もCQTポリグラフ検査に関してドーバート分析を行っており，その内容は，本節で著者が確認した内容と似たようなものである。著者の評定は，Gallia（1999）やSaxeとBen-Shakhar（1999）の評定に従うものであるが，CQTはドーバート基準を満たしていると考えるHonts（1994）の評定とは相反する。

第7節　音声ストレス分析と赤外線画像

音声ストレス分析

　音声ストレス分析は，嘘をついている人は真実を話している人よりも

原注19　この調査は，2人のCQT批判者（IaconoとLykken）が実施したものである。一般に，CQT支持者はこの結果を受け入れていない（Honts, 2004）。Honts（2004）は，いずれもCQTについてより肯定的な結果を示している3つのほかの調査を取り上げているが，査読のある質の高い雑誌（*Journal of Applied Psychology*）に掲載されている調査は，IaconoとLykkenのものだけである。ただし，それは，その調査結果に信頼性や妥当性があることを保障するものではない。

心理的なストレスを感じていることを基本的な前提としている（Gamer, Rill, Vossel, & Gödert, 2006）。この心理的ストレスが血行にわずかな変化を引き起こし，音声のさまざまな特徴に影響を与える。そこで，音声ストレス分析器（Voice Stress Analyzers: VSA）と呼ばれる特殊な装置（心理学的ストレス評価器（Psychological Stress Evaluators）とも呼ばれる）には，コンピュータに強度や周波数，高さ，ハーモニー，常時微動といった音声指標を検出・表示するためのマイクが接続してある[訳注4]。音声ストレス分析がポリグラフに代わる技術として紹介されることがあるが，両者は測定する生理反応が違うだけなので，これには語弊がある（音声特徴であるかEDAや血圧，呼吸であるかの違い）。VSAのマイクには，生理反応を測定する際のわずらわしさがない。これには明らかな利点がある。これまでよりも迅速（検査対象者を装置につなぐ必要がない），かつ，秘匿的に，すなわち測定していることを検査対象者に気づかれずに，データを集めることができる。

　しかし，音声ストレス分析には抗しがたい限界もある。1つ目は，真実と嘘を正確に検出できない恐れがあることである。たとえば，Horvath（1978, 1979）やGamerら（2006）は，音声ストレス分析では真実を話した人と嘘をついた人を識別できなかったが，EDAを使った場合には，音声ストレス分析で識別できなかったこれらの人たちを，チャンスレベル以上で検出できたという。2つ目は，懸念にもとづく虚偽検出を擁護する人たちが異議なく支持している唯一の検査であるCQTは，（i）検査の前に検査対象者と質問について話し合う必要があり，かつ，（ii）対照質問を作成するにあたっては検査対象者に関する背景情報が必要である（前述を参照）ため，検査対象者に気づかれずに実施できないということである。これは，秘匿的に音声ストレス分析を行う場合には（たとえば，顧客からのクレームを電話で受けているときに保険会社が行う場合），CQTが実施できないことを意味している。

訳注4　原書では，VSAに関する情報を紹介するウェブページのURLが記載されていた。ウェブページが削除されていたため，本書では省略した。

RIT は実施できるだろうが，この検査は個人内の差を統制できないため，懸念にもとづく虚偽検出の支持者たちでさえも意義を唱えている[原注20]。代わりに，単独の質問だけを行うことは可能だろう（すなわち，「サングラスが盗まれたというのは本当ですか？」）。しかし，これには統制質問がないため，その信頼性は RIT よりもさらに低い。このように，個人内の差を統制する試みさえなく，また，懸念にもとづく虚偽検出で唯一，個人間の差を統制しようとする試みもない。当然，National Research Council（2003, p. 167）では，「音声ストレス分析の支持者がこの分析には高水準の正確性があると言っても，この技法の妥当性に関する実証研究は，期待を持てるというにはほど遠い結果を示している」と結論づけられている[原注21]。

赤外線画像

赤外線画像は，特殊なカメラを通して目のまわりの皮膚温パターンの変化(すなわち，血流)を検出する方法である。この方法の背景にある仮説は，嘘をついている人は闘争／逃走反応の一形態として目のまわりが瞬間的に温かくなるだろう，というものである。赤外線画像を使った一つの虚偽検出研究が，これまで特にメディアの注目を大いに引きつけてきた（Pavlidis, Eberhardt, & Levine, 2002a）。この注目には，2 つの理由が考えられる。一つは，その研究が「*Nature*」に掲載されたことである。「*Nature*」は，メディアの注目を広く集めることが多い非常に権威のある雑誌である。もう一つは，この論文の著者らが論文の中で，「正確性は，ポリグラフ検査と比べても遜色はない……また，熟練した職員や身体接触を必要とせずに，遠隔かつ迅速な検査に応用できる可能性がある」とか「検査対象者が検査に気づきさえしないうちに，瞬時に嘘を検出できる可能性がある」と述べ

原注 20　声の高さを測定する際の個人内差統制の妥当性は，Zraick, Gentry, Smith-Olinde と Gregg（2006）を参照してほしい。

原注 21　このように，VSA に関しては否定的な評価が下されているにも関わらず，イギリスの労働・年金大臣ジョン・ハットンは，詐欺師対策として音声分析を導入している（「*The Independent*」2007 年 4 月 6 日付）。

た（Pavlidis et al., 2002a, p. 35）ことである。

　このような主張を読むと，空港での保安検査が頭に思い浮かぶ。これらの主張が正しいのであれば，乗客をわずらわせることなく，すべての乗客の目のまわりの皮膚温パターンを測定し，その中からテロリストを即座に発見できる可能性がある。しかし，そのような検査が機能するためには，皮膚温パターンがピノキオの鼻に相当するものでなければならない。この場合のみ，すべての潜在的テロリストが検査で検出され，すべての無実の乗客が検査を通過するだろうからである。残念なことに，赤外線画像はピノキオの鼻に相当するものではない。また，Pavlidisらが示唆しているように，この検査は初めから失敗することがわかっている。個人間および個人内の差を統制する試みが何も行われておらず，そのことが検査を不正確なものとしているのだ。おそらく，潜在的テロリストの中には，覚醒状態となっていて，赤外線画像検査で検出される人もいるだろう。しかし，すべてのテロリストがそうなるわけではなく，また，そうならなかったテロリストは飛行機へ搭乗できてしまう。もしもテロ組織が赤外線画像による検査が行われていることを知れば，潜在的なテロリストが検査を通過する可能性は高くなる。テロ組織は，赤外線画像による保安検査を通過しそうな人を集めるだけでよい。

　反対に，危害を加えようという気などないが，生まれつき緊張しやすい人は検査で検出されてしまうだろう。また，興奮している人も検査で検出されるだろう。そういう人たちは，飛行機に乗ることや休暇を過ごすこと，単に魅力的な人に目が釘づけになっていることなどで興奮している可能性がある。また，空港はおそらくあらゆる種類の不安を持った人でいっぱいの場所であるので，ストレスを抱えている人は検査で検出されてしまうだろう。彼らは，空を飛ぶことを恐れていたり，飛行機に乗り遅れることを心配していたり，問題の山積した重要な商談に向かう途中であったりするなどして，ストレスを感じている可能性がある。

　まとめると，赤外線画像検査は，膨大な数の無実の乗客が対象となる可能性のある検査である。これらの乗客は全員，飛行機を爆破させる意図が

ないことを示すために，さらに詳細な調査を受けなければならなくなる。当然，National Research Council（2003, p. 157）では，赤外線画像は「嘘偽の検出に顔面皮膚温を使うことを容認できるだけの証拠を示していない」と結論づけられている[原注22, 23]。

第8節 懸念にもとづくポリグラフ検査の評価

　CQTは，懸念にもとづくポリグラフ検査のすべての支持者から支持を得ている，唯一の懸念にもとづくポリグラフ検査である。CQTの理論的根拠は，嘘をつく人は対照質問よりも関係質問により懸念を感じるため，関係質問に対して強い生理反応を示し，反対に真実を話す人は対照質問により懸念を感じるため，対照質問に対して強い生理反応を示すだろうというものである。CQTには，理論的根拠の脆弱性，標準的検査手続きや標準的チャート得点化方法の欠如，カウンターメジャーに対する脆弱性といった問題がある。

　現実場面におけるCQTの正確性は，実務CQTの先行研究における真実さの根拠が不明であるため，はっきりとはわからない。また，これらの実務研究で報告されている検出率は，サンプリング・バイアスによって容易に誇張される可能性がある。しかし，一般に実験研究におけるCQTの検出率は高いため，CQTが真実を話す人と嘘をつく人をチャンスレベル以上で識別できると結論づけてもよいように思われる。

　一般に，CQTの結果が証拠として法廷に提出されることはない。著者は，これはこのままであるべきだと考える。CQTはドーバート基準を満たし

原注22　PavlidisとEberhardtとLevine（2002b, p. 602）の論文には，彼らの技術に関する問題を述べている箇所に誤植があり，「大規模な応用を妨げかねない」となっている。著者が思うに，この誤植では満足のいく説明となっていない。

原注23　さらに最近では，嘘偽検出を目的とするCQT手順を使った模擬犯罪による実験研究で，赤外線画像技術が用いられている。CQTポリグラフ検査と比べ，赤外線画像には，検査対象者をわずらわせることなく覚醒度を測定できるという利点がある。この結果は，CQTポリグラフの実験研究と比較可能である（Tsiamyrtzis, Dowdall, Shastri, Pavlidis, Frank, & Ekman, 2007）。

ていないと考えられるからである。これに関しては，特に重要な問題が2つある。一つは，検査がフォールス・ポジティブ・エラーに脆弱なことである。フォールス・ポジティブ・エラーとは，無実の検査対象者に濡れ衣を着せてしまうことである。そのため，刑事裁判にCQTの結果を持ち込めば，相当な数の無実の被疑者が誤って有罪判決を受けることになる可能性がある。もう一つは，CQTの理論的根拠が脆弱なことである。CQTの提唱者たちは，この検査の理論的問題を認めているようであるが，背景理論を完全に理解していなくても検査を使うことは許容できると考えている（Raskin & Honts, 2002）。著者は，この考え方には問題があると思う。しっかりとした理論には，検査がうまくいっている場合とうまくいっていない場合を誰でも予測できるという長所がある。空港の保安検査で使われているX線装置を例にとってみる。物質がどのようにX線画像に映るか十分に理解されているので，種類の異なる物質がX線画面にどのように映し出されるか正確に予測することができる。理論がない場合には，予測できない。おそらく，CQTで虚偽の徴候を示す反応の生起しやすい人がいるだろう。このような人は，濡れ衣を着せられる可能性が高いと考えられる。CQTで虚偽の徴候を示す反応の生起しにくい人もいるだろう。このような人は，検出されない可能性が高いと考えられる。また，ひょっとしたらCQTはある罪種には適しているが，別の罪種には適していない可能性もある。こうしたことは，理論がなければわからない。

　ドーバート基準を満たしていないことのほかに，CQTの結果を刑事裁判で認めるべきではない2つ目の理由は，CQTが標準化されていないことである（Ben-Shakhar, 2002; Ben-Shakhar, Bar-Hillel, & Lieblich, 1986）。CQTは客観的な検査ではない。また，たとえば，CQTの結果は，検査者が検査前に検査対象者の犯人性について抱いている信念の影響を受ける可能性がある。このような初期の信念は，検査対象者の犯歴や噂など，一般に刑事裁判では証拠として受け入れられない事実ではない証拠にもとづいていることもあるだろう。それにも関わらずCQTの結果が実際に証拠として採用されてしまえば，これらの事実ではない証拠がポリグラフの

判定結果を介して刑事裁判に持ちこまれることになる。

　CQT は，刑事裁判で証拠として認めるべきではないだけでなく，犯罪捜査でも利用しない方がよい。これには 3 つの理由がある。1 つ目は，CQT の支持者たちは，CQT は捜査員にとって「取調べの常套手段だ」と言うだろうが，著者はそうは思わないことである。著者は，CQT の検査者たちと議論する中で，CQT 検査者たちはこの方法には高い正確性があると強く信じていることがわかったが，本章で説明したように，これはサンプリング・バイアスによって生じた誇張である可能性がある。しかし，CQT 利用者は，CQT には高い正確性があると信じているため，おそらく CQT を取調べにおける一つの常套手段というよりも，取調べにおける決まった常套手段と考えているのであり，これが CQT の結果に頼ることになっている理由であると思われる。2 つ目は，フォールス・ポジティブ・エラーに対して脆弱なため，犯罪捜査における CQT の利用を認めることはできないことである。警察やポリグラフ検査者による誤認によって，間違った有罪判決を下される結果には必ずしもならないだろう。しかし，何度も取調べられたり，警察の留置場に長い間拘留されたり，家族や友達，同僚に無実であることを信じてもらえなかったりするなど，被疑者に深刻な影響を与える可能性がある。3 つ目に，CQT は標準化されていないため，多くのことが検査者個人の能力の影響を受けることである。CQT の支持者でさえも，多くの検査者には適切なスキルが不足していると認めている。したがって，犯罪捜査に CQT を導入すれば，検査者の能力不足のせいで，不適切な検査や不十分な検査が数多く行われるリスクを負うことになる。

　CQT は雇用後や雇用前の適性検査にも使われている。また，性犯罪者に対する CQT も増加している。このような場面での CQT の使用は，犯罪捜査での使用と比べてかなり問題が多い。主たる問題は，関係質問を作成する具体的な事件がたいていの場合存在しないことである。このため，関係質問が不明瞭になり，検査結果が正確ではなくなる。支持者たちは，このような場面でのポリグラフ検査は自供を引き出したり，抑止力として働いたりするのだと主張しているが，これらの検査の真実さの根拠が不明

である限り，これらの自供の信頼性を判断することはできない。また，明らかに限界のある1回の検査がどれだけ長い期間抑止力として働くのか疑問である。

Box 11.1　最終段階で得られる非公式な自供

　CQTには，非公式だが第六の段階が存在する。第六の段階では，検査が終わると，検査対象者に嘘をついていることを示す反応があったと単刀直入に伝え，なぜチャートがこのような結果を示したのか考えるよう求める（Lykken, 1998）。このとき，検査対象者の考えを促すために，検査者はしばらく部屋を出る。この段階の目的は，自供を引き出すことである。自供が得られた一つの特異な事例がある。検査者は，検査対象者を追及してから退室し，別の部屋からマジックミラー越しに検査対象者を観察した（Lykken, 1998）。検査対象者は明らかに狼狽してポリグラフ・チャートを見続けていたが，その後，決心してチャートを食べ始めた。全部で6フィートもある幅6インチの記録紙を食べたのだ。検査者は，彼がこの食事を済ませたところで何事もなかったかのように部屋へ戻り，ポリグラフに耳を当ててこう言った。「なんだって？　彼がチャートを食べちゃったのかい？」と。検査対象者は，「なんてこった。その器械はしゃべることもできるのか」と言って事件への関与を認めた。

Box 11.2　虚偽自白に寄与した疑わしきポリグラフ判定：ピーター・レイリーとトム・ソーヤーの事件

　ピーター・レイリー　ある夜，18歳のピーター・レイリーが帰宅すると，母親が死んでいた。母親が殺されたのだと思ったレイリーは，警察に通報した。警察はレイリーから事情を聴くと，レイリーに母親殺しの疑いを持った。警察はポリグラフ検査を実施し，彼に検査で虚偽の徴候を示す反応があったと伝えた。つまり，たとえ事件の記憶がなくとも，検査結果は彼が犯人であることを示していると伝えた。供述調書を見ると，レイリーが否認から混乱へと顕著な変遷を遂げ，それから考えを変え（「なるほど，どうやら僕がやったようだ」），最終的に自供したことがわかる。2年後，別の証拠によってレイリーが事件に関与できなかったことが明らかとなり，彼自身が信じるようにさえなっていた自供は虚偽であったことが判明した（Kassin, 1997）。

　トム・ソーヤー　トム・ソーヤーの隣人が素手で首を絞められて殺された。警察は，殺された女性の隣人の一人としてソーヤー氏にごく普通

の事情聴取を行った。その際，彼が緊張しているように思えたというだけの理由で，彼に疑いを持った。ソーヤー氏は警察署で2回めの事情聴取を受けた。一般的な経歴に関する質問に対してソーヤー氏は，社会不安があることやアルコール中毒であったことを話した。警察は，ソーヤー氏になんとか事件に関する話をさせようとして，彼にどのようにして殺人事件が起こったのか筋書を考える手助けをしてほしいと願い出た。テレビで刑事ドラマを見るのが好きなソーヤー氏は，喜んで手伝いの申し出を受けた。警察は，ソーヤー氏にいくつかの筋書を説明させ，最終的に彼がこの殺人事件に関与したと言って追及した。警察は，ソーヤー氏が犯人しか知りえない事実を9つ挙げたと言って非難した。後に供述調書を分析したところ，すべての決定的な情報は，警察によって取調べの中で誘導されていた[原注24]。

　ソーヤー氏は，追及を受けても犯行を頑なに否認した。警察は彼から指紋と毛髪の提出を受け，ポリグラフ検査を受けるよう提案した。ソーヤー氏は，ポリグラフ検査が無実を証明してくれるだろうと信じ，検査を受けることに同意した。しかし，検査が終わると，検査者はソーヤー氏に向かって，検査であなたが嘘をついていることが証明されたと告げた。ソーヤー氏の自信は揺らぎ始めた。彼はこれ以上犯行を頑なに否認することができなくなった。彼には，自分がやったとはいまだに信じることができないと言うことしかできなかった。自供しろという警察の求めに対する彼の主たる抵抗は，事件に関わった記憶がないことであった。警察は，事件に関する記憶を抑え込んでいるので，その記憶がないと言った。また，これはちょうど酒に酔ったときにしばしば体験することと同じだと言って応じた。

　この時点では，まだソーヤー氏は事件に関与したと完全に認めてはいなかった。彼は，無実を晴らしてくれるほかの鑑定（指紋や毛髪）に望みをつないでいた。警察は，彼に嘘をつくことを決めた。そして，ソーヤー氏に被害者の身体に付着していた毛髪と彼の毛髪が一致したと伝えた。

　この情報を聞き，ソーヤー氏は抵抗をやめた。彼は，「すべての証拠が開示された」ことに同意し，また，事件に関与したことは間違いないと認めた。次の取調べの際に，警察は事件の正確な詳細を知りたがった。しかし，事件に関与していないので，それはソーヤー氏にとっては不可能なことであった。警察は，何が起こったのか警察が知っていることや何が起こったと思われるか警察が考えていることを示して，いくらか彼の手助けをした。たとえば，警察は，被害者は性的な暴行を受けたと考えていた。ソーヤー氏は刑事に促され，被害者を強姦したと自供した。しかし，鑑定医の報告結果には，性的暴行を示す証拠などなかった (Ofshe, 1989)。

原注24　情報源について混乱することはよく起こる。これは**ソースモニタリング・エ**

ラーと呼ばれている（Raye & Johnson, 1980）。人は，自分が情報を提示したのか，誰かほかの人が情報を提示したのかわからなくなることがある。あるいは，どの人が情報を提示したのかわからなくなることがある。会議中には，このようなことが起こる。会議中には，後で，誰が何を言ったのかわからなくなることがある。

Box 11.3　独自性の強いポリグラフの実務研究

　現実場面でポリグラフ研究を実施し，正確な真実さの証拠を保とうとした独自的な試みがGinton, Daie, Elaadと Ben-Shakhar（1982）によって行われた。この研究には21人のイスラエルの警察官が参加した。彼らには，現在受講中の警察内部の教養課程で必須だと言って筆記試験を受けてもらった。その後，自己採点をしてもらった。これは，答案を書きかえて不正を行う機会を与えるためである。ただし，不正を検出できるよう答案用紙には化学的な細工がしてあった。21人の実験参加者のうち7人が不正を行った。
　その後，全員に不正をした疑いがあると告げ，彼らにポリグラフ検査を受けるよう要求した。この際に，警察官としての将来のキャリアはこの検査の結果にかかっていると告げた（ポリグラフ検査を拒否する選択を与えることは，現実に沿ったものである。前述したように，犯罪捜査では，ポリグラフ検査は任意であり，被疑者に必須のものではない）。当初，21人の警察官全員がポリグラフ検査を受けることに同意した。しかし，不正を行った警察官のうち1人は実際には検査を受けず，2人の警察官（不正をした人と不正をしていない人1人ずつ）はポリグラフ検査を拒否した。不正を行ったほかの実験参加者のうち3人は，ポリグラフ検査を受ける前に自供した[原注25]。したがって，最終的に検査を受けた実験参加者の数は，不正をした警察官が2人，不正をしなかった警察官が13人であった。CQTを実施したところ，結果はかなり正確であった。不正をした警察官はどちらも正しく判定され，不正をしなかった13人の警察官のうち2人は嘘をついていると誤って判定された。
　この知見は，CQTを強く支持しているように思えるが，実際にはそうではない。検査者は，検査対象者の不正の有無を判定する際に，ポリグラフのデータと検査中における検査対象者の態度の両方を利用した。不正をしなかった実験参加者（正判定は13人中11人）の判定の正確性は，ポリグラフ検査を見ていたがポリグラフデータは利用しなかった観察者の判定の正確性と同じであった。ポリグラフデータだけを利用し，検査対象者の態度は知らない別の検査者は，13人中7人を正しく判定しただけであった。また，不正をしなかった実験参加者のうち3人を不正を

したと判断し，3人を不明とした（Carroll, 1991）。

原注25 Ekman（1993）は，これらの結果は，ポリグラフ検査を受ける恐怖が犯人の自供を促すというポリグラフ検査者の主張を支持していると指摘した。ただし，この結果は，検査拒否が検査対象者の犯人性を確定的に保証するものではないことも示唆している。

第12章
生理学的虚偽検出：
定位反射にもとづくアプローチ[訳注1]

本章では，**有罪知識検査**（Guilty Knowledge Test：**GKT**），あるいは**隠匿情報検査**（Concealed Information Test）として知られる**ポリグラフ検査**について説明する。GKT は，David Lykken によって開発され，Lykken（1959. 1960, 1988, 1991, 1998）に記載されている。本章では，GKT の理論的根拠，使用法，そしてその問題点について説明する。本章では，GKT が堅固な理論的基盤を持ち，科学者の間では有名であることを示す。また，GKT はあらゆる状況で用いることができるわけではなく，それが多くの国の実務家が GKT を用いない理由とされている（Bashore & Rapp, 1993）ことを説明する。

しかしイスラエル，そして特に日本は例外である。GKT は日本で最も頻繁に用いられているポリグラフ検査であり，約70名の検査者が毎年約5,000件の検査を，実際の犯罪捜査の中で実施している。ポリグラフ検査の結果は，日本の刑事裁判では証拠として認められている（Nakayama, 2002）。

本章ではまた，嘘をつく人と真実を話す人を識別する GKT の正確性を検討した研究を確認し，GKT の結果を刑事裁判において証拠として認めるべきかを説明する。その中で，GKT の実験研究は，嘘をつく人と真実を話す人を非常に正確に識別できることを示しているが，GKT の実務研

訳注1　本章に関する訳者の見解を，補足として整理した。p. 529 を参照してほしい。

究は，特に嘘をつく人を対象とした場合にかなり低い正確性を示してきたことが明らかになるだろう。

実務における虚偽検出に関する低い正確性は，著者が刑事裁判でGKTの結論を証拠として用いるべきではないと考える理由の一つとなっている。しかし同時に，この検査が犯罪捜査で，虚偽検出のツールとして用いることは可能であると強く信じている。

第1節　有罪知識検査

GKTは**定位反射**（Pavlov, 1927; Sokolov, 1963）にもとづいている。定位反応（ここでは反射と反応という言葉を特に区別せず扱う）は，人が個人的に重要な刺激に直面した場合に生じる。よく説明に使われるのは，カクテル・パーティー現象である（Cherry, 1953）。人々は自分の周囲で行われている会話を気にせずにいることができるが，自分の名前が出てくるとそれに気づくことができる，というものである。

定位反射は，おそらく刺激に対する適応反応として起こる（National Research Council, 2003; Sokolov, 1963）。定位反射では，ポリグラフ装置によって測定可能な生理反応，たとえば皮膚電気活動の増大（Nakayama, 2002），心拍数の低下（Vershuere, Crombez, de Clearcq, & Koster,2005）がみられるほか，**脳波**（Electroencephalogram：**EEG**）ではP300の生起などが起こる。ほとんどのGKT研究および実務ではポリグラフ装置が用いられているので，脳波（P300）については，本章の後半で再び取り上げる。

定位理論は，虚偽検出に適用できる。たとえば，誰かがナイフで殺され，そのナイフが現場に遺留されていたとする。この事件の情報が洩れていない限り，殺人犯のみがどのようなナイフが現場に残されていたかを知ることができる。典型的なGKTでは，検査対象者は，ポリグラフ装置に接続され，実際に殺人で用いられたものを含むいくつかのナイフを見せられる。

それぞれのナイフについて，検査対象者は，それが事件で用いられたものかわかるかを尋ねられる。検査対象者は，質問されるたびに「いいえ」と答えるよう教示される。殺人犯は凶器を知っているので，実際に使われたナイフを示されたときには定位反射を示すだろう。そして，無実の検査対象者は，どのナイフが用いられたかについての知識を持たないため，定位反射を示さないだろう[原注1]。

　Ben-Shakhar と Bar-Hillel と Kremnitzer（2002）は，ジョン・デミャニュクの裁判における GKT のあるべき利用可能性を説明した。デミャニュクは，1988年にイスラエルでナチスの戦争犯罪を理由に起訴されたが，それは彼がトレブリンカ強制収容所のイヴァン雷帝と呼ばれた人物である，とされたためである。しかし彼の弁護団は，これは人違いであって，被告はイヴァン雷帝ではない，と主張した。判決後に発覚した資料は，有罪判決に疑義を投げかけ，イスラエルの最高裁判所は有罪判決を撤回した。

　おそらく，デミャニュクがイヴァン雷帝かをはっきりさせるために GKT を使うことができただろう。どんな人にも，たとえば母親の旧姓のように赤の他人がほとんど知らないような経歴があるだろう。デミャニュクに，イヴァン雷帝の母親の旧姓を含んだいくつかの名前を提示するような GKT は，デミャニュクが果たしてイヴァン雷帝かという問題を明らかにした可能性がある。

　また，GKT はおそらくアル・カイダのメンバーを識別するためにも用いることができるだろう（National Research Council, 2003）。たとえば，アフガニスタンの訓練キャンプを訪れたメンバーは，キャンプの場所や施設内の印象的な特徴を覚えているだろう。これらの情報は GKT の検査者は知っていても，おそらくほかの多くの人々は知らないだろう。したがって検査者は，訓練キャンプの特徴に関する質問を作成できる。

　Lykken（1998）は，O. J. シンプソンの殺人事件において，シンプソ

原注1　厳密に言えば，GKT は嘘を検出するものではなく，むしろ定位反射を測定するものである。したがって，何人かの研究者は，この検査を虚偽検出検査というよりも再認検査とみなしている。

表 12.1　有罪知識検査の例

(1) シンプソンさん，あなたはニコルさんが殺されたことをご存じでしょう。
　　　彼女はどのようにして殺されましたか？
　　　　　溺れさせられましたか？
　　　　　何かで頭を殴られましたか？
　　　　　撃たれましたか？
　　　　　殴り殺されましたか？
　　　　　刺されましたか？
　　　　　首を絞められましたか？
(2) 彼女の遺体はどこから見つかりましたか？
　　　　　居間ですか？
　　　　　車道ですか？
　　　　　通用門ですか？
　　　　　台所ですか？
　　　　　寝室ですか？
　　　　　プールですか？

Lykken(1998, p.298) から引用

ン夫人の遺体が発見された直後に GKT をどのように使える可能性があったかを説明した。その GKT を表 12.1 に示す[原注2]。

　検査対象者は，よく GKT の最初の質問項目に対して大きな生理反応を示す。したがって，第 1 項目は通常（正解ではない）フィラーとする (Bashore & Rapp, 1993)。理論的には，検査対象者は偶然の確率しか正解に定位反応を示さないだろう。この O. J. シンプソンの事例の中で，個々の（訳注：5 項目で構成される）質問において，これが起こる確率は（第 1 項目を無視すると）5 分の 1 である。しかし，これが質問 1 と質問 2 の両方で起こる確率は，25 分の 1 に下がる。質問の数が多いほど，検査対象者がすべての正解に偶然に定位反応を示す確率も低くなる。したがって，複数の質問を行うことが GKT では重要である。日本では，典型的には 5 項目（4 項目のフィラーと 1 項目の正解）の質問を 7 個ほど行う (Nakayama, 2002)。7 個すべての質問において，検査対象者が偶然正解に定位反射を示す確率は，第 1 項目を無視すると 16,384 分の 1 である[訳注2]。

原注 2　CQT（第 11 章）でも刺激試験としてよく用いられるカード・テストは，GKT のもう一つの例である。

検査者が正解の項目を知っている場合に，意識的か無意識的かに関わらず，この知識が正解の項目を提示する際の検査者の行動に影響する可能性がある。たとえば，検査対象者が犯人かを知りたい場合，正解の項目を尋ねる際にわずかに興奮した状態になる可能性がある。検査者の行動の変化に，意識的か無意識的かに関わらず検査対象者が気づくと，それが生理反応に影響を与えるだろう（Rosenthal & Rubin, 1978）。そのため，実際の検査を行う検査者は，どれが正解の質問項目かを知らない方がよい。

第2節　有罪知識検査に関する批判

GKT の使用については，いくつかの問題が指摘されてきた。本節では，そのうちの最も重要なものを説明する（Ben-Shakhar & Elaad, 2002, Honts, 2004, National Research Council, 2003, Raskin, 1988 も参照）。

適用可能性の欠如

おそらく最も大きな批判は，GKT が実施できないことがよくある，という点である。たとえば，被疑者が（特定の）事実を否認していなければ検査は実施できない。最も一般的な例は，強制性についての目撃証言がある性犯罪の被疑者が，性的行為は認めても同意の上であると主張する場合である。同様の問題は，複数の被疑者が事件への関与を認めているものの，彼らのすべてが中心的役割を果たしたことを否認するような場合で生じる（Raskin, 1988）。あるいは，犯罪を実行したのではなく，目撃しただけと主張する人もいるだろう（Honts, 2004）。

GKT を利用できる機会は，被疑者が（特定の）事実を否認しないからという理由で制限されるだけではない。もう一つの制約は，GKT は検査

訳注2　1個の質問の第2項目から第5項目に偶然正解する確率は4分の1である。したがって，7個すべての質問に偶然正解する確率は，4分の1の7乗で 16,384 分の1である。

者が検査で質問として尋ねる事件や事実を知っている場合にのみ実施できるということである（Box 12.1 も参照）。犯罪捜査の中では，事件事実が未知の場合もある。Podlesny（1993）は，連邦捜査局（FBI）の犯罪資料を確認し，ポリグラフ検査が実施された事例のうち，GKT が実施可能と考えられるのは 13.1% のみであることを見出した。

しかし，Lykken（1998）は，GKT が FBI の調査結果が示唆するよりも多くの事例で利用できると主張した。彼は，現在の FBI の捜査官が利用可能な GKT の項目を用意するために，手つかずの犯罪現場を探索するような訓練を受けていないと指摘した。捜査官がしっかりと訓練されていた場合，検査を使う機会も増えるだろう。彼は，指紋の探索と比較して，「Podlesny（引用者注：先述の FBI の事例を分析した人物）がもし，指紋鑑識の Galton-Henry システムが導入された 1900 年当時のスコットランド・ヤードで働いていたら，彼は被疑者の指紋を含んだヤードの記録がほとんどないことを見出しただろう」（Lykken, 1998, p.305）と述べた。

さらに第 11 章では，懸念にもとづくポリグラフ検査がよく採用志願者や職員の適性検査，性犯罪者の検査に用いられていると説明した。また，このような状況では検査者が参照できる特定の事件が存在しないため，ポリグラフ検査に用いられる質問も，特定の事件に関するもの（「たとえば，あなたはコンピュータを改ざんしましたか？」）にはならないことも説明した。そのかわり，非特定的な質問，たとえば「ここ 5 か月間で，あなたは機密情報を部外者に提供したことがありますか？」のような質問が用いられる。GKT による検査は，事件が曖昧な事例では実施できない。

理論的懸念

GKT の理論的根拠は，第 11 章で説明した懸念にもとづくポリグラフ検査の理論的根拠に比べると，研究者の間でより広い支持を得てきた（Fiedler, Schmid, & Stahl, 2002; Iacono & Lykken, 1997; National Research Council, 2003）。それでもなお，いくつかの懸念事項がある。

アメリカ学術研究会議が最も懸念しているのは、慣れ親しんだ、個人的に重要な刺激に対する反応と、見慣れない刺激に対する反応が、（GKTを用いるポリグラフ検査者が示唆するように）はっきり区別できるものではなく、連続体として考えるべきではないか、という点である。すなわち、リボルバーを用いた殺人事件の検査で、無実の検査対象者が未登録の拳銃を持っている場合を考えてみる。この検査対象者は、この事件の凶器に関する知識を隠していなくても、拳銃に関する項目に対して反応を示す可能性がある。

Honts（2004）が問題としたのは、犯人である被疑者の記憶に関連するものである。彼は、被疑者が事件現場の何を憶えており、検査中にそれを思い出せそうかを予測する科学的アプローチが存在しないと説明した。定位反射が起こるためには、被疑者が検査中に事件の詳細を再認できることが本質的に重要である。Hontsは、事件の詳細について正確に思い出すことに関わる問題点や、人の記憶が他者の意見や発言によって歪む可能性があることを示した目撃証言研究に言及している[原注3]。

適切な質問を作成することの困難さ

GKTで適切な質問を選定することは、簡単な問題ではない。GKTが有効に機能するためには、犯人である検査対象者が、質問に含まれる正解の項目を知っている必要がある。そうでなければ、彼らは隠匿している事実がないことになる。また、無実の検査対象者が、どれが正解の項目かをわからないようにしなければならない。そうでなければ、彼らは事実を隠していると誤って摘発されるだろう。

そして犯人は、常に正解を知っているわけではない。彼らは検査者が尋ねている事件の詳細を知覚していない可能性があるし、検査が行われるま

原注3　しかし、膨大な目撃証言研究は、事件の目撃者がどのように出来事を知覚、想起するかを扱っているので、それらは被疑者がどのように知覚や想起をするのかとは異なる可能性がある。犯罪者の記憶に関する書籍としては、Christianson（2007）を参照してほしい。

での時間経過の中で忘れてしまった可能性もある。たとえば，検査者が発砲した男が着ていたシャツの色を尋ねる場合でも，犯人はシャツの色を忘れた可能性があるし，その色に気づいていなかった可能性がある。

さらに，裁決項目の有意性の水準が高いほど，定位反射は強くなる。すなわち，個人的により重要な情報に関する犯罪事実（たとえば，検査対象者の誕生日）は，それほど重要ではない情報（たとえば，友人の誕生日）よりも強い定位反射を引き起こすし，利害関係が大きい場合，やはり定位反射は強くなる。そのため，検査者は犯人が思い出せそうで，かつ重要だと考えられる裁決項目を選ぶべきである。

日本の検査者は，この方法を訓練されている（いくつかの詳細についてはNakayama, 2002を参照）。適切な裁決項目を選ぶためには，現場を見ること，捜査書類に目を通すこと，そして可能であれば被害者や目撃者から話を聞くことなどを行う（Nakayama, 2002）。しかし，「理論的懸念」の項で指摘したように，検査者は犯人が何を憶えているかを知ることができない。実際，日本のGKTでは，一般的には7つの質問を行うが，被疑者が7つの裁決項目すべてに反応することはほとんどない（Nakayama, 2002）。

犯人の記憶に影響を与える要因の一つは，事件発生からGKTを実施するまでの時間経過である。事件から検査までの時間が長いほど，犯人は詳細を忘れる可能性が高くなる。そのため，GKTは可能な限り早期に実施すべきである。また，検査者はある種の被疑者に関して，適切な質問を作成する際に特別な困難に直面する可能性がある。たとえば，連続犯は捜査対象となっている特定の個別事件に関連する詳細を思い出しにくい可能性がある（Nakayama, 2002）。彼らは，多くの事件に関与しているので，検査で尋ねられた特定の事件で，何が起きたかを忘れている可能性がある。連続犯では，印象的かつその事件に特異的な情報を質問すべきであるが（Nakayama, 2002），これは実現が難しいだろう。

一度質問を作成すると，適切な**フィラー項目**を選択する課題が，さらなる困難をもたらす。たとえば，フィラー項目の内容が正解と非常に似

ていると，定位反応ではそれらを区別できない（Ben-Shkahar, Gati, Salamon, 1995; Nakayama, 2002）。これは，被疑者の隠匿情報を証明する上で有害である。もう一つの可能性として，さまざまな項目はその性質のために（たとえば，**個人内差**），さまざまな反応を誘発することがある。たとえば，「黒いブラジャー」は，「白いブラジャー」,「灰色のブラジャー」,「肌色のブラジャー」（この事例では検査対象者は強姦事件の被疑者）などに比べ，より官能的なために大きな生理反応を誘発する可能性がある。また，ある項目は，質問の正解としてもっともらしいために，大きな反応を引き起こす可能性がある。たとえば，侵入窃盗犯は，扉をこじ開けたり窓を破ったりするよりも，開いている窓から住居に侵入すると思われる。そのため，「鍵の開いた窓」という項目は，「扉をこじ開ける」,「窓を破る」よりも無実の検査対象者により大きな反応を誘発する可能性がある。これらの例で，もし「黒いブラジャー」や「鍵の開いた窓」などの項目が正解であれば，生理反応が定位反射と誤って解釈される可能性がある。

　これらの問題の多くは，無実であることが判明している人々を対象にフィラー項目セットを事前テストすることで最小化できる。彼らは，すべての項目に同じように反応するだろう。もしそうでなければ，別のフィラー項目セットを選ぶ必要がある（Lykken, 1998）。しかし，Honts（2004）は，バイアスの確認は，かなりの数の模擬被疑者を用意して検査する必要があるため，実務の場では負担の重い課題だろうと指摘している。バイアスの確認がないとしても，GKTを用意するのは時間がかかる作業であり，一般的には少なくとも 2, 3 日かかる（Nakayama, 2002）。

GKT 項目の漏洩

　GKTの質問として用いられる裁決項目を決めると，それを検査対象者に伝えないことが重要である。もし被疑者がGKTの前に裁決項目に関する情報を知った場合，彼らは自身がGKTで示した反応の理由として，自分が事件現場にいたからではなくこの情報を知っていたからだと主張する

だろう。無実の被疑者が GKT の前に裁決項目についての情報を知っていた場合，彼らもまた検査中に定位反射を示す可能性がある。言いかえれば，GKT の項目が漏洩した場合，検査は実行できない。

　裁決項目に関する情報は，報道，弁護人，捜査官などを通して伝わる可能性がある。捜査官の例に関して言えば，多くの国の警察は，逮捕直後に被疑者に犯罪事実を伝える必要があり，これが被疑者に GKT の項目についての情報を与えることにつながる可能性がある。たとえば，日本でも警察が逮捕直後に犯罪事実を被疑者に伝えなければならないため，GKT は被疑者が逮捕される前に実施される（Nakayama, 2002）。被疑者に犯罪事実を伝える必要がない国でも，捜査官は取調中に情報を与えることがよくある。というのも，それが自供を引き出す潜在的方法の一つと見なされているからである（Hartwig, Granhag, Strömwall, & Kronkvist, 2006; Leo, 1996a）。したがって，多くの被疑者は取調べ後に裁決項目についての知識を得る可能性がある（Ben-Shakhar et al., 2002）。

　これらの問題への対処として，日本の検査者は検査時の面接で，検査対象者が捜査対象となる事件について何を知っているかを確認している。検査対象者が知っていると述べた質問は，別の質問に置き換えられる。しかし，無実の被疑者もそれと気づかずに漏洩を通じて知識を得ることがあり，それが検査で彼ら自身に不利となる可能性がある（Ben-Shakhar et al., 2002）。

カウンターメジャー

　本書で前述したように，**カウンターメジャー**とは，虚偽検出技術の結果に影響を与えるために行う検査対象者の意図的試みである。たとえば GKT では，検査対象者は舌を噛む，つま先に力をこめる，フィラー項目を尋ねられるたびに恐ろしい体験について考える，などをするだろう。その結果，正解の項目があまり突出せず，犯人であっても虚偽の兆候を示す反応が出ない可能性がある。

研究からは，カウンターメジャーは，GKTでも有効に働く可能性を示してきた（総説としてはBen-Shakhar & Elaad, 2002, Honts & Amato, 2002）。たとえば，Ben-Shkaharと Dolev (1996) は，GKT中にフィラー項目が提示された場合，過去に直面した情動的体験を考えるようイスラエル人の実験参加者に教示した。第一次湾岸戦争中にスカッド・ミサイルの接近警報を聞いた場合など，いくつかのシナリオが示された。これらの教示により，GKTの正確性が低下した。

第3節　GKTによるポリグラフ検査の正確性

　GKTによるポリグラフ検査の正確性の検証は，実験や実務の両方で行われてきた。すでに以前の章で実験室と実務研究の違いや，それぞれの利点・欠点について説明した。最初にGKTの正確性に関する実験研究を論じ，次に実務研究で見出された正確性について説明する。

　GKTでは，4つの結果がありうる[原注4]。犯人である被疑者は，フィラー項目ではなく裁決項目に対して定位反応を示すだろう。この場合，被疑者は虚偽の兆候を示したことになり，検査結果は正しいといえる。また，犯人であってもすべての項目に同じような反応を示す，あるいはフィラー項目に特異な反応を示すことも考えられる。この場合，被疑者は虚偽の兆候を示さなかったことになり，検査結果は間違いである。

　無実の被疑者は，すべての選択肢に同じような反応を示すか，フィラー項目に特異な反応を示す可能性がある。この場合，被疑者は虚偽の兆候を示さなかったことになり，検査結果は正しいといえる。しかし，無実の被疑者が裁決項目に特異な反応を示す可能性がある。この場合，被疑者は虚偽の兆候を示したことになり，検査結果は間違いとなる。

原注4　CQT（第11章）と異なり，GKTには通常，不明カテゴリは設けられない。

GKT の検出率：実験研究

表 12.2 は，英語で公刊された研究として著者が把握している，6 つの**実験研究**の総説を示している。GKT の実験研究では，模擬犯罪パラダイムを含めたさまざまなパラダイムが用いられる。模擬犯罪パラダイムでは，嘘をつく人は模擬犯罪を実行し，その後の GKT ではその犯罪に関する知識を隠すように教示される。真実を話す人は，模擬犯罪を実行しないためにその知識を持っていない。GKT の実験研究の結果は，犯人である被疑者の大多数が正しく判定されるが（76 ～ 88%），それなりの割合の犯人が虚偽の兆候を示さない（12 ～ 24%）ことを示している。

ほとんどの総説は，無実の検査対象者に絞ると GKT による検査は非常に正確であり（94 ～ 99% の正確性），無実の検査対象者が誤って判定されることはほとんどない（1 ～ 6%）ことを示している。しかし，MacLaren（2001）の総説は，正しく判定された無実の検査対象者がこれよりも少なく（83%），誤って判定された事例が多い（17%）という異なる結果を示した。

MacLaren とほかの総説の違いは，MacLaren がより多くの研究を含んでいる点にある。しかし，MacLaren の総説には，選択の基準があった。彼は 78 件の研究を取り上げたが，そのうち 22 件の結果のみを報告した。Ben-Shakhar と Elaad（2003）も，GKT の実験研究の総括を行ったが，集めた研究はすべて排除しなかった。彼らは総計で 80 件の研究を総説した。検出率は報告しなかった（したがって表 12.2 には含めていない）が，**効果量** d を算出した。効果量が大きいほど，真実を話す人と嘘をつく人を GKT でよく区別できることを示す。本書の前半で説明したように，0.80 以上の d は大きな効果量と考えられている。効果量を用いる利点の一つは，異なる研究の差異を計算できることであり，Ben-Shakhar と Elaad も効果量を算出した。全 80 件の研究の平均効果量は，$d = 1.54$ であった。模擬犯罪研究のみを検討した場合，効果量は $d = 2.09$ であった。これらは，

表12.2 GKT の検出率を検討した実験研究の総説の結果

	犯人条件		無実条件	
	犯人	無実	犯人	無実
Ben-Shakhar & Furedy (1990, $n = 10$)	84%	16%	6%	94%
Ekman (1985/2001, $n = 6$)	78%	22%	5%	95%
Elaad (1998, $n = 5$)	81%	19%	4%	96%
Honts (1995, $n = 5$)	86%	14%	1%	99%
Lykken (1998, $n = 8$)	88%	12%	3%	97%
MacLaren (2001, $n = 22$)	76%	24%	17%	83%

注：n は確認された研究数を示す

大きな効果量である。たとえば，第3章で報告された欺瞞の非言語的手がかりの効果量は，通常は 0.20 程度である。実際，0.70 以上の d は，行動科学ではほとんど報告されない（Ben-Shakhar & Elaad, 2003; Bond & DePaulo, 2006）。Ben-Shakhar と Elaad（2003）はさらに，実験参加者が課題をうまく遂行するよう動機づけられた場合の方が（$d = 1.84$），動機づけが与えられない場合（$d = 1.36$）よりも効果が大きくなることを見出した。彼らは，この結果を裁決項目の有意水準が高くなれば，定位反射も大きくなるという理論的概念と一致すると主張した。また GKT は，6個以上の質問を使った場合（$d = 2.35$）の方が，5個以下の質問を使った場合（$d = 1.29$）よりも効果量が大きかった。

GKT の検出率：実務研究

現在のところ，公刊された**実務研究**は2件のみであり，どちらもイスラエルで行われたものである（表12.3 を参照）。それらの結果は，無実の検査対象者については並外れており，98% および 94% の検査対象者が正しく判定された[原注5]。犯人である検査対象者の結果は，印象的なもので

原注5　これらの検出率は，MacLaren（2001）が報告した無実の検査対象者に対する実験研究での GKT の検出率が例外的に低く，ほかの研究の報告が高すぎるわけではないことを示唆している。

表 12.3 GKT の検出率を検討した実務研究の総説の結果

	犯人条件		無実条件	
	犯人	無実	犯人	無実
Elaad (1990)	42%	58%	2%	98%
Elaad et al. (1992)	76%	24%	6%	94%

はなく，2つの研究間で異なってもいる。一方の研究では，それなりの割合（76%）の犯人が正しく判定されたが，もう一方では非常に低い検出率（42%）であった。しかし，どちらの実務研究も限界がある。たとえば，Ben-Shakhar と Elaad（2003）の総説が示したように，GKT の検出率は質問の数が増えることで高くなるが，これらの実務研究で用いられた質問の数は少なかった（平均で1件あたり2質問）。

　実験室および実務からの研究双方が，GKT は**フォールス・ネガティブ・エラー**に弱く，犯人である検査対象者を無実と判定する傾向があることを示す。このようなエラーは望ましいものでは決してないが，無実の人を誤って犯人としてしまう**フォールス・ポジティブ・エラー**に比べると，深刻さが低いものと犯罪捜査の中では一般には考えられている（第11章）。GKT がフォールス・ネガティブ・エラーに弱いことは，驚くべきことではない。これらは，被疑者が検査者から質問されている事件の詳細を忘れていたり，知らなかったりすれば生じる。同じように，実務研究が実験研究よりもフォールス・ネガティブ・エラーに弱いことも驚くべきことではない。

　実験研究では，研究者はたとえば情報を検査対象者に与えた直後に検査を実施することで，犯人である検査対象者が，事件の詳細を思い出しやすいようにすることができる。現実世界では，被疑者が思い出せそうな項目を選ぶことはより困難になるだろう。この点で，実験研究は GKT に関連する問題を覆い隠している。

表12.4 GKTに関するドーバートの5つの質問に対する答え

	実験研究	実務研究
(1) 科学的仮説は検証可能か？	検証可能	課題はあるが，必要か？
(2) 仮説は検証されているか？	検証されている	ほとんど検証されていない
(3) 誤判定率は明らかにされているか？	明らかにされている	明らかにされているが，犯人である検査対象者については高すぎる
(4) 仮説や方法は査読を受けて公刊されているか？	公刊されている	公刊されているが，2件のみである
(5) 仮説や方法が根拠としている理論はしかるべき科学者たちの一般的な支持を受けているか？	一般的な支持を受けている	一般的な支持を受けている

第4節 法的意義

これまでのいくつかの章で，著者は各虚偽検出ツールの意義を，各章で紹介した知見に照らして説明した。本章の知見が，刑事裁判における科学的証拠としてのGKTの結果の利用に対して持つ意義について説明する。ここでも，アメリカ連邦最高裁判所が，連邦裁判所における科学的証拠の許容性について示したガイドライン（**ドーバート基準**）（*Daubert v. Merrel Dow Pharmaceuticals, Inc.*, 1993）を用いる。表12.4には，著者の判断をまとめた。

Q1：科学的仮説は検証可能か？

GKTの理論的根拠である定位反射は，実験室で容易に検証可能だが，実務研究では困難である。なぜなら，実務では真実さの根拠を確証することが難しいからである。GKTを擁護するならば，実務での定位反応の検証は必要ではない。実験状況での裁決項目に対する定位反応が，現実場面での定位反射と異なる可能性がある，という理論的根拠があれば実務での

検証が必要だが,このような根拠は存在しない。なぜなら,定位反応はストレスや不安など,実験研究と実務研究とで違いがありそうな要因の影響を受けないからである(Kugelmass & Liebrich, 1966.ただし Carmel, Dayan, Naveh, Raveh,& Ben-Shakhar, 2003 も参照)。

Q2:仮説は検証されているか?

問 2 は実験研究では検証されてきたが,実務では 2 回しか検証されていない。

Q3:誤判定率は明らかにされているか?

誤判定率は実験研究では明らかにされており,無実の検査対象者に関しては受容できるものである(ほとんどの総説で 6% 未満)が,犯人である検査対象者については少し高い(総説上では 12 〜 24%)。実務研究において判明した誤判定率は,無実の検査対象者については許容範囲である(2 〜 6%)が,犯人については高い(24 〜 58%)。後者の検出率は,刑事裁判でよく用いられる「合理的疑いを越える」という基準を満たさない。

Q4:仮説や方法は査読を受けた上で公刊されているか?

これは,実験および実務研究(ただし,公刊されているのは 2 件のみだが)の両方が査読を受けているので,「公刊されている」である。

Q5. 仮説や方法が根拠とする理論はしかるべき科学者たちからの一般的な支持を受けているか?

GKT の科学的評価の調査の中で,Iacono と Lykken(1997)は,(専門家と見なしうる)アメリカ精神生理学会の会員およびアメリカ心理学会

（第1部会，一般心理学）の会員を対象に，GKTによるポリグラフ検査について尋ねた。専門家および会員は，GKTが科学的に堅固な心理学的原理もしくは理論にもとづいているかを検討するよう求められた。両者とも似たような意見を表明し，大多数（75%）がGKTはしっかりとした理論的根拠を持っていることに同意した。言いかえると，GKTによるポリグラフ検査は，一般的に関連する科学者たちに受け入れられている。

全体的結論

著者の検討では，GKTは刑事裁判での科学的証拠の許容性に関するドーバート基準を満たしていない。主な問題点は，犯人である被疑者に限定されることとはいえ，誤判定率が高すぎることである。2件の実務研究では，限定的であるという反論もあるだろう。平均するとGKT1件あたり2個の質問のみが行われていたが，質問が少ない場合にはGKTは検出率が落ちる。この点に関して，より多くの質問を実施する実務研究が将来行われた場合，GKTにとってより肯定的な結果が得られ，ドーバート基準を満たす可能性がある。

第5節　事象関連電位：P300

事象関連電位は，脳波から記録されるさまざまな波形である（Rosenfeld, 2002）。これらの波形の一つがP300であり，個人的に重要な刺激に対する反応として生じ，そのために定位反射と見なすことができるという理由で欺瞞研究者の興味を引いてきた。この波形がP300と呼ばれるのは，それが典型的には刺激提示時点から300〜1000ミリ秒後に波形の振幅が最大となるからである。

P300による欺瞞研究は日本で始められ，最初の論文は（日本語で）1986年に公刊された（Nakayama, 2002）。この種類の欺瞞研究は日本で

表 12.5 P300 を用いた GKT の検出率に関する実験研究の結果

	犯人条件 (%)			無実条件 (%)		
	犯人	無実	不明	犯人	無実	不明
Abootalebi et al. (2006)[1]	68	32		16	84	
Allen & Iacono (1997)[2]	87	0	13	0	72	28
Allen et al., (1992)	90	10		4	96	
Boaz et al. (1991)[3]	76	24		24	76	
Ellwanger et al. (1996)[4]	73	27		0	100	
Farwell & Donchin (1991)[5]	92	0	8	0	83	17
Johnson & Rosenfeld (1992)	76	24		21	79	
Rosenfeld, Angell et al. (1991)[6]	92	8		13	87	
Rosenfeld, Biroschak et al. (2006)[7]	90	10		18	82	
Rosenfeld, Cantwell et al. (1988)	100	0		0	100	
Rosenfeld, Ellwanger et al. (1999)	87	13		0	100	
Rosenfeld, Ellwanger et al. (1995)[8]	88	12				
Rosenfeld, Shue et al. (2007)[9]	51	49				
Rosenfeld, Soskins et al. (2004)[10]	82	18		9	91	
総合	82.29	16.21		8.75	87.5	

[1] 3つの分析の平均値。 [2] 全3条件の平均。 [3] 全3群の平均。 [4] 表5のt検定の結果。 [5] 実験2には4名の参加者しかいなかったので、実験1と実験2を組み合わせた。 [6] 遅延条件は除く。 [7] 重要性の高い刺激条件。 [8] すべての標的単語の平均。 [9] すべての条件を組み合わせた数値。 [10] 統制条件のみ。

発展したが，そのほとんどが日本語で公刊されている。英語で公刊されたP300の欺瞞研究は，1988年に初めて公刊され（Rosenfeld, 2002），その数はそれ以降増え続けている[原注6]。

英語で報告されているこれらのいくつかの研究の（すべてが実験研究である）検出率を，表12.5に示す。これらの結果は，P300が虚偽検出に利用できることを明らかに示している。犯人役の実験参加者は，51～100％が正しく判定され（82.29％の検出率），0～49％の実験参加者が誤っ

原注6 Abootalebi, Moradi, & Khalilzadeh, 2006; Allan & Iacono, 1997; Allen, Iacono, & Danielson, 1992; Boaz, Perry, Raney, Fischier, & Shuman 1991; Ellwanger, Rosenfeld, Hannkin, & Sweet, 1999; Ellwanger, Rosenfeld, Sweet, & Bhatt, 1996; Farwell & Donchin, 1991; Farwell & Smith, 2001; Johnson, Barnhardt, & Zhu, 2003, 2004, 2005; Johnson & Rosenfeld, 1992; Rosenfeld, Angell, Johnson, & Qian, 1991; Rosenfeld, Biroschak, & Furedy, 2006; Rosenfeld, Cantwell, Nasman, Wojdac, Ivanov, & Mazzeri, 1988; Rosenfeld, Ellwanger, Nolan, Wu, Bermann, & Sweet, 1999; Rosenfeld, Ellwanger, & Sweet, 1995; Rosenfeld, Rao, Soskins, & Miller. 2003; Rosenfeld, Reinhart, Bhatt, Ellwanger, Gorea, Sekera, & Sweet, 1998; Rosenfeld, Shue, & Singer, 2007; Rosenfeld, Soskins, Bosh, & Ryan, 2004。総説として Bashore & Rapp（1993）および Rosenfeld（1995, 2002）も参照してほしい。

て無実と判定された（16.21%の誤判定率）。無実の実験参加者については，72〜100%の実験参加者が正しく判定され（検出率は87.50%），0〜24%（誤判定率8.75%）が，犯人と誤って判定された。

これらの検出率は，伝統的なポリグラフの指標で測定されたときの検出率と類似している（表12.2およびNational Research Council, 2003も参照）が，日本の研究者はP300が伝統的なポリグラフよりも少し正確に真実を話す人と嘘をつく人を正しく分類できると考えている（Hira, Furumitsu, & Nakayama, 2006; Nakayama, 2002）。

一つ指摘しておくべきことは，伝統的なGKTポリグラフ検査と，GKTパラダイムを用いたP300による検査は，定位反応を測定する手段が異なるだけである（EDAや血圧，呼吸を用いるのか，P300を用いるのか）。しかし，GKTに関する問題は，定位反応の測定手法には関連しない。GKTの問題は，たとえば検査の利用可能性が限定的であること，たとえば犯人であれば憶えていそうで，かつ無実の人間が簡単に割り出せないような裁決項目を選ぶことや，裁決情報の漏洩などである。伝統的なポリグラフの指標の代わりにP300を用いることは，これらの問題の解決にはならない。

2つの研究が，P300による虚偽検出の脆弱性を明らかにしている。表12.5に示したすべてのP300による欺瞞研究では，犯人役の検査対象者は隠匿すべき情報を与えられた直後に検査を受けている。これらは，最適な検査条件である。なぜなら，犯人である検査対象者が情報を思い出す可能性が高いからである。

ある実験では，犯人役の検査対象者は，最適な条件下もしくは7〜14日の遅延期間をおいた条件下で検査を受けた。最適条件下では，ほとんどすべての検査対象者（13人中12人）が検出されたが（表12.5），遅延条件では8人中3人だけが正しく判定された（Rosenfeld, Angell, Johnson, & Qian, 1991）。言いかえれば，GKTパラダイムを利用したP300による検査は，GKTによるポリグラフ検査と同様に，質問されている内容を忘れた犯人には脆弱である。

さらに，これらの実験研究の多くでは，実験参加者が隠すべき情報は，個人的に重要なもの（たとえば，実験参加者の名前）である。先述したように，個人的に重要な情報は，その心理的有意性のために，そうではない刺激に比べて大きな P300 を誘発する。そしてこれが，有罪知識があまり意味のない情報ではなく，意味のある情報で構成されている場合に P300 による欺瞞検知をより容易にするのである。
　実際, ある研究では, 有意味度の高い情報（実験参加者の名前）の隠匿は，90% の検出率で検出されたが，有意味度の低い情報（実験者の名前）は 40% しか検出されなかった（Rosenfeld, Biroschak, & Furedy, 2006）。すべての実験参加者が実験者の名前を覚えていたので，検出率の低さは忘却によるものではない。むしろ実験者の名前は実験参加者にとって P300 を誘発するほど十分に有意なものではなかったと考えられる。したがって，P300 の虚偽検出検査は，実験参加者にとって非常に重要な裁決項目についてのみ使用できる。
　GKT による P300 を用いた検査は，ポリグラフ検査に比べてさらに不利な点があるだろう。EEG による検査は，128 個以上の電極がつけられた，かぶり心地の悪いキャップを装着しなければならない点で侵害的である。このようなキャップは実験室外での使用に適しておらず，これまで実務家が P300 を測定してこなかった理由の一つである（Nakayama, 2002）。さらに，P300 は非常に小さい信号であり，信頼性をもって測定するためには多くの試行が必要となる。たとえば Rosenfeld と Shue と Singer（2007）は，裁決項目とフィラー項目を 30 回提示した。言いかえると，P300 による検査は，ポリグラフ検査に比べて実施がかなり困難である。
　初期の頃は，P300 は伝統的なポリグラフの指標に比べてカウンターメジャーにより強いことが示唆されていた（Ben-Shakhar & Elaad, 2002; Iacono, 2001; MacLaren, 2001）。カウンターメジャーに強い定位反応の指標を用いることは，現実世界における GKT の価値をかなり高めるだろう。しかし残念なことに，P300 もカウンターメジャーに脆弱である。あ

るGKTの実験では，犯人役の実験参加者は，裁決項目ではなくフィラー項目を見るごとに，指に力をこめる，つま先を動かすなどカウンターメジャーを行うよう求められた。別の犯人役の実験参加者には，このような教示は与えられなかった。P300を測定すると，訓練されていない犯人役では，80%の正確さで検出された（表12.5）が，カウンターメジャーの訓練を受けた実験参加者では18%にすぎなかった（Rosenfeld, Soskins, Bosh, & Ryan, 2004）。

第6節　GKTの評価

　GKTの理論的根拠とは，犯人である検査対象者が，事件の詳細を再認した場合に大きな定位反射を示す，というものである。GKTにまつわる問題点は，検査の適用可能性が限定的なことである。すなわち，犯人である検査対象者であれば正解がわかり，かつ無実の検査対象者には正解がわからないような質問を作成する難しさ，検査対象者への情報の漏洩，カウンターメジャーへの脆弱性などである。

　本章は，GKTが堅固な理論的根拠を持ち，嘘をついている人，および特に真実を話す人を，チャンスレベル以上の成績で判別できることを明らかにした。しかし，著者はこの検査結果が，刑事裁判で証拠として用いられるべきだとは思わない。証拠として用いるには，嘘をついている人に関するエラー率（フォールス・ネガティブ・エラー）が高すぎる。フォールス・ネガティブ・エラーは，その裁判がGKTの結果に大きく依存している場合には犯人に対して無罪判決を言いわたすことにつながる。さらに，GKTの結果が刑事裁判で使われる場合，捜査官は被疑者と事件とを結びつける証拠を集める努力を払う代わりに，GKTを利用することで解決を図るようになるだろう。

　著者はこのリスクがかなり大きいと考えている。なぜなら，辛抱強く証拠を集めるよりも，GKTを実施する方がおそらく時間がかからないから

である。また，GKTの結果が刑事裁判で証拠として認められるようになった場合，犯人である被疑者もGKTの結果を重視するようになり，検査をごまかそうとするようになる可能性がある。そして，何らかのカウンターメジャーを用いれば，これは可能である。

　GKTの強固な理論的根拠，チャンスレベル以上に嘘をつく人と真実を話す人を識別する能力，無実の検査対象者に対する安全基準などを考えると，著者は実務家にこのGKTの使用を勧めたい。しかし，GKTの導入は単にポリグラフ装置を購入し，その使い方について訓練するだけでは済まない。適切なGKTを設定するためには，適切な裁決項目およびフィラー項目の選択が必要である。これは簡単な課題ではなく，適切な訓練が必要である。また，GKTの実施前に正解の項目が漏洩される問題は，注意するべきである。この点については，GKTによる検査について多くの経験を蓄積してきた日本の例から学ぶべきことが多くある。

　現在のGKT研究の多くは，P300などにみられるように定位反応を新しい方法で測定しようとしている。これがGKTの検出率を向上させるかはまだわからない。なぜなら，定位反応の適切な測定がGKTの問題点ではないからである。GKTにおいて改善されるべき点の一つは，嘘をつく人が検出されない傾向が高いことである。この理由は，彼らが検査中に裁決項目を再認しておらず，その結果として定位反応が起こらないためである。言いかえると，GKTの問題は，定位反応の欠如であり，定位反応が起こった場合にそれをどのように測定するかではない。

　したがって，GKTの検出率を向上させるためには，定位反応を測定する別の方法に焦点を当てるのではなく，（ⅰ）どんな裁決項目であれば犯人である被疑者は憶えていそうか，（ⅱ）犯罪行為の実行中，あるいはその事後の双方におけるどのような要因が――検査時の裁決項目の想起に影響を与えるのか，についての理解を深めることで得られるだろう。これらの点は，目撃証言研究で扱われており，おそらく膨大な目撃証言研究が検査者に有用な情報を提供するだろう。これらの文献の総説については，Christianson（2007）やToglia, Read, RossとLindsay（2006）を参照

してほしい。

　裁決項目の選定に関する難しさとは別に，GKTのもう一つの問題は，それをすべての状況で用いることができないことである。たとえば，検査のための裁決項目を選ぶには，その捜査対象となっている事件において起こった事象で，かつ被疑者が否認するような内容に関する情報が必要である。情報がない状況，あるいは検査対象者がその情報を知っている理由を主張（「私はその事件を目撃したのであって，事件には関係していない」）している場合は不適切である。同様に，情報がメディアや弁護人，捜査官などを通じて検査対象者に漏洩してしまった場合には使えない。この漏洩が，定位反応をもたらす可能性があるからである。定位反射を別の方法で測定することは，これらの問題の解決にならず，GKTの適用可能性を広げることにはつながらないだろう。

　著者は，定位反応を測定するための新たな方法を検討する努力に水を差したいのではない。少なくとも2つの理由で新しい方法は有用だと考える。第一に，GKTの別の弱点は，カウンターメジャーに対する脆弱性である。したがってこのような研究は，検査対象者の統制下にない，つまりカウンターメジャーに強い定位反応を測定できる方法に焦点を当てるべきである。第二に，脳波測定に用いられる装置，およびそれらの装置から得られる脳波波形出力は印象的である。おそらくそれらは伝統的なポリグラフに比べても，より印象的である。著者は，多くの政府職員が，先進的で洗練された装置を用いる虚偽検出ツールを支持する傾向があるという印象を持っている。したがって，定位反射をこのような先進的な装置で測定することは，政府職員にGKTをアピールする上で役立つだろうと期待している。

Box 12.1　SPOT：未知の証拠

　GKT に用いることができる詳細が不明である場合，日本ではしばしば**「探索型緊張最高点」**（Searching Peak Of Tension, **SPOT**）が実施される（Nakayama, 2002）。このテストは，GKT と同じに見える。すなわち，殺人事件では，検査対象者は「いつ彼は殺されたのか？」，「どこで殺されたのか？」，「どのようにして殺されたのか？」，「遺体はどこにあるのか？」などについて，それぞれ 5 項目の選択肢と組み合わせて尋ねられる。
　GKT との違いは，質問の正解が未知であることと，それゆえに正解が項目リストに含まれていない場合があることである。もし，検査対象者がある特定の項目に対してほかとは異なる反応を示した場合，警察はこの情報をさらなる証拠の収集に用いることができる。たとえば，もし検査対象者が，遺体がある場所として「湖」という項目を尋ねられた場合にほかとは異なる反応を示したならば，警察は湖を捜索することがあるだろう。

Box 12.2　反応時間の GKT への利用

　裁決項目とフィラー項目に対する反応時間を用いた，GKT パラダイムにもとづく欺瞞研究が増えている。一般的な実験設定として，実験参加者はコンピュータの画面に表示される裁決項目とフィラー項目を読む。彼らは，できるだけ速くキーボード上の「No」のボタンを押すことで，項目に関する知識を否認するよう教示される。彼らはまた，「Yes」と反応すべき 3 つ目の刺激セットも提示される（そうでなければ，実験参加者は単純にすべてに「No」を押すだけになる）。研究者は，裁決項目とフィラー項目に対する「No」反応の反応時間を比較する。これらの研究は，ほかの GKT 以外の反応時間研究と共に，第 3 章で紹介されている（別表 3.1 の「潜時」という見出しの下）。
　著者は，欺瞞の指標として反応時間を現実に用いることには懐疑的である。まず，（反応時間という）単一の指標に頼ることは，これまでの章で説明してきたように，うまく機能しないかもしれないピノキオの鼻に頼ることになる。次に，この単一の指標にもとづく検査は，カウンターメジャーに弱いと考えられる。3 点目に，すでに述べたように，GKT 検査者にとって裁決項目とフィラー項目の選定は，困難な課題である。もし，彼らが反応時間を測定するのであれば，さらなる困難が生じる。すべての裁決項目・フィラー項目が，同じように素早く理解されるわけで

はないだろう。質問全体を把握するための時間が長くなれば，反応時間も長くなるだろう。これは，特に反応時間は典型的には1/100秒単位で測定されるので，検査結果に影響を及ぼすだろう。すなわち，反応時間にもとづく検査では，検査対象者は単に裁決項目をフィラー項目ほど素早く理解できないために摘発されてしまうかもしれない。

　さらに著者は，実験室における大学生は熱心に反応時間課題を行うが，それがほかの人々，たとえば警察の取調べを受けている被疑者が，同じように取り組むと確信することができない。また，このような課題がすべての人々に同じように適切であると考えられない。コンピュータを使用する経験を持たせることも，おそらく反応時間に影響する。さらに反応時間は，文字が読めない人，読字に困難がある人，失読症の人，視覚障害がある人などには実施できない。最後に，ある人が反応時間検査に失敗したとする。彼もしくは彼女は，どのようにこの検査結果を受けとめるだろうか？　おそらく，検査結果が思わしくなかったことについて，さまざまなもっともらしい理由をつけることは，それほど難しくないだろう。

Box 12.3　MERMER:P300＋αのアプローチ

　Lawrence Farwell は，脳波の組み合わせが，真実を述べている人を，嘘をつく人から正しく区別することができるかを検討した。この脳波パターンは，**MERMER** という略語で呼ばれ，P300 とほかの脳波で構成されている。Farwell & Smith（2001）の実験では，6人の実験参加者にGKTを実施し，うち3人が知識あり，残り3人が知識なしであった。彼らは，6人の実験参加者全員を正しく判定できた。

　Farwell は，彼の MERMER テクニックについて特許をとり（Ford, 2006），それを**脳指紋法**と呼んでウェブサイト上で宣伝した（http://www.brainwavescience.com; 第1章も参照）。意外なことに，著者が知る限り彼らの論文はMERMERについて公刊された唯一の論文であり，その中でポリグラフ検査に言及して，「MERMER検査は（中略）嘘検知ないしはポリグラフ検査と何の共通点もない」（Farwell & Smith, 2001, p.142）と主張している。

　このフレーズは，誤解をまねく。それは第11章で論じた懸念にもとづくポリグラフ検査とは共通点がなくとも，GKTによるポリグラフ検査とは多くの共通点がある。MERMERと伝統的なGKTによるポリグラフ検査との唯一の違いは，定位反応を測定する方法である。本文でまさに著者が説明したように，定位反応の測定がGKTの問題点ではない。

むしろ，検査の適用可能性が限定的であること，裁決項目の選定，GKT項目の漏洩が問題である。MERMERは，これらの点に関しては伝統的なGKT検査と同様に脆弱である。GKTに関するもう一つの問題は，検査対象者が検査結果に影響を与えるためにカウンターメジャーを用いうる，という点である。MERMERパターンはP300を含んでいるので，カウンターメジャーに弱いだろう。

興味深いことに，Farwell & Smith (2001) は，彼らのテクニックの適用可能性が限定的であることを唯一の限界として論じており，関連するGKTポリグラフ検査研究について論じたり言及したりはしていない。

第13章
生理学的虚偽検出：
機能的磁気共鳴画像法（fMRI）

　この短い章では，生理学的虚偽検出において近年発展した，脳領域の活動を測定することによる虚偽検出の研究について説明する。脳活動を測定することは魅力的な方法である。一部の研究者たちはそれを「嘘を生成する器官を直接的に」調べる方法であると説明し（Ganis, Kosslyn, Stose, Thompson, & Yurgelun-Todd, 2003, p.830），別の研究者たちは「ある人の思考や感情，意思，知識の中枢に直接アクセスする」ことが可能になると述べている（Wolpe, Foster, & Langleben, 2005）。一方で，研究者が人の心を読むことは倫理的な不安をあおることになると議論されることもある（Happel, 2005; Pearson, 2006; Wild, 2005; Wolpe et al., 2005; The Observer, 20 March 2005 も参照）。しかし，真実と嘘を識別するために脳活動を測定することは潜在的な可能性を有しており，本章ではこの点を中心に論じる。

　脳領域の活動は，**機能的磁気共鳴画像法**（functional Magnetic Resonance Imaging: fMRI）によって測定される脳血流と酸素消費の変化に関連している。fMRIを測定するためのスキャナーは主に病院で脳の腫瘍や損傷などを検出するために使われているが，近年では嘘を検出する試みとして科学者が使用している。

　fMRIの測定にはいくつか欠点がある。まず，スキャナーがとても高価であり，fMRIの検査をすることにも費用がかかる。またfMRIの検査には時間もかかる。虚偽検出目的の検査には少なくとも1時間を要し，複

雑なデータ解析にさらに数時間がかかる。そのうえ，fMRIによる虚偽検出検査を受けることは心地よいものではない。fMRIスキャナーの中は狭くて暗く，目の前にある傾いた鏡でわずかに外が見えるだけである。検査対象者は仰向けに寝かされて，動くことを禁じられ，頭をクッションや紐で固定される。装置から発生する騒音はとても大きく，耳栓をつけていてもうるさい（Silberman, 2006）。また装置には強い磁石が用いられているため，ピアスなどの金属製の物はスキャナーに入る前に取り除く必要がある。折れた骨を修復するためのボルトや針金，金属製プレート，もしくは体内に撃ち込まれた銃弾や爆弾の破片など，体内に金属物があると致命的な事故につながる可能性があるので検査を受けることができない。妊娠している女性や閉所恐怖症の人は，検査を受けないように助言される。最後に，検査中には外部との言語的コミュニケーションはほとんどとれない。検査対象者はボタンを押すことで真実か嘘を伝え，必要に応じて非常ボタンを使うこともできる。

　このような状況は，fMRIによる虚偽検出を現実場面で利用することを困難にしている。これは著者の個人的な意見だが，fMRIによる虚偽検出が本当に有効である場合，つまり簡単に利用できる従来の方法よりも高い正確性で真実と嘘を識別できる場合にのみfMRIの利用を検討する価値がある。

　本章では，これまでに発表されているfMRIを用いた虚偽検出研究について説明する。この研究は初期段階にあり，虚偽検出に関連するさまざまな要因についてはまだ検討されていない。しかし，これらの初期の研究からすでに有用な知見が得られている。まず，fMRIによる検査は真実と嘘を識別することに成功しているが，その正確性はこれまでの章で説明した方法を超えていない。次に，ほかの方法を用いた虚偽検出が直面するいくつかの問題は，fMRIを用いた場合でも同様である。それは，嘘のみに関連する手がかり（たとえば，ピノキオの伸びる鼻のような手がかり）がないこと，そして個人差を統制する困難さなどである。その一方で，fMRIは嘘に関連する心的過程を理論的に理解するための有用な知見を提供してくれる。

第1節　fMRIによる虚偽検出研究

　最初のfMRIによる虚偽検出研究はSean Spenceらの研究メンバーにより2001年に発表され，それ以降，著者の知る限り11件以上の研究が報告されている。それらの研究の概要を表13.1に示す[訳注1]。これらの研究報告により，嘘をつくときに活性化する脳領域や，その脳活動に関連する心理過程についての詳細が明らかになってきた。ここでは心理過程についてのみ取り上げ，表13.1に示す。

　これまでに報告されているすべての研究が実験室実験であり，検査対象者は実験目的のために真実か嘘を伝える。ある実験では嘘をうまくつくことができれば報酬が約束されているが，別の実験では報酬はない。すべての実験で，検査対象者は異なるボタンを押すか，異なる指を上げることで

訳注1　本書（原書）の出版以降にも，多くの研究が実施されている。より新しい研究の動向については，平（2009），Abe（2011）やGamer（2011）にまとめられている。

表 13.1　fMRIによる虚偽検出研究の概要

著者	課題（何について，嘘もしくは真実を伝えているか）	結果（脳活動は何に関連しているか）
Davatzikos et al.(2005)	トランプカードを見たこと	抑制機能，エラー・モニタリング
Ganis et al.(2003)	自伝的情報	抑制機能，葛藤反応
Kozel et al.(2004a)	どこにお金が隠されているか	抑制機能，感情統制，多重課題
Kozel et al.(2004b)	どこにお金が隠されているか	抑制機能，分割的注意
Kozel et al.(2005)	模擬犯罪	抑制機能，高次意思決定
Langleben et al.(2002)	トランプカードを見たこと	抑制機能，葛藤反応
Langleben et al.(2005)	トランプカードを見たこと	抑制機能，注意的，文脈的ワーキングメモリ・システム
Lee et al.(2002)	自伝的情報	実行機能制御
Mohamed et al.(2006)	模擬犯罪	抑制機能，不安，記憶の符号化と検索，言語処理
Nunez et al.(2005)	（非）自伝的情報	抑制機能，葛藤反応，認知的制御
Phan et al.(2005)	トランプカードを見たこと	抑制機能
Spence et al.(2001)	自伝的情報	抑制機能

真実か嘘を伝えていた。これらの研究で用いられた実験計画を表13.1に示す。

「トランプカード・パラダイム」ではGKT（第12章を参照）が用いられた。検査対象者はfMRI検査の前に1枚のトランプカードを与えられ，fMRI検査中にそのカードがほかのカードに混じって呈示される。検査対象者は呈示されたすべてのカードに対して自分が所持していることを否定するように教示された。結果として，所持しているカードに対しては嘘を伝え，ほかのカードに対しては真実を伝えることになる。

残りの3つのパラダイムでは，懸念にもとづくアプローチ（第11章を参照）に類似した質問法が用いられている。「自伝的パラダイム」では，検査対象者が自身のこと（「あなたはノートパソコンを持っていますか」）や日常的行動（「今日はベッド・メイキングをしましたか」，「今日は薬を飲みましたか」など）を尋ねられ，ある質問には正直に答え，ある質問には嘘の返答をするように求められた。「隠し金パラダイム」では，検査対象者に10個の物品のうち2つの中に50ドル紙幣が隠されていると伝えられた。そしてfMRI検査中にそれら10個の物品が1つずつ呈示され，その中にお金が隠されているかを尋ねられた。検査対象者は，50ドル紙幣が隠されている1つの物品に関しては真実を伝え，もう1つの物品に関しては嘘を伝え，別の物品の中にあるように答えた。「模擬犯罪パラダイム」では，検査対象者は引き出しから指輪か腕時計を取り出し，ロッカーの中に入れた。fMRI検査中に指輪と腕時計の両方について一連の質問をされるが（「引き出しから指輪を取り出しましたか」，「腕時計はロッカーの中にありますか」など），指輪と腕時計の両方を取り出していないように質問に答えることが求められた。

これらのすべての研究で，嘘をつくことが特定の脳領域の活動と関連していることが明らかになった。特に嘘をつく際に抑制や葛藤の解消に関わる領域が活性化しており，真実を隠すこと（抑制），および真実を知っていることと嘘をつくことの間に生じる葛藤が嘘を露わにしたことになる。総説においてSpenceら（2004）は，主に認知的負荷と関連している脳

高次中枢が欺瞞により活性化されやすいことを報告している。少なくともこれまでに実施された研究では，検査対象者にとって真実を伝えるよりも嘘を伝える方が精神的に困難であったといえる。

　これらの研究間のいくつかの共通点が明らかになった一方で，多くの違いも見出されている。それぞれの研究で少し異なる脳活動パターンが欺瞞の指標として出現しており，欺瞞のみに関連した活動パターンが脳内に存在しないことを示している（Abe et al., 2006）。Ganis ら（2003）はこの点を追求し，準備した嘘をつくときと自発的な嘘をつくときとでは脳領域の活動が異なることを明らかにした。さらに，検査対象者が検査中に尋ねられる事柄に強い思い入れがあるかといった問題や，嘘が検出されたときの利害関係の大きさも脳活動に影響する（Ganis et al., 2003）。言いかえれば，嘘をつくときの脳活動はその状況次第であることが明らかになった（**個人内差**と呼ばれる。前章を参照）。さらに Kozel ら（2004a,b）は，同じ虚偽検出実験であっても検査対象者が異なると，少し異なる脳活動パターンがみられることを報告している（**個人間差**と呼ばれる。これまでの章を参照）。

　脳領域の活動にもとづいて真実と嘘を正確に分類できる正確性が，3つの研究により報告されている（Davatzikos et al., 2005; Kozel et al., 2005; Langleben et al., 2005）。その正確性は78%（Langleben et al., 2005）から93%（Kozel et al., 2005）の範囲であった。Langleben と Kozel はどちらも，その後 fMRI による虚偽検出装置で特許を取得し，商品化しようとしている（Happel, 2005）。Langleben の研究メンバーは「脳イメージングによりテロリストを検出する準備ができている」とも発表している（Wild, 2005）。

第2節　fMRIによる虚偽検出ツールの吟味

　fMRIと虚偽検出についてさらに詳しく見てみよう。第一に，これまでに実施されたfMRI研究はすべて実験室実験である。第11章，第12章で説明したように，実験室実験は現実場面で直面するいくつかの問題点を覆い隠してしまうため，生理学的虚偽検出にとって都合のよい設定条件になっている。懸念にもとづく検査では，**関係質問**に対して適切に統制された質問を考えることが難しい場合が多い。たとえば「あなたはテロ活動に参加しましたか」もしくは「1月26日にジュリー・ペアチャップを射殺しましたか」といった関係質問に対して，どのような対照質問をfMRI検査で使えばよいのだろうか。第11章で述べたように，一般的に対照質問に答えるよりも関係質問に答える場合に利害関係が大きくなってしまうため，多くの科学者はそのような状況における適切な対照質問はないと考えている。

　GKTパラダイムもまたfMRI研究で用いられているが，このパラダイムには別の制限（第12章を参照）がある。つまり，検査対象者が関与を疑われている活動についての**裁決情報**（犯人しか知りえない詳細）が明らかになっていなければ，このパラダイムを使うことはできない。さらに，検査中に裁決情報を呈示された際，犯人である検査対象者はそれを実際に認識し，かつ無実の検査対象者は裁決情報が何であるか知らない場合にのみGKTが機能する。この基準を満たすことは簡単ではない。最終的に，検査の前に裁決情報が検査対象者に漏れてしまうこともある。そうなるとGKTを実施することはできない。GKTにもとづいたfMRI検査は，伝統的なGKTによるポリグラフ検査と同様に，これらの制限に弱いままである。第二に，実験室でのポリグラフ検査の正確性もまた高く（第11章，第12章），fMRI検査の正確性と同程度である。これは伝統的なポリグラフ検査に比べて，fMRI検査により高い価値を見出すことに疑問を投げかける。第三に，もしテロリストやスパイを検出するような安全保障上の脅

威を調べる目的でfMRI検査を用いるのであれば，検査対象サンプルの中にテロリストやスパイが入っている確率がそもそも低いので（第11章を参照），その正確性はかなり高い必要がある。仮に10名のスパイが混じっている1,000名分のデータがあり，fMRI検査が真実と嘘を90%の正確性で識別可能であるとする。fMRI検査はほとんどのスパイ（10名中9名）を検出するが，すべてのスパイを検出することはできない。さらに，約99名の無実の人々（スパイではない990名の10%）をスパイとして間違って分類し，9名のスパイと99名の無実の人々をfMRI検査の結果から識別することは不可能である。言いかえれば，大規模なサンプルの中にいる数人のテロリストやスパイを虚偽検出装置で検出するには90%の正確性では不十分である。

　第四に，検出率を報告しているfMRI研究では，脳の異なる領域で同時に生じている活動を特定の脳活動モデルに組み入れ，その脳活動モデルにもとづいて真実と嘘をある程度の正確性で分類している。しかし，その研究結果は脳活動モデルがある特定の欺瞞シナリオで機能することを証明したにすぎず，ほかの欺瞞シナリオでも機能するかはわからない。異なる種類の嘘では脳活動も異なってしまうため（上記を参照），そのモデルはほかのシナリオでは同様の正確性で機能しない可能性がある。さらに，それらの研究の参加者は大学生か「治療を受けていない大人」であった（Kozel et al., 2005）。そのモデルがほかの種類の人々，たとえばサイコパスや病的に嘘をつく人，麻薬常習者，うつ状態の人などにも同様の正確性で機能するという保証はない（病的に嘘をつく人の脳活動領域についてはYang et al., 2005を参照）。欧米人を不信心者と捉えているジハーディスト（イスラム過激派）は，これまでに実施されたfMRI実験の参加者とは考え方が異なると思われるが，彼らが嘘をつく際にどのような脳領域が活動するかは不明である（Bloche, Pearson（2006）に引用されている）。言いかえると，fMRI検査が異なる状況においても，また異なる種類の個人に対しても真実と嘘を識別できることをしっかりと証明した研究はまだ発表されていない。テロリストやほかの深刻な犯罪者を捕まえるためにfMRI検

査を適用するのなら，そのような証拠が必要である。

　第五に，fMRIによる虚偽検出検査を現実場面に導入すれば，犯人である検査対象者はこの検査を切り抜けようとするだろう。fMRI検査が効果的で信頼できるものであるためには，カウンターメジャーに対する耐性が必要である。fMRI検査のカウンターメジャー研究はこれまで報告されていないが，fMRIによる虚偽検出検査の正確性を低下させるためのカウンターメジャーは容易に学べることが予備的検討から示唆されている (Langleben, Dattilio, & Guthei, 2006; Wolpe et al., 2005) 原注1。

第3節　fMRIによる虚偽検出技術の評価

　fMRI検査は脳腫瘍や脳損傷を検出するために病院で使われてきたが，現在では嘘を検出するために科学者が用いている。科学者たちは真実や嘘を伝えている間に活動する脳領域を観察する。それらの脳活動領域の一部は欺瞞と関連し，特に抑制や反応の葛藤と関連していることが明らかになっている。一般的に欺瞞は脳の高次中枢を活性化させ，少なくともこれまでに実施されたfMRI研究からは，真実よりも嘘を伝える方がやや困難であることが示されている。fMRIによる虚偽検出は報告がまだ少ない新しい研究分野であるが，いくつかの制限がすでに明らかになっている。たとえば，別の人を同じ状況で検査すると嘘をつくときに異なる脳活動パターンが観察され（個人間差），また同じ人でも異なる状況で嘘をつくと異なる脳活動パターンがみられる（個人内差）。つまりfMRIによる虚偽検出は伝統的なポリグラフによる虚偽検出と根本的には同じであり，第11章および第12章で説明したポリグラフ検査の制限がfMRIによる虚偽検

原注1　特許を申請しようとしている科学者たちは，fMRIによる虚偽検出が直面している課題を十分に認識していないように著者には思える。たとえば，Langlebenらの研究メンバーは「嘘は真実よりも常に複雑である……少しだけ多くのことを考え，fMRIはそれを検出する」と述べている（Wild, 2006）。しかし，嘘をつくことは真実を述べることよりも常に負荷が高いとは限らない（第3章および第15章も参照）。

出にもあてはまる。

　fMRI 検査は高価で，時間がかかり，検査対象者にとって心地よいものではない。本章の初めに述べたように，これまでに利用可能なほかの技術よりも fMRI による検査の正確性が高ければ，現実の場面で虚偽検出ツールとして導入する価値がある。これまでのところ fMRI 技術が伝統的なポリグラフ検査よりも正確性が高いことを示す報告はない。そのため，現実場面において，虚偽検出をするために fMRI スキャナーを用いることは勧められない（Langleben, 2008; Spence, 2008 も参照）。

　著者はこの技術から役に立つ情報が得られると考えているので，fMRI による虚偽検出研究を実施することに関しては推奨する。特に，欺瞞に関連する心的過程を理論的に理解する際に有用な知見が得られると考えられる。そのような情報は新しく，より効果的な虚偽検出技術を開発する際に重要であろう（National Research Council, 2003）。第 15 章では，著者が考えているそのような研究活動について詳しく説明する。

第14章
思わぬ危険性：
嘘をつく人を見抜けない理由

　本書の最後の2章では，嘘検知の思わぬ危険性とチャンスについて説明する。第15章では，チャンスを説明し，また，嘘検知スキルを向上させるための方法を精緻化する。本章では，人が，嘘をつく人を見抜けない理由について焦点を当て，その概略を述べる（Vrij, 2004a, b, 2007 も参照）。なぜ人は欺瞞検知に失敗するか，その15の理由の多くはすでにこれまで本書で説明してきたが，本章ではそれらを（1）から（15）にまとめて体系的に示す。冗長さを避けるために，それぞれの理由を簡単に述べ，さらなる情報を示すために関連する章を挙げる。

　嘘が検知されないままでいる理由は，以下の3つの異なるカテゴリに分類されると考えられる（Vrij, 2007）。つまり，（ⅰ）嘘検知のための動機づけの欠如，（ⅱ）嘘検知の困難さ，（ⅲ）嘘を見抜く人に共通する誤りである。

第1節　嘘をつく人を見抜くための動機づけの欠如

（1）現実逃避効果

　人は真実を探り出そうとはしないため，嘘はたいてい検知されないままでいる（第1章）。著者はこれを**現実逃避効果**と名づけた。人は，時に真

実を知ることに動機づけられない。なぜなら，そうすることが最大の関心事ではないからである。一般的に，人は自分たちの体形，髪型，成績，服装などのお世辞をうれしく思う。そのため，それらのお世辞が真実かを明らかにしようとすることに頭を悩ませる必要があるだろうか。

　より深刻な嘘も同じ理由で検知されないままでいる。第1章で述べたように，ビル・クリントンの大統領時代の個人秘書であったベティ・カーリーは，大統領とモニカ・ルインスキーとの関係の細部を知りたがろうとしなかった。たしかに，彼女は，真実を知ることで何かを得る以上に，真実を知ることで何をすべきか決めなくてはならないという苦境に立たされるだろう。真実を知ったとき何をすべきかわからないため，人はたいてい恋愛相手の不義理の可能性を見つけようとしないのだろう。配偶者の浮気を発見することは，裏切られた人にとって困難な状況を引き起こすだろうし，浮気の証拠に直面したとき，裏切った配偶者が去ることを決断するというリスクがある。そして，裏切られた配偶者は，相手との関係を解消することは，子どもたちにとってよくないと考えるだろう。

第2節　嘘検知の困難さ

　なぜ人は嘘をつく人を見抜けないのか，その理由についての2つ目のカテゴリは，嘘検知の困難さである。このカテゴリに関する7つの理由について説明する。

（2）ピノキオの伸びる鼻の欠如

　ピノキオの鼻は真実を話したときは変わらず，嘘をつくたびに長く伸びた。このように，ピノキオの伸びる鼻は信頼できる欺瞞の手がかりであった。本書を通じて，欺瞞と一対一に対応する，行動的，発言的，生理的手がかりの不在が明らかになったと期待する。言いかえれば，欺瞞の信頼で

きる手がかりは，ピノキオの伸びる鼻が存在しないことに似ている。嘘を見抜く人が本当に頼ることのできる手がかりが存在しないことが，欺瞞検知を困難にしている。

しかし，これは，欺瞞の手がかりが決して存在しないということではない。確かに存在するが，異なる人は異なる欺瞞の手がかりを呈示し，同じ人が異なる状況で異なる手がかりを呈示する可能性がある。加えて，本書を通じて説明した先行研究では，ある種の手がかりは，ほかの手がかりよりも嘘をつくときに生じやすいことを明らかにしてきた。たとえば，人が嘘をつくときは，視線回避よりも手足の微妙な動きをいくぶん控える傾向にあり（第3章），脳のある領域はほかの領域よりも，嘘をつくときに活発に活動する傾向がある（第13章）。

（3）微小な差

嘘を見抜く人が直面するもう一つの困難は，真実を話す人と嘘をつく人の差があったとしても，その差は概して非常に小さいことである。たとえば，感情に関する顔の表情は時に嘘を漏洩するが，そうした表情は25分の1秒という短さにすぎない（第3章）。真実を話す人と嘘をつく人によって示される動きの差もたいてい非常に小さいし（第3章），嘘は時にちょっとした言い間違いによってしか露呈しない。

その意味で，「どんな人も秘密を保持できない。人は，仮に口が動かなくとも，指先でしゃべるのである。秘密は，全身の毛穴を通して滲み出るものだ」というフロイトの引用（Freud, 1959, p.94）は誤解を招くものである。同様に，警察のマニュアルも，欺瞞に関する言語的・非言語的手がかりについて述べている場合，誤解を招く。こうしたマニュアルには，欺瞞の手がかりの非信頼性について，一般的に小さな注意書きはあるものの，真実を話す人と嘘をつく人では行動や発話がいかに異なるか，詳細かつ情熱的なその後の記述によって，いとも簡単に打ち消されてしまう（Moston, 1992も参照）。こうした記述のそばには，時に「正直な前傾姿勢」「欺瞞

的な身体操作」といった表題のついた写真が添えられているが（Inbau, Reid, Buckley, & Jayne, 2001, pp. 145 & 149），こうしたすべてのもののせいで，（ i ）欺瞞についての信頼できる手がかりが存在する，（ ii ）真実を話す人と嘘をつく人の差は実質的なものであり，簡単に見破ることができる，と考えられてしまう。

（4） カウンターメジャー

　嘘を見抜く人にとって事態をより複雑にしているのが，嘘をつく人は，嘘を検知されるのを避けるために，時に意図的に自分が信用できるように見せかけようとすることである。これを達成するための方法は**カウンターメジャー**と呼ばれる。ポリグラフ検査では，嘘をつく人は，つま先を靴底と逆方向に反らせる，舌をかむ，あるいは怖い出来事を考えるといった，簡単に身につけることのできるカウンターメジャーによって検出を免れることができると説明した（第 11 章，第 12 章）。もし嘘をつく人が適切なカウンターメジャーを用いれば，脳波や脳の検査（第 12 章，第 13 章）によって脳活動を測定されている場合でも，検出を免れることができる。また，言語的真実性の測定である CBCA の働きについて情報を得た人は，CBCA の専門家に対して説得力のある話をすることができる（第 8 章）。

　人は，欺瞞に関する非言語的手がかりを隠すために，カウンターメジャーをうまく用いることができるかについてはまだ説明していないが，この点を検討した研究はただ 2 つのみである（Caso, Vrij, Mann, & DeLeo, 2006; Vrij, Semin, & Bull, 1996）。いずれの研究においても，「嘘をつく人は手足の動きが少なくなる傾向にある」（この点は，非言語的行動の欺瞞研究から得られている安定的な知見の一つである。第 3 章を参照）という情報を事前に与えられる参加者と，そうした情報を与えられない参加者がいるが，彼らはその後，真実を話すか嘘をついた。この事前情報の効果は，参加者の手足の動きの回数に影響せず，情報を与えられた方の嘘をつく人は，真実を話す人よりもそうした動きが少なかった。これらの結果

は，非言語的カウンターメジャーは，言語的，生理的カウンターメジャーほど適用が簡単ではないことを示唆しているが，この点を検証するためにはさらなる研究が必要となる。

カウンターメジャーをうまく使用することは，嘘検知に関わる専門家への大きな挑戦であることは明らかである。テロリスト，スパイ，犯罪者に，どの嘘検知のツールが彼らを捕まえるために利用されるか知れたら，彼らはこれらのツールについて学び，打ち負かそうとするだろう。彼らがそれに成功したら，それらのツールはもはや有効ではない。

(5) 埋め込み型の嘘

嘘を見抜く人が直面するまた別の困難さとして，嘘はたいてい真実の中に埋め込まれていることがある（第8章，第9章）。つまり，人は，真実を完全に超えたまったくの嘘を言うよりも，肝心な細部を変え，そのほかの点は本当の話をする傾向にある。たとえば，火曜の晩の行動を隠したい男性が，別の曜日の晩にしたこと（月曜の晩など）を，問題となっている火曜の晩にしたかのように話す場合がある。つまり，月曜の晩にジムに行ったのに火曜の晩に行ったと言う場合，彼は月曜の晩のジムの経験を話したことになるが，ほとんどの話は本当である。そこには，ほんの小さな，しかしきわめて重要な嘘が埋め込まれている。警察と被疑者の取調べの映像を見たり録音を聴いたりした印象では，被疑者はたいていこうした埋め込み型の嘘を話している（Hartwig, Granhag, & Strömwall, 2007; Strömwall, Granhag, & Landström, 2007 も参照）。同じように，犯罪者による身元の偽りを検討すると，犯罪者は概して本当の身元の小さな一部分のみ改変することがわかった（Wang, Chen, & Atabakhsh, 2004）。

犯罪の文脈以外においても，人は嘘をつくとき，同じような埋め込み型の嘘の方略を用いると思われる（DePaulo, Lindsay, Malone, Muhlenbruck, Charlton, & Cooper, 2003）。この方略によって嘘は容易になる。なぜなら，嘘をつく人は，もっともらしい話を作り上げる必要は

ないし，作り上げた細部をたくさん記憶しておく必要もない。しかし，嘘検知はより困難になる。この方略は，言語的発言を検討して嘘を見抜く人の妨げになる。なぜなら，一般的に，彼らは発言に含まれる細部の質を検討するからである（第8章，第9章）。大部分が正直な発言に埋め込まれた嘘は，質の高い細部を含んでいるため，嘘を見抜く人は，その発言は真実であるという誤った印象を抱いてしまうだろう。非言語的行動を検討して嘘を見抜く人も，もし嘘をつく人の話の中の欺瞞的な部分（たとえば，その人がいつジムに行ったのか）に気づかなければ，また，そうではなくもし正直な部分（その人はジムで何をしたのか）に集中してしまったら，同じような誤りをする可能性がある。

生理反応を検討して嘘を見破る人は，**埋め込み型の嘘**の影響を受けない。なぜなら，検査対象者はたいてい埋め込み型の嘘を言う機会がないからである。そのかわり，彼らは「この間の火曜の晩，8時から9時の間にジムにいましたか？」といった特定の質問に答える。

（6）不十分なフィードバック

嘘検知におけるもう一つの複雑さは，嘘を見抜く人は，多くの場合，自分の判断に十分な**フィードバック**を受けないので，自分の誤りから学ぶことができないことである（第5章）。フィードバックが十分であるためには，頻繁に，確実に，迅速に行われる必要がある。そのため，聞き手には，やりとりした相手が嘘をついたのか，各々のやりとりの後すぐに知らせるべきである。そうすれば，彼らは，嘘をつく人は実際にどのように行動するのか，本当は何を言うのか，もし測定されていればどのような生理反応を示したのかを理解できる。

しかし，十分なフィードバックはたいてい利用不可能である。人は多くの場合，相手に嘘をつかれたのかわからないし，仮にこれがわかったとしても，それはやりとりがあった時間的にずっと後であることが多い（第6章）。相手が自分に嘘をついたことがわかる頃には，その相手が正確には

どのような反応をしたか，たぶんすでに忘れてしまっているだろう。

　犯罪捜査官は，自分たちが話した相手を録画したり，検査対象者の生理反応のチャートを記録したりすることで，この問題に答えようとした。後になって真実を知るに至ったとき，彼らは面接対象者の反応を確認するためにこの資料に戻ることができる。実際の生活では，こうしたことが起こっているとは思えない。加えて，こうしたフィードバックはバイアスがかかっている可能性があり，十分であることはまずない。

　第11章で指摘したように，ポリグラフ検査者は，自分の下した誤った結論を知ることはほとんどない。**ポリグラフ検査**は利用可能な証拠がないときに行われるため，検査者の結論を立証するものとして自白は利用される。もしある検査対象者が犯罪について自白したら有罪とみなされ，もしほかの誰かが自白したら無罪だとみなされる。しかし，ポリグラフ検査で真実を言っていると判定された有罪である検査対象者（**フォールス・ネガティブ・エラー**）は，自分に否定的な証拠はないので，もはや自白することはない。その犯罪についてほかの誰かが自白することもなく，これは，この事件がおそらく未解決のままであり続けることを意味し，検査者は自分の誤りについて学習しないだろう。ポリグラフ検査で虚偽を言っていると判定された無実の人（**フォールス・ポジティブ・エラー**）は，ポリグラフ検査の後に長い尋問に晒されれば，誤って自白する可能性がある。この場合も，検査者が受け取るフィードバックは間違っており，誤りは気づかれないだろう。あるいはまた，その無実の検査対象者は犯罪への関与を否定するだろうが，警察がその検査対象者が真犯人であると考えていれば，ほかの誰かを逮捕して尋問するということは考えられない。そのため，その事件は未解決のままであり，検査者はいずれにしても誤りに気づくことはできないだろう。

（7）会話規則の違反

　嘘を見抜く人が辛抱強く質問すれば，嘘をつくことはますます困難に

なっていくだろう。これらの質問に答えるとき，嘘をつく人は，もっともらしく聞こえるよう，自分の回答に矛盾しないようにしなければならない。聞き手がすでに知っていたり，あるいは，本当でないことを発見できる可能性があることを言わないようにしたりしなければならない。自分がした話を再びする際，矛盾がないように，自分が以前言ったことを思い出さなければならない。失言したり新たな手がかりを与えたりしないようにしなければならない。加えて，非言語的手がかりを通して嘘が露呈しないように会話中の自分自身の行動を管理し，一方で，自分の現在用いている方略が疑念を生じさせるものであれば(第3章)，反応方略を改変できるように，嘘を見抜く人の反応も管理しなくてはならない。

しかし，日常生活の会話では，聞き手がさらなる質問をすることは，たいてい不適切，奇妙，あるいは無礼であるとみなされる。会話の相手は，「そのことについて詳しく話していただけませんか？」「この点について証拠を挙げ，今一度説明していただけませんか？」「今言ったことを繰り返していただけませんか？」といった発言を評価せず，その質問に異議を唱えるだろう。

加えて，話し手の動きは欺瞞の兆候を表す可能性があるので，嘘を見抜く人が話し手の動きを精査できれば，それは嘘を見抜く人の役に立つ。しかし，これは日常生活では不適切だとみなされるだろう。**会話規則**は，「聞き手は話し手の目を見る」ことを要求するが，目は一般的には欺瞞に関する信頼できる情報をもたらさない（第3章）。以上より，（i）さらなる質問をしない，（ii）相手の目を見る，という2つの会話規則が嘘検知を妨害し，それを困難な課題にしているのである。

(8) 上手に嘘をつく人

嘘検知を困難にする最後の理由は，非常に上手に嘘をつく人がいることである。驚くべきことに，上手に嘘をつく人になる方法についての研究はほとんどないが，3つの基準が関連すると考えられる（Vrij, Granhag, &

Mann, 2010 も参照）。つまり，上手に嘘をつく人は，（i）その自然な行動が疑いを和らげる人，（ii）嘘をつくことに認知的困難さを感じない人，（iii）嘘をつくときの恐怖，罪悪感，だます喜びなどを経験しない人，である（第3章，第5章，第6章）。以上3つの基準は，以下の8つの特性を含んでいる。つまり，（i）自然な役者である，（ii）よく準備されている，（iii）創意に富む，（iv）すばやく考える，（v）雄弁である，（vi）記憶が優れている，（vii）嘘をついているときに，罪悪感，恐れ，だます喜びを経験しない，（viii）演技が上手である。

自然な役者

会話の相手の目をきちんと見る，微笑む，うなずく，前傾姿勢をとる，体を相手に直接向ける，姿勢を同期させる，腕を組まない，はっきりとした身ぶり，適度な話す早さ，「うーん」「えー」がないこと，声が多様であること，といったある種の行動パターンは，正直さや好まれやすさに関連している（Buller & Aune, 1988; Ekman, 1985/2001; Tickle-Degnen & Rosenthal, 1990）。嘘をつくときでさえ，こうした態度を自然に示す人がいる（自然な役者，Ekman, 1997）。彼らの自然な行動は疑念を和らげる傾向にあるので，こうした自然な役者は上手に嘘をつくことができる。

よく準備されている

上手に嘘をつく人は，たぶんよく準備しており，自分の発言や行動について前もって練っている。準備が万端であるほど，嘘は容易になるだろう。嘘をつく人はもっともらしく聞こえる嘘を準備すべきであることは明らかである。親戚の一人を殺害した疑いを持たれ，最初はそれを否定していた5つの事例を別のところで述べたことがある（Vrij & Mann, 2001b）。おそらく真実を隠していることを容易に見抜かれるような話を用意していたという，深刻な過ちを犯した人がいた。たとえば，ある事例では，主張された場所以外で犠牲者が実際に殺されたということが，血の染みによって示唆された。またある人は，意識を10時間失っていたと述べたが，麻酔

科医にそれはありえないと言われた。

　これらの例が示すように，嘘を見抜く人は，人の話を確認し，その話を確証する証拠，あるいは反証する証拠を探そうとするだろう。そのため，上手に嘘をつく人は，できるだけ少なく言う，あるいは他者が立証できないことを言う。立証できる情報の呈示が少なければ少ないほど，嘘を見抜く人が確認できる機会は少なくなっていく。

創意に富む
　嘘をつく人は，説明が必要とされる予期しない状況にいつも直面する可能性がある。たとえば，妻は，夫のポケットに見つけた，見知らぬ女性の電話番号と住所を夫につきつけるだろう。あるいは，刑事は，被疑者に対し，事件が起こった直後に現場で目撃者に見られていると言う可能性がある。こうした状況，あるいは似た状況でうまく嘘をつくためには，説得力のあるもっともらしい回答が必要とされる。もっともらしい回答をその場で考え出すことは，おそらく嘘をつく多くの人にとってとても難しいが，心的に創造的である創意に富む思考家は成功するだろう。

すばやく考える
　予期しない質問に対しての嘘をつく人の回答がもっともらしく聞こえたとしても，その回答にあまりに時間がかかったのであればやはり疑いが起きるだろう。すばやく考える能力は，上手に嘘をつく人が持つスキルである。

雄弁である
　上手に嘘をつく人は，雄弁な話し手でもある。自身についていつも多くの言葉を尽くして表現する人は，やっかいな状況から，話術で切り抜けることが容易な可能性がある。彼らは，実際には質問に答えていないようなまわりくどい回答から始めて，その間に適切な回答を考える。あるいは，実際には質問に対する答えを含んでいないが本当らしく聞こえる回答をし

ながら，聞き手をだますような雄弁さを利用することができる。多くの政治家は，この点に非常に長けている。

記憶が優れている

　嘘をつく人はいつも，嘘を見抜く人から，以前に言ったことを繰り返したり明確にしたりするよう言われるリスクを負っている。そのため，彼らは，同じ話を繰り返すことができるように，そして自分が以前にした話と矛盾せず情報を付加できるように，自分が以前言ったことを記憶している必要がある。したがって，記憶が優れている必要がある。嘘をつく人は，できるだけ少なく言うことで，記憶課題を容易にしている。少なく言えば言うほど，記憶しておくべきことは少なくなる。さらに，嘘をつく人が，できるだけ真実のそばにいることで，記憶課題は簡単になるだろう。言いかえれば，嘘をつく人は，話全部を作るよりも，大部分は真実だがほんの小さな重要な細部においてのみ真実とは異なっている話を言うだろう（「埋め込み型の嘘」の節を参照）。

罪悪感，恐れ，喜びを経験しない

　嘘をつく人は，経験する感情が異なる。自分の現在の給料を大げさに言って罪悪感を抱く採用志願者もいれば，そう言っている間にまったく罪悪感を抱かない採用志願者もいる。嘘のアリバイを言ってそれを検知される不安を抱く被疑者もいれば，平静なままの被疑者もいる。自分が遅刻した言い訳を教頭先生が信じ始めたことがわかってうれしく思う生徒もいれば，そうしただます喜びを感じない生徒もいる。嘘をつく人が，罪悪感，恐怖，あるいは喜びを経験しなければ，他者をだますことは容易になる。なぜなら，その場合，抑圧される必要のある感情的行動が存在しないからである。欺瞞時の感情の欠如は，嘘を練習していること，そして嘘をつくときに自信を持っていることに関連するだろう。さらに言えば，人は，強い想像力，つまり自分が言っていることを信じる能力があれば，罪悪感や恐怖を経験しないだろう。

演技が上手である

　自然な役者，そして嘘をつくときに認知的負荷や感情を経験しない人は非常に上手に嘘をつく人であるが，それと同時に，認知的負荷や感情の兆候を適切に隠し，同時に信用できるように見える行動を示す人も，上手に嘘をつく人と言えるだろう。そのためには，優れた演技スキルが必要である。こうした**役者性**に優れた人は，優れた解読スキルも持つはずである。彼らは自然な役者ではないので，彼らの嘘は疑念を喚起する可能性があるが，この疑念を和らげるために，自らの行動を適切に変化させるだろう。この変化が早ければ早いほど，うまく疑念を和らげる機会が多くなる。したがって，素早く疑念に気づくことが重要であり，これには優れた解読能力が必要となる。

第3節　嘘を見抜く人に共通する誤り

　人は，嘘をつく人を見抜くことに動機づけられていないために，あるいは嘘検知課題が難しいために，嘘をつく人を見抜けないだけでなく，誤りも犯す。人によって異なる誤りが犯されるので，多くの誤りが特定される。これらの誤りは，7つのカテゴリに分けられると考えられる。本節では，それぞれを確認する。

（9）オセロエラー

　嘘検知に際しての共通の誤りの一つは，ある兆候をあまりに短絡的に欺瞞の手がかりと解釈してしまうことである。これは特に緊張の兆候で生じる。このとき嘘を見抜く人がする誤りは，真実を話す人も神経質になり，緊張した反応を示したりする可能性を考慮しないことである（第3章）。こうした誤った判断，つまり真実を話す人によって示される緊張の兆候を誤って欺瞞の兆候と解釈することは，シェイクスピアの劇の中心的な登場

人物であるオセロの名をとって**オセロエラー**（オセロのような過ち）と呼ばれる（Ekman, 1985/2001）。オセロは誤って，自分の妻であるデズデモーナの浮気を責める。オセロは，妻の背信行為を理由に彼女を殺そうとし，白状するように言う。デズデモーナは，キャシオー（浮気相手だと疑われている人物）が自分の無実を証明できるので，彼を呼んできてほしいと言う。オセロは彼女に，自分はキャシオーをすでに殺したと言う。デズデモーナは自らの無実を証明できないことを知り激しく感情を爆発させるが，オセロはそれを彼女が浮気をしたことの兆候と誤解してしまう。

　警察のマニュアルではたいてい，欺瞞を検知しようとする際には，緊張の手がかりに注意を払うよう読み手に助言しており（第5章），この助言によってオセロエラーが生じやすくなるだろう。行動分析のための面接法でも，嘘を見抜く人は緊張の兆候を探すよう奨励されるが，これではオセロエラーを犯す可能性を高めることになる。懸念にもとづくポリグラフ検査も，オセロエラーに脆弱である。第11章で説明したように，無実の被疑者が，「あなたはこれまでの人生で，仕返しのために誰かを肉体的に傷つけたことがありますか？」といった**対照質問**より，「1月26日，あなたはジュリー・ペアチャップを射殺しましたか？」といった**関係質問**に答える際，より懸念を向けるだろうと考えることは理に適っている。それはとりわけ，ポリグラフ検査は，ほかに何も証拠が手に入らないときに実施されるからである。つまり，無実の被疑者は，自らの無実を証明できないことを意味する。このように，無実の人にとっては関係質問に答える際に危険性が高いので，対照質問よりも関係質問に答えるときにより強い懸念を示すだろう。

（10）間違った手がかりを確認する

　嘘をつくとき人はどのような反応をするかについて，広く知られているものの，たいてい間違った信念がある（第5章）。非常に有名な信念の中でも特に，嘘をつく人は目をそらし，髪をいじる身ぶりをするといった緊

張した反応をすることを，素人も嘘検知に関わる専門家も，圧倒的に期待している。これらの手がかりは，信頼できる欺瞞の手がかりではない（第3章）。このような信念の起源についていくつかの説明を試みたが（第5章），それらの説明の一つは，人はこうした正しくない手がかりを教えられているというものである。たとえば，影響力の大きい警察のマニュアルで，Inbauら（2001）は，嘘をつく人は目をそらし，髪をいじる身ぶりをするという考え方を助長している。実のところ，彼らは欺瞞の特徴的な手がかりとして10個ほどの非言語的手がかりを説明しているが，先行研究によると，そのうちたった1つしか欺瞞と関連していないことがわかっている（第3章）。つまり，嘘は例示動作の減少と関連していることである。そのため，警察の取調べで真実を話したり嘘をついたりした被疑者の映像刺激を警察官に見せた著者たちの嘘検知研究で，警察官がInbauらのマニュアルで取り上げられている嘘の手がかりを支持すればするほど，被疑者の真偽の識別が悪くなるという結果を得たことは驚くことではない（第6章）。

（11）個人差の無視

　人の行動，発言，生理反応には大きな個人差がある。一般的に，たくさん動く人もいれば動かない人もいる，雄弁な人もいればそうでない人もいる，生理反応に大きな変動がある人もいればそうでない人もいるといったような個人差がある。供述の妥当性評価（SVA）などの言語的な嘘検知ツールは，妥当性チェックリスト（第8章）を用いることでこうした個人差を統制しようとしているし，また，赤外線画像を除けば，生理学的な嘘検出のツールも，対照質問（第11章〜第13章）をするなどして個人差を統制しようとしている。

　しかし，行動的反応を評価する際には，個人差の統制はたいていなされない（第3章，第6章）。結果として，もともとの行動が疑わしく見える人（たとえば，もともと視線回避をしたり，たくさんもじもじしたりする人）

は，嘘をついたと間違って責められるリスクがあるために不利となる。第6章では，内向的な人，社会的不安を抱える人の場合に，特にそうしたリスクがあると述べた。異なる種族的背景や文化を持つ者同士のやりとりでも，誤りは容易に生じる。なぜなら，ある種族的集団や文化のメンバーによって自然に示される行動は，ほかの種族的集団や文化のメンバーにとっては疑い深く見える可能性があるためである（第6章）。

（12）個人内差の無視

同じ状況でも，人によって反応が異なる（**個人間差**）だけでなく，同じ人でも，状況によって反応が異なる（**個人内差**）。こうした個人内差を無視あるいは過小評価することは，嘘を見抜く人が犯すまた別の誤りにつながる。

個人内差を十分に統制できないという失敗は，懸念にもとづくポリグラフ検査（第11章）に対する主要な批判の一つである。オセロエラーの節で説明したように，対照質問「あなたはこれまでの人生で，仕返しのために誰かを肉体的に傷つけたことがありますか？」は，必ずしも関係質問「1月26日，あなたはジュリー・ペアチャップを射殺しましたか？」の十分な統制になっていない。さらに，警察の取調べで，警察官は，聴取のはじめのちょっとした会話における被疑者の自然で正直な行動を検討し，この行動と，実際の聴取で被疑者によって示される行動とを比較するよう助言される。行動の差が「有意」（Inbau et al., 2001）であると解釈されるだろう。

この考えは魅力的に聞こえるが，この方法では不適当な比較がなされているので，正しくない判断がなされる傾向がある。なぜなら，ちょっとした会話と実際の取調べでは，状況が根本的に異なるからである。ちょっとした会話は，被疑者の反応が否定的な結果につながらないので利害関係の小さい状況であるのに対して，取調べ中の局面は，被疑者の反応が重要になるので利害関係の大きい状況である。被疑者の反応が疑いを喚起すれば，

彼／彼女は罪を犯したと疑われるかもしれず，それは非常に悪い結果につながる。そのため，有罪である被疑者も無実の被疑者も，実際の聴取と比較すると，ちょっとした会話では異なる行動を示す傾向にあることは，驚くべきことではない（Vrij, 1995）。

　個人内差の重要性の無視あるいは過小評価の傾向は，嘘を見抜く人だけの誤りではない。社会的知覚においてよく知られた誤りである**基本的帰属の誤り**とは，他者の反応を説明する際，状況の影響力を見落とす傾向である（Ross, 1977）。

（13）ヒューリスティックの利用

　欺瞞検知を試みる際，他者の反応を注意深く吟味するよりも，聞き手は，一般的な決定規則に頼るだろう。対人知覚の研究者は，複雑な状況を処理するのに，限られた時間，注意資源しか持ちえない聞き手にとって，これが最も効果的な方法であると強調した（Macrae & Bodenhausen, 2001）。しかし，欺瞞研究者によって**ヒューリスティック**と言われる一般的な決定規則は，体系的な誤りやバイアスに容易に結びつく。真偽性判断に影響すると考えられるいくつかのヒューリスティックがあるが，その多くについては第6章で述べた（これらのヒューリスティックを確認するためには Cole, Leets, & Bradac, 2002; Fiedler & Walka, 1993; Levine, Park & McCornack, 1999; Vrij, 2004b を参照）。

　日常生活では，人は欺瞞的メッセージよりも正直なメッセージにより多く遭遇するので，自分が目の前にしている行動はだいたい正直であると考える（**利用可能性ヒューリスティック**，O'Sullivan, Ekman, & Friesen, 1998）。これに関係するのが，**係留ヒューリスティック**である（Elaad, 2003）。これは，ある初期値（係留）から不十分な調整をした結果，この初期値の方向にバイアスを受けた最終決定に行きつく，ということを意味する。そのため，聞き手が，ある人が正直に話しているという考えに心を奪われていれば，対立する証拠が出てきても不十分な調整しかしないだろ

う。これはさらに，恋愛関係が親密になればなるほど，両者とも相手は正直であると判断する強い傾向を持つようになる，つまりいわゆる**関係性真実バイアスヒューリスティック**（Stiff, Kim, & Ramesh, 1992）へとつながる。**精査ヒューリスティック**（Levine et al., 1999）とは，過去に精査した相手について，時間が経つとその相手をより信じるようになるという聞き手の傾向である。聞き手は，精査が有効な嘘検知方略だと信じている。もし精査をしても結果的に欺瞞の明確な兆候がもたらされない場合（たいていそうであるが），相手は信じられやすい。**代表性ヒューリスティック**（Stiff, Miller, Sleight, Mongeau, Garlick, & Rogan, 1989）とは，ある特定の反応を，より広いカテゴリの中の一例として評価する傾向である。欺瞞の文脈では，**緊張行動**を欺瞞の兆候として解釈する傾向と説明できる。**規範逸脱ヒューリスティック**（Vrij, 2004b）とは，奇妙，あるいはめったに起こらない反応（たとえば，目を閉じ続けること，あるいは反対に，会話中じっと見続けること）を欺瞞的であると判断する傾向である。**反証可能性ヒューリスティック**によれば，反証可能な細部を含むメッセージは欺瞞的であると判断されやすい（Fiedler & Walka, 1993）。**相貌ヒューリスティック**（Vrij, 2004b）とは，魅力的な顔，童顔を正直であると判断する傾向である。

　O'Sullivan（2003）は，**基本的帰属の誤り**（前述した）が嘘検知にとって悪影響になることを示している。他者について印象形成がなされるとき，性格などの内的要因を過大評価し，状況的要因を過小評価しがちである。そのため，聞き手が，ある人のことを概ね信頼できる人だと信じたならば，どんな状況においてもその人を正直であると判断するだろう。対照的に，ある人のことを信頼できないと信じると，どんな状況においても不正直であると判断するだろう。信頼できる人がいつも正直であるとは限らないし，信頼できない人がいつも不正直であるとは限らないのは明らかである。

（14）貧弱な面接法

　警察のマニュアルで推奨されているいくつかの面接法が，嘘検知を妨げている。たとえば刑事は，それまでの捜査過程で調べた証拠を取調べの最初の段階で被疑者に直面させるよう，時に助言される（Hartwig, Granhag, Strömwall, & Kronkvist, 2006; Hartwig, Granhag, Strömwall, & Vrij, 2005; Leo, 1996a）。この方策は，黙っていても無駄だ，自白した方がいい，ということを被疑者に示そうとするものである。この面接スタイルは嘘検知を妨げるだろう。
　嘘をつく人が直面する困難の一つは，聞き手が何を知っているかわからないということである。そのため，嘘をつく人は，聞き手が知っていることに矛盾してしまうリスクを負わずに何を言ったらよいかわからないのである。警察官が，自分たちが知っている事実を被疑者に開示した場合，嘘をついた被疑者の不確実性を減らすことになり，嘘をつく過程をより気楽な経験にさせてしまう。嘘をつく人に初期段階で証拠を開示することで，彼らの話を改変する機会，そしてその証拠に対して潔白な説明をするための機会を与えてしまう。したがって，もし被疑者が「土曜の午後3時に商店街で防犯カメラの映像に映っている」と言われれば，その土曜の午後にそこにいたという潔白な説明を与えるようなアリバイが，すぐに構築可能になる。
　嘘検知の観点から見たもう一つの不適当な方略として，刑事が被疑者に嘘をつくことを責めているかがある。本当に嘘をついた被疑者には，いずれにしても信じてもらえないからさらなる協力は無駄だ，もう捜査には協力しないと言って，面接状況から「逃げる」ための理想的な機会を与えてしまう。加えて，嘘をついたと誰かを責めることは，嘘をつく人と真実を話す人から同じ反応を引き出すだろう。つまり，嘘をついたことを正しく責められた被疑者は検知される不安を感じるが，嘘をついたと誤って責められた被疑者も信じてもらえないのではないかという不安を感じる可能性

がある（Ofshe & Leo, 1997）。そうした恐怖のために，真実を話す人は嘘をつく人と同じ緊張行動を示すだろう（Bond & Fahey, 1987）。この点は，嘘をついた可能性がある面接対象者を責めている，嘘を見抜く人を困難に陥れる。つまり，恐怖の兆候は罪悪感の兆候として解釈されるのか，それとも無実の兆候として解釈されるのかの判断が困難である。その緊張行動は，答えを教えてくれるものではない（前述のオセロエラーを参照）。

（15）嘘検知・検出ツールの正確性に対する過大評価

　嘘検知・検出に関わる専門家は，自分たちが使っている嘘検知・検出ツールの正確さを過大評価する傾向にあるということが，指摘したい最後の誤りである。どんな嘘検知・検出ツールも，これまでのところ，単独では正確と言うにはほど遠く誤りが生じやすいことを，本書では明らかにした。検査が誤りやすいにも関わらず，使用者は高い正確性を主張する。第1章，そして本書を通していくつか例を示した。非言語的・言語的行動を基礎にした真偽性判断は困難なのにも関わらず，そしてまた，態度を基礎にした，真偽性を判断するために使われる，時に過度に単純化された技術にも関わらず，実務家はこれらの技術を使うことで85％の正確さで嘘を検出できると主張している（第1章，第7章）。

　また別の技術として，目のまわりの血流を通して覚醒を測定する赤外線画像があるが，個人差，個人内差を考慮していないので，多くの誤りを犯しがちになるだろう。しかし，この技術は空港で使用可能な保安検査装置となる可能性が示された（第1章，第11章）。

　懸念にもとづくポリグラフ検査は，関係質問に対して真に比較可能な対照質問を尋ねているかという困難さのために誤りを犯しやすい。それにも関わらず，ポリグラフ検査者に聞くと，典型的にはその検査について95％の正確さを主張する（第1章も参照）。fMRIを用いた脳スキャンは，嘘検出の兵器庫に加わった最新の科学技術である。比較的少数の大学生に対して理想的な検査状況で（比較可能な質問を構成しやすいリスクの低い

シナリオで，嘘をつくよう教示された細部を有罪の検査対象者が明確に思い出せるように遅延なしに検査する）この技術を試した後，このツールの開発者は，本検査はいまやテロリストを検出する準備があると主張している（第1章，第13章）。

　これらの実務家が自分たちの主張を信じ，そして信じない理由がないとき，彼らは自分たちの技術が有効であり，信頼に足るということを他者に信じさせようとするだろうが，これは危険なことである。これらの他者には，嘘検知や，検出の全貌についておそらくはあまり詳しくない人だけでなく，防衛省や国家安全保障局に勤務する公務員や，空港管理者，裁判官などといった，嘘をつく人を見抜くことに強い興味を抱く人も含まれるだろう。このような人たちがその検査に効き目があることを確信した場合，それらを取り入れて無批判に頼る可能性がある。その結果，テロリストの攻撃，裁判の失敗，そのほかの望ましくない結果につながる可能性がある。

第4節　結び

　本章では，人が，嘘をつく人を見抜くことに失敗する15の理由を示した。人は時に真実を知ることに興味を持たないという理由もあれば，嘘検知や，検出課題の困難な性質，そして，嘘を見抜く人が共通に犯す誤りに関する理由もある。真実に気づかないことで，日常生活における多くのやりとりは都合がよくなるが（第2章，第6章），必ずしもそればかりではない。人が，自分たちの直面する困難さをより理解し，誤りを避けることができれば，真実と嘘の識別がよりうまくなるだろう。次章では，この点を実践するための方法のガイドラインを説明する。

第15章
嘘を見抜くチャンス：嘘検知，虚偽検出スキルを向上させる方法

　この最終章では，以下の3つの話題について説明する。1つ目は，これまで紹介してきたさまざまな虚偽検出ツールを使用したときに，嘘を見抜く人はどのくらい正確に真実と嘘を識別することができるかを簡単に要約する。すでに第6章から第13章でこれらのツールの説明をしたため，本章では再度説明をしない。本章では，少なくとも実験研究の結果で嘘を見抜く人が非言語的行動や言語的行動を観察した場合には検知能力が低下し，生理反応を測定した場合には検出能力が向上することを示す。ただし，詳細な発話分析は，これらの2つの手法の中間に位置する手法である[原注1]。2つ目は，発話を分析するか，生理反応を測定することによって嘘検知や検出を向上させる方法を提案する。ここでは，欺瞞研究者と心理学の他分野の研究者が協力する必要性を示す。

　3つ目として，本章では非言語的行動や言語的行動を観察することで嘘検知を向上させる方法を取り上げる。これらの行動を観察して欺瞞を検知するときに使用する17のガイドラインを示す。本章では，発話分析や生理反応にもとづく虚偽検出よりも，言語的，非言語的行動を観察する嘘検知に着目する。これは以下の2つの理由からである。1つ目は，言語的，非言語的行動を観察する嘘検知は最も不正確であり，おそらくほとんどを改善する必要があるからである。2つ目は，発話分析や生理反応にもとづ

原注1　言語的な信憑性の評価ツールによって発話内容が体系的に分析されている場合は，発話分析と呼ぶ。体系的でない発話の観察は，言語的行動の観察と呼ぶ。

く虚偽検出よりも，言語的，非言語的行動を観察する嘘検知はより多くの状況で使用することができる。なぜなら，これらの行動を観察する嘘検知には，ポリグラフ，脳波を測定するための電極，生理反応による虚偽検出に必要な機能的磁気共鳴画像法（fMRI）を用いた脳のスキャン，あるいは発話分析に必要な書き起こされた発話などの設備や備品を必要としないからである。第14章と同様に，不必要な繰り返しを避け，これまでの章を簡単に振り返る。

第1節　さまざまな嘘検知・虚偽検出手法の正確性

　本書では，実験研究と実務研究の両方で得られた嘘検知と検出の正答率について終始説明してきた。実験研究では，観察者が真実と嘘を検知していた。これらは実験のために話された真実と嘘であり，主に大学生が語り手であった。実務研究では，専門家が実生活で話された真実と嘘を検知していた。表15.1に，実験研究と実務研究の正答率の要約を示す。残念ながら，言語的，非言語的行動を観察するか，発話分析によって真実と嘘を検知する能力を報告した実務研究はほとんどない。あったとしても，これらの少数の研究の結果は概ね信頼できない。そのため，本章ではこのような実務研究の結果を説明しない。その一方，生理反応による虚偽検出を用いた実務研究（特に，対照質問法を用いたポリグラフ検査）はかなり実施されており，本節ではこの研究結果の要約を示す。ただし，第11章で説明したように，これらの実務研究による結果を解釈する場合には十分に注意する必要がある。これらの実務研究の多くでは真実さの根拠が間違いなく確認されているわけではなく，さらにサンプリング・バイアスの問題もある。サンプリング・バイアスの結果として，実務研究におけるポリグラフ検査の正答率は，実生活で実際に見出されるよりも高くなっている可能性がある。

表 15.1 さまざまなツールによる真実と嘘の検知，検出の正答率 [1]

	正答率（%）[2]		総計
	真実	嘘	
非言語的，言語的行動			
一般の人（実験研究）[3]	63	48	
専門家（実験研究）[4]	56	56	
発話分析			
CBCA（実験研究）	71	71	
RM（実験研究）	72	66	
生理的分析			
CQT ポリグラフ（実験研究）	60-84	74-82	
GKT ポリグラフ（実験研究）	83-99	76-88	
脳波 P300 を用いた GKT（実験研究）	88	82	
fMRI			78-93[5]
CQT ポリグラフ（実務研究）	53-75	83-89	
GKT ポリグラフ（実務研究）	94-98	42-76	

注：[1] BAI や SCAN の正答率を評価するために，不十分な実験研究しか実施されていない。
　　[2] 正答率の全詳細については，別表 6.1（非言語的，言語的行動，一般の人），表 6.3（非言語的，言語的行動，専門家），表 8.3（CBCA），表 9.2（RM），表 11.2（CQT ポリグラフの実験研究），表 11.3（CQT ポリグラフの実務研究），表 12.2（GKT ポリグラフの実験研究），表 12.3（GKT ポリグラフの実務研究）や，表 12.5（GKT 手法を用いた脳波 P300）を確認してほしい。fMRI の正答率は第 13 章の本文に記載されている。
　　[3] 一般の人が初対面の成人によって話された真実と嘘を検知している。
　　[4] 専門家が初対面の成人によって話された真実と嘘を検知している。
　　[5] fMRI は，真実と嘘のそれぞれの正答率ではなく，総合正確性得点のみが報告されている。

実験研究

　表 15.1 は，非言語的，言語的行動から真実と嘘を識別する場合，最も成績が悪いことを示している。嘘検知に関わる専門家が参加した実験研究で確認された平均正答率は 56％ であり，コイン投げで期待される確率よりもほんの少し高いくらいである（第 6 章）。発話の書き起こし文を分析することで真偽性の判断を行った場合の正答率は 70％ 前後であり，使用した手法が基準にもとづく内容分析（Criteria-Based Content Analysis：CBCA，第 8 章）か，リアリティ・モニタリング（Reality Monitoring：RM，第 9 章）かによる違いはほとんどみられなかった。

第11章と第12章では，生理反応を用いた虚偽検出における2つの主要な質問法を紹介した。それは，対照質問法（Comparison Question Test: CQT）と有罪知識質問法（Guilty Knowledge Test: GKT）である。通常，これらの質問法を実施する間には，検査対象者の皮膚電気活動（electrodermal activity: EDA），呼吸，血圧をポリグラフで測定している。CQTとGKTのポリグラフ検査の正確性を調査した，これまでに報告された実験研究の総説を第11章と第12章に示した。これらの総説では多くの研究者が異なる研究を確認していたため，正答率が異なっていた。この証拠を示すために，これらの総説で得られた最も低い正答率と最も高い正答率を表15.1に示した。総説間の正答率の違いにも関わらず，CBCAやRMを用いた場合の正答率よりも，これらの質問法によるポリグラフ検査から得られた正答率は概ね高いことが明らかである。近年，EDA，血圧を検討することよりも，研究者は脳波記録法を用いて検査対象者の脳波であるP300や，fMRIのスキャンを用いてさまざまな脳領域の活動や構造を測定し始めている。実験研究における脳波のP300やfMRI検査による正答率は，実験研究におけるポリグラフ検査で得られた結果と同様であった。

実務研究

　実験室で実施された生理反応を用いた虚偽検出研究では，時に非常に高い正答率が報告される。そのため，「これらの検査によってテロリストを検出する準備は整っている」といったような強い主張がされることがある（第1章，第13章）。第11章から第13章で説明したように，これらの実験研究はCQTやGKTを用いたポリグラフ検査に関連した問題を隠した，最適な試験条件下で通常実施されている。CQTの主要な問題点としては，関係質問に対する真の統制として対照質問を設定していることである。また，GKTの主要な問題点は，犯人が覚えていそうな非常に重要な詳細情報を選択していることである。このような隠された問題は，実験研

究よりも実生活における正答率が低下する可能性を示している。

　特にサンプリング・バイアスのために実務研究よりも実生活における正答率は低下する可能性を考慮する場合，表15.1に示されたポリグラフを用いた実務研究の正答率の低下が事実であることを示している（第11章）。この正答率は，CQTやGKTに関連した問題を反映している。CQTはフォールス・ポジティブ・エラーに脆弱である。つまり，真実を話す検査対象者に嘘をついたと濡れ衣を着せる可能性がある。関係質問に対する対照質問が十分に統制されていなかったときに，このような誤りが生じてしまう（第11章）。実際に真実を話す人を正確に特定することは困難であり，実務研究の総説で真実を話す人を特定する正答率が75％以上である研究はない。また，GKTはフォールス・ネガティブ・エラーに脆弱である。つまり，犯人を無罪と分類してしまう可能性がある。犯人が非常に重要な詳細情報を覚えていなかった場合には，このような誤りが生じてしまう（第12章）。実際に嘘をつく人を正確に特定することは困難であり，これまで報告された2つのGKTを用いたポリグラフの実務研究で嘘をつく人を特定する正答率が76％以上の研究はない。また，実務研究ではポリグラフ検査しか実施されていないため，ポリグラフ検査の正答率よりも，実生活における脳波のP300やfMRIによる検査の正答率が高いといった想定には理論的根拠がない。

フォールス・ポジティブ・エラーとフォールス・ネガティブ・エラーの深刻さ

　フォールス・ポジティブ・エラーとフォールス・ネガティブ・エラーは両方とも望ましくないが，どちらがより深刻かは状況次第である。泥棒，強姦犯，殺人犯などを捕まえるといった犯罪捜査では，無罪の人の起訴や有罪判決につながる可能性があるため，フォールス・ポジティブ・エラーが非常に深刻な誤りと考えられる（第11章）。その一方で，スパイやテロリストを捕まえるといった安全保障上の脅威に関する捜査では，スパ

イやテロリストを見つけることができないままとなる可能性があるため，フォールス・ネガティブ・エラーが非常に深刻な誤りと考えられる。しかし，第11章で明確にしたように，高い正確性が必要とされるスパイやテロリストを捕まえるのに役立つ嘘検出ツールには，今以上の検出の正確性が必要とされている。これは，ある集団の中に潜在的なスパイやテロリストが存在する基準比率が低いため，嘘検出ツールには高い正確性が求められるからである。たとえば，1,000人の従業員の中に10人のスパイがおり，嘘検出ツールの正確性が90%であったと仮定する。理論的には，すべてではないがほとんどのスパイ（9人）がスパイとして検出される。しかし，さらに99人の無実の人が誤ってスパイとして検出されてしまう（990人のスパイでない人の10%）。このように，90%の精度の嘘検出ツールを使用した嘘を見抜く人は108人をスパイとして検出し，9人の本当のスパイと99人の無実の人を識別するさらなるチャンスはないことになる。

　まとめると，少なくとも実験研究では生理反応を用いない嘘検出ツールよりも，生理反応を用いた虚偽検出ツールの正答率が高くなっている。しかし，フォールス・ポジティブ・エラーやフォールス・ネガティブ・エラーといった誤りはすべての種類の検査で頻繁に生じている。この誤りにより，これらのツールを信頼してスパイやテロリストを見破ることが不適切になる。しかし，第6章から第13章で概説したように，いくつかの検査はチャンスレベルよりも高い確率で真実と嘘を識別しているため，それらの検査が犯罪捜査で被疑者の真偽性の印象を形成するのに役立つと考えられている。

第2節　発話分析と生理反応を用いた虚偽検出を改善するための提案

　発話分析と生理反応を用いた虚偽検出は，特に4つの研究領域の中で発展すると考えられる。1つ目は，実務研究で発話分析と生理反応を用い

た虚偽検出が適切に実施されることが早急に必要である。実務研究が適切に実施されて初めて，そのような虚偽検出検査が実際にどのくらい正確なのか，その検査の本当の強みと弱みは何かを知ることができるだろう。著者は実務研究を適切に実施する場合の困難さを正しく理解しているつもりではある。しかし，そのような外的に妥当な研究がなければ，現在使用されている虚偽検出ツールが実際にどのくらい効果を持つかを判断できない。供述の妥当性評価（Statement Validity Assessment: SVA，第8章）のような虚偽検出ツールは，刑事裁判で証拠として使用されている。しかし，SVAによる評価がどのくらい正確かは誰も把握していない。非常に多くの犯罪捜査官は，行動分析のための面接法（Behaviour Analysis Interview: BAI）による面接（第7章）を実施できるように訓練されており，科学的内容分析（Scientific Content Analysis: SCAN）法（第10章）は世界的に教育されている。ただし，これらの面接法や分析法を採用している捜査官がどのくらい正確に嘘を検知できるかは不明である。そして，脳波のP300やfMRIによる検査（第12章，第13章）は，犯罪者やテロリストを捕まえるための最良の手法として提示されている。しかし，これらの虚偽検出ツールは大学生を参加者とし，よく統制され，制約の多い実験室環境における最適な条件下で検証されたものしかない。

　2つ目は，発話分析による嘘検知に関して，第9章で示したようにCBCAとRMの要素を組み合わせることが有効である。CBCAの結果を評価するために言語から嘘を見抜く人によって使用される妥当性チェックリストは，さらに発展させる必要がある。第8章で説明したように，妥当性チェックリストには定義や正当性が十分でないと思われる基準がいくつかあり，このチェックリストに含まれて当然なものが含まれていないといった問題がある。

　3つ目として，生理反応を用いた虚偽検出に関して，CQTは標準化された検査とは言えない（第11章）。CQTを用いる検査者は，検査対象者ごとに個別の検査を作り上げている。この手続きは，非常に洗練された心理学的工学のようにみなされているだろう（Lykken, 1998）。しかし，さ

まざまな要因が後の検査対象者の生理反応や，検査結果を規定することになる検査者と検査対象者の両方の考え方に影響を与える。また，質問の言葉自体や質問の順番も，検査結果に影響を与える（第 11 章）。標準的な CQT の手続きがないことは，CQT 研究者や検査者に十分に理解されていない。社会的影響や言語学的研究のさらなる理解が，検査の結果に影響を与える可能性のある要因を特定するのに役立つと思われる。

　GKT が機能するためには，犯人が検査のときに提示される非常に重要な詳細情報を覚えている必要がある（第 12 章）。GKT を用いる検査者が直面する問題として，犯人が覚えている可能性が高く，検査中に思い出すであろう非常に重要な詳細情報を把握できないことがある。目撃証言の理論や研究は，第 12 章で示したように犯罪者よりも目撃者がどのように犯罪を知覚し，記憶するかを検討している研究がほとんどである。しかし，一般の人が出来事を記憶する傾向について価値のある洞察を与えてくれる。目撃証言研究をさらに理解することは GKT を用いた検査に有益である。

　まとめると，虚偽検出以外の領域の研究知見が質問法に組み込まれた場合に，CQT と GKT による質問法は向上すると考えられる。CQT と GKT の検査者や研究の問題として，この分野で積極的に研究を行っている人が非常に少ないことが挙げられる。第 11 章から第 13 章で引用した研究者の詳細な検討は，生理反応を用いた虚偽検出研究は，ほんのわずかの研究者によって行われているように思えることを明らかにしている（Iacono(2000) や The National Research Council (2003) も参照）。これらの数少ない研究者は，CQT と GKT による質問法に関連する可能性のある，すべての研究を知ることができないだろう。そのため，社会的影響，言語学や，目撃証言の研究者と積極的に共同研究を行うことが推奨される。

　最後に，fMRI 研究は，欺瞞や虚偽検出の理論的な理解を向上させると考えられる。fMRI 研究者は，脳の構造や領域とさまざまな種類の嘘の関連を確証することを目指している。しかし，嘘は利害関係の高低，自発的

嘘や準備された嘘，まったくの嘘，誇張表現，隠蔽などの非常に多くの次元に分類可能であり，これらすべての次元の組み合わせも可能であるため，これは非常に大変な課題である。これらの嘘の3次元の組み合わせだけでも，すでに12種類の嘘が生じてしまう。異なる属性を持つ人は異なるパターンの脳活動を示すため，さまざまな集団に所属する人がfMRIを用いた研究に参加する必要がある。

　さまざまな種類の嘘に対応する脳活動が確認された場合，少なくともさらに2つの研究活動が重要になるだろう。1つ目は，神経生理的脳活動が，EDA，呼吸や血圧などの心理生理的手がかり，発話に関連した手がかり，行動に関する手がかりのような，嘘を見抜く人がより簡単に利用しやすい手がかりと関連しているかを検討すること，また関連している場合には脳活動とそれらの手がかりがどのように関連しているかを検討することである（Happel, 2005）。2つ目は，次節で説明するように，嘘を見抜く人が，真実を話す人と嘘をつく人の違いを増大させることを目的とした面接手続きを用いることである。研究者は嘘の種類ごとに真実を話すときと嘘をつくときの脳活動の最も大きな違いを生み出す面接手続きを設計できるだろう。脳活動が，心理生理的手がかり，発話に関連した手がかり，行動に関する手がかりと関連している場合，真実を話す人と嘘をつく人の脳活動の違いが大きいほど，それらの手がかりが真実を話す人と嘘をつく人を識別する可能性が高まるだろう。

第3節　非言語的，言語的行動を検討することによって嘘をつく人を見つけるためのガイドライン

　ガイドラインに関する本節は2つに分かれる[原注2]。最初の「観察にもとづくガイドライン」では，真実を話す人と嘘をつく人が示す可能性のある

原注2　Granhag と Vrij (2005), Vrij (2004a, b, 2006b, 2007), Vrij, Fisher, Mann と Leal (2006, 2009), Vrij と Granhag (2007) も参照してほしい。

非言語的，言語的手がかりの観察と解釈を扱った9つのガイドラインを示す。次に，欺瞞を検知するための面接法に関する8つのガイドラインを示す。嘘を検知するとき常に面接をするとは限らないものの，多くの場合は面接をすると思われる。そのため，特定の面接手続きを採用した場合，非言語的，言語的行動を観察することで真実と嘘の識別を向上させることが可能になると考えられる。「欺瞞を検知するための面接法」の節において，この方法を説明する。

観察にもとづくガイドライン

(1) 柔軟な決定規則を用いる

　本書の中で説明した研究は，欺瞞に特化した単独の行動的手がかりや，言語的手がかりは存在しないことを明らかにした。言いかえれば，ピノキオの伸びる鼻のような欺瞞を暴露する手がかりは存在しない。特定の状況において，人によって示される欺瞞の手がかりは異なる（たとえば，個人差）。また，状況により同じ人によっても示される欺瞞の手がかりが異なる（たとえば，個人内差）。そして，時にはまったく欺瞞の手がかりが示されないこともある。

　これは，欺瞞を検知しようとしたときに「嘘をつく人は目をそらす」のような個別の手がかりにもとづいた柔軟でない決定規則を用いることが不適切なことを示している。実際に，個別の非言語的，言語的手がかりに着目した人は一般的に嘘を見抜く能力が低いことがわかっている（Mann, Vrij, & Bull, 2004; Vrij & Mann, 2001a）。その代わりに，複数の手がかりを基準にして真偽性の評価をすることが望ましい（Ekman, O'Sullivan, Frisen, & Scherer, 1991; Vrij, Akehurst, Soukara, & Bull, 2004a; Vrij, Edward, Roberts, & Bull, 2000; Vrij & Mann, 2004）。たとえば，会話中に相手の動きが減少した場合，相手が嘘をついていると判断を下すのは十分ではない。しかし，発話速度が低下し，発話内容がより曖昧で詳細でない場合には嘘をついている可能性が高い。しかし，すべての状況におい

てこのような手がかりの組み合わせがすべての嘘をつく人にあてはまるわけではなく，まして特定の嘘をつく人にあてはまるわけではない。言いかえれば，複数の手がかりを含んだ柔軟でない決定規則も十分ではない。その代わりに，複数の手がかりを含んだ柔軟な決定規則を用いるべきである。つまり，ある場合には動き，発話速度や詳細情報の組み合わせが嘘をついたことを示すし，またある場合には笑顔，会話の間，声の高さの変化や，言い誤りが嘘をついたことを示すことになるだろう。

（2）嘘をつく人が感情や認知的負荷を経験しているか，自身を意図的に統制しようとしている場合，欺瞞の手がかりが生じる可能性が最も高い

　本書の中で，嘘をつくこと自体は嘘をつく人の非言語的行動や発話に影響を与えないことを明らかにした。嘘をつく人は罪悪感や恐怖を経験する必要があり，相手をだますことになる可能性について喜びを感じるために，真実を話す人と嘘をつく人には違いが生じた（第3章）。また，嘘をつくことが困難であると思うことや，嘘をつく相手に信じられるような印象を形成しようといった試みは，真実を話す人と嘘をつく人に違いを生じさせる（第3章）。実生活でつかれている多くの嘘に関して，相手から信じられなかった場合の影響は小さい（第2章〜第3章）。そのような利害関係が低い状況で，嘘をつく人は罪悪感や恐怖を通常経験しないし，相手から信じられるようにかなり努力することもない。利害関係が低い状況では真実を話す人と嘘をつく人には異なる行動や発話の手がかりがあまり示されないため，嘘検知が難しい課題になる。

　ただし，利害関係が大きい状況は異なる（第3章）。このような状況で相手から信じられないことは嘘をつく人に非常に悪い影響を与えることになるため，嘘をつく人は罪悪感や恐怖のような感情を覚えやすくなる。さらに，利害関係が大きい文脈で嘘をつくことは心的負担がより大きくなる可能性が高く，嘘をつく人は嘘がばれることを避けるため相手から信じられるように努力する傾向が強くなる。そのため，利害関係が大きい状況では，感情，認知的負荷や，意図的な試みを示す非言語的，言語的手がかり

が嘘をつく人に生じる。しかし，(3) のガイドラインで説明するように，真実を話す人にもこのような非言語的，言語的手がかりを示す可能性があるため，嘘を見抜く人はすぐにこれらの手がかりを欺瞞の指標として解釈しないように注意するべきである。

(3) 感情，認知的負荷や，意図的な統制の手がかりを解釈する場合に，ほかの解釈も検討する

　利害関係が小さい状況よりも大きい状況で，嘘をつく人だけではなく，真実を話す人にも感情，認知的負荷や，意図的な行動の統制の兆候を示す傾向がある。利害関係が大きい場合，相手から信じられないことは真実を話す人にとっても悪い影響をもたらす。本当は無実なのに警察から犯罪に関与した，雇用者から非常に高価な装置を壊した，あるいは知人から浮気をしたと告発されることで，どのような気持ちになるかを少し考えてほしい。このような状況で真実を話す人は信じられないことに対して恐怖を経験し，回答しているときには慎重に考え，相手から信頼されるように努力してもいるだろう。そのため，感情，認知的負荷や，意図的な統制の手がかりは嘘をついていることを決定的に立証するものではない。嘘を見抜く人は，このような手がかりを欺瞞の兆候として解釈するときには十分に注意するべきである。話し手の感情的な反応を解釈する場合には，嘘を見抜く人は次のような疑問を考慮するべきである。それは「罪を犯しているかに関わらず，この質問が回答者に感情を生じさせる可能性は高いか？」，「少なくとも現在の状況は回答者に感情を生じさせる可能性は高いか？」，「少なくともこの状況では感情的になる可能性が高い人か？」のような疑問である（Ekman, 1985, 2001）。認知的負荷や意図的な行動の統制の兆候を解釈する場合も，たとえば，「罪を犯しているかに関わらず，この質問が回答者に認知的負荷を生じさせる可能性は高いか？」などの同様の疑問を考慮するべきである。

（4）話し手に疑惑を示さないで疑惑を持つ

多くの場合，人は他者を信じる傾向がある。嘘を検知することに関心がないため（現実逃避効果，第1章），あるいは真実バイアスに関連したさまざまな理由のため（第6章），他者を概ね信じている。疑惑を持つことは，嘘をつく人を見つけるための必要条件である。疑惑を持つと非言語的，言語的行動をよりきめ細かい水準で分析するようになるため，疑惑を持つことは有益である（Atkinson & Allen, 1983; Schul, Burnstein, & Bardi, 1996; Schul, Mayo, Burnstein, & Yahalom, 2007）。しかし，嘘を見抜く人は疑惑を示さないことが重要である。相手に疑惑を示すことは真実を話す人を不快にさせ，これがオセロエラーを生じさせてしまう可能性がある（第14章）。また，疑惑を示すことは，嘘をつく人にとって逃げ道を与えてしまう可能性もある。たとえば，「なぜ話をしないといけないんだ？何を言っても信じてくれないじゃないか！」など嘘をつく人はこれ以上話すことを拒否するか，疑惑に対して「反撃」をすることになるだろう。夫が浮気を隠していることを妻が非難した場合に，「君が信じてくれない場合に，どのような関係になってしまうだろう？」と夫は答えるかもしれない。最終的に，第3章で説明したように，嘘をつく人が自分の嘘が相手に信じられていないと考えている場合には，相手からより信じられるために非言語的，言語的行動を調整しようとする。このような調整がうまくいった場合には，嘘検知が阻害されてしまう。

（5）相手が嘘をついているかをすぐに判断しない

相手が嘘をついているかを判断することが，容易で単純な課題であることはほとんどない。そのため，すべての利用可能な情報を評価することが重要である。しかし，メッセージの真偽性を一度判断してしまうと，自身の決定を支持する方法で追加の情報を解釈してしまう傾向がある（第5章）。その結果，一度判断を決めた後には，嘘を見抜く人がさらに重要な情報に気づけないリスクや，そのような情報を誤って解釈してしまうリスクを冒す。そのため，すべての利用可能な情報が評価されるまで先入観を

持たないことが重要である。第5章では，先入観を持たない傾向は状況やパーソナリティ要因によって決まることを説明した。

(6) より欺瞞に特徴的な言語的，非言語的手がかりに注目する

　第5章で明らかにしたように，視線の回避やそわそわする動きのような欺瞞に特徴的でない手がかりにもとづいて聞き手は真偽性を判断している。そのため，欺瞞に特徴的な手がかりに注目するように指導された場合，聞き手は真実を話す人と嘘をつく人をうまく識別できるようになると思われる。いくつかの「訓練」研究は，このような関心に着目していた。別表15.1には，参加者が行った訓練の内容の注をつけた，訓練研究の結果と要約が示してある（訓練研究の総説に関しては Bull (2004) や Frank & Feeley (2003) も参照してほしい）。

　すべての訓練研究で，聞き手には，真実か嘘かを話している多数の人が録画か録音された短い面接を呈示されていた。一般的に，この研究には3つの異なる手続きが用いられている。いくつかの研究では，聞き手が特定の手がかりに着目し，ほかの手がかりは無視するように求められる「着目手続き」が用いられている。ほかの研究では，聞き手が特定の行動と欺瞞の実際の関係について情報を与えられる「情報手続き」が用いられている。さらに，ほかの研究では，聞き手が判断をするたびに，自分の判断の正確さを教えてもらえる「結果のフィードバック」手続きが用いられている。これら3つのすべての手続きにおいて，これらの訓練を受けた参加者の成績が，訓練を受けていない参加者の成績と比較された。

　別表15.1に示したように，多くの研究では，どの訓練手法を用いたかではなく，訓練を受けていない聞き手よりも，訓練を受けた人は真実と嘘をうまく識別できるようになっていた。しかし，これらの識別率の向上はたいてい小さい。訓練を受けていない聞き手は真実と嘘を平均53.40％の精度で検知しており，訓練を受けた人は平均57.66％であった。言いかえれば，限られた範囲では嘘を見抜く能力を向上させるための訓練が可能である。これらの研究で確認された小さな識別率の向上は，必ずしも欺瞞検

知を訓練する本当の伸びしろを反映しているわけではない。訓練プログラムはたいてい簡潔であり，だいたい 15 分以下で終わる。たとえば，情報手続きを用いた研究で，聞き手には嘘をつく人が多くの場合に示す手がかり一式を教えられる。すべての嘘をつく人はこれらの特定の手がかりを示すわけではないため，このような手法には限界がある。さらに，これらのすべての研究で，聞き手には利害関係の低い真実と嘘が呈示されており，利害関係が低い状況は欺瞞を検知する多くのチャンスを与えてくれない。したがって，聞き手がより洗練された訓練を受け，利害関係が高い状況の真実と嘘を呈示された場合には，訓練効果がさらに高まる可能性がある。

　訓練研究には，説明する価値のある 2 つの結果がある。1 つ目として，Levine, Feeley, McCornack, Hughes と Harms (2005) の実験では，欺瞞に特徴的な手がかりではないものを指導する偽の訓練条件が含まれていた。この実験では訓練を受けていない参加者よりもこれらの偽の訓練を受けた参加者は成績がよいことが示されており，訓練の内容ではなく，訓練といった行為自体が嘘検知の精度を向上させる可能性を示している。これらの知見を説明するために，Levine らは訓練を受けていない聞き手よりも偽の訓練を受けた聞き手は批判的にメッセージを評価した可能性を示した。

　2 つ目に，いくつかの研究は訓練を受けていない聞き手よりも，訓練を受けた聞き手の成績が悪くなることを明らかにしている。この研究には，聞き手が Inbau の共同研究者や彼らのマニュアルによって指導されている手がかりを観察するように訓練された Kassin と Fong (1999) の実験が含まれている（Inbau, Reid, Buckley, & Jayne, 2001）。第 5 章で説明したように，このマニュアルで触れられている多くの手がかりは欺瞞に特徴的なものではない。訓練が聞き手の嘘を見抜く能力を低下させているほとんどのほかの研究（Köhnken, 1987; Vrij, 1994; Vrij & Graham, 1997）において，聞き手は警察官であった。その一方で，訓練により成績が向上した研究の参加者は通常大学生であった。この結果から，警察官よりも大学生はこれらの訓練から多くの利益を得ていることが示唆される。これは

VrijとGraham (1997) の研究で顕著であり，この研究で大学生は与えられた情報によって成績が向上した一方，警察官は同じ情報によって成績が悪化していた。

警察官が与えられた情報によって成績が向上しなかった理由に関して明確な説明はできない。一つの理由として，与えられた情報により警察官が混乱してしまった可能性がある（Köhnken (1987) も参照）。おそらくVrijとGraham (1997) の研究で与えられたパーソナリティ特性と欺瞞行動の関係についての情報は，パーソナリティ理論になじみのないと思われる警察官を混乱させた可能性がある。たとえパーソナリティ理論と欺瞞に関係性がないとしても，VrijとGraham (1997) の研究における大学生の聞き手は心理学科の学生であり，パーソナリティ理論になじみがあった。考えられるもう一つの理由は，警察官が与えられた情報を信じていなかったために，この情報を使用することを拒否したということである。たとえば，Vrij (1994) の研究において，聞き手は嘘をつく人には一般的に手と指の動きの減少がみられることを伝えられた。警察官は一般的に手や指の動きの増加が欺瞞を示すと思っているように，この情報は彼らの信念と矛盾している（第5章）。おそらく警察官は部外者（実験者）から与えられた情報を受け入れることを拒否し，自身の経験と信念を信頼し続けていた可能性がある。

嘘を見抜く人に，欺瞞に特徴的な手がかりに注目させるようにするほかの方法としては，優れた嘘を見抜く人を見つけ出し，その人が使用している戦略を解明することである。おそらく優れた嘘を見抜く人の有効な戦略はほかの人に指導することができるだろう。現在のところ，何人かの研究者は並外れて優秀な嘘を見抜く人だと思われる選抜された集団に面接を行っている（O'Sullivan, 2005; 2007; O'Sullivan & Ekman, 2004）。ただし，この研究プロジェクトの結果はまだ報告されていない[原注3]。

原注3 すべての人が，これらの嘘を見抜く人の並外れた才能が本当に証明されたとは考えていない。これらの並外れて優秀な嘘を見抜く人の選抜方法について批判的な文献であるBond & Usyal (2007) を参照してほしい。

(7) 非言語的，言語的行動を同時に注目する

　聞き手は非言語的行動と発話を同時に注目するべきである。聞き手は3つの異なる方法で非言語的行動と発話を同時に注目できる可能性があり，これらの方法のすべてが嘘検知を向上させると思われる。まず，聞き手は非言語的，言語的行動の手がかりの関係に目を向けずに，これらの手がかりの混合を考慮できる可能性がある。たとえば，聞き手は何か動きがあったときに何を言っていたかを検討しないで，相手の発話の詳細情報と同時に動きに注目することができる。著者たち，およびそのほかの研究者が実施した研究は，非言語的コミュニケーションか，あるいは発話内容を別々に注目するときよりも，それらの両方が考慮された場合に真実と嘘は正確に判断されることを一貫して示している[原注4]。

　2つ目に，聞き手は発話内容に関連する非言語的行動を検討できる可能性がある。これはコミュニケーション研究では一般的な手法だが[原注5]，欺瞞の研究者からはたいてい無視されてきた。第3章では，この手法の可能性について説明した。ある研究では例示動作の数を算出した場合には真実を話す人と嘘をつく人を識別することができなかったが，例示動作と発話を関連づけた場合には次のような違いを見出すことができた。つまり，真実を話す人と嘘をつく人は，発話の特定の部分で特定の例示動作を行う点に違いがある（Caso, Maricchiolo, Bonaiuto, Vrij, & Mann, 2006）。

　3つ目に，聞き手は非言語的行動と発話内容の食い違いを検討できる可能性がある。第3章で説明したように，強い感情は特定の表情を生じさせる。特定の感情は特定のパターンの表情と明確に関連しているため，表情の表出者が感情の生起を否定していた場合でさえも，特定の表情パターンが生じたときは感情を実際に経験している可能性がある。この場合，発話内容と感情表出の食い違いは，人が経験している感情について嘘をついて

原注4　Ekman & O'Sullivan, 1991; Poter & Yuille, 1995, 1996; Poter, Yuille, & Birt., 2001; Poter, Yuille, & Lehman, 1999; Vrij, Edward, Roberts, & Bull, 2000; Vrij, Evans, Akehurts, & Mann, 2004; Vrij, Akehurst, Soukara, & Bull, 2004a; Vrij & Mann, 2004.

原注5　Bavelas & Chovil, 2006; Bavelas, Chovil, Coates, & Roe, 1995; Bavelas & Gerwing, 2007; Freedman, 1972; Kendon, 1994, 2004; McNeill, 1985, 1992.

いることを明らかにする（Ekman (1985, 2001) や Ekman & O'Sullivan (2006) も参照）。しかし，表情以外のほかの手がかりはあまり特徴的でない。第8章で説明したように，ある人はその人が経験した否定的な出来事を話すときに苦悩の明確な兆候を示すこともあり，そうでない人もいる。言いかえれば，動揺させる出来事についての面接中に苦悩を示さないことが，欺瞞の妥当な手がかりではない。ただし，このような手がかりを示すことを多くの聞き手が信じている（第5章〜第8章）。そのため，ある人の非言語的行動と発話内容に食い違いがあると嘘を見抜く人が信じている場合には，この食い違いの解釈の仕方を注意するべきである。上記の例のように動揺させる出来事を話すときに人は必ずしも苦悩の兆候を示すわけでないため，相手が嘘をついていると簡単に結論を下さずに別の説明を考えるべきである。

(8) 類似状況における誠実な反応からの逸脱に注目する：比較可能な真実

　真偽性の判断をするときに，嘘を見抜く人は個人間差と個人内差を考慮するべきである。そのため，聞き手が自問すべき関係質問は，ある人が示す非言語的行動や発話のパターンが，その人が誠実なときの反応から異なるかである。この手法が役に立つためには，話し手の取調べ中の反応と同様の条件下で話し手の誠実なときの反応（たとえば，基準となる反応）が示される必要がある（比較可能な真実反応，第3章）。この同等性を保った反応が得られて初めて個人内差を考慮することが可能となる。人は，利害関係が大きい状況では小さい状況と異なる反応を示す（第3章）。そのため，利害関係が大きい状況の取調べで反応が示された場合，その反応を基準にするべきである。また，話題の個人的な関与も人の行動に影響を与える（第3章）。そのため，取調べに対する反応が話し手にとって本当に関心のある話題だった場合，その反応を基準とするべきである。さらに，面接者が異なる場合には，同じ人でも異なる行動を示すため（第3章），取調べに対する反応や基準となる反応は同じ面接者によって引き出されることが重要である。

第3章では比較可能な真実を使用するべき方法の例を示した。録画された実際の警察官の取調べ中に，殺人の容疑をかけられ後に罪が確定した男性がある日の行動を説明するように求められていた（Vrij & Mann, 2001a）。殺人の被疑者は朝の行動（仕事に行った），午後の行動（市場に行った）と，夕方の行動（隣人を訪ねた）について説明した。録画映像の詳細な分析により，午後と夕方の行動を説明し始めてすぐに被疑者の行動が突然変化したことが明らかになった。この変化の考えられる理由は，被疑者が嘘をついたことである。実際に，証拠がこの見解を支持していた。警察の捜査官は，被疑者の朝の行動に関する話の裏づけを確認し，午後と夕方の行動の発言はねつ造されていたことを明らかにした。実際には，被疑者は午後に被害者と会っており，その日の夜遅くに被害者を殺していた。この事例の場合には，適切な比較が可能であった。被疑者は一見したところ普通の日の行動を述べていた。しかし，その普通の日の特定の時間の行動を述べているときに行動が変化した適切な理由がなかったのである。

　この手法を使用した2つ目の実際の例は，著者が，妻を誘拐したことを疑われている男性の取調べの映像を見るように警察から依頼されたときのことである。被疑者はある日の行動を述べるように求められていた。4回にわたる電話の呼び出しについての被疑者の説明が著者の注目を引いた。被疑者は最初の電話の呼び出しについて詳細に説明し，その中にはたとえば「私は……と言って，そしたら相手は……と言って」などの自分が何を言って相手が何を言ったかの引用が含まれていた。その日の2回目と4回目の電話の呼び出しを被疑者が説明するときに，このパターンが同様に生じていた。しかし，3回目の電話の呼び出しの説明は違っていた。被疑者の説明は詳細でなく，引用もまったく含まれていなかった。警察がこの3回目の電話の呼び出しについてより詳細に説明するように求めたときに，被疑者はいくつかの詳細情報を与えたが，やはり引用はなかった。著者が3回目とほかの電話の呼び出しの違いを警察に指摘したとき，3回目の電話の呼び出しが確実になかったと信じる理由を警察がつかんでいることを教えてくれた。

比較可能な真実を使用した方法には必然的な欠点があるため，この方法を使用するときにさらに誤りを犯す可能性がある。主要な問題は，欺瞞以外の要因によって生じた非言語的，言語的行動の違いを除外することが困難であることである。そのため，このような行動と発話の違いを解釈する場合に，柔軟であることが非常に重要である。また，基準となるメッセージと取調べ時のメッセージの違いがわずかしかないため，識別するのが困難である[原注6]。そして，基準となるメッセージと取調べ時のメッセージの行動や発話に関連した違いがないことは，その人が真実を話していることを必ずしも意味しない。

(9) 間接的な嘘検知法を使用する

嘘検知スキルを改善するためのほかの方法は，真実と嘘を識別するための現存する潜在能力をうまく使うように促すことである。これは聞き手に相手が嘘をついていると思うかを間接的に尋ねることによって達成できる（たとえば，間接的な嘘検知，Buller & Burgoon, 1996; DePaulo, 1994; DePaulo, Charlton, Cooper, Lindsay, & Muhlenbruck, 1997; DePaulo & Morris, 2004; Granhag, 2006; Vrij, 2001）。たとえば，「その人は嘘をついているか？」といった質問に答えさせるのではなく，「その人は考え込んでいるか？」といった質問に答えさせることである。最初の直接的な嘘を見抜くための質問に回答するときよりも，後の間接的な嘘を見抜くための質問に回答するときに，聞き手が嘘をうまく見抜けることが研究で示されている。3つの研究で，聞き手は間接的な嘘を見抜くための質問に回答することでのみ真実を話す人と嘘をつく人を識別できた。また，それらのすべての研究で，真実を話す人よりも嘘をつく人は考え込んでいるように知覚されていた（Landström, Granhag, Hartwig, 2005; 2007; Vrij, Edward, & Bull, 2001b）。さらに，Vrij ら (2001b) の研究知見から，間

原注6　この点において，非言語的行動の生起数の頻度を即時に算出し，表示することができる近年のコンピュータ技術の発展は，聞き手にとって有用である（Dente, Barath, Ng, Vrij, Mann, & Bull, 2006; Rothwell, Bandar, O'Shea, & McLean, 2006）。

接的な嘘を見抜くための質問に回答した参加者（この研究では警察官）のみが映像における真実を話す人と嘘をつく人を実際に識別する手や指の動きの減少のような手がかりに注目していたことが示された。言いかえれば，たとえば認知的負荷のような，話し手が考え込んでいる手がかりを見るように指示することは，欺瞞に特徴的な手がかりに聞き手の注意を向けさせていることになる。

欺瞞を検知するための面接法

聞き手には嘘をついている疑いのある人を面接する機会がよくある。そこで，聞き手が真実と嘘を識別するためのチャンスを利用する方法についてのガイドラインを提案する。「欺瞞を検知するための面接法」の概念は，非言語や発話に関連した欺瞞の手がかりを検討する研究者に長い間無視されていた。しかし，この「欺瞞を検知するための面接法」の研究は，現在実施され始めている。また，警察のマニュアルでは欺瞞を検知するための面接法についてほとんど報告されていない。通常，これらのマニュアルでは欺瞞の手がかりを説明している。しかし，嘘をつく人がそのような手がかりを示す傾向を増加させるために，面接者ができることを説明していない。これは，経験豊富な警察官が欺瞞を検知するための面接法を実験で観察したときに，明確で効果的な戦略がみられなかった理由を説明できる (Hartwig, Granhag, Strömwall, & Vrij, 2004b)。

欺瞞を検知するための面接法の手続きの一つには，Inbau ら (2001) によって説明された行動分析のための面接法 (BAI) がある。第 7 章で BAI の手続きを説明し，この面接法の信頼性の判断を保留することを説明した。この判断の保留に関連する一つには，BAI では，たとえば「お金を盗りましたか？」のような犯罪捜査の面接で用いられる特定の質問に回答するときに，真実を話す人よりも嘘をつく人は不快感を持つことを仮定していることである。本書を通して，これは想定できないことであり，利害関係が高い状況ではそのような質問に回答する場合，嘘をつく人と同様に無実

の人は心配や不快さを感じることを明らかにした。

　犯罪捜査，あるいは利害関係が高い状況で，真実を話す人よりも嘘をつく人の関心を必然的に生じさせてしまう質問を行うべきではないと思われる。そのため，以下に続くガイドラインは面接対象者の関心を高めることを目的としたものではない。その一方で，いくつかの状況では真実を話す人よりも嘘をつく人にとって回答するのが困難な質問を尋ねることが可能であり，いくつかのガイドラインはこの嘘をつく人の回答の困難さに関連していると思われる。さらに，これから説明するが，聞き手が指紋などの証拠を何か持っている場合に，嘘をつく人に呈示するその証拠を戦略的に使用することが可能である。この欺瞞を検知するための面接法は新しい考えのため，すべての推奨方法がまだ検証されているわけではない。ただし，先行知見がある場合には，以下のガイドラインに参考文献を示すか，以前の章を参照している[原注7]。

(10) 情報収集型の面接法

　第3章において，警察は一般的に情報収集型・問責型の2つの面接法を組み合わせて使用していることを説明した。情報収集型の面接スタイルでは，面接者はたとえば「昨日の午後3時から4時の間に何をしていましたか？」や「いまジムに行ったと言いましたが，誰がそこにいたかを話してください」などのような自由回答によって被疑者の行動の詳細な情報を提供するように依頼する。対照的に，問責型の面接スタイルにおいて面接者は，たとえば「あなたの反応は何か隠しているように感じさせる」などの非難を被疑者に突きつける。情報収集型の面接は被疑者に話をさせるように促すが，問責型の面接はたとえば「私は何も隠していない」などの短い否定をよく生じさせる。そのため，問責型の面接よりも情

[原注7] 以下の多くのガイドラインは，面接対象者が話す必要がある。警察の面接のようなあまり予期されていない状況でさえ面接対象者は一般的に話す意思があると思われる。MostonとStephensonとWilliamson (1993) は，録音された1,067の警察の面接を分析したところ，黙秘していたのは被疑者の5%だけであったことを報告している。

報収集型の面接は，出来事について情報を多く引き出し，反応も長くなる（Fisher, Brennan, & McCauley, 2002; Vrij, Mann, & Fisher, 2006b; Vrij, Mann, Kristen, & Fisher, 2007）。

　いくつかの理由から，情報収集型の面接が嘘を検知するために望ましいと思われる。1つ目として，第4章で説明したように嘘を検知するための有効な戦略は，利用できる証拠と嘘をついている疑いがある人が提供する事実にもとづく情報を照合することである。面接対象者が事実にもとづく情報を提供するほど，嘘を見抜く人が照合するための機会が多くなり，これは情報収集型の面接で生じやすい。2つ目として，問責型の面接よりも情報収集型の面接は，欺瞞の非言語的手がかりを増加させることになることである（第3章）。発話が長くなることは一般的に欺瞞の非言語的手がかりを増加させることが明らかになっており，これは情報収集型の面接で生じやすい。話が長くなるほど，欺瞞の非言語的手がかりが生じる機会が多くなるからである。また，悪事を非難すること，つまり，問責型の面接は，真実を話す人と嘘をつく人の両方の行動に同様に影響を与える。そして，嘘をつく行動よりも人から非難されることは非言語的行動に強い影響を与える。その結果として，人から非難されることによって真実を話す人と嘘をつく人の非言語的行動の違いが曇らされてしまう（第3章）。

　情報収集型の面接を用いる3つ目の長所は，欺瞞の言語的手がかりも同様に増加することである（Vrij, Mann et al., 2007）。言葉は欺瞞の言語的手がかりを運ぶ手段であるため，発話に含まれる言葉が多くなるほど，この手がかりが生じる機会が多くなる。4つ目として，情報収集型の面接には不正行為によって被疑者を非難すること，あるいは被疑者を不快にすることを意図したほかの戦術が含まれていないことである。無実の人でも不快さに屈した場合に，虚偽自白を行うことがたまにある（Gudjonsson, 2003）。そのため，この面接は虚偽自白に対する予防手段となる。5つ目として，情報収集型の面接よりも問責型の面接における真偽性判断は，強い自信を持ってなされることである（Vrij, Mann et al., 2007）。真偽性判断は不正確なことが多い（第6章）ため，この判断に自信を持ってい

ることは問題である。嘘を見抜く人が真偽性判断に十分な自信を持っていないと考えている場合，この判断を確定するのを延長し，さらにその事例を調査することを決める（Levine & McCornack, 1992 も参照）。発話の真偽性に関する証拠は，そのような追加の調査から生じる可能性がある。最後に，以下で説明する面接のガイドラインのいくつかは，問責型の面接よりも情報収集型の面接で採用されやすい[原注8]。

（11）欺瞞検知は最初の面接のときが最も容易な可能性がある

　嘘検知は後の面接よりも最初の面接のときに容易な可能性がある。最初の面接では，嘘をつく人はまだ十分な準備ができていない。嘘をつく人は自分が伝えることになる話を十分に練習していないし，回答するための戦略を練習していない。第二次世界大戦中にドイツ軍に捕まった後にドイツ警察に尋問されることになったレジスタンスのメンバーは，尋問に対する準備をほとんどしていなかった（J. Vrij, 2001）。レジスタンスの予防措置のすべてはドイツ警察に捕まることを回避することに注力されており，同様に重要な点である捕まった場合の尋問に対する回答は無視されていた。

　また，最初の面接を終えた後，面接の過程が進行してしまうと，嘘をついている疑いがある人の反応を解釈することが，より複雑になる。たとえば，面接者は疑い深くなり，この疑惑は同様に面接対象者の行動に整合を与える（第3章）。さらに，お互いにやりとりをする中で，行動の調和と同調が生じる。お互いの姿勢を鏡映し，あるいは話す速度や音量が近づいていく。お互いの視線，うなずきや笑顔も互いにやりとりしている（第3章）。その結果として，面接の過程が進行することで，面接対象者の行動は，面接者の行動によって影響を受けるようになる。これが面接対象者の行動を解釈することを複雑にする。

原注8　情報収集型の面接は欺瞞に関連しない重要な理由からも望ましい。殺人や性犯罪に関する研究型の，その面接が自発的な自白を生じさせる可能性を示している（Holmberg & Christianson, 2002）。被疑者は自分が尊重され，認められていることを感じた場合，犯罪行動を認めるように促す自信や心の余裕を得ている可能性がある。

(12) 事実にもとづく情報に精通しておく

　面接を始める前に，嘘を見抜く人は事実にもとづく情報をよく把握しておくべきである。事実にもとづく情報がある場合や，嘘を見抜く人がこの証拠に気づいている場合には，嘘検知は容易になる。嘘をつく人の発話が証拠と矛盾する機会は常に存在し，嘘を見抜く人がこの証拠に気づいた場合にはこれらの嘘がすぐに検知される（第4章）。証拠が利用できるかによって，どの面接法を使用するかも決定される。証拠がない場合，嘘を見抜く人はガイドラインの（13）から（16）に概説した戦略を用いるべきだろう。証拠がある場合にも，ガイドラインの（17）に概説したように，嘘を見抜く人はこの証拠を戦略的に使用するべきである。

(13) 繰り返し話をさせる

　嘘をつく人は話を繰り返すように求められた場合に，嘘がばれてしまうことがある。多くの嘘をつく人は十分に準備をしていない（Ekman, 1985/2001）ため，特定の質問によって不意をつかれることがある。相手から疑惑をもたれることを避けるため，嘘をつく人はこれらの予期していなかった質問の回答をすぐに創作しなければならない。嘘をつく人は即興の作り話を伝えた後，適切な繰り返しの練習をすることができないため，自分が実際に言ったことを忘れてしまうリスクを冒す。面接の後の段階でこの情報を繰り返すように求めることによって，嘘を見抜く人はこの状況を有効に活用できる。

　面接で以前に与えた情報を繰り返すように求められた場合，準備をしていた嘘をつく人は以前に言ったことを覚えている可能性が高い。しかし，最初の質問とは異なる形式で情報を繰り返すように求められた場合，嘘がばれてしまうと考えられる。たとえば，最初の質問が「何歳か？」だった場合に，後の質問は「生年月日はいつか？」となるだろう（Walczyk, Schwartz, Clifton, Adams, Wei, & Zha, 2005）。真実を話す人よりも嘘をつく人は矛盾した回答をすることが期待される。多くの嘘をつく人はこの2番目の質問に回答することが困難であり，回答するまでの時間が長

くなると思われる。

　さらに多くの質問によって，いくらか異なる視点から面接対象者に話を再生するように依頼することができる。いくつかの例を示す。たとえば，ある人が午後2時から5時の間に，家から商店街に車で移動して3つの店に寄り，飲み物を買った後，車で家に戻ったとする。「最初に行った店から家に帰るまでどのくらい時間がかかったか？」や「最初に行った店にはどのくらい居たか」など時間に関する質問を，上記の行動ごとに後で尋ねることができる。これらの活動ごとの時間の総計は，最初の発言で説明された時間の長さと等しくなるはずである。先ほどの例だと3時間になる。真実を話す人の説明よりも，嘘をつく人の個々の活動の時間の説明は，最初に報告された総時間の長さよりも逸脱していることが期待される。あるいは，たとえば「4時に何をしていたか？」などの具体的な時間にしていたことを面接対象者に尋ねることができる。最初の発言とこの回答を比較した場合，真実を話す人の回答よりも嘘をつく人の回答は矛盾していると期待される。

(14) 面接対象者に詳細に述べさせる

　情報収集面接をするときに，嘘を見抜く人は最初の自由回答方式の質問を詳細に述べるように面接対象者に依頼するべきである。これは特に嘘をつく人にとって困難である。嘘をつく人はこれから言うことを準備している可能性があるが，より詳細な内容を話すように求められたときと同様に多くの詳細情報を準備していないだろう。そうした場合，嘘をつく人には葛藤に直面する。嘘をつく人は自然に作り話ができると思われるが，これが困難なときもある。あるいは，嘘をつく人はほかに覚えていることはないと言う可能性がある。最初の回答で詳細な説明をしていた場合には，この戦略は疑わしく見える。人は知っている詳細情報のすべてを自発的に思い出すことはほとんどない。そのため，多くの詳細情報を最初に与えた後の完全な沈黙は疑わしく見えるし，嘘をつく人の多くは追加の詳細情報を与えると予測される。ガイドライン（10）で説明したように，これは嘘

を見抜く人にとって有益である。詳細に述べられた回答には，嘘を見抜く人が照合することができる事実にもとづく情報が含まれる（Schwetzer & Croson, 1999 も参照）。詳細に述べられた回答は欺瞞の非言語的，言語的手がかりも与えてくれる。

　詳細に述べさせるほかの方法としては，面接対象者が予期していない質問をすることである。この質問は面接対象者が予期していない質問であり，相手に疑惑を生じさせることなく「知らない」と回答できない質問である。そのため，これらの質問に対して面接対象者は自発的な，準備されていない回答をする以外の選択肢がない。これは嘘をつく人にとって困難であり，その結果として，その回答には欺瞞の非言語的，言語的兆候が含まれることになる。どのような質問が予期しない質問となるかは，状況と面接対象者次第である。しかし，たとえば面接対象者が昨晩レストランに行ったと話した場合の予期しない質問は「昨晩の『特別なメニュー』は何か？」である。あるいは，自分の仕事について説明した場合，予期しない質問は「あなたの仕事に就くにはどのような資格が必要か？」，「年次休暇はどのくらいあるか？」や，「一年のうち特定の期間に年次休暇をとる必要はあるのか？」である。

（15）筋書きのある回答が疑われるときは時間に関する質問をする

　嘘をつく人にとって有効な戦略は，その人が主張した以外の日に生じた実際の真実を話すことで嘘をつくことである（埋め込み型の嘘，第8章，第9章と第14章）。たとえば，犯罪に関与したことを否認している被疑者が，犯罪が行われた時間にジムに行っていたと主張していたとする。その人がジムをよく知っていた場合に，ジムでの真実の経験を思い出すことが可能であり，ジムの配置，そこで使っている器具などを説明することができる。この話で嘘をついている部分は，その人がジムにいた時間だけである。嘘を見抜く人は，このような嘘の戦略に注意するべきである。ジムの配置や活動に関する質問は効果的でない。被疑者は時間などについて嘘をついているため，面接対象者がそこで経験したと主張する特定の時間に

関連する具体的な質問をするべきである。たとえば，ジムに行ったと主張する時間にいたインストラクターや，ほかに誰がいたかを質問するべきである。

　この戦略がマキシン・カーの取調べでどのように使用されたかを説明しよう。彼女はイアン・ハントリー（2002年8月4日の日曜日にイギリス南部で10歳の少女を2人殺した罪が確定している男性）の恋人であった。イアン・ハントリーの事例は第3章で説明した。マキシン・カーはイアン・ハントリーをかばうときに埋め込み型の嘘をついた。カーの家からかなり距離があったが，彼女は少女が行方不明になった日曜日はずっとハントリーと一緒に家で過ごしたと警察に話した。この証言により，彼女はハントリーにアリバイを与えた。日曜日に何をしていたかを警察がカーに尋ねたとき，彼女は昼食に屋外での焼肉パーティーの準備と食事に関する詳細情報を回答した。カーが昼食に実施したと主張した日にはそのパーティーが行われていなかったが，彼女たちは以前にこのように日曜日を過ごしており，実際に経験した本当の出来事を説明したことが予測される。著者がテレビで見たカーの取調べの一部において，その日曜日のパーティーについて追加の質問はされていなかった。しかし，警察はこの昼食の材料を買ったときの経験について彼女に質問していた。たとえば，いつどこに買い物に行ったのか，買い物に行ったときの天気はどうだったか，店に何人くらいの人がいたか，会計は誰が担当したかや，いくら支払ったかなどを質問していた。彼女はこれらの質問に回答することが困難だったと予測される。彼女は8月4日の日曜日に買い物に行ったふりをして，別の日曜日に買い物に行ったときの記憶をおそらく思い出していただろう。しかし，彼女がこのようなふりをしようとした場合，思い出したその日の状況は8月4日に買い物をしたと主張した日の状況と異なってしまうことに気づいただろう。

（16）面接はより認知的負荷が生じるようにする

　真実を話すよりも嘘をつくことは認知的負荷が生じる状況であるた

め，嘘を見抜く人は，嘘をつく人が経験する認知的負荷の増加を有効に活用するべきである。認知的負荷が高まることにより、欺瞞の手がかりがより生じることになる。真実を話すよりも嘘をつくときのどんな場合に認知的負荷が生じるのかといった疑問に回答するためには，真実を話すよりも嘘をつくことには認知的負荷が生じる理由を考慮するべきである。第3章で，嘘をつくときの6つの要因が認知的負荷を増加させる一因になること説明した。1つ目は，嘘を練り上げること自体に認知的負荷が生じることである。聞き手が知っている，もしくは見破るかもしれないすべてのことを詳細に表現するために，嘘をつく必要があり，その嘘を監視しなければならない。また，嘘をつく人は最初の発言を覚えている必要があり，一貫性を維持するため誰に何を話したかを理解している必要ある。嘘をつく人は言い間違いも避け，新しい手がかりを与えることを控えるべきである。

　嘘をつくときに認知的負荷を増加する2つ目の要因は，真実を話す人よりも嘘をつく人は，自分の信憑性を当然のものとして考えていない傾向があることである。この場合，嘘を見抜く人に誠実に見えるようにするため，真実を話す人よりも嘘をつく人は，自分の態度を監視し，統制する傾向がある。自分の行動の監視と統制は，嘘をつく人にとって認知的負荷を増加させるはずである。3つ目は，嘘をつく人は信憑性を当然のものとして考えていないため，自分の嘘が面接者に見破られたかを評価するため注意深く相手の反応を監視していることである。注意深く面接者を監視することにも認知資源を必要とする。

　4つ目は，余分な認知的努力を必要とする演技や役割を演じることを自覚させられていることで，嘘をつく人は心が一杯になっていることである。5つ目は，嘘をつく人は嘘をつくときに真実を抑制する必要があり，この抑制にも認知的負荷が生じることである。最後に，真実の記憶の活性化は自発的に高頻度で生じるが，嘘の記憶の活性化はより意図的かつ計画的であるため，認知的努力が必要になることである。

　嘘をつくときに認知的負荷が生じることに関するこれらの6つの理由

は，どんな場合に認知的負荷が生じやすいかの洞察を与える。つまり，これらの6つの原則が有効になる程度に応じて，嘘をつくことには認知的負荷が生じることになる。著者は，これらの6つの原則の少なくとも何個かが満たされるためには，2つの要素が必要になると考えている。1つ目の要素として，面接対象者が相手から信じられることを動機づけられているときのみ，真実を話すよりも嘘をつくときに認知的負荷が生じる可能性が高い。このような状況でのみ，真実を話す人よりも嘘をつく人は自身の信憑性を当然のものと考えず，非言語的，言語的行動および面接者の反応を監視する傾向があることが想定される。2つ目の要素として，真実を話すよりも嘘をつくときにより認知的負荷を生じさせるためには，嘘をつく人は自身の本当の行動を容易に記憶から検索することができ，その行動の明確な印象を持つ必要がある。嘘をつく人が真実の知識を容易にかつ明確に利用できる場合のみ，嘘をつく人は真実を抑制することが困難になる。その一方，真実を話す人も出来事を正直に報告する課題のために，真実を容易に利用できる必要がある。この課題を実施するとき，真実を話す人には認知的負荷が比較的生じない。しかし，たとえば，際立った出来事でない，あるいはかなり前に起こった，などのために，真実を話す人が質問対象となる出来事を思い出すのに考え込む必要がある場合，真実を話す人の認知的負荷は，嘘をつく人が話を創作するために必要な認知的負荷を超える可能性がある。

　利害関係が高い状況で，面接対象者は一般的に相手から信じてもらえるように動機づけられており，この基準はほとんどの場合満たされている。真実を話す人と嘘をつく人が真実を容易かつ明確に利用できるかは，質問対象となる出来事の顕著性や，ある出来事と面接が実施されるまでの時間間隔を含む，いくつかの要因次第である。面接者は，面接対象者に質問をする前に関連がある行動をはっきりと覚えているかを聞くべきである。そして，面接対象者がよく思い出せることを示したときだけ，次の段落に概要を説明したガイドラインを用いるべきである。

　嘘を見抜く人は，真実を話す人と嘘をつく人をより効率よく識別するた

めに利用可能な，その人たちが経験している認知的負荷の水準の違いを有効に活用するべきである。嘘をつく行為自体のために真実を話す人よりも認知資源を必要とする嘘をつく人には，残っている認知資源が少ない。この認知資源が少ないことにより，嘘をつく人は脆弱になっている。そのため，以下で示す提案のような追加の要求によって達成できることだが，認知的負荷をさらに高めた場合に，嘘をつく人は真実を話す人よりもこれらの追加の要求にうまく対処することができない。嘘をつく人はうまく話すことができなくなるか，追加の要求にうまく対応できないか，またその両方が生じる可能性がある。嘘をつく人は相手から信じられようと熱心になっているため，認知資源を話をすることに使用している。そのため，たとえば真実を話す人よりも嘘をつく人は追加の要求にあまり従わないといったような，嘘をつく人が追加の要求に対応するときに圧倒的な違いが生じるだろう。しかし，追加の要求に対応する重要性が増加する場合，この追加の要求を「無視する」戦略は実行可能ではなくなり，その結果として嘘をつく人の話は損なわれてしまう。

　嘘を見抜く人には実施可能な多くの追加の要求が存在するが，ここでは3つの追加の要求を紹介する。1つ目として，嘘を見抜く人は，面接対象者にその人の行動を逆の順番で再生するように依頼することが可能である。Vrij, Mann, Fisher, Leal, Milne と Bull (2008) の研究では，実験研究の中で嘘を検知するために，この逆の順番で再生するように依頼することが有益であることが実証されている。真実を話す人は模擬的な出来事に参加し，後の面接ではこの出来事を再生した。その一方で，嘘をつく人はその出来事に参加せず，後の面接では参加したふりをした。真実を話す人と嘘をつく人は逆の順番で出来事を再生するか，自分が経験した通りに話をする（つまり，統制条件）かの指示を受けていた。逆の順番で話す条件では，面接対象者が出来事の最後に起こったことを最初に説明し，それからその前に生じたことなどを説明することになる。統制条件では，面接対象者は普通の時系列で自分の行動を説明することになる。

　Vrij ら (2008) の研究から，嘘をつく人よりも真実を話す人は逆の順番

で話をする要求にうまく対応できることが示された。さらに，統制条件よりも逆の順番に話す条件で話をする場合に，かなり多くの非言語的，言語的手がかりが嘘をつく人と真実を話す人で異なっていた。実際に，統制条件では嘘をつく人と真実を話す人に差がみられた手がかりは1つだけであり，逆の順番で話す条件では8つの手がかりに差がみられた。そして，逆の順番に話す条件において嘘をつく人から真実を話す人を識別するそれらの手がかりのほとんどが，認知的負荷を示すものであった。たとえば，逆の順番で話す条件では，真実を話す人よりも嘘をつく人は言いよどみ，発話の誤りが多くなり，話す速度が遅くなった。その一方で，普通の時系列で話す統制条件では，言いよどみ，発話の誤りや話す速度に差がみられなかった。言いかえれば，追加の要求を導入することで，真実を話す人よりも嘘をつく人は追加の要求に対応することもうまく話をすることもできなくなっていた。

　実験の後に，時系列で話を再生した参加者か，逆の順番で話を再生した参加者に関する面接の録画映像を警察官に見せた。時系列の面接を見た警察官は真実を話す人を50％，嘘をつく人を42％しか正確に分類できなかった（総正答率は46％）。逆の順番の面接をみた警察官は非常に優秀な成績であり，真実を話す人を56％，嘘をつく人を60％正確に分類していた（総正答率は58％）。逆の順番の面接を見たときの嘘検知の正確性である60％は一見高くないように思える。しかし，42％（時系列の面接条件）から60％（逆の面接条件）の増加はかなり大きい。事例研究の証拠も逆の順番で話を再生させる手法を支持している。この手法を使用している捜査官は，被疑者がかなり矛盾に満ちた明らかに信憑性の低い話をすることで，嘘を見破られていることを指摘している。

　ここで紹介する2つ目の追加の要求としては，面接対象者が話を再生しているときと同時に二次的な課題を実行するように依頼することである。たとえば，コンピュータ上の運転模擬課題を行っている間に，面接対

原注9　安全性に関する考慮が，この手法を実際の運転で使用するといった薦めを阻んだ。

象者が話を再生するように依頼することである[原注9]。これは，面接対象者は話をすることと運転することに自分の注意を振り分ける必要があることを意味する。嘘をつくためには追加の資源が必要になるため，真実を話す人よりも嘘をつく人はこの二重課題を認知的に困難なものだと感じ，うまく対処できない可能性がある。嘘をつく人は相手から信じられようと熱心になっているため，彼らは話をすることにより注意資源を割いている。そのため，たとえば，真実を話す人よりも嘘をつく人は運転課題の成績が悪くなるなどの圧倒的な違いが生じるだろう。しかし，追加の要求に対応する顕著性が増加した場合，つまり，面接対象者が運転課題の誤りが嘘をついている「疑惑」としてみられることを伝えられるような場合，嘘をつく人は追加の要求を「無視する」といった戦略は実行できなくなる。その結果として，嘘をつく人の話は損なわれてしまう。

　3つ目の追加の要求は，子どもを対象とした実験から見出され，出来事に関連しない質問をすることである（Quas, Davis, Goodman, & Myers, 2007）。この研究において，子どもは自分の胃のあたり，鼻や，首を2回触ってくる男性の実験協力者と遊んでいた。後の面接で，実験協力者から身体に触れられたことを質問されたときに子どもは真実を話すか，嘘をつくように依頼された。また，子どもは身体に触れられたこととは関係のない出来事に関するいくつかの質問に対して真実を話すことも依頼されていた。実験協力者から身体に触れられたことについて真実を話した子どもよりも嘘をついた子どもは，これらの関連のない質問を正しく答えることができなかった。嘘を記憶し，繰り返すことには認知資源が必要であり，嘘をつくことに認知資源を注ぎこんだことにより，子どもはほかの出来事の詳細情報を適切に記憶から検索することに困難を感じていたようである。

（17）証拠が利用可能な場合には，戦略的に使用する

　たとえば，ある人が書店の文房具が入った箱の上に鞄を忘れたとする。その人は鞄を回収するために書店に戻ったとき，鞄から財布が盗まれたことに気づいたとする。また，警察は財布の持ち主ではなく，書店を訪れて

いたほかの客の指紋を鞄に見つけていたとする。この証拠により，その客は被疑者になる。しかし，指紋が鞄についていたことに対する正直な弁明も可能であるため，必ずしも窃盗の容疑を確定するわけではない。たとえば，その客は文房具の箱の中を見ようとして鞄を動かした可能性がある。このような状況では，真実を見出すために警察は被疑者に取調べをする必要がある。従来，警察は「あなたの指紋が鞄で見つかりました」など，取調べの最初に証拠を示す方法を使用している (Hartwig, Granhag, Strömwall, Kronkvist, 2006; Leo, 1996a)。この方法には限界があり，被疑者に証拠と一貫した話を創作する機会を与えてしまうといった問題がある。スウェーデンの研究者によって開発された証拠を戦略的に使用する (Strategic Use of Evidence: SUE) 方法は，嘘をつく人が利用できる証拠と話を一貫させないための面接法である[原注10]。

　SUE法の第一段階は，被疑者の行動について説明を求めることである。上述した例では，書店での行動について説明を求めることになる。ここでは，指紋の証拠を明示しないことが重要となる。取調べを受けているときの真実を話す人と嘘をつく人が使用する戦略に関する研究により，この人たちが再生しやすい内容についての洞察が与えられる (Colwell, Hiscock-Anisman, Memon, Woods, & Michlik, 2006; Granhag & Strömwall, 2002; Granhag, Strömwall, & Hartwig, 2007; Hartwig, Granhag, Strömwall, 2007; Strömwall, Granhag, Landström, 2007)。この研究は，真実を話す人は「話が現実的である」ように，「起こったままの真実を話す」傾向があることを示している。その一方で，嘘をつく人の戦略は有罪を示す証拠を伝えないようにすることである。上記の例としては，嘘をつく人よりも真実を話す人は鞄について話をする傾向がある。真実を話す人は何も隠すことがなく，起こったことを再生し，この話の中

原注10 Granhag & Hartwig, 2007; Granhag & Strömwall, 2002; Granhag, Strömwall, & Hartwig, 2007; Hartwig, Granhag, & Strömwall, 2007; Hartwig, Strömwall, & Kronkvist, 2006; Hartwig, Granhag, & Vrij, 2005; Strömwall, Hartwig, & Granhag, 2006. この手法は Van den Adel (1997) の「逃げ道を妨害する」手法と似ている。

には鞄に触ったことが含まれている。その一方で，嘘をつく人は自分と関与した犯罪を関連づけたくないため，鞄の話題から自分を遠ざけようとする。

しかし，鞄に触れたことを言わないことは有罪を示すわけではない。そのため，自由再生の後に追加の質問が必要となる。SUE法の第二段階は，質問段階であり，面接者は有罪を示す指紋の証拠を明示しないで，鞄に関することを含む質問をする。嘘をつく人のほかの戦略として，有罪を示す知識を尋ねたときにその知識を否認することである（Granhag & Strömwall, 2002; Granhag et al., 2007; Hartwig et al., 2007）。そのため，嘘をつく人が鞄に触ったことを否認する機会となり，嘘を見抜く人が把握している証拠と矛盾することになる。SUE法の第三段階では証拠を明示し，証拠と発話に矛盾が生じた場合には，被疑者にこれらの矛盾を説明するように依頼する。

Hartwigら(2006)の実験では，上述した鞄から財布が盗られるシナリオを用いてSUE法が検証された。半分の参加者は鞄から財布を盗るように指示され，もう半分の参加者は鞄の下にある文房具が入った箱の中にあるものを購入するように指示された。スウェーデンの警察の研修生が模擬被疑者（参加者）に取調べを行った。取調べの前に，半分の面接者はSUE法の使用法の訓練を受け，後の面接でこの方法を使用するように依頼されていた。もう半分の面接者は訓練を受けておらず，自身で選択した方法で被疑者を取調べるように依頼されていた。訓練を受けていない面接者は56.1％の正答率であり，これは非言語的，言語的欺瞞検知研究で一般的にみられる正答率と同様であった（第6章）。しかし，SUE法の訓練を受けた面接者は85.4％の正答率であり，これはこれまで報告されているこの種の欺瞞検知研究の中で最も高い正答率であった[原注11]。追加の分析

原注11 参加者が経験豊富な刑事ではなく研修生であったという事実は，統制条件において正答率が低かった理由を説明できない。SUE法を用いた実験と同様の研究（Hartwig, Granhag, Strömwall, & Andersson, 2004）において，経験豊かな刑事が実験に参加していた。SUE法を用いた実験と同様に，SUE法の訓練を受けていないこれらの刑事は被疑者に自由に面接をすることができた。SUE法を用いた実験の統制条件の研修生（正答率57％）よりもこれらの経験豊富な刑事は成績がよくなかった（正答率56％）。

によって，無実の人よりも犯人は証拠に矛盾したことを言っていたことが示された。ただし，重要なことだが，これはSUE法の訓練を受けた面接者によって取調べを受けたときだけに生じていた。

別表 15.1 聞き手を訓練することが正答率に与える影響：真実と嘘の正確性を組み合わせた総合正確性得点のみの結果

	統制条件 (訓練なし)	訓練			
		1	2	3	4
deTurck (1991, 183 人の大学生)	54%	69%[1]			
deTurck et al. (1997, 165 人の大学生)	57%	55%[2]	62%[3]	64%[4]	
deTurck et al. (1990, 188 人の大学生)	55%	64%[5]			
deTurck & Miller (1990, 390 人の大学生)	53%	61%[6]			
Fiedler & Walka (1993, 72 人の大学生)	53%	65%[7]	65%[8]		
Kassin & Fong (1999, 40 人の大学生)	56%	46%[9]			
Köhnken (1987, 80 人の刑事)	47%	42%[10]	48%[11]		
Levine, Feeley et al. (2005, 実験 1, 256 人の大学生)	52%	49%[12]	56%[13]		
Levine, Feeley et al. (2005, 実験 2, 90 人の大学生)	53%	53%[14]	52%[15]		
Levine, Feeley et al. (2005, 実験 4, 158 人の大学生)	50%	58%[16]	56%[17]		
Porter, Woodworth, & Birt (2000, 20 人の保護観察官と 95 人の大学生)	52%	61%[18]	60%[19]	59%[20]	
Porter, Woodworth, McCabe et al. (2007, 151 人の大学生)	53%	49%[21]	49%[22]		
Santarcangelo, Cribie, & Ebesu Hubbard (2004, 97 人の大学生)	65%	68%	66%[23]	66%[24]	72%[25]
Vrij (1994, 360 人の刑事)					
一つの面接	49%	52%[26]	54%[27]		
自然な二つの面接，全体像[28]	51%	47%[29]	47%[30]		
自然な二つの面接，手のみ[31]	44%	56%[32]	60%[33]		
Vrij & Graham (1997, 40 人の大学生)	42%	55%[34]			
Vrij & Graham (1997, 29 人の警察官)	54%	48%[35]			
Zuckerman, Koestner, & Alton (1984, 132 人の大学生)	62%	70%[36]			
Zuckerman, Koestner, & Colella (1985, 117 人の大学生)					
顔だけ[37]	53%	59%			
発話だけ[39]	61%	63%[40]			
顔と発話[41]	59%	65%[42]			

[1] 聞き手は，メッセージの持続時間，反応潜時，会話の間，非流暢性，身体操作，手のしぐさに注目するように依頼された。
[2] 聞き手は，言い間違い，会話の間，反応潜時，メッセージの持続時間に注目するように依頼された。
[3] 聞き手は，身体操作，手のしぐさ，頭の動き，手の動きに注目するように依頼された。
[4] 聞き手は，言い間違い，会話の間，身体操作，手のしぐさに注目するように依頼された。
[5] 聞き手は，メッセージの持続時間，反応潜時，非流暢性，自己操作，手のしぐさに注目するように依頼された。
[6] 聞き手は，メッセージの持続時間，反応潜時，会話の間，非流暢性，自己操作，手のしぐ

さに注目するように依頼された。
7 聞き手は，欺瞞と笑顔，頭の動き，自己操作，声の高さ，発話速度，会話の間，チャネルの不一致の関連について情報を与えられた。
8 聞き手は，注7の欺瞞と手がかりの情報と，結果のフィードバックを与えられた。
9 聞き手は，リード手法，つまり取調べと尋問から2つの部分的な録画映像を示された。
10 聞き手は，頭の動き，まばたき，視線，例示動作，自己操作，身体の動き，足や脚の動きの変化に注目するように依頼された。
11 聞き手は，発話速度，会話の間，言い間違い，言いよどみの変化に注目するように依頼された。
12 聞き手は，嘘をつく人は反応潜時が長くなり，自己操作，言い間違いや会話の間が増加すると伝えられた（適切な訓練群）。
13 聞き手は，真実を話す人よりも嘘をつく人が視線を合わせなくなり，早口になり，姿勢の変化や足の動きが多くなると伝えられた（偽の訓練群）。
14 聞き手は，嘘をつく人は反応潜時が長くなり，身体操作が多くなり，言い間違いが多くなり，会話の間が長くなると伝えられた（適切な訓練群）。
15 聞き手は，真実を話す人よりも嘘をつく人が視線を合わせなくなり，早口になり，姿勢の変化や足の動きが多くなると伝えられた（偽の訓練群）。
16 聞き手は，真実を話す人よりも嘘をつく人は反応潜時が短くなり，言い間違いが少なくなり，会話の間が少なくなり，足の動きが多くなると伝えられた（適切な訓練群）。
17 聞き手は，真実を話す人よりも嘘をつく人が視線を合わせなくなり，自己操作が多くなり，姿勢の変化が多くなり，早口になると伝えられた（偽の訓練群）。
18 聞き手は，通説が正しくないことを理解し，欺瞞の言語的，非言語的手がかりに関する情報を含んだ訓練プログラムに参加し，結果のフィードバックを与えられた。
19 聞き手は，注18の訓練プログラムの概要を記載した資料と，結果のフィードバックを与えられた。
20 聞き手は，結果のフィードバックを与えられた。
21 聞き手は，結果のフィードバックを与えられた。
22 聞き手は，間違った結果のフィードバックを与えられた。
23 聞き手は，真実を話す人よりも嘘をつく人が自己操作，手のしぐさ，足や脚の動き，姿勢の変化が多くなると伝えられた。
24 聞き手は，真実を話す人よりも嘘をつく人は回答が短くなり，会話の間が長くなり，言い間違いが多くなり，反応潜時が長くなると伝えられた。
25 聞き手は，真実を話す人よりも嘘をつく人の回答は妥当性，具体性を欠き，一貫しておらず，明確でないと伝えられた。
26 聞き手は，欺瞞と手や指の動きの関連について情報を与えられた。
27 聞き手は，注26の情報と結果のフィードバックを与えられた。
28 聞き手は，真実と欺瞞の報告を同時に呈示された。つまり，聞き手は同時に2つの短い映像を見た。話し手の全身を見ることができた。
29 聞き手は，欺瞞と手や指の動きの関連について情報を与えられた。
30 聞き手は，注29の情報と結果のフィードバックを与えられた。
31 聞き手は，真実と欺瞞の報告を同時に呈示された。つまり，聞き手は同時に2つの短い映像を見た。話し手の手だけを見ることができた。
32 聞き手は，欺瞞と手や指の動きの関連について情報を与えられた。
33 聞き手は，注32の情報と結果のフィードバックを与えられた。
34 聞き手は，公的自己意識が低い人と高い人，および役者性に優れた人と劣る人に関する，欺瞞と手や指の動きの関連について情報を与えられた。
35 聞き手は，公的自己意識が低い人と高い人，および役者性に優れた人と劣る人に関する，

欺瞞と手や指の動きの関連について情報を与えられた。
[36] 聞き手は，結果のフィードバックを与えられた。「8人の話し手に対するフィードバック」条件だけが報告されている。
[37] 聞き手は，話し手の顔だけを見ることができた。
[38] 聞き手は，結果のフィードバックを与えられた。
[39] 聞き手は，話し手の声だけを聞くことができた。
[40] 聞き手は，結果のフィードバックを与えられた。
[41] 聞き手は，話し手の姿を見ることも，聞くこともできた。
[42] 聞き手は，結果のフィードバックを与えられた。

終章

　本書の冒頭で，安全保障上の脅威とテロ攻撃が増加し，嘘検知の重要性が高まっていると述べた。また，研究者たちがその要請に応じ，さまざまな虚偽検出の手法を検討してきたことを報告した。これまで述べたように，われわれはそれらの手法を慎重に検証し，その仕組みと有用さを明らかにする必要がある。あてにならないツールを導入しても，嘘検知の正答に近づくことはできないだろう。

　本書の中で，高い精度で真実と嘘を識別できる手法を開発したと主張している研究者がいることを述べた。彼らに対する助言は，地に足をつけることである。著者からすると，完璧なツールなどは存在せず，これまでに開発されてきたツールには無視できない問題と限界がある。本書を読むことで，著者がやや悲観的な結論に達した理由に読者が納得することを期待している。

　このことは，真実と嘘を識別することが不可能だということを意味するのではない。それどころか，嘘を見つけ出すための方法と機会は数多くある。嘘検知について，読者が本書から洞察を得ることを願っている。

日本語版への補足

　本書の内容に関して，日本の読者のために訳者よりいくつか補足したい。本書の原書は，イギリスの研究者である Vrij によって書かれたものである。何を当たり前のことを，と思われるかもしれないが，本書の内容の応用的性質や志向性を考えると，本書の内容の多くが日本以外の国の状況にもとづいていることは，決して無視できない。

　たとえば，本書の内容の多くが対象としている犯罪捜査や裁判のあり方や，その基礎にある法制度や考え方や慣習は，国や社会，時代によって異なる。したがって，心理学がこれらの領域で起きる問題に取り組む際，それらの社会的背景が問題設定やアプローチに直接的かつ間接的に大きな影響を与える，と考えることは自然である。その意味で本書の内容は，すべてではないにせよ，現在の日本の現状にそのまま適用できるとは限らない。

　その一例として，ポリグラフ検査を取り上げる。本書では，第 11 章で懸念にもとづくポリグラフ検査，第 12 章で定位反射にもとづくポリグラフ検査と，2 章が割かれている。このうち，日本の犯罪捜査で実際に使用されているポリグラフ検査の手法は，第 12 章で扱われている有罪知識検査（Guilty Knowledge Test：GKT），あるいは隠匿情報検査（Concealed Information Test：CIT）である。一方，懸念にもとづくポリグラフ検査は，日本では現在は使用されていない。さらに，GKT（CIT）も，日本では虚偽検出の方法としてではなく，認識（記憶）の検査法として利用されている。著者も脚注（p. 433）で再認検査としての GKT（CIT）という見方に触れているが，この手法を「嘘」を扱った本に含めること自体，日本の現状にそぐわないとも言える。やや細かい点では，第 11 章で検査対象者に検査を信頼させる目的で実施するとされているカード・テストも，日本の実務場面ではポリグラフ装置の動作確認，検査対象者の生理状態の確認，そして相手に検査手続きの理解を深めてもらう目的で実施されており（小林・吉本・藤原，2009），本書の記述とは異なっている。

以上はほんの一例であり，ポリグラフ検査に限っても，ほかにも本書の内容と日本の現状とが異なる点はある。日本のGKT（CIT）については，小林ら（2009），小川ら（2013），Ogawa et al.（2015）などを参照してほしい。
　また，著者がしばしば言及しているドーバート基準も，少なくとも現状では，さまざまな知見や技術を評価する際の一つの参考基準として理解した方がよいだろう。日本でも，ドーバート基準が裁判で科学的証拠の価値を評価する際の参考になるとする意見（司法研修所, 2013）はある。一方で，この基準の由来となったドーバート判決の評価は，日本では未確定であるという指摘もある（渡辺, 2010）。少なくとも，現在の日本の裁判でもドーバート基準によって科学的証拠や技術が評価されている，と考えることには慎重を要する。
　しかし，心理学的研究の背後にある法制度，考え方，慣習，国や時代による違いの存在は，本書を翻訳する意義を損なうものではない。一般に科学技術とそれが適用される領域を規定する社会的状況の関係は，一方通行ではなく相互的なものと考えられる。したがって，制度や社会的状況の違いはあるにせよ，本書で紹介されている知見は，日本における実務的課題にも示唆を与えうるし，変化を生み出すこともあるだろう。
　重要なことは，本書で紹介されている諸外国で行われたさまざまな心理学的研究の成果を表面的になぞるのではなく，それらを生み出した背景や日本との違いにも目を向けることである。もとよりそのような背景を理解するには，心理学だけでは不十分であり，ほかのさまざまな分野の知識や交流が必要となる。そのような観点や態度を持つことは，本書の内容の理解を深めるのみならず，各個人の属する社会の状況に即した真に「役に立つ」心理学の構築にもつながるだろう。　　　　　　　　　　（小川時洋）

引用文献

Aamodt, M. G., & Custer H. (2006). Who can best catch a liar?: A meta-analysis of individual differences in detecting deception. *Forensic Examiner, 15*, 6-11.

Abe, N., Suzuki, M., Tsukiura, T., Mori, E., Yamaguchi, K., Itoh, M., & Fujii, T. (2006). Dissociable roles of prefrontal and anterior cingulated cortices in deception. *Cerebral Cortex, 16*, 192–199.

Abootalebi, V., Mordai, M. H., & Khalilzadeh, M. A. (2006). A comparison of methods for ERP assessment in a P300-based GKT. *International Journal of Psychophysiology, 62*, 309–320.

Adams, S. H. (1996). Statement analysis: What do suspects' words really reveal? *FBI Law Enforcement Bulletin, October*, 12–20.

Ahlmeyer, S., Heil, P., McKee, B., & English, K. (2000). The impact of pornography on admissions of victims and offenses in adult sexual offenders. *Sexual Abuse: A Journal of Research and Treatment, 12*, 123–139.

Akehurst, L., Bull, R., Vrij, A., & Köhnken, G. (2004). The effects of training professional groups and lay persons to use Criteria-Based Content Analysis to detect deception. *Applied Cognitive Psychology, 18*, 877–891.

Akehurst, Köhnken, G., & Höfer, E. (2001). Content credibility of accounts derived from live and video presentations. *Legal and Criminological Psychology, 6*, 65–83.

Akehurst, L. Köhnken, G., Vrij, A., & Bull, R. (1996). Lay persons' and police officers' beliefs regarding deceptive behaviour. *Applied Cognitive Psychology, 10*, 461–471.

Akehurst, L., & Vrij, A. (1999). Creating suspects in police interviews. *Journal of Applied Social Psychology, 29*, 192–210.

Allen, J. J. B., & Iacono, W. G. (1997). A comparison of methods for the analysis of event-related potentials in decetpion detection. *Psychophysiology, 34*, 234–240.

Allen, J. J. B., Iacono, W. B., & Danielson, K. D. (1992). The identification of concealed memories using the event-related potential and implicit behavioural measures: A methodology for prediction in the face of individual differences. *Psychophysiology, 29*, 504–522.

Allen, N. B., & Gilbert, P. (2000). Social intelligence, deception, and psychopathology. In P. Gilbert & K. G. Bailey (2000), *Genes on the couch* (pp. 151–175). Brunner-Routledge.

Allen, V. L. & Atkinson, M. L. (1978). Encoding of nonverbal behavior by high-achieving and low-achieving children. *Journal of Educational Psychology, 70*, 298–305.

Allwood, C. M., & Granhag, P. A. (1999). Feelings of confidence and the realism of confidence judgments in everyday life. In P. Juslin & H. Montgomery (Eds.), *Judgment and decision making: Neo-Brunswikian and process-tracing approaches* (pp. 123–146). Mahwah NJ: Erlbaum.

Alonso-Quecuty, M. L. (1991). *Post-event information and reality-monitoring: When the witness cannot be honest.* Paper presented at the First Spanish and British Meeting on Psychology, Law and Crime in Pamplona, Spain.

Alonso-Quecuty, M. L. (1992). Deception detection and Reality Monitoring: A new answer to an old question? In F. Lösel, D. Bender, & T. Bliesener (Eds.), *Psychology and Law: International perspectives* (pp. 328–332). Berlin: de Gruyter.

Alonso-Quecuty, M. L. (1996). Detecting fact from fallacy in child and adult witness accounts. In G. Davies, S. Lloyd-Bostock, M. McMurran, & C. Wilson (Eds.), *Psychology, Law, and Criminal Justice: International developments in research and practice* (pp. 74–80). Berlin: de Gruyter.

Alonso-Quecuty, M. L., Hernandez-Fernaud, E., & Campos, L. (1997). Child witnesses: Lying about something heard. In S. Redondo, V. Garrido, J. Perez, & R. Barbaret (Eds.), *Advances is psychology and law* (pp. 129–135). Berlin: de Gruyter.

Ambady, N., Bernieri, F. J., & Richeson, J. A. (2000). Toward a histology of social behaviour: Judgmental accuracy from thin slices of the behavioural stream. *Advances in Experimental Social Psychology, 32*, 201–271.

Ambady, N., & Rosenthal, R. (1992). Thin slices of expressive behaviour as predictors of interpersonal consequences: A meta-analysis. *Psychological Bulletin, 111*, 256–274.

Anderson, C. A., Lepper, M. R., & Ross, L. (1980). Perseverance of social theories: The role of explanation in the persistence of discredited information. *Journal of Personality and Social Psychology, 39*, 1037–1049.

Anderson, D. E., Ansfield, M. E., & DePaulo, B. M. (1999). Love's best habit: Deception in the context of relationships. In P. Philippot, R. S. Feldman, & E. J. Coats (Eds.), *The social context of nonverbal behavior* (pp. 372–409). Cambridge, England: Cambridge University Press.

Anderson, D. E., DePaulo, B. M., & Ansfield, M. E. (2002). The development of deception detection skill: A longitudinal study of same-sex friends. *Personal-*

ity and *Social Psychology Bulletin, 28*, 536–545.

Anderson, D. E., DePaulo, B. M., Ansfield, M. E., Tickle, J. J., & Green, E. (1999). Beliefs about cues to deception: Mindless stereotypes or untapped wisdom? *Journal of Nonverbal Behaviour, 23*, 67–89.

Anolli, L., Balconi, M., & Ciceri, R. (2003). Linguistic styles in deceptive communication: Dubitative ambiguity and elliptic eluding in packaged lies. *Social Behavior and Personality, 31*, 687–710.

Anolli, L., & Ciceri, R. (1997). The voice of deception: Vocal strategies of naive and able liars. *Journal of Nonverbal Behavior, 21*, 259–284.

Anson, D. A., Golding, S. L., & Gully, K. J. (1993). Child sexual abuse allegations: Reliability of criteria-based content analysis. *Law and Human Behavior, 17*, 331–341.

Apple, W., Streeter, L. A., & Krauss, R. M. (1979). Effects of pitch and speech rate on personal attributions. *Journal of Personality and Social Psychology, 37*, 715–727.

Argo, J. J., White, K., & Dahl, D. W. (2006). Social comparison theory and deception in the interpersonal exchange of consumption information. *Journal of Consumer Research, 33*, 99–108.

Arnett Jensen, L., Arnett, J. J, Feldman, S. S., & Cauffman, E. (2004). The right to do wrong: Lying to parents among adolescents and emerging adults. *Journal of Youth and Adolescence, 33*, 101–112.

Arntzen, F. (1970). *Psychologie der Zeugenaussage*. Göttingen, Germany: Hogrefe.

Arntzen, F. (1982). Die Situation der Forensischen Aussagenpsychologie in der Bundesrepublik Deutschland. In A. Trankell (Ed.), *Reconstructing the past: The role of psychologists in criminal trials* (pp. 107–120). Deventer, the Netherlands: Kluwer.

Arntzen, F. (1983). *Psychologie der Zeugenaussage: Systematik der Glaubwürdigkeitsmerkmale*. München, Germany: C. H. Beck.

Aron, A., Dutton, D. G., Aron, E. N., & Iverson, A. (1989). Experiences of falling in love. *Journal of Social and Personal Relationships, 6*, 243–257.

Ask, K. (2006). *Criminal investigation: Motivation, emotion and cognition in the processing of evidence*. PhD-thesis, University of Gothenburg, Sweden, Psychology Department.

Ask, K., & Granhag, P. A. (2005). Motivational sources of confirmation bias in criminal investigations: The need for cognitive closure. *Journal of Investigative Psychology and Offender Profiling, 2*, 43–63.

Ask, K., & Granhag, P. A. (2007). Motivational bias in criminal investigators' judgments of witness reliability. *Journal of Applied Social Psychology, 37*, 561–591.

Atkinson, M. L., & Allen, V. L. (1983). Perceived structure of nonverbal behaviour. *Journal of Personality and Social Psychology, 45*, 458–463.

Atoum, A. O., & Al-Simadi, F. A. (2000). The effect of presentation modality on judgements of honesty and attractiveness. *Social Behaviour and Personality*, *28*, 269–278.

Aune, R. K., Levine, T. R., Ching, P. U., & Yoshimoto, J. M. (1993). The influence of perceived source reward value on attributions of deception. *Communication Research Reports*, *10*, 15–27.

Aune, R. K., Levine, T. R., Park, H. S., Asada, K. J. K., & Banas, J. A. (2005). Tests of theory of communicative responsibility. *Journal of Language and Social Psychology*, *24*, 358–381.

Backbier, E., Hoogstraten, J., & Meerum Terwogt-Kouwenhoven, K. (1997). Situational determinants of the acceptability of telling lies. *Journal of Applied Social Psychology*, *27*, 1048–1062.

Backbier, E., & Sieswerda, S. (1997). Wanneer en waarom liegen we eigenlijk? *Nederlands Tijdschrift voor de Psychologie*, *52*, 255–264.

Backster, C. (1962). Methods of strengthening our polygraph technique. *Police*, *6*, 61–68.

Backster, C. (1963). The Backster chart reliability rating method. *Law and Order*, *1*, 63–64.

Bagley, J., & Manelis, L. (1979). Effect of awareness on an indicator of cognitive load. *Perceptual and Motor Skills*, *49*, 591–594.

Baldry, A. C., & Winkel, F. W. (1998). Perceptions of the credibility and eventual value of victim and suspect statements in interviews. In J. Boros, I. Munnich, & M. Szegedi (Eds.), *Psychology and criminal justice: International review of theory and practice* (pp. 74–82). Berlin: de Gruyter.

Baldry, A. C., Winkel, F. W., & Enthoven, D. S. (1997). Paralinguistic and non-verbal triggers of biased credibility assessments of rape victims in Dutch police officers: An experimental study of 'nonevidentiary' bias. In S. Redondo, V. Garrido, J. Perze, & R. Barbaret (Eds.), *Advances in psychology and law* (pp. 163–174). Berlin: de Gruyter.

Ball, C. T., & O'Callaghan, J. (2001). Judging the accuracy of children's recall: A statement-level analysis. *Journal of Experimental Psychology: Applied*, *7*, 331–345.

Barland, G. H. (1984). Standards for the admissibility of polygraph results as evidence. *University of West Los Angeles Law Review*, *16*, 37–54.

Barland, G. H. (1988). The polygraph test in the USA and elsewhere. In A. Gale (Ed.), *The polygraph test: Lies, truth and science* (pp. 73–96). London: Sage.

Barnett, M. A., Bartel, J. S., Burns, S., Sanborn, F. W., Christensen, N. E., & White, M. M. (2000). Perceptions of children who lie: Influence oflie motive and benefit. *Journal of Genetic Psychology*, *161*, 381–383.

Barrett, E. C. (2005). Psychological research and police investigations: Does the research meet the needs? In L. Alison (Ed.), *The forensic psychologist's casebook* (pp. 47–67). Devon, England: Willan.

Bartholomew, K. & Horowitz, L. M. (1991). Attachment styles among young adults: A test of the four-category model. *Journal of Personality and Social Psychology, 61*, 226–244.

Bashore, T. R., & Rapp, P. E. (1993). Are there alternatives to traditional polygraph procedures? *Psychological Bulletin, 113*, 3–22.

Baskett, G. D., & Freedle, R. O. (1974). Aspects of language pragmatics and the social perception of lying. *Journal of Psycholinguistic Research, 3*, 117–131.

Bauer, L. O., Goldstein, R., & Stern, J. A. (1987). Effects of information processing demands on physiological response patterns. *Human Factors, 29*, 213–234.

Bauer, L. O., Strock, B. D., Goldstein, R., Stern, J. A., & Walrath, J. C. (1985). Auditory discrimination and the eye blink. *Psychophysiology, 22*, 629–635.

Baumeister, R. F. (1982). A self-presentational view of social phenomena. *Psychological Bulletin, 91*, 3–26.

Baumeister, R. F. (1984). Choking under pressure: Self-consciousness and paradoxical effects of incentives on skillful performance. *Journal of Personality and Social Psychology, 46*, 610–620.

Baumeister, R. F., Hutton, D. G., & Tice, D. M. (1989). Cognitive processes during deliberate self-presentation: How self-presenters alter and misinterpret the behavior of their interaction partners. *Journal of Experimental Social Psychology, 25*, 59–78.

Baumeister, R. F., & Showers, C. J. (1986). A review of paradoxical performance effects: Choking under pressure in sports and mental tests. *Journal of Personality and Social Psychology, 16*, 361–383.

Bavelas, J., Black, A., Chovil, N., & Mullett, J. (1990). *Equivocal communication*. Newbury Park, CA: Sage.

Bavelas, J. B. & Chovil, N. (2006). Nonverball and verbal communication: Hand gestures and facial displays as part of language use in face-to-face dialogue. In V. Manusov & M. L. Patterson (Eds.), *The SAGE handbook of nonverbal communication* (pp. 97–115). Thousand Oaks, CA: Sage.

Bavelas, J. B., Chovil, N., Coates, L., & Roe, L. (1995). Gestures specialized for dialogue. *Personality and Social Psychology Bulletin, 21*, 394–405.

Bavelas, J., & Gerwing, J. (2007). Conversational hand gestures and facial displays in face-to-face dialogue. In K. Fiedler (Ed.), *Frontiers of social psychology: Social communication* (pp. 283–307). New York: Psychology Press.

Bell, B. E., & Loftus, E. F. (1988). Degree of detail of eyewitness testimony and mock juror judgments. *Journal of Applied Social Psychology, 18*, 1171–1192.

Bell, B. E., & Loftus, E. F. (1989). Trivial persuasion in the courtroom: The power of (a few) minor details. *Journal of Personality and Social Psychology, 56*, 669–679.

Bell, K. L., & DePaulo, B. M. (1996). Liking and lying. *Basic and Applied Social Psychology*, *18*, 243–266.

Bello, R. (2006). Causes and paralinguistic correlates of interpersonal equivocation. *Jorunal of Pragmatics*, *38*, 1430–1441.

Ben-Shakhar, G. (1991). Clinical judgement and decision making in CQT polygraphy: A comparison with other pseudoscientific applications in psychology. *Integrative Physiological and Behavioral Science*, *26*, 232–240.

Ben-Shakhar, G. (2002). A critical review of the Control Question Test (CQT). In M. Kleiner (Ed.), *Handbook of polygraph testing* (pp. 103–126). San Diego, CA: Academic Press.

Ben-Shakhar, G., Bar-Hillel, M., & Kremnitzer, M. (2002). Trial by polygraph: Reconsidering the use of the guilty knowledge technique in court. *Law and Human Behavior*, *26*, 527–541.

Ben-Shakhar, G., Bar-Hillel, M., & Lieblich, I. (1986). Trial by polygraph: Scientific and juridicial issues in lie detection. *Behavioural Sciences and the Law*, *4*, 459–479.

Ben-Shakhar, G., & Dolev, K. (1996). Psychophysiological detection through the Guilty Knowledge Technique: Effects of mental countermeasures. *Journal of Applied Psychology*, *81*, 273–281.

Ben-Shakhar, G., & Elaad, E. (2002). The guilty knowledge test (GKT) as an application of psychophysiology: Future prospects and obstacles. In M. Kleiner (Ed.), *Handbook of polygraph testing* (pp. 87–102). San Diego, CA: Academic Press.

Ben-Shakhar, & Elaad, E. (2003). The validity of psychophysiological detection of information with the guilty knowledge test: A meta-analytic review. *Journal of Applied Psychology*, *88*, 131–151.

Ben-Shakhar, G., & Furedy, J. J. (1990). *Theories and applications in the detection of deception*. New York: Springer-Verlag.

Ben-Shakhar, G., Gati, I., & Salamon, N. (1995). Generalization of the orienting response to significant stimuli: The roles of the common and distinctive stimulus components. *Psychophysiology*, *32*, 36–42.

Ben-Shakhar, G., Lieblich, I., & Bar-Hillel, M. (1982). An evaluation of polygraphers' judgments: A review from a decision theoretic perspective. *Journal of Applied Psychology*, *67*, 701–713.

Benz, J. J., Anderson, M. K., & Miller, R. L. (2005). Attributions of deception in dating situations. *The Psychological Record*, *55*, 305–314.

Berliner, L., & Conte, J. R. (1993). Sexual abuse evaluations: Conceptual and empirical obstacles. *Child Abuse and Neglect*, *17*, 111–125.

Birkeland, S. A., Manson, T. M., Kisamore, J. L., Brannick, M. T., & Smith, M. A. (2006). A meta-analytic investigation of job applicant faking on personality measures. *International Journal of Selection and Assessment*, *14*, 317–335.

Blair, J. P. (1998). *Detecting deception: The effects of Reid Behavioural Analysis Interview training*. Masters thesis, Western Illinois University.

Blair, J. P., & Kooi, B. (2004). The gap between training and research in the detection of deception. *International Journal of Police Science and Management*, 6, 77–83.

Blair, T. M., Nelson, E. S., & Coleman, P. K. (2001). Deception, power, and self-differentiation in college students' romantic relationships: An exploratory study. *Journal of Sex & Material Therapy*, 27, 57–71.

Blandon-Gitlin, I., Pezdek, K., Rogers, M., & Brodie, L. (2005). Detecting deception in children: An experimental study of the effect of event familiarity on CBCA ratings. *Law and Human Behavior*, 29, 187–197.

Bleske. A. L., & Shackelford, T. K. (2001). Poaching, promiscuity, and deceit: Combatting mating rivalry in same-sex friendships. *Personal Relationships*, 8, 407–424.

Boaz, T. L., Perry, N. W., Raney, G., Fischler, I. S., & Shuman, D. (1991). Detection of guilty knowledge with event-related potentials. *Journal of Applied Psychology*, 76, 788–795.

Bok, S. (1978). *Lying: Moral choice in public and private life*. New York: Random House.

Boltz, M. G. (2005). Temporal dimensions of conversational interaction: The role of response latencies and pauses in social impression formation. *Journal of Language and Social Psychology*, 24, 103–138.

Bond, C. F. (2008). A few can catch a liar, sometimes: Comments on Ekman and O'Sullivan (1991), as well as Ekman, O'Sullivan, and Frank (1999). *Applied Cognitive Psychology, 22,* 1298-1300.

Bond, C. F., & Atoum, A. O. (2000). International deception. *Personality and Social Psychology Bulletin*, 26, 385–395.

Bond, C. F., & DePaulo, B. M. (2006). Accuracy of deception judgements. *Personality and Social Psychology Review*, 10, 214–234.

Bond, C. F., & DePaulo, B. M. (2007). *Individual differences in detecting deception*. Manuscript submitted for publication.

Bond, C. F., & Fahey, W. E. (1987). False suspicion and the misperception of deceit. *British Journal of Social Psychology*, 26, 41–46.

Bond, C. F., Kahler, K. N., & Paolicelli, L. M. (1985). The miscommunication of deception: An adaptive perspective. *Journal of Experimental Social Psychology*, 21, 331–345.

Bond, C. F., Omar, A., Mahmoud, A., & Bonser, R. N. (1990). Lie detection across cultures. *Journal of Nonverbal Behavior*, 14, 189–205.

Bond, C. F., Omar, A., Pitre, U., Lashley, B. R., Skaggs, L. M. & Kirk, C. T. (1992). Fishy-looking liars: Deception judgment from expectancy violation. *Journal of Personality and Social Psychology*, 63, 969–977.

Bond, C. F., & Rao, S. R. (2004). Lies travel: Mendacity in a mobile world. In P. A. Granhag & L. A. Strömwall (Eds.), *Deception detection in foren-

sic contexts (pp. 127–147). Cambridge, England: Cambridge University Press.

Bond, C. F., & Robinson, M. (1988). The evolution of deception. *Journal of Nonverbal Behavior, 12*, 295–307.

Bond, C. F., Thomas, B. J., & Paulson, R. M. (2004). Maintaining lies: The multiple-audience problem. *Journal of Experimental Social Psychology, 40*, 29–40.

Bond, C. F., & Uysal, A. (2007). On lie detection 'wizards'. *Law and Human Behavior, 31*, 109–115.

Bond, G. D., & Lee, A. Y. (2005). Language of lies in prison: Linguistic classification of prisoners' truthful and deceptive natural language. *Applied Cognitive Psychology, 19*, 313–329.

Bond, G. D., Malloy, D. M., Arias, E. A., & Nunn, S., & Thompson, L. A (2005). Lie-biased decision making in prison. *Communication Reports, 18*, 9–19.

Bond, G. D., Malloy, D. M., Thompson, L. A., Arias, E. A., & Nunn, S. (2004). Post-probe decision making in a prison context. *Communication Monographs, 71*, 269–285.

Book, A. S., Holden, R. R., Starzyk, K. B., Wasylkiw, L., & Edwards, M. J. (2006). Psychopathic traits and experimentally induced deception in self-report assessment. *Personality and Individual Differences, 41*, 601–608.

Boon, S. D., & McLeod, B. A. (2001). Deception in romantic relationships: Subjective estimates of success at deceiving and attitudes toward deception. *Journal of Social and Personal Relationships, 18*, 463–476.

Bothwell, R., & Jalil, M. (1992). The credibility of nervous witnesses. *Journal of Social Behavior and Personality, 7*, 581–586.

Bowlby, J. (1969). *Attachment and loss: Vol. 1 attachment*. New York: Basic Books.

Bowlby, J. (1973). *Attachment and loss: Vol. 2 separation: anxiety and anger*. New York: Basic Books.

Bowlby, J. (1980). *Attachment and loss: Vol. 3 loss*. New York: Basic Books.

Boychuk, T. (1991). *Criteria-Based Content Analysis of children's statements about sexual abuse: A field-based validation study*. Unpublished doctoral dissertation, Arizona State University.

Bradford, R. (1994). Developing an objective approach to assessing allegations of sexual abuse. *Child Abuse Review, 3*, 93–101.

Bradley, M. T., & Janisse, M. P. (1981). Accuracy demonstrations, threat, and the detection of deception: Cardiovascular electrodermal, and pupillary measures. *Psychophysiology, 18*, 307–315.

Branaman, T. F., & Galagher, S. N. (2005). Polygraph testing in sex offender treatment: A review of limitations. *American Journal of Forensic Psychology, 23*, 45–64.

Brandt, D. R., Miller, G. R., & Hocking, J. E. (1980a). The truth-deception attribution: Effects of familiarity on the ability of observers to detect deception. *Human Communication Research, 6*, 99–110.

Brandt, D. R., Miller, G. R., & Hocking, J. E. (1980b). Effects of self-monitoring and familiarity on decepion detection. *Communication Quarterly, 28*, 3–10.

Brandt, D. R., Miller, G. R., & Hocking, J. E. (1982). Familiarity and lie detection: A replication and extension. *The Western Journal of Speech Communication, 46*, 276–290.

Brennan, K., A., Clark, C. L., & Shaver, P. R. (1998). Self-report measures of adult attachment: An integrative overview. In J. A. Simpson & W. S. Rholes (Eds.), *Attachment theory and close relationships* (pp. 46–76). New York: Guilford Press.

Brigham, J. C. (1999). What is forensic psychology, anyway? *Law and Human Behavior, 23*, 273–298.

British Psychological Society (1986). Report of the Working Group on the use on the polygraph in criminal investigation and personnel screening. *Bulletin of the British Psychological Society, 39*, 81–94.

British Psychological Society (2004). *A review of the current scientific status and fields of application of polygraphic deception detection. Final report from the BPS Working Party*. Leicester, England: British Psychological Society.

Brooks, C. I., Church, M. A., & Fraser, L. (1986). Effects of duration of eye contact on judgments of personality characteristics. *The Journal of Social Psychology, 126*, 71–78.

Broomfield, K. A., Robinson, E. J., & Robinson, W. P. (2002). Children's understanding about white lies. *British Journal of Developmental Psychology, 20*, 47–65.

Brougham, C. G. (1992). Nonverbal communication: Can what they don't say give them away? *FBI Law Enforcement Bulletin, 61*, 15–18.

Bruck, M., Ceci, S. J., & Hembrooke, H. (2002). The nature of children's true and false narratives. *Developmental Review, 22*, 520–554.

Buck, J. A., Warren, A. R., Betman, S., & Brigham, J. C. (2002). Age differences in Criteria-Based Content Analysis scores in typical child sexual abuse interviews. *Applied Developmental Psychology, 23*, 267–283.

Bugental, D. B., Shennum, W., Frank, M., & Ekman, P. (2001). "True lies": Children's abuse history and power attributions as influences on deception detection. In V. Manusov & J. H. Harvey (Eds.), *Attribution, communication behavior, and close relationships* (pp. 248–265). Cambridge, England: Cambridge University Press.

Bull, R. (1988). What is the lie-detection test? In A. Gale (Ed.), *The polygraph test: Lies, truth and science* (pp. 10–19). London: Sage.

Bull, R. (1992). Obtaining evidence expertly: The reliability of interviews with child witnesses. *Expert Evidence: The International Digest of Human Behaviour Science and Law, 1*, 3–36.

Bull, R. (1995). Innovative techniques for the questioning of child witnesses, especially those who are young and those with learning disability. In M. Zaragoza et al. (Eds.), *Memory and testimony in the child witness* (pp. 179–195). Thousand Oaks, CA: Sage.

Bull, R. (2004). Training to detect deception from behavioural cues: Attempts and problems. In P. A. Granhag & L. A. Strömwall (Eds.), *Deception detection in forensic contexts* (pp. 251–268) Cambridge, England: Cambridge University Press.

Bull, R. (2006). *The views of the British Pstychological Society Working Party on scientific status and fields of application of polygraph testing.* Paper presented at the European Expert Meeting on Polygraph Testing. University of Maastricht, Maastricht, the Netherlands, 29–31 March.

Bull, R., & Rumsey, N. (1988). *The social psychology of facial appearance.* New York: Springer-Verlag.

Buller, D. B., & Aune, R. K. (1987). Nonverbal cues to deception among intimates, friends, and strangers. *Journal of Nonverbal Behavior, 11,* 269–289.

Buller, D. B., & Burgoon, J. K. (1996). Interpersonal deception theory. *Communication Theory, 6,* 203–242.

Buller, D. B., Burgoon, J. K., Busling, A. L. & Roiger, J. F. (1994a). Interpersonal deception: VIII. Further analysis of nonverbal and verbal correlates of equivocation from the Bauelas et al. (1990) research. *Journal of Language and Social Psychology, 13,* 396–417.

Buller, D. B., Burgoon, J. K., White, C. H., & Ebesu, A. S. (1994b). Interpersonal deception: VII. Behavioral profiles of falsification, equivocation and concealment. *Journal of Language and Social Psychology, 13,* 366–395.

Buller, D. B., Comstock, J., Aune, R. K., & Strzyzewski, K. D. (1989). The effect of probing on deceivers and truthtellers. *Journal of Nonverbal Behavior, 13,* 155–170.

Buller, D. B., Stiff, J. B., & Burgoon, J. K. (1996). Behavioral adaptation in deceptive transactions. Fact or fiction: A reply to Levine and McCornack. *Human Communication Research, 22,* 589–603.

Buller, D. B., Strzyzewski, K. D., & Comstock, J. (1991). Interpersonal deception: I. Deceivers' reactions to receivers' suspicions and probing. *Communication Monographs, 58,* 1–24.

Buller, D. B., Strzyzewski, K. D., & Hunsaker, F. G. (1991). Interpersonal deception: II. The inferiority of conversational participants as deception detectors. *Communication Monographs, 58,* 25–40.

Burgess, A. W. (1985). *Rape and sexual assault: A research book.* London: Garland.

Burgess, A. W., & Homstrom, L. L. (1974). *Rape: Victims of crisis.* Bowie: Brady.

Burgoon, J. K., & Buller, D. B. (1994). Interpersonal deception: III. Effects of deceit on perceived communication and nonverbal dynamics. *Journal of Non-*

verbal Behavior, 18, 155–184.

Burgoon, J. K., Buller, D. B., Dillman, L., & Walther, J. B. (1995). Interpersonal deception IV: Effects of suspicion on perceived communication and nonverbal behaviour dynamics. Human Communication Research, 22, 163–196.

Burgoon, J. K., Buller, D. B., Ebesu, A. S., White, C. H., & Rockwell, P. A. (1996a). Testing interpersonal deception theory: Effects of suspicion on communication behaviors and perception. Communication Theory, 6, 243–267.

Burgoon, J. K., Buller, D. B., & Floyd, K. (2001). Does participation affect deception success? A test of the interactivity principle. Human Communication Research, 27, 503–534.

Burgoon, J. K., Buller, D. B., Floyd, K., & Grandpre, J. (1996). Deceptive realities: Sender, receiver, and observer perspectives in deceptive conversations. Communication Research, 23, 724–748.

Burgoon, J. K., Buller, D. B., Guerrero, L. K., Afifi, W. A., & Feldman, C. M. (1996b). Interpersonal deception: XII. Information management dimensions underlying deceptive and truthful messages. Communication Monographs, 63, 50–69.

Burgoon, J. K., Buller, D. B., White, C. H., Afifi, W., & Buslig, A. L. S. (1999). The role of conversation involvement in deceptive interpersonal interactions. Personality and Social Psychology Bulletin, 25, 669–685.

Burgoon, J. K., & Qin, T. (2006). The dynamic nature of deceptive verbal communication. Journal of Language and Social Psychology, 25, 76–96.

Burns, J. A., & Kintz, B. L. (1976). Eye contact while lying during an interview. Bulletin of the Psychonomic Society, 7, 87–89.

Buss, D. M., & Barnes, M. (1986). Preferences in human mate selection. Journal of Personality and Social Psychology, 50, 559–570.

Bussey, K. (1992). Children's lying and truthfulness: Implications for children's testimony. In S. J. Ceci, M. DeSimone Leichtman, & M. Putnick (Eds.), Cognitive and social factors in early deception (pp. 89–110). Hillsdale, NJ: Erlbaum.

Bybee, D., & Mowbray, C. T. (1993). An analysis of allegations of sexual abuse in a multi-victim day-care center case. Child Abuse and Neglect, 17, 767–783.

Cappella, J. N., & Schreiber, D. M. (2006). The interaction management function of nonverbal cues. In V. Manusov & M. L. Patterson (Eds.), The SAGE handbook of nonverbal communication (pp. 361–379). Thousand Oaks, CA: Sage.

Carmel, D., Dayan, E., Naveh, A., Raveh, O., & Ben-Shakhar, G. (2003). Estimating the validity of the guilty knowledge test from simulated experiments: The external validity of mock crime studies. Journal of Experimental Psychology: Applied, 9, 261–269.

Carpenter, R. H. (1981). Stylistic analysis for law enforcement purposes: A case study of a language variable as an index of a suspect's caution in phrasing answers. Communication Quarterly, 29, 32–39.

Carroll, D. (1988). How accurate is polygraph lie detection? In A. Gale (Ed.), The polygraph test: Lies, truth and science (pp. 20–28). London: Sage.

Carroll, D. (1991). Lie detection: Lies and truths. In R. Cochrane, & D. Carroll (Eds.), *Psychology and social issues: A tutorial test* (pp. 160–170). London: Falmer Press.

Caso, L., Gnisci, A., Vrij, A., & Mann, S. (2005). Processes underlying deception: An empirical analysis of truths and lies when manipulating the stakes. *Journal of Interviewing and Offender Profiling, 2*, 195–202.

Caso, L., Maricchiolo, F., Bonaiuto, M., Vrij, A., & Mann, S. (2006a). The impact of deception and suspicion on different hand movements. *Journal of Nonverbal Behavior, 30*, 1–19.

Caso, L., Vrij, A., Mann, S., & DeLeo, G. (2006b). Deceptive responses: The impact of verbal and nonverbal countermeasures. *Legal and Criminological Psychology, 11*, 99–111.

Ceci, S. J., & Bruck, M. (1995). *Jeopardy in the courtroom*. Washington, DC: American Psychological Association.

Ceci, S. J., & Bruck, M. (1998). Reliability and credibility of young children's reports. *American Psychologist, 53*, 136–151.

Ceci, S. J., Crossman, A. M., Scullin, M. H., Gilstrap, L., & Huffman, M. L. (2002). Children's suggestibitilty research: Implications for the courtroom and the forensic interview. In H. L. Westcott, G. M. Davies, & R. H. C. Bull (Eds.), *Children's testimony: A handbook of psychological research and forensic practice* (pp. 117–130). Chichester, England: John Wiley & Sons, Ltd.

Ceci, S. J., & DeSimone Leichtman, M. (1992). "I know that you know that I know that you broke the toy": A brief report of recursive awareness among 3-year-olds. In S. J. Ceci, M. DeSimone Leichtman, & M. Putnick (Eds.), *Cognitive and social factors in early deception* (pp. 1–9). Hillsdale, NJ: Erlbaum.

Ceci, S. J., Huffman, M. L., Smith, E., & Loftus, E. F. (1994). Repeatedly thinking about a non-event. *Consciousness and Cognition, 3*, 388–407.

Ceci, S. J., Loftus, E. F., Leichtman, M. D., & Bruck, M. (1994). The possible role of source misattributions in the creation of false beliefs among preschoolers. *International Journal of Clinical and Experimental Hypnosis, 17*, 304–320.

Chahal, K., & Cassidy, T. (1995). Deception and its detection in children: A study of adult accuracy. *Psychology, Crime, & Law, 1*, 237–245.

Chandler, M., Fritz, A. S., & Hala, S. (1989). Small-scale deceit: Deception as a marker of two-, three-, and four-year-olds' early theories of mind. *Child Development, 60*, 1263–1277.

Chapman, L. J. (1967). Illusory correlation in observational report. *Journal of Verbal Learning and Verbal Behavior, 6*, 151–155.

Chartrand, T. L., & Bargh, J. A. (1999). The chameleon effect: The perception-behavior link and social interaction. *Journal of Personality and Social Psychology, 76*, 893–910.

Cherry, E. C. (1953) Some experiments on the recognition of speech, with one and with two ears. *Journal of Acoustic Society of America, 25*, 975–979.

Chiba, H. (1985). Analysis of controlling facial expression when experiencing negative affect on an anatomical basis. *Journal of Human Development, 21*, 22–29.

Christianson, S. A. (Ed.), (2007). *Offenders' memories of violent crimes.* Chichester, England: John Wiley & Sons, Ltd.

Cody, M. J., Lee, W. S., & Chao, E. Y. (1989). Telling lies: Correlates of deception among Chinese. In J. P. Forgas & J. M. Innes (Eds.), *Recent advances in social psychology: An international perspective* (pp. 359–368). North Holland, the Netherlands: Elsevier.

Cody, M. J., Marston, P. J., & Foster, M. (1984). Deception: Paralinguistic and verbal leakage. In R. N. Bostrom, & B. H. Westley (Eds.), *Communication Yearbook 8* (pp. 464–490). Beverly Hills, CA: Sage.

Cody, M. J., & O'Hair, H. D. (1983). Nonverbal communication and deception: Differences in deception cues due to gender and communicator dominance. *Communication Monographs, 50*, 175–193.

Cohen, J. (1977). *Statistical power analysis for the behavioral sciences.* New York: Academic Press.

Cole, T. (2001). Lying to the one you love: The use of deception in romantic relationships. *Journal of Social and Personal Relationships, 18*, 107–129.

Cole, T., Leets, L., & Bradac, J. J. (2002). Deceptive message processing: The role of attachment style and verbal intimacy markers in deceptive message judgments. *Communication Studies, 53*, 74–89.

Colwell, K., Hiscock, C. K., & Memon, A. (2002). Interview techniques and the assessment of statement credibility. *Applied Cognitive Psychology, 16*, 287–300.

Colwell, K., Hiscock-Anisman, C., Memon, A., Woods, D., & Michlik, P. M. (2006). Strategies ofimpression management among deceivers and truth tellers: How liars attempt to convince. *Amercian Journal of Forensic Psychology, 24*, 31–38.

Colwell, L. H., Miller, H. A., Lyons, P. M., & Miller, R. S. (2006). The training of law enforcement officers in detecting deception: A survey of current practices and suggestions for improving accuracy. *Police Quarterly, 9*, 275–290.

Colwell, L. H., Miller, H. A., Miller, R. S., & Lyons, P. M. (2006). US police officers' knowledge regarding behaviors indicative of deception: Implications for eradicating erroneous beliefs through training. *Psychology, Crime, & Law, 12*, 489–503.

Comadena, M. E. (1982). Accuracy in detecting deception: Intimate and friendship relationships. In M. Burgoon (Ed.), *Communication yearbook 6* (pp. 446–472). Beverly Hills, CA: Sage.

Consigli, J. E. (2002). Post-conviction sex offender testing and the American polygraph association. In M. Kleiner (Ed.). *Handbook of polygraph testing* (pp. 237–250). San Diego, CA: Academic Press.

Conte, J. R., Sorenson, E., Fogarty, L., & Rosa, J. D. (1991). Evaluating children's reports of sexual abuse: Results from a survey of professionals. *Journal of Orthopsychiatry, 61*, 428–437.

Coolbear, J. L. (1992). Credibility of young children in sexual abuse cases: Assessment strategies oflegal and human service professionals. *Canadian Psychology, 33*, 151–164.

Cordon, I. M., Pipe, M. E., Sayfan, L., Melinder, A., & Goodman, G. S. (2004). Memory for traumatic experiences in childhood. *Developmental Review, 24*, 101–132.

Craig, R. A. (1995). *Effects ofinterviewer behavior on children's statements of sexual abuse*. Unpublished manuscript.

Craig, R. A., Scheibe, R., Raskin, D. C., Kircher, J. C., & Dodd, D. H. (1999). Interviewer questions and content analysis of children's statements of sexual abuse. *Applied Developmental Science, 3*, 77–85.

Craig, K. D., Hyde, S. A., & Patrick, C. J. (1991). Genuine, suppressed and faked facial behavior during exacerbation of chronic low back pain. *Pain, 46*, 161–171.

Crombag, H. F. M., Wagenaar, W. A., & Van Koppen, P. J. (1996). Crashing memories and the problem of source monitoring. *Applied Cognitive Psychology, 10*, 93–104.

Cross, T. P., & Saxe, L. (2001). Polygraph testing and sexual abuse: The lure of the magic lasso. *Child Maltreatment, 6*, 195–206.

Crossman, A. M., & Lewis, M. (2006). Adults' ability to detect children's lying. *Behavioral Sciences and the Law, 24*, 703–715.

Cullen, M. C., & Bradley, M. T. (2004). Positions of truthfully answered controls on Control Question Tests with the polygraph. *Canadian Journal of Behavioural Science, 36*, 167–176.

Curtis, R. C., & Miller, K. (1986). Believing another likes or dislikes you: Behaviors making the beliefs come true. *Journal of Personality and Social Psychology, 51*, 284–290.

Cutler, B. L., Penrod, S. D., & Dexter, H. R. (1990). Juror sensitivity to eyewitness identification evidence. *Law and Human Behavior, 14*, 185–191.

Cutler, B. L., Penrod, S. D., & Stuve, T. E. (1988). Juror decision making in eyewitness identification cases. *Law and Human Behavior, 12*, 41–55.

Dalenberg, C. J., Hyland, K. Z., & Cuevas, C. A. (2002). Sources of fantastic elements in allegations of abuse by adults and children. In M. L. Eisen, J. A. Quas, & G. S. Goodman (Eds.), *Memory and suggestibility in the forensic interview* (pp. 185–204). Mahwah, NJ: Erlbaum.

Dalton, A., L., & Daneman, M. (2006). Social suggestibility to central and peripheral misinformation. *Memory, 14*, 486–501.

Daniels. C. W. (2002). Legal aspects of polygraph admissibility in the United Stated. In M. Kleiner (Ed.), *Handbook of polygraph testing* (pp. 327–338).

San Diego, CA: Academic Press.
Darley, J. M., & Gross, P. H. (1983). A hypothesis-confirming bias in labelling effects. *Journal of Personality and Social Psychology, 44*, 20–33.
Darling, N., Cumsille, P., Caldwell, L. L., & Dowdy, B. (2006). Predictors of adolescents's disclosure to parents and perceived parental knowledge: Between- and within-person differererences. *Journal of Youth and Adolescence, 35*, 667–678.
Daubert v Merrell Dow Pharmacurticals, Inc. 113 S. Ct. 2786, 1993.
Davatzikos, C., Ruparel, K., Fan, Y., Shen, D. G., Acharyya, M., Loughead, J. W., Gur, R. C., & Langleben, D. D. (2005). Classifying spatial patterns of brain activity with machine learning methods: Application to lie detection. *NeuroImage, 28*, 663–668.
Davies, G. M. (1991). Research on children's testimony: Implications for interviewing practice. In C. R. Hollin & K. Howells (Eds.), *Clinical approaches to sex offenders and their victims* (pp. 177–191). New York: John Wiley & Sons, Inc.
Davies, G. M. (1994a). Children's testimony: Research findings and police implications. *Psychology, Crime, & Law, 1*, 175–180.
Davies, G. M. (1994b). Statement validity analysis: An art or a science? Commentary on Bradford. *Child Abuse Review, 3*, 104–106.
Davies, G. M. (2001). Is it possible to discriminate true from false memories? In G. M. Davies & T. Dalgleish (Eds.), *Recovered memories: Seeking the middle ground* (pp. 153–176). Chichester, England: John Wiley & Sons, Ltd.
Davies, G. M. (2004). Coping with suggestion and deception in children's accounts. In P. A. Granhag & L. A. Strömwall (Eds.), *Deception detection in forensic contexts* (pp. 148–171). Cambridge, England: Cambridge University Press.
Davies, G. M., Westcott, H. L., & Horan, N. (2000). The impact of questioning style on the content ofinvestigative interviews with suspected child sexual abuse victims. *Psychology, Crime, & Law, 6*, 81–97.
Davis, M., & Hadiks, D. (1995). Demeanor and credibility. *Semiotica, 106*, 5–54.
Davis, M., Markus, K. A., & Walters, S. B. (2006). Judging the credibility of criminal suspect statements: Does mode of presentation matter? *Journal of Nonverbal Behavior, 30*, 181–198.
Davis, M., Markus, K. A., Walters, S. B., Vorus, N., & Connors, B. (2005). Behavioral cues to deception vs topic incriminating potential in criminal confessions. *Law and Human Behavior, 29*, 683–704.
Davis, R. C. (1961). Psychological responses as a means of evaluating information. In A. Biderman & H. Zimmer (Eds.), *Manipulation of human behavior* (pp. 142–168). New York: John Wiley & Sons, Inc.
De Keijser, J. W., & van Koppen, P. J. (2007). Paradoxes of proof and pun-

ishment: Psychological pitfalls in judicial decision-making. *Legal and Criminological Psychology, 12*, 189–206.
Dente, E., Barath, A. A., Ng, J., Vrij, A., Mann, S., & Bull, A. (2006). Tracking hand and finger movements for behaviour analysis. *Pattern Recognition Letter, 27*, 1797–1808.
DePaulo, B. M. (1988). Nonverbal aspects of deception. *Journal of Nonverbal Behavior, 12*, 153–162.
DePaulo, B. M. (1991). Nonverbal behavior and self-presentation: A developmental perspective. In R. S. Feldman & B. Rimé (Eds.), *Fundamentals of nonverbal behavior* (pp. 351–397). Paris, France: Cambridge University Press.
DePaulo, B. M. (1992). Nonverbal behavior and self-presentation. *Psychological Bulletin, 111*, 203–243.
DePaulo, B. M. (1994). Spotting lies: Can humans learn to do better? *Current Directions in Psychological Science, 3*, 83–86.
DePaulo, B. M. (2004). The many faces oflies. In A. G. Miller (Ed.), *The social psychology of good and evil* (pp. 303–336). New York, Guilford Press.
DePaulo, B. M., Ansfield, M. E., & Bell, K. L. (1996). Theories about deception and paradigms for studying it: A critical appraisal of Buller and Burgoon's interpersonal deception theory and research. *Communication Theory*, 297–310.
DePaulo, B. M., Ansfield, M. E., Kirkendol, S. E., & Boden, J. M. (2004). Serious lies. *Basic and Applied Social Psychology, 26*, 147–167.
DePaulo, B. M., & Bell, K. L. (1996). Truth and investment: Lies are told to those who care. *Journal of Personality and Social Psychology, 70*, 703–716.
DePaulo, B. M., Charlton, K., Cooper, H., Lindsay, J. L., & Muhlenbruck, L. (1997). The accuracy – confidence correlation in the detection of deception. *Personality and Social Psychology Review, 1*, 346–357.
DePaulo, B. M., Epstein, J. A., & LeMay, C. S. (1990). Responses of the socially anxious to the prospect ofinterpersonal evaluation. *Journal of Personality, 58*, 623–640.
DePaulo, B. M., Epstein, J. A., & Wyer, M. M. (1993). Sex differences in lying: How women and men deal with the dilemma of deceit. In M. Lewis & C. Saarni (Eds.), *Lying and deception in everyday life* (pp. 126–147). New York: Guilford Press.
DePaulo, B. M., & Friedman, H. S. (1998). Nonverbal communication. In D. T. Gilbert, S. T. Fiske, & G. Lindzey (Eds.), *The handbook of social psychology* (pp. 3–40). Boston, MA: McGraw-Hill.
DePaulo, B. M., & Jordan, A. (1982). Age changes in deceiving and detecting deceit. In R. S. Feldman (Ed.), *Development of nonverbal behaviour in children* (pp. 151–180). New York: Springer-Verlag.
DePaulo, B. M., Jordan, A., Irvine, A., & Laser, P. S. (1982). Age changes in the detection of deception. *Child Development, 53*, 701–709.

DePaulo, B. M., & Kashy, D. A. (1998). Everyday lies in close and casual relationships. *Journal of Personality and Social Psychology, 74*, 63–79.

DePaulo, B. M., Kashy, D. A., Kirkendol, S. E., Wyer, M. M., & Epstein, J. A. (1996). Lying in everyday life. *Journal of Personality and Social Psychology, 70*, 979–995.

DePaulo, B. M., & Kirkendol, S. E. (1989). The motivational impairment effect in the communication of deception. In J. C. Yuille (Ed.), *Credibility assessment* (pp. 51–70). Dordrecht, the Netherlands: Kluwer.

DePaulo, B. M., Kirkendol, S. E., Tang, J., & O'Brien, T. P. (1988). The motivational impairment effect in the communication of deception: Replications and extensions. *Journal of Nonverbal Behavior, 12*, 177–202.

DePaulo, B. M., Lanier, K., & Davis, T. (1983). Detecting deceit of the motivated liar. *Journal of Personality and Social Psychology, 45*, 1096–1103.

DePaulo, B. M., Lassiter, G. D., & Stone, J. I. (1982a). Attentional determinants of success at detecting deception and truth. *Personality and Social Psychology Bulletin, 8*, 273–279.

DePaulo, B. M., LeMay, C. S., & Epstein, J. A. (1991). Effects of importance of success and expectations for success on effectiveness at deceiving. *Personality and Social Psychology Bulletin, 17*, 14–24.

DePaulo, B. M., Lindsay, J. L., Malone, B. E., Muhlenbruck, L., Charlton, K., & Cooper, H. (2003). Cues to deception. *Psychological Bulletin, 129*, 74–118.

DePaulo, B. M., & Morris, W. L. (2004). Discerning lies from truths: Behavioural cues to deception and the indirect pathway of intuition. In P. A. Granhag & L. A. Strömwall (Eds.), *Deception detection in forensic contexts* (pp. 15–40). Cambridge, England: Cambridge University Press.

DePaulo, B. M., & Pfeifer, R. L. (1986). On-the-job experience and skill at detecting deception. *Journal of Applied Social Psychology, 16*, 249–267.

DePaulo, B. M., Rosenthal, R., Eisenstat, R. A., Rogers, P. L., & Finkelstein, S. (1978). Decoding discrepant nonverbal cues. *Journal of Personality and Social Psychology, 36*, 313–323.

DePaulo, B. M., Rosenthal, R., Rosenkrantz, & Green, C. R. (1982b). Actual and perceived cues to deception: A closer look at speech. *Basic and Applied Social Psychology, 3*, 291–312.

DePaulo, B. M., Stone, J. I., & Lassiter, G. D. (1985). Telling ingratiating lies: Effects of target sex and target attractiveness on verbal and nonverbal deceptive success. *Journal of Personality and Social Psychology, 48*, 1191–1203.

DePaulo, B. M., & Tang, J. (1994). Social anxiety and social judgement: The example of detecting deception. *Journal of Research in Personality, 28*, 142–153.

DePaulo, B. M., Tang, J., & Stone, J. L. (1987). Physical attractiveness and skill at detecting deception. *Personality and Social Psychology Bulletin, 13*, 177–187.

DePaulo, B. M., Wetzel, C., Weylin Sternglanz, R., & Walker Wilson, M. J. (2003). Verbal and nonverbal dynamics of privacy, secrecy, and deceit. *Journal of Social Issues, 59*, 391–410.

DePaulo, P. J., & DePaulo, B. M. (1989). Can deception by salespersons and customers be detected through nonverbal behavioral cues? *Journal of Applied Social Psychology, 19*, 1552–1577.

Desforges, D. M., & Lee, T. C. (1995). Detecting deception is not as easy as it looks. *Teaching of Psychology, 22*, 128–130.

deTurck, M. A. (1991). Training observers to detect spontaneous deception: Effects of gender. *Communication Reports, 4*, 81–89.

deTurck, M. A., Feeley, T. H., & Roman, L. A. (1997). Vocal and visual cue training in behavioural lie detection. *Communication Research Reports, 14*, 249–259.

deTurck, M. A., Harszlak, J. J., Bodhorn, D. J., & Texter, L. A. (1990). The effects of training social perceivers to detect deception from behavioural cues. *Communication Research, 38*, 189–199.

deTurck, M. A., & Miller, G. R. (1985). Deception and arousal: Isolating the behavioral correlates of deception. *Human Communication Research, 12*, 181–201.

deTurck, M. A., & Miller, G. R. (1990). Training observers to detect deception: Effects of self-monitoring and rehearsal. *Human Communication Research, 16*, 603–620.

DeWaal, F. (1986). Deception in the natural communication of chimpanzees. In R. W. Mitchell & N. S. Thompson (Eds.), *Deception: Perspectives on human and nonhuman deceit* (pp. 221–244). Albany: State University of New York Press.

Dimberg, U., Thunberg, M., & Grunedal, S. (2002). Facial reactions to emotional stimuli: Automatic controlled emotional responses. *Cognition and Emotion, 16*, 449–471.

Doherty-Sneddon, G., Bruce, V., Bonner, L., Longbotham, S., & Doyle, C. (2002). Development of gaze aversion as disengagement of visual information. *Developmental Psychology, 38*, 438–445.

Doherty-Sneddon, G., & Phelps, F. G. (2005). Gaze aversion: A response to cognitive or social difficulty? *Memory and Cognition, 33*, 727–733.

Donaghy, W. C., & Dooley, B. F. (1994). Head movement, gender, and deceptive communication. *Communication Reports, 7*, 67–75.

Doris, J. (1994). Commentary on Criteria-Based Content Analysis. *Journal of Applied Developmental Psychology, 15*, 281–285.

Driscoll, L. N. (1994). A validity assessment of written statements from suspects in criminal investigations using the SCAN technique. *Police Studies, 17*, 77–88.

Dulaney, E. F. (1982). Changes in language behavior as a function of veracity.

Human Communication Research, 9, 75–82.

Durban, N. E., Ramirez, A., & Burgoon, J. K. (2003). The effects of participation on the ability to judge deceit. *Communication Reports, 16*, 23–33.

Ebesu, A. S., & Miller, M. D. (1994). Verbal and nonverbal behaviors as a function of deception type. *Journal of Language and Social Psychology, 13*, 418–442.

Edelstein, R. S., Luten, T. L., Ekman, P., & Goodman, G. S. (2006). Detecting lies in children and adults. *Law and Human Behavior, 30*, 1–10.

Edinger, J. A., & Patterson, M. L. (1983). Nonverbal involvement and social control. *Psychological Bulletin, 93*, 30–56.

Efron, D. (1941). *Gesture and environment.* New York: King's Crown.

Eichenbaum, H., & Bodkin, J. A. (2000). Belief and knowledge as distinct forms of memory. In D. L. Schacter & E. Scaryy (Eds.), *Memory, brain, and belief* (pp. 176–207). Cambridge, MA: Harvard University Press.

Ekman, P. (1981). Mistakes when deceiving. *Annals of the New York Academy of Sciences, 364*, 269–278.

Ekman, P. (1985). *Telling lies: Clues to deceit in the marketplace, politics and marriage.* New York: W. W. Norton. (Reprinted in 1992 and 2001).

Ekman, P. (1988). Lying and nonverbal behavior: Theoretical issues and new findings. *Journal of Nonverbal Behavior, 12*, 163–176.

Ekman, P. (1989). Why lies fail and what behaviors betray a lie. In J. C. Yuille (Ed.), *Credibility assessment* (pp. 71–82). Dordrecht, the Netherlands: Kluwer.

Ekman, P. (1993). Why don't we catch liars? *Social Research, 63*, 801–817.

Ekman, P. (1997). Deception, lying, and demeanor. In D. F. Halpern & A. E. Voiskounsky (Eds.), *States of mind: American and post-Soviet perspectives on contemporary issues in psychology* (pp. 93–105). New York: Oxford University Press.

Ekman, P., Davidson, R. J., & Friesen, W. V. (1990). The Duchenne smile: Emotional expression and brain physiology II. *Journal of Personality and Social Psychology, 58*, 342–353.

Ekman, P., & Frank, M. G. (1993). Lies that fail. In M. Lewis & C. Saarni (Eds.), *Lying and deception in everyday life* (pp. 184–201). New York: Guilford Press.

Ekman, P., & Friesen, W. V. (1969). Nonverbal leakage and clues to deception. *Psychiatry, 32*, 88–106.

Ekman, P., & Friesen, W. V. (1972). Hand movements. *Journal of Communication, 22*, 353–374.

Ekman, P., & Friesen, W. V. (1974). Detecting deception from the body or face. *Journal of Personality and Social Psychology, 29*, 288–298.

Ekman, P., & Friesen, W. V. (1982). Felt, false, and miserable smiles. *Journal of Nonverbal Behavior, 6*, 238–253.

Ekman, P., Friesen, W. V., & O'Sullivan, M. (1988). Smiles when lying. *Journal of Personality and Social Psychology, 54*, 414–420.

Ekman, P., Friesen, W. V., & O'Sullivan, M., & Scherer, K. (1980). Relative importance of face, body and speech in judgements of personality and affect. *Journal of Personality and Social Psychology, 38*, 270–277.

Ekman, P., Friesen, W. V., & Scherer, K. R. (1976). Body movement and voice pitch in deceptive interaction. *Semiotica, 16*, 23–27.

Ekman, P., Friesen, W. V., & Simons, R. C. (1985). Is the startle reaction an emotion? *Journal of Personality and Social Psychology, 49*, 1416–1426.

Ekman, P., & O'Sullivan, M. (1991). Who can catch a liar? *American Psychologist, 46*, 913–920.

Ekman, P., & O'Sullivan, M. (2006). From flawed self-assessment to blatant whoppers: The utility of voluntary and involuntary behavior in detecting deception. *Behavioural Sciences & the Law, 24*, 673–686.

Ekman, P., O'Sullivan, M., & Frank, M. G. (1999). A few can catch a liar. *Psychological Science, 10*, 263–266.

Ekman, P., O'Sullivan, M., Friesen, W. V., & Scherer, K. (1991). Face, voice, and body in detecting deceit. *Journal of Nonverbal Behavior, 15*, 125–135.

Ekman, P., Roper, G., & Hager, J. C. (1980). Deliberate facial movement. *Child Development, 51*, 886–891.

Elaad, E. (1990). Detection of guilty knowledge in real-life criminal investigations. *Journal of Applied Psycholollgy, 75*, 521–529.

Elaad, E. (1993). Detection of deception: A transactional analysis perspective. *Journal of Psychology, 127*, 5–15.

Elaad, E. (1997). Polygraph examiner awareness of crime-relevant information and the guilty knowledge test. *Law and Human Behavior, 21*, 107–120.

Elaad, E. (2003). Effects of feedback on the overestimated capacity to detect lies and the underestimated ability to tell lies. *Applied Cognitive Psychology, 17*, 349–363.

Elaad, E., & Ben-Shakhar, G. (1997). Effects ofitem repetitions and variations on the efficiency of the guilty knowledge test. *Psychophysiology, 34*, 587–596.

Elaad, E., Ginton, A., & Jungman, N. (1992). Detection measures in real-life criminal guilty knowledge tests. *Journal of Applied Psychology, 77*, 757–767.

Elaad, E., Ginton, A., & Ben-Shakhar, G. (1994). The effects of prior expectations and outcome knowledge on polygraph examiners' decisions. *Journal of Behavioral Decision Making, 7*, 279–292.

Ellwanger, J., Rosenfeld, J. P., Hannkin, L. B., & Sweet, J. J. (1999). P300 as an index of recognition in a standard and difficult to match-to-sample test: A model of amnesia in normal adults. *The Clinical Neuropsychologist, 13*, 100–108.

Ellwanger, J., Rosenfeld, J. P., Sweet, J. J., & Bhatt, M. (1996). Detecting dimulated amnesia for autobiographical and recently learned information using the P300 event-related potential. *International Journal of Psychophysiology, 23*, 9–23.

Engelhard, I. M., Merckelbach, H., & van den Hout, M. A. (2003). The guilty knowledge test and the modified stroop task in detection of deception: An exploratory study. *Psychological Reports, 92*, 683–691.

Engels, R. C. M. E., Finkenauer, C., & van Kooten, D. C. (2006). Lying behaviour, family functioning and adjustment in early adolescence. *Journal of Youth Adolescence, 35*, 949–958.

Ennis, E., Vrij, A., & Chance, C. (2008). Individual differences and lying in everyday life. *Journal of Social and Personal Relationships, 25*, 105-118.

Erdmann, K., Volbert, R., & Böhm, C. (2004). Children report suggested events even when interviewed in a non-suggestive manner: What are the implications for credibility assessment? *Applied Cognitive Psychology, 18*, 589–611.

Esplin, P. W., Boychuk, T., & Raskin, D. C. (1988, June). *A field validity study of Criteria-Based Content Analysis of children's statements in sexual abuse cases*. Paper presented at the NATO Advanced Study Institute on Credibility Assessment in Maratea, Italy.

Etcoff, N. L., Ekman, P., Magee, J. J., & Frank, M. G. (2000). Lie detection and language comprehension. *Nature, 405*, 139.

Evans, R. (1994). Police interviews with juveniles. In D. Morgan & G. M. Stephenson (Eds.), *Suspicion and silence: The right to silence in criminal investigations* (pp. 77–90). London: Blackstone.

Exline, R., Thibaut, J., Hickey, C., & Gumpert, P. (1970). Visual interaction in relation to Machiavellianism and an unethical act. In P. Christie & F. Geis (Eds.), *Studies in Machiavellianism* (pp. 53–75). New York: Academic Press.

Eyre, S. L., Read, N. W., & Millstein, S. G. (1997). Adolescent sexual strategies. *Journal of Adolescent Health, 20*, 286–293.

Eysenck, H. J. (1984). Crime and personality. In D. J. Muller, D. E. Blackman, & A. J. Chapman (Eds.), *Psychology and Law* (pp. 85–100). New York: John Wiley & Sons, Inc.

Faigman, D. L., Kaye, D., Saks, M. J., & Sanders, J. (1997). *Modern scientific evidence: The law and science of expert testimony*. St. Paul, MN: West Publishing.

Faigman, D. L., Kaye, D., Saks, M. J., & Sanders, J. (2002). *Modern scientific evidence: The law and science of expert testimony, volume 2*. St. Paul, MN: West Publishing.

Farrow, T. F. D., Reilly, R., Rahman, T. A., Herford, A. E., Woodruff, P. W. R., & Spence, S. A. (2003). Sex and personality traits influence the difference between time taken to tell the truth or lie. *Perceptual and Motor Skills, 97*, 451–460.

Farwell, L. A., & Donchin, E. (1991). The truth will out: Interrogative polygraphy ('lie detection') with event-related brain potentials. *Psychophysiology, 28*, 531–547.

Farwell, L. A., & Smith, S. S. (2001). Using brain MERMER testing to detect knowledge despite efforts to conceal. *Journal of Forensic Sciences, 46*, 135–143.

Feeley, T. H., & deTurck, M. A. (1995). Global cue usage in behavioural lie detection. *Communication Quarterly, 43*, 420–430.

Feeley, T. H., & deTurck, M. A. (1997). *Perceptions of communication as seen by the actor and as seen by the observer: The case oflie detection* . Paper presented at the International Communication Association Annual Conference. Montreal, Canada.

Feeley, T. H., & deTurck, M. A. (1998). The behavioral correlates of sanctioned and unsanctioned deceptive communication. *Journal of Nonverbal Behavior, 22*, 189–204.

Feeley, T. H., deTurck, M. A., & Young, M. J. (1995). Baseline familiarity in lie detection. *Communication Research Reports, 12*, 160–169.

Feeley, T. H., & Young, M. J. (2000). The effects of cognitive capacity on beliefs about deceptive communication. *Communication Quarterly, 48*, 101–119.

Feldman, R. S. (1979). Nonverbal disclosure of deception in urban Koreans. *Journal of Cross-Cultural Psychology, 10*, 73–83.

Feldman, R. S., & Chesley, R. B. (1984). Who is lying, who is not: An attributional analysis of the effects of nonverbal behavior on judgments of defendant believability. *Behavioral Sciences and the Law, 2*, 451–461.

Feldman, R. S., Devin-Sheehan, L., & Allen, V. L. (1978). Nonverbal cues as indicators of verbal dissembling. *American Educational Research Journal, 15*, 217–231.

Feldman, R. S., Forrest, J. A., & Happ, B. R. (2002). Self-presentation and verbal deception: Do self-presenters lie more? *Basic and Applied Social Psychology, 24*, 163–170.

Feldman, R. S., Jenkins, L., & Popoola, O. (1979). Detection of deception in adults and children via facial expressions. *Child Development, 50*, 350–355.

Feldman, R. S. & Phillippot, P. (1993). Children's deception skills and social competence. In G. Goodman, & B. Bottoms (Eds.), *Child victims, child witnesses* (p. 80–99). New York: Guilford Press.

Feldman, R. S., Tomasian, J. C., & Coats, E. J. (1999). Nonverbal deception abilities and adolescents' social competence: Adolescents with higher social skills are better liars. *Journal of Nonverbal Behavior, 23*, 237–250.

Feldman, R. S., & White, J. B. (1980). Detecting deception in children. *Journal of Communication*, 121–128.

Feldman, R. S., White, J. B., & Lobato, D. (1982). Social skills and nonverbal behavior. In R. S. Feldman (Ed.), *Development of nonverbal behavior in children*. New York: Springer-Verlag.

Feldman, S. S., & Cauffman, E. (1999). Sexual betrayal among late adolescents: Perspectives of the perpetrator and the aggrieved. *Journal of Youth and Adolescence, 28*, 235–258.

Fenigstein, A., Scheier, M. F., & Buss, A. H. (1975). Public and private self-consciousness: Assessment and theory. *Journal of Consulting and Clinical Psychology, 43*, 522–527.

Fiedler, K., Schmid, J., & Stahl, T. (2002). What is the current truth about polygraph lie detection? *Basic and Applied Social Psychology, 24*, 313–324.

Fiedler, K., & Walka, I. (1993). Training lie detectors to use nonverbal cues instead of global heuristics. *Human Communication Research, 20*, 199–223.

Fisher, R. P., Brennan, K. H., & McCauley, M. R. (2002). The cognitive interview method to enhance eyewitness recall. In M. L. Eisen, J. A. Quas, & G. S. Goodman (Eds.), *Memory and suggestibility in the forensic interview* (pp. 265–286). Mahwah, NJ: Erlbaum.

Fisher, R. P., & Geiselman, R. E. (1992). *Memory enhancing techniques for investigative interviewing: The cognitive interview*. Springfiled, IL: Charles C. Thomas.

Fivush, R. (2002). The development of autobiograhical memory. In H. L. Westcott, G. M. Davies, & R. H. C. Bull (Eds.), *Children's testimony: A handbook of psychological research and forensic practice* (pp. 55-68). Chichester, England: John Wiley & Sons, Ltd.

Fivush, R., Haden, C., & Adam, S. (1995). Structure and coherence of preschoolers' personal narratives over time: Implications for childhood amnesia. *Journal of Experimental Child Psychology, 60*, 32–56.

Fivush, R., Peterson, C., & Schwarzmueller, A. (2002). Questions and answers: The credibility of child witnesses in the context of specific questioning techniques. In M. L. Eisen, J. A. Quas, & G. S. Goodman (Eds.), *Memory and suggestibility in the forensic interview*. Mahwah, NJ: Erlbaum.

Flavell, J. H. (2000). Development of children's knowledge about the mental world. *International Journal of Behavioural Development, 24*, 15–23.

Flavell, J. H., Botkin, P. T., Fry, C. K., Wright, J. C., & Jarvis, P. T. (1968). *The development of role-taking and communication skills in children*. New York: John Wiley & Sons, Inc.

Fleming, J. M., & Darley, J. H. (1991). Mixed messages: The multiple audience problem and strategic communication. *Social Cognition, 9*, 25–46.

Fleming, J. M., Darley, J. H., Hilton, B. A., & Kojetin, B. A. (1990). Multiple audience problem: A strategic communication perspective on social perception. *Journal of Personality and Social Psychology, 58*, 593–609.

Foley, M. A., & Johnson, M. K. (1985). Confusions between memories for performed and imagined actions: A developmental comparison. *Child Development, 56*, 1145–1155.

Ford, E. B. (2006). Lie detection: Historical, neuropsychiatric and legal dimensions. *International Journal of Law and Psychiatry, 29*, 159–177.

Ford, C. V. (1995). *Lies! Lies!! Lies!!! The psychology of deceit.* Washington, DC: American Psychiatric Press.

Forrest, J. A., & Feldman, R. S. (2000). Detecting deception and judge's involvement: Lower task involvement leads to better lie detection. *Personality and Social Psychology Bulletin, 26*, 118–125.

Forrest, J. A., Feldman, R. S., & Tyler, J. M. (2004). When accurate beliefs lead to better lie detection. *Journal of Applied Social Psychology, 34*, 764–780.

Frank, M. G., & Ekman, P. (1997). The ability to detect deceit generalizes across different types of high-stake lies. *Journal of Personality and Social Psychology, 72*, 1429–1439.

Frank, M. G., & Ekman, P. (2004). Appearing truthful generalizes across different deception situations. *Journal of Personality and Social Psychology, 86*, 486–495.

Frank, M. G., & Ekman, P., & Friesen, W. V. (1993). Behavioral markers and recognizability of the smile of enjoyment. *Journal of Personality and Social Psychology, 64*, 83–93.

Frank, M. G., & Feeley, T. H. (2003). To catch a liar: Challenges for research in lie detection training. *Journal of Applied Communication Research, 31*, 58–75.

Frank, M. G., Feeley, T. H., Paolantonio, N., & Servoss, T. J. (2004). Individual and small group accuracy in judging truthful and deceptive communication. *Group Decision and Negotiation, 13*, 45–59.

Frank, M. G., & Gilovich, T. (1988). The dark side of self- and social perception: Black uniforms and aggression in professional sports. *Journal of Personality and Social Psychology, 54*, 74–85.

Freedman, J. L., Adam, E. K., Davey, S. A., & Koegl, C. J. (1996). The impact of a statement: More detail does not always help. *Legal and Criminological Psychology, 1*, 117–130.

Freedman, N. (1972). The analysis of movement behavior during the clinical interview. In A. R. Siegman & B. Pope (Eds.), *Studies in dyadic communication* (pp. 153–175). Elmsford, NY: Pergamon.

Freud, S. (1959). *Collected papers.* New York: Basic Books.

Friedman, H. S. (1978). The relative strength of verbal versus nonverbal cues. *Personality and Social Psychology Bulletin, 4*, 147–150.

Friedman, H. S., & Miller-Herringer, T. (1991). Nonverbal display of emotion in public and private: Self-monitoring, personality and expressive cues. *Journal of Personality and Social Psychology, 61*, 766–775.

Friedman, H. S., Riggio, R. E., & Casella, D. F. (1988). Nonverbal skill, personal charisma, and initial attraction. *Personality and Social Psychology Bulletin, 14*, 203–211.

Friesen, W. V., Ekman, P., & Wallbott, H. (1979). Measuring hand movements.

Journal of Nonverbal Behavior, 4, 97–112.
Fugita, S. S., Wexley, K. N., & Hillery, J. M. (1974). Black-white differences in nonverbal behavior in an interview setting. Journal of Applied Social Psychology, 4, 343–351.
Fukuda, K. (2001). Eye blinks: New indices for the detection of deception. International Journal of Psychophysiology, 40, 239–245.
Furedy, J. J. (1991a). Alice in Wonderland terminological usage in, and communicational concerns about, that peculiarly flight of technological fancy: The CQT polygraph. Integrative Physiological and Behavioral Science, 26, 241–247.
Furedy, J. J. (1991b). On the validity of the polygraph. Integrative Physiological and Behavioral Science, 26, 211–213.
Furedy, J. J. (1993). The "control" question "test" (CQT) polygrapher's dilemma: Logico-ethical considerations for psychophysiological practitioners and researchers. International Journal of Psychophysiology, 15, 263–267.
Furedy, J. J. (1996a). Some elementary distinctions among, and comments concerning, the 'control' question 'test' (CQT) polygrapher's many problems: A reply to Honts, Kircher and Raskin. International Journal of Psychophysiology, 22, 53–59.
Furedy, J. J. (1996b). The North American polygraph and psychophysiology: Disinterested, uninterested, and interested perspectives. International Journal of Psychophysiology, 21, 97–105.
Gale, A. (1988). The polygraph test, more than scientific investigation. In A. Gale (Ed.), The polygraph test: Lies, truth and science (pp. 1–9). London: Sage.
Galin, K. E., & Thorn, B. E. (1993). Unmasking pain: Detection of deception in facial expressions. Journal of Social and Clinical Psychology, 12, 182–197.
Gallaher, P. E. (1992). Individual differences in nonverbal behavior: Dimensions of style. Journal of Personality and Social Psychology, 63, 133–145.
Gallai, D. (1999). Polygraph evidence in federal courts: Should it be admissible? American Criminal Law Review, 36, 87–116.
Gallup, G. (1982). Self-awareness and the emergence of mind in primates. Americal Journal of Primatology, 2, 237–248.
Gamer, M., Rill, H. G., Vossel, G., & Gödert, H. W. (2006). Psychophysiological and vocal measures in the detection of guilty knowledge. International Journal of Psychophysiology, 60, 76–87.
Ganis, G., Kosslyn, S. M., Stose, S., Thompson, W. L., & Yurgelun-Todd, D. A. (2003). Neural correlates of different types of deception: An fMRI investigation. Cerebral Cortex, 13, 830–836.
Garratt, G. A., Baxter, J. C., & Rozelle, R. M. (1981). Training university police in black-American nonverbal behavior. The Journal of Social Psychology, 113, 217–229.
Garrido, E., & Masip, J. (2001). Previous exposure to the sender's behavior and

accuracy at judging credibility. In R. Roesch, R. R. Corrado, & R. J. Dempster (Eds.), *Psychology in the courts: International advances in knowledge* (pp. 271–287). London: Routlegde.

Garrido, E., Masip, J., & Herrero, C. (2004). Police officers' credibility judgements: Accuracy and estimated ability. *International Journal of Psychology, 39,* 254–275.

Geraerts, E. (2006). *Remembrance of things past. The cognitive psychology of remembering and forgetting trauma.* PhD thesis, Maastricht University.

Geraerts, E., Arnold, M. M., Lindsay, D. S., Merckelbach, H., Jelicic, M., & Hauer, B. (2006). Forgetting of prior remembering in people reporting recovered memories of child sexual abuse. *Psychological Science, 17,* 1002–1008.

Geraerts, E., Schooler, J., Merckelbach, H., Jelicic, M., Hauer, B., & Ambadar, Z. (2007). The reality of recovered memories: Corroborating continuous and discontinuous memories of childhood sexual abuse. *Psychological Science, 18,* 564–568.

Ghetti, S., & Alexander, K. W. (2004). 'If it happened, I would remember it': Strategic use of event memorability in the rejection of false autobiographical events. *Child Development, 75,* 542–561.

Gilbert, D. T. (1991). How mental systems believe. *American Psychologist, 46,* 107–119.

Gilovich, T. (1991). *How we know what isn't so: The fallibility of human reason in everyday life.* New York: Free Press.

Gilovich, T., Savitsky, K., & Medvec, V. H. (1998). The illusion of transparency: Biased assessments of others' ability to read one's emotional states. *Journal of Personality and Social Psychology, 75,* 332–346.

Gilstrap, L. L. (2004). A missing link in suggestibility research: What is known about the behavior of field interviewers in unstructured interviews with young children? *Journal of Experimental Psychology: Applied, 10,* 13–24.

Ginton, A., Daie, N., Elaad, E., & Ben-Shakhar, G. (1982). A method for evaluating the use of the polygraph in a real life situation. *Journal of Applied Psychology, 67,* 131–137.

Gödert, H. W., Gamer, M., Rill, H. G., & Vossel, G. (2005). Statement validity assessment: Inter-rater reliability of criteria-based content analysis in the mock-crime paradigm. *Legal and Crimiological Psychology, 10,* 225–245.

Goffman, E. (1959). *The presentation of self in everyday life*. New York: Doubleday.

Goldman-Eisler, F. (1968). *Psycholinguistics: Experiments in spontaneous speech.* New York: Doubleday.

Goodman, G. S., Batterman-Faunce, J. M., Schaaf, J. M., & Kenney, R. (2002). Nearly 4 years after an event: Children's eyewitness memory and adults' perceptions of children's accuracy. *Child Abuse & Neglect, 26,* 849–884.

Goodman, G. S., & Melinder, A. (2007). Child witness research and forensic interviews of young children: A review. *Legal and Crimiological Psychology,*

12, 1–20.

Goodman, G. S., Myers, J. E. B., Qin, J., Quas, J. A., Castelli, P., Redlich, A. D., & Rogers, L. (2006). Hearsay versus children's testimony: Effects of truthful and deceptive statements on jurors' decisions. *Law and Human Behavior, 30*, 363–401.

Goodman, G. S., Rudy, L., Bottoms, B., & Aman, C. (1990). Children's concerns and memory: Issues of ecological validity in the study of children's eyewitness testimony. In R. Fivush & J. Hudson (Eds.), *Knowing and remembering in young children* (pp. 249–284). New York: Cambridge University Press.

Goodman, G. S., & Schwartz-Kenney (1992). Why knowing a child's age is not enough: Influences of cognitive, social, and emotional factors on children's testimony. In H. Dent & R. Flin (Eds.), *Children as witnesses* (pp. 15–32). Chichester, England: John Wiley & Sons, Ltd.

Gordon, A. K., & Miller, A. G. (2000). Perspective differences in the construal oflies: Is deception in the eye of the beholder? *Personality and Social Psychology Bulletin, 26*, 46–55.

Gordon, B. N., Schroeder, C. S., & Abrams, J. M. (1990). Age and social class differences in children's knowledge of sexuality. *Journal of Clinical Child Psychology, 19*, 33–43.

Gordon, N. J., & Fleisher, W. L. (2002). *Effective interviewing and interrogation techniques*. New York: Academic Press.

Gordon, R. A., Baxter, J. C., Rozelle, R. M., & Druckman, D. (1987). Expectations of honest, evasive and deceptive nonverbal behavior. *Journal of Social Psychology, 127*, 231–233.

Gozna, L., & Babooram, N. (2004). Non-traditional interviews: Deception in a simulated customs baggage search. In A. Czerederecka, T. Jaskiewicz-Obydzinska, R. Roesch, & J. Wojcikiewicz (Eds,), *Forensic psychology and law* (pp. 153–161). Krakow, Poland: Institute of Forensic Research Publishers.

Gozna, L., & Forward, T. (2004). First impressions and stereotypical beliefs: An investigation of police officers' veracity judgements. In A. Czerederecka, T. Jaskiewicz-Obydzinska, R. Roesch, & J. Wojcikiewicz (Eds,), *Forensic psychology and law* (pp. 162-173). Krakow, Poland: Institute of forensic research publishers.

Gozna, L., Vrij, A., & Bull, R. (2001). The impact ofindividual differences on perceptions oflying in everyday life and in high stakes situation. *Personality and Individual Differences, 31*, 1203–1216.

Granhag, P. A. (2006). Rethinking implicit lie detection. *Journal of Credibility Assessment and Witness Psychology, 7*, 180–190.

Granhag, P. A., Andersson, L. O., Strömwall, L. A., & Hartwig, M. (2004). Imprisoned knowledge: Criminals' beliefs about deception. *Legal and Criminological Psychology, 9*, 103–119.

Granhag, P. A., & Hartwig, M. (2007). *A new theoretical perspective on deception detection: On the psychology of instrumental mind reading* . Paper submitted for publication.

Granhag, P. A., & Strömwall, L. A. (1999). Repeated interrogations: Stretching the deception detection paradigm. *Expert Evidence: The International Journal of Behavioural Sciences in Legal Contexts, 7,* 163–174.

Granhag, P. A., & Strömwall, L. A. (2000a). Effects of preconceptions on deception detection and new answers to why lie catchers often fail. *Psychology, Crime, & Law, 6,* 197–218.

Granhag, P. A., & Strömwall, L. A. (2000b). "Let's go over this again...": Effects of repeated interrogations on deception detection performance. In A. Czerederecka, T. Jaskiewicz-Obydzinska, & J. Wojcikiewicz (Eds.), *Forensic psychology and law: Traditional questions and new ideas* (pp. 191–196). Krakow, Poland: Institute of Forensic Research Publishers.

Granhag, P. A., & Strömwall, L. A. (2001a). Deception detection: Examining the consistency heuristic. In C. M. Breur, M. M. Kommer, J. F. Nijboer, & J. M. Reijntjes (Eds.), *New trends in criminal investigation and evidence, volume 2* (pp. 309–321). Antwerpen, Belgium: Intresentia.

Granhag, P. A., & Strömwall, L. A. (2001b). Deception detection: Interrogators' and observers' decoding of consecutive statements. *Journal of Psychology, 135,* 603–620.

Granhag, P. A., & Strömwall, L. A. (2001c). Deception detection based on repeated interrogations. *Legal and Criminological Psychology, 6,* 85–101.

Granhag, P. A., & Strömwall, L. A. (2002). Repeated interrogations: Verbal and nonverbal cues to deception. *Applied Cognitive Psychology, 16,* 243–257.

Granhag, P. A., Strömwall, L. A., & Hartwig, M. (2005). Granting asylum or not? Migration board personnel's beliefs about deception. *Journal of Ethnic and Migration Studies, 31,* 29–50.

Granhag, P. A., Strömwall, L. A. & Hartwig, M. (2007). The SUE technique: The way to interview to detect deception. *Forensic Update, 88,* January, 25–29.

Granhag, P. A., Strömwall, L. A., & Jonsson, A. C. (2003). Partners in crime: How liars in collusion betray themselves. *Journal of Applied Social Psychology, 33,* 848–868.

Granhag, P. A., Strömwall, L. A., & Landström, S. (2006). Children recalling an event repeatedly: Effects on RM and CBCA scores. *Legal and Criminological Psychology, 11,* 81–98.

Granhag, P. A., & Vrij, A. (2005). Deception detection. In N. Brewer & K. Williams (Eds.), *Psychology and law: An empirical perspective* (pp. 43–92). New York: Guilford Press.

Greene, J. O., O'Hair, H. D., Cody, M. J., & Yen, C. (1985). Planning and control of behavior during deception. *Human Communication Research, 11,* 335–364.

Gregg, A. P. (2007). When vying reveals lying: The timed antagonistic response alethiometer. *Applied Cognitive Psychology, 21,* 621–648.

Greuel, L. (1992). Police officers' beliefs about cues associated with deception in rape cases. In F. Lösel, D. Bender, & T. Bliesener (Eds.), *Psychology and law: International perspectives* (pp. 234–239). Berlin: de Gruyter.

Grice, H. P. (1989). *Studies in the way of words.* Cambridge, MA: Harvard University Press.

Griffin, D. W., & Bartholomew, K. (1994a). Models of the self and other: Fundamental dimensions underlying measurements of adult attachment. *Journal of Personality and Social Psychology, 67,* 430–455.

Griffin, D. W., & Bartholomew, K. (1994b). The metaphysics of measurement: The case of adult attachment. *Advances in Personal Relationships, 5,* 17–52.

Griffin, Z. M., & Oppenheimer, D. M. (2006). Speakers gaze at objects while preparing intentionally inaccurate labels for them. *Journal of Experimental Psychology: Learning, Memory, and Cognition, 32,* 943–948.

Gross, J. J., & Levenson, R. W. (1993). Emotional suppression: Physiology, self-report, and expressive behavior. *Journal of Personality and Social Psychology, 64,* 970–986.

Grubin, D., Madsen, L., Parsons, S., Sosnowski, D., & Warberg, B. (2004). A prospective study of the impact of polygraphy on high-risk behaviors in adult sex offenders. *Sexual Abuse: A Journal of Research and Treatment, 16,* 209–222.

Gudjonsson, G. H. (2003). *The psychology of interrogations and confessions* . Chichester, England: John Wiley & Sons, Ltd.

Gumpert, C. H., & Lindblad, F. (1999). Expert testimony on child sexual abuse: A qualitative study of the Swedish approach to statement analysis. *Expert Evidence, 7,* 279–314.

Gumpert, C. H., Lindblad, F., & Grann, M. (2000). A systematic approach to quality assessment of expert testimony in cased of alleged child sexual abuse. *Psychology, Crime, & Law, 8,* 59–75.

Gumpert, C. H., Lindblad, F., & Grann, M. (2002). The quality of written expert testimony in alleged child sexual abuse: An empirical study. *Psychology, Crime, & Law, 8,* 77–92.

Hadjistavropoulos, H. D., & Craig, K. D. (1994). Acute and chronic low back pain: Cognitive, affective, and behavioral dimensions. *Journal of Consulting and Clinical Psychology, 62,* 341–349.

Hadjistavropoulos, H. D., Craig, K. D., Hadjistavropoulos, T., & Poole, G. D. (1996). Subjective judgments of deception in pain expression: Accuracy and errors. *Pain, 65,* 251–258.

Hala, S., & Russell, J. (2001). Executive control within strategic deception: A window on early cognitive development? *Journal of Experimental Child Psychology, 80,* 112–141.

Hale, J. L., & Stiff, J. B. (1990). Nonverbal primacy in veracity judgments. *Communication Reports*, *3*, 75–83.

Hall, J. A. (1979). Gender effects in decoding nonverbal cues. *Psychological Bulletin*, *85*, 845–857.

Hall, J. A. (1984). *Nonverbal sex differences: Communication accuracy and expressive style*. Baltimore, MD: The Johns Hopkins University Press.

Hall, J. A. (2006). Women's and men's nonverbal communication. In V. Manusov & M. L. Patterson (Eds.), *The SAGE handbook of nonverbal communication* (pp. 201–218). Thousand Oaks, CA: Sage.

Happel, M. D. (2005). Neuroscience and the detection of deception. *Review of Policy Research*, *22*, 667–685.

Hare, R. D. (2003). *The Hare Psychopathy Checklist-Revised* (2nd edition). Toronto, Ontario: Multi-Health Systems.

Hare, R. D., Forth, A. E., & Hart, S. D. (1989). The psychopath and prototype for pathological lying and deception. In J. C. Yuille (Ed.), *Credibility assessment* (pp. 25–49). Dordrecht, the Netherlands: Kluwer Academic.

Harrigan, J. A., & O'Connell, D. M. (1996). Facial movements during anxiety states. *Personality and Individual Differences, 21,* 205–212.

Harrison, A. A., Hwalek, M., Raney, D. F., & Fritz, J. G. (1978). Cues to deception in an interview situation. *Social Psychology*, *41*, 156–161.

Hart, C. L., Hudson, L. P., Fillmore, D. G., & Griffith, J. D. (2006). Managerial beliefs about the behavioural cues of deception. *Individual Differences Research*, *4*, 176–184.

Hartwig, M. (2005). *Interrogation to detect deception and truth: Effects of strategic use of evidence*. PhD thesis, University of Gothenburg, Department of Psychology.

Hartwig, M., Granhag, P. A., & Strömwall, L. (2007). Guilty and innocent suspects' strategies during interrogations. *Psychology, Crime, & Law, 13,* 213–227.

Hartwig, M., Granhag, P. A., Strömwall, L., & Andersson, L. O. (2004a). Suspicious minds: Criminals' ability to detect deception. *Psychology, Crime, & Law*, *10*, 83–95.

Hartwig, M., Granhag, P. A., Strömwall, L., & Kronkvist, O. (2006). Strategic use of evidence during police interrogations: When training to detect deception works. *Law and Human Behavior*, *30*, 603–619.

Hartwig, M., Granhag, P. A., Strömwall, L., & Vrij, A. (2004b). Police officers' lie detection accuracy: Interrogating freely versus observing video. *Police Quarterly*, *7*, 429–456.

Hartwig, M., Granhag, P. A., Strömwall, L., & Vrij, A. (2005). Detecting deception via strategic closure of evidence. *Law and Human Behavior*, *29*, 469–484.

Hartwig, M., Granhag, P. A., & Vrij, A. (2005). Police interrogation from a social psychology perspective. *Policing & Society*, *15*, 379–399.

Haselton, M. G., Buss, D. M., Oubaid, V., & Angleitner, A. (2005). Sex, lies, and strategic interference: The psychology of deception between sexes. *Personality and Social Psychology Bulletin, 31*, 3–23.

Hazan, C., & Shaver, P. (1987). Romantic love conceptualized as an attachment process. *Journal of Personality and Social Psychology, 52*, 511–524.

Heilveil, I., & Muehleman, J. T. (1981). Nonverbal clues to deception in a psychotherapy analogue. *Psychotherapy: Theory, Research and Practice, 18*, 329–335.

Heinrich, C. U., & Borkenau, P. (1998). Deception and deception detection: The role of cross-modal inconsistency. *Journal of Personality, 66*, 687–712.

Hemsley, G. D., & Doob, A. N. (1978). The effect of looking behavior on perceptions of a communicator's credibility. *Journal of Applied Social Psychology, 8*, 136–144.

Henningsen, D. D., Cruz, M. G., & Morr, M. C. (2000). Pattern violations and perceptions of deception. *Communication Reports, 13*, 1–9.

Hernandez-Fernaud, E., & Alonso-Quecuty, M. (1997). The cognitive interview and lie detection: A new magnifying glass for Sherlock Holmes? *Applied Cognitive Psychology, 11*, 55–68.

Hershkowitz, I. (1999). The dynamics of interviews yielding plausible and implausible allegations of child sexual abuse. *Applied Developmental Science, 3*, 28–33.

Hershkowitz, I. (2001a). A case study of child sexual false allegation. *Child Abuse & Neglect, 25*, 1397–1411.

Hershkowitz, I. (2001b). Children's responses to open-ended utterances in investigative interviews. *Legal and Criminological Psychology, 6*, 49–63.

Hershkowitz, I. (2002). The role of facilitative prompts in interviews of alleged sex and abuse victims. *Legal and Criminological Psychology, 7*, 63–71.

Hershkowitz, I., Fisher, S., Lamb, M. E., & Horowitz, D. (2007). Improving credibility assessment in child sexual abuse allogations: The role of the NICHD investigative interview protocol. *Child Abuse & Neglect*, 31, 99–110.

Hershkowitz, I., Lamb, M. E., Sternberg, K. J., & Esplin, P. W. (1997). The relationships among interviewer utterance type, CBCA scores and the richness of children's responses. *Legal and Criminological Psychology, 2*, 169–176.

Hess, U., & Kleck, R. E. (1990). Differentiating emotion elicited and deliberate emotional facial expressions. *European Journal of Social Psychology, 20*, 369–385.

Hess, U., & Kleck, R. E. (1994). The cues decoders use in attempting to differentiate emotion-elicited and posed facial expressions. *European Journal of Social Psychology, 24*, 367–381.

Hill, M. L., & Craig, K. D. (2002). Detecting deception in pain expressions: The structure of genuine and deceptive facial displays. *Pain, 98*, 135–144.

Hira, S., Furumitsu, I., Nakayama, M. (2006). *The effects of retention intervals on detection of deception using P300*. Paper presented at the European Expert Meeting on Polygraph Testing. University of Maastricht, the Netherlands, 29–31 March.

Hirsch, A. R., & Wolf, C. J. (2001). Practical methods for detecting mendacity: A case study. *The Journal of the American Academy of Psychiatry and the Law, 29*, 438–444.

Hocking, J. E., Bauchner, J., Kaminski, E. P., & Miller, G. R. (1979). Detecting deceptive communication from verbal, visual, and paralinguistic cues. *Human Communication Research, 6*, 33–45.

Hocking, J. E., & Leathers, D. G. (1980). Nonverbal indicators of deception: A new theoretical perspective. *Communication Monographs, 47*, 119–131.

Höfer, E., & Akehurst, L., & Metzger, G. (1996, August). *Reality monitoring: A chance for further development of CBCA?* Paper presented at the Annual meeting of the European Association on Psychology and Law in Siena, Italy.

Höfer, E., Köhnken, G., Hanewinkel, R., & Bruhn, C. (1993). *Diagnostik und attribution von glaubwürdigkeit*. Kiel: final report to the Deutsche Forschungsgemeinschaft, KO 882/4-2.

Hoffner, C., Cantor, J., & Thorson, E. (1989). Children's responses to conflicting auditory and visual features of a televised narrative. *Human Communication Research, 16*, 256–278.

Holland, M. K., & Tarlow, G. (1972). Blinking and mental load. *Psychological Reports, 31*, 119–127.

Holland, M. K., & Tarlow, G. (1975). Blinking and thinking. *Psychological Reports, 41*, 403–406.

Hollien, H. (1990). *The acoustics of crime: The new science of forensic phonetics*. New York: Plenum.

Holmberg, U., & Christianson, S. A. (2002). Murderers' and sexual offenders' experiences of police interviews and their inclination to admit or deny crimes. *Behavioral Sciences and the Law, 20*, 31–45.

Honts, C. R. (1991). The emperor's new clothes: The application of the polygraph tests in the American workplace. *Forensic Reports, 4*, 91–116.

Honts, C. R. (1994). Assessing children's credibility: Scientific and legal issues in 1994. *North Dakota Law Review, 70*, 879–903.

Honts, C. R. (1995). The polygraph in 1995: Progress in science and the law. *North Dakota Law Review, 17*, 987–1020.

Honts, C. R. (1996). Criterion development and validity of the CQT in field application. *Journal of General Psychology, 123*, 309–324.

Honts, C. R. (2004). The psychophysiological detection of deception. In P. A. Granhag & L. A. Strömwall (Eds.), *Deception detection in forensic contexts* (pp. 103–123). Cambridge, England: Cambridge University Press.

Honts, C. R., & Alloway, W. R. (2007). Information does not affect the validity of a comparison question test. *Legal and Criminological Psychology*, *12*, 311–320.

Honts, C. R., & Amato, S. L. (2002). Countermeasures. In M. Kleiner (Ed.), *Handbook of polygraph testing* (pp. 251–264). San Diego, CA: Academic Press.

Honts, C. R., Devitt, M. K., Winbush, M., & Kircher, J. C. (1996). Mental and physical countermeasures reduce the accuracy of the concealed knowledge test. *Psychophysiology*, *33*, 84–92.

Honts, C. R., Hodes, R. L., & Raskin, D. C. (1985). Effects of physical countermeasures on the physiological detection of deception. *Journal of Applied Psychology*, *70*, 177–187.

Honts, C. R., Kircher, J. C., & Raskin, D. C. (1996). Polygrapher's dilemma or psychologist's: A reply to Furedy's logico-ethical considerations for psychophysiological practitioners and researchers. *International Journal of Psychophysiology*, *20*, 199–207.

Honts, C. R., Kircher, J. C., & Raskin, D. C. (2002). The scientific status of research on polygraph techniques: The case for polygraph tests. In D. L. Faigman, D. Kaye, M. J. Saks, & J. Sanders (Eds.), *Modern scientific evidence: The law and science of expert testimony (Volume 2)* (pp. 446–483). St Paul, MN: West Law.

Honts, C. R., & Perry, M. V. (1992). Polygraph admissibility: Changes and challenges. *Law and Human Behavior*, *16*, 357–379.

Honts, C. R., Raskin, D. C., & Kircher, J. C. (1987). Effects of physical countermeasures and their electromyographic detection during polygraph tests for deception. *Journal of Psychophysiology*, *1*, 241–247.

Honts, C. R., Raskin, D. C., & Kircher, J. C. (1994). Mental and physical countermeasures reduce the accuracy of polygraph tests. *Journal of Applied Psychology*, *79*, 252–259.

Honts, C. R., Raskin, D. C., Kircher, J. C., & Hodes, R. L. (1988). Effects of spontaneous countermeasures on the physiological detection of deception. *Journal of Police Science and Administration*, *16*, 91–94.

Horowitz, S. W. (1991). Empirical support for statement validity assessment. *Behavioral Assessment*, *13*, 293–313.

Horowitz, S. W. (1998). Reliability of criteria-based content analysis of child witness statements: Response to Tully. *Legal and Criminological Psychology*, *3*, 189–193.

Horowitz, S. W., Lamb, M. E., Esplin, P. W., Boychuk, T. D., Krispin, O., & Reiter-Lavery, L. (1997). Reliabilty of criteria-based content analysis of child witness statements. *Legal and Criminological Psychology*, *2*, 11–21.

Horowitz, S. W., Lamb, M. E., Esplin, P. W., Boychuk, T. D., Reiter-Lavery, L., & Krispin, O. (1996). Establishing ground truth in studies of child sexual abuse. *Expert Evidence*, *4*, 42–52.

Horowitz, S. W., Kircher, J. C., Honts, C. R., & Raskin, D. C. (1997). The role of comparison questions in physiological detection of deception. *Psychophysiology, 34*, 108–115.

Horvath, F. (1973). Verbal and nonverbal cues to truth and deception during polygraph examinations. *Journal of Police Science and Administration, 1*, 138–152.

Horvath, F. (1978). An experimental comparison of the psychological stress evaluator and the galvanic skin response in detection of deception. *Journal of Applied Psychology, 63*, 338–344.

Horvath, F. (1979). Effect of different motivational instructions on detection of deception with the psychological stress evaluator and the galvanic skin response. *Journal of Applied Psychology, 64*, 323–330.

Horvath, F., Blair, J. P., & Buckley, J. P. (2008). The Behavioural Analysis Interview: Clarifying the practice, theory and understanding of its use and effectiveness. *International Journal of Police Science and Management, 10*, 101-118.

Horvath, F., Jayne, B., & Buckley, J. (1994). Differentiation of truthful and deceptive criminal suspects in behavioral analysis interviews. *Journal of Forensic Sciences, 39*, 793–807.

Horvath, F., & Meesig, R. (1996). The criminal investigation process and the role of forensic evidence: A review of empirical findings. *Journal of Forensic Sciences, 41*, 963–969.

Hunter, J. E., Gerbing, D. W., & Boster, F. J. (1982). Machiavellian beliefs and personality: Construct invalidity of the Machiavellianism dimension. *Journal of Personality and Social Psychology, 43*, 1293–1305.

Hurd, K., & Noller, P. (1988). Decoding deception: A look at the process. *Journal of Nonverbal Behavior, 12*, 217–233.

Iacono, W. G. (2000). The detection of deception. In J. T. Cacioppo, L. G. Tassinary, & G. G. Berntson (Eds.), *Handbook of psychophysiology, 2nd edition* (pp. 772–793). Cambridge, England: Cambridge University Press.

Iacono, W. G., & Lykken, D. T. (1997). The validity of the lie detector: Two surveys of scientific opinion. *Journal of Applied Psychology, 82*, 426–433.

Iacono, W. G., & Lykken, D. T. (1999) Update: The scientific status of research on the polygraph techniques: The case against polygraph tests. In D. L. Faigman, D. H. Kaye, M. J. Saks, & J. Sanders (Eds.), *Modern scientific evidence: The law and science of expert testimony* (Pocket Part, Volume 1) (pp. 174–184). St Paul, MN: West Law.

Ickes, W. (1984). Compositions in black and white: Determinants of interaction in interracial dyads. *Journal of Personality and Social Psychology, 47*, 330–341.

Inbau, F. E., Reid, J. E., Buckley, J. P., & Jayne, B. C. (2001). *Criminal interrogation and confessions, fourth edition*. Gaithersburg, Maryland: Aspen.

Jackson, J. L., & Granhag, P. A. (1997). The truth or fantasy: The ability of barristers and laypersons to detect deception in children's testimony. In J. F. Nijboer & J. M. Reijntjes (Eds.), *Proceedings of the first world conference on new trends in criminal investigation and evidence* (pp. 213–220). Lelystad, The Netherlands: Koninklijke Vermande.

Jang, S. A., Smith, S. W., & Levine, T. R. (2002). To stay or to leave? The role of attachment styles in communication patterns and potential termination of romantic relationships following discovery of deception. *Communication Monographs, 69*, 236–252.

Joffe, R., & Yuille, J. C. (1992, May). *Criteria-Based Content Analysis: An experimental investigation*. Paper presented at the NATO Advanced Study Institute on the child witness in context: Cognitive, social and legal perspectives, Lucca, Italy.

Johnson, A. K., Barnacz, A., Constantino, P., Triano, J., Shackelford, T. K., & Keenan, J. P. (2004). Female deception detection as a function of commitment and self-awareness. *Personality and Individual Differences, 37*, 1417–1424.

Johnson, A. K., Barnacz, A., Yokkaichi, T., Rubio, J., Racioppi, C., Schackeford, T. K., Fisher, M. L., & Keenan, J. P. (2005). Me, myself, and lie: The role of self-awareness in deception. *Personality and Individual Differences, 38*, 1847–1853.

Johnson, M. K. (1988). Reality Monitoring: An experimental phenomenological approach. *Journal of Experimental Psychology: General, 117*, 390–394.

Johnson, M. K., & Foley, M. A. (1984). Differentiating fact from fantasy: The reliability of children's memory. *Journal of Social Issues, 40*, 33–50.

Johnson, M. K., Foley, M. A., Suengas, A. G., & Raye, C. L. (1988). Phenomenal characteristics of memories for perceived and imagined autobiographical events. *Journal of Experimental Psychology: General, 117*, 371–376.

Johnson, M. K., Hashtroudi, S., & Lindsay, D. S. (1993). Source monitoring. *Psychological Bulletin, 114*, 3–29.

Johnson, M. K., & Raye, C. L. (1981). Reality Monitoring. *Psychological Review, 88*, 67–85.

Johnson, M. K., & Raye, C. L. (1998). False memories and confabulation. *Trends in Cognitive Sciences, 2*, 137–146.

Johnson, M. M., & Rosenfeld, P. J. (1992). Oddball-evoked p300-based method of deception detection in the laboratory: II. Utilization of non-selective activation of relevant knowledge. *International Journal of Psychophysiology, 12*, 289–306.

Johnson, R., Barnhardt, J., & Zhu, J. (2003). The deceptive response: Effects of response conflict and strategic monitoring on the late positive component and episodic memory-related brain activity. *Biological Psychology, 64*, 217–253.

Johnson, R., Barnhardt, J., & Zhu, J. (2004). The contribution of executive processes to deceptive responding. *Neuropsychologia, 42*, 878–901.

Johnson, R., Barnhardt, J., & Zhu, J. (2005). Differential effects of practice on the executive processes used for truthful and deceptive responses: An event-related brain potential study. *Cognitive Brain Research, 24*, 386–404.

Johnson, R. R. (2006). Confounding influences on police detection of suspiciousness. *Journal of Criminal Justice, 34*, 435–442.

Jones, D. P. H., & Krugman, R. (1986). Can a three-year-old child bear witness to her sexual assault and attempted muder? *Child Abuse and Neglect, 10*, 253–258.

Jones, D. P. H., & McGraw, J. M. (1987). Reliable and fictitious accounts of sexual abuse to children. *Journal of Interpersonal Violence, 2*, 27–45.

Jones, D. P. H., & McQuinston, M. (1989). *Interviewing the sexually abused child*. London: Gaskell.

Jones, E. E., & Sigall, H. (1971). The bogus pipeline: A new paradigm for measuring affect and attitude. *Psychological Bulletin, 76*, 349–364.

Kalbfleisch, P. J. (1992). Deceit, distrust and the social milieu: Application of deception research in a troubled world. *Journal of Applied Communication Research*, 308–334.

Kalbfleisch, P. J. (1994). The language of detecting deceit. *Journal of Language and Social Psychology, 13*, 469–496.

Kalbfleisch, P. J. (2001). Deceptive message intent and relational quality. *Journal of Language and Social Psychology, 20*, 214–230.

Kalma, A., Witte, M., & Zaalberg, R. (1996). Authenticity: operationalization, manipulation, and behavioural components: An explaration. *Medium Psychologie, 8*, 49–65.

Kaplar, M. E., & Gordon, A. K. (2004). The enigma of altruistic lying: Perspective differences in what motivates and justifies lie telling within romantic relationships. *Personal Relationships, 11*, 489–507.

Kashy, D. A., & DePaulo, B. M. (1996). Who lies? *Journal of Personality and Social Psychology, 70*, 1037–1051.

Kassin, S. M. (1997). The psychology of confession evidence. *American Psychologist, 52*, 221–233.

Kassin, S. M. (2004). True or false: "I'd know a false confession if I saw one". In P. A. Granhag & L. A. Strömwall (Eds.), *Deception detection in forensic contexts* (pp. 172–194). Cambridge, England: Cambridge University Press.

Kassin, S. M. (2005). On the psychology of confessions: Does innocence put innocents at risk? *American Psychologist, 60*, 215–228.

Kassin, S. M., & Fong, C. T. (1999). "I'm innocent!": Effects of training on judgments of truth and deception in the interrogation room. *Law and Human Behavior, 23*, 499–516.

Kassin, S. M., Goldstein, C. J., & Savitsky, K. (2003). Behavioral confirmation in the interrogation room: On the dangers of presuming guilt. *Law and Human Behavior, 27*, 187–203.

Kassin, S. M., & Gudjonsson, G. H. (2004). The psychology of confessions: A review of the literature and issues. *Psychological Science in the Public Interest, 5*, 33–67.

Kassin, S. M., Meissner, C. A., & Norwick, R. J. (2005). "I'd know a false confession if I saw one": A comparative study of college students and police investigators. *Law and Human Behavior, 29*, 211–227.

Kassin, S. M., & Norwick, R. J. (2004). Why people waive their Miranda rights: The power of innocence. *Law and Human Behavior, 28*, 211–221.

Kaufmann, G., Drevland, G. C., Wessel, E., Overskeid, G., & Magnussen, S. (2003). The importance of being earnest: Displayed emotions and witness credibility. *Applied Cognitive Psychology, 17,* 21–34.

Kebbel, M. R., & Milne, R. (1998). Police officers' perception of eyewitness factors in forensic investigations. *Journal of Social Psychology, 138*, 323–330.

Keenan, J. P., Gallup, G., & Falk, D. (2003). *The face in the mirror.* New York: HarperCollins.

Keenan, J. P., Gallup, G. G., Goulet, N., & Kulkarni, M. (1997). Attriutions of deception in human mating strategies. *Journal of Social Behaviour and Personality, 12*, 45–52.

Kemeny, M. E, (2003). The psychobiology of stress. *Current Directions in Psychological Science, 4*, 124–129.

Kendall, S., & Tannen, D. (2001). Discourse and gender. In D. Schiffrin, D. Tannen, & H. Hamilton (Eds.), *The handbook of discourse analysis* (pp. 548–567). Malden, MA: Blackwell.

Kendon, A. (1994). Do gestures communicate? A review. *Research on Language and Social Interaction, 27*, 175–200.

Kendon, A. (2004). *Gesture: Visible action as utterance.* Cambridge, England: Cambridge University Press.

Kennedy, J., & Coe, W. C. (1994). Nonverbal signs of deception during posthypnotic amnesia. *The International Journal of Clinical and Experimental Hypnosis, 17*, 13–19.

Kieras, J. E., Tobin, R. M., Braziano, W. G., & Rothbart, M. L. (2005). You can't always get what you want: Effortful control and children's responses to undesirable gifts. *Psychological Science, 16*, 391–396.

Kim, H. S., & Baron, R. S. (1988). Exercise and the illusory correlation: Does arousal heighten stereotypical processing? *Journal of Experimental Social Psychology, 24*, 366–380.

King, B. (2006). *The lying ape: An honest guide to a world of deception.* Cambridge, England: Icon books.

Kircher, J. C., Horowitz, S. W., & Raskin, D. C. (1988). Meta-analysis of mock crime studies of the control question polygraph technique. *Law and Human Behavior, 12*, 79–90.

Kircher, J. C., & Raskin, D. C. (1988). Human versus computerized evaluations of polygraph data in a laboratory setting. *Journal of Applied Psychology, 73*, 291–302.

Kircher, J. C., & Raskin, D. C. (2002). Computer methods for the psychophysiological detection of deception. In M. Kleiner (Ed.), *Handbook of polygraph testing* (pp. 287–326). San Diego, CA: Academic Press.

Klaver, J. R., Lee, Z., & Hart, S. D. (2007). Psychopathy and nonverbal indicators of deception in offenders. *Law and Human Behavior, 31*, 337–351.

Kleiner, M. (2002). *Handbook of polygraph testing*. San Diego, CA: Academic Press.

Kleinke, C. L. (1986). Gaze and eye contact: A research review. *Psychological Bulletin, 100*, 78–100.

Kleinmuntz, B., & Szucko, J. J. (1982). On the fallibility oflie detection. *Law and Society Review, 17*, 85–104.

Kleinmuntz, B., & Szucko, J. J. (1984). Lie detection in ancient and modern times: A call for contemporary scientific study. *American Psychologist, 39*, 766–776.

Kline, P. (1993). *The handbook of psychological testing*. New York: Routledge.

Knapp, M. L., Hart, R. P., & Dennis, H. S. (1974). An exploration of deception as a communication construct. *Human Communication Research, 1*, 15–29.

Knight, J. (2004). The truth about lying. *Nature, 428*, 692–694.

Knox, D., Zusman, M. E., McGinty, K., & Gescheidler (2001). Deception of parents during adolescence. *Adolescence, 36*, 611–614.

Köhnken, G. (1985). Speech and deception of eyewitnesses: An information processing approach. In F. L. Denmark (Ed.), *The psychology of women* (pp. 117–139), North Holland, the Netherlands: Elsevier Science Publishers.

Köhnken, G. (1987). Training police officers to detect deceptive eyewitness statements. Does it work? *Social Behaviour*, 2, 1–17.

Köhnken, G. (1989). Behavioral correlates of statement credibility: Theories, paradigms and results. In H. Wegener, F. Lösel, & J. Haisch (Eds.), *Criminal behavior and the justice system: Psychological perspectives* (pp. 271–289). New York: Springer-Verlag.

Köhnken, G. (1996). Social psychology and the law. In G. R. Semin, & K. Fiedler (Eds.), *Applied social psychology* (pp. 257–282). London: Sage.

Köhnken, G. (1999, July). *Statement Validity Assessment*. Paper presented at the pre-conference program of applied courses 'Assessing credibility' organised by the European Association of Psychology and Law, Dublin, Ireland.

Köhnken, G. (2002). A German perspective on children's testimony. In H. L. Westcott, G. M. Davies, & R. H. C. Bull (Eds.), *Children's testimony: A handbook of psychological research and forensic practice* (pp. 233–244). Chichester, England: John Wiley & Sons, Ltd.

Köhnken, G. (2004). Statement Validity Analysis and the 'detection of the truth'. In P. A. Granhag & L. A. Strömwall (Eds.), *Deception detection in forensic contexts* (pp. 41–63). Cambridge, England: Cambridge University Press.

Köhnken, G., Milne, R., Memon, A., & Bull, R. (1999). The cognitive interview: A meta-analysis. *Psychology, Crime, and Law*, *5*, 3–28.

Köhnken, G., Schimossek, E., Aschermann, E., & Höfer, E. (1995). The cognitive interview and the assessment of the credibility of adult's statements. *Journal of Applied Psychology*, *80*, 671–684.

Köhnken, G., & Steller, M. (1988). The evaluation of the credibility of child witness statements in German procedural system. In G. Davies & J. Drinkwater (Eds.), *The child witness: Do the courts abuse children?* (Issues in Criminological and Legal Psychology, no. 13) (pp. 37–45). Leicester, England: British Psychological Society.

Köhnken, G., & Wegener, H. (1982). Zur Glaubwürdigkeit von Zeugenaussagen: Experimentelle Uberprüfung ausgewählter Glaubwürdigkeitskriterien (Credibility of witness statements: Experimental examination of selected reality criteria). *Zeitschrift für Experimentelle und Angewandte Psychologie*, *29*, 92–111.

Kokish, R., Levenson, J. S., & Blasingame, G. D. (2005). Post-conviction sex offender polygraph examination: Client-reported perceptions of utility and accuracy. *Sexual Abuse: A Journal of Research and Treatment*, *17*, 211–221.

Kowalski, R. M., Walker, S., Wilkinson, R., Queen, A., & Sharpe, B. (2003). Lying, cheating, complaining, and other aversive interpersonal behaviors: A narrative examination of the darker side of relationships. *Journal of Social and Personal Relationships*, *20*, 471–490.

Kozel, F. A., Padgett, T. M., & George, M. S. (2004a). A replication study of the neural correlates of deception. *Behavioral Neuroscience*, *118*, 852–856.

Kozel, F. A., Revell, L. J., Lorberbaum, J. P., Shastri, A., Elhai, J. D., Horner, M. D., Smtih, A., Nahas, Z., Bohning, D. E., & George, M. S. (2004b). A pilot study of functional magnetic resonance imaging brain correlates of deception in healthy young men. *Journal of Neuropsychiatry and Clinical Neuroscience*, *16*, 295–305.

Kozel, F. A., Johnson, K. A., Mu, Q., Grenesko, E. L., Laken, S. J., & George, M. S. (2005). Detecting deception using functional magnetic resonance imaging. *Biological Psychiatry*, *58*, 605–613.

Krapohl, D. J. (2002). The polygraph in personnel screening. In M. Kleiner (Ed.), *Handbook of polygraph testing* (pp. 217–236). San Diego, CA: Academic Press.

Krauss, R. M. (1981). Impression formation, impression management, and nonverbal behaviors. In E. T. Higgins, C. P. Herman, & M. P. Zanna (Eds.), *Social cognition: The Ontario Symposium* (Vol 1, pp. 323–341). Hillsdale,

NJ: Erlbaum.

Kraut, R. E. (1978). Verbal and nonverbal cues in the perception oflying. *Journal of Personality and Social Psychology, 36,* 380–391.

Kraut, R. E. (1980). Humans as lie detectors: Some second thoughts. *Journal of Communication, 30,* 209–216.

Kraut, R. E., & Poe, D. (1980). On the line: The deception judgments of customs inspectors and laymen. *Journal of Personality and Social Psychology, 36,* 380–391.

Kruglanski, A. W., & Webster, D. M. (1996). Motivated closing of the mind: "Seizing" and "freezing". *Psychological Review, 103,* 262–283.

Kugelmass, S., & Lieblich, I. (1966). Effects of realistic stress and procedural interference in experimental lie detection. *Journal of Applied Psychology, 50,* 211–216.

Kuhlman, M. S. (1980). Nonverbal communications in interrogations. *FBI Law Enforcement Bulletin, 49,* 6–9.

Kurasawa, T. (1988). Effects of contextual expectancies on deception-detection. *Japanese Psychological Research, 30,* 114–121.

LaFrance, M., & Mayo, C. (1976). Racial differences in gaze behavior during conversations: Two systematic observational studies. *Journal of Personality and Social Psychology, 33,* 547–552.

LaFrance, M., & Mayo, C. (1978). Cultural aspects of nonverbal communication. *International Journal of Intercultural Relations, 2,* 71–89.

Lakhani, M., & Taylor, R. (2003). Beliefs about the cues to deception in high- and low-stake situations. *Psychology, Crime, & Law, 9,* 357–368.

Lamb, M. E. (1998). Mea culpa but caveat emptor! Response to Tully. *Legal and Criminological Psychology, 3,* 193–195.

Lamb, M. E., Esplin, P. W., & Sternberg, K. J. (1995). Making children into competent witnesses: Reactions to the Amicus Briefin re Michaels. *Psychology, Public Policy, and Law, 1,* 438–449.

Lamb, M. E., Hershkowitz, I., Sternberg, K. J., Esplin, P. W., Hovav, M., Manor, M., & Yudilevitch, L. (1996). Effects ofinvestigative utterance types on Israeli children's responses. *International Journal of Behavioral Development, 19,* 627–637.

Lamb, M. E., Orbach, Y., Sternberg, K. J., Esplin, P. W., & Hershkowitz, I. (2002). The effects of forensic interview practices on the quality ofinformation provided by alleged victims of child abuse. In H. L. Westcott, G. M. Davies, & R. H. C. Bull (Eds.), *Children's testimony: A handbook of psychological research and forensic practice* (pp. 131–145). Chichester: John Wiley and Sons, Ltd.

Lamb, M. E., Sternberg, K. J., & Esplin, P. W. (1994). Factors influencing the reliability and validity of statements made by young victims of sexual maltreatment. *Journal of Applied Developmental Psychology, 15,* 255–280.

Lamb, M. E., Sternberg, K. J., & Esplin, P. W. (1998). Conducting investigative interviews of alleged sexual abuse victims. *Child Abuse and Neglect, 22*, 813–823.

Lamb, M. E., Sternberg, K. J., & Esplin, P. W. (2000). Effects of age and delay on the amount of information provided by alleged sex abuse victims in investigative interviews. *Child Development, 71*, 1586–1596.

Lamb, M. E., Sternberg, K. J., Esplin, P. W., Hershkowitz, I., & Orbach, Y. (1997a). Assessing the credibility of children's allegations of sexual abuse: A survey of recent research. *Learning and Individual Differences, 9*, 175–194.

Lamb, M. E., Sternberg, K. J., Esplin, P. W., Hershkowitz, I., Orbach, Y., & Hovav, M. (1997b). Criterion-based content analysis: A field validation study. *Child Abuse and Neglect, 21*, 255–264.

Lamb, M. E., Sternberg, K. J., Orbach, Y., Hershkowitz, I., & Esplin, P. W. (1999). Forensic interviews of children. In R. Bull & A. Memon (Eds.), *The psychology of interviewing: A handbook* (pp. 253–277). Chichester, England: John Wiley & Sons, Ltd.

Lamers-Winkelman, F. (1995). *Seksueel misbruik van jonge kinderen: Een onderzoek naar signalen en signaleren, en naar ondervragen en vertellen inzake seksueel misbruik.* Amsterdam, the Netherlands: VU Uitgeverij.

Lamers-Winkelman, F. (1999). Statement Validity Analysis: Its application to a sample of Dutch children who may have been sexually abused. *Journal of Aggression, Maltreatment & Trauma, 2*, 59–81.

Lamers-Winkelman, F., & Buffing, F. (1996). Children's testimony in the Netherlands: A study of Statement Validity Analysis. In B. L. Bottoms & G. S. Goodman (1996), *International perspectives on child abuse and children's testimony* (pp. 45–62). Thousand Oaks, CA: Sage.

Landry, K., & Brigham, J. C. (1992). The effect of training in Criteria-Based Content Analysis on the ability to detect deception in adults. *Law and Human Behavior, 16*, 663–675.

Landström, S., Granhag, P. A., & Hartwig, M. (2005). Witnesses appearing live versus on video: Effects on observers' perception, veracity assessments and memory. *Applied Cognitive Psychology, 19*, 913–933.

Landström, S., Granhag, P. A., & Hartwig, M. (2007). Children's live and video-taped testimonies: How presentation mode affects observers' perception, assessment and memory. *Legal and Criminological Psychology, 12*, 333–348.

Lane, J. D., & DePaulo, B. M. (1999). Completing Coyne's Cycle: Dysphorics' ability to detect deception. *Journal of Research in Personality, 33*, 311–329.

Langleben, D. D. (2008). Detection of deception with fMRI: Are we there yet? *Legal and Criminological Psychology, 13*, 1-9.

Langleben, D. D., Dattilio, F. M., & Guthei, T. G. (2006). True lies: Delusions and lie-detection technology. *Journal of Psychiatry & Law*, 34, 351–370.

Langleben, D. D., Loughead, J. W., Bilker, W. B., Ruparel, K., Childress, A. R., Busch, S. I., & Gur, R. C. (2005). Telling the truth from lie in individual subjects with fast event-related fMRI. *Human Brain Mapping*, *26*, 262–272.

Langleben, D. D., Schroeder, L., Maldjian, J. A., Gur, R. C., McDonald, S., Ragland, J. D., O'Brien, C. P., & Childress, A. R. (2002). Brain activity during simulated deception: An event-related functional magnetic resonance study. *NeuroImage, 15*, 727–732.

Larochette, A. C., Chambers, C. T., & Craig, K. D. (2006). Genuine, suppressed and faked facial expression of pain in childen. *Pain, 126*, 64–71.

Larson, J. A. (1932). *Lying and its detection: A study of deception and deception tests*. Chicago, IL: University of Chicago Press.

Lawson, H. M., & Leck, K. (2006). Dynamics of internet dating. *Social Science Computer Review, 24*, 189–208.

Lawson, T. J. (2000). Are kind lies better than unkind truths? Effects of the perspective and closeness of relationship. *Representative Research in Social Psychology, 24*, 11–19.

Leach, A. M., Talwar, V., Lee, K., Bala, N., & Lindsay, R. C. L. (2004). "Intuitive" lie detection of children's deception by law enforcement officials and university students. *Law and Human Behavior, 28*, 661–685.

Leal, S. (2005). *Central and peripheral physiology of attention and cognitive demand: Understanding how brain and body work together*. PhD thesis, University of Portsmouth, Department of Psychology.

Leal, S., Vrij, A., Fisher, R., & van Hooff (2006). *Cognitively induced arousal suppression when lying*. Manuscript submitted for publication.

Leary, M. R., & Kowalski, R. M. (1990). Impression management: A literature review and two-component model. *Psychological Bulletin, 107*, 34–47.

Lee, K., & Cameron, C. A. (2000). Extracting truthful information from lies: Emergence of the expression-representation distinction. *Merrill-Palmer Quarterly, 46*, 1–20.

Lee, T. M. C., Liu, H. L., Tan, L. H., Chan, C. C. H., Mahankali, S., Feng, C. M., Hou, J., Fox, P. T., & Gao, J. H. (2002). Lie detection by functional magnetic resonance imaging. *Human Brain Mapping*, 15, 157–164.

Leekam, S. R. (1992). Believing and deceiving: Steps to becoming a good liar. In S. J. Ceci, M. DeSimone Leichtman, & M. Putnick (Eds.), *Cognitive and social factors in early deception* (pp. 47–62). Hillsdale, NJ: Erlbaum.

Leippe, M. R., Brigham, J. C., Cousins, C., & Romanczyk, A. (1987). The opinions and practices of criminal attorneys regarding child eyewitnesses: A survey. In S. J. Ceci, D. F. Ross, & M. P. Toglia (Eds.), *Perspectives on children's testimony* (pp. 100–130). New York: Springer-Verlag.

Leippe, M. R., Manion, A. P. & Romanczyk, A. (1992). Eyewitness persuasion: How and how well do fact finders judge the accuracy of adults' and

children's memory reports? *Journal of Personality and Social Psychology*, *63*, 181–197.
Leo, R. A. (1996a). Inside the interrogation room. *Journal of Criminal Law and Criminology*, *86*, 266–303.
Leo, R. A. (1996b). Miranda's revenge. *Law and Society Review*, *30*, 259–288.
Leo, R. A., & Ofshe, R. J. (1998). The consequences of false confessions: Deprivations of liberty and miscarriages of justice in the age of psychological interrogation. *Journal of Criminal Law and Criminology*, *88*, 429–496.
Lerner, M. J. (1980). *The belief in a just world*. New York: Plenum.
Levashina, J., & Campion, M. A. (2006). A model of faking likelihood in the employment interview. *International Journal of Selection and Assessment*, *14*, 299–316.
Levine, T. R. (2001). Dichotomous and continuous views of deception: A re-examination of deception ratings in Information Manipulation Theory. *Communication Research Reports*, *18*, 230–240.
Levine, T. R., Anders, L. N., Banas, J., Baum, K. L., Endo, K., Hu, A. D. S., & Wong, N. C. H. (2000). Norms, expectations, and deception: A norm violation model of veracity judgements. *Communication Monographs*, *67*, 123–137.
Levine, T. R., Asada, K. J. K., & Lindsey, L. L. M. (2003). The relative impact of violation type and lie severity on judgments of messages deceitfulness. *Communication Research Reports*, *20*, 208–218.
Levine, T. R., Asada, K. J. K., & Park, H. S. (2006). The lying chicken and the gaze avoidant egg: Eye contact, deception and causal order. *Southern Journal of Communication*, *4*, 401–411.
Levine, T. R., Feeley, T. H., McCornack, S. A., Hughes, M., & Harms, C. M. (2005). Testing the effects of nonverbal behavior training on accuracy in deception detection with the inclusion of a bogus training control group. *Western Journal of Communication*, *69*, 203–217.
Levine, T. R., Kim, R. K., & Park, H. S., & Hughes, M. (2006). Deception detection accuracy is a predictable linear function of message veracity baserate: A formal test of Park and Levine's probability model. *Communication Monographs*, *73*, 243–260.
Levine, T. R., & McCornack, S. A. (1992). Linking love and lies: A formal test of the McCornack and Parks model of deception detection. *Journal of Social and Personal Relationships*, *9*, 143–154.
Levine, T. R., & McCornack, S. A. (1996a). A critical analysis of the behavioral adaptation explanation of the probing effect. *Human Communication Research*, *22*, 575–588.
Levine, T. R., & McCornack, S. A. (1996b). Can behavioral adaptation explain the probing effect? *Human Communication Research*, *22*, 604–613.
Levine, T. R., & McCornack, S. A. (2001). Behavioural adaptation,

confidence, and heuristic-based explanations of the probing effect. *Human Communication Research, 27*, 471–502.

Levine, T. R., McCornack, S. A., & Avery, P. B. (1992). Sex differences in emotional reactions to discovered deception. *Communication Quarterly, 40*, 289–296.

Levine, T. R., Park, H. S., & McCornack, S. A. (1999). Accuracy in detecting truths and lies: Documenting the "veracity effect". *Communication Monographs, 66*, 125–144.

Lewis, M. (1993). The development of deception. In M. Lewis & C. Saarni (Eds.), *Lying and deception in everyday life* (pp. 90–105). New York: Guilford Press.

Lewis, M., Stanger, C., & Sullivan, M. W. (1989). Deception in three-year-olds. *Developmental Psychology, 25*, 439–443.

Lind, E. A., Erickson, B. E., Conley, J., & O'Barr, W. M. (1978). Social attribution and conversation style in trial testimony. *Journal of Personality and Social Psychology, 36*, 1558–1567.

Lindsay, D. S. (2002). Children's source monitoring. In H. L. Westcott, G. M. Davies, & R. H. C. Bull (Eds.), *Children's testimony: A handbook of psychological research and forensic practice* (pp. 83–98). Chichester, England: John Wiley and Sons, Ltd.

Lindsay, D. S., & Johnson, M. K. (1987). Reality monitoring and suggestibility: Children's ability to discriminate among memories from different sources. In S. J. Ceci, J. Toglia, & D. F. Ross (Eds), *Children's eyewitness memory* (pp. 91–121). New York: Springer-Verlag.

Lindsay, R. C. L. (1994). Expectations of eyewitness performance: Jurors' verdicts do not follow from their beliefs. In D. F. Ross, J. D. Read, & M. P. Toglia (Eds.), *Adult eyewitness testimony: Current trends and developments* (pp. 362–284). New York: Cambridge University Press.

Lippard, P. V. (1988). "Ask me no questions, I'll tell you no lies": Situational exigencies for interpersonal deception. *Western Journal of Speech Communication, 52*, 91–103.

Littlepage, G. E., & Pineault, M. A. (1985). Detection of deception of planned and spontaneous communications. *Journal of Social Psychology, 125*, 195–201.

Littmann, E., & Szewczyk, H. (1983). Zu einigen Kriterien und Ergebnissen forensisch-psychologischer Glaubw¨urdigkeitsbegutachtung von sexuell misbrauchten Kindern und Jugendlichen. *Forensia, 4*, 55–72.

Loftus, E. F., & Palmer, J. C. (1974). Reconstructions of automobile destruction: An example of the interaction between language and memory. *Journal of Verbal Learning and Verbal Behavior, 13*, 585–589.

Lorber, M. F. (2004). Psychophysiology of aggression, psychopathy, and conduct problems: A meta-analysis. *Psychological Bulletin, 130*, 531–552.

Lord, C. G., Ross, L., & Lepper, M. R. (1979). Biased assimilation and attitude polarization: The effects of prior theories on subsequently considered evidence. *Journal of Personality and Social Psychology, 37*, 2098–2109.

Lucas, R., & McKenzie, I. K. (1998). The detection of dissimulation: Lies, damned lies and SVA. *International Journal of Police Science & Management, 1*, 347–359.

Lykken, D. T. (1959). The GSR in the detection of guilt. *Journal of Applied Psychology, 43*, 385–388.

Lykken, D. T. (1960). The validity of the guilty knowledge technique: The effects of faking. *Journal of Applied Psychology, 44*, 258–262.

Lykken, D. T. (1988). The case against polygraph testing. In A. Gale (Ed.), *The polygraph test: Lies, truth, and science* (pp. 111–126). London: Sage.

Lykken, D. T. (1991). Why (some) Americans believe in the lie detector while others believe in the Guilty Knowledge Test. *Integrative Physiological an Behavioral Science, 126*, 214–222.

Lykken, D. T. (1998). *A tremor in the blood: Uses and abuses of the lie detector.* New York: Plenum Press.

Macdonald, J.M., & Michaud, D.L. (1992). *Criminal interrogation.* Denver; Colorado: Apache Press.

MacLaren, V. V. (2001). A quantitative review of the guilty knowledge test. *Journal of Applied Psychology, 86*, 674–683.

Maclin, O. H., & Maclin, M. K. (2004). The alias advantage and perceptions of guilt. *Journal of Psychology, 138*, 339–349.

MacNeil, B. M., & Holden, R. R. (2006). Psychopathy and the detection of faking on self-report inventories of personality. *Personality and Individual Differences, 41*, 641–651.

Macrae, C. N., & Bodenhausen, G. V. (2001). Social cognition: Categorical person perception. *British Journal of Psychology, 92*, 239–256.

Magnussen, S., Andersson, J., Cornoldi, C., De Beni, R., Endestad, T., Goodman, G. S., Helstrup, T., Koriat, A., Larsson, M., Melinder, A., Nilsson, L. G., Rönnberg, R., & Zimmer, H. (2006). What people believe about memory. *Memory, 14*, 595–613.

Maier, N. R. F., & Thurber, J. A. (1968). Accuracy of judgments of deception when an interview is watched, heard, and read. *Personnel Psychology, 21*, 23–30.

Mak, E. G., Y., & Lee, T. M. C. (2006). Detection of feigned memory impairments using a Chinese word task. *Psychological Reports, 98*, 779–788.

Malcolm, S. R., & Keenan, J. P. (2003). My right I: Deception detection and hemispheric differences in self-awareness. *Social Behavior and Personality, 31*, 767–772.

Malcolm, S. R., & Keenan, J. P. (2005). Hemispheric asymmetry and deception detection. *Laterality, 10*, 103–110.

Malone, B. E., & DePaulo, B. M. (2001). Measuring sensitivity to deception. In J. A. Hall & F. J. Bernieri (Eds.), *Interpersonal sensitivity: Theory and measurement* (pp. 103–124). Mahwah, NJ: Erlbaum.

Mann, S. (2001). *Suspects, lies and videotape: An investigation into telling and detecting lies in police/suspect interviews*. PhD thesis, University of Portsmouth, Department of Psychology.

Mann, S. & Vrij, A. (2006). Police officers' judgements of veracity, tenseness, cognitive load and attempted behavioural control in real life police interviews. *Psychology, Crime, & Law, 12*, 307–319.

Mann, S., Vrij, A., & Bull, R. (2002). Suspects, lies and videotape: An analysis of authentic high-stakes liars. *Law and Human Behavior, 26*, 365–376.

Mann, S., Vrij, A., & Bull, R. (2004). Detecting true lies: Police officers' ability to detect deceit. *Journal of Applied Psychology, 89*, 137–149.

Mann, S., Vrij, A., & Bull, R. (2006). Looking through the eyes of an accurate lie detector. *Journal of Credibility Assessment and Witness Psychology, 7*, 1–16.

Mann, S., Vrij, A., Fisher, R., & Robinson M. (2007, published online), See no lies, hear no lies: Differences in discrimination accuracy and response bias when watching or listening to police suspect interviews. *Applied Cognitive Psychology*.

Manstead, A. S. R., Wagner, H. L., & MacDonald, C. J. (1986). Deceptive and nondeceptive communications: Sending experience, modality, and individual abilities. *Journal of Nonverbal Behavior, 10*, 147–167.

Manzanero, A. L., & Digest, M. (1996). Effects of preparation on internal and external memories. In G. Davies, S. Lloyd-Bostock, M. McMurran, & C. Wilson (Eds.), *Psychology, Law, and Criminal Justice: International developments in research and practice* (pp. 56–63). Berlin: de Gruyter.

Markham, R. (1991). Development of reality monitoring for performed and imagined actions. *Perceptual and Motor Skills, 72*, 1347–1354.

Marshall, B. C., & Alison, L. J. (2006). Structural behavioural analysis as a basis for discriminating between genuine and simulated rape allegations. *Journal of Investigative Psychology and Offender Profiling, 3*, 21–34.

Marston, W. A. (1917). Systolic blood pressure symptoms of deception. *Journal of Experimental Psychology, 2*, 117–163.

Masip, J. (2006). The social psychology of the detection of deception. *Law and Human Behavior, 30*, 403–407.

Masip, J., Alonso, H., Garrido, E., Anton, C. (2005). Generalized communicative suspicion (GCS) among police officers: Accounting for the investigator bias effect. *Journal of Applied Social Psychology, 35*, 1046–1066.

Masip, J., Garrido, E., & Herrero, C. (2003a). Facial appearance and judgments of credibility: The effects of facial babyishness and age on statement credibility. *Genetic, Social, and General Psychology Monographs, 129*, 269–311.

Masip, J., Garrido, E., & Herrero, C. (2003b). When did you conclude she was lying? The impact of the moment the decision about the sender's veracity is made and the sender's facial appearance on police officers' credibility judgements. *Journal of Credibility Assessment and Witness Psychology, 4*, 1–36.

Masip, J., Garrido, E., & Herrero, C. (2004). Facial appearance and impressions of credibility: The effects of facial babyishness and age on person perception. *International Journal of Psychology, 39*, 276–289.

Masip, J., Garrido, E., & Herrero, C. (2006). Observers' decision moment in deception detection experiments: Its impact on judgement, accuracy, and confidence. *International Journal of Psychology, 41*, 304–319.

Masip. J., Sporer, S., Garrido, E., & Herrero, C. (2005). The detection of deception with the reality monitoring approach: A review of the empirical evidence. *Psychology, Crime, & Law, 11*, 99–122.

Matarazzo, J. D., Wiens, A. N., Jackson, R. H., & Manaugh, T. S. (1970). Interviewee speech behavior under conditions of endogenously-present and exogenously-induced motivational states. *Journal of Clinical Psychology, 26*, 17–24.

Matsumoto, D. (2006). Culture and nonverbal behavior. In V. Manusov & M. L. Patterson (Eds.), *The SAGE handbook of nonverbal communication* (pp. 219–235). Thousand Oaks, CA: Sage.

Maxwell, G. M., Cook, M.W., & Burr, R. (1985). The encoding and decoding of liking from behavioral cues in both auditory and visual channels. *Journal of Nonverbal Behavior, 9*, 239–264.

Mazur, M. A., & Ebesu Hubbard, A. S. (2004). "Is there something I should know?" Topic avoidant responses in parent-adolescent communication. *Communication Reports, 17*, 27–37.

McClintock, C. C., & Hunt, R. G. (1975). Nonverbal indicators of affect and deception in an interview setting. *Journal of Applied Social Psychology, 5*, 54–67.

McCornack, S. A. (1992). Information manipulation theory. *Communication Monographs, 59*, 1–16.

McCornack, S. A. (1997). The generation of deceptive messages: Laying the groundwork for a viable theory of interpersonal deception. In J. O. Greene (Ed.), *Message production: Advances in communication theory* (pp. 91–126). Mahway, NJ: Erlbaum.

McCornack, S. A., & Levine, T. R. (1990a). When lies are uncovered: Emotional and relational outcomes of discovered deception. *Communication Monographs, 57*, 119–138.

McCornack, S. A., & Levine, T. R. (1990b). When lovers become leery: The relationship between suspicion and accuracy in detecting deception. *Communication Monographs, 57*, 219–230.

McCornack, S. A., & Parks, M. R. (1986). Detection deception and relational development: The other side of trust. In M. L. McLaughlin (Ed.), *Communication Yearbook 9* (pp. 377–389). Beverly Hills, CA: Sage.

McCornack, S. A., & Parks, M. R. (1990). What women know that men don't: Sex differences in determining truth behind deceptive messages. *Journal* of Social and Personal Relationships, 7, 107–118.

McCroskey, J. C., & Mehrley, S. (1969). The effects of disorganization and nonfluency on attitude change and source credibility. *Speech Monographs, 36*, 13–21.

McKinnon, M. E. (1982). A guide to nonverbal deception indicators. *Law and Order*, 53–58.

McNeill, D. (1985). So you think gestures are nonverbal? *Psychological Review, 92*, 350–371.

McNeill, D. (1992). *Hand and mind*. Chicago, IL: University of Chicago Press.

Mehrabian, A. (1971). Nonverbal betraying of feeling. *Journal of Experimental Research in Personality, 5*, 64–73.

Mehrabian, A. (1972). *Nonverbal communication*. Chicago, IL: Aldine-Atherton.

Meijer, E. (2004). Leugendetectie en wetenschap: Vriend of vijand? *De Psycholoog, 39*, 174–179.

Meissner, C. A., & Kassin, S. M. (2002). "He's guilty!": Investigator bias in judgments of truth and deception. *Law and Human Behavior, 26*, 469–480.

Meissner, C. A., & Kassin, S. M. (2004). "You're guilty, so just confess!" Cognitive and behavioural confirmation biases in the interrogation room. In D. Lassiter (Ed.), *Interrogations, confessions, and entrapment* (pp. 85–106). New York: Kluwer Academic/Plenum.

Mei-tai Fan, R., Wagner, H. L., & Manstead, A. S. R. (1995). Anchoring, familiarity, and confidence in the detection of deception. *Basic and Applied Social Psychology, 17*, 83–96.

Melinder, A., Goodman, G. S., Eilertsen, D. E., & Magnussen, S. (2004). Beliefs about child witnesses: A survey of professionals. *Psychology, Crime, & Law, 10*, 347–366.

Memon, A., & Bull, R. (1999). *The handbook of the psychology of interviewing*. Chichester, England: John Wiley & Sons, Ltd.

Memon, A., Vrij, A., & Bull, R. (2003*). Psychology and Law: Truthfulness, accuracy, and credibility, second edition*. Chichester, England: John Wiley & Sons, Ltd.

Metts, S. (1989). An exploratory investigation of deception in close relationships. *Journal of Social and Personal Relationships, 6*, 159–179.

Mikulincer, M., & Shaver, P. R., (2005). Attachment theory and emotions in close relationships: Exploring the attachment-related dynamics of emotional reactions to relational events. *Personal Relationships, 12,* 149–168.

Millar, M. G., & Millar, K. U. (1995). Detection of deception in familiar and unfamiliar persons: The effects of information restriction. *Journal of Nonverbal Behavior, 19*, 69–84.

Millar, M. G., & Millar, K. U. (1997a). Effects of situational variables on judgments about deception and detection accuracy. *Basic and Applied*

Social Psychology, 19, 401–410.
Millar, M. G., & Millar, K. U. (1997b). The effects of cognitive capacity and suspicion on truth bias. *Communication Research, 24*, 556–570.
Millar, M. G., & Millar, K. U. (1998). The effects of suspicion on the recall of cues used to make veracity judgments. *Communication Reports, 11*, 57–64.
Miller, G. R., Bauchner, J. E., Hocking, J. E., Fontes, N. E., Kaminski, E. P., & Brandt, D. R. (1981). ". . . and Nothing but the truth". In B. D. Sales (Ed.), *Perspectives in Law and Psychology, volume II: The trial process* (pp. 145–179). New York: Plenum.
Miller, G. R., deTurck, M. A., & Kalbfleisch, P. J. (1983). Self-Monitoring, rehearsal, and deceptive communication. *Human Communication Research,10*, 97–117.
Miller, G. R., Mongeau, P. A., & Sleight, C. (1986). Fudging with friends and lying to lovers: Deceptive communication in personal relationships. *Journal of Social and Personal Relationships, 3*, 495–512.
Miller, G. R., & Stiff, J. B. (1993). *Deceptive Communication*. Newbury Park, CA: Sage.
Milne, R., & Bull, R. (1999). *Investigative interviewing: Psychology and practice*. Chichester, England: John Wiley & Sons, Ltd.
Milne, R., & Bull, R. (2003). Does the cognitive interview help children to resist the effects of suggestive interviewing? *Legal and Criminological Psychology, 8*, 21–38.
Milne, R., & Bull, R. (2006). Interviewing victims of crime, including children and people with intellectual disabilities. In M. R. Kebbell & G, M. Davies (Eds.), *Practical psychology for forensic investigations and prosecutions* (pp. 103–119). Chichester, England: John Wiley & Sons, Ltd.
Mitchell, D. C. (2002). *The pre-test interview: A preliminary framework*. In M. Kleiner (Ed.), Handbook of polygraph testing (pp. 183–216). San Diego, CA: Academic Press.
Mitchell, R. W. (1986).A framework for discussing deception. In R. W. Mitchell & N. S. Mogdil (Eds.), *Deception: Perspectives on human and nonhuman deceit* (pp. 3–40). Albany: State University of New York Press.
Mohamed, F. B., Faro, S. H., Gordon, N. J., Platek, S. M., Ahmad, H., & Williams, J. M. (2006). Brain mapping of deception and truth telling about an ecologically valid situation: Functional MR imaging and polygraph investigation - initial experience. *Radiology, 238*, 679–688.
Monahan, J. (1995). Information processing differences of conversational participants and observers: The effects of self-presentation concerns and cognitive load. *Communication Monographs, 62*, 265–281.
Morency, N. L., & Krauss, R. M. (1982). Children's nonverbal encoding and decoding of affect. In R. S. Feldman (Ed.), *Development of nonverbal behaviour in children* (pp. 181–199). New York: Springer-Verlag.

Moston, S. (1987). The suggestibility of children in interview studies. *Child Language, 7*, 67–78.

Moston, S. (1992). Truth or lies. *Policing, 8*, 26–39.

Moston, S. J., & Engelberg, T. (1993). Police questioning techniques in tape recorded interviews with criminal suspects. *Policing and Society, 6*, 61–75.

Moston, S. J., Stephenson, G. M., & Williamson, T. M. (1992). The effects of case characteristics on suspect behaviour during police questioning. *British Journal of Criminology, 32*, 23–39.

Moston, S. J., Stephenson, G. M., & Williamson, T. M. (1993). The incidence, antecedents and consequences of the use of the right to silence during police questioning. *Criminal Behaviour and Mental Health, 3*, 30–47.

Motley, M. T. (1974). Accoustic correlates of lies. *Western Speech, 38*, 81–87.

Mulder, M., & Vrij, A. (1996). Explaining conversation rules to children: An intervention study to facilitate children's accurate responses. *Child Abuse & Neglect, 20*, 623–631.

Nakayama, M. (2002). Practical use of the concealed information test for criminal investigation in Japan. In M. Kleiner (Ed.). *Handbook of polygraph testing* (pp. 49–86). San Diego, CA: Academic Press.

National Research Council (2003). *The polygraph and lie detection.* Committee to Review the Scientific Evidence on the Polygraph. Washington, DC: The National Academic Press.

Newman, M. L., Pennebaker, J. W., Berry, D. S., & Richards, J. N. (2003). Lying words: Predicting deception from linguistic styles. *Personality and Social Psychology Bulletin, 29*, 665–675.

Newton, P., Reddy, V., & Bull, R. (2000). Children's everyday deception and performance on false-belief tasks. *British Journal of Developmental Psychology, 18*, 297–317.

Nigro, G. N., Buckley, M. A., Hill, D. E., & Nelson, J. (1989). When juries 'hear' children testify: the effects of eyewitness age and speech style on juror's perceptions of testimony. In S. J. Ceci, D. E. Ross, & M. P. Toglia (Eds.), *Perspectives on children's testimony* (pp. 57–70). New York: Springer-Verlag.

Nigro, G. N., & Snow, A. L. (1992). Sex, lies, and smiling faces: A brief report on gender differences in 3-year-olds' deceptions. In S. J. Ceci, M. DeSimone Leichtman, & M. Putnick (Eds.), *Cognitive and social factors in early deception* (pp. 63–68). Hillsdale, NJ: Erlbaum.

Noller, P. (1985). Video primacy – a further look. *Journal of Nonverbal Behavior, 9*, 28–47.

Nunez, J. M., Casey, B. J., Egner, T., Hare, T., & Hirsch, J. (2005). Intentional false responding shares neutral substrates with response conflict and cognitive control. *NeuroImage, 25*, 267–277.

O'Connell, D. C., Kowall, S., & Dill, E. J. (2004). Dialogicality in TV news interviews. *Journal of Pragmatics, 36*, 185–205.

Ofshe, R. (1989). Coerced confessions: The logic of seemingly irrational action. *Cultic Studies Journal, 6*, 1–15.

Ofshe, R. J., & Leo, R. A. (1997). The decision to confess falsely: Rational choice and irrational action. *Denver University Law Review, 74*, 979–1112.

O'Hair, H. D., Cody, M., & McLaughlin, M. L. (1981). Prepared lies, spontaneous lies, Machiavellianism and nonverbal communication. *Human Communication Research, 7*, 325–339.

Oldershaw, L., & Bagby, R. M. (1997). Children and deception. In R. Rogers (Ed.), *Clinical assessment of malingering and deception* (pp. 153–166).

Olsen, D. E., Harris, J. C., Capps, M. H., & Ansley, N. (1997). Computerized polygraph scoring system. *Journal of Forensic Sciences, 42*, 61–70.

Orbach, Y., & Lamb, M. E. (1999). Assessing the accuracy of child's account of sexual abuse: A case study. *Child Abuse & Neglect, 23*, 91–98.

Orcutt, H. K., Goodman, G. S., Tobey, A. E., Batterman-Faunce, J. M., & Thomas, S. (2001). Detecting deception in children's testimony: Fact finders' abilities to reach the truth in open court and closed-circuit trials. *Law and Human Behavior, 25*, 339–372.

Osgood, C. E. (1960). Some effects of motivation on style of encoding. In T. Sebok (Ed.), *Style in language* (pp. 293–306). Cambridge, MA: MIT Press.

O'Sullivan, M. (2003). The fundamental attribution error in detecting deception: The body-who-cried-wolf-effect. *Personality and Social Psychology Bulletin, 29*, 1316–1327.

O'Sullivan, M. (2005). Emotional intelligence and deception detection: Why most people can't "read" others, but a few can. In R. E. Riggio & R. S. Feldman (Eds.), *Applications of nonverbal communication* (pp. 215–253). Mahwah, NJ: Erlbaum.

O'Sullivan, M. (2007). Unicorns or Tiger Woods: Are lie detection experts myths or rarities? A response to on lie detection "wizards" by Bond and Uysal. *Law and Human Behavior, 31*, 117–123.

O'Sullivan, M., & Ekman, P. (2004). The wizards of deception detection. In P. A. Granhag & L. A. Strömwall (Eds.), *Deception detection in forensic contexts* (pp. 269– 286). Cambridge, England: Cambridge University Press.

O'Sullivan, M., Ekman, P., & Friesen, W. V. (1988). The effect of comparisons on detecting deceit. *Journal of Nonverbal Behavior, 12*, 203–216.

Ost, J., Vrij, A., Costall, A., & Bull, R. (2002). Crashing memories and reality monitoring: Distinguishing between perceptions, imaginations and 'false memories'. *Applied Cognitve Psychology, 16*, 125–134.

O'Toole, D., Yuille, J. C., Patrick, C. J., & Iacono, W. G. (1994). Alcohol and the physiological detection of deception: Arousal and memory influences. *Psychophysiology, 31*, 253–263.

Park, H. S., & Levine, T. R. (2001). A probability model of accuracy in deception detection experiments. *Communication Monographs, 68*, 201–210.

Park, H. S., Levine, T. R., McCornack, S. A., Morrisson, K., & Ferrara, M. (2002). How people really detect lies. *Communication Monographs, 69*, 144–157.

Parker, A. D., & Brown, J. (2000). Detection of deception: Statement validity analysis as a means of determining truthfulness or falsity of rape allegations. *Legal and Criminological Psychology, 5*, 237–259.

Parker, J. F. (1995). Age differences in source monitoring of performed and imagined actions on immediate and delayed tests. *Journal of Experimental Child Psychology, 60*, 84–101.

Parliament, L., & Yarmey, A. D. (2002). Deception in eyewitness identification. *Criminal Justice and Behavior, 29*, 734–746.

Patrick, C. J., & Iacono, W. G. (1989). Psychopathy, threat, and polygraph test accuracy. *Journal of Applied Psychology, 74*, 347–355.

Patrick, C. J., & Iacono, W. G. (1991). Validity of the control question polygraph test: The problem of sampling bias. *Journal of Applied Psychology, 76*, 229–238.

Patterson, M. L. (1995). Invited article: A parallel process model of nonverbal communication. *Journal of Nonverbal Behavior, 19*, 3–29.

Patterson, M. L. (2006). The evolution of theories of interactive behavior. In V. Manusov & M. L. Patterson (Eds.), *The SAGE handbook of nonverbal communication* (pp. 21–39). Thousand Oaks, CA: Sage.

Pavlidis, J., Eberhardt, N. L., & Levine, J. A. (2002a). Seeing through the face of deception. *Nature, 415*, 35.

Pavlidis, J., Eberhardt, N. L., & Levine, J. A. (2002b). Erratum: Seeing through the face of deception. *Nature, 415*, 602.

Pavlov, I. P. (1927). *Condition reflex.* Oxford, England: Clarendon Press.

Pearson, H. (2006). Lure of lie detectors spooks ethicists. *Nature, 441*, 918–919.

Pelham, B. W., & Neter, E. (1995). The effect of motivation on judgment depends on the difficulty of the judgment. *Journal of Personality and Social Psychology, 68*, 581–594.

Pennebaker, J. W., Francis, M. E., & Booth, R. J. (2001). *Linguistic Inquiry and Word Count (LIWC): LIWC 2001 manual.* Mahwah, NJ: Erlbaum.

Pennebaker, J. W., & Graybeal, A. (2001). Patterns of natural language use: Disclosure, personality, and social integration. *Current Directions in Psychological Science, 10*, 90–93.

Pennebaker, J. W., & King, L. A. (1999). Linguistic styles: Languge use as an individual difference. *Journal of Personality and Social Psychology, 77*, 1296–1312.

Peskin, J. (1992). Ruse and representations: On children's ability to conceal information. *Developmental Psychology, 28*, 84–89.

Peters, D. P. (1991). The influence of stress and arousal on the child witness. In J. Doris (Ed.), *The suggestibility of children's recollections* (pp. 60–76). Washington, DC: American Psychological Association.

Peterson, C. C. (1995). The role of perceived intention to deceive in children's and adults' concepts of lying. *British Journal of Developmental Psychology,*

13, 237–260.

Pezdek, K., & Hinz, T. (2002). The construction of false events in memory. In H. L. Westcott, G. M. Davies, & R. H. C. Bull (Eds.), *Children's testimony: A handbook of psychological research and forensic practice* (pp. 99–116). Chichester, England: John Wiley & Sons, Ltd.

Pezdek, K., & Hodge, D. (1999). Planting false childhood memories in children: The role of event plausibility. *Child Development, 70*, 887–895.

Pezdek, K., Morrow, A., Blandon-Gitlin, I., Goodman, G. S., Quas, J. A., Saywitz, K. J., Bidrose, S., Pipe, M. E., Rogers, M., & Brodie, L. (2004). Detecting deception in children: Event familiarity affects criterion-based content analysis ratings. *Journal of Applied Psychology, 89*, 119–126.

Pezdek, K., & Roe, C. (1997). The suggestibility of children's memory for being touched: Planting, erasing, and changing memories. *Law and Human Behavior, 21*, 95–106.

Pezdek, K., & Taylor, J. (2000). Discriminating between accounts of true and false events. In D. F. Bjorklund (Ed.), *Research and theory in false memory creation in children and adults* (pp. 69–91). Mahwah, NJ: Erlbaum.

Phan, K. L., Magalhaes, A., Ziemlewicz, T. J., Fitzgerald, D. A., Green, C., & Smith, W. (2005). Neural correlates of telling lies: A functional magnetic resonance imaging study at 4 Tesla. *Academic Radiology, 12*, 164–172.

Pickel, K. L. (2004). When a lie becomes the truth: The effects of self-generated misinformation on eyewitness memory. *Memory, 12*, 14–26.

Podlesny, J. A. (1993). Is the guilty knowledge polygraph technique applicable in criminal investigations? A review of FBI case records. *Crime Laboratory Digest, 20*, 57–61.

Podlesny, J. A., & Raskin, D. C. (1977). Physiological measures and the detection of deception. *Psychological Bulletin, 84*, 782–799.

Polace, D. C. (2004). Fabrication deflation? The mixed effects of lying on memory. *Applied Cognitive Psychology, 18*, 455–465.

Pollina, D. A., Dollins, A. B., Senter, S. M., Krapohl, D. J., & Ryan, A. H. (2004). Comparison of polygraph data obtained from individuals involved in mock crimes and actual criminal investigations. *Journal of Applied Psychology, 89*, 1099–1105.

Pontari, B. A., & Schlenker, B. R. (2006). Helping friends manage impressions: We like helpful liars but respect nonhelpful truth tellers. *Basic and Applied Social Psychology, 28*, 177–183.

Poole, D. A., & White, L. T. (1991). Effects of question repetition and retention interval on the eyewitness testimony of children and adults. *Developmental Psychology, 27*, 975–986.

Porter, S., Campbell, M. A., Stapleton, J., & Birt, A. R. (2002). The influence of judge, target, and stimulus characteristics on the accuracy of detecting deceit. *Canadian Journal of Behavioural Science, 34*, 172–185.

Porter, S., Doucette, N. L., Woodworth, M., Earle, J., & MacNeil, B. (2008). Halfe the world knowes not how the other halfe lies: Investigation of verbal and non-verbal signs of deception exhibited by criminal offenders and non-offenders. *Legal and Criminological Psychology, 13*, 27-38.

Porter, S., & Woodworth, M. (2007). "I'm sorry I did it. . .but he started it": A comparison of the official and self-reported homicide descriptions of psychopaths and non-psychopaths. *Law and Human Behavior, 31*, 91–107.

Porter, S., Woodworth, M., & Birt, A. R. (2000). Truth, lies, and videotape: An investigation of the ability of federal parole officers to detect deception. *Law and Human Behavior, 24*, 643–658.

Porter, S., Woodworth, M., McCabe, S., & Peace, K. A. (2007). "Genius is 1% inspiration and 99% perspiration". . .or is it? An investigation of the impact of motivation and feedback on deception detection. *Legal and Criminological Psychology, 12*, 297–310.

Porter, S., & Yuille, J. C. (1995). Credibility assessment of criminal suspects through statement analysis. *Psychology, Crime, & Law, 1*, 319–331.

Porter, S., & Yuille, J. C. (1996). The language of deceit: An investigation of the verbal clues to deception in the interrogation context. *Law and Human Behavior, 20*, 443–459.

Porter, S., Yuille, J. C., & Birt, A. R. (2001). The discrimination of deceptive, mistaken, and truthful witness testimony. In R. Roesch, R. R. Corrado, & R. Dempster (Eds.), *Psychology in the courts: International advances in knowledge* (pp. 253–270). London: Routledge.

Porter, S., Yuille, J. C., & Lehman, D. R. (1999). The nature of real, implanted and fabricated memories for emotional childhood events: Implications for the recovered memory debate. *Law and Human Behavior, 23*, 517–537.

Pynoos, R. S., & Eth, S. (1984). The child as witness to homicide. *Journal of Social Issues, 40*, 87–108.

Pynoos, R. S., & Nader, K. (1988). Children who witness the sexual assaults of their mothers. *Journal of the American Academy of Child and Adolescent Psychiatry, 27*, 567–572.

Quas, J. A., Davis, E. L., Goodman, G. S., & Myers, J. E. B. (2007). Repeated questions, deception, and children's true and false reports of body touch. *Child Maltreatment, 12*, 60–67.

Rabon, D. (1992). *Interviewing and interrogation.* Durham, North Carolina: Carolina Academic Press.

Raskin, D. C. (1979). Orienting and defensive reflexes in the detection of deception. In H. D. Kimmel, E. H. Van Olst, & J. F. Orlebeke (Eds.), *The orienting reflex in humans* (pp. 587–605). Hillsdale, NJ: Erlbaum.

Raskin, D. C. (1982). The scientific basis of polygraph techniques and their uses in the judicial process. In A. Trankell (Ed.), *Reconstructing the past* (pp. 317–371). Stockholm, Sweden: Norsted & Soners.

Raskin, D. C. (1986). The polygraph in 1986: Scientific, professional, and legal issues surrounding acceptance of polygraph evidence. *Utah Law Review, 29*, 29–74.

Raskin, D. C. (1988). Does science support polygraph testing? In A. Gale (Ed.), *The polygraph test: Lies, truth and science* (pp. 96–110). London: Sage.

Raskin, D. C. (1989). Polygraph techniques for the detection of deception. In D. C. Raskin (Ed.), *Psychological methods in criminal investigation and evidence* (pp. 247–296). New York: Springer Verlag.

Raskin, D. C., & Esplin, P. W. (1991a). Assessment of children's statements of sexual abuse. In J. Doris (Ed.), *The suggestibility of children's recollections* (pp. 153–165). Washington, DC: American Psychological Association.

Raskin, D. C., & Esplin, P. W. (1991b). Statement Validity Assessment: Interview procedures and content analysis of children's statements of sexual abuse. *Behavioral Assessment, 13*, 265–291.

Raskin, D. C., & Hare, R. D. (1978). Psychopathy and detection of deception in a prison population. *Psychophysiology, 15*, 126–136.

Raskin, D. C., & Honts, C. R. (2002). The comparison question test. In M. Kleiner (Ed.), *Handbook of polygraph testing* (pp. 1–47). San Diego, CA: Academic Press.

Raskin, D. C., Honts, C. R., & Kircher, J. C. (1997). The scientific status of research on polygraph techniques: The case for polygraph tests. In D. L. Faigman, D. H. Kaye, M. J. Saks, & J. Sanders (Eds.), *Modern scientific evidence: The law and science of expert testimony* (pp. 565–582). St Paul, MN: West Law.

Raskin, D. C., Kircher, J. C., Horowitz, S. W., & Honts, C. R. (1989). Recent laboratory and field research on polygraph techniques. In J. C. Yuille (Ed.), *Credibility Assessment* (pp. 1–24). Dordrecht, the Netherlands: Kluwer Academic.

Raskin, D. C., & Steller, M. (1989). Assessing the credibility of allegations of child sexual abuse: Polygraph examinations and statement analysis. In H. Wegener, F. Losel, & J. Haisch (Eds.), *Criminal behavior and the justice system* (pp. 290–302). New York: Springer.

Raskin, D. C., & Yuille, J. C. (1989). Problems in evaluating interviews of children in sexual abuse cases. In S. J. Ceci, D. F. Ross, & M. P. Toglia (Eds.), *Perspectives on children's testimony* (pp. 184–207). New York: Springer.

Rassin, E. (1999). Criteria-Based Content Analysis: The less scientific road to truth. *Expert Evidence, 7*, 265–278.

Rassin, E., & van der Sleen, J. (2005). Characteristics of true versus false allegations of sexual offences. *Psychological Reports, 97*, 589–598.

Reddy, V. (2007). Getting back to the rough ground: Deception and "social living". *Philosophical Transactions of the Royal Society B-Biological Sciences, 362*, 621–637.

Reid, J. E. (1947). A revised questioning technique in lie detection tests. *Journal of Criminal Law, Criminology, and Police Science, 37*, 542–547.

Reid, J. E., & Arther, R. O. (1953). Behavior symptoms of lie-detector subjects. *Journal of Criminal Law, Criminology and Police Science, 44*, 104–108.

Reid, J. E., & Inbau, F. E. (1977). *Truth and deception: The polygraph (lie detector) technique.* Baltimore: Williams & Wilkins.

Reis, H. T., Senchak, M., & Solomon, B. (1985). Sex differences in the intimacy of social interaction: Further examination of potential explanations. *Journal of Personality and Social Psychology, 48*, 1204–1217.

Riggio, R. E. (1986). Assessment of basic social skills. *Journal of Personality and Social Psychology, 51*, 649–660.

Riggio, R. E. (1994). Epilogue: Where are we going, and how do we get there? *Journal of Language and Social Psychology, 13*, 514–518.

Riggio, R. E., (2006). Nonverbal skills and abilities. In V. Manusov & M. L. Patterson (Eds.), *The SAGE handbook of nonverbal communication* (pp. 79–95). Thousand Oaks, CA: Sage.

Riggio, R. E., & Friedman, H. S. (1983). Individual differences and cues to deception. *Journal of Personality and Social Psychology, 45*, 899–915.

Riggio, R. E., Tucker, J., & Throckmorton, B. (1988). Social skills and deception ability. *Personality and Social Psychology Bulletin, 13*, 568–577.

Riggio, R. E., Tucker, J., & Widaman, K. F. (1987). Verbal and nonverbal cues as mediators of deception ability. *Journal of Nonverbal Behavior, 11*, 126–145.

Rime, B., & Schiaratura, L. (1991). Gesture and speech. In B. Rime & R. S. Feldman (Eds.), *Fundamentals of nonverbal behavior* (pp. 239–281). New York: Cambridge University Press.

Roberts, K. P., Lamb, M. E., Zale, J. L., & Randall, D. W. (1998). *Qualitative differences in children's accounts of confirmed and unconfirmed incidents of sexual abuse.* Paper presented at the biennial meeting of the American Psychology-Law Society, Redondo Beach, 5–7 March.

Robinson, W. P., (1994). Reactions to falsifications in public and and interpersonal contexts. *Journal of Language and Social Psychology, 13*, 497–513.

Robinson, W. P., Shepherd, A., & Heywood, J. (1998). Truth, equivocation/concealment, and lies in job applications and doctor-patient communication. *Journal of Language and Social Psychology, 17*, 149–164.

Rockwell, P., Buller, D. B., & Burgoon, J. K. (1997). Measurement of deceptive voices: Comparing acoustic and perceptual data. *Applied Psycholinguistics, 18*, 471–484.

Roediger, H. L. (1996). Memory illusions. *Journal of Memory and Language, 35*, 76–100.

Rosenfeld, J. P. (1995). Alternative views of Bashore and Rapp's (1993) alternative to traditional polygraphy: A critique. *Psychological Bulletin, 117*, 159–166.

Rosenfeld, J. P. (2002). Event-related potential in the detection of deception, malingering, and false memories. In M. Kleiner (Ed.), *Handbook of polygraph testing* (pp. 265–286). San Diego, CA: Academic Press.

Rosenfeld, P. J., Angell, A., Johnson, M. M., & J. Qian (1991). An ERP-based, control-question lie detector analog: Algorithms for discriminating effects within individuals' average waveforms. *Psychophysiology, 28,* 319–335.

Rosenfeld, P. J., Biroschak, J. R., & Furedy, J. J. (2006). P300-based detection of concealed autobiopgraphical versus incidentally acquired information in target and non-target paradigms. *International Journal of Psychophysiology, 60,* 251–259.

Rosenfeld, J. P., Cantwell, B., Nasman, V. T., Wojdac, V., Ivanov, S., & Mazzeri, L. (1988). A modified, event-related potential-based guilty knowledge test. *International Journal of Neuroscience, 24,* 157–161.

Rosenfeld, J. P., Ellwanger, J. W., Nolan, K., Wu, S., Bermann, R. G., & Sweet, J. (1999). P300 scalp amplitude distribution as an index of deception in a simulated cognitive deficit model. *International Journal of Psychophysiology, 33,* 3–19.

Rosenfeld, J. P., Ellwanger, J., & Sweet, J. (1995). Detecting simulated amnesia with event-related brain potentials. *International Journal of Psychophysiology, 19,* 1–11.

Rosenfeld, J. P., Rao, A., Soskins, M., & Miller, A. R. (2003). Scaled P300 scalp distribution correlates of verbal deception in an autobiographical oddball paradigm: Control for task demand. *Journal of Psychophysiology, 17,* 14–22.

Rosenfeld, J. P., Reinhart, A. M., Bhatt, M., Ellwanger, J., Gora, K., Sekera, M., & Sweet, J. (1998). P300 correlates of simulated malingered amnesia in a matching-to-sample task: Topographic analyses of deception versus truthtelling responses. *International Journal of Psychophysiology, 28,* 233–247.

Rosenfeld, J. P., Shue, E., & Singer, E. (2007). Single versus multiple blocks of P300-based concealed information tests for self-referring versus incidentally obtained information. *Biological Psychology, 74,* 396–404.

Rosenfeld, J. P., Soskins, M., Bosh, G., & Ryan, A. (2004). Simple, effective countermeasures to P300-based tests of detection of concealed information. *Psychophysiology, 41,* 205–219.

Rosenthal, R. (1976). *Experimenter effects in behavioural research.* New York: Irvington.

Rosenthal, R., & DePaulo, B. M. (1979). Sex differences in eavesdropping on nonverbal cues. *Journal of Personality and Social Psychology, 37,* 273–285.

Rosenthal, R., & Rubin, D. B. (1978). Interpersonal expectancy effects: The first 345 studies. *The Behavioral and Brain Sciences, 3,* 377–415.

Ross, L. (1977). The intuitive psychologist and his shortcomings: Distortions in the attribution process. In L. Berkowitz (Ed.), *Advances in experimental psychology* (Vol 10, pp. 174–221). New York: Academic Press.

Rotenberg, K. J., Simourd, L., & Moore, D. (1989). Children's use of a verbal-nonverbal consistency principle to infer truth fromlying. *Child Development, 60,* 309–322.

Rotenberg, K. J., & Sullivan, C. (2003). Children's use of gaze and limb movement cues to infer deception. *Journal of Genetic Psychology, 164,* 175–187.

Rothwell, J., Bandar, Z., O'Shea, J., & McLean, D. (2006). Silent talker: A new computer-based system for the analysis of facial cues to deception. *Applied Cognitive Psycholgy, 20,* 757–777.

Rowatt, W. C., Cunningham, M. R., & Druen, P. B. (1998). Deception to get a date. *Personality and Social Psychology Bulletin, 24,* 1228–1242.

Rowatt, W. C., Cunningham, M. R., & Druen, P. B. (1999). Lying to get a date: The effect of facial physical attractiveness on the willingness to deceive prospective dating partners. *Journal of Social and Personal Relationships, 16,* 209–223.

Rozelle, R. M., & Baxter, J. C. (1975). Impression formation and danger recognition in experienced police officers. *Journal of Social Psychology, 96,* 53–63.

Rozelle, R. M., & Baxter, J. C. (1978). The interpretation of nonverbal behavior in a role-defined interaction sequence: The police-citizen encounter. *Environmental Psychology and Nonverbal Behavior, 2,* 167–181.

Ruback, R. B. (1981). Perceived honesty in the parole interview. *Personality and Social Psychology Bulletin, 7,* 677–681.

Ruback, R. B., & Hopper, C. H. (1986). Decision making by parole interviewers: The effect of case and interview factors. *Law and Human Behavior, 10,* 203–214.

Ruby, C. L., & Brigham, J. C. (1997). The usefulness of the criteria-based content analysis technique in distinguishing between truthful and fabricated allegations. *Psychology, Public Policy, and Law, 3,* 705–737.

Ruby, C. L., & Brigham, J. C. (1998). Can Criteria-Based Content Analysis distinguish between true and false statements of African-American speakers? *Law and Human Behavior, 22,* 369–388.

Russell, J., Mauthner, N., Sharpe, S., & Tidswell, T. (1991). The 'windows task' as a measure of strategic deception in preschoolers and autistic subjects. *British Journal of Developmental Psychology, 9,* 331–349.

Ruva, C., & Bryant, J. B. (1998). *The impact of age, speech style, and question form on perceptions of witness credibility and trial outcome.* Paper presented at the AP-LS Biennial conference, Edondo Beach, CA, March 1998.

Saarni, C. (1979). Children's understanding of display rules for expressive behavior. *Developmental Psychology, 15,* 424–429.

Saarni, C. (1984). An observational study of children's attempts to monitor their expressive behavior. *Child Development, 55,* 1504–1513.

Saarni, C., & von Salisch, M. (1993). The socialization of emotional dissemblance. In M. Lewis & C. Saarni (Eds.), *Lying and deception in everyday life* (pp. 106–125). New York: Guilford Press.

Sabbagh, M. A., Moses, L. J., & Shiverick, S. (2006). Executive functioning and preschoolers' understanding of false beliefs, false photographs, and false signs. *Child Development, 77,* 1034–1049.

Sagarin, B. J., Rhoads, K. L., & Cialdini, R. B. (1998). Deceiver's distrust: Denigration as a consequence of undiscovered deception. *Personality and Social Psychology Bulletin, 11,* 1167–1176.

Santarcangelo, M., Cribbie, R. A., & Ebesu Hubbard, A. S. (2004). Improving accuracy of veracity judgement through cue training. *Perceptual and Motor Skills, 98,* 1039–1048.

Santtila, P., Roppola, H., & Niemi, P. (1999). Assessing the truthfulness of witness statements made by children (aged 7–8, 10–11, and 13–14) employing scales derived from Johnson's and Raye's model of Reality Monitoring. *Expert Evidence, 6,* 273–289.

Santtila, P., Roppola, H, Runtti, M., & Niemi, P. (2000). Assessment of child witness statements using criteria-based content analysis (CBCA): The effects of age, verbal ability, and interviewer's emotional style. *Psychology, Crime, & Law, 6,* 159–179.

Sapir, A. (1987/2000). *The LSI course on scientific content analysis (SCAN).* Phoenix, AZ: Laboratory for Scientific Interrogation.

Saxe, L. (1991). Science and the GKT Polygraph: A theoretical critique. *Integrative Physiological and Behavioral Science, 26,* 223–231.

Saxe, L. (1994). Detection of deception: Polygraph and integrity tests. *Current Directions in Psychological Science, 3,* 69–73.

Saxe, L., & Ben-Shakhar, G. (1999). Admissibility of polygraph tests: The application of scientific standards post-Daubert. *Psychology, Public Policy and Law, 5,* 203–223.

Saxe, L., Dougherty, D., & Cross, T. (1985). The validity of polygraph testing: Scientific analysis and public controversy. *American Psychologist, 40,* 355–366.

Saywitz, K. J. (2002). Developmental underpinnings of children's testimony. In H. L. Westcott, G. M. Davies, & R. H. C. Bull (Eds.), *Children's testimony: A handbook of psychological research and forensic practice* (pp. 3–20). Chichester, England: John Wiley & Sons, Ltd.

Schlenker, B. R., & Leary, M. R. (1982). Social anxiety and self-presentation: A conceptualization and model. *Psychological Bulletin, 92,* 641–669.

Schneider, S. M., & Kintz, B. L. (1977). The effect of lying upon foot and leg movement. *Bulletin of the Psychonomic Society, 10,* 451–453.

Schooler, J. W., Gerhard, D., & Loftus, E. F. (1986). Qualities of the unreal. *Journal of Experimental Psychology: Learning, Memory, and Cognition, 12,* 171–181.

Schul, Y., Burnstein, E., & Bardi, A. (1996). Dealing with deceptions that are difficult to detect: Encoding and judgment as a function of preparing to receive invalide information. *Journal of Experimental Social Psychology, 32,* 228–253.

Schul, Y., Mayo, R., Burnstein, E., & Yahalom, N. (2007). How people cope with uncertainty due to chance or deception. *Journal of Experimental Social Psychology, 43,* 91–103.

Schweitzer, M. E., Brodt, S. E., & Croson, R. T. A. (2002). Seeing and believing: Visual access and the strategic use of deception. *The International Journal of Conflict Management, 13,* 258–275.

Schweitzer, M. E., & Croson, R. (1999). Curtailing deception: The impact of direct questions on lies and omissions. *International Journal of Conflict Management, 10,* 225–248.

Schweitzer, M. E., Herhsey, J. C., & Bradlow, E. T. (2006). Promises and lies: Restoring violated trust. *Organizational Behavior and Human Decision Processes, 101,* 1–9.

Seager, P., & Wiseman, R. (1999). Fooling all of the people hald of the time? *Science Spectra, 15,* 32–37.

Seiter, J. S., Bruschke, J., & Bai, C. (2002). The acceptability of deception as a function of perceivers' culture, deceiver's intention, and deceiver-deceived relationship. *Western Journal of Communication, 66,* 158–180.

Seto, M. C., Khattar, N. A., Lalumiere, M. L., & Quinsey, V. L. (1997). Deception and sexual strategy in psychopathy. *Personality and Individual Differences, 22,* 301–307.

Seymour, T. L., Seifert, C. M., Shafto, M. G., & Mosmann, A. L. (2000). Using response time measures to assess 'guilty knowledge'. *Journal of Applied Psychology, 85,* 30–37.

Shallice, T., & Burgess, P. (1994). Supervisory control of action and thought selection. In L. Weiskrantz, A. Baddeley, & D. Alan (Eds.), *Attention: Selection, awareness and control: A tribute to Donald Broadbent* (pp. 171–187). New York: Clarendon Press.

Shennum, W. A., & Bugental, D. B. (1982). The development of control over affective expression in nonverbal behavior. In R. S. Feldman (Ed.), *Development of nonverbal behavior in children* (pp. 101–121). New York: Springer-Verlag.

Siegman, A. W., & Reynolds, M. A. (1983). Self-monitoring and speech in feigned and unfeigned lying. *Journal of Personality and Social Psychology, 45,* 1325–1333.

Silberman, S. (2006). Don't even think about lying: How brain scans are reinventing the science of lie detection. *Wired magazine,* issue 14.01, January.

Sinclair, A. (1996). Young children's practical deceptions and their understanding of false belief. *New Ideas in Psychology, 4,* 157–173.

Sitton, S. C., & Griffin, S. T. (1981). Detection of deception from clients' eye contact patterns. *Journal of Counseling Psychology, 28,* 269–271.

Smith, A. (1983). Nonverbal communication among black female dyads: An assessment of intimacy, gender and race. *Journal of Social Issues, 39,* 55–67.

Smith, H. J., Archer, D., & Costanzo, M. (1991). "Just an hunch": Accuracy and awareness in person perception. *Journal of Nonverbal Behavior, 15,* 3–19.

Smith, N. (2001). Reading between the lines: An evaluation of the scientific content analysis technique (SCAN). Police research series paper 135. London: UK Home Office, Research, Development and Statistics Directorate.

Smith, V. L., & Clark, H. H. (1993). On the course of answering questions. *Journal of Memory and Language, 32,* 25–38.

Sodian, B. (1991). The development of deception in young children. *British Journal of Developmental Psychology, 9,* 173–188.

Sokolov, A. N. (1963). *Perception and the conditioned reflex.* Oxford, England: Pergamon Press.

Spence, S. A. (2008). Playing Devil's advocate: The case against fMRI lie detection. *Legal and Criminological Psychology, 13,* 11-25.

Spence, S. A., Farrow, T. F. D., Herford, A. E., Wilkinson, I. D., Zheng, Y., & Woodruff, P. W. R. (2001). Behavioural and functional anatomical correlates of deception in humans. *Neuroreport: For Rapid Communication of Neuroscience Research, 12,* 2849–2853.

Spence, S. A., Farrow, T. F. D., Leung, D. Shah, S., Reilly, B., Rahman, A., & Herford, A. (2003). Lying as an executive function. In P. W. Halligan, C. Bass, & D. A. Oakley (Eds.), *Malingering and illness deception* (pp. 255–266). Oxford, England: Oxford University Press.

Spence, S. A., Hunter, M. D., Farrow, T. F. D., Green, R. D., Leung, D. H. & Hughes, C. J. (2004). A cognitive neurobiological account of deception: Evidence from functional neuroimaging. *Philosophical Transactions of the Royal Society of London, 359,* 1755–1762.

Sporer, S. L. (1997). The less travelled road to truth: Verbal cues in deception detection in accounts of fabricated and self-experienced events. *Applied Cognitive Psychology, 11,* 373–397.

Sporer, S. L. (2004). Reality monitoring and detection of deception. In P. A. Granhag & L. A. Strömwall (Eds.), *Deception detection in forensic contexts* (pp. 64–102). Cambridge, England: Cambridge University Press.

Sporer, S. L., & Schwandt, B. (2006a). Paraverbal indicators of deception: A meta-analytic synthesis. *Applied Cognitive Psychology, 20,* 421–446.

Sporer, S. L., & Schwandt, B. (2006b). Moderators of nonverbal indicators of deception: A meta-analytic synthesis. *Psychology, Public Policy, and Law, 13,* 1–34.

Sporer, S. L., & Sharman, S. J. (2006). Should I believe this? Reality Monitoring of accounts of self-experiences and invented recent and distant autobiographical events. *Applied Cognitive Psychology,* 20, 837–854.

Spranca, M., Minsk, E., & Baron, J. (1991). Omission and commission in judgment and choice. *Journal of Experimental Social Psychology, 27*, 76–105.

Steller, M. (1989). Recent developments in statement analysis. In J. C. Yuille (1989). *Credibility Assessment* (pp. 135–154). Deventer, The Netherlands: Kluwer.

Steller, M., & Boychuk, T. (1992). Childrens as witnesses in sexual abuse cases: Investigative interview and assessment techniques. In H. Dent & R. Flin (Eds.), *Children as witnesses* (pp.47–73). New York: John Wiley & Sons, Inc.

Steller, M., Haenert, P., & Eiselt, W. (1987). Extraversion and the detection of information. *Journal of Personality and Social Psychology, 21*, 334–342.

Steller, M., & Köhnken, G. (1989). Criteria-Based Content Analysis. In D. C. Raskin (Ed.), *Psychological methods in criminal investigation and evidence* (pp. 217–245). New York: Springer-Verlag.

Steller, M., & Wellershaus, P. (1996). Information enhancement and credibility assessment of child statements: The impact of the cognitive interview on criteria-based content analysis. In G. Davies, S. Lloyd-Bostock, M. McMurran, & C. Wilson (Eds.), *Psychology, law, and criminal justice: international developments in research and practice* (pp. 118–127). Berlin: de Gruyter.

Steller, M., Wellershaus, P., & Wolf, T. (1988, June). *Empirical validation of Criteria-Based Content Analysis*. Paper presented at the NATO Advanced Study Institute on Credibility Assessment in Maratea, Italy.

Stephenson, G. M., & Moston, S. J. (1994). Police interrogation. *Psychology, Crime, & Law, 1*, 151–157.

Stern, J. A., Walrath, L. C., & Goldstein, R. (1984). The endogenous eyeblink. *Psychophysiology, 21*, 22–33.

Sternberg, K. J., Lamb, M. E., Davies, G. M., & Westcott, H. L. (2001). 'Memorandum of good practice: Theory versus application'. *Child Abuse and Neglect, 25*, 669–681.

Sternberg, K. J., Lamb, M. E., Esplin, P. W., Orbach, Y., & Hershkowitz, I. (2002). Using a structured interview protocol to improve the quality of investigative interviews. In M. L. Eisen, J. A. Quas, & G. S. Goodman (Eds.), *Memory and suggestibility in the forensic interview* (pp. 409–436). Maywah, NJ: Erlbaum.

Sternberg, K. J., Lamb, M. E., Hershkowitz, I., Esplin, P. W., Redlich, A., & Sunshine, N. (1996). The relationship between investigative utterance types and the informativeness of child witnesses. *Journal of Applied Developmental Psychology, 17*, 439–451.

Stiff, J. B., Corman, S., Krizek, B., & Snider, E. (1994). Individual differences and changes in nonverbal behavior: Unmasking the changing faces of deception. *Communication Research, 21*, 555–581.

Stiff, J. B., Hale, J. L., Garlick, R., & Rogan, R. (1990). Effect of cue incongruence and social normative influences on individual judgments of honesty and deceit. *The Southern Communication Journal, 55,* 206–229.

Stiff, J. B., Kim, H. J., & Ramesh, C. N. (1992). Truth biases and aroused suspicion in relational deception. *Communication Research, 19,* 326–345.

Stiff, J. B., & Miller, G. R. (1986). "Come to think of it . . . ": Interrogative probes, deceptive communication, and deception detection. *Human Communication Research, 12,* 339–357.

Stiff, J. B., Miller, G. R., Sleight, C., Mongeau, P., Garlick, R., & Rogan, R. (1989). Explanations for visual cue primacy in judgments of honesty and deceit. *Journal of Personality and Social Psychology, 56,* 555–564.

Stouthamer-Loeber, M. (1986). Lying as a problem behavior in children: A review. *Clinical Psychology Review, 6,* 267–289.

Streeter, L. A., Krauss, R. M., Geller, V., Olson, C., & Apple, W. (1977). Pitch changes during attempted deception. *Journal of Personality and Social Psychology, 24,* 12–21.

Strömwall, L. A., Bengtsson, L., Leander, L., & Granhag, P. A. (2004). Assessing children's statements: The impact of a repeated experience on CBCA and RM ratings. *Applied Cognitive Psychology, 18,* 653–668.

Strömwall, L. A., & Granhag, P. A. (2003a). Affecting the perception of verbal cues to deception. *Applied Cognitive Psychology, 17,* 35–49.

Strömwall, L. A., & Granhag, P. A. (2003b). How to detect deception? Arresting the beliefs of police officers, prosecutors and judges. *Psychology, Crime, & Law, 9,* 19–36.

Strömwall, L. A., & Granhag, P. A. (2005). Children's repeated lies and truths: Effects on adults' judgments and reality monitoring scores. *Psychiatry, Psychology, & Law, 12,* 345–356.

Strömwall, L. A., & Granhag, P. A. (2007). Detecting deceit in pairs of children. *Journal of Applied Social Psychology,* 37, 1285–1304.

Strömwall. L. A., Granhag, P. A., & Hartwig, M. (2004). Practitioners' beliefs about deception. In P. A. Granhag & L. A. Strömwall (Eds.), *Deception detection in forensic contexts* (pp. 229–250). Cambridge, England: Cambridge University Press.

Strömwall, L. A., Granhag, P. A., & Jonsson, A. C. (2003). Deception among pairs: 'Let's say we had lunch together and hope they will swallow it'. *Psychology, Crime, & Law, 9,* 109–124.

Strömwall, L. A, Granhag, P. A., & Landström, S. (2007). Children's prepared and unprepared lies: Can adults see through their strategies? *Applied Cognitive Psychology, 21,* 457–471.

Strömwall, L. A., Hartwig, M., & Granhag, P. A. (2006). To act truthfully: Nonverbal behaviour and strategies during a police interrogation. *Psychology, Crime, & Law, 12,* 207–219.

Svebak, S. (2006). *Polygraph tests in Norwegion courts: Legal statud and *future potential*. Paper presented at the European Expert Meeting on Polygraph Testing. University of Maastricht, Maastricht, the Netherlands, 29–31 March.

Talwar, V., & Lee. K. (2002). Development of lying to conceal a transgression: Children's control of expressive behaviour during verbal deception. *International Journal of Behavioural Development, 26*, 437–444.

Talwar, V., Lee, K., Bala, N., & Lindsay, R. C. L. (2006). Adults' judgements of children's coached reports. *Law and Human Behavior, 30*, 561–570.

Talwar, V., Murphy, S. M., & Lee, K. (2007). White lie-telling in children for politeness purposes. *International Journal of Behavioural Development, 31*, 1–11.

Tate, C. S., Warren, A. R., & Hess, T. H. (1992). Adults' liability for children's 'Lie-Ability': Can adults coach children to lie successfully? In S. J. Ceci, M. DeSimone Leichtman, & M. Putnick (Eds.), *Cognitive and social factors in early deception* (pp. 69–88). Hillsdale, NJ: Erlbaum.

Taylor, R., & Hick, R. F. (2007). Believed cues to deception: Judgements in self-generated serious and trivial situations. *Legal and Criminological Psychology, 12,* 321–332.

Taylor, R., & Hill-Davies, C. (2004). Parents' and non-parents' beliefs about the cues to deception in children. *Psychology, Crime, & Law, 10*, 455–464.

Taylor, R., & Vrij, A. (2001). The effects of varying stake and cognitive complexity on beliefs about the cues to deception. *International Journal of Police Science and Management, 3*, 111–123.

Taylor, S. E., & Brown, J. D. (1988). Illusion and well-being: A social psychological perspective on mental health. *Psychological Bulletin, 103*, 1157–1172.

Tecce, J. J. (1992). Psychology, physiology and experimental. *In McGraw-Hill yearbook of science and technology* (pp. 375–377). New York: McGraw-Hill.

Tesser, A. (1978). Self-generated attitude change. In L. Berkowitz (Ed.), *Advances in experimental social psychology* (volume 11, pp. 288–338). New York: Academic Press.

The Global Deception Research Team (2006). A world of lies. *Journal of Cross-Cultural Psychology, 37*, 60–74.

Tickle-Degnen, L. (2006). Nonverbal behavior and its functions in the ecosystem of rapport. In V. Manusov &M. L. Patterson (Eds.), *The SAGE handbook of nonverbal communication* (pp. 381–399). Thousand Oaks, CA: Sage.

Tickle-Degnen, L., & Rosenthal, R. (1990). The nature of rapport and its nonverbal correlates. *Psychologival Inquiry, 1*, 285–293.

Toglia, M. P., Read, J. D, Ross, D. F., & Lindsay, R. C. L. (Eds.) (2006). *The handbook of eyewitness psychology: Volume One: Memory for events.* Mahwah, NJ: Erlbaum.

Tooke, W., & Camire, L. (1991). Patterns of deception in intersexual and intrasexual mating strategies. *Ethology and Sociobiology, 12*, 345–364.

Toris, C., & DePaulo, B. M. (1984). Effects of actual deception and suspiciousness of deception on interpersonal perceptions. *Journal of Personality and Social Psychology, 47*, 1063–1073.

Trankell, A. (1963). *Vittnespsykologins Arbetsmetoder*. Stockholm, Sweden: Liber.

Trankell, A. (1972). *Reliability of evidence*. Stockholm, Sweden: Beckmans.

Tsiamyrtzis, P., Dowdall, J., Shastri, D., Pavlidis, I. T., Frank, M. G., & Ekman, P. (2007). Imaging facial physiology for the detection of deceit. *International Journal of Computer Vision, 71*, 197–214.

Tully, B. (1998). Reliability of criteria-based content analysis of child witness statements: Cohen's kappa doesn't matter. *Legal and Criminological Psychology, 3*, 183–188.

Tully, B. (1999). Statement validation. In D. Canter & L. Alison (Eds.), *Interviewing and deception* (pp. 83–104). Aldershot, England: Darmouth.

Turner, R. E., Edgley, C., & Olmstead, G. (1975). Information control in conversations: Honesty is not always the best policy. *Kansas Journal of Sociology, 11*, 69–89.

Tye, M. C., Amato, S. L., Honts, C. R., Kevitt, M. K., & Peters, D. (1999). The willingness of children to lie and the assessment of credibility in an ecologically relevant laboratory setting. *Applied Developmental Science, 3*, 92–109.

Tyler, J. M., Feldman, R. S., & Reichert, A. (2006). The price of deceptive behavior: Disliking and lying to people who lie to us. *Journal of Experimental Social Psychology, 42*, 69–77.

Tversky, A., & Kahneman, D. (1974). Judgement under uncertainty: Heuristics and biases. *Science, 185*, 1124–1134.

Undeutsch, U. (1967). Beurteilung der Glaubhaftigkeit von Aussagen. In U. Undeutsch (Ed.), *Handbuch der Psychologie Vol. 11: Forensische Psychologie* (pp. 26–181). Göttingen, Germany: Hogrefe.

Undeutsch, U. (1982). Statement reality analysis. In A. Trankell (Ed.), *Reconstructing the past: The role of psychologists in criminal trials* (pp. 27–56). Deventer, The Netherlands: Kluwer.

Undeutsch, U. (1984). Courtroom evaluation of eyewitness testimony. *International Review of Applied Psychology, 33*, 51–67.

Undeutsch, U. (1989). The development of statement reality analysis. In J. C. Yuille (Ed.), *Credibility assessment* (pp. 101–121). Dordrecht, The Netherlands: Kluwer.

Van den Adel, H. M. (1997). *Handleiding verdachtenverhoor*. Den Haag: VUGA-Uitgeverij.

Van der Plas, M. (2006). *The use of the polygraph in Belgium*. Paper presented at the European Expert Meeting on Polygraph Testing. University of Maastricht, Maastricht, the Netherlands, 29–31 March.

Van Rossum, W. (1998). *Verschijnen voor de rechter: Hoe het hoort en het ritueel van Turkse verdachten in de rechtszaal*. Amsterdam, The Netherlands: Uitgeverij duizend en een.

Vendemia, J. M. C., Buzan, R. F., & Green, E. P. (2005a). Practice effects, workload, and reaction time in deception. *Americal Journal of Psychology, 118*, 413–429.

Vendemia, J. M. C., Buzan, R. F., & Simon-Dack, S. L. (2005b). Reaction time of motor responses in two-stimulus paradigms involving deception and congruity with varying levels of difficulty. *Behavioural Neurology, 16*, 25–36.

Verschuere, B., Crombez, G., De Clercq, A., & Koster, E. H. W. (2004a). Autonomic and behavioural responding to concealed information: Differentiating orienting and defensive responses. *Psychophysiology, 41*, 461–466.

Verschuere, B., Crombez, G., & Koster, E. H. W. (2004b). Orienting to guilty knowledge. *Cognition and Emotion, 18*, 265–279.

Verschuere, B., Crombez, G., de Clercq, A., & Koster, E. H. W. (2005). Psychopathic traits and autonomic responding to concealed information in a prison sample. *Psychophysiology, 42*, 239–245.

Volbert, R., & Van der Zanden, R. (1996). Sexual knowledge and behavior of children up to 12 years: What is age-appropriate? In G. Davies, S. Lloyd-Bostock, M. McMurran, & C. Wilson (Eds.), *Psychology, law, and criminal justice: international developments in research and practice* (pp. 198–216). Berlin: de Gruyter.

Vrij, A. (1993). Credibility judgments of detectives: The impact of nonverbal behavior, social skills and physical characteristics on impression formation. *Journal of Social Psychology, 133*, 601–611.

Vrij, A. (1994). The impact of information and setting on detection of deception by police detectives. *Journal of Nonverbal Behavior, 18*, 117–137.

Vrij, A. (1995). Behavioral correlates of deception in a simulated police interview. *Journal of Psychology: Interdisciplinary and Applied, 129*, 15–29.

Vrij, A. (1997). Wearing black clothes: The impact of offenders' and suspects' clothing on impression formation. *Applied Cognitive Psychology, 11*, 47–53.

Vrij, A. (1998). Telling and detecting lies: Some future directions in research. *Forensic Update*, 54, 14–19.

Vrij, A. (2000). Telling and detecting lies as a function of raising the stakes. In C. M. Breur, M. M. Kommer, J. F. Nijboer, & J. M. Reintjes (Eds.), *New trends in criminal investigation and evidence, volume 2* (pp. 699–709). Antwerpen, Belgium: Intersentia.

Vrij, A. (2001). Implicit lie detection. *The Psychologist, 14*, 58–60.

Vrij, A. (2002a). Deception in children: A literature review and implications for children's testimony. In H. L. Westcott, G. M. Davies, & R. H. C. Bull (Eds.), *Children's testimony* (pp. 175–194). Chichester: John Wiley and Sons, Ltd.

Vrij, A. (2002b). Telling and detecting lies. In N. Brace & H. L. Westcott (Eds.), *Applying psychology* (pp. 179–241). Milton Keynes: Open University.

Vrij, A. (2003). We will protect your wife and child, but only if you confess: Police interrogations in England and the Netherlands. In P. J. van

Koppen & S. D. Penrod (Eds.), *Adversarial versus inquisitorial justice: Psychological perspectives on criminal justice systems* (pp. 55–79). New York: Plenum.

Vrij, A. (2004a). Guidelines to catch a liar. In P. A. Granhag & L. A. Strömwall (Eds.), *Deception detection in forensic contexts* (pp. 287–314). Cambridge, England: Cambridge University Press.

Vrij, A. (2004b). Invited article: Why professionals fail to catch liars and how they can improve. *Legal and Criminological Psychology, 9*, 159–181.

Vrij, A. (2005a). Cooperation of liars and truth tellers. *Applied Cognitive Psychology, 19*, 39–50.

Vrij, A. (2005b). Criteria-Based Content Analysis: A qualitative review of the first 37 studies. *Psychology, Public Policy, and Law, 11*, 3–41.

Vrij, A. (2006a). Challenging interviewees during interviews: The potential effects on lie detection. *Psychology, Crime, & Law, 12*, 193–206.

Vrij, A. (2006b). Nonverbal communication and deception. In V. Manusov & M. L. Patterson (Eds.), *The Sage handbook of nonverbal communication* (pp. 341–359). Thousand Oaks, CA: Sage.

Vrij, A. (2007). Deception: A social lubricant and a selfish act. In K. Fiedler (Ed.), *Frontiers of social psychology: Social communication* (pp. 309–342). New York: Psychology Press.

Vrij, A. (2008). Nonverbal dominance versus verbal accuracy in lie detection: A plea to change police practice. *Criminal Justice and Behavior, 35*, 1323-1336.

Vrij, A., & Akehurst, L. (1997). The existence of a black clothing stereotype: The impact of a victim's black clothing on impression formation. *Psychology, Crime, & Law, 3*, 227–237.

Vrij, A., Akehurst, L., Brown, L., & Mann, L. (2006). Detecting lies in young children, adolescents and adults. *Applied Cognitive Psychology, 20*, 1225–1237.

Vrij, A., Akehurst, L., & Knight, S. (2006). Police officers', social workers', teachers' and the general public's beliefs about deception in children, adolescents and adults. *Legal and Criminological Psychology, 11,* 297–312.

Vrij, A., Akehurst, L., & Morris, P. M. (1997). Individual differences in hand movements during deception. *Journal of Nonverbal Behavior, 21*, 87–102.

Vrij, A., Akehurst, L., Soukara, S., & Bull, R. (2002). Will the truth come out? The effect of deception, age, status, coaching, and social skills on CBCA scores. *Law and Human Behaviour, 26*, 261–283.

Vrij, A., Akehurst, L. Soukara, S., & Bull, R. (2004a). Detecting deceit via analyses of verbal and nonverbal behavior in children and adults. *Human Communication Research, 30*, 8–41.

Vrij, A., Akehurst, L., Soukara, S., & Bull, R. (2004b). Let me inform you how to tell a convincing story: CBCA and Reality Monitoring scores as a function of age, coaching and deception. *Canadian Journal of Behavioural Science, 36*, 113–126.

Vrij, A., Akehurst, L., Van Dalen, D., Van Wijngaarden, J. J., & Foppes, J. H. (1996). Nonverbaal gedrag en misleiding. *Tijdschrift voor de Politie*, *58*, 11–14.

Vrij, A., & Baxter, M. (1999). Accuracy and confidence in detecting truths and lies in elaborations and denials: Truth bias, lie bias and individual differences. *Expert Evidence*, *7*, 25–36.

Vrij, A., Dragt, A. W., & Koppelaar, L. (1992b). Interviews with ethnic interviewees: Nonverbal communication errors in impression formation. *Journal of Community and Applied Social Psychology*, *2*, 199–209.

Vrij, A., Edward, K., & Bull, R. (2001a). People's insight into their own behaviour and speech content while lying. *British Journal of Psychology*, *92*, 373–389.

Vrij, A., Edward, K., & Bull, R. (2001b). Police officers' ability to detect deceit: The benefit of indirect deception detection measures. *Legal and Criminological Psychology*, *6*, 2, 185–197.

Vrij, A., Edward, K., & Bull, R. (2001c). Stereotypical verbal and nonverbal responses while deceiving others. *Personality and Social Psychology Bulletin*, *27*, 899–909.

Vrij, A., Edward, K., Roberts, K. P., & Bull, R. (2000). Detecting deceit via analysis of verbal and nonverbal behavior. *Journal of Nonverbal Behavior*, *24*, 239–263.

Vrij, A., Ennis, E., Farman, S., & Mann, S. (2006). *People's perceptions of their truthful and deceptive interactions in daily life*. Manuscript submitted for publication.

Vrij, A., Evans, H., Akehurst, L., & Mann, S. (2004). Rapid judgements in assessing verbal and nonverbal cues: Their potential for deception researchers and lie detection. *Applied Cognitive Psychology*, *18*, 283–296.

Vrij, A., & Fischer, A. (1995). The expression of emotions in simulated rape interviews. *Journal of Police and Criminal Psychology*, *10*, 64–67.

Vrij, A., & Fischer, A. (1997). The role of displays of emotions and ethnicity in judgements of rape victims. *International Review of Victimology*, *4*, 255–265.

Vrij, A., Fisher, R., Mann, S., & Leal, S. (2006). Detecting deception by manipulating cognitive load. *Trends in Cognitive Sciences*, *10*, 141–142.

Vrij, A., Fisher, R., Mann, S., & Leal, S. (2009). Increasing cognitive load in interviews to detect deceit. In B. Milne, S. Savage, & T. Williamson (Eds.), *International developments in investigative interviewing* (pp.176-189). Uffculme: Willan Publishing.

Vrij, A., Floyd, M., & Ennis, E. (2003). Telling lies to strangers or close friends: Its relationship with attachment style. In S. P. Shohov (Ed.), *Advances in psychological research, volume 20* (pp. 61–74). New York: NovaScience Publishers.

Vrij, A., Foppes, J. H., Volger, D. M., & Winkel, F. W. (1992). Moeilijk te bepalen wie de waarheid spreekt: Non-verbaal gedrag belangrijkste indicator. *Algemeen Politie Blad*, *141*, 13–15.

Vrij, A., & Graham, S. (1997). Individual differences between liars and the ability to detect lies. *Expert Evidence, 5,* 144–148.

Vrij, A., & Granhag, P. A. (2007). Interviewing to detect deception. In S. A. Christianson (Ed.), *Offenders' memories of violent crimes* (pp. 279–304). Chichester, England: John Wiley & Sons, Ltd.

Vrij, A., Granhag, P. A., & Mann, S. (2010). Good liars. *The Journal of psychiatry & law, 38,* 1–2.

Vrij, A., Harden, F., Terry, J., Edward, K., & Bull, R. (2001). The influence of personal characteristics, stakes and lie complexity on the accuracy and confidence to detect deceit. In R. Roesch, R. R. Corrado, & R. J. Dempster (Eds.), *Psychology in the courts: International advances in knowledge* (pp. 289–304). London: Routlegde.

Vrij, A., & Heaven, S. (1999). Vocal and verbal indicators of deception as a function of lie complexity. *Psychology, Crime, & Law, 5,* 203–315.

Vrij, A., & Holland, M. (1998). Individual differences in persistence in lying and experiences while deceiving. *Communication Research Reports, 15,* 299–308.

Vrij, A., Kneller, W., & Mann, S. (2000). The effect of informing liars about criteria-based content analysis on their ability to deceive CBCA-raters. *Legal and Criminological Psychology, 5,* 57–70.

Vrij, A., & Lochun, S. (1997). Neuro-linguïstisch verhoren. In P. J. Van Koppen, D. J. Hessing, & H. F. M. Crombag (Eds.), *Het hart van de zaak: Psychologie van het recht* (pp. 493–505). Deventer, the Netherlands: Kluwer.

Vrij, A., & Mann, S. (2001a). Telling and detecting lies in a high-stake situation: The case of a convicted murderer. *Applied Cognitive Psychology, 15,* 187–203.

Vrij, A., & Mann, S. (2001b). Who killed my relative? Police officers' ability to detect real-life high-stake lies. *Psychology, Crime, & Law, 7,* 119–132.

Vrij, A., & Mann, S. (2003a). Deceptive responses and detecting deceit. In P. W. Halligan, C. Bass, & D. Oakley (Eds.), *Malingering and illness deception: Clinical and theoretical perspectives* (pp. 348–362). Oxford, England: Oxford University Press.

Vrij, A., & Mann, S. (2003b). Telling and detecting true lies: Investigating and detecting the lies of murderers and thieves during police interviews. In M. Verhallen, G. Verkaeke, P. J. van Koppen, & J. Goethals (Eds.), *Much ado about crime: Chapters on psychology and law* (pp. 185–208). Brussels, Belgium: Uitgeverij Politeia.

Vrij, A., & Mann, S. (2004). Detecting deception: The benefit of looking at a combination of behavioral, auditory and speech content related cues in a systematic manner. *Group Decision and Negotiation, 13,* 61–79.

Vrij, A., & Mann, S. (2005). Police use of nonverbal behavior as indicators of deception. In R. E. Riggio & R. S. Feldman (Eds.), *Applications of nonverbal communication* (pp. 63–94). Mahwah, NJ: Erlbaum.

Vrij, A., & Mann, S. (2006). Criteria-Based Content Analysis: An empirical test of its underlying processes. *Psychology, Crime, & Law*, *12*, 337–349.

Vrij, A., Mann, S., & Fisher, R. (2006a). An empirical test of the Behaviour Analysis Interview. *Law and Human Behavior, 30,* 329–345.

Vrij, A., Mann, S., & Fisher, R. (2006b). Information-gathering vs accusatory interview style: Individual differences in respondents' experiences. *Personality and Individual Differences*, *41*, 589–599.

Vrij, A., Mann, S., Fisher, R., Leal, S., Milne, B., & Bull, R. (2008). Increasing cognitive load to facilitate lie detection: The benefit of recalling an event in reverse order. *Law and Human Behavior*, *32*, 253-265.

Vrij, A., Mann, S., Kristen, S., & Fisher, R. (2007). Cues to deception and ability to detect lies as a function of police interview styles. *Law and Human Behavior, 31*, 499–518.

Vrij, A., Mann, S., Robbins, E., & Robinson, M. (2006). Police officers ability to detect deception in high-stakes situations and in repeated lie detection tests. *Applied Cognitive Psychology*, *20*, 741–755.

Vrij, A., Nunkoosing, K., Paterson, B., Oosterwegel, A., & Soukara, S. (2002). Characteristics of secrets and the frequency, reasons and effects of secrets keeping and disclosure. *Journal of Community and Applied Social Psychology*, *12*, 56–70.

Vrij, A., Pannell, H., & Ost, J. (2005). The influence of social pressure and black clothing on crime judgements. *Psychology, Crime, & Law*, *11*, 265–274.

Vrij, A., & Semin, G. R. (1996). Lie experts' beliefs about nonverbal indicators of deception. *Journal of Nonverbal Behavior*, *20*, 65–80.

Vrij, A., Semin, G. R., & Bull, R. (1996). Insight in behavior displayed during deception. *Human Communication Research*, *22*, 544–562.

Vrij, A., & Taylor, R. (2001). Police officers' and students' beliefs about telling and detecting little and serious lies. *International Journal of Police Science & Management*, *5*, 1–9.

Vrij, A., & Van Wijngaarden, J. J. (1994). Will truth come out? Two studies about the detection of false statements expressed by children. *Expert Evidence*, *3*, 78–84.

Vrij, A., & Winkel, F. W. (1991). Cultural patterns in Dutch and Surinam nonverbal behavior: An analysis of simulated police/citizen encounters. *Journal of Nonverbal Behavior*, *15*, 169–184.

Vrij, A., & Winkel, F. W. (1992a). Crosscultural police-citizen interactions: The influence of race, beliefs and nonverbal communication on impression formation. *Journal of Applied Social Psychology*, *22*, 1546–1559.

Vrij, A., & Winkel, F. W. (1992b). Social skills, distorted perception and being suspect: Studies in impression formation and the ability to deceive. *Journal of Police and Criminal Psychology*, *8*, 2–6.

Vrij, A., & Winkel, F. W. (1994). Perceptual distortions in crosscultural interrogations: The impact of skin color, accent, speech style and spoken fluency on impression formation. *Journal of Cross-Cultural Psychology, 25*, 284–296.

Vrij, A. & Winkel, F. W. (1995). Detection of false statements in first and third graders: The development of a nonverbal detection instrument. In G. Davies, S. Lloyd-Bostock, M. McMurran, & C. Wilson (Eds.), *Psychology, law and criminal justice: International developments in research and practice* (p. 221–230). Berlin: de Gruyter.

Vrij, A., Winkel, F. W., Akehurst, L., (1997). Police officers' incorrect beliefs about nonverbal indicators of deception and its consequences. In J. F. Nijboer & J. M. Reijntjes (Eds.), *Proceedings of the first world conference on new trends in criminal investigation and evidence* (pp. 221–238). Lelystad, the Netherlands: Koninklijke Vermande.

Vrij, A., Winkel, F. W., & Koppelaar, L. (1988). Culturele verschillen in nonverbal gedrag: De persoonlijke ruimte van Nederlanders en Surinamers. *Migrantenstudies, 4*, 40–49.

Vrij, A., Winkel, F. W., & Koppelaar, L. (1991). Interactie tussen politiefunctionarissen en allochtone burgers: twee studies naar de frequentie en het effect van aan- en wegkijken op de impressieformatie. *Nederlands Tijdschrift voor de Psychologie, 46*, 8–20.

Vrij, J. (2001). Verzet tegen angst. *Kontakt door Aantreden, 56*, 4.

Wagenaar, W. A., & Dalderop, A. (1994). *Remembering the zoo: A comparison of true and false stories told by pairs of witnesses*. Unpublished manuscript, Department of Experimental Psychology, Leiden University, the Netherlands.

Wagenaar, W. A., & Groeneweg, J. (1990). The memory of concentration camp survivors. *Applied Cognitive Psychology, 4*, 77–87.

Walczyk, J. J., Roper, K. S., Seemann, E., & Humphrey, A. M. (2003). Cognitive mechanisms underlying lying to questions: Response time as a cue to deception. *Applied Cognitive Psychology, 17*, 755–744.

Walczyk, J. J., Schwartz, J. P., Clifton, R., Adams, B., Wei, M., & Zha, P. (2005). Lying person-to-person about live events: A cognitive framework for lie detection. *Personnel Psychology, 58*, 141–170.

Walker, A. G., & Warren, A. R. (1995). The language of the child abuse interview: Asking the questions, understanding the answers. In T. Ney (Ed.), *True and false allegations in child sexual abuse: Assessment and case management* (pp. 153–162). New York: Brunner-Mazel.

Walkley, J. (1985). Reading the suspect. *Police Review*, 15 February.

Wallbott, H. G., & Scherer, K. R. (1991). Stress specifics: Differential effects of coping style, gender, and type of stressor on automatic arousal, facial expression, and subjective feeling. *Journal of Personality and Social Psychology, 61*, 147–156.

Walters, S. B. (1996). *Kinesic interview and interrogation*. Boca Raton,

Florida: CRC Press.

Waltman, J. L. (1983). Nonverbal communication in interrogation: Some applications. *Journal of Police and Science Administration*, *11*, 166–169.

Wan Cheng, K. H., & Broadhurst, R. (2005). The detection of deception: The effects of first and second language on lie detection ability. *Psychiatry, Psychology and Law*, *12*, 107–118.

Wang, G., Chen, H., & Atabakhsh, H. (2004). Criminal identity deception and deception detection in law enforcement. *Group Decision and Negotitation*, *13*, 111–127.

Watson, D. C., & Sinka, B. K. (1993). Individual differences, social arousal and the electrodermal detection of deception. *Personality and Individual Differences*, *15*, 75–80.

Wegener, H. (1989). The present state of statement analysis. In J. C. Yuille (Ed.), *Credibility assessment* (pp. 121–134). Dordrecht, the Netherlands: Kluwer.

Weiss, B., & Feldman, R. S. (2006). Looking good and lying to do it: Deception as an impression management strategy in job interviews. *Journal of Applied Social Psychology*, *36*, 1070–1086.

Wells, G. L., & Leippe, M. R. (1981). How do triers of fact infer accuracy of eyewitness identification? Using memory of peripheral details can be misleading. *Journal of Applied Psychology*, *66*, 682–687.

Wells, G. L., & Loftus, E. F. (1991). Commentary: Is this child fabricating? Reactions to a new assessment technique. In J. Doris (Ed.), *The suggestibility of children's recollections* (pp. 168–171). Washington, DC: American Psychological Association.

Wessel, E., Drevland, G., Eilertsen, D. E., & Magnussen, S. (2006). Credibility of the emotional witness: A comparison of ratings by laypersons and court judges. *Law and Human Behavior, 30*, 221–230.

Westcott, H., & Brace, N. (2002). Psychological factors in witness evidence and identification. In H. Westcott & N. Brace (2002). *Applying psychology* (pp. 117–178). Milton Keynes, England: Open University Press.

Westcott, H. L., Davies, G. M., & Clifford, B. R. (1991). Adults' perceptions of children's videotaped truthful and deceptive statements. *Applied Social Psychology*, *31*, 2322–2338.

Westcott, H. L., & Kynan, S. (2004). The application of a 'story-telling' framework to investigative interviews for suspected child sexual abuse. *Legal and Criminological Psychology*, *9*, 37–56.

Westcott, H. L., & Kynan, S. (2006). Interviewer practice in investigative interviews for suspected child sexual abuse. *Psychology, Crime, & Law*, *12*, 367–382.

Westcott, H. L., Kynan, S., & Few, C. (2005). Improving the quality of investigative interviews for suspected child abuse: A case study. *Psychology, Crime, & Law*, *11*, 77–96.

White, C. H., & Burgoon, J. K. (2001). Adaptation and communicative design:

Patterns of interaction in truthful and deceptive conversations. *Human Communication Research*, *27*, 9–37.

Whitty, M. T. (2002). Liar, liar! An examination of how open, supportive and honest people are in chat rooms. *Computers in Human Behavior*, *18*, 343–352.

Wilcox, D. T., Sosnowski, D., & Middleton, D. (2000). Polygraphy and sex offenders. *Forensic Update*, *61*, 20–25.

Wild, J. (2005). Brain imaging ready to detect terrorists, say neuroscientists. *Nature*, *437*, 457.

Williams, S. (2001). Sexual lying among college students in close and casual relationships. *Journal of Applied Social Psychology*, *31*, 2322–2338.

Williamson, T. (1993). From interrogation to investigative interviewing: Strategic trends in police questioning. *Journal of Community and Applied Social Psychology*, *3*, 89–99.

Wilson, A. E., Smith, M. D., & Ross, H. S. (2003). The nature and effects of young children's lies. *Social Development*, *12*, 21–45.

Wilson, D. S., Near, D. C., & Miller, R. R. (1998). Individual differences in Machiavellianism as a mix of cooperative and exploitative strategies. *Evolution and Human Behavior*, *19*, 203–212.

Winkel, F. W., & Koppelaar, L. (1991). Rape victims' style of self-presentation and secondary victimization by the environment. *Journal of Interpersonal Violence*, *6*, 29–40.

Winkel, F. W., & Vrij, A. (1990). Interaction and impression formation in a cross-cultural dyad: Frequency and meaning of culturally determined gaze behaviour in a police interview setting. *Social Behaviour*, *5*, 335–350.

Winkel, F. W., & Vrij, A. (1995). Verklaringen van kinderen in interviews: Een experimenteel onderzoek naar de diagnostische waarde van Criteria Based Content Analysis. *Tijdschrift voor Ontwikkelingspsychologie*, *22*, 61–74.

Winkel, F. W., Vrij, A., Koppelaar, L., & Van der Steen, J. (1991). Reducing secondary victimisation risks and skilled police intervention: Enhancing the quality of police rape victim encounters through trainingprogrammes. *Journal of Police and Criminal Psychology*, *7*, 2–11.

Wolpe, P. R., Foster K. R., & Langleben, D. D. (2005). Emerging neurotechnologies for lie-detection: Promises and perils. *The American Journal of Bioethics*, *5*, 39–49.

Woodall, W. G., & Burgoon, J. K. (1983). Talking fast and changing attitudes: A critique and clarification. *Journal of Nonverbal Behavior*, *8*, 126–143.

Yang, Y., Raine, A., Lencz, T., Bihrle, S., Lacasse, L., & Coleti, P. (2005). Prefrontal white matter in pathological liars. *British Journal of Psychiatry*, *187*, 320–325.

Yeschke, C.L. (1997). *The art of investigative interviewing*. Newton, Massachusetts: Butterworth-Heinemann.

Yuille, J. C. (1988a). *A simulation study of criteria-based content analysis*.

Paper presented at the NATO advanced study institute on credibility assessment, Maratea, Italy.

Yuille, J. C. (1988b). The systematic assessment of children's testimony. *Canadian Psychology, 29*, 247–262.

Yuille, J. C., & Cutshall, J. (1989). Analysis of statements of victims, witnesses, and suspects. In J. C. Yuille (Ed.), *Credibility assessment* (pp. 175–191). Dordrecht, The Netherlands: Kluwer.

Zajonc, R. B. (1980). Compresence. In P. B. Paulus (Ed.), *Psychology of group influence* (pp. 35–60). Hillsdale, NJ: Erlbaum.

Zaparniuk, J., Yuille, J. C., & Taylor, S. (1995). Assessing the credibility of true and false statements. *International Journal of Law and Psychiatry, 18*, 343–352.

Zaragoza, M. S., Payment, K. E., Ackil, J. K., Drivdahl, S. B., & Beck, M. (2001). Interviewing witnesses: Forced confabulation and confirmatory feedback increase false memories. *Psychological Science, 12*, 473–477.

Zebrowitz, L. A., Voinescu, L., & Collins, M. A. (1996). 'Wide-eyed" and "crooked-faced": Determinants of perceived and real honesty across the life span. *Personality and Social Psychology Bulletin, 22*, 1258–1269.

Zhou, L., Burgoon, J. K., Nunamaker, J. F., & Twitchell, D. (2004a). Automating linguistics-based cues for detecting deception in text-based asynchronous computer mediated communication. *Group Decision and Negotiation, 13*, 81–106.

Zhou, L., Burgoon, J. K., Twitchell, D. P., Qin, T., & Nunamaker, J. F. (2004). A comparison of classification models for predicting deception in computermediatedcommunication. *Journal of Management Information Systems, 20*, 139–165.

Zhou, L., Burgoon, J. K., Zhang, D., & Nunamaker, J. F. (2004b). Language dominance in interpersonal deception in computer-mediated communication. *Computers in Human Behavior, 20*, 381–402.

Zhou, L., & Zang, D. (2006). A comparison of deception behavior in dyad and triadic group decision making in synchronous computer-mediated communication. *Small Group Research, 37*, 140–164.

Zraick, R. I., Gentry, M. A., Smith-Olinde, L., & Gregg, B. A. (2006). The effect of speaking context on elicitation of habitual pitch. *Journal of Voice, 20*, 545–554.

Zuckerman, M., DeFrank, R. S., Hall, J. A., Larrance, D. T., & Rosenthal, R. (1979). Facial and vocal cues of deception and honesty. *Journal of Experimental Social Psychology, 15*, 378–396.

Zuckerman, M., DePaulo, B. M., & Rosenthal, R. (1981a). Verbal and nonverbal communication of deception. In L. Berkowitz (Ed.), *Advances in experimental social psychology, volume 14* (pp. 1–57). New York: Academic Press.

Zuckerman, M., Driver, R. E., & Guadagno, N. S. (1985). Effects of segmentation patterns on the perception of deception. *Journal of*

Nonverbal Behavior, 9, 160–168.
Zuckerman, M., Driver, R., & Koestner, R. (1982). Discrepancy as a cue to actual and perceived deception. *Journal of Nonverbal Behavior, 7,* 95–100.
Zuckerman, M., Koestner, R., & Alton, A. O. (1984). Learning to detect deception. *Journal of Personality and Social Psychology, 46,* 519–528.
Zuckerman, M., Koestner, R., Colella, M. J. (1985). Learning to detect deception from three communication channels. *Journal of Nonverbal Behavior, 9,* 188–194.
Zuckerman, M.,Koestner, R.,&Driver, R. (1981b). Beliefs about cues associated with deception. *Journal of Nonverbal Behavior, 6,* 105–114.
Zuckerman, M., Speigel, N. H., DePaulo, B. M., & Rosenthal, R. (1982). Nonverbal strategies for decoding deception. *Journal of Nonverbal Behavior, 6,* 171–187.
Zulawski, D. E., & Wicklander, D. E. (1993). *Practical aspects of interview and interrogation.* Boca Raton, Florida: CRC Press.

第13章 訳注1 (p. 459) の引用文献
Abe, N. (2011). How the brain shapes deception: An integrated review of the literature. *Neuroscientist, 17,* 560–574.
Gamer, M. (2011). Detecting of deception and concealed information using neuroimaging techniques. In B. Verschuere, G. Ben-Shakhar, & E. Meijer (Eds.), *Memory detection: Theory and application of the concealed information test.* Cambridge: Cambridge University Press, pp.90–113.
平伸二 (2009). 脳機能による concealed information test の動向. 生理心理学と精神生理学, *27,* 57–70.

「日本語版への補足」(p. 529) の引用文献
小林孝寛・吉本かおり・藤原修治 (2009). 実務ポリグラフ検査の現状. 生理心理学と精神生理学, *27,* 5–15.
小川時洋・松田いづみ・常岡充子 (2013). 隠匿情報検査の妥当性…記憶検出技法としての正確性の実験的検証. 日本法科学技術学会誌, *18,* 35–44.
Ogawa, T., Matsuda, I., Tsuneoka, M., & Verschuere, B. (2015). The Concealed Information Test in the laboratory versus Japanese field practice: Bridging the scientist-practitioner gap. *Archives of Forensic Psychology, 1,* 16–27.
司法研修所 (2013). 科学的証拠とこれを用いた裁判の在り方. 法曹会.
渡辺千原 (2010). 裁判における「科学」鑑定の位置…医療過誤訴訟を例に. 科学, *80,* 627–632.

索引

欧文

BAI（行動分析のための面接法）
　…………………………… 231
CBCA（基準にもとづく内容分析）
　…………………………… 246
CQT（対照質問法）………… 373
DLT（虚言指示法）………… 396
EDA（皮膚電気活動）……… 367
EEG（脳波）………………… 432
fMRI（機能的磁気共鳴映像法）… 457
GKT（有罪知識検査）……… 431
IDT（対人欺瞞理論）………… 62
IP（有罪可能性）…………… 107
MCQ（記憶特性質問紙）…… 328
MERMER…………………… 455
P300 ………………………… 447
RIT（関係－無関係質問法）… 371
RM（リアリティ・モニタリング）
　…………………………… 325
SCAN（科学的内容分析）…… 351
SPOT（探索型緊張最高点）… 454

SVA（供述の妥当性評価）…… 245

あ

愛着スタイル…………… 38, 187
愛着理論……………………… 38
悪意のない嘘………………… 16
イアン・ハントリー………… 98
意図的な行動統制…50, 60, 123, 182
隠匿情報検査……………… 431
隠蔽………………………… 18
嘘検知の魔法使い………… 214
嘘バイアス………………… 198
嘘を検知する能力……… 2, 169
嘘をつく能力………………… 2
埋め込み型の嘘…… 308, 333, 472
埋め込み型の虚偽の供述…… 308
ウンドイッチュ仮説……… 255
オープン質問……………… 252
オセロエラー……………… 479
音声ストレス分析………… 420
音声的手がかり………… 70, 210

か

外向的な人・・・・・・・・・・・・・・・ 41, 90, 409
回避型・・・・・・・・・・・・・・・・・・・・・・・・・・ 38
会話規則・・・・・・・・・・・・・・・・・ 179, 474
カウンターメジャー
　・・・・・・・・・・・・ 5, 293, 394, 440, 470
科学的内容分析・・・・・・・・・・・・・・ 351
確証バイアス・・・・・・・・・・・・・・・・・ 157
語りを促す相づち・・・・・・・・・・・・ 253
葛藤理論・・・・・・・・・・・・・・・・・・・・ 382
カメレオン効果・・・・・・・・・・・・・・・ 63
感覚情報・・・・・・・・・・・・・・・・・・・・ 326
関係－無関係質問法・・・・・・・・・ 371
関係質問・・・・・・・・・・・・ 376, 462, 479
関係性真実バイアスヒューリスティック
　・・・・・・・・・・・・・・・・・・・・・・ 187, 483
感情・・・・・・・・・・・・・・・ 50, 123, 182
感情についての情報・・・・・・・・・・ 326
眼輪筋・・・・・・・・・・・・・・・・・・・・・・・ 80
記憶特性質問紙・・・・・・・・・・・・・・ 328
基準にもとづく内容分析・・・・・・・ 246
基準比率・・・・・・・・・・・・・・・・・・・・ 411
規範逸脱ヒューリスティック・・・ 483
基本的帰属の誤り・・・・・・・・ 482, 483
欺瞞の言語的手がかり・・・・・・・・ 126
欺瞞の手がかりに関する信念
　・・・・・・・・・・・・・・・・・・・・・・ 139, 209
欺瞞の非言語的手がかり・・・・・・ 126

供述の妥当性評価・・・・・・・・・・・・ 245
供述分析・・・・・・・・・・・・・・・・・・・・ 247
虚記憶・・・・・・・・・・・・・・・・・・・・・・ 310
虚偽自白・・・・・・・・・・・・・・・・・・・・ 172
虚言指示法・・・・・・・・・・・・・・・・・・ 396
緊張行動・・・・・・・・・・・・・・・・ 63, 483
係留のヒューリスティック 179, 482
裁決情報・・・・・・・・・・・・・・・・・・・・ 462
決定規則・・・・・・・・・・・・・・・・・・・・ 287
言語的手がかり・・・・・・・・・・・・・・ 210
機能的磁気共鳴画像法・・・・・・・・ 457
現実逃避効果・・・・・・・ 3, 45, 187, 467
効果量・・・・・・・・ 70, 127, 331, 442
公正世界信念・・・・・・・・・・・・・・・・・ 53
公的自己意識・・・・・・・・・ 41, 60, 216
行動分析のための面接法・・・・・・ 231
興奮・・・・・・・・・・・・・・・・・・・・・・・・・ 59
コード化・・・・・・・・・・・・・・・・・・・・・ 65
心の理論・・・・・・・・・・・・・・・・・・・・・ 86
個人間差・・・・・・・・ 84, 372, 461, 481
個人内差・・・・・・ 66, 372, 439, 461, 481

さ

罪悪感・・・・・・・・・・・・・・・・・・・・・・・ 57
サイコパシー・・・・・・・・・・・・・・ 39, 89
サイコパス・・・・・・・・・・・・・・・・・・ 408
サダム・フセイン・・・・・・・・・・・・・ 97
殺人犯・・・・・・・・・・・・・・・・・ 101, 105

サンプリング・バイアス	399	赤外線画像	422
自覚状態	208	セルフ・モニタリング	91
視覚的手がかり	70, 210	選択回答式の質問法	141
刺激試験	374	選択式質問	253
自己欺瞞	20	相関法	141
自己呈示的観点	61	相貌ヒューリスティック	483
事象関連電位	447	ソースモニタリング・エラー	428
事前面接	374		
実験研究	67, 269, 397, 442	**た**	
質問構成の段階	375	大頬骨筋	80
私的自己意識	208	対照質問	376
社会的器用さ	40	対照質問法	373
社会的潤滑油	16	対人欺瞞理論	62
社会的な嘘	27	代表性ヒューリスティック	483
社交不安	42	妥当性	248, 340
社交性	41	妥当性チェックリスト	246
自由回答式の質問法	141	利他的な嘘	186
条件反応理論	382	探索型緊張最高点	454
情報収集型	108	利害関係の大きい嘘	58
真実バイアス	178, 187	チャンスレベル	169
身体的カウンターメジャー	394	調書分析	250
信念固執	158	付き合い下手	41
信頼性	248	定位反射	432
スティグマ	387	適正な検査	379
ステレオタイプ	181	動機づけによる減損効果	94, 182
精査ヒューリスティック	221, 483	透明性の錯覚	2, 52
誠実な態度バイアス	216	ドーバート基準	311, 417, 445
精神的カウンターメジャー	394	得点化の段階	379

な

内向性……………………………… 208
内向的な人………… 41, 90, 208, 409
日記法……………………………… 29
認知的操作………………………… 326
認知的努力………… 50, 59, 123, 182
認知的負荷………………………… 59
認知面接…………………………… 292
脳指紋法…………………………… 455
脳波………………………………… 432

は

罰恐怖仮説………………………… 382
半構造化面接……………………… 251
反証可能性ヒューリスティック
　………………………………… 179, 483
微表情……………………………… 83
皮膚電気活動……………………… 367
ヒューリスティック……………… 482
ビル・クリントン………………… 96
不安型……………………………… 39
フィールド研究……………… 65, 269
フィラー項目……………………… 438
フィードバック…………………… 472
フォールス・ネガティブ・エラー
　………………………… 402, 444, 473
フォールス・ポジティブ・エラー
　………………………… 402, 444, 473
不誠実な態度バイアス…………… 216
文化間の非言語コミュニケーション
　の失敗………………………… 219
文脈隠蔽効果……………………… 109
文脈情報…………………………… 326
ポリグラフ………………………… 367
ポリグラフ検査……………… 431, 473

ま

マキャベリアニズム………… 40, 60
まったくの嘘，誇張表現，巧妙な嘘
　…………………………………… 21
無関係質問………………………… 375
メタ分析…………………………… 70
問責型……………………………… 108

や

役者性……………… 42, 91, 208, 478
有罪可能性………………………… 107
有罪知識検査……………………… 431
誘導質問…………………………… 253
要約………………………………… 107

ら

リアリティ・モニタリング
　………………………………… 325, 327
リードの尋問の九段階法………… 227
利害関係の大きい嘘………… 58, 182

利己的な嘘……………………… 25
利他的な嘘……………………… 26
利用可能性ヒューリスティック
　　……………………… 178, 482

わ
ワーキングメモリ……………… 207

監訳者あとがき

　本書は，2008 年にイギリスで出版された『*Detecting Lies and Deceit: Pitfalls and Opportunities*』第 2 版の日本語訳である。2000 年に出版された第 1 版（日本未翻訳）は，欺瞞（嘘）に関する優れた書籍として高い評価を受けた。第 2 版である本書は，第 1 版をさらに充実させた内容となっている。心理学の観点から，日常生活における嘘検知，ツールを用いた虚偽検出に関する知見が，1,100 近くの引用文献にもとづいて網羅的に説明されている。

　本書の著者である Aldert Vrij は，欺瞞に関する研究で世界的に活躍する研究者であり，著書，論文を多数執筆している。本書で取り上げられている多くの知見が，著者自身によって執筆された文献にもとづいていることから，欺瞞研究における著者の博識ぶりがうかがえる。

　日本語版を作成するにあたり，副題を「対人関係から犯罪捜査まで　虚偽検出に関する真実」とした。その理由は，原書の特徴をわかりやすく伝えたいという，監訳者の思いを込めたからである。本書では，日常生活の対人関係における嘘検知，ツールを用いた虚偽検出の，2 つの観点から欺瞞に関する知見が紹介されている。対人関係に関心のある心理学の研究者，犯罪捜査に携わる警察関係者をはじめ，多くの方の関心に応える内容であると考えた。また，それぞれの章では一貫して，「嘘を見抜くのは，われわれが思っているほど容易ではない」と主張されている。この意外とも思える「真実」に，多くの方に目を向けてもらいたいと考えた。これらの監訳者の思いを反映させたのが，本書の副題である。本書を通じて，多くの方に，欺瞞の面白さ，興味深さを感じていただけたなら，とても嬉しく思う。

　本書を出版する契機となったのは，監訳者 3 人が中心となり，2009 年

3月に開催した原書の読書会（勉強会）であった。本書の各章の訳者は，読書会で各章の要約を発表してくださった方が中心となっている。また，2009年7月に日本で開催された国際学会に参加していたVrij氏に，監訳者3人で挨拶したことは，本書を出版することを決意させた。私はVrij氏にたどたどしい英語で自分の研究を紹介し，原書の読書会を開催したことを報告した。氏の優しい表情は，今も鮮明に記憶に残っている。

そのときに，私はVrij氏にお願いし，私が購入した原書の裏表紙にサインを書いていただいた（"Dear Naoya, thank you very much for talking about your interesting research. It was a pleasure to meet you! Best wishes. Aldert Vrij"）。本書の作成作業で行き詰まったとき，私は氏のサインを何度も見返して心を奮い立たせた。このような，多くの仲間との出会い，Vrij氏からの励まし（？）が，本書を出版へと導いたと感じている。皆様に心から御礼申し上げたい。

最後に，本書の出版にあたり，企画の立ち上げから編集に至るまで，福村出版の宮下基幸社長と榎本統太氏に多大なご尽力をいただいた。最後までお付き合いくださり，頭の下がる思いである。

2016年4月

監訳者代表　太幡 直也

訳者一覧（五十音順）

氏名	所属	担当
上原 俊介（うえはら しゅんすけ）	鈴鹿医療科学大学 保健衛生学部	第2章
上宮 愛（うえみや あい）	名古屋大学大学院 環境学研究科	第8章
小川 時洋（おがわ ときひろ）	警察庁 科学警察研究所	第12章
菊地 史倫（きくち ふみとし）	監訳者	第4章・第15章
佐藤 拓（さとう たく）	監訳者	第3章・終章
武田 美亜（たけだ みあ）	青山学院大学 コミュニティ人間科学部	第6章
田中 未央（たなか みお）	敬愛大学 国際学部	第9章
太幡 直也（たばた なおや）	監訳者	第1章・第5章
中川 知宏（なかがわ ともひろ）	近畿大学 総合社会学部	第10章
野瀬 出（のせ いずる）	日本獣医生命科学大学 獣医学部	第13章
藤原 健（ふじわら けん）	大阪経済大学 人間科学部	第7章
村井 潤一郎（むらい じゅんいちろう）	文京学院大学 人間学部	第14章
山本 直宏（やまもと なおひろ）	山形県警察本部 刑事部科学捜査研究所	第11章

監訳者プロフィール

太幡 直也
愛知学院大学総合政策学部准教授。筑波大学大学院人間総合科学研究科心理学専攻一貫制博士課程修了。博士（心理学）。主な著書に『嘘の心理学』（共著，2013年，ナカニシヤ出版），『エッセンシャルズ 心理学─心理学的素養の学び─』（共著，2015年，福村出版）など。

佐藤 拓
明星大学心理学部准教授。東北大学大学院文学研究科人間科学専攻心理学専攻分野博士課程後期修了。博士（文学）。主な著書に『嘘の臨床・嘘の現場（現代のエスプリ，481）』（共著，2007年，至文堂），『嘘の心理学』（共著，2013年，ナカニシヤ出版）など。

菊地 史倫
公益財団法人鉄道総合技術研究所主任研究員。東北大学大学院文学研究科人間科学専攻心理学専攻分野博士課程後期修了。博士（文学）。主な著書に『嘘の心理学』（共著，2013年，ナカニシヤ出版）。

嘘と欺瞞の心理学
対人関係から犯罪捜査まで 虚偽検出に関する真実

2016年8月1日	初版第1刷発行
2023年3月30日	第2刷発行

著　者	アルダート・ヴレイ
監訳者	太幡 直也，佐藤 拓，菊地 史倫
発行者	宮下 基幸
発行所	福村出版株式会社
	〒113-0034　東京都文京区湯島2-14-11
	電話 03-5812-9702／ファクス 03-5812-9705
	https://www.fukumura.co.jp
印　刷	シナノ印刷株式会社
製　本	本間製本株式会社

©2016 Naoya Tabata, Taku Sato, Fumitoshi Kikuchi
Printed in Japan
ISBN978-4-571-25046-0

定価はカバーに表示してあります。
落丁本・乱丁本はお取り替えいたします。
本書の無断複製・転載・引用等を禁じます。

福村出版◆好評図書

太幡直也 著
懸念的被透視感が生じている状況における対人コミュニケーションの心理学的研究
◎4,000円　ISBN978-4-571-25048-4　C3011

気づかれたくない内面についての被知覚の意識（懸念的被透視感）が与える影響と対人場面に果たす役割とは。

今井芳昭 著
影響力の解剖
●パワーの心理学
◎2,300円　ISBN978-4-571-25054-5　C3011

依頼や説得など人が他者に影響を与える背景にはどんな要因があるのか。不当な影響を受けないための心理学。

大坊郁夫 著
人を結ぶコミュニケーション
●対人関係におけるウェル・ビーイングの心理学
◎2,800円　ISBN978-4-571-25058-3　C3011

著者の長年の研究である社会や集団を特徴づける対人コミュニケーションについて，社会心理学の観点から捉える。

V.ジーグラー・ヒル，D.K.マーカス 編／下司忠大・阿部晋吾・小塩真司 監訳／川本哲也・喜入 暁・田村紋女・増井啓太 訳
パーソナリティのダークサイド
●社会・人格・臨床心理学による科学と実践
◎7,200円　ISBN978-4-571-24089-8　C3011

パーソナリティのダークサイドを扱った研究を網羅的に紹介。最先端の研究者たちが今後の課題と展望を示す。

B.J.カルドゥッチ 著／日本パーソナリティ心理学会 企画／渡邊芳之・松田浩平 監訳／尾見康博・松田英子・小塩真司・安藤寿康・北村英哉 編訳
カルドゥッチのパーソナリティ心理学
●私たちをユニークにしているものは何か？
◎13,000円　ISBN978-4-571-24097-3　C3011

代表的な研究者の生涯，理論と応用の概説，豊富な写真・図表を駆使してパーソナリティ心理学の全貌を描く。

日本応用心理学会 企画／谷口泰富・藤田主一・桐生正幸 編
現代社会と応用心理学 7
クローズアップ「犯罪」
◎2,400円　ISBN978-4-571-25507-6　C3311

犯罪心理はもとより，現代の犯罪の特徴から犯罪をとりまく事象を25のトピックで解説。現代社会の本質に迫る。

桐生正幸・板山 昂・入山 茂 編著
司法・犯罪心理学入門
●捜査場面を踏まえた理論と実務
◎2,500円　ISBN978-4-571-25053-8　C3011

実際の犯罪捜査場面を踏まえた研究を行う際に確認すべき法的手続き，理論，研究方法，研究テーマ等を詳説。

◎価格は本体価格です。